KB111175

2024 세법 적용

상속·증여세 이론과 실무

마숙룡, 이일화 | 더 테라스

2024 상속, 증여세 이론과 실무

초 판 1쇄 인쇄 2023년 11월 15일
초 판 1쇄 발행 2023년 11월 25일
개정판 1쇄 발행 2024년 8월 25일

지은이 마숙룡, 이일화
펴낸이 백유창
펴낸곳 도서출판 더 테라스

신고번호 2016-000191
주 소 서울시 마포구 서교동 양화로길 73 체리스빌딩 6층
Tel. 070-8862-5683
Fax. 02-6442-0423
seumbium@naver.com

- 가격은 표지 뒤에 있습니다.
- 잘못 만들어진 책은 구입하신 서점에서 교환하실 수 있습니다.

ISBN 979-11-979568-9-8

값 55,000원

재산을 나누고 자산을 늘리는 부의이전을 준비하라

2024 세법 적용
상속·증여세 이론과 실무

※ 「완전포괄주의 증여」에 대한 내용은 저자의 「완전포괄주의 증여」 책을 참고해 주시기 바랍니다.

※ 이 책자에 실린 「상속세 및 증여세법」 내용을 실무에 적용할 때는 반드시 세법령 규정 및 질의회신·판례 등의 원본을 찾아서 확인하시고 적용하시기 바랍니다.

– 이 책을 읽으시는 분들은 반드시 다음 내용을 확인하시기 바라며,
이 책에서 기술된 내용을 읽으시기 전에 일러두기를 모두 이해하신 것으로 봅니다. –

1. 이 책의 자료는 「국가법령정보센터」, 「국세법령정보시스템」의 수록 법률과 각종 공시 자료, 그리고 수록된 자료, 국세청에서 발간된 자료와 책자들을 중심으로 자료가 수집되어 편집되었습니다.

이 책의 편집 참고자료들은 「국가법령정보센터」의 세법령, 「국세법령정보시스템」에 수록된 각종 「세법령」, 그리고 국세청 국세법령정보시스템에서 공시된 「기본통칙」, 「집행기준」, 「예규」, 「판례」, 「해석」, 「서식」 등의 자료를 수집 이를 기초로 편집하였습니다. 특히 「계산식」은 국세 법령(시행령과 시행규칙)에 명시된 계산식 외의 산식들은 「상속세 및 증여세법 집행기준」, 「상속세 및 증여세법 기본통칙」등에 수록된 계산식을 그대로 사용하였습니다.

법령에 들어있지 않은 특별히 필요한 「표와 세액계산 흐름도」는 국세청에서 공시한 「상증법 집행기준」의 자료와 국세청 해설 책자와 「일감몰아주기·일감떼어주기」 등 책자들을 참고하였습니다.

2. 이 책의 편집체계는 자산가들이 관심을 가져야할 부분부터 먼저 기술하였습니다.

「상속세 및 증여세법」 (약칭으로 이하 '상증법'이라 합니다)의 세법령 체계를 따르자면 상속세가 먼저 나오고 다음에 증여세가 나열되어 있습니다. 그러나 이 책은 자산가들이 「증여세 완전포괄주의 제도」에 대하여 반드시 이해하여야 할 증여예시·증여추정·증여의제 제도를 앞부분에서 먼저 설명하였으며, 재산의 시가 평가제도를 이어서 설명하고 있습니다. 이외에는 일반적인 서술절차를 따라 먼저 상속세 다음으로 증여세를 설명하고 있습니다.

3. 이 책에 실린 내용은 조세쟁송의 증거자료나 해석 근거자료로 쓰일 수 없습니다.

이 책은 법령해석에 있어서 법령 적용이나 해석 뒤에 관련 법령조항을 가능한 한 밝혀 놓았습니다. 그 법령의 적용과정에서 편저자의 주관적인 입장을 배제할 수 없으며, 법령 해석이나 적용과정에서 해석의 오류가 없다고 할 수는 없으므로, 이 책을 실무에 적용하고자 하시는 분들은 이 사실을 인지하시고, 반드시 관련 세법령을 찾아서 살핀 후 실무에 활용하시기 바랍니다. 상속세 및 증여세에서 정한 규정들은 이해하기 어렵고 명확하지 않은 부분이 많아 실무에 적용할 때는 각 조항과 관련된 대법원 판결문 등을 주의 깊게 살펴보아야 합니다.

4. 세법을 실무에 적용할 때는 세법 본문을 정확히 찾아보시고 적용하시기 바랍니다.

세법령은 방대한 분야로, 해석이 편저자와는 다른 견해가 발생될 수 있고, 또한 판례와 해석의 변경 등으로 다른 판례와 해석의 차이가 충분히 일어날 수 있습니다. 따라서 이 책은 개괄적인 내용일 뿐이므로, 반드시 관련 세법령 개정연도별로 세법 내용을 확인하시고 실무에 적용하시기 바랍니다. 세법을 적용할 때는 이 책의 내용과 적용 과정에서 해석의 차이가 발생할 수 있으므로 반드시 관련 세법령의 본문, 개정연혁, 및 국세청에서 고시한 세법 기본통칙, 세법 집행기준, 세법해석(예규) 등을 찾아서 확인하시고 적용하시기 바랍니다.

특히 세법에서 '등'이라는 표현이 붙을 때는 표기된 항목 외에 다른 대상도 포함되어 있다는 사실을 유의하여 살피시기 바랍니다. '세법'에서는 '등'을 붙여쓰지만, 이 책에서 편집상 '등'을 띄어 쓴 경우가 있을 수 있으므로 참고하시기 바랍니다. (예, '주식등', '최대주주등')

「상속세 및 증여세법」의 이해를 위한 관련 법령과 예규 이해

세법은 세법령과 함께 다음과 같은 판례 등의 자료를 가지고 있습니다. 국세청에서 운영하고 있는 「국세법령정보시스템」(https://txsi.hometax.go.kr/)은 이 모든 자료를 수록하고 있고, 검색할 수 있습니다. 세법령이 아닌 민법과 같은 일반 법령들은 「국가법령정보센터」(https://www.law.go.kr/)에서 찾아볼 수 있습니다.

다음은 「국세법령정보시스템」에 수록된 주요 세법령 항목들입니다. 「국세법령정보시스템」 법령 화면에서 조세법령과 국세청 훈령과 해석 자료들을 확인할 수 있습니다.

※ 조세법령

세　법 - 법률. 국회에서 만들어져 정부에서 공포한 법률로 세금과 관련된 법률을 말합니다.

시행령 - 대통령령. 법률에서 위임하여 대통령이 공포한 세법의 하위 법령을 말합니다.

시행규칙 - 부령. 대통령이 위임하여 기획재정부장관이 공포한 부령입니다.

조세조약 - 국가 간 조세조약을 수록하고 있습니다.

※ 국세청 훈령과 해석 자료들

기본통칙 - 시행규칙에서 국세청장에게 위임하거나, 세법에 명시되지 않은 세법 적용상 기준을 마련하기 위해 국세청장이 세법령 형태로 발표한 훈령입니다.

집행기준 - 상증법의 집행과정에서 실무적인 적용 기준으로서 마련된 국세청 훈령. 특히 세법에서 서술형으로 명시된 내용을 복잡한 수식으로 정리를 해 놓아서 실무 적용 시에는 유용한 참고자료가 될 수 있습니다. 복잡한 세법령의 계산사례를 예시로 정리해 놓은 경우도 있습니다.

사무처리규정 - 국세청 내부의 업무처리 방법을 규정해 놓은 국세청 훈령입니다.

훈　령 - 국세청에서 법령 형태로 발표한 세법 관련 훈령입니다.

고　시 - 국세청 각종 고시한 내용입니다.

개정세법해설 - 매년 개정된 세법에 대한 요약과 해설 책자. 이는 매년 개정된 세법의 내용, 세법 개정 취지 등을 이해, 조세쟁송의 근거자료로 활용이 가능합니다.

최신개정법령 - 가장 최근에 개정된 법령을 최근 일자별 수록하고 있습니다.

※ 그 외의 수록 내용

판　례

헌법재판소 판례 - 헌법재판소에서 세법과 관련하여 위헌 여부 판결 사례입니다.

대법원 판례 - 조세쟁송 관련 최종 대법원 판결문은 세법해석의 기준이 됩니다.

각급 법원 판례 - 각급 법원에서 판결한 내용들입니다.

국세 심판례 - 법원에서 쟁점을 다투기 전에 반드시 거쳐야 할 절차로서 먼저 조세심판을 거치게 되는데, 조세심판원에서 판단한 사례들입니다.

질의(세법해석사례) - 흔히 예규라고 말합니다. 재정경제부, 국세청에서 서면으로 질의한 사항에 대한 답변 내용들로 세법 적용의 해석입니다. 세법의 해석이 명확하지 않은 경우, 동일 사안에 대한 세법 적용의 기준으로서 역할을 합니다. 조세쟁송과정에서 변경될 수가 있습니다. 예규 번호를 알면, 예규의 생산부서와 일자를 알 수 있습니다.

별표 서식 - 세법령에 명시된 각종 서식들을 찾아볼 수 있습니다. 이 책에서는 지면 관계상 「상속세 및 증여세법」에 들어있는 각종 서식들을 수록하지 못하였습니다. 국세법령정보시스템의 별표 서식에서 세법에 규정된 각종 서식들을 찾아볼 수 있습니다.

〈 상속세 및 증여세법 관련 〉

「상속세 및 증여세법」 - 「상증법」. 상속세와 증여세의 법률은 각각의 세목으로 두 가지 세목이지만 하나의 법률로 되어 있습니다. 풀어쓰게 되면 마치 두 개의 법률처럼 느껴지고, 표현이 길어져, 일반적으로 「상증법」이라는 간략한 표현을 합니다. 이 책에서도 「상증법」이라는 약칭을 사용하고 있습니다.

「상속세 및 증여세법 시행령」 - 「상증법 시행령」이라고 표현을 하고 있습니다. 일반적으로 「상증령」이라고 표현을 하지만, 처음 세법을 접하는 분들이 익숙하지 않을 것으로 보여, 「상증법 시행령」이라고 풀어썼습니다. 다만 앞에서 상증법과 상증법 시행령을 함께 묶어서 한 줄에 출처를 나타낼 때는 「시행령」이라고만 표기를 하였습니다. 이는 상증법의 하위 법령이기 때문에 연이어 기술한 것입니다. 이하 「시행규칙」, 「집행기준」 모두 동일합니다.

「상속세 및 증여세법 시행규칙」 - 「상증법 시행규칙」이라고 표현을 하였습니다. 「상증규칙」이라고 일반적으로 표현을 하지만, 「상증법 시행규칙」이라고 표현을 해서 이해하기 쉽도록 했습니다.

「상속세 및 증여세법 기본통칙」 - 일반적으로 「상증통칙」이라고 표현을 합니다. 그러나 이 책에서는 「상증법 기본통칙」이라고 명확히 이해할 수 있도록 표현을 했습니다.

「상속세 및 증여세법 집행기준」 - 「상증법 집행기준」이라고 표현을 했습니다.

「상속세 및 증여세법 사무처리규정」 - 「상증법 사무처리규정」이라고 표현을 했습니다.

〈 기타법령 〉

「조세특례제한법」 - 일반적으로 「조특법」이라고 표현을 하지만, 세법 명칭 그대로 썼습니다.
「국제조세조정에 관한 법률」 - 일반적으로 「국조법」이라고 표현을 합니다. 세법 명칭을 그대로 사용하였습니다.

그 외에도 「소득세법」, 「국세기본법」, 「법인세법」, 「조세범처벌법」 등의 다른 세법령 외에도 「민법」, 「자본시장과 금융투자업에 관한 법률(자본시장법)」, 「금융실명거래 및 비밀보장에 관한 법률(금융실명법)」 등 기타 법률은, 세법에 익숙하지 않은 분들을 위하여 법률 명칭을 가능하면 그대로 사용하였습니다.

상속세와 증여세는 각각 별도의 세목이지만, 「상속세 및 증여세법」이라는 하나의 법률로 묶여져 있습니다. 법률의 명칭을 줄여서 일반적으로 「상증법」이라고 표현합니다. 이 책에서도 「상증법」이라는 표현을 사용했습니다.

이 책의 작업을 처음 시작할 때는 자산가들을 위하여 「상속세 및 증여세법」을 간단하게 안내하고자 했습니다. 그러나 법령의 출처와 근거를 정리해 나가다 보니, 오히려 이 책이 실무에 가깝게 되고 말았습니다.

「상속세 및 증여세법」은 전문가들조차도 어려워합니다. 그만큼 「상속세 및 증여세법」을 간략하게 설명하기가 어렵다는 말입니다. 세무 전문가들이 「상속세 및 증여세법」을 실무에 적용하기 위해서는 적어도 일천 페이지 이상의 분량을 넘어가는 전문가용 고급 책자들을 읽고 실무에 활용합니다. 또한 매 연도별로 세법 개정내용을 살피고 확인하고 적용합니다. 아쉽게도 이 책은 그 정도 깊이까지 다루지 못하는 아쉬움이 있습니다. 간략하게 「상증법」을 알리려는 이 책의 당초 의도와는 다르게 분량이 너무 방대해지기 때문입니다.

「상속세 및 증여세법」을 실무에 적용하기 위해서는 세법이 개정된 연도가 매우 중요합니다. 부과제척기간이 최대 15년, 심지어 안 날로부터 1년 이내 부과(국세기본법 제26조의2제5항)되기 때문입니다. 따라서 상속세 및 증여세법을 실무에 적용하기 위해서는 최소 10년 이상 개정일자별로 세법이 바뀐 내용까지 모두 다 알아야 한다는 말입니다. 이 점을 이해하시고, 이 책을 활용해 주시기 바랍니다.

이 책의 편집은 「상속세 및 증여세법」을 국세청 법령정보시스템에서 「법률」, 「시행령」, 「시행규칙」, 「기본통칙」, 「집행기준」, 「사무처리규정」, 「예규」, 「서식」 등을 참고하였습니다.

이 책에서는 매 문단마다 가능하면 각 세법령의 관련 조항들을 찾아 표기해 놓았으므로, 법령 원문을 찾아 살피면, 실무에도 조금은 도움이 되리라 봅니다. 일부 법령 근거가 없이 해석의 적용을 수록한 내용들이 일부 있을 수 있는데, 이는 과거 메모 형식으로 공부했던 국세청 책자들을 참고하여 수록하였기 때문입니다.

세법령이 주는 딱딱한 이미지를 조금이라도 해소하기 위하여, 참고로 이 책은 문장을 '입니다', '습니다' 등으로 서술하였습니다. 이 책을 읽는 독자층들이 자산가들임을 감안하여 딱딱한 세법을 조금이라도 부드럽게 이해할 수 있도록 하기 위한 저자 나름대로의 고민이었습니다.

적어도 이 책을 읽음으로써 상증법이 담고 있는 개괄적인 법령 내용만이라도 이해한다면, 저자의 이 책을 통한 바램은 성취했으리라 봅니다. 이 책을 읽는 여러분들이 「상속세 및 증여세법」을 이해하는데 조금이나마 도움이 되기를 바라는 마음 간절합니다.

특히 이 책이 나오기까지 오랫동안 국세청에서 상속세 및 증여세법을 다루어 오신 김삼용 세무사님께서 전반적인 편집 의견과 증여세 완전포괄주의, 상속 및 증여재산의 평가, 공익법인 등에 각별한 조언과 도움을 주셨으며, 전반적인 문장과 세법해석의 오류를 살펴봐 주셨습니다. 또한 이현세무법인 최지선 세무사님께서 상속세 및 증여세편의 문장을 꼼꼼히 살펴봐 주시고 교정을 봐 주셨습니다. 두 분 세무사님께 이 지면을 빌어 심심한 감사를 드립니다.

아울러 이 책을 출간해주신 더 테라스의 백유창 대표님께도 심심한 감사의 말씀을 드립니다.

2024. 8

마숙룡, 이일화
저자 일동

CONTENTS

제2편 상속·증여재산의 평가

증여세

1. 「상속세 및 증여세법」을 반드시 이해해야 하는 이유

우리가 「상속세 및 증여세법」을 반드시 이해해야 하는 이유는 상속세·증여세라는 세금이 우리 삶속에서 그만큼 중요해졌기 때문입니다. 자산가들 입장에서는 정부가 정한 세법을 바르게 이해하고 세금을 납부하여야만 과소납부로 인한 가산세 부담을 줄이고, 후일 세무조사로 번질 수 있는 일들을 예방할 수 있습니다.

최근 몇 년 사이 부동산 가격의 폭등으로 양도, 상속, 증여, 종합부동산세 등의 조세 부담이 크게 늘어났습니다. 따라서 조금만 세액계산이 잘못되어도 가산세 부담액이 적지 않기 때문에 세법의 정확한 이해가 무엇보다 중요해졌습니다.

올바른 부의 이전을 위해서도 정부에 납부하는 세금 항목과 그 내용을 개괄적으로라도 반드시 알아야 합니다. 세법에 대한 무지를 핑계로 과세를 회피할 수는 없습니다. 법률에 규정된 내용을 몰랐다거나, 세법을 잘 이해하지 못했다는 이유로 세금을 벗어날 수가 없기 때문입니다.

세법을 정확히 이해하고 바르게 적용했다고 판단했음에도 불구하고, 나중에 큰 세액이 고지되어 과세관청과 다툼이 일어나는 경우가 있습니다. 대법원까지 가서 승소를 하고, 과세관청에서 고지세액을 취소하고 환급을 한다지만, 이미 대법원까지 조세쟁송 다툼으로 가는 과정, 세무조사 과정에서 스트레스, 조세쟁송 과정에서 시간 낭비, 세무사, 변호사 선임비용을 감안하면, 금전 문제뿐만 아니라 심적으로도 큰 부담을 겪고, 많은 시간을 낭비하게 됩니다. 자산가들은 아주 상식적으로라도 「상속세 및 증여세법」에 대한 과세항목과 제목만이라도 알아두는 것이 자산관리에 도움이 됩니다.

세법을 정확히 안다는 것은 보다 나은 절세 방안을 찾는 도구가 됩니다. 또한 과세를 초래할 만한 무리한 거래를 추진하지 않는 효과를 기대할 수 있습니다. 탈세는 법적 제재를 받지만, 절세는 법령에 명시된 사항을 지킴으로써 제대로 세금을 납부하되, 법의 테두리 안에서 가장 세금을 적게 내는 방법을 연구합니다. 세법과 세법의 적용과정을 제대로 알아야만 그 방법도 찾을 수 있습니다.

자산가들의 「상속세 및 증여세법」 대응전략

변칙적인 사전상속이나 증여행위를 막기 위하여, 정부는 2004년도부터 「증여세완전포괄주의 과세제도」를 도입하여 운영하고 있습니다. 복잡하고도 다양하게 일어나는 경제활동의 변화에 따른 부의 무상 이전에 대한 대응의 결과입니다. 이것이 반영된 것이 「상속세 및 증여세법」의 증여 예시·증여의제·증여추정 규정들입니다. 기업에서는 정부의 이러한 부의 무상 이전에 대한 규제에 대응전략을 마련하며 경영활동을 할 수밖에 없습니다.

「상속세 및 증여세법」 제3장 「증여세의 과세표준과 세액의 계산」은 증여재산(제1절 증여재산)과 증여추정·의제(제2절 증여추정 및 증여의제) 등을 규정하고 있습니다. 특히 증여에 관한 제 규정은 기업의 경영활동에 영향이 많은 법령 조문들입니다. 과세관청과 납세자 간에 쟁점이 발생하고 다툼이 많이 일어나는 부분이 증여예시·증여추정·증여의제와 관련된 법 조문들입니다. 법인의 특수관계법인, 특수관계인과의 거래 과정에서 자산(기업)가들은 바로 이 법 조항들을 주의 깊게 살필 필요가 있습니다.

상속세 문제는 일평생에 한두 번쯤 발생될 수 있지만, 증여세는 그렇지 않습니다. 증여 문제는 사업을 하거나 기업을 운영하시는 자산가들 입장에서는 빈번하게 일어날 수 있는 문제들이기에 꼭 살피고, 유상증자나 거래계약을 체결하여야 합니다.

상속세법과 증여세법이 한데 묶인 데는 **「부의 무상이전」**이라는 동일한 사유가 있기 때문입니다. 상속세와 증여세가 부의 무상 이전을 규제한다는 점에서는 동일하지만, 실생활에서 훨씬 더 자주 일어나는 일들이 증여와 관련된 세금 문제입니다. 「상속세 및 증여세법」에서 상속세 관련 법 조문보다는 증여세 법조문이 훨씬 많은 조항을 할애하고 있는 이유입니다.

자산가들은 자산의 규모가 어느 정도 규모를 넘어선다고 여겨지는 경우에는 수시 자문, 사전 검토 등과 같은 세무 전문가들의 조력을 받을 필요가 있습니다. 특히 규모가 큰 거래의 경우에는 세무사와 회계사 등과 같은 전문가들의 자문을 동시에 받고 난 후 의사를 결정하는 것이 큰 세금부담을 줄일 수 있는 하나의 방법이 될 것입니다.

2. 상속세 및 증여세법의 구성

「상속세 및 증여세법」은 상속세와 증여세라는 두 개의 세목이 하나의 법률로 묶여져 있으며, 7개의 장으로 구분된 법령 조문과 부칙으로 구성이 되어 있습니다. 제1장 총칙, 제2장 상속세의 과세표준과 세액의 계산, 제3장 증여세의 과세표준과 세액의 계산, 제4장 재산의 평가, 제5장 신고와 납부, 제6장 결정과 경정, 제7장 보칙으로 구성됩니다.

「상속세 및 증여세법」 본 법은 국회에서 통과되어 정부에서 공포된 법률로서, 부과와 징수, 결정·경정, 과세대상 등 항목별로 조문이 세분화되어 있으며, 그 법률에서 상세히 규정하지 못한 내용은 법률의 위임을 받아 그 하위 법령으로서 대통령령인 「상속세 및 증여세법 시행령」에서, 그리고 그 하위 법령인 기획재정부장관의 부령인 「상속세 및 증여세법 시행규칙」에서 그 세부적인 내용을 규정하고 있습니다.

☞ 이 책에서는 「상속세 및 증여세법」은 상증법, 「상속세 및 증여세법 시행령」은 상증법 시행령, 「상속세 및 증여세법 시행규칙」은 상증법 시행규칙이라고 줄여서 표기합니다.

다만, 「상속세 및 증여세법」이 실제 적용되는 방식에서 다른 일반 법률들과 다른 점이 있다면, 모든 세법이 그렇듯이, 「상속세 및 증여세법」 역시 모 「법률」과 대통령령인 「시행령」, 그리고 기획재정부령인 「시행규칙」만으로는 그 적용방법이나 기준을 다 규정할 수가 없어 하위 훈령과 기준을 가지고 있다는 점입니다. 「상속세 및 증여세법」의 하위 국세청 훈령에는 「상속세 및 증여세법 기본통칙」과 「상속세 및 증여세법 집행기준」이 있습니다. 이는 법령이라기보다는 적용기준이지만, 국세청 직원들의 실무에서는 매우 중요한 세무업무의 집행기준이 됩니다. 「기본통칙」과 「집행기준」은 법률과 시행령, 시행규칙에서도 세부적으로 정하지 못한 과세절차나 일정한 기준을 명시하는 경우가 많습니다.

☞ 기본통칙과 집행기준은 세 자리로 구성이 되어 있는데, 예를 들면 「상속세 및 증여세법 기본통칙 16-13…3」이라면, 앞의 16은 법률 조문, 둘째 자리 13은 시행령 조문, 시행령 조문이 없는 경우에는 0으로 표기되며, 마지막 자리 수는 연번입니다.

세법은 이러한 훈령으로도 적용이 어려운 경우가 많아 기획재정부의 유권해석으로 「서면질의에 대한 답변」, 국세청의 「서면질의에 대한 답변」 등(예규, 해석사례)이 세법해석의 기준으로 적용이 됩니다. 그러나 납세자와 과세관청 간의 과세처분으로 인한 다툼이 일어날 때, 과세관청의 훈령과 해석이 법원판결의 법원이나 기준이 되지는 못합니다. 그러나 국세청 직원들의 실무적용에서는 매우 중요한 적용기준이 된다는 점을 참고할 필요가 있습니다.

☞ 세법령 해석과 적용에 대한 납세자와 과세관청 간의 첨예한 의견 차이가 일어날 때는 국세청 본청에 서면으로 법령 적용에 대한 유권해석을 받아보는 것도 하나의 방법일 수 있습니다. 서면질의는 본청의 업무 주무과에서 먼저 서면 질의에 대한 답변을 하고, 주무과에서 해석이 곤란한 경우에는 국세청에서 법령해석을 총괄하는 법규과에서 서면 질의에 대한 답변을 합니다. 국

세청에서 판단이 어려운 경우에는 기획재정부에 질의를 진달합니다. 기획재정부(세제실)의 유권해석이 과세관청의 해석이 된다 하더라도, 법원의 판결에서 과세관청의 해석을 뒤집는 판결이 일어나는 경우가 있음을 볼 수 있습니다.

세법을 실무에 적용할 때는 대법원의 판례, 각급 법원의 판례, 조세심판원의 심판례, 국세청의 이의신청 사례가 법령해석에 영향을 미칩니다. 따라서 실무에서는 「상속세 및 증여세법」의 조문을 해석하고 적용할 때는 반드시 법원 판례와 유권해석의 사례를 살피게 됩니다.

국세청에서는 국세법령정보시스템(https://txsi.hometax.go.kr)을 개통하고. 조세법령에 대한 모든 정보들을 수록하고 있어서 법령 조문과 판례, 유권해석의 사례를 모두 한 눈에 살필 수 있습니다.

「상속세 및 증여세법」법률의 각 장별 구성과 조문 내용을 정리해보면 다음과 같습니다.

☞ 「상속세 및 증여세법」의 법률 조문 구성

장	절	주요 조문 내용
제1장 총칙	–	목적(제1조), 정의(제2조), 상속세 과세대상(제3조), 상속세 납부의무(제3조의2), 증여세 과세대상(제4조), 증여세 납부의무(제4조의2), 상속재산 등의 소재지(제5조), 과세 관할(제6조)
제2장 상속세 과세표준과 세액의 계산	제1절 상속재산	상속재산으로 보는 보험금(제8조), 상속재산으로 보는 신탁재산(제9조), 상속재산으로 보는 퇴직금(제10조) * 제7조 없음(삭제)
	제2절 비과세	전사자 등에 대한 상속세 비과세(제11조), 비과세되는 상속재산(제12조)
	제3절 상속세 과세가액	상속세 과세가액(제13조), 상속재산의 가액에서 빼는 공과금 등(제14조), 상속개시일 전 처분재산 등의 상속 추정 등(제15조)
	제4절 공익법인의 출연재산의 과세가액 불산입	공익법인등에 출연한 재산에 대한 상속세 과세가액 불산입(제16조), 공익신탁재산에 대한 상속세 과세가액 불산입(제17조)
	제5절 상속공제	기초공제(제18조), 가업상속공제(제18조의2), 영농상속공제(제18조의3), 가업상속공제와 영농상속공제의 동시 적용 배제(제18조의4), 배우자 상속공제(제19조), 그 밖의 인적공제(제20조), 일괄공제(제21조), 금융재산 상속공제(제22조), 재해손실 공제(제23조), 동거주택 상속공제(제23조의2), 공제적용의 한도(제24조)
	제6절 과세표준과 세율	상속세의 과세표준 및 과세최저한(제25조), 상속세 세율(제26조), 세대를 건너뛴 상속에 대한 할증과세(제27조)
	제7절 세액공제	증여세액 공제(제28조), 외국 납부세액 공제(제29조), 단기 재상속에 대한 세액공제(제30조)
제3장 증여세의 과세표준과 세액의 계산	제1절 증여재산	증여재산가액 계산의 일반원칙(제31조), 증여재산의 취득시기(제32조), 신탁이익의 증여(제33조), 보험금의 증여(제34조), 저가 양수 또는 고가 양도에 따른 이익의 증여(제34조), 채무면제 등에 따른 증여(제36조), 부동산 무상 사용에 따른 이익의 증여(제37조), 합병에 따른 이익의 증여(제38조) 증자에 따른 이익의 증여(제39조), 감자에 따른 이익의 증여(제39조의2), 현물출자에 따른 이익의 증여(제39조의3), 전환사채 등의 주식전환에 따른 이익의 증여(제40조), 초과배당에 따른 이익의 증여(제41조의2), 주식등의 상장 등에 따른 이익의 증여(제41조의3) 금전 무상대출에 따른 이익의 증여(제41조의4), 합병에 따른 상장 등 이익의 증여(제41조의5), 재산사용 및 용역제공 등에 따른 이익의 증여(제42조), 법인의 조직 변경 등에 따른 이익의 증여(제42조의2), 재산 취득 후 재산가치 증가에 다른 이익의 증여(제42조의3), 증여세 과세특례(제43조) * 제41조 없음(삭제)
	제2절 증여추정 및 증여 의제	배우자 등에 양도한 재산의 증여 추정(제44조), 재산 취득자금 등의 증여 추정(제45조), 명의신탁재산의 증여 의제(제45조의2), 특수관계법인과의 거래를 통한 증여 의제(제45조의3), 특수관계법인으로부터 제공받은 사업 기회로 발생한 이익의 증여 의제(제45조의4), 특정법인과의 거래를 통한 이익의 증여 의제(제45조의5)
	제3절 증여세 과세가액	비과세되는 증여재산(제46조), 증여세 과세가액(제47조)
	제4절 공익목적 출연재산 등의 과세가액 불산입	공익법인등이 출연받은 재산에 대한 과세가액 불산입(제48조), 공익법인등의 주식등의 보유기준(제49조), 공익법인등의 세무확인 및 회계감사의무(제50조), 공익법인등의 전용계좌 개설·사용 의무(제50조의2), 공익법인등의 결산서류등의 공시의무(제50조의3), 공익법인등에 적용되는 회계기준(제50조의4), 장부의 작성·비치 의무(제51조), 공익신탁재산에 대한 증여세 과세가액 불산입(제52조), 장애인이 증여받은 재산의 과세가액 불산입(제52조의2)

장	절	주요 조문 내용
제3장 증여세의 과세 표준과 세액의 계산	제5절 증여공제	증여재산 공제(제53조), 준용규정(제54조)
	제6절 과세표준과 세율	증여세의 과세표준과 과세최저한(제55조), 증여세 세율(제56조), 직계비속 에 대한 증여세의 할증과세(제57조)
	제7절 세액공제	납부세액 공제(제58조), 외국 납부세액 공제(제59조)
제4장 재산의 평가	–	평가의 원칙(제60조), 부동산 등의 평가(제61조), 선박 등 그 밖의 유형재산 의 평가(제62조), 유가증권 등의 평가(제63조), 무체재산권의 평가(제64조), 그 밖의 조건부 권리 등의 평가(제65조), 저당권 등이 설정된 재산 평가의 특 례(제66조)
제5장 신고와 납부	제1절 신고	상속세 과세표준신고(제67조), 증여세 과세표준신고(제68조) 신고세액공제 (제69조)
	제2절 납부	자진납부(제70조), 연부연납(제71조), 연부연납 가산금(제72조) 가업상속 에 대한 상속세 납부유예(제72조의2), 물납(제73조), 문화유산등에 대한 물 납(제73조의2), 지정문화유산 등에 대한 상속세의 징수유예(제74조), 준용 규정(제75조)
제6장 결정과 경정	–	결정·경정(제76조), 과세표준과 세액의 결정 통지(제77조), 가산세 등(제78 조), 경정 등의 청구 특례(제79조)
제7장 보칙	–	자료의 제공(제80조), 지급명세서 등의 제출(제82조), 금융재산 일괄조회 (제83조), 질문·조사(제84조), 납세자별 재산 과세자료의 수집·관리(제85 조), 부가세 부과 금지(제86조) * 제81조 없음(삭제)
부칙		2023.12.31. 최종 개정 〈제19932호〉

3. 세액계산 흐름도

상속세 세액계산 흐름도

항목	가감	세액 내용 및 산출 방법
총상속재산가액		– 상속재산가액(본래의 상속재산 + 간주상속재산) + 추정상속재산 * 상속재산가액은 국내외 모든 재산임
비과세가액 및 과세가액 불산입액	–	– (비과세) 금양임야, 문화유산 등 – (과세가액 불산입재산) 공익법인 등에 출연한 재산 등
공과금·장례비·채무	–	
사전 증여재산	+	– 합산대상 사전증여재산 (상속인 10년, 기타 5년) * 단, 10%(20%) 특례세율 적용되는 증여재산인 창업자금, 가업승계자산은 기한 없이 합산
상속세 과세가액	=	
상속공제	–	– (기초공제 + 그 밖의 인적공제)와 일괄공제(5억)중 큰 금액 – 가업·영농상속공제 – 배우자공제 – 금융재산 상속공제 – 재해손실공제 – 동거주택 상속공제 * 단, 위 합계 중 공제액을 종합 한도 내 금액만 공제 가능
감정평가수수료	–	– 부동산 감정평가업자의 수수료는 5백만원 한도 등
상속세 과세표준	=	
세율	×	<table><tr><td>과세표준</td><td>1억원 이하</td><td>5억원 이하</td><td>10억원 이하</td><td>30억원 이하</td><td>30억원 초과</td></tr><tr><td>세율</td><td>10%</td><td>20%</td><td>30%</td><td>40%</td><td>50%</td></tr><tr><td>누진공제액</td><td>없음</td><td>1천만원</td><td>6천만원</td><td>1억 6천만원</td><td>4억 6천만원</td></tr></table>
산출세액	=	(상속세 과세표준 × 세율) – 누진공제액
세대생략 할증세액	+	– 상속인이나 수유자가 피상속인의 자녀가 아닌 직계비속이면 할증함 단, 직계비속의 사망으로 최근친 직계비속에 상속하는 경우에는 제외
세액공제	–	– 문화유산자료 징수유예, 증여세액공제, 외국납부세액공제, 단기재상속세액공제, 신고세액공제
연부연납·분납·물납	–	
자진납부할 세액	=	

(자료 : 국세청)

증여세 세액계산 흐름도

항목	가감	세액 내용 및 산출 방법
증여재산가액		– 국내외 모든 증여재산가액
비과세가액 및 과세가액 불산입액	–	– (비과세) 사회통념상 인정되는 피부양자의 생활비, 교육비 등 – (과세가액 불산입재산) 공익법인 등에 출연한 재산
채무부담액	–	– 증여재산에 담보된 채무인수액(증여재산 관련 임대 보증금 포함)
증여재산가산액	+	– 해당 증여일 전 동일인으로부터 10년 이내에 증여받은 재산의 과세가액 – 합계액이 1천만원 이상인 경우 그 과세가액을 가산 * (동일인) 증여자가 직계존속인 경우 그 배우자 포함
증여세 과세가액	=	

| 증여공제
· 증여재산공제
· 재해손실공제
· 혼인 증여재산 공제 | – | 다음 표 참조 |

증여자	배우자	직계존속			직계비속	기타친족	기타
공제 한도액	6억원	5천만원 (수증자가 미성년자인 경우 2천만원) * 혼인·출산·입양 공제액 : 1억원(2024.1.1.이후)			5천만원	1천만원	없음

    * 위 증여재산의 공제한도액은 10년간의 누계한도액임
    – 증여세 신고기간 이내의 재난으로 멸실·훼손된 경우 그 손실가액을 공제

항목	가감	세액 내용 및 산출 방법
감정평가수수료	–	– 감정평가수수료는 5백만원 한도 등
증여세 과세표준	=	① 일반 : 증여재산 – 증여재산공제·재해손실공제 – 감정평가수수료 ② 합산배제(명의신탁) : 명의신탁 – 감정평가수수료 ③ 합산배제(상증법 제45조의3, 제45조의4) : 증여의제이익 – 감정평가수수료 ④ 합산배제(②와 ③을 제외) : 증여재산가액 – 3천만원 – 감정평가수수료

| 세율 | × | 다음 표 참조 |

과세표준	1억원 이하	5억원 이하	10억원 이하	30억원 이하	30억원 초과
세율	10%	20%	30%	40%	50%
누진공제액	없음	1천만원	6천만원	1억 6천만원	4억 6천만원

항목	가감	세액 내용 및 산출 방법
산출세액	=	– (증여세 과세표준 × 세율) – 누진공제액
세대생략 할증세액	+	– 수증자가 증여자의 자녀가 아닌 직계비속이면 할증(30% 또는 40%) 단, 직계비속의 사망으로 최근친 직계비속에 증여하는 경우에는 제외
세액공제+감면세액	–	– 문화유산자료 징수유예, 납부세액공제, 외국납부세액공제, 신고세액공제, 그 밖에 공제·감면세액
연부연납·분납	–	– 물납불가
자진납부할 세액	=	

상속세 및 증여세 세율표

(2000.1.1이후 상속·증여분)

과세표준	1억원 이하	5억원 이하	10억원 이하	30억원 이하	30억원 초과
세율	10%	20%	30%	40%	50%
누진공제액	없음	1천만원	6천만원	1억 6천만원	4억 6천만원

증여추정 배제기준

(국세청 훈령, 상속세 및 증여세 사무처리규정 제42조)

구분	취득재산		채무상환	총액한도
	주택	기타재산		
1. 30세 미만인 자	5천만원	5천만원	5천만원	1억원
2. 30세 이상인 자	1억5천만원	5천만원	5천만원	2억원
3. 40세 이상인 자	3억원	1억원	5천만원	3억원

재산종류별 기준시가 요약

구분	기준시가	고시(공시)대상	고시(공시)기관	고시일	적용
주택	공동 주택가격	공동주택 (아파트·연립·다세대)	국토교통부장관	매년 4.30까지	국세(양도·상속·증여·종부세) 지방세(재산세, 취득세) * 재산세 7, 9월 부과 * 종부세 12월 부과
	개별 주택가격	단독주택 (다가구·다중 포함)	– 표준주택 국토교통부장관	매년 1월말	
			– 개별주택 시·군·구청장	매년 4.30까지	
상업용 건물 오피스텔	상가·오피스텔 기준시가	구분 소유된 상가와 오피스텔	국세청장	매년 12.31 까지	국세(양도·상속·증여세)에만 적용
기타건물	건물 기준시가	주택·오피스텔 등외 일반건축물	국세청장	매년 12.31 까지	국세(양도·상속·증여세)에만 적용
	건물 시가표준액	주택외 일반건축물	행정안전부 시·군·구청장	매년 1.1까지	지방세(재산세, 취득세)에만 적용
토지	개별 공시지가	조세부과의 대상이 되는 토지 (단독주택 부수 토지는 제외)	– 표준지 국토교통부장관	매년 2월말	국세(양도·상속·증여·종부세)
			– 개별공시지가 시·군·구청장	매년 5.31까지	지방세(재산세, 취득세) * 재산세 7, 9월 부과 * 종부세 12월 부과
시설물 이용권	시설물이용권 기준시가	거래의 대상이 되는 시설물 이용권 (골프회원권 등)	광역자치단체 (특별시, 광역시, 도)	매년 1.1 (수시 조정고시)	국세(양도·상속·증여세) 지방세(재산세, 취득세)

제 **1** 편

완전포괄주의 증여

「상속세 및 증여세법」(이하 약칭 '상증법'이라 합니다)상 증여의 개념은 완전포괄주의로 증여세의 과세범위가 연차적으로 확대되어 왔음을 알 수 있습니다. 그만큼 과세관청에서 새로운 유형의 변칙 증여행위에 대한 과세를 강화하고 있다는 뜻이기도 합니다.

☞ 열거주의('00이전) → 유형별 포괄주의('01년) → 유형별 포괄주의 확정('03년) → 완전포괄주의('04년) → 완전포괄주의의 확장('16년)

2003.12.31. 이전에는 상증법에서 증여의 개념을 별도로 규정하고 있지 않아 민법(제554조)의 증여개념을 차용하여 이를 적용하여 왔습니다. 민법상 증여에 해당하지 아니하지만 실질적으로 부의 무상 이전이라고 판단되는 경우에는 증여의제나 증여추정 규정을 두어 증여세를 과세하였습니다.

2000년도까지는 과거 민법상의 증여재산과 상증법상 열거한 증여의제 또는 증여 추정재산에 대하여만 과세하였으나, 2001년도에는 6가지 유형의 자본거래의 증여의제와 유사한 경우에도 추가적인 법령 보완 없이 증여세를 과세할 수 있도록 하는 유형별 포괄주의를 도입하였으며, 2003년도부터는 나머지 여덟 가지 증여의제 유형에 대해서도 유형별 포괄주의를 적용하여 이를 시행해 왔습니다.

그러다가 2004.1.1. 이후부터는 상증법상 증여의 개념을 새로이 포괄적으로 규정함으로써 이에 해당하는 모든 재산이나 이익에 대하여 증여세 과세가 가능하도록 하는 '완전포괄주의 과세방식'으로 전환하였습니다. 이는 모든 변칙행위를 과세 규정으로 일일이 입법하는 것이 사실상 불가능하여 새로운 유형의 변칙증여 행위에 대한 과세방안을 마련하여 제도적으로 시행한 것입니다.

☞ 2004.1.1. 이후 증여세 완전포괄주의 제도를 도입하면서 상증법 제2조제6호(종전 상증법 제2조제3항)에 증여 개념을 신설하였습니다.

그러나 법원의 판단은 납세자의 예측가능성 등을 보장하기 위하여 개별가액산정규정이 특정한 유형의 거래·행위를 규율하면서 그중 일정한 거래·행위만을 증여세 과세대상으로 한정하고 그 과세범위도 제한적으로 규정함으로써 증여세 과세의 범위의 한계를 설정한 것으로 볼 수 있는 경우, 개별 가액산정 규정에서 규율하고 있는 거래·행위 중 증여세 과세대상이나 과세범위에서 제외된 거래·행위가 상증법 제4조제1항의 증여의 개념에 들어맞더라도 그에 대한 증여세를 과세할 수 없다(대법원 2014두47945, 2015.10.15.)는 일관된 입장을 취하고 있습니다.

정부에서는 2016.1.1. 이후 열거되어 있는 증여예시규정에 해당하지 않더라도 '증여'의 개념에 포섭되는 경우 증여세를 과세할 수 있는 근거 규정을 명확히 하였습니다. 증여의 개념에서 '기여에 의하여 타인의 재산 가치를 증가시키는 것'이라는 문구에서 '**기여에 의하여**'라는 용어를 삭제함으로서 증여의 적용의 폭이 그만큼 명확히 넓어지게 된 것입니다. 즉 '기여'가 의미하는 바가 증여의 요건을 제한할 수 있었으나, 그 제한 요건의 문구가 사라짐으로써 증여 과세 요건이 더욱 명확해지며 확대된 것입니다.

☞ 포섭 : 어떤 개념이 보다 일반적인 개념에 포괄되는 종속 관계

☞ 증여의 개념 법령 개정 연혁

상속세및증여세법 [법률 제7010호, 2003. 12. 30, 일부개정]	상속세및증여세법 [법률 제13557호, 2015. 12. 15, 일부개정]	상속세및증여세법 [법률 제17654호, 2020. 12. 22, 일부개정]
2004.1.1.–2015.12.31	2016.1.1.–2020.12.31	2021.1.1.– 현재
제2조 (증여세 과세대상) ③이 법에서 "증여"라 함은 그 행위 또는 거래의 명칭·형식·목적 등에 불구하고 경제적 가치를 계산할 수 있는 유형·무형의 재산을 타인에게 직접 또는 간접적인 방법에 의하여 무상으로 이전(현저히 저렴한 대가로 이전하는 경우를 포함한다)하는 것 또는 **기여에 의하여** 타인의 재산가치를 증가시키는 것을 말한다. 〈신설 2003.12.30〉	제2조(정의) 6. "증여"란 그 행위 또는 거래의 명칭·형식·목적 등과 관계없이 직접 또는 간접적인 방법으로 타인에게 무상으로 유형·무형의 재산 또는 이익을 이전(移轉)(현저히 낮은 대가를 받고 이전하는 경우를 포함한다)하거나 타인의 재산가치를 증가시키는 것을 말한다. 다만, 유증과 사인증여는 제외한다.	제2조(정의) 6. "증여"란 그 행위 또는 거래의 명칭·형식·목적 등과 관계없이 직접 또는 간접적인 방법으로 타인에게 무상으로 유형·무형의 재산 또는 이익을 이전(移轉)(현저히 낮은 대가를 받고 이전하는 경우를 포함한다)하거나 타인의 재산가치를 증가시키는 것을 말한다. 다만, 유증, 사인증여, 유언대용신탁 및 수익자연속신탁은 제외한다.

완전포괄주의 증여제도를 가장 먼저 살펴보는 것은 이 제도가 자산가들의 경제활동에 미치는 영향이 그만큼 폭이 넓고 크기 때문입니다.

많은 자산가들이 완전포괄주의 증여제도의 중요성을 인식하지 못한 채 특수관계인 간 거래나 부동산 매매 계약을 체결함으로써 고액의 증여세를 추징당하는 사례가 있습니다. 특히 특수관계인 간 또는 어떤 경제적 영향을 미칠 수 있는 법인 간의 거래가 이루어질 경우에도 반드시 「완전포괄주의 증여세 과세제도」에 대한 개념만이라도 이해하고 계약을 진행하는 것이 바람직합니다.

최근 부동산과 같은 자산의 급격한 가치 상승으로 인하여 조세 부담이 그만큼 커지는 만큼, 경제활동에서 세금 문제가 매우 중요해지고 있습니다. 자산가들 입장에서는 완전포괄주의 증여제도에 대하여 그 항목과 내용만이라도 간략하게 이해하는 것이 세무 전문가의 조력을 받아 자산을 관리하는데 조금이라도 도움이 되리라 봅니다. ☞ 증여예시·증여추정·증여의제

☞ 완전포괄주의 도입 · 개정 후 증여세 과세체계

구분			법률 규정
민법상 증여(1)		증여계약	계약에 의해 무상이전 되는 것
완전포괄주의과세 (상증법 제2조)	증여예시 (17)	일반거래 증여예시 (10)	① 신탁이익 (상증법 제33조) ② 보험금 (상증법 제34조) ③ 저가양수·고가양도(상증법 제35조) ④ 채무면제 등(상증법 제36조) ⑤ 부동산 무상사용(상증법 제37조) ⑥ 초과배당이익(상증법 제41조의2) ⑦ 금전 무상대출 등에 따른 이익(상증법 제41조의4) ⑧ 재산사용 및 용역제공등에 따른 이익(상증법 제42조) ⑨ 법인의 조직변경에 따른 이익(상증법 제42조의2) ⑩ 재산 취득후 재산가치 증가에 따른 이익(상증법 제42조의3)
		자본거래 증여예시 (7)	① 합병에 따른 이익(상증법 제38조) ② 증자에 따른 이익(상증법 제39조) ③ 감자에 따른 이익(상증법 제39조의2) ④ 현물출자에 따른 이익(상증법 제39조의3) ⑤ 전환사채등의 주식전환등에 따른 이익(상증법 제40조) ⑥ 주식등의 상장등에 따른 이익(상증법 제41조의3) ⑦ 합병에 따른 상장등 이익(상증법 제41조의5)
	포괄주의(1)		① **증여예시와 경제적 실질이 유사한 증여**(상증법 제4조제1항제6호)
증여추정(2)			① 배우자등에게 양도한 재산(상증법 제44조) ② 재산취득·채무상환·실명확인(예금 명의자 등) (상증법 제45조)
증여의제(4)			① 명의신탁재산(상증법 제45조의2) ② 특수관계법인과의 거래를 통한 이익(상증법 제45조의3) ③ 특수관계법인으로부터 제공받은 사업기회로 발생한 이익 (상증법 제45조의4) ④ 특정법인과의 거래를 통한 이익(상증법 제45조의5)

(자료: 국세청)

제1장 증여세 과세와 특수관계인

「민법」상 증여는 당사자 일방이 무상으로 일정한 재산을 상대방에게 준다는 의사를 표시하고, 상대방이 이를 승낙함으로서 성립하는 계약을 말합니다. (민법 제554조)

☞ 증여가 특별하게 발생하는 경우
- (정기증여) 정기적으로 재산을 무상으로 주는 증여를 말합니다. 증여자(증여를 하는 사람) 또는 수증자(증여를 받는 사람)가 사망할 경우에 그 효력을 잃습니다.(민법 제560조)
- (부담부증여) 상대부담이 있는 증여(민법 제561조)로 수증자가 재산과 채무를 동시에 부담하는 증여를 말합니다.
- (사인증여) 생전에 증여계약을 맺었으나, 그 효력이 증여자의 사망으로 발행하는 증여를 말합니다.(민법 제562조) 이는 상속을 말합니다. 따라서 사인증여는 상속세 과세대상이 됩니다.

「상속세 및 증여세법」상 증여는 그 행위 또는 거래의 명칭, 형식, 목적 등과 관계없이 타인에게 재산을 이전하거나, 타인의 재산 가치를 증가시키는 두 가지 경우를 말합니다. 직접 또는 간접적인 방법으로 타인에게 무상으로 유형, 무형의 재산 또는 이익을 이전하는 경우에는 현저히 낮은 대가를 받고 이전하는 경우를 포함합니다. 타인의 재산 가치를 증가시키는 경우에는 유증, 사인증여, 유언대용신탁, 수익자연속신탁은 제외합니다. (상증법 제2조제6호)

증여세는 「상속세 및 증여세법」상의 증여(증여자의 사망으로 인하여 효력이 발생하는 증여는 제외)를 과세원인으로 하여 무상으로 얻은 증여재산가액에 대하여 부과하는 세금입니다.

▌1 증여세 완전포괄주의 제도

상증법에서는 민법상 증여에 해당되지 아니하더라도, 그 행위 또는 거래의 명칭·형식·목적 등과 관계없이 직접 또는 간접적인 방법으로 타인에게 무상으로 유형·무형의 재산 또는 이익을 이전(현저히 낮은 대가를 받고 이전하는 경우를 포함합니다)하거나 타인의 재산가치를 증가시키는 것을 말합니다. 다만, 유증, 사인증여, 유언대용신탁 및 수익자연속신탁은 제외합니다.

2004.1.1. 이후 상증법상에 증여개념을 신설하면서 증여세 완전포괄주의 제도를 도입하였습니다. (상증법 제2조제6호)

> ☞ **상속세 및 증여세법 제2조(정의)** 이 법에서 사용하는 용어의 뜻은 다음과 같다. 〈개정 2020. 12. 22.〉
> 　6. "증여"란 그 행위 또는 거래의 명칭·형식·목적 등과 관계없이 직접 또는 간접적인 방법으로 타인에게 무상으로 유형·무형의 재산 또는 이익을 이전(移轉)(현저히 낮은 대가를 받고 이전하는 경우를 포함한다)하거나 타인의 재산가치를 증가시키는 것을 말한다. 다만, 유증, 사인증여, 유언대용신탁 및 수익자연속신탁은 제외한다.
> 　7. "증여재산"이란 증여로 인하여 수증자에게 귀속되는 모든 재산 또는 이익을 말하며, 다음 각 목의 물건, 권리 및 이익을 포함한다.
> 　　가. 금전으로 환산할 수 있는 경제적 가치가 있는 모든 물건
> 　　나. 재산적 가치가 있는 법률상 또는 사실상의 모든 권리
> 　　다. 금전으로 환산할 수 있는 모든 경제적 이익

1) 증여세 완전포괄주의 제도의 연혁

2004.1.1.이후부터는 상증법상 증여의 개념을 새로이 포괄적으로 규정함으로써, 이에 해당하는 모든 재산이나 이익에 대하여 증여세 과세가 가능하도록 완전포괄주의 과세방식으로 전환하였습니다. 그 이유는 모든 변칙증여 행위를 과세규정으로 일일이 입법하는 것이 현실적으로 불가능하기 때문이었습니다. 새로운 유형의 변칙증여 행위에 대한 사전 대처가 미흡하다는 문제점을 개선하기 위해서 이러한 증여세 완전포괄주의 제도가 도입되었습니다.

> ☞ **(증여세 완전포괄주의 제도의 도입)** 증여세는 열거주의, 유형별 포괄주의, 완전포괄주의 방식으로 과세대상 범위를 점차 넓혀 가면서 운영되어 왔습니다. 열거주의란 소득세법이 채택하고 있는 방식으로 과세대상을 세법에 일일이 열거한 후, 명시된 경우에만 과세가 가능한 방식을 말합니다. 포괄주의란 그 과세대상이 되는 이익이나, 계산의 범위를 포괄적으로 규정하여, 그 대상이 해당되는 경우에는 모두 과세할 수 있는 방식을 의미합니다.
> 　열거주의('00이전) → 유형별 포괄주의('01년) → 유형별 포괄주의 확정('03년) → 완전포괄주의('04년)
> ☞ **(증여세 과세 제도의 적용 연혁)** 2000년도까지는 과거 민법상의 증여재산과 상증법상 열거한 증여의제 또는 증여추정 재산에 대하여만 과세할 수 있었습니다. 그러나 2001년부터는 6가지 자본거래 증여의제와 유사한 경우에도 추가적인 법령 보완 없이 증여세를 과세할 수 있도록 하는 유형별 포괄주의를 도입하였습니다. 2003년도부터는 8가지 증여의제 유형에 대하여도 유형별 포괄주의를 적용하여 시행해왔습니다.

2) 대법원의 판례 경향

2004년부터 증여세 완전포괄주의 시행에도 불구하고 법원의 판단은 납세자의 예측 가능성과 법적 안정성 등을 보장하는 입장을 취하여 완전포괄주의 과세범위를 제한하고 있습니다.

> ☞ 법원은 납세자의 예측가능성 등을 보장하기 위하여 개별 가액산정규정이 특정한 유형의 거래·행위를 규율하면서 그중 일정한 거래·행위만을 증여세 과세대상으로 한정하고, 그 과세범위도 제한적으로 규정함으로써 증여세 과세의 범위의 한계를 설정한 것으로 볼 수 있는 경우, 개별 가액산정규정에서 규율하고 있는 거래·행위 중 증여세 과세대상이나 과세범위에서 제외된

거래·행위가 상증법 제4조제1항의 증여의 개념에 들어맞더라도 그에 대한 증여세를 과세할 수 없다(대법원 2014두47945, 2015.10.15.)라고 판결하여 과세범위를 제한하고 있습니다.

3) 증여세 완전포괄주의의 확장

정부에서는, 2016.1.1.이후 열거되어 있는 증여예시규정에 해당되지 않더라도 '증여'의 개념에 포섭되는 경우, 증여세 과세가 가능하도록 하는 근거규정을 신설하여 증여세 완전포괄주의의 적용을 명확히 하였습니다. (상증법 제2조제6호, 제4조제1항제6호)

영리법인은 증여세 납부의무가 없음을 규정하고, 영리법인이 증여받은 재산 또는 이익에 법인세가 과세된 경우에는 해당 법인의 주주 및 출자자에 대해서는 상증법에 따라 증여로 의제되는 경우를 제외하고는 증여세를 과세하지 아니하도록 법령을 개정하였습니다. (상증법 제4조의2제4항)

또한 기업집단 최대주주 등이 계열회사에 대한 지배력을 활용하여, 상속대상자인 자녀 등에게 편법적으로 부를 이전하는 경우를 제한하기 위해 특수관계법인으로부터 사업기회를 제공받은 수혜법인의 주주에 대한 증여세 과세 근거를 신설하였습니다. (상증법 제45조의3, 제45조의4)

종전의 상증법 제42조 '그 밖의 이익증여'를 개별 유형별로 분류하고, 별도 조문으로 구성하여 각각 '증여 예시' 성격의 규정임을 명확히 하였으며,(상증법 제42조, 제42조의2, 제42조의3) '특정법인과의 거래를 통한 이익의 증여'는 '증여 예시적 성격의 규정'에서 '증여의제 규정'으로 전환하였습니다. (상증법 제45조의5)

② 상증법상 증여

1) 상증법상 증여와 증여세

상증법상 증여는 타인에게 무상으로 유형, 무형의 재산 또는 이익을 이전하거나, 재산 가치를 증가시키는 것을 말합니다. 그 행위 또는 거래의 명칭, 형식, 목적 등과 관계없이 직접, 간접적인 행위 모두가 포함이 되며, 현저히 낮은 대가를 받고 이전하는 경우 또한 포함이 됩니다. 다만, 유증, 사인증여, 유언대용신탁 및 수익자연속신탁은 제외합니다.

이 경우, 제3자를 통한 간접적인 방법이나 2 이상의 행위 또는 거래를 거치는 방법으로 세법의 혜택을 부당하게 받기 위한 것으로 인정되는 경우가 있을 수 있습니다. 이때는 그 경제적 실질 내용에 따라 판단을 하여, 당사자가 직접 거래를 한 것으로 보거나, 연속된 하나의 행위 또는 거래를 한 것으로 보게 됩니다. (국세기본법 제14조제2항·제3항)

☞ **(증여계약의 법적 성질)** 민법상 '증여'는 무상계약이며, 낙성계약입니다. 낙성계약이란 물건의 인도, 기타 급부를 실행하지 않더라도, 당사자의 의사표시의 합치만으로 성립하는 계약을 말합니다. 민법에서의 '증여'는 당사자 일방이 무상으로 재산을 상대방에 수여하는 의사를 표시하고 상대방이 이를 승낙함으로써 그 효력이 생깁니다.(민법 제554조) 증여의 의사가 서면으로 표시되지 아니한 경우에는 각 당사자는 이를 해제할 수 있습니다.(민법 제555조) 민법에 따르면 증여계약의 해제는 서면에 의하지 않는 증여, 망은행위, 재산상태의 변화 등 이 세 가지의 경우에만 해제할 수 있습니다. 이미 이행한 부분에 대하여는 영향을 미치지 않으므로, 해제하더라도 이행한 부분에 대하여는 반환을 청구하지 못합니다. (민법 제555~558조)

☞ **(해제와 해지)** 해제와 해지는 소급효과 여부에서 구분이 됩니다. 해제는 유효하게 성립한 계약의 효력을 당사자 일방의 의사표시에 의하여 소급적으로 소멸하지 않게 하여 계약이 처음부터 성립되지 않은 상태로 복귀시키는 것을 말합니다. 해지는 계속적 계약관계에서 일방적 의사표시로 계약의 효력을 장래에 향하여 소멸하게 하는 행위를 말합니다. 즉 소급효과가 없습니다.

2) 증여세의 과세체계

증여세 과세체계는 증여자 과세체계와 수증자 과세체계가 있습니다. 증여자 과세체계는 증여자에게 납부의무가 있으며, 상속세 과세체계의 유산세체계에 상응하는 체계입니다. 수증자 과세체계는 수증자에게 증여세 납부의무가 있습니다. 이는 상속세과세체계의 유산취득세체계를 따르는 것입니다.

우리나라의 증여세 과세체계는 수증자를 납세의무자로 하여 증여자, 수증자별로 과세가액을 계산하도록 하고 있습니다. 또한 10년 이내에 동일인으로부터 증여가액(1천만원 이상)에 대하여 누적 과세하도록 하고 있습니다.

3) 상속세와 증여세의 비교

상속세는 피상속인(재산을 물려주는 자)이 거주자인지 비거주자인지에 따라 과세범위가 달라지지만, 증여세는 수증자(재산을 받는 자)가 거주자인지 비거주자인지에 따라 과세범위가 달라집니다.

상속세는 피상속인이 자연인(개인)인 경우에만 부과되지만, 증여세는 증여자가 자연인 또는 법인 여부에 상관이 없습니다. 수증자가 개인인 경우뿐만 아니라, 비영리법인인 경우에도 부과될 수 있습니다.

상속세는 유산과세형이므로 피상속인이 물려준 유산총액을 기준으로 과세되지만, 증여세는 다릅니다. 증여세는 수증자를 기준으로 증여자·수증자별로 세액을 계산하고, 동일한 증여자로부터 증여받은 재산을 10년간 합산하여 과세합니다.

4) 양도소득세와의 관계

부동산 등을 상속 또는 증여에 의하여 취득한 후에 이를 양도하는 경우에는 해당 부동산 등의 양도차익 계산시 취득가액은 상속개시일 또는 증여일 현재 「상속세 및 증여세법」 제60조 ~ 제66조 규정에 따라 평가한 가액(납세자가 신고기한내 신고한 가액이 아닙니다)으로 하고 있습니다. (소득세법 시행령 제163조제9항·제10항)

즉, 상속세·증여세 과세가액이 낮게 평가 되면, 양도차액이 커지게 되어 양도소득세가 늘어나는 밀접한 관계에 있습니다.

5) 증여재산에 소득세·법인세가 부과되는 경우

☞ 「상속·증여세 이론과 실무」 책자의 '제4편 증여세' 납세의무 부분에서 상세히 설명합니다.

증여재산에 대하여 수증자에게 소득세법에 따른 소득세, 법인세법에 따른 법인세가 부과되는 경우에는 증여세를 부과하지 않습니다. 소득세, 법인세가 소득세법, 법인세법 또는 다른 법률에 따라 비과세되거나 감면되는 경우에도 증여세를 부과하지 않습니다. (상증법 제4조의2제3항)

☞ 예를 들어 개인이 특수관계법인으로부터 부동산을 저가로 취득하여 법인세 부당행위계산부인 규정을 적용하여, 거래 부동산의 시가와 대가의 차액에 대하여 익금산입하고, 그 가액을 개인에게 소득처분하여 소득세가 부과되는 경우에는 그 시가와 대가의 차액에 대하여 다시 증여세를 부과하지 않습니다.

☞ 이 경우 주의하여야 할 점은, 소득세법에 의하여 소득세가 부과되는 때에는 증여세를 부과하지 아니한다는 것은 소득세의 과세대상이 되는 경우에 증여세를 중복하여 부과할 수 없다는 것을 규정한 것입니다. 소득세의 적법한 과세대상도 아닌데 잘못 부과된 경우에도 항상 증여세를 부과해서는 안 된다거나, 그와 같이 잘못 부과된 소득세부과처분을 취소하지 아니하고는 증여세를 부과하지 못한다는 취지의 규정은 아닙니다. (대법원94누15189, 1995.05.23.)

증여세와 양도소득세는 납세의무의 성립 요건과 시기 및 납세의무자를 서로 달리 하는 것이어서 과세관청이 각 부과처분을 할 경우에는 각각의 과세요건에 모두 해당될 경우에는 각각의 과세요건에 따라 실질에 맞추어 독립적으로 판단하게 됩니다. 각각의 과세요건에 모두 해당될 경우 양자의 중복적용을 배제하는 특별한 규정이 없는 한, 증여세와 양도소득세 모두 과세될 수가 있습니다.

6) 수증자가 영리법인인 경우

☞ 「상속·증여세 이론과 실무」 책자의 '제4편 증여세' 납세의무 부분에서 상세히 설명합니다.

영리법인이 타인으로부터 재산을 증여받거나 경제적 이익을 받는 경우에는 납부할 증여세를 면제받게 됩니다. 영리법인이 증여받은 재산은 자산수증이익으로 법인의 각 사업연도 소득(익금)을 구성하기 때문에 법인세와의 이중과세를 방지하기 위하여 증여세를 면제하고 있습니다.

영리법인이 증여받은 재산 또는 이익에 대하여 법인세법에 따른 법인세가 부과되는 경우(법인세가 법인세법 또는 다른 법률에 따라 비과세되거나 감면되는 경우를 포함합니다) 해당 법인의 주주 등에 대하여는 '특수관계법인과의 거래를 통한 증여의제'(상증법 제45조의3), '특수관계법인으로부터 제공받은 사업기회로 발생한 이익의 증여의제'(상증법 제45조의4), '특정법인과의 거래를 통한 증여의제'(상증법제45조의5)의 경우를 제외하고는 증여세를 부과하지 아니합니다. (상증법 제4조의2제4항)

7) 증여가액계산의 일반 원칙

☞ 「상속·증여세 이론과 실무」 책자의 '제4편 증여세 제2장 증여가액계산의 일반원칙 부분에서 상세히 설명합니다.

증여세 완전포괄주의가 도입된 이후에도 포괄적 증여의 개념에 대응하는 일반적인 증여이익 계산방법이 규정되어 있지 않아 증여세 과세 논란이 끊임없이 제기되고, 상증법상 열거되어 있지 않은 유형의 증여 행위에 대해 적극적으로 과세하지 못하는 문제점이 있었습니다. 이를 위하여 2013.1.1. 법률개정(11609호)을 통해 증여재산가액 계산의 일반원칙을 신설(상증법 제31조)하였습니다.

이는 새로운 유형의 변칙적인 증여행위에도 과세할 수 있도록 증여재산가액 계산의 일반원칙을 규정한 것으로, 2013.1.1.이후 증여받은 분부터 이 규정에 따라 증여세를 과세합니다. 적용한도는 「3억원 이상 또는 30%이상」이라는 과세기준이익 등 일반원칙의 적용한도를 명시하여, 완전포괄주의 확대에 따른 증여세 과세의 범위를 일부 제한하고 있습니다.

상증법 제4조(증여세 과세대상)제1항4호부터 제6호까지 및 제4조제2항에 해당하는 경우에는 증여재산가액 계산의 일반원칙에도 불구하고, 해당규정에 따라 증여재산가액을 계산합니다.
☞ 2016.1.1.이후부터 적용합니다.

3 증여세 과세대상 (증여 재산)

증여세 과세대상은 증여로 인하여 수증자에게 귀속되는 재산을 말합니다.

증여재산에는 금전으로 환산할 수 있는 경제적 가치가 있는 모든 물건과 재산적 가치가 있는 법률상 또는 사실상의 모든 권리를 포함하며, 2016.1.1. 이후 증여받는 분부터는 수증자에게 귀속되는 금전으로 환산할 수 있는 모든 경제적 이익을 추가하여 포함시킴으로써, 용역을 무상 또는 현저히 낮은 가액으로 제공받음에 따른 이익이나 합병·상장에 따라 증가한 이익 등에도 과세할

수 있도록 명확히 하였습니다. (상증법 제2조제7호, 2015.12.15. 신설)

☞ 법령개정에 따른 증여재산의 대상변경

2015.12.31이전	2016.1.1이후
○ 수증자에게 귀속되는 재산으로서 　– 경제적 가치가 있는 모든 물건 　– 재산적 가치가 있는 모든 권리	○ 수증자에게 귀속되는 재산으로서 　– (좌동) 　– (좌동) 　– (추가) 금전으로 환산할 수 있는 모든 경제적 이익

　　증여세 과세대상인 증여재산의 범위는 다음과 같습니다.(상증법 제4조) 증여재산가액 계산은 상증법에서 증여재산가액 계산의 일반원칙(상증법 제31조)에서 규정하고 있습니다.

　　상증법 제4조에 규정된 증여세 과세대상을 이해하기 쉽게 설명하면 다음과 같습니다.

　　① 무상으로 이전받은 재산 또는 이익

　　② 현저히 낮은 대가를 주고 재산 또는 이익을 이전받음으로써 발생하는 이익이나 현저히 높은 대가를 받고 재산 또는 이익을 이전함으로써 발생하는 이익. 다만, 특수관계인이 아닌 자간의 거래인 경우에는 거래의 관행상 정당한 사유가 없는 경우로 한정

　　③ 재산 취득 후 해당 재산의 가치가 증가한 경우의 그 이익. 다만, 특수관계인이 아닌 자 간의 거래인 경우에는 거래의 관행상 정당한 사유가 없는 경우로 한정

　　④ 예시규정(상증법 제33조부터 제39조까지, 제39조의2, 제39조의3, 제40조, 제41조의2부터 제41조의5까지, 제42조, 제42조의2 제42조의3까지)에 해당하는 경우의 그 재산 또는 이익

　　⑤ ④의 각 예시규정의 경우와 경제적 실질이 유사한 경우 등 각 규정을 준용하여 증여재산의 가액을 계산할 수 있는 경우의 그 재산 또는 이익 (상증법 제4조제1항제6호)

　　⑥ 추정규정(상증법 제44조, 제45조)에 해당하는 경우의 그 재산 또는 이익

　　⑦ 의제규정(상증법 제45조의2부터 제45조의5까지의 규정)에 해당하는 경우에는 그 재산 또는 이익

　　⑧ 당초 상속분을 초과하여 취득하는 재산가액

　　⑨ 반환 또는 재증여한 경우

☞ 예시규정, 추정규정, 의제규정이란 말이 상증법 제4조에 명시된 것은 아닙니다. 상증법 제4조 법령 조문에는 해당 조항만을 열거하고 있을 뿐입니다.

☞ 「상속세 및 증여세법」 제4조(증여세 과세대상)
　① 다음 각 호의 어느 하나에 해당하는 증여재산에 대해서는 이 법에 따라 증여세를 부과한다. 〈개정 2016. 12. 20.〉
　　1. 무상으로 이전받은 재산 또는 이익
　　2. 현저히 낮은 대가를 주고 재산 또는 이익을 이전받음으로써 발생하는 이익이나 현저히 높은 대가를 받고 재산 또는 이익을 이전함으로써 발생하는 이익. 다만, 특수관계인이 아닌 자 간의 거래인 경우에는 거래의 관행상 정당한 사유가 없

는 경우로 한정한다.

3. 재산 취득 후 해당 재산의 가치가 증가한 경우의 그 이익. 다만, 특수관계인이 아닌 자 간의 거래인 경우에는 거래의 관행상 정당한 사유가 없는 경우로 한정한다.

4. 제33조부터 제39조까지, 제39조의2, 제39조의3, 제40조, 제41조의2부터 제41조의5까지, 제42조, 제42조의2 또는 제42조의3에 해당하는 경우의 그 재산 또는 이익

5. 제44조 또는 제45조에 해당하는 경우의 그 재산 또는 이익

6. 제4호 각 규정의 경우와 경제적 실질이 유사한 경우 등 제4호의 각 규정을 준용하여 증여재산의 가액을 계산할 수 있는 경우의 그 재산 또는 이익

② 제45조의2부터 제45조의5까지의 규정에 해당하는 경우에는 그 재산 또는 이익을 증여받은 것으로 보아 그 재산 또는 이익에 대하여 증여세를 부과한다.

③ 상속개시 후 상속재산에 대하여 등기 · 등록 · 명의개서 등(이하 "등기등"이라 한다)으로 각 상속인의 상속분이 확정된 후, 그 상속재산에 대하여 공동상속인이 협의하여 분할한 결과 특정 상속인이 당초 상속분을 초과하여 취득하게 되는 재산은 그 분할에 의하여 상속분이 감소한 상속인으로부터 증여받은 것으로 보아 증여세를 부과한다. 다만, 제67조에 따른 상속세 과세표준 신고기한까지 분할에 의하여 당초 상속분을 초과하여 취득한 경우와 당초 상속재산의 분할에 대하여 무효 또는 취소 등 대통령령으로 정하는 정당한 사유가 있는 경우에는 증여세를 부과하지 아니한다.

④ 수증자가 증여재산(금전은 제외한다)을 당사자 간의 합의에 따라 제68조에 따른 증여세 과세표준 신고기한까지 증여자에게 반환하는 경우(반환하기 전에 제76조에 따라 과세표준과 세액을 결정받은 경우는 제외한다)에는 처음부터 증여가 없었던 것으로 보며, 제68조에 따른 증여세 과세표준 신고기한이 지난 후 3개월 이내에 증여자에게 반환하거나 증여자에게 다시 증여하는 경우에는 그 반환하거나 다시 증여하는 것에 대해서는 증여세를 부과하지 아니한다.

1) 포괄적 증여재산 (상증법 제4조제1항제1호~제3호)

다음 조건에 맞는 새로운 유형의 증여재산을 포함합니다. 이는 증여세를 부과합니다.

① 무상으로 이전받은 재산 또는 이익

② 현저히 낮은 대가를 주고 재산 또는 이익을 이전받음으로써 발생하는 이익이나 현저히 높은 대가를 받고 재산 또는 이익을 이전함으로써 발생하는 이익. 다만, 특수관계인이 아닌 자 간의 거래인 경우에는 거래의 관행상 정당한 사유가 없는 경우로 한정합니다.

③ 재산 취득 후 해당 재산의 가치가 증가한 경우의 그 이익. 다만, 특수관계인이 아닌 자 간의 거래인 경우에는 거래의 관행상 정당한 사유가 없는 경우로 한정합니다.

2) 증여 예시규정 (상증법 제4조제1항제4호)

17가지의 증여예시와 함께 이를 적용하여 과세하는 방법에 대한 과세특례규정을 별도로 명시(상증법 제43조에 따른 '증여세 과세특례')하여, 17가지 증여예시규정과 1개의 특례규정을 두고 있습니다.

① 상증법 제33조에 따른 「신탁이익의 증여」

② 상증법 제34조에 따른 「보험금의 증여」

③ 상증법 제35조에 따른 「저가양수 및 고가양도에 따른 이익의 증여」

④ 상증법 제36조에 따른 「채무면제 등에 따른 이익의 증여」

⑤ 상증법 제37조에 따른 「부동산 무상사용에 따른 이익의 증여」

⑥ 상증법 제38조에 따른 「합병에 따른 이익의 증여」

⑦ 상증법 제39조에 따른 「증자에 따른 이익의 증여」

⑧ 상증법 제39조의2에 따른 「감자에 따른 이익의 증여」

⑨ 상증법 제39조의3에 따른 「현물출자에 따른 이익의 증여」

⑩ 상증법 제40조에 따른 「전환사채 등의 주식전환에 따른 이익의 증여」

⑪ 상증법 제41조의2에 따른 「초과배당에 따른 이익의 증여」

⑫ 상증법 제41조의3에 따른 「주식 등의 상장에 따른 이익의 증여」

⑬ 상증법 제41조의4에 따른 「금전 무상대출 등에 따른 이익의 증여」

⑭ 상증법 제41조의5에 따른 「합병에 따른 상장 등 이익의 증여」

⑮ 상증법 제42조에 따른 「재산사용 및 용역제공 등에 따른 이익의 증여」

⑯ 상증법 제42조의2에 따른 「법인의 조직 변경 등에 따른 이익의 증여」

⑰ 상증법 제42조의3에 따른 「재산 취득 후 재산가치 증가에 따른 이익의 증여」

※ 상증법 제43조에 따른 「증여세 과세특례」 (별도 조항으로 있음)

☞ (증여예시규정이라 말하는 이유) 「상속세 및 증여세법」 제3장 「증여세의 과세표준과 세액의 계산」 제1절 「증여재산」의 제4조(증여세 과세대상)제1항제4호에서 이 규정들을(위의 17가지)을 열거하면서, 제4조(증여세 과세대상)제1항제6호에서 이와 같은 증여 규정과 경제적 실질이 유사한 경우 등에는 각 규정(위의 17가지)을 준용하여 증여재산의 가액을 계산할 수 있도록 하고 있기 때문에 이를 증여예시규정이라 말하는 것입니다. 따라서 이 규정들을 증여재산의 가액을 계산할 수 있는 있는 증여예시규정이라고 일반적으로 말합니다. 세법령에서 이를 증여예시규정이라고 직접 명칭하고 있지는 않습니다.

3) 증여와 경제적 실질이 유사한 경우의 증여재산 (상증법 제4조제1항제6호)

상증법 제4조제4호 각 규정의 경우와 경제적 실질이 유사한 경우 등 상증법 제4조제4호의 각 규정을 준용하여 증여재산의 가액을 계산할 수 있는 경우의 그 재산 또는 이익(상증법 제4조제1항제6호)은 증여세가 과세됩니다.

즉, 앞의 증여예시규정과 경제적 실질이 유사한 경우 등 증여예시의 각 규정을 준용하여 증여재산의 가액을 계산할 수 있는 경우의 그 재산 또는 이익을 말합니다. 이를 증여세 과세대상 재산으로 규정하고 있습니다.

☞ 「상속세 및 증여세법」 제4조(증여세 과세대상)

　① 다음 각 호의 어느 하나에 해당하는 증여재산에 대해서는 이 법에 따라 증여세를 부과한다.

　　4. 제33조부터 제39조까지, 제39조의2, 제39조의3, 제40조, 제41조의2부터 제41조의5까지, 제42조, 제42조의2 또는 제42조의3에 해당하는 경우의 그 재산 또는 이익

　　6. 제4호 각 규정의 경우와 경제적 실질이 유사한 경우 등 제4호의 각 규정을 준용하여 증여재산의 가액을 계산할 수 있는 경우의 그 재산 또는 이익

4) 증여추정 (2가지) (상증법 제4조제1항제5호)

상증법 제44조 또는 제45조에 해당하는 경우의 그 재산 또는 이익은 증여세 과세대상이 됩니다.

　① 상증법 제44조에 따른 「배우자 등에게 양도한 재산의 증여 추정」

　② 상증법 제45조에 따른 「재산 취득자금 등의 증여추정」

5) 증여의제 (4가지) (상증법 제4조제2항)

　① 상증법 제45조의2에 따른 「명의신탁재산의 증여의제」

　② 상증법 제45조의3에 따른 「특수관계법인과의 거래를 통한 이익의 증여의제」

　③ 상증법 제45조의4에 따른 「특수관계법인으로부터 제공받은 사업기회로 발생한 이익의 증여의제」

　④ 상증법 제45조의5에 따른 「특정법인과의 거래를 통한 이익의 증여의제」

4 상속재산의 협의분할 및 재분할의 경우

1) 당초 상속분을 초과하여 취득하는 재산가액은 증여재산에 해당함

상속개시 후 상속재산에 대하여 등기·등록·명의개서 등(이하 "등기등"이라 합니다)으로 각 상속인의 상속분이 확정된 후, 그 상속재산에 대하여 공동상속인이 협의하여 분할한 결과 특정 상속인이 당초 상속분을 초과하여 취득하게 되는 재산은 그 분할에 의하여 상속분이 감소한 상속인으로부터 증여받은 것으로 보아 증여세를 부과합니다. (상증법 제4조제3항)

그러나 공동상속인이 상속개시 후 상속재산을 최초로 협의분할에 따라 상속인이 자기의 법정상속지분을 초과하여 상속재산을 취득하더라도 그 초과 취득분에 대해서는 상속재산의 분할에 해당하므로 증여세를 과세하지 아니합니다. (상증법 제4조제3항 단서 규정, 상증법 시행령 제3조의2)

민법상 상속재산은 언제든지 협의분할이 가능하고, 그 효력은 상속개시당시로 소급하여 소급효력이 인정되고 있습니다.(민법 제1013조) 그러나 상증법에서는 상속개시 후 상속재산에 대하여 등기·등록·명의개서 등('등기등')에 따라 각 상속인의 상속분이 확정되어 '등기등'이 된 후, 그 상속재산에 대하여 공동상속인 사이의 협의에 의한 분할에 의하여 특정 상속인이 당초 상속분을 초과하여 취득하는 재산가액은 해당 분할에 의하여 상속분이 감소된 상속인으로부터 증여받은 것으로 보고 있습니다. (상증법 제4조제3항)

이는 상속분이 확정된 후에 민법상 협의분할을 이용한 증여세 탈루를 방지하기 위하여 규정된 것입니다.

2) 재분할로 상속지분이 변동되더라도 증여가 아닌 경우

당초 분할된 상속재산이 다음과 같은 사유로 재분할되는 경우에는 상속지분의 변동이 있더라도 증여세가 과세되지 않습니다. (상증법 제4조제3항 단서 규정, 상증법 시행령 제3조의2)

① 상속세 신고기간 이내에 재분할에 의하여 당초 상속분을 초과하여 취득한 경우

    (상증법 제4조제3항 단서, 재재산46014-308, 2001.12.28)

② 상속회복청구의 소에 의한 법원의 확정판결에 따라 상속인 및 상속재산에 변동이 있는 경우

    (상증법 시행령 제3조의2제1호)

    * 상속회복청구권 : 상속권이 없으면서도 사실상 상속의 효과를 보유한 사람(참칭상속인)에 대하여 진정한 상속인이 상속의 효과를 회복할 것을 청구하는 권리(민법 999조)
    * 상속회복청구의 소 : 상속권이 참칭상속인으로 인하여 침해된 때에 진정한 상속권자가 그 회복을 청구하는 소

③ 채권자대위권(민법 제404조)의 행사에 의하여 공동상속인들의 법정상속지분대로 '등기등'이 된 상속재산을 상속인 사이의 협의분할에 따라 재분할하는 경우 (상증법 시행령 제3조의2제2호)

    * 채권자대위권 : 채권자가 자기채권을 보전하기 위하여 채무자의 권리를 대신 행사할 수 있는 권리

④ 상속세 신고기한 내에 상속세를 물납하기 위하여 민법상 법정상속분(민법 1009조)으로 등기, 등록 및 명의개서 등을 하여 물납을 신청하였다가 물납허가를 받지 못하거나, 세무서장의 물납재산의 변경명령을 받아 다른 재산으로 물납신청을 하고 당초의 물납재산을 상속인 사이의 협의 분할에 의하여 재분할하는 경우 (상증법 시행령 제3조의2제3호)

〈예시〉 2023. 4. 20 상속개시, 2023.10.31. 상속세 신고 (상속개시일이 속하는 다음달부터 6개월 말일까지 신고기한)

① 2023. 9. 20 상속개시 협의분할 등기한 후, 2023.10.20. 재협의하여 분할한 경우 → 증여세 과세대상 아님

② 2023. 9. 20 상속개시 협의분할 등기한 후, 2023.11.20. 재협의하여 분할한 경우 → 증여세 과세

③ 2023. 11. 20 상속재산 최초 협의 분할 등기한 경우 → 증여세 과세대상 아님

5 반환 또는 재증여한 경우

(상증법 제4조제4항)

☞ 반환·재증여 시기별 증여세 과세 여부

반환 토는 재증여시기	당초 증여분	반환 또는 재증여
증여세 신고 기한 이내	과세제외	과세제외
신고기한 경과 후 3월 이내	과세	과세제외
신고기한 경과 후 3월 후	과세	과세
금전(시기에 관계없음)	과세	과세

1) 증여재산을 반환하거나 재증여하는 경우

수증자가 증여받은 재산(금전은 제외)을 다시 증여자에게 반환하거나 재증여하는 경우에는 그 반환 또는 재증여하는 시기에 따라 증여세 과세대상 여부가 달라집니다.

수증자가 증여재산(금전은 제외)를 당사자 간의 합의에 따라 증여세 신고기한까지 증여자에게 반환하는 경우(반환하기 전에 과세표준과 세액을 결정받은 경우는 제외)에는 처음부터 증여가 없었던 것으로 보며, 증여세 신고기한이 지난 후 3개월 이내에 증여자에게 반환하거나, 증여자에게 다시 증여하는 경우에는 그 반환하거나 다시 증여한 것에 대하여는 증여세를 부과하지 않습니다.(상증법 제4조제4항)

☞ 합의해제에 의한 증여재산의 반환을 재증여의 경우와 동일시하여 증여세를 부과하는 것과 예외적으로 일정한 기간 이내의 합의해제에 의한 반환에 대하여 증여세를 부과하지 아니하는 것이 부적절하다고 할 수 없습니다.(헌재2000헌바35, 2002.1.31.)

☞ 〈예시〉

① 2023. 7.5 부동산(3억원)을 자에게 증여한 후, 2023.10.20.에 반환한 경우

→ 당초 증여 및 반환 모두 증여로 보지 않음

② 2023. 7.5 부동산(3억원)을 자에게 증여한 후, 2023.11.10. 반환한 경우

→ 당초 증여재산 3억원은 과세하고, 반환은 과세하지 않음

2) 증여재산이 금전인 경우

증여재산이 금전인 경우에는 그 반환여부를 현실적으로 파악하기 어려운 점을 감안하여 반환·재증여에 관계없이 항상 당초 증여분과 반환·재증여분에 대하여 모두 증여세가 과세됩니다.

헌법재판소는 금전은 소유와 점유가 분리되지 않아 그 반환여부나 반환시기를 객관적으로 확인하기 어렵다는 특수성이 있으며, 금전의 증여와 반환이 용이하다는 점을 이용하여 다양한 형태의 증여세 회피행위가 이루어질 수 있으므로, 금전증여의 경우 다른 재산의 증여와 달리 신고기한 이내에 합의해제를 하더라도 증여세를 부과하는 것은 합리적인 이유가 있다고 판단하고 있습니다. (헌재2013헌바117, 2015.12.23.)

3) 증여재산을 반환하기 전에 과세표준과 세액을 결정받는 경우

또한 증여재산을 반환하기 전에 과세표준과 세액을 결정 받은 경우에는 당초 증여에 대하여도 증여세를 부과합니다.

1 특수관계인 규정

특수관계인의 범위는 국세기본법에서 기본적으로 정하고 있으나, 상증법에서도 별도로 규정하고 있습니다. 상증법에 의한 상속세·증여세 과세시 특수관계인의 범위는 국세기본법보다 상증법을 우선 적용합니다. (국세기본법 제3조제1항) ☞ 2012.2.2.신설되었습니다.

상증법에서 특수관계인의 범위는 본인과 상증법 시행령 제2조의2(특수관계인의 범위) 각 호의 어느 하나에 관계가 있는 자를 '특수관계인'으로 정의합니다.

> ☞ **상속세 및 증여세법 제2조(정의)**
> 10. "특수관계인"이란 본인과 친족관계, 경제적 연관관계 또는 경영지배관계 등 대통령령으로 정하는 관계에 있는 자를 말한다. 이 경우 본인도 특수관계인의 특수관계인으로 본다.

> ☞ **상속세 및 증여세법 시행령 제2조의2(특수관계인의 범위)**
> ① 법 제2조제10호에서 "본인과 친족관계, 경제적 연관관계 또는 경영지배관계 등 대통령령으로 정하는 관계에 있는 자"란 본인과 다음 각 호의 어느 하나에 해당하는 관계에 있는 자를 말한다. (이하 생략)

특수관계인의 범위에서 주의할 점은 상증법 시행령 제2조의2(특수관계인의 범위)에서 특수관계인에 해당하는 퇴직임원의 범위를 퇴직 후 5년이 경과하지 않은 임원에서 퇴직 후 3년이 경과하지 않은 임원으로 조정하였다는 점입니다. 다만, 공시대상기업집단소속기업 임원의 경우는 종전과 같이 5년을 유지하고 있습니다. ☞ 2019.2.12 상증법 시행령 제2조의2(특수관계인의 범위)가 개정되었습니다.

2 특수관계인 범위

세법상의 특수관계인은 크게 「국세기본법」의 특수관계인과 상증법의 특수관계인으로 구분할 수 있으며, 그 범위가 각각 다릅니다.

상증법의 특수관계인은 본인과 친족관계, 경제적 연관관계 또는 경영지배 관계 등 본인과 다음의 어느 하나에 해당하는 관계에 있는 자를 말합니다. 이 경우 본인도 특수관계인의 특수관계인으로 봅니다. (상증법 제2조10호, 시행령 제2조의2)

(1) 「국세기본법 시행령」 제1조의2제1항제1호부터 제5호까지의 어느 하나에 해당하는 자(이하 '친족'이 라 합니다) 및 직계비속의 배우자의 2촌 이내의 혈족과 그 배우자 (상증법 시행령 제2조의2제1항제1호)

① 4촌 이내의 혈족 (국세기본법 시행령 제1조의2제1항제1호)

혈족은 혈연관계가 있는 친족으로 자연혈족과 법정혈족(양자)으로 구분, 또는 직계혈족과 방계혈족으로 구분하기도 합니다.

직계혈족은 직계존속과 직계비속을 말하며, 방계혈족은 자기의 형제자매와 형제자매의 직계비속, 직계존속의 형제자매 및 그 형제자매의 직계비속을 말합니다. (민법 제768조)

② 3촌 이내의 인척 (국세기본법 시행령 제1조의2제1항제2호)

인척은 혼인으로 생기는 친족관계로 혈족의 배우자, 배우자의 혈족, 배우자의 혈족의 배우자를 말합니다. 혼인의 무효, 이혼으로 인하여 종료합니다.

부부의 일방이 사망한 경우에는 인척관계가 소멸하지 않으나, 생존배우자가 재혼한 때에는 인척관계가 종료됩니다.

③ 배우자 (국세기본법 시행령 제1조의2제1항제3호)

사실상의 혼인관계에 있는 자를 포함합니다.

④ 친생자로서 다른 사람에게 친양자 입양된 자 및 그 배우자·직계비속

(국세기본법 시행령 제1조의2제1항제4호)

⑤ 본인이 「민법」에 따라 인지한 혼인 외 출생자의 생부나 생모

본인의 금전이나 그 밖의 재산으로 생계를 유지하는 사람 또는 생계를 함께하는 사람으로 한정합니다. (국세기본법 시행령 제1조의2제1항제5호)

(2) 사용인(출자에 의하여 지배하고 있는 법인의 사용인을 포함)이나 사용인 외의 자로서 본인의 재산으로 생계를 유지하는 자 (상증법 시행령 제2조의2제1항제2호)

사용인이란 임원·상업사용인, 그밖에 고용계약 관계에 있는 자를 말하며, 출자에 의하여 지배하고 있는 법인의 사용인을 포함합니다. '사용인'이란 임원, 상업사용인, 그 밖에 고용계약 관계에 있는 자를 말합니다. (상증법 시행령 제2조의2제2항)

임원은 법인세법 시행령 제40조(접대비의 범위)제1항제1호에 따른 임원을 말합니다. 법인의 임원은 법인의 회장, 사장, 부사장, 이사장, 대표이사, 전무이사 및 상무이사 등 이사회의 구

성원 전원과 청산인 등을 말합니다. (법인세법 시행령 제40조제1항제1호)

'출자에 의하여 지배하고 있는 법인'이란 다음 어느 하나에 해당하는 법인을 말합니다. (상증법 시행령 제2조의2제3항)

① 상증법 시행령 제2조의2제1항제6호에 해당하는 법인 (30%이상 출자법인)

② 상증법 시행령 제2조의2제1항제7호에 해당하는 법인 (50%이상 출자법인)

③ 상증법 시행령 제2조의2제1항제1호부터 제7호까지에 해당하는 자가 발행주식총수등의 100분의 50 이상을 출자하고 있는 법인

(3) 다음의 어느 하나에 해당하는 자 (상증법 시행령 제2조의2제1항제3호)

㈎ 본인이 개인인 경우 (상증법 시행령 제2조의2제1항제3호가목)

본인이 직접 또는 본인과 제1호에 해당하는 관계에 있는 자가 임원에 대한 임면권의 행사 및 사업방침의 결정 등을 통하여 그 경영에 관하여 사실상의 영향력을 행사하고 있는 기획재정부령으로 정하는 기업집단의 소속 기업

해당 기업의 임원(「법인세법 시행령」 제40조제1항에 따른 임원을 말합니다)과 퇴직 후 3년(해당 기업이 「독점규제 및 공정거래에 관한 법률」 제31조에 따른 공시대상기업집단에 소속된 경우는 5년)이 지나지 않은 사람("퇴직임원"이라 합니다)을 포함합니다.

㈏ 본인이 법인인 경우 (상증법 시행령 제2조의2제1항제3호나목)

본인이 속한 기획재정부령(상증법 시행규칙 제2조)으로 정하는 기업집단의 소속 기업(해당 기업의 임원과 퇴직임원을 포함합니다)과 해당 기업의 임원에 대한 임면권의 행사 및 사업방침의 결정 등을 통하여 그 경영에 관하여 사실상의 영향력을 행사하고 있는 자 및 그와 제1호에 해당하는 관계에 있는 자

☞ **상증법 시행규칙 제2조(특수관계인의 범위) ← 기획재정부령**
① 「상속세 및 증여세법 시행령」(이하 "영"이라 한다) 제2조의2제1항제3호 및 영 제38조제13항제1호에서 "기획재정부령으로 정하는 기업집단의 소속 기업"이란 「독점규제 및 공정거래에 관한 법률 시행령」제3조 각 호의 어느 하나에 해당하는 기업집단에 속하는 계열회사를 말한다. 〈개정 2016. 3. 21.〉
② 기획재정부장관은 제1항을 적용할 때 필요한 경우에는 「독점규제 및 공정거래에 관한 법률 시행령」 제3조제2호라목에 따른 사회통념상 경제적 동일체로 인정되는 회사의 범위에 관한 기준을 정하여 고시할 수 있다.

(4) 본인, 제1호부터 제3호까지의 자 또는 본인과 제1호부터 제3호까지의 자가 공동으로 재산을 출연하여 설립하거나 이사의 과반수를 차지하는 비영리법인 (상증법 시행령 제2조의2제1항제4호)

(5) 제3호에 해당하는 기업의 임원 또는 퇴직임원이 이사장인 비영리법인
    (상증법 시행령 제2조의2제1항제5호)

(6) 본인, 제1호부터 제5호까지의 자 또는 본인과 제1호부터 제5호까지의 자가 공동으로 발행주식총수 또는 출자총액(이하 "발행주식총수등"이라 한다)의 100분의 30 이상을 출자하고 있는 법인 (상증법 시행령 제2조의2제1항제6호)

(7) 본인, 제1호부터 제6호까지의 자 또는 본인과 제1호부터 제6호까지의 자가 공동으로 발행주식총수등의 100분의 50 이상을 출자하고 있는 법인 (상증법 시행령 제2조의2제1항제7호)

(8) 본인, 제1호부터 제7호까지의 자 또는 본인과 제1호부터 제7호까지의 자가 공동으로 재산을 출연하여 설립하거나 이사의 과반수를 차지하는 비영리법인 (상증법 시행령 제2조의2제1항제8호)

〈 특수관계인의 범위(상증법 시행령 제2조의2) 〉

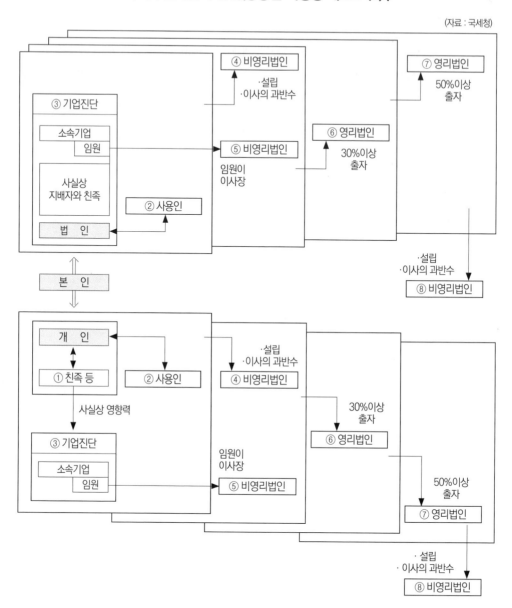

(자료 : 국세청)

※ 번호는 상증법 시행령 제2조의2제1항 각 호수와 동일합니다.

제 2 장 유형별 증여예시

유형별 증여예시는 열일곱 가지(상증법 제33조~제42조의3) 예시유형과 증여세 과세특례(상증법 제43조) 규정이 별도 조문으로 규정되어 있습니다.

증여 예시규정은 다음과 같습니다.

① 상증법 제33조에 따른 「신탁이익의 증여」

② 상증법 제34조에 따른 「보험금의 증여」

③ 상증법 제35조에 따른 「저가양수 및 고가양도에 따른 이익의 증여」

④ 상증법 제36조에 따른 「채무면제 등에 따른 이익의 증여」

⑤ 상증법 제37조에 따른 「부동산 무상사용에 따른 이익의 증여」

⑥ 상증법 제38조에 따른 「합병에 따른 이익의 증여」

⑦ 상증법 제39조에 따른 「증자에 따른 이익의 증여」

⑧ 상증법 제39조의2에 따른 「감자에 따른 이익의 증여」

⑨ 상증법 제39조의3에 따른 「현물출자에 따른 이익의 증여」

⑩ 상증법 제40조에 따른 「전환사채 등의 주식전환에 따른 이익의 증여」

⑪ 상증법 제41조의2에 따른 「초과배당에 따른 이익의 증여」

⑫ 상증법 제41조의3에 따른 「주식 등의 상장에 따른 이익의 증여」

⑬ 상증법 제41조의4에 따른 「금전 무상대출 등에 따른 이익의 증여」

⑭ 상증법 제41조의5에 따른 「합병에 따른 상장 등 이익의 증여」

⑮ 상증법 제42조에 따른 「재산사용 및 용역제공 등에 따른 이익의 증여」

⑯ 상증법 제42조의2에 따른 「법인의 조직 변경 등에 따른 이익의 증여」

⑰ 상증법 제42조의3에 따른 「재산 취득 후 재산가치 증가에 따른 이익의 증여」

증여세 과세특례규정은 다음과 같습니다.

⑱ 상증법 제43조에 따른 「증여세 과세특례」

증여예시 유형별로 증여시기, 과세요건, 증여재산가액의 계산방법을 살펴봅니다.

개별적인 증여 예시규정을 살펴보기 전에 하나의 증여에 동시에 여러 규정이 적용되거나, 1년 이내에 동일한 거래 등이 있을 때, 이익을 계산하는 방법을 명시하고 있는 「증여세 과세특례」 규정을 먼저 살펴봅니다.

☞ 상증법 제43조 「증여세 과세특례」는 증여예시 과세특례 조항으로 법률 조항에서는 증여예시의 제일 뒤에 나오지만, 이 장에서는 제일 먼저 살펴봅니다.

증여세 과세특례

(상속세및증여세법 제43조)

증여 예시규정을 설명하기 전에 하나의 증여에 동시에 여러 규정이 적용되거나, 1년 이내에 동일한 거래 등이 있을 때, 이익을 계산하는 방법에 관한 일반적인 적용방법을 살펴봅니다.

1 하나의 증여에 2 이상 증여 규정이 동시에 적용되는 경우 적용할 증여규정

하나의 증여에 의하여 상증법 제33조에서 제39조까지, 제39조의2, 제39조의3, 제40조, 제41조의2부터 제41조의5까지, 제42조, 제42조의2, 제42조의3, 제44조, 제45조 및 제45조의3부터 제45조의5까지의 규정이 둘 이상 동시에 적용되는 경우에는 그 중 이익이 가장 많게 계산되는 것 하나만을 적용합니다. (상증법 제43조제1항)

☞ 상증법 제43조(증여세 과세특례) 제1항 : 증여예시, 증여추정, 증여의제 규정이 모두 포함되어 있습니다.
- (증여예시) 상증법 제33조에서 제39조까지, 제39조의2, 제39조의3, 제40조, 제41조의2부터 제41조의5까지, 제42조, 제42조의2, 제42조의3
- (증여추정) 상증법 제44조, 제45조
- (증여의제) 상증법 제45조의3부터 제45조의5 규정
※ 상증법 제45조의2(명의신탁재산의 증여 의제)는 제외

☞ 적용대상 개정연혁

2015.12.31.이전	2016. 1. 1.이후
• 상증법 제33조부터 제39조까지, 제39조의2, 제39조의 3, 제40조, 제41조, 제41조의3부터 제41조의5까지, 제44조 및 제45조	• 상증법 제33조부터 제39조까지, 제39조의2, 제39조의 3, 제40조, 제41조의2부터 제41조의5까지, 제42조, 제42조의2, 제42조의3, 제44조, 제45조 및 제45조의3부터 제45주의5

2 1년간 동일한 이익의 합산

상증법 제31조(증여재산가액 계산의 일반원칙)제1항제2호, 제35조, 제37조부터 제39조까지, 제39조의2, 제39조의3, 제40조, 제41조의2, 제41조의4, 제42조 및 제45조의5에 따른 이익을 계산할 때, 그 증여일로부터 소급하여 1년 이내에 동일한 거래 등이 있는 경우에는 각각의 거래 등에 대

한 이익(시가와 대가의 차액을 말합니다)을 해당 이익별로 합산하여 계산합니다. (상증법 제43조제2항)

☞ 2019.12.31. 세법 개정 시 초과배당에 따른 이익의 증여(제41조의2)가 추가되었습니다. 2019.12.31. 이전에 초과배당에 따른 이익을 증여한 분에 대하여는 1년 이내의 동일한 거래 등에 합산하지 않습니다. (부칙 제12조)

상속세 및 증여세법의 다음 어느 하나에 해당하는 이익을 계산할 때에는 해당 이익별로 합산하여 각각의 금액기준을 합산합니다. (상증법 시행령 제32조의4)

① 상증법 제31조제1항제2호의 저가 양수 및 고가 양도에 따른 이익

② 상증법 제35조제1항 및 제2항의 저가 양수 및 고가 양도에 따른 이익

③ 상증법 제37조제1항의 부동산 무상 사용에 따른 이익

④ 상증법 제37조제2항의 부동산 담보 이용에 따른 이익

⑤ 상증법 제38조제1항의 합병에 따른 이익

⑥ 상증법 제39조제1항의 증자에 따른 이익(같은 항 각 호의 이익별로 구분된 이익을 말합니다)

⑦ 상증법 제39조의2제1항의 감자에 따른 이익(같은 항 각 호의 이익별로 구분된 이익을 말합니다)

⑧ 상증법 제39조의3제1항의 현물출자에 따른 이익(같은 항 각 호의 이익별로 구분된 이익을 말합니다)

⑨ 상증법 제40조제1항의 전환사채등의 주식전환등에 따른 이익(같은 항 각 호의 이익별로 구분된 이익을 말합니다)

⑩ 상증법 제41조의2제1항의 초과배당에 따른 이익

⑪ 상증법 제41조의4제1항의 금전무상대출에 따른 이익

⑫ 상증법 제42조제1항의 재산사용 및 용역제공 등에 따른 이익(같은 항 각 호의 거래에 따른 이익별로 구분된 이익을 말합니다)

⑬ 상증법 제45조의5제1항의 특정법인과의 거래를 통한 이익(같은 항 각 호의 거래에 따른 이익별로 구분된 이익을 말합니다)

1년 이내의 2개 법인의 감자를 통해 동일한 주주가 상증법 제39조의2(감자에 따른 이익의 증여)에 따른 이익을 얻은 경우 상증법 제43조(증여세 과세특례)제2항 및 상증법 시행령 제32조의4(이익의 계산방법)에 따라 증여이익을 합산하여 과세금액을 계산합니다. (사전2018법령해석재산-0581, 2019.7.18.)

2016.2.4. 이전	2016.2.5. 이후
① 상증법 제32조제3호가목에 따른 저가양수 및 고가양도에 따른 이익	① 상증법 제31조제1항제2호의 저가양수 및 고가양도에 따른 이익
② 상증법 시행령 제26조제1항의 저가양도에 따른 이익 및 같은 조 제2항의 고가양도에 따른 이익	② 상증법 제35조제1항 및 제2항의 저가양수 및 고가양도에 따른 이익
③ 상증법 시행령 제27조제5항의 부동산무상사용에 따른 이익	③ 상증법 제37조제1항의 부동산 무상사용에 따른 이익
④ 상증법 시행령 제28조제3항의 합병에 따른 이익	④ 상증법 제37조제2항의 부동산 담보 이용에 따른 이익
⑤ 상증법 시행령 제29조제3항의 증자에 따른 이익, 이 경우 상증법 제39조제1항 각 호의 이익별로 구분된 것을 말한다.	⑤ 상증법 제38조제1항의 합병에 따른 이익
⑥ 상증법 시행령 제29조의2제2항 감자에 따른 이익. 이 경우 상증법 제39조의2제1항 및 제42조제1항제3호의 이익별로 구분된 것을 말한다.	⑥ 상증법 제39조제1항의 증자에 따른 이익 (같은 항 각호의 이익별로 구분된 이익을 말한다.)
⑦ 상증법 시행령 제29조의3제3항의 현물출자에 따른 이익.이 경우 상증법 제39조의3제1항 각 호의 이익별로 구분된 것을 말한다.	⑦ 상증법 제39조의2제1항의 감자에 따른 이익 (같은 항 각 호의 이익별로 구분된 이익을 말한다.)
⑧ 상증법 시행령 제30조제5항의 전환사채 등의 주식전환 등에 따른 이익. 이 경우 상증법 제40조제1항 각 호의 이익별로 구분된 것을 말한다.	⑧ 상증법 제39조의3제1항의 현물출자에 따른 이익(같은 항 각 호의 이익별로 구분된 이익을 말한다)
	⑨ 상증법 제40조제1항의 전환사채등의 주식전환등에 따른 이익(같은 항 각 호의 이익별로 구분된 이익을 말한다)
	⑩ 상증법 제40조의2제1항의 초과배당에 따른 이익 (2020.1.1.이후)
	⑪ 상증법 제41조의4제1항의 금전무상대출에 따른 이익
	⑫ 상증법 제42조제1항의 재산사용 및 용역제공 등에 따른 이익(같은 항 각 호의 거래에 따른 이익별로 구분된 이익을 말한다)
⑨ 상증법 시행령 제31조제6항의 특정법인과의 거래를 통한 이익. 이 경우 상증법 제41조제1항의 재산증여 및 같은 조 같은 항 각 호의 행위에 따른 이익별로 구분되는 것을 말한다.	⑬ 상증법 제45조의5제1항의 특정법인과의 거래를 통한 이익(같은 조 제2항 각 호의 거래에 다른 이익별로 구분된 이익을 말한다)

(상증법 제33조, 시행령 제25조)

- (과세요건) 신탁계약에 따라서 위탁자가 타인을 신탁이익의 전부 또는 일부를 받을 수익자로 지정한 경우
- (납세의무자) 수익자
- (과세대상) '원본의 이익을 받을 권리' 및 '수익의 이익을 받을 권리'
- (증여시기) 원본 또는 수익이 수익자에게 실제 지급되는 때 (예외 있음)
- (증여재산가액)

$$신탁이익 = \sum_{n=1}^{n} \frac{각 연도의 수입금액(수익률이 확정되지 않은 경우에는 추정액) - 원천징수세액}{(1+0.03)^n}$$

n : 평가기준일부터의 경과연수

신탁계약에 의하여 신탁한 재산의 원본이나 수익을 위탁자가 아닌 타인(수익자)에게 귀속시키는 경우에는 위탁자가 그 수익자(타인)에게 재산을 무상으로 이전시키는 효과가 발생합니다.

☞ 신탁법 제2조(신탁의 정의) 이 법에서 "신탁"이란 신탁을 설정하는 자(이하 "위탁자"라 한다)와 신탁을 인수하는 자(이하 "수탁자"라 한다) 간의 신임관계에 기하여 위탁자가 수탁자에게 특정의 재산(영업이나 저작재산권의 일부를 포함한다)을 이전하거나 담보권의 설정 또는 그 밖의 처분을 하고 수탁자로 하여금 일정한 자(이하 "수익자"라 한다)의 이익 또는 특정의 목적을 위하여 그 재산의 관리, 처분, 운용, 개발, 그 밖에 신탁 목적의 달성을 위하여 필요한 행위를 하게 하는 법률관계를 말한다.

따라서 신탁계약에 따라 그 신탁이익(원본 또는 수익)의 전부 또는 일부를 위탁자가 아닌 타인을 수익자로 지정하는 경우에는 그 신탁이익이 그 수익자에게 실제 지급되는 시점에 그 신탁이익을 받을 권리의 가액을 수익자의 증여재산가액으로 합니다. (상증법 제33조제1항)

원본과 수익의 이익이란 원본은 신탁재산을, 수익은 원본으로 인하여 얻은 과실 이익을 말합니다. 예를 들면, 금전신탁에서 신탁한 원본을 나누어서 받으면 이는 원본의 이익에 해당하고, 부동산 신탁으로 임대 수입을 얻는 경우에는 수익의 이익으로 볼 수 있습니다.

☞ **신탁계약과 명의신탁의 차이**

신탁계약으로 수익자가 무상으로 얻은 신탁이익은 재산의 무상이전으로 실질 증여에 해당합니다. 그러나 명의신탁은 대외적으로 공부 등 재산의 소유명의가 수탁자로 표시되지만, 대내적으로 그 재산을 관리·처분할 권리 의무를 위탁자가 소유하는 것으로 이는 재산의 소유명의만 빌릴 뿐 재산의 무상이전 효과가 발생하지 아니하여 실질증여에 해당하지 아니합니다.

「부동산 실권리자 명의등기에 관한 법률」(약칭 부동산실명법)에 따라 부동산의 명의신탁 약정은 무효이며, 위반시에는 벌금··과징금 등이 부과됩니다. 또한 권리이전이나 그 행사에 등기 등을 요하는 재산(토지, 건물 제외)에 대하여 실제소유자와 명의자가 다른 때에는 그 등기등을 한 날에 명의자가 증여받은 것으로 의제(실질증여가 아니므로)하여 증여세를 부과(상증법 제45조의2)하는 것이며, 실질 증여에 해당하는 신탁이익의 증여 규정은 명의신탁시에는 적용되지 않습니다.

1 과세요건

위탁자가 타인에게 신탁재산에 대한 원본의 이익을 받을 권리를 소유하게 한 경우에는 그 원본의 가액을 수익자의 증여재산가액으로 합니다. 또한 신탁계약에 의하여 타인에게 수익의 이익을 받을 권리를 소유하게 한 경우에도 그 수익의 이익을 받을 권리를 수익자의 증여재산가액으로 합니다. (상증법 제33조제1항)

① 원본을 받을 권리를 소유하게 한 경우에는 수익자가 그 원본을 받은 경우
② 수익을 받을 권리를 소유하게 한 경우에는 수익자가 그 수익을 받은 경우

☞ 수익자는 신탁계약에 의하여 신탁이익을 받을 권리를 소유한 자입니다.

수익자가 특정되지 아니하거나 아직 존재하지 아니하는 경우에는 위탁자 또는 그 상속인을 수익자로 보고, 수익자가 특정되거나 존재하게 된 때에 새로운 신탁이 있는 것으로 보아 앞의 내용(상증법 제33조제1항)을 적용합니다. (상증법 제33조제2항)

2 증여시기

신탁이익의 증여시기는 원칙적으로 수익자에게 신탁의 이익이 실제 지급되는 때입니다. (상증법 제33조제1항) 다만, 다음의 경우에는 아래 해당시기를 증여시기로 합니다. (상증법 시행령 제25조 각호)

① 수익자로 지정된 자가 그 이익을 받기 전에 해당 신탁재산의 위탁자가 사망한 경우: 위탁자가 사망한 날
② 신탁계약에 의하여 원본 또는 수익을 지급하기로 약정한 날까지 원본 또는 수익이 수익자에게 지급되지 아니한 경우: 해당 원본 또는 수익을 지급하기로 약정한 날
③ 원본 또는 수익을 여러 차례 나누어 지급하는 경우: 해당 원본 또는 수익이 최초로 지급된 날. 다만, 다음 각 목의 어느 하나에 해당하는 경우에는 해당 원본 또는 수익이 실제 지급된 날로 합니다.

㉮ 신탁계약을 체결하는 날에 원본 또는 수익이 확정되지 않는 경우
㉯ 위탁자가 신탁을 해지할 수 있는 권리, 수익자를 지정하거나 변경할 수 있는 권리, 신탁 종료 후 잔여재산을 귀속 받을 권리를 보유하는 등 신탁재산을 실질적으로 지배·통제하는 경우 ☞ 2021.2.17. 이후 증여부터 적용하며, 원본과 수익의 지급시기가 다른 경우 각각 증여시기를 판단합니다.

3 증여재산가액의 계산

신탁이익에 따른 증여재산가액은 신탁의 이익을 받을 권리의 가액으로 계산합니다. 이 경우 여러 차례로 나누어 원본과 수익을 받을 경우에는 그 신탁이익에 대한 증여시기를 기준으로 상증법 시행령 제61조(신탁의 이익을 받을 권리의 평가)를 준용하여 평가한 가액으로 합니다. (상증법 시행령 제25조제2항)

☞ 신탁의 이익을 받을 권리의 가액평가(상증법 시행령 제61조제1항) : Max(평가액, 일시금)

(1) 원본 및 수익의 이익 가액이 확정된 경우

$$평가액 = \sum_{n=1}^{n} \frac{각 연도의 수입금액 - 원천징수세액}{(1+0.03)^n}$$

n : 평가기준일부터의 수익시기까지의 경과연수
0.03 : 신탁재산의 평균수익률등을 고려하여 기획재정부령으로 정하는 이자율

(2) 수익률이 확정되지 않은 경우

$$평가액 = \sum_{n=1}^{n} \frac{각 연도의 수입금액의 추정액(원본액 \times 3\% - 원천징수세액)}{(1+0.03)^n}$$

n : 평가기준일부터의 수익시기까지의 경과연수
0.03 : 신탁재산의 평균수익률등을 고려하여 기획재정부령으로 정하는 이자율

☞ (위의 산식 적용) 상증법 시행령 제61조(신탁의 이익을 받을 권리의 평가)제1항2호나목
　나. 수익을 받을 권리를 수익하는 경우에는 평가기준일 현재 기획재정부령으로 정하는 방법에 따라 추산한 장래에 받을 각 연도의 수익금에 대하여 수익의 이익에 대한 원천징수세액상당액등을 고려하여 다음의 계산식에 따라 계산한 금액의 합계액

☞ 신탁의 이익 평가시 할인율 개정연혁

2017.3.9.이전	2017.3.10.이후
10/100	30/1000

제3절 　보험금의 증여

(상증법 제34조)

- (과세대상) ① 생명보험·손해보험의 보험금 수령인과 보험료 납부자가 다른 경우

　　　　　　② 보험계약 기간에 보험금수령인이 타인으로부터 재산을 증여받아 보험료를 납부한 경우

- (납세의무자) 보험금 수령인
- (증여재산가액)

① (납부자 ≠ 수령인) :

$$보험금 \times \frac{보험금수령인 \text{ 이외의 자가 납부한 보험료}}{납부한 \text{ 보험료 총 합계액}}$$

② (납부자 = 수령인) :

$$(보험금 \times \frac{재산을 \text{ 증여받아 납부한 보험료}}{총 \text{ 납부한 보험료}}) - 재산을 \text{ 증여받아 납부한 보험료}$$

보험금이란 보험계약에 의하여 보험사고 등 보험금 지급사유가 발생하여 보험회사가 그 보험수익자에게 지급하는 금액을 말합니다.

보험계약에 의하여 보험료의 실제 납부자와 보험금액의 수령인이 서로 다르다면 보험금의 수령인은 해당 보험금액을 무상으로 취득한 결과를 갖게 되므로 이는 실질 증여에 해당되어 증여세 과세대상에 해당합니다.

또한 보험료 납부자와 보험금 수령인이 서로 같은 경우라도 해당 보험료를 타인으로부터 증여받아 납부하면 역시 보험금 수령인에게 실질적으로 무상이전의 효과가 발생합니다. (상증법 제34조)

☞ **보험계약에 나오는 용어**

- (보험계약) 보험계약은 당사자 일방이 약정한 보험료를 지급하고 재산 또는 생명이나 신체에 불확정한 사고가 발생할 경우에 상대방이 일정한 보험금이나 그 밖의 급여를 지급할 것을 약정함으로써 효력이 생깁니다. (상법 제638조)
- (보험료) 보험계약으로 보험사에 지급하는 요금
- (보험금) 보험사고 등이 발생하여 보험사가 그 수익자에게 지급하는 금액
- (보험 계약자) 보험계약을 맺고 있는 자를 말하며, 보통은 보험 계약자가 불입자임
- (보험료 납부자) 보험회사에 보험료를 실제 납입한 자
- (피보험자) 보험사고의 객체자 되는 사람을 말합니다. 손해보험의 경우에는 수익자가 피보험자
- (보험금 수익자) 보험계약상 보험금을 수령받을 권리를 가진 자. 보험금 수익자는 만기수익자·사고 수익자 등 달리 정할 수 있음. 보험금 수령인이란 실제 보험금을 수령한 자

1 보험료 납부자와 보험금 수령인이 다른 경우

보험금 수령인과 보험료 납부자가 다른 경우(보험금 수령인이 아닌 자가 보험료의 일부를 납부한 경우를 포함합니다) 보험금 수령인이 아닌 자가 납부한 보험료 납부액에 대한 보험금 상당액을 보험금 수령인의 증여재산가액으로 합니다. (상증법 제34조제1항)

(1) 과세대상 : 생명보험 또는 손해보험

과세대상에는 생명보험과 손해보험이 있습니다. 생명보험은 사람의 신체에 대하여 생긴 보험사고를 보상목적으로 하는 보험이며, 손해보험은 보험사고로 인하여 재산에 생긴 손해를 보상할 것을 목적으로 하는 보험입니다.

보험금이 상속세 과세대상 자산인 경우에는 증여세를 과세하지 않습니다. 상증법 제8조에 따라 상속재산으로 보는 보험금은 다음의 경우입니다. (상증법 제8조 각 항)

① 피상속인의 사망으로 인하여 받는 생명보험 또는 손해보험의 보험금으로서 피상속인이 보험계약자인 보험계약에 의하여 받는 것은 상속재산으로 봅니다.
② 보험계약자가 피상속인이 아닌 경우에도 피상속인이 실질적으로 보험료를 납부하였을 때에는 피상속인을 보험계약자로 보아 상속재산으로 봅니다.

(2) 과세요건 : 보험금 수령인과 보험료 납부자가 다른 경우

보험금 수령인과 보험료 납부자가 다른 경우에는 증여세 과세대상이 됩니다.

(3) 증여시기 : 보험사고가 발생한 때

보험사고가 발생한 때입니다. 보험금액의 수령시점이 증여시기가 아님을 주의해야 합니다. 보험사고에는 만기보험금 지급의 경우를 포함(상증법 기본통칙 34-0-1)하지만, 보험계약의 해지나 중도해지 등으로 받는 반환금 등은 보험금의 증여로 보지 않습니다. 그러나 그 반환금이 당초 보험료 납부가 아닌 자에게 귀속되면 현금증여에 해당되므로 증여세가 부과됩니다.

(4) 증여재산가액 : 보험금 상당액

보험금 수령인과 보험료 납부자가 다른 경우(보험금 수령인이 아닌 자가 보험료의 일부를 납부한 경우를 포함합니다) 증여재산가액은 보험금 수령인이 아닌 자가 납부한 보험료 납부액에 대한 보험금 상당액입니다. (상증법 제34조제1항제1호)

보험금에서 납부한 보험료 총 합계액 중 보험금 수령인이 아닌 자가 납부한 보험료의 점유비율에 상당하는 금액을 증여재산가액으로 합니다.

$$증여재산가액 = 보험금 \times \frac{보험금\ 수령인\ 이외의\ 자가\ 납부한\ 보험료}{납부한\ 보험료의\ 총\ 합계액}$$

2 보험금 수령인이 타인으로부터 재산을 증여받아 보험료를 납부한 경우

보험계약 기간에 보험금 수령인이 재산을 증여받아 보험료를 납부한 경우 증여재산가액은 증여받은 재산으로 납부한 보험료 납부액에 대한 보험금 상당액에서 증여받은 재산으로 납부한 보험료 납부액을 뺀 가액입니다. (상증법 제34조제1항제2호)

☞ 보험금 수령인과 보험료 불입자가 다른 경우에만 증여세를 과세하는 경우에는 보험금 수령인이 증여받은 금전으로 보험료를 납입 후 보험금을 수령한 경우에는 납부자와 수령인이 동일하므로 보험금에 대해 증여세를 과세할 수 없었습니다. 2003.1.1.이후 보험금 수령인이 금전을 증여받아 납부한 경우, 즉 보험금 수령인과 보험료 불입자가 같은 경우에도 증여세 과세대상으로 포함되도록 세법이 개정되었고, 2004.1.1.이후부터는 금전을 재산으로 개정하였습니다.

(1) 보험계약기간 내

보험계약 기간 내에 보험금 수령인이 타인으로부터 재산을 증여받아 납부한 경우에는 그 보험료납부액에 대한 보험금상당액에서 그 보험료납부액을 뺀 가액을 증여재산가액으로 합니다.

$$증여재산가액 = 보험금 \times \frac{재산을\ 증여받아\ 납부한\ 보험료}{총\ 납부한\ 보험료} - 재산을\ 증여받아\ 납부한\ 보험료$$

• 증여받아 불입한 경우 재산범위 개정연혁

2002.12.31.이전	2003.1.1.~2003.12.31	2004.1.1이후
-	금전	재산

(2) 보험계약기간 밖

보험계약기간 밖에 보험금수취인이 타인으로부터 재산을 증여받아 보험료를 불입한 경우에도 보험금 수령인의 증여재산으로 합니다. (서면4팀-1186, 2007.4.11.)

저가양수 또는 고가양도에 따른 이익의 증여

(상증법 제35조, 시행령 제26조)

재산을 시가보다 낮은 가액으로 양도하는 경우에는 시가와 대가의 차액에 해당하는 이익이 실질적으로 양수자에게 무상으로 이전하는 효과가 발생하고, 시가보다 높은 가액으로 양도하는 경우 대가와 시가의 차액에 해당하는 이익이 양도자에게 무상으로 이전하는 효과가 발생합니다. 증여계약이 아닌 양도계약으로 재산을 이전시키면서 저가, 고가 이전으로 증여이익을 주는 경우에는 양도소득세와는 별도로 증여세가 과세됩니다.

☞ 저가양수 또는 고가양도에 따른 과세요건과 증여재산가액

• 특수관계인 간 과세요건과 증여재산가액

구분	수증자	과세요건	증여재산가액
저가양수	양수자	(시가 - 대가)의 차액이 시가의 30% 이상 또는 그 차액이 3억원 이상	(시가 - 대가) - (시가의 30%와 3억원 중 적은 금액)
고가양도	양도자	(대가 - 시가)의 차액이 시가의 30% 이상 또는 그 차액이 3억원 이상	(대가 - 시가) - (시가의 30%와 3억원 중 적은 금액)

• 비특수관계인 간 과세요건과 증여재산가액

구분	수증자	과세요건	증여재산가액
저가양수	양수자	(시가 - 대가)의 차액이 시가의 30% 이상	(시가 - 대가) - 3억원
고가양도	양도자	(대가 - 시가)의 차액이 시가의 30% 이상	(대가 - 시가) - 3억원

2003.12.31. 이전에는 특수관계자 간의 저가·고가 거래에 대해서만 증여세 과세 대상이었으나, 2004.1.1.이후 양도분부터는 특수관계인이 아닌 자간의 거래에 대하여도 거래의 관행상 정당한 사유가 없이 현저하게 저가·고가의 거래를 한 경우에는 증여세가 과세됩니다. (상증법 제35조제2항)

☞ **상증법 제35조(저가 양수 또는 고가 양도에 따른 이익의 증여)**

① 특수관계인 간에 재산(전환사채 등 대통령령으로 정하는 재산은 제외한다. 이하 이 조에서 같다)을 시가보다 낮은 가액으로 양수하거나 시가보다 높은 가액으로 양도한 경우로서 그 대가와 시가의 차액이 대통령령으로 정하는 기준금액(이하 이 항에서 "기준금액"이라 한다) 이상인 경우에는 해당 재산의 양수일 또는 양도일을 증여일로 하여 그 대가와 시가의 차액에서 기준금액을 뺀 금액을 그 이익을 얻은 자의 증여재산가액으로 한다.

② 특수관계인이 아닌 자 간에 거래의 관행상 정당한 사유 없이 재산을 시가보다 현저히 낮은 가액으로 양수하거나 시가보다 현저히 높은 가액으로 양도한 경우로서 그 대가와 시가의 차액이 대통령령으로 정하는 기준금액 이상인 경우에는 해당 재산의 양수일 또는 양도일을 증여일로 하여 그 대가와 시가의 차액에서 대통령령으로 정하는 금액을 뺀 금액을 그 이익을 얻은 자의 증여재산가액으로 한다.

③ 재산을 양수하거나 양도하는 경우로서 그 대가가 「법인세법」 제52조제2항에 따른 시가에 해당하여 그 거래에 대하여 같은 법 제52조제1항 및 「소득세법」 제101조제1항(같은 법 제87조의27에 따라 준용되는 경우를 포함한다)이 적용되지 아니하는 경우에는 제1항 및 제2항을 적용하지 아니한다. 다만, 거짓이나 그 밖의 부정한 방법으로 상속세 또는 증여세를 감소시킨 것으로 인정되는 경우에는 그러하지 아니하다.

④ 제1항 및 제2항을 적용할 때 양수일 또는 양도일의 판단 및 그 밖에 필요한 사항은 대통령령으로 정한다.

1 특수관계인 간 저가·고가 거래 시 증여

특수관계인 간에 재산(전환사채 등 대통령령으로 정하는 재산은 제외합니다)을 시가보다 낮은 가액으로 양수하거나 시가보다 높은 가액으로 양도한 경우로서 기준금액 이상인 경우에는 해당 재산의 양수일 또는 양도일을 증여일로 하여 그 대가와 시가의 차액에서 기준금액을 뺀 금액을 그 이익을 얻은 자의 증여재산가액으로 합니다. (상증법 제35조제1항)

1) 수증자

다음 어느 하나에 해당하는 자에 대해서는 시가와 대가의 차액에서 일정금액을 뺀 금액을 증여재산가액으로 합니다.

① 타인으로부터 시가보다 낮은 가액으로 재산을 양수하는 경우 그 재산의 양수자

② 타인에게 시가보다 높은 가액으로 재산을 양도하는 경우 그 재산의 양도자

2) 특수관계인의 범위

특수관계인은 상증법 시행령 제2조의2(특수관계인의 범위)에 따라 판단하며, 이 경우 거래 당사자간 특수관계 성립 여부는 원칙적으로 매매계약일을 기준으로 판단합니다. (기획재정부 재산세제과-83, 2015.2.3.)

☞ **상증법 제2조의2(특수관계인의 범위)**

① 법 제2조제10호에서 "본인과 친족관계, 경제적 연관관계 또는 경영지배관계 등 대통령령으로 정하는 관계에 있는 자"란 본인과 다음 각 호의 어느 하나에 해당하는 관계에 있는 자를 말한다.

1. 「국세기본법 시행령」 제1조의2제1항제1호부터 제5호까지의 어느 하나에 해당하는 자(이하 "친족"이라 한다) 및 직계비속의 배우자의 2촌 이내의 혈족과 그 배우자

2. 사용인(출자에 의하여 지배하고 있는 법인의 사용인을 포함한다. 이하 같다)이나 사용인 외의 자로서 본인의 재산으로 생계를 유지하는 자

3. 다음 각 목의 어느 하나에 해당하는 자

　가. 본인이 개인인 경우: 본인이 직접 또는 본인과 제1호에 해당하는 관계에 있는 자가 임원에 대한 임면권의 행사 및 사업방침의 결정 등을 통하여 그 경영에 관하여 사실상의 영향력을 행사하고 있는 기획재정부령으로 정하는 기업집단의 소속 기업[해당 기업의 임원(「법인세법 시행령」 제40조제1항에 따른 임원을 말한다. 이하 같다)과 퇴직 후 3년(해당 기업이 「독점규제 및 공정거래에 관한 법률」 제31조에 따른 공시대상기업집단에 소속된 경우는 5년)이 지나지 않은 사람(이하 "퇴직임원"이라 한다)을 포함한다]

　나. 본인이 법인인 경우: 본인이 속한 기획재정부령으로 정하는 기업집단의 소속 기업(해당 기업의 임원과 퇴직임원을 포함한다)과 해당 기업의 임원에 대한 임면권의 행사 및 사업방침의 결정 등을 통하여 그 경영에 관하여 사실상의 영향력을 행사하고 있는 자 및 그와 제1호에 해당하는 관계에 있는 자

4. 본인, 제1호부터 제3호까지의 자 또는 본인과 제1호부터 제3호까지의 자가 공동으로 재산을 출연하여 설립하거나 이사의 과반수를 차지하는 비영리법인

5. 제3호에 해당하는 기업의 임원 또는 퇴직임원이 이사장인 비영리법인

6. 본인, 제1호부터 제5호까지의 자 또는 본인과 제1호부터 제5호까지의 자가 공동으로 발행주식총수 또는 출자총액(이하 "발행주식총수등"이라 한다)의 100분의 30 이상을 출자하고 있는 법인

7. 본인, 제1호부터 제6호까지의 자 또는 본인과 제1호부터 제6호까지의 자가 공동으로 발행주식총수등의 100분의 50 이상을 출자하고 있는 법인

8. 본인, 제1호부터 제7호까지의 자 또는 본인과 제1호부터 제7호까지의 자가 공동으로 재산을 출연하여 설립하거나 이사의 과반수를 차지하는 비영리법인

② 제1항제2호에서 "사용인"이란 임원, 상업사용인, 그 밖에 고용계약관계에 있는 자를 말한다.

③ 제1항제2호 및 제39조제1항제5호에서 "출자에 의하여 지배하고 있는 법인"이란 다음 각 호의 어느 하나에 해당하는 법인을 말한다.

1. 제1항제6호에 해당하는 법인

2. 제1항제7호에 해당하는 법인

3. 제1항제1호부터 제7호까지에 해당하는 자가 발행주식총수등의 100분의 50 이상을 출자하고 있는 법인

3) 적용대상 재산

다음에 해당하는 재산을 제외하고 해당 재산을 저가양수 또는 고가양도하는 경우에는 상증법 제35조(저가 양수 또는 고가 양도에 따른 이익의 증여)에 따라 증여세를 과세합니다.

(1) 전환사채·신주인수권부사채(분리형 신주인수권증권 포함)·기타 주식으로 전환·교환하거나 주식을 인수할 권리가 부여된 사채 (상증법 제35조제1항, 제40조제1항, 시행령 제26조제1항제1호)

이 경우 전환사채를 특수관계 없는 자로부터 저가로 취득함에 따라 증여이익을 얻은 경우 상증법 제35조의 규정을 적용합니다. (재산세과 -285, 2011.06.15)

(2) 「자본시장과 금융투자업에 관한 법률」에 따라 거래소에 상장되어 있는 법인의 주식 및 출자지분으로서 증권시장에서 거래된 것 (상증법 시행령 제26조제1항제2호)

이 경우, 유가증권(코스닥)시장에서 이루어지는 유가증권의 매매 중 유가증권(코스닥)시장 업무규정에 따라 시간외시장에서 시간외대량매매방법으로 거래된 것(당일 종가로 매매된 것은 과세제외함)에 대해서는 상증법 제35조(저가 양수 또는 고가 양도에 따른 이익의 증여)의 규정을 적용합니다.(상증령 제26조제1항제2호)

특수관계인 간에 거래소 정규시장(09:00~15:30) 개시 전에 상장주식을 '전일 종가'를 체결 단가로 하여 대량매매방식으로 거래한 경우 증여세 과세대상에 해당합니다.(기획재정부 재산세제과-874, 2021.10.5.)

(3) 개인과 법인 간에 재산을 양수하거나 양도하는 것으로서 그 대가가 법인세법 제52조(부당행위계산부인)제2항에 따른 시가에 해당하여 그 법인의 거래에 대하여 같은 법 제52조제1항이 적용되지 않는 경우 (상증법 제35조제3항)

다만, 거짓이나 그 밖의 부정한 방법으로 상속세 또는 증여세를 감소시킨 것으로 인정되는 경우에는 그러하지 않습니다.

☞ **법인세법 제52조(부당행위계산의 부인)**

① 납세지 관할 세무서장 또는 관할지방국세청장은 내국법인의 행위 또는 소득금액의 계산이 특수관계인과의 거래로 인하여 그 법인의 소득에 대한 조세의 부담을 부당하게 감소시킨 것으로 인정되는 경우에는 그 법인의 행위 또는 소득금액의 계산(이하 "부당행위계산"이라 한다)과 관계없이 그 법인의 각 사업연도의 소득금액을 계산한다.

② 제1항을 적용할 때에는 건전한 사회 통념 및 상거래 관행과 특수관계인이 아닌 자 간의 정상적인 거래에서 적용되거나 적용될 것으로 판단되는 가격(요율·이자율·임대료 및 교환 비율과 그 밖에 이에 준하는 것을 포함하며, 이하 "시가"라 한다)을 기준으로 한다.

③ 내국법인은 대통령령으로 정하는 바에 따라 각 사업연도에 특수관계인과 거래한 내용에 관한 명세서를 납세지 관할 세무서장에게 제출하여야 한다.

④ 제1항부터 제3항까지의 규정을 적용할 때 부당행위계산의 유형 및 시가의 산정 등에 필요한 사항은 대통령령으로 정한다.

(4) 2021.2.27. 이후 양수하거나 양도하는 경우 개인과 개인간의 거래로서 그 대가가 소득세법 제101조(소득세법 제87조의27 금융투자소득관련 포함, 다만, 2025.1.1.이후 거래분부터 적용)에 따른 시가에 해당하여 다른 개인에 대하여 같은 법 제101조(양도소득의 부당행위계산부인)가 적용되지 아니하는 경우 (상증법 제35조제3항)

☞ 소득세법 제101조(양도소득의 부당행위계산)

☞ 소득세법 제87조의27(준용규정)

① 금융투자소득세에 대해서는 제24조, 제27조, 제33조, 제39조, 제43조, 제44조, 제57조, 제57조의2, 제60조, 제61조, 제74조, 제75조, 제77조, 제82조, 제86조, 제98조, 제100조 및 제101조를 준용한다. 〈개정 2021. 12. 8., 2022. 12. 31.〉

② 제101조를 준용하는 경우 제101조제2항 각 호 외의 부분 중 "10년"은 "1년"으로 본다. 〈개정 2022. 12. 31.〉 [본조신설 2020. 12. 29.] [시행일: 2025. 1. 1.] 제87조의27

4) 대가와 시가와 산정기준일

양수일 또는 양도일은 각각 해당 재산의 대금을 청산한 날(소득세법 시행령 제162조제1항1호부터 3호까지의 규정에 해당하는 경우에는 각각 해당 호에 따른 날)을 기준으로 합니다. (상증법 제35조, 시행령 제26조제5항)

이 경우 매매계약 후 환율의 급격한 변동 등의 사유가 있는 경우에는 매매계약일을 기준으로 합니다. 급격한 변동사유가 있는 경우에는 매매계약일부터 대금청산일 전일까지 환율이 100분의 30이상 변동하는 경우를 말합니다. (상증법 제35조제2항, 시행령 제26조제3항)

☞ 소득세법 시행령 제162조(양도 또는 취득의 시기)
 ① 법 제98조 전단에서 "대금을 청산한 날이 분명하지 아니한 경우 등 대통령령으로 정하는 경우"란 다음 각 호의 경우를 말한다.
  1. 대금을 청산한 날이 분명하지 아니한 경우에는 등기부 · 등록부 또는 명부 등에 기재된 등기 · 등록접수일 또는 명의개서일
  2. 대금을 청산하기 전에 소유권이전등기(등록 및 명의의 개서를 포함한다)를 한 경우에는 등기부 · 등록부 또는 명부등에 기재된 등기접수일
  3. 기획재정부령이 정하는 장기할부조건의 경우에는 소유권이전등기(등록 및 명의개서를 포함한다) 접수일 · 인도일 또는 사용수익일중 빠른 날

5) 증여세 과세요건과 증여재산가액의 계산

해당 거래뿐 아니라, 해당 거래 등을 한 날부터 소급하여 1년 이내에 동일한 거래 등이 있는 경우에는 각각의 거래 등에 따른 이익을 해당이익별로 합산하여 계산합니다. (상증법 제43조, 시행령 제32조의4)

☞ **특수관계인 간 증여요건과 증여재산가액** ☞ 2004.1.1.이후부터 적용합니다.

구분	수증자	과세요건	증여재산가액
저가양수	양수자	(시가 – 대가)의 차액이 시가의 30% 이상 또는 그 차액이 3억원 이상	(시가 – 대가) – (시가의 30%와 3억원 중 적은 금액)
고가양도	양도자	(대가 – 시가)의 차액이 시가의 30% 이상 또는 그 차액이 3억원 이상	(대가 – 시가) – (시가의 30%와 3억원 중 적은 금액)

☞ **합산 대상 개정 연혁**

2016.2.4.이전	2016.2.5.이후
특수관계인 간	특수관계인 간 비특수관계인 간

6) 시가

상증법 제60조부터 제66조까지의 규정에 따라 평가한 가액을 말합니다.

☞ 평가는 저자의 「상속·증여세 이론과 실무」 제2편 상속·증여재산의 평가를 참고하시기 바랍니다.

2 특수관계인이 아닌 자 간 저가·고가 거래 시 증여

특수관계인이 아닌 자 간에 거래의 관행상 정당한 사유 없이 재산을 시가보다 현저히 낮은 가액으로 양수하거나 시가보다 현저히 높은 가액으로 양도한 경우로서 그 대가와 시가의 차액이 기준금액 이상인 경우에는 해당 재산의 양수일 또는 양도일을 증여일로 하여 그 대가와 시가의 차액에서 3억원을 뺀 금액을 그 이익을 얻은 자의 증여재산가액으로 합니다.(상증법 제35조제2항, 시행령 제26조제4항)

'기준금액'이란 양도 또는 양수한 재산의 시가의 100분의 30에 상당하는 가액을 말합니다. (상증법 시행령 제26조제3항)

1) 수증자

다음 어느 하나에 해당하는 자에 대해서는 시가와 대가의 차액에서 3억원을 뺀 가액에 상당하는 금액을 증여재산가액으로 합니다. (상증법 시행령 제26조제4항)

① 타인으로부터 시가보다 현저히 낮은 가액으로 재산을 양수하는 경우에는 그 재산의 양수자
② 타인에게 시가보다 현저히 높은 가액으로 재산을 양도하는 경우에는 그 재산의 양도자

2) 거래의 관행상 정당한 사유

거래의 관행상 정당한 사유가 있는지의 여부는 해당거래의 경위, 거래당사자의 관계, 거래가액의 결정과정 등을 고려할 때에 적정한 교환가치를 반영하여 거래하였다고 볼 수 있는지 여부 등 구체적인 사실을 확인하여 판단하여야 합니다. (서면4팀-403, 2008.2.20.)

정당한 사유에 대한 입증책임, 특수관계인이 아닌 자간 고가양도양수에 대한 입증 책임은 과세관청에 있습니다. (대법원2011두22075, 2011.12.22.) 합리적인 경제인이라면 거래 당시의 상황에서 그와 같은 거래조건으로는 거래하지 않았을 것이라는 객관적인 정황 등에 관한 자료를 제출함으

로써 '거래의 관행상 정당한 사유'가 없다는 점을 증명할 수 있으며, 그러한 사정이 상당한 정도로 증명된 경우에는 거래경위, 거래조건의 결정이유 등에 관한 구체적인 자료를 제출하기 용이한 납세의무자가 정상적인 거래로 보아야 할 만한 특별한 사정이 있음을 증명할 필요가 있습니다. (대법원2013두24495, 2015.2.12.)

3) 과세요건 및 증여재산가액

과세요건 및 증여재산가액은 다음 표와 같습니다.

☞ 비특수관계인 간 증여요건과 증여재산가액   ☞ 2004.1.1.이후부터 적용합니다.

구분	수증자	과세요건	증여재산가액
저가양수	양수자	(시가 − 대가)의 차액이 시가의 30% 이상	(시가 − 대가) − 3억원
고가양도	양도자	(대가 − 시가)의 차액이 시가의 30% 이상	(대가 − 시가) − 3억원

3 저가·고가 양도거래 시 이익분여자에 대한 과세 비교

저가·고가 양도거래 시 이익분여자에 대한 과세요건을 비교하면 다음과 같습니다.

1) 이익을 분여한 자가 법인인 경우

(1) 특수관계인 간 거래시 이익분여(법인)의 법인세 부당행위계산부인 검토

구분	과세요건	익금산입(소득처분) 금액
저가 양도 시	(시가 − 대가)의 차액이 시가의 5% 이상이거나 그 차액이 3억원 이상인 경우	(시가 − 대가)
고가 양수 시	(대가 − 시가)의 차액이 시가의 5% 이상이거나 그 차액이 3억원 이상인 경우	(대가 − 시가)

(2) 특수관계인이 아닌 자간 거래시 이익분여자(법인)의 기부금의제 검토

구분	적용요건 (정당한 사유 없음 충족할 경우)	기부금 의제 금액 (소득 처분)
저가 양도 시	(시가 − 대가)의 차액이 시가의 30% 이상	(시가 × 70%) − 대가
고가 양수 시	(대가 − 시가)의 차액이 시가의 30% 이상	대가 − (시가 × 130%)

2) 이익을 분여한 자가 개인인 경우

(1) 특수관계인 간 거래시 이익분여자(개인)에게 양도소득 부당행위계산 검토

구분	적용요건 (정당한 사유 없음 충족할 경우)	익금산입(소득처분) 금액
저가 양도 시	(시가 - 양도대가)의 차액이 시가의 5% 이상이거나 그 차액이 3억원 이상인 경우	양도대가를 시가로 함
고가 양수 시	(취득대가 - 시가)의 차액이 시가의 5% 이상이거나 그 차액이 3억원 이상인 경우	취득대가를 시가로 함

(상증법 제36조, 시행령 제26조의2)

- **(과세요건)** 채권자로부터 채무면제를 받은 경우 또는 제3자가 채무인수를 한 경우 또는 제3자가 채무를 면제한 경우
- **(납세의무자)** 채무면제 등의 이익을 얻은 자
- **(과세대상)** 해당 채무면제 등 이익
- **(증여시기)** 채무면제 의사표시, 제3자와 채권자 간에 채무인수계약 체결시
- **(증여재산가액)** 해당 채무면제액 – 채무면제(인수)에 따른 보상가액

채권자로부터 채무를 면제받거나 채무를 제3자가 인수 또는 대신 변제하면 채무자는 타인으로부터 채무액 상당액만큼 증여받은 것과 동일합니다. 이 경우 채무자가 사업자라면 채무면제이익으로 소득금액계산에 반영되고, 채무자가 비사업자이면 본 규정에 따라 증여세를 부과합니다.

채무자가 채권자로부터 채무면제를 받거나 제3자로부터 채무의 인수 또는 변제를 받은 경우, 그 면제·인수 또는 변제로 인한 이익을 그 이익을 얻은 자의 증여재산가액으로 합니다. (상증법 제36조)

1 과세요건

채권자로부터 채무를 면제받은 경우, 제3자가 채무를 인수한 경우 및 제3자가 채무를 변제한 경우, 이 3가지의 경우에 과세가 됩니다.

2 증여재산가액

채권자로부터 채무를 면제받거나 제3자로부터 채무의 인수 또는 변제를 받은 경우에는 그 면제·인수 또는 변제로 인한 이익에 상당하는 금액을 그 이익을 받은 자의 증여재산가액으로 합니다. (상증법 제36조제1항)

다만, 보상액을 지급한 경우에는 그 보상액을 뺀 금액으로 합니다. (상증법 제36조제1항)

3 증여시기

(1) 채권자로부터 채무를 면제받은 경우

채권자가 채무면제에 대한 의사표시를 한 날이 됩니다. (상증법 시행령 제26조의2제1호)

(2) 제3자로부터 채무의 인수를 받은 경우

제3자와 채권자 간에 채무의 인수계약이 체결된 날이 됩니다. (상증법 시행령 제26조의2제1호)

| 관련 질의회신 및 판례 |

〈1〉 제3자가 대물변제한 경우

양수자의 지급할 양수대금을 제3자가 부동산으로 대물변제하면 양수자는 채무면제로 증여세가 과세되고 제3자는 부동산 양도에 다른 양도소득세 납세의무가 있음(서면4팀-1677, 2007.5.21.)

〈2〉 시어머니가 대신 지급한 이혼위자료

남편을 대신하여 시어머니가 며느리에게 이혼위자료로 부동산을 증여한 경우에는 상증법 제36조에 따라 남편이 그의 어머니로부터 그 부동산의 가액에 상당하는 위자료채무를 인수 또는 변제받은 것으로서 남편에게 증여세가 과세됨(재산세과-453, 2012.12.20.)

〈3〉 환수채권을 포기한 경우

확정판결에 의해 퇴직금 과다지급금으로 결정된 퇴직금 환수채권을 회사가 환수 포기한 경우에는 채무면제이익에 해당하여 그 이익을 얻은 자에게 증여세가 과세(국심2007구3746, 2007.11.23.)

부동산 무상사용에 따른 이익의 증여

(상증법 제37조, 시행령 제27조)

〈1〉 부동산 무상사용

- (과세요건) 타인 소유 부동산을 무상으로 사용 (비특수관계인 간 정당한 사유가 있는 경우 과세제외)
- (납세의무자) 부동산 무상 사용자
- (증여시기) 사실상 부동산 무상사용을 개시한 날, 5년 주기
- (증여재산가액) 1억원 이상

$$\sum_{n=1}^{n} \frac{(부동산가액 \times 연\ 2\%)}{(1+0.1)^n}$$

〈2〉 부동산 담보제공

- (과세요건) 타인 소유 부동산을 무상으로 담보로 이용하여 금전 등을 차입
  (비특수관계인 간 정당한 사유가 있는 경우 과세제외)
- (납세의무자) 이익을 얻은 자
- (증여시기) 그 부동산 담보 이용을 개시한 날, 1년 주기
- (증여재산가액) 1천만원 이상

(차입금 × 적정이자 − 실제로 지급하였거나 지급할 이자)

타인의 부동산을 무상으로 사용하거나 타인의 부동산을 무상으로 담보로 이용하여 금전 등을 차입함에 따라 이익을 얻은 경우에는 해당 이익에 상당하는 가액을 이익을 얻은 자의 증여재산가액으로 합니다. (상증법 제37조)

1 타인의 부동산을 무상으로 사용한 경우

(1) 수증자

수증자는 타인의 부동산을 무상으로 사용하는 자로 하며, 타인의 토지 또는 건물만을 각각 무상으로 사용하는 경우에도 적용됩니다.(상증법 시행령 제27조제1항) 부동산에는 해당 부동산 소유자와 함께 거주하는 주택과 그에 딸린 토지는 제외됩니다. (상증법 제37조제1항)

수인이 부동산을 무상사용하는 경우로서 각 부동산사용자의 실제 사용면적이 분명하지 않은 경우에는 해당 부동산사용자들이 각각 동일한 면적을 사용한 것으로 봅니다. 이 경우 부동산소유자와 특수관계(상증법 제2조의2제1항제1호)에 있는 부동산사용자가 2명 이상인 경우에는 해당 부동산사용자들 중 부동산소유자와 최근친인 사람을 대표사용자로, 최근친이 둘 이상인 경우에는 그중 최고연장자를 대표사용자로 보며, 그 외의 경우에는 해당 부동산사용자들을 각각 무상사용자로 봅니다. (상증법 시행령 제27조제2항, 시행규칙 제19조제1항)

☞ 무상사용자가 수인인 경우 적용 연혁

2019.2.11.이전 증여분	2019.2.12. 이후 증여분
○ 실지사용자	○ 부동산소유자와 친족관계가 있는 경우 　- 최근친인 사람(2명 이상인 경우 그 중 최연장자) 　　을 대표사용자로 지정
○ 실지사용자가 불분명한 경우 : 근친관계 등을 고려하여 실지 사용자로 인정되는 자	○ 부동산소유자와 친족관계가 없는 경우 　- 실제사용면적이 분명한 경우 : 실제 사용면적별 　　로 계산 　- 실제사용면적이 불분명한 경우 : 각각 동일한 면 　　적을 사용한 것으로 계산

(2) 과세대상

타인의 부동산(해당부동산 소유자와 함께 거주하는 주택은 제외)을 무상으로 사용하는 경우에도 그 부동산 무상사용이익에 대해 과세합니다.(상증법 제37조제1항) 특수관계인이 아닌 자 간의 거래인 경우에는 거래의 관행상 정당한 사유가 없는 경우에 한하여 적용합니다.(상증법 제37조제3항)

이 경우 주택의 일부에 점포 등 다른 목적의 건물이 설치되어 있거나 동일 지번에 다른 목적의 건물이 설치되어 있는 경우에는 주택의 면적이 주택 외의 면적을 초과하는 경우에 한하여 해당 토지 소유자와 함께 거주할 목적으로 소유하는 주택으로 보아 부동산 무상사용에서 제외합니다.(상증법 시행령 제27조제7항)

☞ 무상사용 부동산의 범위 개정연혁

1997.1.1.-2003.12.31	2004.1.1.-2015.12.31	2016.1.1. 이후
특수관계인의 토지 - 해당 토지 소유자와 함께 거주할 목적으로 소유하는 주택은 제외	**특수관계인의 부동산** - 해당 부동산 소유자와 함께 거주하는 주택은 제외	**타인의 부동산** - 해당 부동산 소유자와 함께 거주하는 주택은 제외 - 비특수관계인 간의 거래의 경우 거래 관행상 정당한 사유가 없으면 과세대상

(3) 증여재산가액

부동산 무상사용에 따른 이익을 계산할 때 당초 증여시기로부터 5년이 경과한 후에도 계속하여 해당 부동산을 무상으로 사용하는 경우에는 5년이 되는 날의 다음날 새로이 무상사용을 개시한 것으로 보아 다시 5년간의 부동산무상사용에 따른 이익을 계산하여 증여세를 과세합니다. (상증법 시행령 제27조제3항)

부동산 무상사용이익은 각 연도의 부동산 무상사용이익을 해당 부동산 무상사용 기간을 감안하여 환산한 금액의 합계액을 말합니다. (상증법 시행규칙 제10조제2항)

$$\text{부동산 무상사용이익} = \sum_{n=1}^{n} \frac{(\text{부동산가액} \times \text{연 2\%})}{(1+0.1)^n}, \quad n = \text{평가기준일 경과연수}$$

부동산가액은 상증법 제60조부터 제66조까지 평가한 가액을 말하며, 평가기준일 현재 경과연수는 5년 단위로 계산하며, 환산한 가액이 1억원 이상인 경우에만 적용합니다. (상증법 시행령 제27조제4항) ☞ 2004.1.1이후부터 적용합니다.

☞ 이익계산의 개정연혁

2002.1.1. - 2003.12.31.	2004.1.1. 이후
$\sum_{n=1}^{n} \dfrac{(\text{토지가액} \times \text{연 2\%})}{(1+0.1)^n}$ (5년마다 재계산)	$\sum_{n=1}^{n} \dfrac{(\text{부동산가액} \times \text{연 2\%})}{(1+0.1)^n}$ (5년마다 재계산) 1억 이상만 과세

(4) 증여시기

부동산 무상사용 이익의 증여시기는 사실상 당해 부동산의 무상사용을 개시한 날입니다.(상증법 제37조제1항) 이 경우 무상사용기간이 5년을 초과한 경우에는 그 무상사용을 개시한 날부터 5년이 되는 날의 다음날에 새로이 부동산 무상사용을 개시한 것으로 봅니다. (상증법 시행령 제27조제3항·제4항)

(5) 경정 등의 청구

부동산 무상사용이익은 무상사용을 개시한 날로부터 5년 단위로 과세하나, 5년 이내에 당해 부동산을 상속하거나 증여하는 경우 등의 사유발생으로 무상사용하지 아니하는 경우에는 증여세를 차감하여야 합니다. 이 경우 그 사유가 발생한 날부터 3개월 이내에 결정 또는 경정을 청구할 수 있습니다. (상증법 제79조제2항)

자세한 사항은 상속·증여세 신고납부와 결정, 상속·증여세 경정청구 특례 규정(상증법 제79조, 경정 등의 청구 특례)에서 그 적용방법을 확인할 수 있습니다. (상증법 제79조제2항, 시행령 제81조제5항·제6항)

2 타인의 부동산을 무상으로 담보로 이용하여 금전 등을 차입함에 따라 이익을 얻은 경우

(1) 수증자

수증자는 타인의 부동산을 무상으로 담보로 이용하여 금전 등을 차입함에 따라 이익을 얻은 자를 말합니다.(상증법 제37조제2항) 특수관계인이 아닌 자 간의 거래인 경우에는 거래의 관행상 정당한 사유가 없는 경우에 한하여 적용합니다. (상증법 제37조제3항)

(2) 증여재산가액

상증세법 시행령 제31조의4(금전무상대출 등에 따른 이익의 계산방법 등)제1항 본문에 따른 가액으로서, 이익이 1천만원 이상인 경우에만 적용합니다. (상증법 시행령 제27조제5항·제6항)

증여이익 = 차입금 × 적정이자 − 실제로 지급되었거나 지급될 이자

(3) 증여시기

차입기간이 정하여지지 아니한 경우에는 그 차입기간은 1년으로 하고, 차입기간이 1년을 초과하는 경우에는 그 부동산 담보 이용을 개시한 날부터 1년이 되는 날의 다음 날에 새로 해당 부동산의 담보 이용을 개시한 것으로 봅니다. (상증법 시행령 제27조제5항)

합병에 따른 이익의 증여

(상증법 제38조, 시행령 제28조)

합병을 통하여 합병당사법인 일방의 주주가 상대방 법인의 주주로부터 경제적 이익(특수관계에 있는 법인 간의 합병시 합병당사법인의 주당 평가액이 서로 다름에도 불구하고 합병비율을 불공정하게 적용함으로써 상대적으로 주식가치가 과대평가된 법인의 주주가 상대방법인의 주주로부터 무상으로 받게 되는 경제적 이익)을 얻은 경우에는 그 합병등기일을 증여일로 하여 그 이익에 상당하는 금액을 그 이익을 얻은 자의 증여재산가액으로 합니다. (상증법 제38조)

합병이란, 2 이상의 회사가 상법에 따라 하나의 회사로 되는 것을 말합니다.

☞ **(요약) 합병에 따른 이익의 증여 (상증법 집행기준 38-28-2)**
- (과세요건) ① 특수관계에 있는 법인간의 합병
  ② 합병으로 인한 일정규모 이상의 대주주의 이익 발생
- (납세의무자) 합병으로 이익을 얻은 대주주등
- (증여시기) 합병등기일
- (증여재산가액) 기준금액 미만인 경우에는 제외
  ① 합병대가를 주식등으로 교부받은 경우
    대주주의 합병으로 인한 이익 = (A−B) × 대주주가 합병으로 인하여 교부받은 신설 또는 존속하는 법인의 주식수
    A. 합병 후 신설 또는 존속하는 법인의 1주당 평가액
    B. 합병비율 반영한 주가과대평가법인의 합병 전 1주당 평가액
      주가가 과대평가된 합병당사법인의 1주당 평가가액 × (주가가 과대평가된 합병당사법인의 합병한 주식등의 수 / 주가가 과대평가된 합병당사법인의 주주등이 합병으로 인하여 교부받은 신설 또는 존속하는 법인의 주식등의 수)
  ② 합병대가를 주식등 외의 재산으로 지급받은 경우
    · 합병당사법인의 1주당 평가가액이 액면가액에 미달하는 경우로서 그 평가가액을 초과하여 지급받은 경우에 한정합니다.
    대주주의 합병으로 인한 이익 = (가−나) × 대주주 주식수
    가) 1주당 액면가액(단, 액면가액 〉합병대가 → 합병대가)
    나) 합병당사법인의 1주당 평가
      – 합병당사법인이란 법인의 합병으로 인하여 소멸 흡수되는 법인 또는 신설·존속하는 법인을 말함(상증법 시행령 제28조제1항제3호)
- (기타 참고사항)
  – 합병으로 인한 이익을 증여한 자가 대주주 등이 아닌 주주등으로서 2명 이상인 경우에는 주주등 1명으로부터 이익을 얻은 것으로 합니다.
  – 대주주가 합병으로 인한 의제배당소득으로 소득세가 과세되는 경우 합병에 따른 증여이익 계산시 동 의제배당소득을 증여이익에서 차감합니다.

1 과세요건

다음의 세 가지 요건을 충족하여야 합니다. (상증법 제38조제1항 본문)

① 특수관계에 있는 법인 간 합병(분할합병)일 것

② 주가가 과대평가된 합병당사법인의 대주주가 존재할 것

③ 대주주등의 이익이 기준금액 이상일 것

합병으로 인한 이익을 증여한 자가 대주주등이 아닌 주주등으로서 2명 이상인 경우에는 주주등 1명으로부터 이익을 얻은 것으로 봅니다. (상증법 제38조제2항)

1) 특수관계에 있는 법인 간의 합병

합병등기일이 속하는 사업연도의 직전사업연도 개시일(개시일이 서로 다른 법인이 합병한 경우에는 먼저 개시한날을 말함)부터 합병등기일까지의 기간 중 다음의 어느 하나에 해당하는 법인을 말합니다. (상증법 시행령 제28조제1항 각 호)

① 법인세법 시행령 제2조(정의)제5항에 규정된 특수관계에 있는 법인

☞ 합병등기일이 속하는 사업연도의 직전사업년도 개시일부터 합병등기일까지의 기간 중 1회라도 특수관계에 해당한 사실이 있는 경우 특수관계법인으로 봅니다. (상증법 집행기준 38-28-3)

☞ 법인세법 시행령 제2조(정의)제5항

⑤ 법 제2조제12호에서 "경제적 연관관계 또는 경영지배관계 등 대통령령으로 정하는 관계에 있는 자"란 다음 각 호의 어느 하나에 해당하는 관계에 있는 자를 말한다.

1. 임원(제40조제1항에 따른 임원을 말한다. 이하 이 항, 제10조, 제19조, 제38조 및 제39조에서 같다)의 임면권의 행사, 사업방침의 결정 등 해당 법인의 경영에 대해 사실상 영향력을 행사하고 있다고 인정되는 자(「상법」 제401조의2제1항에 따라 이사로 보는 자를 포함한다)와 그 친족(「국세기본법 시행령」 제1조의2제1항에 따른 자를 말한다. 이하 같다)

2. 제50조제2항에 따른 소액주주등이 아닌 주주 또는 출자자(이하 "비소액주주등"이라 한다)와 그 친족

3. 다음 각 목의 어느 하나에 해당하는 자 및 이들과 생계를 함께하는 친족
   가. 법인의 임원·직원 또는 비소액주주등의 직원(비소액주주등이 영리법인인 경우에는 그 임원을, 비영리법인인 경우에는 그 이사 및 설립자를 말한다)
   나. 법인 또는 비소액주주등의 금전이나 그 밖의 자산에 의해 생계를 유지하는 자

4. 해당 법인이 직접 또는 그와 제1호부터 제3호까지의 관계에 있는 자를 통해 어느 법인의 경영에 대해 「국세기본법 시행령」 제1조의2제4항에 따른 지배적인 영향력을 행사하고 있는 경우 그 법인

5. 해당 법인이 직접 또는 그와 제1호부터 제4호까지의 관계에 있는 자를 통해 어느 법인의 경영에 대해 「국세기본법 시행령」 제1조의2제4항에 따른 지배적인 영향력을 행사하고 있는 경우 그 법인

6. 해당 법인에 100분의 30 이상을 출자하고 있는 법인에 100분의 30 이상을 출자하고 있는 법인이나 개인

7. 해당 법인이 「독점규제 및 공정거래에 관한 법률」에 따른 기업집단에 속하는 법인인 경우에는 그 기업집단에 소속된 다른 계열회사 및 그 계열회사의 임원

② 기업집단소속기업(상증법 시행령 제2조의2제1항3호나목)의 다른 기업

③ 동일인이 임원의 임면권의 행사 또는 사업방침의 결정 등을 통하여 합병당사법인의 경영에 대하여 영향력을 행사할 수 있다고 인정되는 관계에 있는 법인

합병당사법인이란 법인의 합병으로 인하여 소멸 흡수되는 법인 또는 신설·존속하는 법인을 말합니다. (상증법 시행령 제28조제1항제3호)

「자본시장과 금융투자업에 관한 법률」에 따른 주권상장법인이 다른 법인과 같은 법 제165조의4(합병 등의 특례) 및 같은 법 시행령 제176조의5(합병의 요건·방법 등)에 따라 행하는 합병은 특수관계에 있는 법인간의 합병으로 보지 아니합니다. (상증법 시행령 제28조제1항)

☞ 상장·코스닥상장법인은 「자본시장과 금융투자업에 관한 법률」에 따라 평가한 가액으로 합병비율을 정하도록 제한을 받는 등 다른 법률에서 통제를 받고 있어 변칙적인 증여행위가 발생하기 어려운 점을 감안하여 특수관계에 있는 법인간의 합병으로 보지 않습니다.

☞ 과세제외 개정연혁

2001.1.1.이후 합병등기분부터	2001.12.31.이후 합병등기분부터
상장 + 상장 ⇒ 합병 후 상장	상장 + 비상장 ⇒ 합병 후 상장

2) 주가가 과대평가된 합병당사법인에 대주주가 존재

대주주등은 해당 주주등의 자본 및 그와 상증법 시행령 제2조의2(특수관계인의 범위)제1항 각 호의 어느 하나에 규정된 특수관계에 있는 자의 자본을 포함하여 해당 법인의 발행주식 총수 등의 100분의 1이상을 소유하고 있거나, 소유하고 있는 주식 등의 액면가액이 3억원 이상의 주주 등을 말합니다. (상증법 시행령 제28조제2항)

☞ 대주주등 : 상증법 제38조(합병에 따른 이익의 증여)제1항, 시행령 제28조(합병에 따른 이익의 계산방법 등) 제2항 ← 감자에 따른 이익의 증여(상증법 제38조의2) 요건에도 동일하게 적용

3) 대주주등이 얻는 이익이 기준금액 이상

대주주등이 얻는 이익이 기준금액 이상이어야 합니다. 기준금액은 합병 후 신설 또는 존속하는 법인의 주식등의 평가가액의 100분의 30에 상당하는 가액과 3억원 중 적은 금액입니다. (상증법 시행령 제28조제4항)

2 증여재산가액 (기준금액 이상)

(상증법 시행령 제28조제5항~제7항)

1) 합병대가를 주식으로 교부받은 경우

대주주가 얻은 이익은 아래 산식에 따라 산정합니다.

[(1) - (2)] × 주가가 과대평가된 합병당사법인의 대주주등이 합병으로 인하여 교부받은 신설 또는 존속하는 법인의 주식등의 수

(1) 합병 후 신설·존속하는 법인의 1주당 평가가액

가) 주권상장법인 또는 코스닥상장법인으로서 유가증권시장 또는 코스닥상장시장에서 거래되는 법인(주권상장법인 등)인 경우

아래 ①과 ②중 작은 가액을 말합니다.

① 합병등기일부터 2월이 되는 날까지 기간의 최종시세가액의 평균액

$$② \quad \frac{(과대평가법인의 \ 합병직전 \ 주식가액 + 과소평가법인의 \ 합병직전 \ 주식가액)}{합병 \ 후 \ 신설·존속하는 \ 법인의 \ 주식수}$$

나) 그 외 비상장법인인 경우 → 위 (1)의 ②가액

이 경우 합병 직전 주식 등의 가액의 평가기준일은 「상법」 제522조의2(합병계약서 등의 공시)에 따른 대차대조표 공시일 또는 「자본시장과 금융투자업에 관한 법률」 제119조(모집 또는 매출의 신고) 및 같은 법 시행령 제129조(증권신고서의 기재사항 및 첨부서류의 특례)에 따라 합병의 증권신고서를 제출한 날 중 빠른 날이며, 주권상장법인 등에 해당하지 아니하는 법인인 경우에는 상법 제522조의2에 따른 대차대조표 공시일을 적용합니다.

상증법 시행령 제28조에 따라 대주주등 이익을 계산하는 경우에는 할증평가규정을 적용하지 아니합니다. (상증법 시행령 제53조제5항2호)

계산한 금액에 소득세법 제17조(배당소득)제2항4호의 의제배당금액이 포함된 경우에는 이를 차감하여 계산합니다. (상증법 기본통칙 38-28-2)

분할합병을 하기 위하여 분할하는 법인의 분할사업부문에 대한 합병 직전 주식등의 가액은 상증법 제63조제1항제1호다목에 따른 방법을 준용하여 분할사업부문을 평가한 가액으로 합니다.

2016.2.5.에 신설된 규정으로 기존에 시행규칙에서 분할법인의 분할직전 주식가액을 분할사업부분의 순자산가액 비율로 안분하여 계산하던 것을 특정분할사업부문의 상대적 형평성 문제를 해소하기 위해 분할사업부문의 비상장법인의 보충적 평가방법으로 평가는 하는 것(순손익가치과 순자산가치를 3:2로 가중평균)으로 시행령을 새로이 개정했습니다.

☞ 분할합병시 합병직전 주식등의 가액 계산방법 개정연혁

2016.2.4.이전(상증법 시행규칙 제10조의2)	2016.2.5.이후(상증법 시행령 제28조제7항)
분할법인의 분할직전주식등의 가액 × 분할사업부문의 순자산가액 / 분할법인의 순자산가액	상증법 제63조제제1항제1호다목에 따른 방법을 준용하여 분할사업부문을 평가한 가액

(2) 주가가 과대평가된 합병당사법인의 1주당 평가가액 × (주가가 과대평가된 합병당사법인의 합병전 주식등의 수 / 주가가 과대평가된 합병당사법인의 주주등이 합병으로 인하여 교부받은 신설 또는 존속하는 법인의 주식등의 수)

주가가 과대평가된 합병당사법인의 1주당 평가가액은 아래와 같습니다.

　가) 주권상장법인 등의 경우

　공시일 등 이전 2월간 기간의 최종시세가액의 종가평균액을 말합니다. 이 경우 공시일 등 이전 2개월간 기간의 최종시세가액의 종가평균액과 아래 비상장법인 평가가액 중 큰 금액을 적용할 수 있습니다.

　나) 비상장법인

　대차대조표 공시일 현재 상증법 제60조(시가) 및 상증법 제63조제1항제1호다목(보충적평가액)에 따른 평가액

　상증법 제28조에 따라 대주주가 얻은 이익을 계산하는 경우에는 할증평가규정을 적용하지 아니합니다.(상증법 시행령 제53조제8항제3호) 다만, 합병 전 합병당사법인의 순자산가액을 계산하는 경우 합병당사법인이 보유하고 있는 다른 비상장법인의 주식가액은 할증평가규정을 적용합니다. (재삼 46014-1411, 1999.7.23.)

　주가가 과대평가된 법인의 합병 후 주식수는 합병으로 인하여 새로이 취득되는 주식수를 말합니다.

(3) 기준금액

Min(합병후 신설 또는 존속하는 법인의 주식등의 평가가액 × 30%, 3억원)

① 합병후 1주당 평가액(A)

구분	주권상장·코스닥상장 법인	그 외 법인
합병 후 1주당 평가액	Min[①, ②] ① 합병등기일 이후 2개월간 최종시세가액의 평균액 ② 단순 평균 = $\dfrac{\text{합병 전 합병·피합병법인의 주식가액 합계액}}{\text{합병후 주식 수}}$	② 단순평균액

② 합병비율을 반영한 주가 과대평가법인의 합병 전 1주당 평가액(B)

B = 주가과대평가법인 합병 전 1주당가치 × 합병 전 주식수 ÷ (합병전 주식수 × 합병비율)

= 주가과대평가법인 합병 전 주식가치 ÷ 합병 후 주식수

☞ 합병비율 : 주가 과대평가법인 1주당 합병법인주식 교부비율

구분	주권상장·코스닥상장 법인	그 외 법인

주가과대평가법인
합병 전 1주당 가치
	Max [①, ②]
	① 다음 중 빠른날 이전 2개월간 최종시세가액 평균액
	  ⓐ 합병대차대조표 공시일
	  ⓑ 금융감독위원회 합병신고서 제출일
	② 비상장주식 평가방법에 의한 평가액
		합병대차대조표 공시일의 비상장주식 평가방법에 의한 평가액 (시가와 보충적 평가액 중 큰 금액)

2) 합병대가를 주식 등 외의 재산(현금 등)으로 지급한 경우

합병당사법인의 1주당 평가가액이 액면가액에 미달하는 경우로서 그 평가가액을 초과하여 지급받은 경우에 한정합니다.

(1) 합병대가가 액면가액 이하인 경우

(1주당 합병대가 – 1주당 평가가액) × 합병당사법인의 대주주등의 주식수

(2) 합병대가가 액면가액을 초과하는 경우

(1주당 액면가액 – 1주당 평가가액) × 합병당사법인의 대주주등의 주식수

(3) 기준금액 : 3억원

3 증여시기

합병에 따른 이익의 증여시기는 당해 합병등기일(합병등기를 한 날)입니다. (상증법 제38조제1항)

4 증여세 납세의무

합병에 따른 이익의 증여규정에 있어 납세의무자는 그 이익을 얻은 자입니다.(상증법 제38조제1항) 다만, 수증자가 영리법인인 경우에는 납부할 증여세는 면제하며, 주가가 과대평가된 법인의 대주주의 요건에 해당되어야 하므로, 소액주주에 대하여는 합병으로 인하여 경제적 이익을 얻은 경우에도 증여세 납세의무는 발생하지 않습니다. 또한 증여자에게 연대납세의무가 없습니다.

제8절	증자에 따른 이익의 증여

(상증법 제39조, 시행령 제29조)

〈1〉 저가발행

- (실권주 재배정) 실권주를 재배정하는 경우에 해당 법인의 주주 중에 실권주를 배정받음으로서 얻는 이익
- (실권주 실권처리) 실권주를 실권처리함으로써 해당 법인의 주주가 신주인수로 인하여 얻은 이익
- (제3자 배정 주주 초과 배정) 제3자 직접배정이나 해당 법인의 주주가 배정받을 수 있는 수를 초과하여 신주를 직접 배정받음으로서 얻은 이익

〈2〉 고가발행

- (실권주 재배정) 실권주를 재배정함으로써 신주인수포기자가 얻는 이익
- (실권주 실권처리) 실권주를 실권처리함으로써 신주인수포기자가 얻은 이익
- (제3자 배정 주주 초과 배정) 제3자 직접배정이나 해당 법인의 주주가 배정받을 수 있는 수를 초과하여 신주를 직접 배정받음으로써 그의 특수관계인이 얻은 이익

법인이 자본금(출자액을 포함)을 증가시키기 위하여 새로운 주식 또는 지분(신주)를 발생시킴으로써 주주들의 증자 전 주식소유 지분율대로 신주를 인수하지 않음에 따라 지분율이 변동되거나 주식가치가 증감됨으로 인하여 무상 이전되는 이익을 증여로 보아 증여세를 과세합니다. (상증법 제39조제1항)

☞ (증자, 신주의 발행) 주식회사는 그 설립 후 수권자본제도에 의하여 수권자본의 범위 내에서 신주를 발행하고 자본을 조달할 수 있습니다. 이것을 증자 또는 신주의 발행이라도 말합니다.

주식대금 납입일(주식대금 납입일 이전에 실권주를 배정받은 자가 신주인수권증서를 교부받은 경우에는 그 교부일)을 증여일로 하여 증여세를 과세하며,(상증법 시행령 제29조제1항) 증자 유형 및 신주인수가액이 증자 전 주식평가액보다 낮은지 높은지에 따라 과세요건을 다르게 규정하고 있습니다

☞ 일반적으로 법인이 증자를 하면서 주식가치보다 낮은 가액으로 신주를 발행하면 구 주식의 가액은 증자액의 비율에 따라 희석되어 감소되고, 신 주식의 가액은 거꾸로 증가하게 되므로 증자하기 전의 주식비율에 따른 신주인수를 하지 아니하면, 신주의 전부 또는 일부를 인수하지 아니한 자가 소유하고 있는 구 주식의 가액은 증자를 한 비율만큼 감소되고 반면에 비율을 초과하여 신주를 인수한 자의 주식가치는 구 주식의 가액이 감소한 만큼 증가하게 되므로 실권주를 인수한 자는 신주인수를 포기한 자로부터 그 차액에 상당하는 이익을 취득한 것으로 볼 수 있습니다. 위와 같이 법인의 유상증자의 경우에 주주가 신주인수권을 포기하여 그 포기한 실권주를 제3자가 배정받게 함으로써 제3자가 이익을 얻은 경우 엄밀한 의미에서 민법상의 증여로 보기 어렵지만 실질적으로는 실권주를 포기한 자가 그 실권주를 배정받은 자에게 위에서 본 가액만큼 증여한 것과 다름없으므로 이 사건 법률조항은 위와 같은 이익을 증여로 보아 증여세를 과세하기 위한 규정으로써 실질적 소득·수익이 있는 곳에 과세한다고 하는 실질과세원칙을 관철하기 위한 규정이라 할 수 있습니다. (헌재2001헌바13, 2002.1.31.)

1 유형별 과세요건 및 증여재산가액 계산방법 등

1) 유형별 과세요건 및 증여재산가액 계산방법

□ 법령에 명시된 유형별 과세요건 및 증여재산가액 계산방법 (상증법 제39조제1항, 시행령 제29조제2항)

구분	해당법령	증여 요건 특수관계	증여 요건 30%요건	납세자	증여재산가액 계산 (ⓐ 증자 후 1주당 평가가액 ⓑ 신주 1주당 인수가액)
① 저가 실권주 재배정	1호 가목	×	×	실권주 인수자	(ⓐ-ⓑ) × 배정받은 실권주수
② 저가 실권주 실권처리	1호 나목	○	○	신주 인수자	(ⓐ-ⓑ) × 배정받은 실권총수 × 증자 후 신주인수자 지분비율 × (신주인수자의 특수관계인의 실권주수 ÷ 실권주 총수)
③ 저가 신주 제3자 직접 배정	1호 다목	×	×	신 주 인수자	(ⓐ-ⓑ) × 균등조건 초과 인수한 신주수
주주 초과배정	1호 라목				
④ 고가 실권주 재배정	2호 가목	○	×	신 주 인수 포기자	(ⓑ-ⓐ) × 신주인주 포기자의 실권주수 × (특수관계인이 인수한 실권주수 ÷ 실권주 총수)
⑤ 고가 실권주 실권처리	2호 나목	○	○	신주 인수 포기자	(ⓑ-ⓐ) × 신주인주 포기자의 실권주수 × (특수관계인이 인수한 신주수 ÷ 당초 증자 주식 총수)
⑥ 고가 신주 제3자 직접 배정	2호 다목	○	×	신주 인수 포기자	(ⓑ-ⓐ) × 균등증자시보다 미달하게 배정받은 신주수 × (특수관계인이 인수한 신주수 ÷ 균등증자시 주식수를 초과하여 인수한 신주의 총수)
주주 초과 배정	2호 라목				
⑦ 전환주식 저가발행	3호 가목	×	×	교부 받은자	참여주주의 증여재산가액 × 교부받은 주식수
⑧ 전환주식 고가발행	3호 나목	○	×	교부 받은자 의 특수 관계인	실권주주의 증여재산가액 × 증자에 의하여 증가한 주식수 × 증자 전 지분비율

* (표 : 국세청 책자 자료를 변형) 표의 계산식들은 상증법 시행령 제29조에 명시되어 있습니다.

☞ 위의 표를 간략하게 정리할 수 있습니다.

구분	수증자	비고
배정(직접 이익) (재배정, 제3자 배정, 초과배정)	저가 : 인수자 고가 : 포기자	특수관계 × 특수관계 ○
실권처리 (간접이익)	저가 : 인수자 고가 : 포기자	특수관계 ○, 30% 요건 적용 특수관계 ○, 30% 요건 적용

〈용어 설명〉

① 신주인수권 : 우선적으로 신주의 배정을 받을 수 있는 권리를 말합니다. 일반적으로 주식회사가 신주를 발행할 경우에 정관에 다른 경험이 없는 한 주주가 소유하고 있는 주식의 수에 비례합니다.

② 시가 : 상증법 제60조와 제63조에 따라 평가한 가액을 말합니다.

③ 실권주 : 실권주란 신주를 배정받을 수 있는 권리의 전부 또는 일부를 포기한 경우로서 그 포기한 신주를 말합니다. (상증법 제49조제1항가목)

④ 소액주주 : 해당법인의 발행주식 총수 등의 100분의 1미만을 소유하는 경우로서 소유하고 있는 주식 등의 액면가액이 3억원 미만의 주주 등을 말합니다. (상증법 시행령 제28조제5항)

⑤ 증자 전 1주당 평가가액 : 유가증권시장·코스닥시장 상장주식은 증자에 따른 권리락일 전 2월간의 종가평균액에 의하며, 비상장주식은 증자일 현재 시가 또는 보충적 평가가액을 말합니다.

⑥ 증자 후 1주당 평가가액 : 아래 산식에 따른 이론주가에 의하되, 2001.1.1.이후 유가증권시장·코스닥시장 상장주식의 증자시에는 권리락일 이후 2월간의 종가평균액과 이론주가 중 작은 금액(고가 증자의 경우에는 높은 금액)에 따릅니다.

$$\frac{(증자\ 전\ 1주당가액 \times 증자\ 전\ 주식수) + (신주\ 1주당\ 인수가액 \times 증자주식수)}{증자\ 전\ 주식수 + 증자\ 주식수}$$

⑦ 신주 1주당 인수가액 : 1주당 주식대금 납입액을 말합니다.

⑧ 30%·3억원 요건 : 증자 후 1주당 평가가액과 신주인수가액의 차액이 증자 후 1주당 평가액의 30%이상 차이가 있거나, 1인별 증여가액이 3억원 이상인 경우에 증여세 과세요건이 성립됨을 말합니다.

저가 증자시 : $\dfrac{ⓐ - ⓑ}{ⓐ} \geq 30\%$ 또는 주주 1인 총이익이 3억원 이상인 경우

고가 증자시 : $\dfrac{ⓑ - ⓐ}{ⓐ} \geq 30\%$ 또는 주주 1인 총이익이 3억원 이상인 경우

⑨ 실권주 재배정 : 기존주주가 지분비율에 따라 배정된 신주를 인수하지 아니하여 발생한 실권주를 이사회 결의를 통해 다른 기존주주 또는 제3자에게 배정하는 것을 말합니다.

⑩ 직접배정 : 주주 평등의 원칙에 의한 예외로서 기존주주의 지분비율에 관계없이 주주총회

특별결의 등을 통해 기존주주 또는 제3자에게 신주를 인수시키는 것을 말합니다.

⑪ 실권주 실권처리 : 기존 주주가 지분비율에 따라 배정된 신주를 인수하기 아니하여 발생한 실권주를 다시 배정하지 아니함으로써 실권처리한 주식 수만큼 증자가 이루어지지 않는 경우를 말합니다.

⑫ 전환주식 : 상법 제346조(주식의 전환에 관한 종류주식)에 따른 종류주식을 말하며, 종류주식은 이익의 배당, 의결권 행사 등이 보통주와 다른 주식을 말합니다. 우선주, 보통주, 후배주 등 다른 종류의 주식으로 전환할 수 있는 권리가 부여되어 있으며, 전환권이 부여되어 있는 주식 또는 정관에 일정한 사유가 발생할 때 회사가 주주의 인수주식을 다른 종류주식으로 전환(우선주를 보통주로 바꾸거나 그 반대의 경우 등)할 수 있습니다.

⑬ 증자의 증여이익 계산시 : 최대주주할증평가 규정을 적용하지 아니합니다.

> ☞ 증여자별 수증자별로 증여가액을 산정하되, ①, ②, ③의 경우, 신주인수를 포기한 자가 2인 이상의 소액주주인 경우에는 1인이 포기한 것으로 보아 증여이익을 계산합니다. 소액주주가 2인 이상인 경우에 소액주주 1인 이상의 이익을 증여한 것으로 보는 상증법 제39조제2항은 헌법에 위배되지 아니합니다. (헌재2014헌바468, 2016.6.30.) 이는 증여자별로 증여이익을 계산하는 것이 복잡하고 그 증여가액이 과세 최저한에 미달하며, 과세를 못하게 되면 증여세 회피 수단으로 악용될 우려가 있다는 점을 고려한 것입니다. (대법원2014두14976, 2017.5.17.)

2) 증여시기

주식대금 납입일 등 증여일은 다음 구분에 따른 날을 말합니다. (상증법 시행령 제29조제1항 각호)

① 유가증권시장에 주권이 상장된 법인 또는 코스닥시장 상장법인이 해당법인의 주주에게 신주를 배정하는 경우 : 권리락이 있는 날

② 전환주식을 다른 종류의 주식으로 전환한 경우 : 전환한 날

> ☞ 2017.1.1이후 신주발행분부터 적용합니다.

③ 그 외의 경우 : 주금납일일 (주금납입일 이전에 실권주를 배정받은 자가 신주인수권증서를 교부받은 경우에는 신주인수권증서 교부일)

3) 과세제외

(1) 자본시장과 금융투자업에 관한 법률에 따른 공모방식으로 신주배정

상장법인·코스닥상장법인이 「자본시장과 금융투자업에 관한 법률」 제9조(그 밖의 용어의 정의)

제7항에 따른 유가증권의 모집방법(같은 법 시행령 제11조제3항에 따라 모집(간주모집)하는 경우 제외)으로 배정하는 경우에는 증자 전·후 주식평가액의 과다 또는 지분을 변동에 관계없이 증여세를 과세하지 아니합니다. (상증법 제39조제1항가목, 시행령 제29조제3항)

비상장법인의 경우에는 증자분은 모집방법에 의하는 경우도 예외없이 증여세를 과세합니다.
☞ 2001.1.1이후 증자분부터 적용합니다.

(2) 우리사주조합에 우선 배정하는 경우

내국법인의 종업원으로서 우리사주조합에 가입한 소액주주가 그 법인의 주식을 우리사주조합을 통하여 시가보다 낮은 가액으로 취득한 경우입니다. (상증법 제46조제2호)

(3) 증자 전·후의 주식 1주당 가액이 모두 '0'이하인 경우

증자 전·후의 주식 1주당 가액이 모두 '0'이하인 경우에는 증여이익이 없는 것으로 봅니다. (서면4팀-1155, 2005.7.8.)

2 저가의 실권주를 재배정한 경우 (표의 ①)

(상증법 제39조제1항제1호가목, 시행령 제29조제2항)

저가의 신주발행(실권주 재배정)은 기존 주주가 지분비율에 따라 배정된 신주를 인수하지 아니하여 발생한 실권주를 이사회 결의를 통해 다른 기존주주 또는 제3자에게 배정하는 것을 말합니다.

실권주를 배정받은 자(특수관계를 요하지 않으며, 소액주주도 포함)가 실권주를 배정받음으로서 이익을 얻은 경우에는 그 실권주를 배정받은 자가 실권주를 배정받음으로써 얻은 이익을 실권주를 배정받은 자의 증여재산가액으로 합니다. 다만 공모배정 하는 경우는 제외합니다. (상증법 제39조제1항가목)

이 경우 실권한 소액주주가 2인 이상인 경우에는 소액주주 1인이 실권한 것으로 보아 증여재산가액을 계산합니다. (상증법 제39조제2항)

1) 과세요건

다음 요건을 충족하여야 합니다.

① 자본 또는 출자액의 증가를 위한 신주 배정이어야 합니다.

② 신주를 시가보다 낮은 가액으로 발행하는 경우이어야 합니다.

③ 실권주를 다시 배정하여야 합니다.

④ 재배정은 연고배정방식에 의하여야 합니다.

    ㉮ 주권상장법인 또는 코스닥상장법인이 유가증권의 모집방법(일반공모)에 따라 배정하는 경우에는 증여세 과세대상에서 제외합니다.

    ㉯ 비상장법인인 경우에는 실권주의 재배정방법에 관계없이 주식의 시가와 증자대금 납입 금액의 차액에 대하여 증여세를 과세합니다.

⑤ 신주인수권을 포기한 주주가 있어야 합니다.

    ㉮ 신주인수권을 포기한 자와 그 실권주를 배정받은 자간에 특수관계의 요건은 필요가 없습니다.

    ㉯ 30% 적용 요건(30% 이상 이익과 증여재산가액 3억원 이상 요건) 역시 필요가 없습니다.

⑥ 본래의 자기지분율을 초과하여 신주를 배정받은 자가 있어야 합니다.

2) 증여재산가액

(1) 증여재산가액

[ⓐ 증자 후 1주당 평가가액 − ⓑ 신주1주당 인수가액] × 배정받은 실권주수

(2) ⓐ 증자 후 1주당 평가가액

ⓐ 증자 후 1주당 평가가액은 비상장주식은 아래 산식에 따른 ㉠주식평가액에 의하되, 상장·코스닥 상장법인이 증자한 경우에는 ㉠과 ㉡중 작은 금액을 따릅니다.

    ㉠ 이론적 권리와 주식평가액

$$\frac{(증자 \ 전 \ 1주당 \ 가액 \times 증자 \ 전 \ 주식수) + (신주 \ 1주당 \ 가액 \times 증자주식수)}{증자 \ 전 \ 주식수 + 증자 \ 주식수}$$

    ㉡ 권리락일 이후 2개월간의 최종시세가액의 평균액

3 저가의 실권주를 실권처리한 경우 (표의 ②)

(상증법 제39조제1항제1호나목, 시행령 제29조제2항)

기존주주가 지분비율에 따라 배정된 신주를 인수하지 아니하여 발생한 실권주를 이사회 결의를 통해 기존주주 또는 제3자에게 배정하지 아니하고 실권처리함에 따라 신주 인수를 포기한 주주와 특수관계에 있는 자가 신주를 인수함으로써 얻은 이익을 증여로 보아 증여세를 과세합니다.

실권주를 재배정하지 아니한 경우에도 해당 신주의 인수를 포기한 주주와 특수관계인이 신주를 인수함에 따라 얻은 경제적 이익이 일정액 이상일 경우 이를 증여재산으로 하여 증여세를 과세하는 것을 말합니다. 즉 변칙적인 출자지분율의 변동에 따라 형성된 반사적 이익을 과세하기 위한 규정입니다.

1) 과세요건

① 법인의 증자를 위한 신주의 발행이 있을 것
② 해당 법인의 주주가 신주를 배정받을 수 있는 권리의 전부 또는 일부를 포기함으로써 실권주가 발생할 것
③ 그 실권주를 배정하지 아니할 것
④ 포기한 주주와 특수관계인 사이에서 발생할 것
⑤ 1주당 주가차액이 증자 후의 1주당 평가차액의 30%이상이거나 증여재산가액이 3억원 이상일 것

2) 증여재산가액

(1) 증여재산가액

[ⓐ 증자 후 1주당 평가가액 − ⓑ 신주 1주당 인수가액] × 실권주 총수 × 증자 후 신주인수자의 지분비율

$$\times \ \frac{신주인수자와 \ 특수관계에 \ 있는 \ 자의 \ 실권주수}{실권주 \ 총수}$$

(2) ⓐ 증자 후 1주당 평가가액

ⓐ 증자 후 1주당 평가가액은 비상장주식의 경우 다음 계산식에 따른 ㉠주식평가액에 의하

되, 상장 코스닥상장법인이 증자한 경우에는 ⊙과 ⓛ 중 적은 금액에 따릅니다.

⊙ 이론적 권리와 주식평가액

$$\frac{\left(\begin{array}{c}\text{증자 전 1주당}\\\text{평가가액}\end{array} \times \begin{array}{c}\text{증자 전의 발행}\\\text{주식 총수}\end{array}\right) + \left(\begin{array}{c}\text{신주 1주당}\\\text{인수가액}\end{array} \times \begin{array}{c}\text{증자 전 지분대로 균등하게}\\\text{증자하는 경우의 증가주식수}\end{array}\right)}{\text{증자 전의 발행주식 총수 + 증자전 지분대로 균등하게 증자하는 경우의 증가주식수}}$$

ⓛ 권리락일 이후 2개월간의 최종시세가액의 평균액

상증법 제39조제1항에 따라 법인이 유상증자를 하면서 실권주 중 일부를 실권한 주주와 특수관계에 있는 주주에게 배정하고 나머지는 배정하지 아니함으로써 특수관계에 있는 자가 얻은 증여이익은 상증법 시행령 제29조제3항제1호 및 제2호에 따라 계산한 가액을 합산하여 산정하는 것이며, 이 경우 제2호의 증여이익을 산정함에 있어 다목의 '증자 후 신주인수자의 지분비율'은 재배정받은 주식을 차감한 신주인수자의 주식수를 증자 후의 발행주식 총수로 나누어 계산한 비율을 말합니다. (재산세과-60, 2010.2.1.)

④ 저가의 신주를 직접배정 초과배정한 경우 (표의 ③)

(상증법 제39조제1항제1호다목·라목, 시행령 제29조제2항)

직접배정은 주주평등의 원칙에 의한 예외로서 기존주주의 지분비율에 상관없이 정관상 규정 또는 주주총회 특별회의를 통해 기존주주 또는 제3자에게 신주를 인수시키는 것을 말합니다.

본래 신주인수권은 구주주들의 지분비율에 따라 균정하게 배정하는 것이 원칙입니다. 그럼에도 불구하고 해당 법인의 주주가 아닌 자가 신주를 직접 배정(해당 주식의 인수회사로부터 인수·취득하는 경우와 제3자에게 증권을 취득시킬 목적으로 그 증권의 전부 또는 일부를 취득한 자로부터 인수·취득한 경우를 포함) 받거나 해당 법인의 주주가 지분비율에 따라 배정받을 신주수를 초과하여 배정 받은 경우에는 이익의 무상이전이 일어납니다.

1) 과세요건

2의 1) 과세요건과 같습니다.

실권주를 배정받은 자와 신주인수를 포기한 주주 사이에 특수관계가 성립하는 여부 및 증여재산가액이 얼마인가에 관계없이 신주 1주당 인수가액과 증자 후 1주당 평가가액의 차이가 발생하게 되면 증여세를 과세하게 됩니다.

직접배정에는 「자본시장과 금융투자업에 관한 법률」 제9조(그 밖의 용어의 정의)제12항에 따른 '인수인'으로부터 인수·취득하는 경우와 각각 제3자에게 증권을 취득시킬 목적으로 그 증권의 전부 또는 일부를 취득한 자로부터 인수·취득한 경우를 말합니다.

☞ '인수인'이란 증권을 모집·사모·매출하는 경우 인수를 하는 자를 말합니다. (자본시장과 금융투자업에 관한 법률 제9조제12항)

신주인수권을 포기하거나 미달하게 배정받은 소액주주가 2인 이상인 경우에는 소액주주 1인이 포기하거나 미달하게 배정받은 것으로 봅니다. (상증법 제39조제2항)

2) 증여재산가액

(1) 증여재산가액

(ⓐ 증자 후 1주당 평가가액 – ⓑ 신주 1주당 인수가액) × 배정받은 신주수(균등조건 초과 인수한 신주수)

· 신주 수는 균등 조건에 의하여 배정받을 신주 수를 초과하여 배정받은 자의 경우 그 초과 부분의 신주 수를 말합니다.

(2) ⓐ 증자 후 1주당 평가가액

ⓐ 증자 후 1주당 평가가액은 비상장주식의 경우 다음 산식에 따른 ㉠주식평가가액에 의하되, 상장·코스닥상장 법인이 증자한 경우에는 ㉠ 과 ㉡중 작은 금액에 따릅니다.

㉠ 이론적 권리락 주식 평가액

$$\frac{\left[\begin{array}{c}\text{증자 전 1주당} \\ \text{평가가액}\end{array} \times \begin{array}{c}\text{증자 전의 발행} \\ \text{주식 총수}\end{array}\right] + \left[\begin{array}{c}\text{신주 1주당} \\ \text{인수가액}\end{array} \times \begin{array}{c}\text{증자에 의하여} \\ \text{증가한 주식수}\end{array}\right]}{\text{증자 전의 발행주식 총수} + \text{증자전 지분대로 균등하게 증자하는 경우의 증가주식수}}$$

㉡ 권리락일 이후 2개월간의 최종시세가액의 평균액

5 고가의 실권주를 재배정한 경우 (표의 ④)

(상증법 제39조제1항제2호가목, 시행령 제29조제2항)

시가보다 고가의 발행가액으로 증자하면서 실권주를 재배정하는 경우를 말합니다.

저가로 발행하는 신주의 경우와는 반대로 증자 전의 주식평가액보다 높은 가액으로 발행된 신주를 기존주주들이 인수하지 아니하여 발생된 실권주를 특수관계에 있는 자가 배정받아 신주인수를 포기한 주주가 자본금을 납입하지 아니하고도 증자 후 주식가치가 높아짐으로써 얻은 이익을 증여받은 것으로 보아 과세합니다.

1) 과세요건

① 신주를 시가보다 높은 가액으로 발행이 있을 것

② 신주인수권을 포기한 주주가 있을 것.

③ 본래의 자기지분율을 초과하여 신주를 배정받은 자가 있을 것.

④ 이익을 얻은 신주인수 포기자는 실권주를 배정받아 인수한 자와 특수관계인일 것

현저한 이익(30%이상 이익과 증여재산가액 3억원) 요건은 필요 없음.

2) 증여재산가액

(1) 증여재산가액

$$\left[\begin{array}{l} ⓑ \text{ 신주 1주당 인수가액} - \\ ⓐ \text{ 증자 후 1주당 평가가액} \end{array}\right] \times \begin{array}{c} \text{신주인수를 포기한} \\ \text{주주의 실권주수} \end{array} \times \frac{\begin{array}{c} \text{신주인수를 포기한 주주와 특수관} \\ \text{계에 있는 자가 인수한 실권주수} \end{array}}{\text{실권주총수}}$$

(2) ⓐ 증자 후 1주당 평가가액

ⓐ 증자 후 1주당 평가가액은 비상장주식의 경우 아래 계산식에 따른 ㉠주식평가액에 의하되, 상장·코스닥 법인이 증자한 경우에는 ㉠과 ㉡ 중 큰 금액에 의합니다.

㉠ 이론적 권리락 주식 평가액

$$\frac{\left[\begin{array}{c} \text{증자 전 1주당} \\ \text{평가가액} \end{array} \times \begin{array}{c} \text{증자 전의 발행} \\ \text{주식 총수} \end{array}\right] + \left[\begin{array}{c} \text{신주 1주당} \\ \text{인수가액} \end{array} \times \begin{array}{c} \text{증자에 의하여} \\ \text{증가한 주식수} \end{array}\right]}{\text{증자 전의 발행주식 총수} + \text{증자에 의하여 증가한 주식수}}$$

㉡ 권리락일 이후 2개월간의 최종시세가액의 평균액

6 고가의 실권주를 실권처리한 경우 (표의 ⑤)

(상증법 제39조제1항제2호나목, 시행령 제29조제2항)

증자 전의 주식평가액보다 높은 가액으로 발행된 신주를 기존주주들이 인수하지 아니하여 발생한 실권주를 다시 배정하지 아니하고 실권처리하여 신주인수를 포기한 주주가 자본금을 납입하지 아니하고도 증자 전보다 주식가치가 높아짐으로써 얻은 이익을 증여받은 것으로 보아 과세합니다.

1) 과세요건

① 법인의 증자를 위한 신주의 발행이 있을 것

② 신주를 시가보다 높은 가액으로 발행하여야 합니다.

③ 해당 법인의 주주가 신주를 배정받을 수 있는 권리의 전부 또는 일부를 포기함으로써 실권주가 발생할 것

④ 그 실권주를 배정하지 아니할 것

⑤ 해당 신주를 포기한 주주와 특수관계인이 신주를 인수하여야 합니다.

⑥ 1주당 주식차액이 증자 후의 1주당 평가가액의 30% 이상이거나, 증여재산가액이 3억원 이상일 것

$$\frac{ⓑ \text{ 신주1주당 인수가액} - ⓐ \text{ 증자 후 1주당 평가가액}}{ⓐ \text{ 증자 후 1주당 평가가액}} \geq 30\%$$

2) 증여재산가액

(1) 증여재산가액

[ⓑ 신주 1주당 인수가액 − ⓐ 증자 후 1주당 평가가액] × 신주인수를 포기한 주주의 실권주수

$$\times \frac{\text{신주인수를 포기한 주주와 특수관계에 있는 자가 인수한 신주수}}{\text{증자 전의 지분비율대로 균등하게 증자하는 경우의 증자 주식 총수}}$$

(2) ⓐ 증자 후 1주당 평가가액

ⓐ 증자 후 1주당 평가가액은 비상장주식의 경우 아래 계산식에 따른 ㉠ 주식평가액에 의하되, 상장·코스닥상장법인이 증자한 경우에는 ㉠과 ㉡ 중 큰 금액에 따릅니다.

ⓐ 이론적 권리락 주식평가액

$$\frac{\left(\begin{array}{c}\text{증자 전 1주당} \\ \text{평가가액}\end{array} \times \begin{array}{c}\text{증자 전의 발행} \\ \text{주식 총수}\end{array}\right) + \left(\begin{array}{c}\text{신주 1주당} \\ \text{인수가액}\end{array} \times \begin{array}{c}\text{증자에 의하여} \\ \text{증가한 주식수}\end{array}\right)}{\text{증자 전의 발행주식 총수} + \text{증자에 의하여 증가한 주식수}}$$

ⓑ 권리락일 이후 2개월간의 최종시세가액의 평균액

7 고가의 실권주를 직접배정 초과배정한 경우 (표의 ⑥)

(상증법 제39조제1항제2호다목·라목, 시행령 제29조제2항)

증자 전의 주식평가액보다 높은 가액으로 발행된 신주를 기존주주들이 지분비율대로 균등하게 인수하지 아니하고 특수관계인에게 직접 배정하여 신주인수를 포기하거나 균등하게 배정받지 아니한 주주가 자본금을 납입하지 아니하고도 증자 후 주식가치가 높아짐으로서 얻은 이익을 증여받은 것으로 보아 과세합니다.

1) 과세요건

① 법인의 증자를 위한 신주 발행이어야 합니다.

② 해당 법인의 주주가 신주를 배정 받을 수 있는 권리의 전부 또는 일부를 포기함으로써 실권주가 발생하여야 합니다.

③ 주주가 아닌 자가 해당 법인으로부터 신주를 직접 배정받거나, 해당 법인의 주주가 그 소유주식수에 비례하여 균등한 조건에 의하여 배정받을 수 있는 수를 초과하여 신주를 직접 배정받아 인수한 자와 신주를 배정받지 않거나, 균등한 조건에 의하여 배정받을 신주수에 미달하게 신주를 인수한 자와 특수관계가 있어야 합니다. [현저한 이익(30%이상 이익과 증여재산가액 3억원 이상 요건)은 필요가 없습니다.]

2) 증여재산가액

(1) 증여재산가액

[ⓑ 신주 1주당 인수가액 - ⓐ 증자 후 1주당 평가가액] × 신주를 배정받지 아니하거나 균등한 조건에 의하여 배정받을 신주에 미달하여 신주를 배정받은 주주의 배정받지 아니하거나 그

미달하게 배정받은 부분의 신주수 × (신주를 배정받지 아니하거나 미달되게 배정받은 주주와 특수관계에 있는 자가 인수한 신주수 ÷ 주주가 아닌 자에게 배정된 신주수 및 당해 법인의 주주가 균등한 조건에 의하여 배정받을 신주수를 초과하여 인수한 신주의 총수)

(2) ⓐ 증자 후 1주당 평가가액

ⓐ 증자 후 1주당 평가가액은 비상장주식의 경우 아래 계산식에 따른 ㉠주식평가액에 의하되, 상장·코스닥상장법인이 증자한 경우에는 ㉠과 ㉡ 중 큰 금액에 따릅니다.

㉠ 이론적 권리락 주식평가액

$$\frac{\left(\begin{array}{c}\text{증자 전 1주당}\\\text{평가가액}\end{array} \times \begin{array}{c}\text{증자 전의 발행}\\\text{주식 총수}\end{array}\right) + \left(\begin{array}{c}\text{신주 1주당}\\\text{인수가액}\end{array} \times \begin{array}{c}\text{증자에 의하여}\\\text{증가한 주식수}\end{array}\right)}{\text{증자 전의 발행주식 총수} + \text{증자에 의하여 증가한 주식수}}$$

㉡ 권리락일 이후 2개월간의 최종시세가액의 평균액

8 전환주식을 시가보다 낮은 가액으로 발행한 경우 (표의 ⑦)

(상증법 제39조제1항제3호가목, 시행령 제29조제2항)

전환주식을 시가보다 낮은 가액으로 발행한 경우 교부받았거나 교부받을 주식의 가액이 전환주식 발행 당시 전환주식의 가액을 초과함으로써 그 주식을 교부받은 자가 얻은 이익을 증여받은 것으로 보아 과세합니다. ☞ 2017.1.1.이후 전환주식을 발행하는 분부터 증여세를 과세합니다.

1) 과세요건

주주 사이에 특수관계 성립 여부 및 증여가액에 관계없이 증여세를 과세합니다.

2) 증여재산가액 (①-②)

차감한 금액이 0 이하인 경우에는 이익이 없는 것으로 봅니다.

① 전환주식을 다른 종류의 주식으로 전환함에 따라 교부받은 주식을 신주로 보아 상증법 시행령 제29조제2항제1호부터 제5호까지의 규정에 따라 계산한 이익

② 전환주식 발행 당시 상증법 시행령 제29조제2항제1호부터 제5호까지의 규정에 따라 계산한 이익

9 전환주식을 시가보다 높은 가액으로 발행한 경우 (표의 ⑦)

(상증법 제39조제1항제3호나목, 시행령 제29조제2항)

전환주식을 시가보다 높은 가액으로 발행한 경우 교부받았거나 교부받을 주식의 가액이 전환주식 발행 당시 전환주식의 가액보다 낮아짐으로써 그 주식을 교부받은 자의 특수관계인이 얻은 이익을 증여받은 것으로 보아 과세합니다. ☞ 2017.1.1.이후 전환주식을 발행하는 분부터 증여세를 과세합니다.

1) 과세요건

교부받은 자의 특수관계인이 얻은 이익에 대하여 증여세를 부과하여, 특수관계인은 상증법 시행령 제2조의2(특수관계인의 범위)제1항 각 호의 어느 하나에 해당하는 자를 말합니다.

2) 증여재산가액 (①-②)

차감한 금액이 0 이하인 경우에는 이익이 없는 것으로 봅니다.

① 전환주식을 다른 종류의 주식으로 전환함에 따라 교부받은 주식을 신주로 보아 상증법 시행령 제29조제2항제1호부터 제5호까지의 규정에 따라 계산한 이익

② 전환주식 발행 당시 상증법 시행령 제29조제2항제1호부터 제5호까지의 규정에 따라 계산한 이익

제9절 감자에 따른 이익의 증여

(상증법 제39조의2, 시행령 제29조의2)

☞ 법인의 자본금을 감소시키기 위하여 주식등을 소각하는 경우로서 일부 주주등의 주식등을 소각하는 경우

〈1〉 주식등을 시가보다 낮은 대가로 소각한 경우

- (납세의무자) 대주주
- (증여시기) 주주총회 결의일
- (증여재산가액) Min(감자한 주식등의 평가액 × 30%, 3억원) 이상인 경우

  (ⓐ − ⓑ) × ⓒ

  ⓐ 감자한 주식 1주당 평가액

  ⓑ 주식 소각시 지급한 1주당 금액

  ⓒ 총감자 주식수 × 대주주 감자 후 지분비율 × $\dfrac{\text{대주주의 특수관계인의 감자주식수}}{\text{총 감자주식수}}$

〈2〉 주식 등을 시가보다 높은 대가로 소각한 경우

- (납세의무자) 대주주등의 특수관계인에 해당하는 주식등을 소각한 주주등
- (증여시기) 주주총회결의일
- (증여재산가액) Min(감자한 주식등의 평가액 × 30%, 3억원) 이상인 경우

  (주식등의 소각시 지급한 1주당 금액 − 감자한 주식등의 1주당 평가액) × 해당 주주등의 감자한 주식등의 수

법인이 특정 주주의 주식을 감자전의 주식 평가액 보다 낮은 가액으로 주식을 소각한다면, 주식을 소각하지 않거나 균등비율보다 적게 소각시킨 주주는 감자 후 지분율과 주식평가액이 증가하는 결과가 발생하며, 이 때 해당 주주가 얻은 이익이 증여세 과세대상이 됩니다.

주식소각은 주식수를 소각하는 경우이며, 주식병합은 수개의 주식을 병합하는 경우를 말합니다. 임의소각은 임의로 주식을 매입하여 소각하는 경우이며, 강제소각은 일방적으로 소멸시키는 소각을 말합니다.

> ☞ 감자란 자본 감소, 즉 자본금을 감소시키는 것으로 주식회사는 주주총회의 특별결의를 필요로 합니다. 감자의 방법에는 주식금액의 감소방법(주식금액의 일부를 환급하는 방법과 주식금액의 일부를 버리는 방법이 있음)과 주식수를 줄이는 방법이 있습니다. 실질상의 감자는 기업의 순자산을 감소시키는 경우이며, 형식상의 감자는 기업의 순자산 감소 없이 이월결손금을 보전하는 경우를 말합니다.

1 주식을 시가보다 낮은 대가로 소각한 경우

(상증법 제39조의2제1항제1호, 시행령 제29조의2제1항제1호)

1) 과세대상

주식 등을 소각한 주주등의 특수관계인에 해당하는 대주주등이 얻은 이익

2) 대주주등

'대주주등'은 주주 등 1인과 상증법 시행령 제2조의2(특수관계인의 범위)제1항 각 호의 어느 하나에 해당하는 관계에 있는 자로서 해당 주주 등의 지분 및 그와 상증법 시행령 제2조의2제1항 각 호와 관계에 있는 자의 지분을 포함하여 당해법인의 발행주식 총수 등의 1% 이상을 소유하고 있거나, 소유하고 있는 주식 등의 액면가액이 3억원 이상인 주주 등을 말합니다.

☞ 대주주등 : 상증법 제38조(합병에 따른 이익의 증여)제1항, 시행령 제28조(합병에 따른 이익의 계산방법 등)제2항에서 상증법 제39조의2(감자에 따른 이익의 증여)도 동일하게 적용합니다.

3) 증여재산가액

증여재산가액은 다음과 같이 계산합니다. 기준금액 이상이어야 합니다.

증여재산가액 = (ⓐ – ⓑ) × ⓒ

ⓐ 감자한 주식 1주당 평가액

ⓑ 주식 소각시 지급한 1주당 금액

ⓒ 총 감자주식수 × 대주주등의 감자 후 지분비율 × $\dfrac{\text{대주주등과 특수관계인의 감자주식수}}{\text{총 감자주식수}}$

감자에 따른 대주주등이 얻은 이익을 계산하는 경우 최대주주등의 할증평가 규정은 적용하지 않습니다.

기준금액은 다음과 같습니다. (상증법 시행령 제29조의2제2항)

기준금액 = Min(감자한 주식등의 평가액×30%, 3억원)

2 주식을 시가보다 높은 대가로 소각한 경우

(상증법 제39조의2제1항제2호, 시행령 제29조의2제1항제2호)

1) 과세대상

대주주등의 특수관계인에 해당하는 주식등을 소각한 주주등이 얻은 이익. 주식등의 1주당 평가액이 액면가액(대가가 액면가액에 미달하는 경우에는 해당 대가)에 미달하는 경우로 한정합니다.

2) 대주주등

대주주등은 주주 등 1인과 상증령 제2조의2(특수관계인의 범위)제1항 각호의 어느 하나에 해당하는 관계에 있는 자로서 해당 주주 등의 지분 및 그와 상증령 제2조의2제1항 각 호의 관계에 있는 자의 지분을 포함하여 당해 법인의 발행주식 총수 등의 1% 이상의 지분을 소유하고 있거나, 소유하고 있는 주식 등의 액면가액이 3억원 이상인 주주 등을 말합니다.

3) 증여재산가액

기준금액이상이어야 합니다. (상증법 시행령 제29조의2제2항)

증여재산가액 = (주식등의 소각시 지급한 1주당 금액 − 감자한 주식등의 1주당 평가액) × 해당 주주등의 감자한 주식등의 수

기준금액 = Min(감자한 주식등의 평가액 × 30%, 3억원)

3 증여시기

감자를 위한 주주총회 결의일로 합니다. (상증법 제39조의2제1항)

현물출자에 따른 이익의 증여

(상증법 제39조의3, 시행령 제29조의3)

〈1〉 저가인수

- (납세의무자) 현물출자자
- (증여시기) 현물출자 납입일
- (증여재산가액) 현물출자자가 아닌 주주등 소액주주가 2명 이상인 경우에는 소액주주가 1명인 것으로 봅니다.

    증여재산가액 = (ⓐ현물출자 후 1주당 가액 − ⓑ신주 1주당 인수가액) × 현물출자자가 배정받은 신주수

〈2〉 고가인도

- (납세의무자) 현물출자자의 특수관계인에 해당하는 주주등
- (증여시기) 현물출자 납입일
- (증여재산가액) Min(30%, 3억원) 조건 있음

    (ⓑ − ⓐ) × ⓒ

    ⓐ 현물출자후 1주당 가액

    ⓑ 신주 1주당 인수가액

    ⓒ 현물출자자의 신주인수수 × $\dfrac{\text{현물출자자의 특수관계인에 해당하는 주주의 출자전 주식 수}}{\text{출자전 발행주식 총수}}$

현물출자란 금전 외의 재산을 목적으로 하는 재산출자를 말합니다.

현물출자를 할 때에 신주의 인수가액이 현물출자 전의 주식평가액보다 높거나 낮음에 따라 현물출자자 등이 이익을 얻은 경우 그 가액을 이익을 얻은 자의 증여재산가액으로 합니다. (상증법 제39조의3제1항)

현물출자는 그 출자재산의 평가문제가 발생하고, 평가액에 따라 자본평가와 주주·채권자에게 손해를 해할 우려가 있어 상법에서는 현물출자에 대하여 엄격한 검사와 책임을 규정하고 있습니다.

☞ **상법 제4장 주식회사 제1절 설립**
제290조(변태설립사항) 다음의 사항은 정관에 기재함으로써 그 효력이 있다.
2. 현물출자를 하는 자의 성명과 그 목적인 재산의 종류, 수량, 가격과 이에 대하여 부여할 주식의 종류와 수
제295조(발기설립의 경우의 납입과 현물출자의 이행) ② 현물출자를 하는 발기인은 납입기일에 지체없이 출자의 목적인 재산을 인도하고 등기, 등록 기타 권리의 설정 또는 이전을 요할 경우에는 이에 관한 서류를 완비하여 교부하여야 한다.
제299조(검사인의 조사, 보고) ① 검사인은 제290조 각 호의 사항과 제295조에 따른 현물출자의 이행을 조사하여 법원에 보고하여야 한다.
제299조의2(현물출자 등의 증명) 제290조제1호 및 제4호에 기재한 사항에 관하여는 공증인의 조사·보고로, 제290조제2호

및 제3호의 규정에 의한 사항과 제295조의 규정에 의한 현물출자의 이행에 관하여는 공인된 감정인의 감정으로 제299조제1항의 규정에 의한 검사인의 조사에 갈음할 수 있다. 이 경우 공증인 또는 감정인은 조사 또는 감정결과를 법원에 보고하여야 한다.

(과세 경과)

2003년 12월 현물출자에 따른 이익의 증여를 예시규정으로 신설하였습니다. 현물출자자 또는 기존주주가 이익을 얻은 경우에는 증자에 따른 증여의 이익과 경제적 실질이 동일하므로, 계산 방식이 증자에 따른 이익과 같고, 2004.1.1. 이후 현물출자분부터 적용하였습니다.

2013.2.15.이후 현물출자분부터는 「자본시장과금융투자업에 관한 법률」에 따른 주권상장법인이 같은 법 제165조의6에 따른 '일반공모증자'의 방법으로 배정하는 경우에는 과세대상에서 제외하였습니다. (상증법 시행령 제29조의3제1항제1호)

2014.1.1.이후 증여 분부터는 증여자 중 소액주주가 2인 이상일 때에는 소액주주1인이 증여한 것으로 보아 증여재산가액을 계산하도록 하였습니다.

증자에 따른 이익의 증여와 동일하게 저가 신주 배정 시는 차이비율 및 차액의 많고 적음에 관계없이 모두 과세대상이며, 신주 고가 배정 시는 현물출자 전 1주당가액과 신주인수가액의 차이비율이 30%이상이거나 주주 1인이 얻은 이익이 3억원 이상 차이가 있는 경우에 과세합니다.

☞ 현물출자에 따른 이익의 증여

ⓐ 현물출자후 1주당 가액 ⓑ 신주 1주당 인수가액

구 분	증여 조건		납세자	증여재산가액 계산 산식
	특수관계	30%요건		
현물출자에 따라 주식을 저가인수한 경우	×	×	저가인수자	(ⓐ-ⓑ) × 현물출자자가 배정받은 신주수
현물출자에 따라 주식을 고가인수한 경우	○	○	특수관계인	(ⓑ-ⓐ) × 현물출자자가 인수한 주식수 × 현물출자자의 특수관계인인 주주의 현물출자 전 지분비율

1 주식을 시가보다 낮은 가액으로 인수한 경우

(상증법 제39조의3제1항제1호, 시행령 제29조의3제1항제1호, 제2항)

(1) 과세요건

주식 등을 시가보다 낮은 가액으로 인수함에 따라 현물출자자가 이익을 얻은 경우를 말합니다. 이 경우 특수관계가 없는 때에도 적용됩니다.

현물출자자가 배정받은 주식 수에서 「자본시장과 금융투자업에 관한 법률」에 따른 주권상장법인이 같은 법 제165조의6에 따른 일반공모증자의 방법으로 배정하는 경우는 제외합니다.

☞ 2013.2.15.부터 적용합니다.

증여자 중 소액주주가 2명 이상인 경우에는 소액주주가 1명인 것으로 보고 이익을 계산합니다. (상증법 제39조의3제2항) ☞ 2014.1.1.이후 증여분부터 적용합니다.

소액주주란 발행주식 총수 등의 100분의 1미만을 소유하는 경우로서 주식 등의 액면가액의 합계액이 3억원 미만인 주주 등을 말합니다.

(2) 증여재산가액

☞ 계산산식은 상증법 시행령 제29조(증자에 따른 이익의 계산방법 등)제2항제3호가목,나목을 준용하여 계산합니다.

증여재산가액 = [ⓐ − ⓑ] × 현물출자자가 배정받은 신주수

ⓐ 현물출자후 1주당 가액

$$\frac{\left(\begin{array}{c}\text{현물출자 전} \\ \text{1주당 평가가액}\end{array} \times \begin{array}{c}\text{현물출자 전} \\ \text{발행주식 총수}\end{array}\right) + \left(\begin{array}{c}\text{신주 1주당} \\ \text{인수가액}\end{array} \times \begin{array}{c}\text{현물출자로 증가한} \\ \text{주식수}\end{array}\right)}{\text{현물출자전 발행주식수 + 현물출자에 의하여 증가한 주식수}}$$

상장법인의 경우에는 증자한 날의 다음 날부터 2월이 되는 날까지의 기간 중 한국거래소 최종시세가액의 평균액과 위 산식에 의한 가액 중 적은 가액으로 합니다.

ⓑ 신주 1주당 인수가액

현물출자 전·후의 1주당 주식평가가액이 모두 '0' 이하인 경우에는 이익이 없는 것으로 봅니다. (상증법 시행령 제29조의3제1항제1호)

2 주식등을 시가보다 높은 가액으로 인수한 경우

(상증법 제39조의3제1항제2호, 시행령 제29조의3제1항제2호, 제2항)

주식 등을 시가보다 높은 가액으로 인수함에 따라 현물출자자와 특수관계에 있는 현물출자자 외의 주주 또는 출자자가 얻은 이익을 말합니다.

(1) 과세요건

[ⓑ - ⓐ]의 금액이 ⓐ의 30% 이상 또는 [ⓑ - ⓐ] × ⓒ ≥ 3억원인 경우

ⓐ 현물출자 후 1주당 가액

$$\frac{\left(\begin{array}{c}\text{현물출자 전} \\ \text{1주당 평가가액}\end{array} \times \begin{array}{c}\text{현물출자 전} \\ \text{발행주식 총수}\end{array}\right) + \left(\begin{array}{c}\text{신주 1주당} \\ \text{인수가액}\end{array} \times \begin{array}{c}\text{현물출자에 의하여} \\ \text{증가한 주식수}\end{array}\right)}{\text{현물출자 전 발행주식수 + 현물출자에 의하여 증가한 주식수}}$$

ⓑ 신주 1주당 인수가액

ⓒ 현물출자자의 인수주식수 × $\dfrac{\text{현물출자자의 특수관계인인 주주의 현물출자 전 주식수}}{\text{현물출자 전 발행주식 총수}}$

(2) 증여재산가액

[ⓑ - ⓐ] × ⓒ

ⓐ 현물출자 후 1주당 가액

$$\frac{\left(\begin{array}{c}\text{현물출자 전} \\ \text{1주당 평가가액}\end{array} \times \begin{array}{c}\text{현물출자 전} \\ \text{발행주식 총수}\end{array}\right) + \left(\begin{array}{c}\text{신주 1주당} \\ \text{인수가액}\end{array} \times \begin{array}{c}\text{현물출자에 의하여} \\ \text{증가한 주식수}\end{array}\right)}{\text{현물출자 전 발행주식수 + 현물출자에 의하여 증가한 주식수}}$$

ⓑ 신주 1주당 인수가액

ⓒ 현물출자자의 인수주식수 × $\dfrac{\text{현물출자자의 특수관계인인 주주의 현물출자 전 주식수}}{\text{현물출자 전 발행주식 총수}}$

현물출자자가 인수주식수에서 「자본시장과 금융투자업에 관한 법률」에 따른 주권상장법인이 같은 법 제165조의6(주식의 발행 및 배정 등에 관한 특례)에 따른 일반공모증자의 방법으로 배정하는 경우는 제외합니다. ☞ 2013.2.15.부터 적용합니다.

현물 출자 전·후의 1주당 주식평가가액이 모두 '0' 이하인 경우에는 이익이 없는 것으로 봅니다. (상증법 시행령 제29조의3제1항제1호)

3 증여시기

현물 출자시 증여시기는 주금 납입일입니다. 다만, 주금 납입일 이전에 실권주를 재배정 받은 자가 신주인수권증서를 교부받은 경우에는 그 교부일입니다. (서면4팀-4140, 2006.12.21.)

전환사채 등의 주식전환 등에 따른 이익의 증여

(상증법 제40조, 시행령 제30조)

- (과세대상) 전환사채, 신주인수권부사채 등을 주식으로 전환·교환하거나 주식을 인수할 수 있는 권리가 부여된 전환사채 등을 거래하는 경우에 발생되는 증여이익

- (유형별 과세요건)

  ① 전환사채 등을 인수·취득 : (시가 – 인수·취득가액) ≥ 1억원 or 시가의 30% 이상

  ② 전환사채 등을 양도 : ①과 동일

  ③ 전환사채 등의 주식전환 : (교부받은 주식가액 – 전환가액) × 주식수 – (이자손실분 + ①에 따른 이익) ≥ 1억원

  ④ 고가 주식전환 : 아래 산식에 따른 증여이익이 0 이상이면 과세

    · (전환가액 – 교부받은 주식가액) × 증가 주식수 × 특수관계인의 전환전 지분비율

☞ 전환사채와 신주인수권사채의 비교

구분	전환사채(CB)	신주인수권부사채(BW)	교환사채(EB)
공통점	· 미리 정한 조건(전환·행사·교환가격, 배당률)과 비율(전환·행사·교환가격, 배당률)에 의거 사채권자가 권리를 행사 · 보통주를 구입할 수 있는 옵션(call option)을 갖고 있음 · 이자율이 일반사채보다 저렴 · 만기시 원금에 일정프리미엄을 더한 금액을 지급		
권리 행사시 신주 대금	· 사채가 소멸 · 신주에 대한 주금을 납입 아니함	· 사채는 만기까지 존속 · 신주 구입시 주금 납입	· 상장법인이 발행하는 회사채 · 교환권 청구시 자금 납입 안함
신주 발행가액	· 신주발행가격 = 전환사채 최초발행	· 신주발행가액 ≤ 최초의 발행가액	· 교환가격 ≥ 기준가격 × 90%
주주시기	· 즉시 주주가 됨	· 신주의 주금납입시 주주가 됨	· 타 상장회사의 주식 교환시 교환을 청구한 때
상환의무	· 상환의무가 소멸	· 상환의무가 있음	· 상환의무가 소멸
외화환산	· 비화폐성 항목	· 화폐성 항목	–
자본금 증가	· 자본금의 증가	· 자본금의 증가	· 자본금이 증가 안됨

(자료: 국세청 책자)

주식으로 전환 교환하거나 주식을 인수할 수 있는 권리가 부여되어 있는 사채, 신주인수권부사채 등을 특수관계인으로부터 취득하거나 발행법인의 최대주주 및 그의 특수관계인이 전환사채 등을 시가보다 낮은 가액으로 인수·취득함으로써 얻은 이익 및 전환사채 등을 인수·취득한 자가 당

해 전환사채 등을 주식으로 전환 등을 함으로써 얻은 이익에 대하여 전환사채 등을 양도하거나 인수하지 아니한 자로부터 증여받은 것으로 보아 증여세를 과세합니다. (상증법 제40조제1항)

1 거래단계별 과세요건 및 증여재산가액 계산방법 등 (상증법 시행령 제30조)

1) 거래단계별 증여재산가액 계산

(1) 거래단계별 과세요건 및 증여재산가액 계산방법 (자료: 국세청 책자자료 변환)

거래단계 (상증법제40조) 항	목	수증자 (상증법 제40조)	증여재산가액 (상증법 시행령 제30조)
인수 취득 (제1항 제1호)	가목	① 특수관계인으로부터 저가로 취득한 자가 얻은 이익	(ⓐ 시가 − ⓑ 인수·취득가액)이 기준금액 (30% or 1억원 중 적은 금액 이상인 요건)
	나목	② 발행회사로부터 최대주주 및 그의 특수관계인 주주가 배정비율을 초과하여 저가로 인수·취득	
	다목	③ 발행회사로부터 주주 외의 자로서 최대주주의 특수관계인이 저가로 인수·취득	
주식 전환 (제1항 제2호)	가목	④ 특수관계인으로부터 취득한 자기 주식으로 전환·양도하여 얻은 이익	[(ⓒ−ⓔ) × 교부받은 주식수] − ⓕ − 기과세된 가액 (①의 증여가액) 기준금액 (1억원) 이상 요건
	나목	⑤ 최대주주 및 그 외 특수관계인인 주주로서 배정비율을 초과하여 인수·취득한 자가 주식으로 전환하여 얻은 이익	[(ⓒ−ⓔ) × 자기 지분 초과하여 교부받은 주식수] − ⓕ − 기과세된 가액(②의 증여가액), 기준금액(1억원)이상 요건
	다목	⑥ 최대주주의 특수관계인인 주주 외의 자로서 발행회사로부터 인수‥취득한 자가 주식으로 전환하여 얻은 이익	[(ⓒ−ⓔ) × 교부받은 주식수] − ⓕ − 기과세된 가액(②의 증여가액), 기준금액 (1억원)이상 요건
	라목	⑦ 전환가액등이 주식평가액보다 높아 전환사채 등으로 주식을 교부받지 않은 자가 얻은 이익	[(ⓔ−ⓒ) × (전환 등에 의하여 증가한 주식수) × (주식을 교부받은 자의 특수관계인의 전환전 지분비율), 기준금액 0
양도 (제1항 제3호)	−	⑧ 특수관계인에게 시가보다 높은 가액으로 양도한 자가 얻은 이익	양도가액에서 전환사채등의 시가를 뺀 금액이 기준금액(30% or 1억원 중 적은 금액) 이상인 요건

ⓐ 전환사채 등의 시가 ⓑ 전환사채 등의 인수·취득가액 ⓒ 교부받은 주식가액

ⓓ 교부받을 주식가액 ⓔ 주식 1주당 전환가액 ⓕ 이자손실분

(2) 기준금액 (상증법 시행령 제30조제1항, 제2항 각 호)

☞ 상증법 시행령 제30조제2항은 2016.2.5. 신설된 규정입니다.

① 전환사채 등 인수·취득·양도시 (상증법 제40조제1항제1호 각 목, 제3호)

Min(전환사채등의 시가의 100분의 30에 상당하는 가액, 1억원)

$$= Min \left[\frac{ⓐ\,시가 - ⓑ\,인수·취득가액}{ⓐ\,시가} \geq 30\%,\ (ⓐ\,시가 - ⓑ\,인수·취득가액)이\,1억원 \right]$$

② 전환사채 등 주식전환(상증법 제40조제1항제2호가~다목) : 1억원

③ 전환사채등에 의하여 교부받은 주식의 가액이 전환가액등보다 낮게됨으로써 그 주식을 교부받은 자의 특수관계인이 얻은 이익(상증법 제40조제1항라목) : 0원

(3) 용어 및 용어별 계산식 설명

ⓐ 전환사채 등의 시가 : 상증법 제60조(평가의 원칙 등) 및 상증법 제63조(유가증권 등의 평가)제1항제2호에 따라 평가한 가액

ⓑ 전환사채 등의 인수·취득가액 : 전환사채등의 인수·취득시 지급한 금액
(상증법 시행령 제30조제5항제1호)

ⓒ 교부받은 주식가액 : 전환사채등에 의하여 주식으로 전환·교환하거나 주식을 인수(이하 '전환'등)한 경우 다음 산식으로 계산한 1주당 가액 (상증법 시행령 제30조제5항제1호)

이 경우 주권상장법인 등의 주식으로 전환등을 한 경우로서 전환등 후의 1주당 평가가액(전환일 이후 2개월 종가 평균)이 다음 산식에 따라 계산한 1주당 가액보다 적은 경우(상증법 제40조제1항제2호라목의 경우에는 높은 경우를 말합니다)에는 그 작은 가액을 말합니다.

$$\frac{\left(\begin{array}{c}전환등\,전의\\1주당\,평가가액\end{array} \times \begin{array}{c}전환등\,전의\\발행주식\,총수\end{array}\right) + \left(\begin{array}{c}주식\,1주당\\전환가액등\end{array} \times \begin{array}{c}전환등에\,의하여\\증가한\,주식수\end{array}\right)}{전환\,등\,전의\,발행주식\,총수 + 전환등에\,의하여\,증가한\,주식수}$$

ⓓ 교부받을 주식가액 : 주식으로의 전환등이 가능한 전환사채 등을 양도한 경우로서 당해 전환사채등의 양도일 현재 주식으로 전환등을 할 경우 다음 산식으로 계산한 1주당 가액 (상증법 시행령 제30조제5항제2호)

이 경우 주권상장법인등의 경우로서 양도일 현재, 1주당 평가가액이 다음 산식으로 계산한 1주당 가액보다 적은 경우에는 그 적은 가액을 말합니다.

$$\frac{\left(\begin{array}{c}양도\,전의\\1주당\,평가가액\end{array} \times \begin{array}{c}양도\,전의\\발행주식\,총수\end{array}\right) + \left(\begin{array}{c}주식\,1주당\\전환가액등\end{array} \times \begin{array}{c}전환등에\,의하여\\증가한\,주식수\end{array}\right)}{전환등\,전의\,발행주식\,총수 + 전환등을\,할\,경우\,증가하는\,주식수}$$

ⓔ 주식 1주당 전환가액등 : 인수·취득한 전환사채등에 의하여 주식으로 전환하는 경우에 그

주식 1주당 전환가액·교환가액·인수가액을 말합니다.(상증법 시행령 제30조제1항제2호나목)

ⓕ 이자손실분 (상증법 시행규칙 제10조의2)

주권 전환등에 의한 증여이익(상증법 제40조의제1항제2호 가목에서 다목까지 이익) 계산 시 차감하는 이자·손실분은 아래 ㉠의 가액에서 ㉡의 가액을 뺀 가액을 말합니다. 다만 신주인수권증권에 의하여 전환등을 한 경우에는 상증법 시행령 제58조의2(전환사채등의 평가)제2항제1호가목에 따라 평가한 금액으로 계산합니다.

㉠ 전환사채 등의 만기상환금액을 사채발행이율에 의한 취득당시의 현재가치로 할인한 금액

상증법 시행령 제58조의2(전환사채등의 평가)제2항제1호나목의 만기상환금액의 계산에 있어서, 주식으로의 전환이 불가능한 기간 중인 전환사채를 만기상환하는 경우 전환사채 발행자가 발행조건에 따라 일정 수준의 수익률을 보장하기 위하여 지급하기로 한 상환할증금은 만기상환금액에 포함합니다. (기획재정부 재산세제과 - 678, 2010.7.14.)

사채발행이율이란 사채의 발행가액과 사채발행에 따라 만기일까지 지급할 액면이자와 만기상환금액의 현재가치를 일치시키는 이자율을 말합니다. (기획재정부 재산세제과 - 1036, 2011.12.2.)

㉡ 전환사채등의 만기상환금액을 상증법 시행규칙 제18조의3에 따른 이자율(현재 8%)에 취득당시의 현재가치로 할인한 금액

☞ 이자율 개정 연혁

2002.11.8.–2010.11.4.	2010.11.5.–2016.3.20.	2016.3.21.이후
연 6.5% (국세청 고시)	연 8% (국세청 고시)	8% (상증법 시행규칙)

2) 전환사채등

전환사채등이란 전환사채·신주인수권부사채 또는 그 밖의 주식으로 전환·교환하거나 주식을 인수할 수 있는 권리가 부여된 사채를 말합니다. 신주인수권부사채에서 신주인수권증권이 분리된 경우에는 신주인수증권을 말합니다. (상증법 제40조제1항)

① 전환사채(CB) : 일정기간 후에 사채권자가 주식 전환을 청구하면 사채가 소멸하고 주식으로 전환할 수 있는 권리를 수반한 사채를 말합니다.

② 신주인수권부사채(BW) : 신주를 인수할 수 있는 권리가 부여된 사채로 사채 기능은 그대로 유지하면서 새로이 주금을 납입하여 신주를 인수할 수 있는 권리가 부여된 사채를 말합니다.

③ 교환사채(EB) : 사채권 보유자에게 일정기간 내에 사전에 합의된 조건으로 발행법인이 소유하고 있는 타사·유가증권과 교환을 청구할 수 있는 권리가 부여된 사채를 말합니다.

☞ 전환사채 과세대상 개정 연혁

구분	내 용
1997.1.1. 이후	당초 전환사채를 인수·취득한 자로부터 시가보다 낮은 가액으로 취득한 자가 얻은 이익에 대하여 증여의제로 과세
1997.11.10.이후	과세대상 사채에 신주인수권부사채, 교환사채 등을 추가하고, 사채발행회사로부터 최초에 인수·취득한 자가 얻은 이익도 증여의제로 과세
2001.1.1.이후 전환사채등 취득분부터	① 전환사채 등을 주식으로 전환하는 과정에서 당초 인수·취득시점의 가액보다 주식 평가액이 증가하는 등으로 추가적인 이익을 얻은 경우 ② 증자시에 고가 신주를 배정한 경우와 같이 전환가액 등이 전환사채 등으로 교부받은 주식가액보다 높아 당해 주식을 교부받지 아니한 주주의 주식평가액이 주식전환 후에 상승함으로써 얻은 이익 추가

3) 증여세 과세제외

주권상장 법인이 「자본시장과 금융투자업에 관한 법률」제9조제7항에 따른 유가증권의 모집방법(같은 법 시행령 제11조제3항에 따른 모집의 경우 제외합니다)으로 전환사채 등을 발행한 경우에는 전환사채 등의 주식전환 등에 따른 이익의 증여규정을 적용하지 않습니다. (상증법 제40조제1항제1호나목, 시행령 제30조제4항) ☞ 2001.1.1.이후부터 적용합니다.

☞ **자본시장과 금융투자업에 관한 법률제9조(그 밖의 용어의 정의)**
　⑦ 이 법에서 "모집"이란 대통령령으로 정하는 방법에 따라 산출한 50인 이상의 투자자에게 새로 발행되는 증권의 취득의 청약을 권유하는 것을 말한다.

☞ **자본시장과 금융투자업에 관한 법률 시행령 제11조(증권의 모집 · 매출)**
　③ 제1항 및 제2항에 따라 산출한 결과 청약의 권유를 받는 자의 수가 50인 미만으로서 증권의 모집에 해당되지 아니할 경우에도 해당 증권이 발행일부터 1년 이내에 50인 이상의 자에게 양도될 수 있는 경우로서 증권의 종류 및 취득자의 성격 등을 고려하여 금융위원회가 정하여 고시하는 전매기준에 해당하는 경우에는 모집으로 본다. 다만, 해당 증권이 법 제165조의10제2항에 따라 사모의 방법으로 발행할 수 없는 사채인 경우에는 그러하지 아니하다.

2 특수관계인으로부터 저가로 취득한 경우 (표 ①)

(상증법 제40조제1항제1호가목)

발행회사로부터 인수·취득한 자가 보유하고 있는 전환사채등을 그의 특수관계인이 해당 전환사채등을 시가보다 낮은 가액으로 취득함으로써 얻은 이익을 증여재산가액으로 하여 증여세를 과세합니다.(상증법 제40조제1항제1호가목)

☞ 전환사채는 1997.1.1이후부터 과세대상이었고, 신주인수권부사채 등은 1997.11.10이후부터 과세대상이었습니다.

1) 과세요건

(1) 특수관계인 간의 거래일 것

전환사채 등의 양도자와 양수자가 상증법 시행령 제2조의2(특수관계인의 범위)제1항 각 호의 어느 하나에 해당하는 관계에 있는 경우를 말합니다.

(2) 전환사채등을 취득한 자가 얻은 이익이 기준금액 이상일 것

전환사채등을 취득한 자가 얻은 이익이 기준금액이상이어야 합니다. 기준금액은 아래의 금액 중 적은 금액입니다.

(가) $\dfrac{(\text{전환사채등의 시가} - \text{전환사채등의 취득가액})}{\text{전환사채등의 시가}} \geq 30\%$

(나) 취득한 자가 얻은 총이익이 1억원

2) 증여시기

전환사채등을 취득한 때입니다. 즉 사채대금 청산일, 청산일 이전에 교부받은 경우는 그 교부일이 됩니다.

3) 증여재산가액

증여재산가액 = ⓐ 전환사채등의 시가 − ⓑ 전환사채등의 취득가액

③ 주주가 발행회사로부터 시가보다 낮은 가액으로 인수등을 한 경우

(표 ②) (상증법 제40조제1항제1호나목)

전환사채등을 발행한 법인의 최대주주나 그와 특수관계인인 주주가 시가보다 낮은 가액으로 발행된 전환사채등을 소유주식수에 비례하여 배정받을 수 있는 수를 초과하여 인수·취득('인수등')함으로써 얻은 이익을 증여재산가액으로 하여 증여세를 과세합니다. (상증법 제40조제1항제1호나목) 인수·취득에는 「자본시장과 금융투자업에 관한 법률」제9조(그 밖의 용어의 정의)제12항에 따른 인수인으로부터 인수·취득할 경우와 각각 제3자에게 증권을 취득시킬 목적으로 그 증권의 전부 또는 일부를 취득한 자로부터 인수·취득한 경우를 포함합니다.

☞ 2017.1.1이후 전환사채 등을 인수·취득하는 경우부터 적용합니다.
☞ 자본시장과 금융투자업에 관한 법률」제9조(그 밖의 용어의 정의)
　⑫ 이 법에서 "인수인"이란 증권을 모집 · 사모 · 매출하는 경우 인수를 하는 자를 말한다.

1) 과세요건

(1) 최대주주나 그의 특수관계인인 주주가 인수등을 할 것

특수관계인인 주주는 최대주주와 상증법 시행령 제2조의2(특수관계인의 범위)제1항 각 호의 어느 하나에 해당하는 관계에 있는 주주를 말합니다. 이 경우 최대주주란 최대주주등 중 보유주식등의 수가 가장 많은 1인을 말합니다. (상증법 시행령 제30조제3항)

(2) 전환사채등을 취득한 자가 얻은 이익이 기준금액 이상일 것

전환사채등을 취득한 자가 얻은 이익이 기준금액이상이어야 합니다. 기준금액은 아래의 금액 중 적은 금액을 말합니다.

(가) $\dfrac{(\text{전환사채등의 시가} - \text{전환사채등의 취득가액})}{\text{전환사채등의 시가}} \geq 30\%$

(나) 취득한 자가 얻은 총이익이 1억원

2) 증여시기

전환사채등을 인수·취득한 때입니다. 즉 사채대금, 청산일, 청산일 이전에 교부받은 경우는 그 교부일이 됩니다.

3) 증여재산가액

> 증여재산가액 = ⓐ 전환사채등의 시가 − ⓑ 전환사채등의 인수가액등의 가액

최대주주 또는 그의 특수관계인인 주주가 소유주식수에 비례하여 균등하게 배정받을 수 있는 수를 초과하여 인수등을 함으로써 얻은 이익을 말합니다.

4 주주가 아닌 자가 발행회사로부터 시가보다 낮은 가액으로 인수등을 한 경우 (표 ③) (상증법 제40조제1항제1호다목)

전환사채등을 발행한 법인의 주주가 아닌 자로서 그 법인의 최대주주의 특수관계인이 그 법인으로부터 전환사채등을 시가보다 낮은 가액으로 인수등을 함으로써 얻은 이익을 증여재산가액으로 하여 증여세를 과세합니다. (상증법 제40조제1항제1호다목)

☞ 1997.11.10. 이후부터 증여세 과세대상에 포함되었습니다.

1) 과세요건

(1) 발행법인의 주주가 아닌 자로서 최대주주의 특수관계인이 인수등을 할 것

특수관계에 있는 자란 최대주주와 상증법 시행령 제2조의2(특수관계인의 범위)제1항 각 호의 어느 하나에 해당하는 관계에 있는 자를 말합니다.

(2) 전환사채 등을 취득한 자가 얻은 이익이 기준금액 이상일 것

전환사채등을 취득한 자가 얻은 이익이 기준금액이상이어야 합니다. 기준금액은 아래의 금액 중 적은 금액을 말합니다.

(개) $\dfrac{(전환사채등의\ 시가 − 전환사채등의\ 취득가액)}{전환사채등의\ 시가} \geq 30\%$

(내) 취득한 자가 얻은 총이익이 1억원

2) 증여시기

전환사채등을 인수·취득한 때입니다. 즉 사채대금, 청산일, 청산일 이전에 교부받은 경우는 그 교부일입니다.

3) 증여재산가액

증여재산가액 = ⓐ 전환사채등의 시가 – ⓑ 전환사채등의 인수 가액 등

5 특수관계인으로부터 취득한 자가 주식으로 전환등을 한 경우

(표 ④) (상증법제40조제1항제2호가목)

전환사채등을 특수관계인으로부터 취득한 자가 전환사채등에 의하여 교부받거나 교부받을 주식가액이 전환·교환 또는 인수가액(이하 '전환가액등')을 초과함으로써 얻은 이익에 대하여 증여세를 과세합니다. (상증법제40조제1항제2호가목)

☞ 2000.1.1. 이후부터 증여세 과세대상에 포함되었습니다.

1) 과세요건

(1) 전환사채 등을 특수관계인에게 취득한 경우이어야 합니다.

(2) 전환 등을 한 시점에서 추가로 얻은 이익이 있는 경우로서 그 이익이 1억원 이상이어야 합니다.
(상증법 시행령 제30조제3항제2호)

☞ 30% 요건은 적용하지 않으며, 1억원 요건은 2004.1.1이후에 적용합니다.

2) 증여시기

전환사채등을 주식으로 전환등을 한 때입니다.

3) 증여재산가액

[ⓒ 교부받은 주식가액 – ⓔ 주식1주당 전환가액 등] × 교부받은 주식수 – ⓕ 이자 손실분 – 취득시점에서 과세된 금액

6 초과인수 주주가 주식으로 전환 등을 한 경우 (표 ⑤)

(상증법 제40조제1항제2호나목)

전환사채등을 발행한 법인의 최대주주나 그의 특수관계인인 주주가 그 법인으로부터 균등한 조

건을 초과하여 인수 등을 한 경우로서, 전환사채 등에 의하여 교부받거나 교부받을 주식가액이 전환가액등을 초과함으로써 얻은 이익에 대하여 증여세를 과세합니다.(상증법 제40조제1항제2호나목)

☞ 2001.1.1. 이후부터 증여세 과세대상에 포함되었습니다.

1) 과세요건

(1) 해당 법인의 주주로서 최대주주 및 그의 특수관계인일 것

(2) 해당 법인으로부터 전환사채 등을 초과인수한 주주가 전환사채등에 의하여 주식으로 전환함에 있어 교부받거나 교부받을 주식가액이 전환가액을 초과하는 경우로서 그 이익이 1억원 이상인 경우

☞ 1억원 이상 요건은 2001.1.1. 이후 증여분부터 적용합니다.

2) 증여시기

전환사채등을 주식으로 전환등을 한 때입니다.

3) 증여재산가액

[ⓒ 교부받은 주식가액 - ⓔ 주식1주당 전환가액등] × 소유지분을 초과하여 교부받은 주식 수 - ⓕ 이자손실분 - 인수등 시점에서 과세된 금액

7 주주 아닌 자가 인수 후 주식으로 전환등을 한 경우 (표 ⑥)

(상증법 제40조제1항제2호다목)

전환사채등을 발행회사로부터 인수등을 한 최대주주의 특수관계인인 주주 외의 자가 전환사채등에 의하여 교부받거나 교부받을 주식가액이 전환·교환 또는 인수가액을 초과함으로써 받은 이익에 대하여 증여세를 과세합니다. (상증법 제40조제1항제2호다목)

☞ 2001.1.1. 이후부터 증여세 과세대상에 포함되었습니다.

1) 과세요건

(1) 해당 법인의 최대주주의 특수관계인인 주주 외의 자가 전환 등을 할 것

(2) 전환등을 한 시점에서 추가로 얻은 이익이 1억원 이상인 경우 (상증법 시행령 제30조제2항제2호)

2) 증여시기

전환사채등을 주식으로 전환등을 한 때입니다.

3) 증여재산가액

[ⓒ 교부받은 주식가액 – ⓔ 주식1주당 전환가액등] × 교부받은 주식 수 – ⓕ 이자손실분 –인수등 시점에서 과세된 금액

8 전환가액 등이 주식가액보다 높은 경우 (표 ⑦)

(상증법 제40조제1항제2호라목)

전환가액등이 전환사채등에 의하여 전환등을 한 주식가액보다 높아 주식으로 전환등을 한 자의 특수관계인인 다른 주주의 주식가치가 상승함으로써 얻은 이익을 증여재산가액으로하여 증여세를 과세합니다. (상증법 제40조제1항제2호라목)

☞ 2001.1.1.부터 증여세 과세대상에 포함되었습니다.

1) 과세요건

(1) 주식으로 전환등을 한 자와 상증법 시행령 제2조의2(특수관계인의 범위)제1항 각 호의 어느 하나에 해당하는 주주가 주식전환등 시점에서 얻은 이익이 있는 경우에 증여세를 과세합니다.

(2) 전환등을 한 시점에서 추가로 얻은 이익이 0 이상인 경우에 해당됩니다. (상증법 시행령 제30조제2항제3호)

2) 증여시기

전환사채 등을 주식으로 전환등을 한 때입니다.

3) 증여재산가액

[ⓔ 주식1주당 전환가액 등 − ⓒ 교부받은 주식가액] × 전환등에 의하여 증가한 주식 수 × 전환자의 특수관계인인 주주의 전환 전 지분비율

⑨ 특수관계인에게 시가보다 높은 가액으로 양도한 경우 (표 ⑧)

(상증법 제40조제1항3호)

전환사채등을 특수관계인에게 양도한 경우로서 전환사채등의 양도일에 양도가액이 시가를 초과함으로써 양도인이 얻은 이익에 대하여 증여세를 과세합니다. (상증법 제40조제1항3호)

☞ 1998.12.31 증여세 과세대상으로 신설·규정하였습니다.

1) 과세요건

(1) 특수관계인에게 양도한 경우일 것

특수관계인이란 양도자와 양수자가 상증법 시행령 제2조의2(특수관계인의 범위)제1항 각 호의 어느 하나에 해당하는 경우를 말합니다.

(2) 전환사채등을 양도한 자가 얻은 이익이 기준금액 이상일 것

(상증법 시행령 제30조제3항제1호)

전환사채등을 취득한 자가 얻은 이익이 기준금액이상이어야 합니다. 기준금액은 아래의 금액 중 적은 금액을 말합니다.

(개) $\dfrac{(전환사채등의\ 시가 - 전환사채등의\ 취득가액)}{전환사채등의\ 시가} \geq 30\%$

(내) 취득한 자가 얻은 총이익이 1억원

2) 증여시기

전환사채등을 양도한 때입니다.

3) 증여재산가액

전환사채등의 양도가액 – 전환사채등의 시가

전환사채등의 시가는 상증법 제60조와 제63조에 따라 평가한 가액을 말합니다.

10 과세표준과 연대납세의무 면제

1) 증여세 과세표준 및 동일인 합산배제

상증법 제40조제1항제2호·제3호에 해당하는 증여이익에 대한 과세표준은 과세가액에서 3천만원을 공제하여 산정하며, 해당 이익은 동일인으로부터 증여받은 다른 일반 증여 재산과 합산하지 않습니다. (상증법 제55조(증여세의 과세표준 및 과세최저한)제1항제3호)

☞ 2004.1.1. 이후부터 적용합니다.

2) 증여세 연대납세의무 면제

전환사채 등의 주식전환 등에 따른 이익의 증여에 대해서는 수증자의 주소 또는 거소가 분명하지 않은 경우로서 조세채권의 확보가 곤란한 경우 등에도 증여자의 연대납세의무는 없습니다. (상증법 제4조의2제5항)

초과배당에 따른 이익의 증여

(상증법 제41조의2, 시행령 제31조의2, 시행규칙 제10조의3)

초과배당금액은 형식상 법인으로부터 받는 배당이지만, 실질은 특수관계가 있는 최대주주의 배당포기 등으로 인해 발생하는 증여재산으로 봅니다.(상증법 제41조의2)

☞ 법인의 최대주주등이 자신이 받아야 할 배당금을 포기하는 경우, 그 배당금액을 받은 자는 배당을 포기한 최대주주로부터 증여를 받는 것과 같은 효과가 있습니다.

소득세와 증여세를 함께 부과하되, 증여이익에서 소득세 상당액을 차감합니다.

☞ 2016.1.1.이후 초과배당에 따른 이익의 증여규정을 신설하여, 초과배당금액에 대한 증여세와 소득세상당액을 비교하여 증여세가 소득세상당액보다 큰 경우에 과세하였다가, 2021.1.1.이후 증여이익에서 소득세 상당액을 차감하는 방식으로 개정하여 적용토록 하였습니다.

☞ 〈요약〉초과배당에 따른 이익의 증여

• (과세요건) 최대주주등이 배당을 전부 또는 일부를 포기하거나 불균등배당에 따라 최대주주등의 특수관계인이 보유주식 등에 비하여 높은 배당 등을 얻은 경우

• (납세의무자) 이익을 얻은 자 (최대주주등의 특수관계인)

• (과세대상) 초과배당금액에 대한 증여세 〉소득세 상당액

        2021.1.1.이후는 비교과세 없이 증여세와 소득세 모두 과세

• (증여시기) 법인이 배당 또는 분배한 금액을 지급한 날(2021.12.21. 명확화)

• (증여재산가액)

  – 2021.1.1.전 : 초과배당금액

   · 초과배당금액에 대한 소득세 상당액은 증여세산출세액공제

   · 초과배당금액에 대한 증여세액이 초과배당금액에 대한 소득세 상당액보다 적은 금액에는 과세하지 않음

  – 2021.1.1.이후 : 초과배당금액 – 실제소득세액

   · 실제소득세액 ① 초과배당금액이 분리과세된 경우 : 해당세액

                 ② 초과배당금액이 종합과세된 경우 : 종합소득세액 – 해당 초과배당금액을 제외하고 계산한 종합소득세액

• (정산) 초과배당금액에 대한 소득세를 납부할 때 당초 증여세액에서 정산증여재산가액의 증여세액을 정산(납부, 환급 가능)

  – 정산 증여세 신고기한 : 초과배당금액이 발생한 연도의 다음연도 5.1~5.31

                      (성실신고확인대상사업자는 5.1~6.30)

1 과세요건

법인이 이익이나 잉여금을 배당 또는 분배('배당등')하는 경우로서, 그 법인의 최대주주 또는 최대출자자('최대주주등')가 본인이 지급받을 배당등의 금액의 전부 또는 일부를 포기하거나, 본인이

보유한 주식등에 비례하여 균등하지 아니한 조건으로 배당등을 받음에 따라, 그 최대주주등의 특수관계인이 본인이 보유한 주식 등에 비하여 높은 금액의 배당등을 받은 경우에 해당됩니다. (상증법 제41조의2제1항)

이 경우 '최대주주등'은 상증법 시행령 제19조(금융재산 상속공제)제2항에 따른 최대주주등을 말합니다.

> ☞ 상증법 시행령 제19조(금융재산 상속공제)
> ② 상증법 제22조(금융재산 상속공제)제2항에서 "대통령령으로 정하는 최대주주 또는 최대출자자"란 주주등 1인과 그의 특수관계인의 보유주식등을 합하여 그 보유주식등의 합계가 가장 많은 경우의 해당 주주등 1인과 그의 특수관계인 모두를 말한다

2 증여재산가액

법인이 이익이나 잉여금을 배당 또는 분배('배당등')하는 경우로서 그 법인의 '최대주주등'이 본인이 지급받을 배당등의 금액의 전부 또는 일부를 포기하거나 본인이 보유한 주식등에 비례하여 균등하지 아니한 조건으로 배당등을 받음에 따라 그 최대주주등의 특수관계인이 본인이 보유한 주식등에 비하여 높은 금액의 배당등을 받은 경우에는 법인이 배당 또는 분배한 금액을 지급한 날을 증여일로 하여 그 최대주주등의 특수관계인이 본인이 보유한 주식등에 비례하여 균등하지 아니한 조건으로 배당등을 받은 금액('초과배당금액'이라 합니다)에서 해당 초과배당금액에 대한 소득세 상당액을 공제한 금액을 그 최대주주등의 특수관계인의 증여재산가액으로 합니다. (상증법 제41조의2제1항)

1) 초과배당금액 (상증법 시행령 제31조의2제2항)

초과배당금액을 산식으로 표현하면 다음과 같습니다.

$$\text{특수관계인의 (배당금액 - 균등배당액)} \times \frac{\text{최대주주등의 (균등배당액 - 배당금액)}}{\text{과소배당 받은 주주 전체의 (균등배당액 - 배당금액)}}$$

2) 초과배당금액에 대한 소득세액 ☞ 2021.1.1. 이후부터 적용합니다.

① 소득세가 확정되지 않은 경우 (상증세법 시행규칙 제10조의3제1항)		② 소득세가 확정된 경우 (상증세법 시행규칙 제10조의3제2항)	
초과배당금액	소득세액	구분	소득세액
5,220만원 이하	초과배당금액 × 14%	초과배당금액이 비과세된 경우※	0
5,220만원 초과 - 8,800만원 이하	731만원 + (5,220만원 초과액 × 24%)	※ 초과배당금액이 비과세된 경우 : 소득세법 시행령 제26조의3제6항에 따라 자본준비금을 감액하여 받은 배당으로서 배당소득 과세대상에서 제외된 경우 등	
8,800만원 초과 - 1.5억원 이하	1,590만원 + (8,800만원 초과액 × 35%)		
1.5억원 초과 - 3억원 이하	3,760만원 + (1.5억원 초과액 × 38%)	초과배당금액이 분리과세된 경우	해당 세액
3억원 초과 - 5억원 이하	9,460만원 + (3억원 초과액 × 40%)		
5억원 초과 - 10억원 이하	1억 7,460만원 +(5억원 초과액 × 42%)	초과배당금액이 종합과세된 경우	Max(ⓐ-ⓑ, 초과배당금액×14%) ⓐ 해당수증자의 종합소득 과세표준에 종합소득세율을 적용한 금액 ⓑ (종합소득과세표준 - 초과배당금액)에 종합소득세율을 적용한 금액
10억원 초과	3억 8,460만원 +(10억원 초과액 × 45%)		

(표 : 국세청 책자)

3) 세대생략 할증과세 문제

수증자가 증여자의 자녀가 아닌 직계비속인 경우 상증법 제57조에 따라 증여세산출세액에 100분의 30(수증자가 증여자의 자녀가 아닌 직계비속이면서 미성년자인 경우로서 증여재산가액이 20억원을 초과하는 경우에는 100분의 40)에 상당하는 금액을 가산하여야 합니다.

☞ 2017.12.19 상증법 개정시에는 상증법 제57조가 들어있었으나, 2020.12.22.까지 여러 차례 개정되면서 명문화된 상증법 제57조가 명시된 상증법 제41조의2제2항은 개정되었습니다. 그러나 할증과세 일반원칙(상증법 제57조)에 의하여 수증자가 직계비속인 경우에는 세대생략 할증과세 문제가 제기됩니다.

☞ **상속세 및 증여세법 제57조(직계비속에 대한 증여의 할증과세)**
① 수증자가 증여자의 자녀가 아닌 직계비속인 경우에는 증여세산출세액에 100분의 30(수증자가 증여자의 자녀가 아닌 직계비속이면서 미성년자인 경우로서 증여재산가액이 20억원을 초과하는 경우에는 100분의 40)에 상당하는 금액을 가산한다. 다만, 증여자의 최근친인 직계비속이 사망하여 그 사망자의 최근친인 직계비속이 증여받은 경우에는 그러하지 아니하다.
② 할증과세액의 계산방법 등 필요한 사항은 대통령령으로 정한다.

3 과세방법 및 증여세 정산신고

초과배당을 지급받은 시점에서 초과배당 증여이익에 대해 소득세·증여세를 모두 과세(증여세 가계산)합니다.

☞ 소득세는 초과배당금액에 대한 소득세를 말합니다. 증여세는 (초과배당금액−소득세액)에 대한 증여세입니다.

☞ 2021.1.1. 이후 증여받는 분부터 적용합니다.

초과배당금액에 대하여 증여세를 부과받은 자는 해당 초과배당금액에 대한 소득세를 납부(납부할 세액이 없는 경우 포함)할 때 당초 증여재산가액을 기준으로 계산한 증여세액에서 '실제 소득세액을 반영한 증여재산가액(정산증여재산가액)을 기준으로 계산한 증여세'을 뺀 금액을 관할 세무서에 납부하여야 합니다. 뺀 금액이 초과하는 경우에는 그 초과되는 금액을 환급받을 수 있습니다. (상증법 제41조의2제2항)

정산증여재산가액의 증여세 신고기한은 초과배당금액이 발생한 연도의 다음연도 5.1.~5.31.까지로 합니다. 소득세법 제70조의2(성실신고확인서 제출)제1항에 따른 성실실고확인대상사업자에 대한 증여세 과세표준의 신고기한은 초과배당금액이 발생한 연도의 다음연도 5.1.~6.30.까지입니다. (상증법 제41조의2제3항)

4 납세의무자

최대주주등의 특수관계인이 납세의무자가 됩니다. (상증법 제41조의2제1항)

5 증여시기

법인이 배당 또는 분배한 금액을 지급한 날로 합니다. (상증법 제41조의2제1항)

☞ 초과배당금액 이익 증여 개정연혁

구분	2016.1.1.-2020.12.31.	2021.1.1.이후
과세방식	Max(증여세, 소득세)	증여세, 소득세
증여재산가액	초과배당금액	초과배당금액 − 소득세상당액
증여세액	증여세액 − 소득세상당액	증여세액
정산여부	부	여

주식 등의 상장 등에 따른 이익의 증여

(상증법 제41조의3, 시행령 제31조의3)

기업의 경영 등에 관하여 공개되지 아니한 정보를 이용할 수 있다고 인정되는 최대주주등으로부터 특수관계인이 해당 법인의 주식 등을 증여 받거나 유상으로 취득한 경우로서 증여·취득일로부터 5년 이내에 해당 법인이 상장됨에 따라 그 가액이 증가된 경우 증여·취득 시점과 정산기준일의 주식가액이 일정 금액 이상 차이가 나는 경우 해당 이익을 그 이익을 얻은 자의 증여재산가액으로 합니다. (상증법 제41조의3제1항)

- (과세요건) 증여일·취득일로부터 5년 이내 유가증권시장 또는 코스닥시장에 상장될 것
    - 최대주주 등으로부터 증여 또는 유상취득할 것
    - 최대주주 등으로부터 증여받은 재산으로 최대주주 등이 아닌 자로부터 취득할 것
    - 주식등을 증여받거나 취득한 후 그 법인이 자본금을 증가시키기 위하여 신주를 발행함에 따라 신주를 인수하거나 배정받은 경우를 포함
- (납세의무자) 취득자(수증자, 유상취득자)
- (과세대상) 증여재산가액 ≥ Min(①, ②)
    ① (증여일 1주당 증여세 과세가액 등 + 1주당 기업가치 실질증가액) × 증여·유상 취득주식수 × 30%
    ② 3억원
- (정산시기) 상장일로부터 3개월이 되는 날
- 증여재산가액)
    [정산기준일 현재 1주당 평가액 − (증여일 현재 1주당 증여세과세가액 등 + 1주당 기업가치 실질증가액)] × 증여·유상취득 주식수

☞ 기업의 상장 등 기업의 내부정보를 가진 최대주주등이 주식등을 상장 전에 미리 자녀 등 특수관계인에게 증여하거나 매각한 후 가까운 장래에 이를 상장하여 거래의 이익, 이른 바 상장 프리미엄을 그 특수관계인으로 하여금 얻게 할 수 있는데, 이러한 거래는 상장 후에 해당 주식 등의 가치 증가가 현저한 상태에서 증여한 것과 동일한 경제적 효과를 가져 오므로, 그 상장이익을 증여세의 과세대상으로 삼도록 한 것입니다. 이 제도는 위와 같은 상장이익에 대하여 과세하여 최대주주등의 특수관계인에 대한 변칙적인 증여를 차단하고, 수증자 또는 취득자가 이를 양도하지 아니하고, 계속 보유하면서 사실상 세금부담 없이 계열사를 지배하는 것을 규율함으로써 조세정의를 실현하기 위하여 마련한 것입니다. (2012헌가5 2015.9.24.)

1 과세요건

1) 증여 또는 유상취득

(1) 취득유형 (상증법 제41조의3제1항·제2항)

① 최대주주등의 특수관계인이 최대주주등으로부터 증여 또는 유상취득 (상증법 제41조의3 제2항제1호)

② 최대주주등의 특수관계인이 최대주주등으로부터 증여받은 재산으로 최대주주등이 아 닌 자로부터 해당 법인의 주식 등을 취득 (상증법 제41조의3제2항제2호)

이 경우, 증여받은 재산은 주식 등을 유상으로 취득한 날부터 소급하여 3년 이내에 최대주주등 으로부터 증여받은 재산을 말합니다. (상증법 제41조의3제2항제2호)

(2) 취득의 범위

주식등의 취득에는 주식등을 증여받거나 취득한 후 그 법인이 자본금을 증가시키기 위하여 신 주를 발행함에 따라 신주를 인수하거나 배정받은 경우를 포함합니다. (상증법 제41조의3제7항)

증여받은 재산과 다른 재산이 섞여 있어 증여받은 재산으로 주식등을 취득한 것이 불분명한 경 우에는 그 증여받은 재산으로 주식등을 취득한 것으로 추정합니다. (상증법 제41조의3제6항)

증여받은 재산을 담보로 한 차입금으로 주식등을 취득한 경우에는 증여받은 재산으로 취득한 것으로 봅니다. (상증법 제41조의3제6항)

(3) 최대주주등이란

기업과 경영 등에 관하여 공개되지 아니한 정보를 이용할 수 있는 아래의 자를 말합니다. (상증법 제41조의3제1항)

① 최대주주 또는 최대출자자 : 주주 1인과 그의 특수관계인의 보유주식을 합하여 그 보유 주 식의 합계가 가장 많은 경우의 해당 주주등 1인과 그의 특수관계인 모두를 말합니다. (상증 법 제41조의3제1항제1호 ← 상증법 제22조제2항, 시행령 제19조제2항)

② 내국법인의 발행주식총수 또는 출자총액의 특수관계인의 소유주식을 합하여 25% 이상을 보유한 경우의 해당 주주등 (상증법 제41조의3제1항제1호, 시행령 제31조의3제4항)

2) 5년 이내 상장 요건

증여·취득일부터 5년 이내에 유가증권시장과 코스닥시장에 상장되어야 합니다. (상증법 제41조의3제1항)

☞ 2016.12.31. 이전에는 자본시장과 금융투자업에 관한 법률에 따라 거래소허가를 받은 거래소에 상장(증권시장에 상장된 것을 말함)되어야 합니다.

② 정산기준일

해당 주식등의 상장일부터 3개월이 되는 날을 기준으로 계산합니다. (상증법 제41조의3제3항)

다만, 그 주식등을 보유한 자가 상장일로부터 3개월 이내에 사망하거나 그 주식등을 증여 또는 양도한 경우에는 그 사망일·증여일 또는 양도일을 기준으로 계산합니다. (상증법 제41조의3제3항)

상장일이란 「자본시장과 금융투자업에 관한 법률」 제8조의2(금융투자상품시장 등)제4항제1호에 따른 증권시장(증권의 매매를 위하여 거래소가 개설하는 시장)에서 최초로 주식의 매매거래를 개시한 날을 말합니다. (상증법 제41조의3제5항, 자본시장과 금융투자업에 관한 법률 제8조의2제4항제1호)

③ 증여재산가액

증여재산가액인 '주식등의 상장 등에 따른 이익'의 계산방법은 다음과 같습니다. (상증법 시행령 제31조의3제1항)

[정산기준일 현재 1주당 평가가액 − (증여일 현재 1주당 증여세 과세가액등 + 1주당 기업가치 실질증가액)] × 증여·유상취득주식수

위 금액이 기준금액 금액 미만인 경우에는 적용하지 않습니다. 기준금액이란 다음 두 가지 계산금액 중 적은 금액을 말합니다. (상증법 시행령 제31조의3제3항)

① (증여일 현재 1주당 증여세 과세가액 등 + 1주당 기업가치 실질증가액) × 증여·유상 취득 주식수 × 30%

② 3억원

1) 정산기준일 현재 1주당 평가가액

정산기준일 현재 1주당 평가가액은 상증법 제63조(유가증권의 평가)에 따라 평가한 가액을 말합니다. (상증법 시행령 제31조의3제1항제1호)

2) 증여일 현재 1주당 증여세 과세가액 등

주식 등을 증여받은 날 현재의 1주당 증여세 과세가액이며, 취득의 경우에는 취득일 현재의 1주당 취득가액을 말합니다. (상증법 시행령 제31조의3제1항제2호)

3) 1주당 기업가치의 실질증가액 : 아래의 (1) × (2)

납세자가 제시하는 재무제표 등 기업가치의 실질적인 증가로 인한 것으로 확인되는 이익은 증여재산가액에 포함하지 아니합니다.

(1) 1주당 순손익액의 합계액을 해당 기간의 월수로 나눈 금액 (상증법 시행령 제31조의3제5항)

① 해당 주식의 증여일 또는 취득일이 속하는 사업연도 개시일부터 상장일 전일까지 사이의 1주당 순손익액의 합계액을 해당 기간의 월수로 나눈 금액(1월 미만의 월수는 1월로 봅니다.)

② 순손익액은 상증법 시행령 제56조(1주당 최근 3년간의 순손익액의 계산방법)제4항에 따라 각 사업연도 단위별로 계산한 1주당 순손익액으로 합니다.

③ 비상장주식의 상장일 등이 속하는 사업연도 개시일부터 상장일 등의 전일까지의 1주당 순손익을 산정하기 어려운 경우는 다음과 같이 산정할 수 있습니다.

[(상장일이 속하는 사업연도의 직전사업연도의 1주당 순손익가액) ÷ 12(12월 미만인 경우는 해당 월수)] × 상장일이 속하는 사업연도의 개시일부터 상장일의 전일까지 월수

(2) 당해 주식 등의 증여일 또는 취득일부터 정산기준일까지의 월수

1월 미만인 경우에는 1월로 봅니다. (상증법 시행령 제31조의3제5항제2호)

(3) 기업가치의 실질적인 증가로 인한 이익임을 확인받기 위하여 납세자는 다음의 서류를 제시하여야 합니다. (상증법 시행규칙 제10조의4)

① 대차대조표

② 손익계산서

③ 그 밖의 기업가치의 실질적인 증가를 확인할 수 있는 서류

(4) 결손금 등이 발생하여 1주당 순손익액으로 계산하는 것이 불합리한 경우에는 상증법 시행령 제55조에 따라 계산한 1주당 순자산가액의 증가분으로 해당 이익을 계산할 수 있습니다. (상증법 시행령 제31조의3제5항)

'상장일 이전 유상증자가 있는 경우'는 '불합리한 경우'에 해당하지 않습니다. (기준2019 법령해석재산-0311, 2020.6.8.)

4) 무상주가 발생된 경우의 발행주식 총수 계산

증여이익의 계산에 있어 각 사업연도의 주식수는 각 사업연도 종료일 현재의 발행 주식 총수에 의하나, 주식등의 증여일 또는 취득일부터 상장일 전일까지의 사이에 무상주를 발행한 경우에는 각 사업연도 종료일 현재 발행주식 총수를 다음과 같이 환산합니다. (상증법 시행령 제31조의3제7항 → 시행령 제56조제3항 단서)

$$\text{무상증자전 각 사업연도 말 주식수} \times \frac{(\text{무상증자 직전사업연도 말 주식수} + \text{무상증자 주식수})}{\text{무상증자 직전사업연도 말 주식수}}$$

5) 특수관계인이 아닌 자간 거래

거짓이나 그 밖의 부정한 방법으로 증여세를 감소시킨 것으로 인정되는 경우에는 특수관계인이 아닌 자간의 증여에 대해서도 본 규정(상증법 제41조의3제1항 및 제2항)을 적용합니다. 이 경우 기간에 관한 규정(5년 내 상장)은 이를 없는 것으로 봅니다. (상증법 제41조의3제9항, 참조, 상증법 제42조의3제3항)

4 증여세액의 정산 등

1) 증여세 정산

상장에 따른 이익은 당초의 증여세 과세가액에 가산하여 증여세 과세표준과 세액을 정산합니다. 정산기준일 현재의 주식등의 가액이 당초의 증여세 과세가액보다 적은 경우로서 그 차액이 기준금액 이상인 경우에는 그 차액에 상당하는 증여세액을 환급받을 수 있습니다. 그 차액에 상당하는 증여세액이란 증여받은 때에 납부한 당초의 증여세액을 말합니다. (상증법 제41조의3제4항)

위의 증여세 과세가액에는 증여받은 재산으로 주식 등을 취득한 경우에는 그 증여받은 재산에 대한 증여세 과세가액을 말합니다. (상증법 제41조의3제4항)

2) 다른 증여재산과 합산과세 배제

주식등의 상장에 따른 이익의 증여이익은 증여자 및 그 원천을 구분하기 어려우므로 개별 건별로 과세하고, 다른 증여재산가액과 합산과세를 하지 아니하며, 과세표준 계산시 3천만원을 공제합니다. (상증법 제47조제2항, 제55조제1항제3호)

5 전환사채 등의 취득에 대한 간주규정

전환사채등을 증여받거나 유상으로 취득(발행 법인으로부터 직접 인수·취득하는 경우 포함)한 경우로서 그 전환사채등의 취득일로부터 5년 이내 주식등으로 전환한 경우에는 해당 전환사채등을 증여받거나 취득한 때에 그 전환된 주식등을 증여받거나 취득한 것으로 보아 이 규정(상증법 제41조의3제1항부터 제6항)을 적용합니다. (상증법 제41조의3제8항)

이 경우 정산기준일까지 주식등으로 전환되지 아니하는 경우에는 정산기준일에 주식등으로 전환된 것으로 보아 이 규정(상증법 제41조의3제1항부터 제6항)을 적용하고, 해당 전환사채등의 만기일까지 주식등으로 전환되지 아니한 경우에는 정산기준일을 기준으로 과세한 증여세액을 환급합니다. (상증법 제41조의3제8항, 후단)

제 14 절	금전무상대출 등에 따른 이익의 증여

(상증법 제41조의4, 시행령 제31조의4)

타인(2012.12.31. 이전에는 특수관계인)으로부터 금전을 무상 또는 적정이자율보다 낮은 이자율로 대출받는 경우 그 금전을 대출받는 날에 적정이자율과의 차액을 그 금전을 대출받는 자의 증여재산가액으로 합니다. (상증법 제41조의4제1항)

> ☞ 2000.1.1.이후부터 적용합니다. 1999.12.31.이전에 금전을 대부받은 자는 2000.1.1.에 새로이 대부받은 것으로 봅니다. (법률 제6048호, 부칙 제6조)

과세대상은 증여재산가액 1천만원 이상입니다. (상증법 시행령 제31조의4제2항)

> ☞ 2015.12.31.이전에는 무상(저율)대출금액 1억원이었으나, 2016.1.1.이후부터 1천만원 이상으로 개정하였습니다.

- (과세대상) 타인으로부터 금전을 무상으로 또는 적정이자율보다 낮은 이자율로 대출받은 경우
- (증여재산가액) 1천만원 이상만 적용 (종전에는 무상(저율)대출금액 1억원)
  ① (무상대출) 대출금액 × 적정이자율 (4.6%, 2016.3.20. 이전 8.5%)
  ② (저율대출) 대출금액 × 적정이자율 - 실제 지급한 이자상당액
- (증여시기)
  - 금전을 대출받은 날. 대출기간이 1년 이상인 경우에는 1년이 되는 날의 다음 날에 매년 새로 대출받은 것으로 봄

1 과세요건

(1) 증여재산가액이 1천만원 이상일 것

(상증법 시행령 제31조의4제2항)

과세대상 기준금액은 증여재산가액 1천만원 이상입니다. (상증법 제41조의4제1항, 시행령 제31조의4제2항)

(2) 무상 또는 적정이자율보다 낮게 대출할 것

(상증법 제41조의4제1항)

적정이자율이란 기획재정부령이 정하는 이자율(상증법 시행규칙 제10조의5)을 말하며, 기획재정부

령이 정하는 이자율은 법인세법 시행규칙 제43조제2항에 따른 이자율을 말합니다.

☞ **법인세법 시행규칙 제43조(가중평균차입이자율의 계산방법 등)**

② 영 제89조제3항 각 호 외의 부분 단서에서 "기획재정부령으로 정하는 당좌대출이자율"이란 연간 1,000분의 46을 말한다.

☞ 2014.2.21.이후 개인이 법인으로부터 대출받는 경우에는 법인세법 시행령 제89조제3항의 이자율(가중평균차입이자율, 당좌대출이자율)을 적정이자율로 보아 상증법상 적정이자율과 법인세법간 시가의 차이를 해소하였습니다.

☞ **적정이자율 적용 기준**

구분	2002.1.1.~2010.11.4.	2010.11.5.~2016.3.20.	2016.3.21. 이후
이자율	9%	8.5%	4.6%
근거	국세청 고시 제2001호-31호 제2002-41호, 2009-27호 (2009.7.31.)	기획재정부 고시제2010-18호,(2010.11.5.)	상증법 시행규칙 제10조의5(법인세법 시행규칙 제43조제2항)

(3) 원칙적으로 특수관계인 여부와 관계없이 과세

특수관계인이 아닌 자 간의 거래로서 거래의 관행상 정당한 사유가 있다고, 인정되는 경우에는 증여세를 과세하지 아니합니다. (상증법 제41조의4제3항)

☞ **2012.12.31.이전 특수관계인이 아닌 자로부터 무상 대출받은 경우**

과세관청은 특수관계 없는 자로부터 거래의 관행상 정당한 사유없이 금전을 무상으로 대부받음으로써 얻은 이자상당액은 상증법 제42조제3항 등에 따라 증여세 과세대상에 해당한다고 보았으나,(서면4팀-1286, 2006.5.2.) 대법원은 비특수관계자 간 금전 무상대출에 따른 이익이 증여세 과세대상이 아니라고 보았습니다. (대법원 14두37924, 2015.10.15., 조심2016서 1374, 2016.8.25. 같은 뜻) ← 대법원의 판결은 2013년 세법 개정(비 특수관계인 간 정당한 사유 없는 금전무상대출 포함) 전의 것입니다.

☞ **과세대상 개정연혁**

2000. 1. 1. ~ 2012. 12. 31.	2013. 1. 1. ~ 2015. 12. 31.	2016. 1. 1.이후
특수관계인으로부터 1억원 이상의 금전을 무상 또는 저율로 대출	타인으로부터 1억원 이상의 금전을 무상 또는 저율로 대출(비특수관계인 간 거래로서 정당한 사유가 인정되는 경우 제외)	타인으로부터 금전을 무상 또는 저율로 대출(증여재산가액 1천만원 이상) (비특수관계인 간 거래로서 정당한 사유가 인정되는 경우 제외)

2 증여시기

증여시기는 금전을 대출받은 날입니다. 금전을 대출받은 날을 기준으로 하여 증여가액을 계산합니다.(상증법 제41조의4제1항) 금전을 여러 차례 나누어 대부받은 경우에는 각각의 대출을 받은 날

을 말합니다.(상증법 시행령 제31조의4제3항)

대출기간이 1년 이상인 경우에는 1년이 되는 날의 다음 날에 매년 새로 대출받은 것으로 봅니다. (상증법 제41조의4제2항)

3 증여재산가액

대출기간은 계약내용에 따릅니다. 대출기간이 정해지지 않은 경우에는 그 대출기간을 1년으로 보고, 대출기간이 1년 이상인 경우에는 1년이 되는 날의 다음날이 매년 새로 대출받은 것으로 보고, 해당금액을 계산합니다. (상증법 제41조의4제2항)

금전무상대출금을 대출기간이 1년이 되기 전에 대출금액을 상환한 경우에는 상환일까지 계산한 금액을 금전무상 대출이익으로 봅니다. (재산세과-623, 2009.3.25.)

4 경정 등의 특례

(상증법 제79조제2항)

금전무상대출 등에 따른 이익의 증여규정에 따라 증여세를 결정 또는 경정받은 자가 대출기간 중에 대부자로부터 해당 금전을 상속 또는 증여받거나 다음과 같은 사유로 무상대출등이 종료된 경우에는 그 사유가 발생한 날부터 3개월 안에 결정 또는 경정을 청구할 수 있습니다. (상증법 제79조제2항제2호)

① 해당 금전에 대한 채권자의 지위가 이전된 경우

② 금전대출자가 사망한 경우

③ 위 두 항목과 유사한 경우로서 금전을 무상으로 또는 적정이자율보다 낮은 이자율로 대출받은 자가 해당 금전을 무상으로 또는 적정이율보다 낮은 이자율로 대출받지 아니하게 되는 경우

합병에 따른 상장 등 이익의 증여

(상증법 제41조의5, 시행령 제31조의5)

최대주주 등의 특수관계인이 최대주주 등으로부터 해당 법인의 주식 등을 증여받거나 무상으로 취득한 경우 등 증여·취득일로부터 5년 이내에 그 법인 또는 다른 법인이 특수관계에 있는 주권 상장법인 등과 합병됨에 따라 그 가액이 증가된 경우, 증여·취득시점과 정산기준일의 주식가액이 일정금액 이상 차이가 나는 경우에는 해당 이익을 그 이익을 얻은 자의 증여재산가액으로 합니다. (상증법 제41조의5제1항)

- (과세요건) 증여일 취득일로부터 5년 이내에 특수관계 있는 상장법인과 합병될 것
  - 최대주주 등으로부터 증여 또는 유상취득할 것
  - 최대주주 등으로부터 증여받은 재산으로 최대주주 등이 아닌 자로부터 취득할 것
  - 증여받은 재산으로 최대주주등이 주식등을 보유하고 있는 다른 법인의 주식등을 최대주주등이 아닌 자로부터 취득함으로써 최대주주등과 그의 특수관계인이 보유한 주식등을 합하여 그 다른 법인의 최대주주등에 해당할 것
  - 주식등을 증여받거나 취득한 후 그 법인이 자본금을 증가시키기 위하여 신주를 발행함에 따라 신주를 인수하거나 배정받은 경우를 포함
- (납세의무자) 취득자(수증자, 유상 취득자)
- (과세대상) 증여재산가액 ≥ Min(①, ②)
  ① (증여일 1주당 증여세 과세가액 등 + 1주당 기업가치 실질증가액) × 증여 유상 취득주식수 × 30%
  ② 3억원
- (정산시기) 합병등기일로부터 3개월이 되는 날
- (증여재산가액)
  [합병등기일 1주당 평가액 − (증여일 1주당 증여세 과세가액등 + 1주당 기업가치 실질증가액)] × 증여·유상취득 주식수

☞ (유의사항) 합병에 따른 상장등 이익의 증여에 관하여는 주식등의 상장등에 따른 이익의 증여규정을 준용하고 있으며(상증법 제41조의5(합병에 따른 상장 등 이익의 증여)제2항→제41조의3(주식등의 상장 등에 따른 이익의 증여)제3항부터 제9항까지의 규정을 준용) 최대주주등의 범위를 주식등의 상장등에 따른 이익의 증여규정에서 설명하고 있으므로 주의해야 합니다.

☞ **상증법 제41조의5(합병에 따른 상장 등 이익의 증여)**
② 제1항에 따른 합병에 따른 상장 등 이익의 증여에 관하여는 제41조의3(주식등의 상장 등에 따른 이익의 증여)제3항부터 제9항까지의 규정을 준용한다. 이 경우 "상장일"은 "합병등기일"로 본다.

1 과세요건

최대주주등의 특수관계인이 그 주식등을 증여받거나 취득한 날부터 5년 이내에 그 주식등을 발행한 법인이 대통령령으로 정하는 특수관계에 있는 주권상장법인과 합병되어 그 주식등의 가액이 증가함으로써 그 주식등을 증여받거나 취득한 자가 당초 증여세 과세가액(증여받은 재산으로 주식등을 취득한 경우는 제외합니다) 또는 취득가액을 초과하여 이익을 얻은 경우에는 그 이익에 상당하는 금액을 그 이익을 얻은 자의 증여재산가액으로 합니다. 다만, 그 이익에 상당하는 금액이 기준금액 미만인 경우는 제외합니다. (상증법 제41조의5제1항)

1) 증여받거나 유상취득

(1) 취득유형 (상증법 제41조의5제1항 각 호)

① 최대주주등으로부터 해당 법인의 주식등을 증여받거나 유상으로 취득한 경우
② 증여받은 재산으로 최대주주등이 아닌 자로부터 해당 법인의 주식등을 취득한 경우
   이 경우, '증여받은 재산'이란 주식 등을 유상으로 취득한 날로부터 소급하여 3년 이내에 최대주주등으로부터 증여받은 재산을 말합니다. (상증법 제41조의3제2항제2호 준용)
③ 증여받은 재산으로 최대주주등이 주식등을 보유하고 있는 다른 법인의 주식등을 최대주주등이 아닌 자로부터 취득함으로써 최대주주등과 그의 특수관계인이 보유한 주식등을 합하여 그 다른 법인의 최대주주등에 해당하게 되는 경우

(2) 취득의 범위

주식등의 취득에는 주식등을 증여받거나 취득한 후 그 법인이 자본금을 증가시키기 위하여 신주를 발행함에 따라 신주를 인수하거나 배정받은 경우를 포함합니다. (상증법 제41조의3제7항 준용)

증여받은 재산과 다른 재산이 섞여 있어 증여받은 재산으로 주식등을 취득한 것이 불분명한 경우에는 그 증여받은 재산으로 주식등을 취득한 것으로 추정합니다.(상증법 제41조의3제6항 준용)

증여받은 재산을 담보로 한 차입금으로 주식등을 취득한 경우에는 증여받은 재산으로 취득한 것으로 봅니다. (상증법 제41조의3제6항 준용)

(3) 최대주주등이란

기업의 경영 등에 관하여 공개되지 아니한 정보를 이용할 수 있는 아래의 자를 말합니다.

① 최대주주 또는 최대 출자자

　　주주 1인과 그의 특수관계인의 보유주식을 합하여 그 보유 주식의 합계가 가장 많은 경우의 해당 주주 1인과 그의 특수관계인 모두를 말합니다. (상증법 시행령 제19조제2항)

② 내국법인의 발행주식 총수 또는 출자총액의 특수관계인 소유주식을 합하여 25%이상을 소유한 경우의 해당 주주 등 (상증법 제41조의3제1항제1호)

(4) 특수관계에 있는 주권상장법인 등

특수관계에 있는 주권상장법인이란 합병등기일이 속하는 사업연도의 직전사업연도 개시일(그 개시일이 서로 다른 법인이 합병한 경우에는 먼저 개시한 날을 말함)부터 합병등기일까지의 기간 중 다음에 해당하는 법인을 말합니다. (상증법 시행령 제31조의5제3항 각 호)

① 상증법 시행령 제41조의5(합병에 따른 상장 등 이익의 증여)제1항에 해당 법인 또는 다른 법인의 주식 등을 취득한 자와 그의 특수관계인이 주권상장법인 또는 코스닥시장상장법인의 최대주주 등에 해당하는 경우의 해당 법인

② 상증법 시행령 제28조(합병에 따른 이익의 계산방법 등)제1항제2호에 따른 법인

　　상증법 시행령 제2조의2(특수관계인의 범위)제1항제3호나목에 따른 법인을 말합니다.

　　본인이 법인인 경우: 본인이 속한 기획재정부령으로 정하는 기업집단의 소속 기업(해당 기업의 임원과 퇴직임원을 포함합니다)과 해당 기업의 임원에 대한 임면권의 행사 및 사업방침의 결정 등을 통하여 그 경영에 관하여 사실상의 영향력을 행사하고 있는 자 및 그와 상증법 시행령 제2조의2제1항제1호에 해당하는 관계에 있는 자를 말합니다. (상증법 시행령 제2조의2제1항제3호나목)

☞ 상증법 시행령 제2조의2(특수관계인의 범위) ① 법 제2조제10호에서 "본인과 친족관계, 경제적 연관관계 또는 경영지배관계 등 대통령령으로 정하는 관계에 있는 자"란 본인과 다음 각 호의 어느 하나에 해당하는 관계에 있는 자를 말한다.
　1. 「국세기본법 시행령」 제1조의2제1항제1호부터 제5호까지의 어느 하나에 해당하는 자(이하 "친족"이라 한다) 및 직계비속의 배우자의 2촌 이내의 혈족과 그 배우자

☞ 국세기본법 시행령 제1조의2(특수관계인의 범위) ① 법 제2조제20호가목에서 "혈족·인척 등 대통령령으로 정하는 친족관계"란 다음 각 호의 어느 하나에 해당하는 관계(이하 "친족관계"라 한다)를 말한다. 〈개정 2023. 2. 28.〉
　1. 4촌 이내의 혈족
　2. 3촌 이내의 인척
　3. 배우자(사실상의 혼인관계에 있는 자를 포함한다)
　4. 친생자로서 다른 사람에게 친양자 입양된 자 및 그 배우자·직계비속
　5. 본인이 「민법」에 따라 인지한 혼인 외 출생자의 생부나 생모(본인의 금전이나 그 밖의 재산으로 생계를 유지하는 사람 또는 생계를 함께하는 사람으로 한정한다) 〈상증법 시행령 제2조의2 2023. 2. 28개정.으로 제5호가 포함됨〉

③ 상증법 시행령 제28조(합병에 따른 이익의 계산방법 등)제1항제3호에 따른 법인

동일인이 임원의 임면권의 행사 또는 사업장의 결정등을 통하여 합병당사법인(합병으로 인하여 소멸·흡수되는 법인 또는 신설·존속하는 법인을 말합니다. 이하 같습니다.)의 경영에 대하여 영향력을 행사하고 있다고 인정되는 관계에 있는 법인을 말합니다. (상증법 시행령 제28조제1항제3호)

2) 증여·취득시점과 상장 후 주식가액의 차액 요건

그 주식등을 증여받거나 취득한 날부터 5년 이내에 그 주식등을 발행한 법인이 특수관계에 있는 주권상장법인과 합병되어 그 주식등의 가액이 증가함으로써 그 주식등을 증여받거나 취득한 자가 당초 증여세 과세가액(증여받은 재산으로 주식등을 취득한 경우는 제외) 또는 취득가액을 초과하여 이익을 얻은 경우 (상증법 제41조의5제1항)

3) 5년 이내에 상장 등 요건

증여·취득일부터 5년 이내에 합병하여야 합니다. (상증법 제41조의5제1항)

2 정산기준일

해당 주식등의 합병등기일부터 3개월이 되는 날을 기준으로 계산합니다. (상증법 제41조의3제3항 준용)

3 증여재산가액

(상증법 시행령 제31조의3(주식등의 상장 등에 따른 이익의 계산방법 등)제1항 준용)

증여재산가액인 '주식등의 합병 등에 따른 이익'의 계산방법은 다음과 같습니다. (상증법 시행령 제31조의3제1항 준용)

[합병등기일 1주당 평가액 − (증여일 1주당 증여세 과세가액등주*) + 1주당 기업가치 실질증가액)] × 증여·유상취득 주식수

위의 금액이 아래 금액 중 적은 금액 미만인 경우에는 적용하지 않습니다.

① (증여일 현재 1주당 증여세 과세가액 등 + 1주당 기업가치 실질증가액) × 증여·유상취득주식수 ×
   30%

② 3억원

1) 합병등기일 현재 1주당 평가가액

합병등기일 현재 1주당 평가가액은 상증법 제63조에 따라 평가한 가액을 말합니다. (상증법 시행령 제31조의3제1항제1호 준용)

2) 증여일 현재 1주당 증여세 과세가액 등

주식 등을 증여받은 날 현재의 1주당 증여세 과세가액이며, 취득의 경우에는 취득일 현재의 1주당 취득가액을 말합니다. (상증법 시행령 제31조의3제1항제2호 준용)

3) 1주당 기업가치의 실질증가액 : 아래의 (1) × (2)

납세자가 제시하는 재무제표 등 기업가치의 실질적인 증가로 인한 것으로 확인되는 이익은 증여재산가액에 포함하지 아니합니다.

(1) 1주당 순손익액의 합계액을 해당 기간의 월수로 나눈 금액

(상증법 시행령 제31조의3제5항 준용)

① 해당 주식의 증여일 또는 취득일이 속하는 사업연도 개시일부터 상장일 전일까지 사이의 1주당 순손익액의 합계액을 해당 기간의 월수로 나눈 금액 (1월 미만의 월수는 1월로 봅니다.)

② 순손익액은 상증법 시행령 제56조제4항에 따라 각 사업연도 단위별로 계산한 1주당 순손익액으로 합니다.

③ 비상장주식의 상장일 등이 속하는 사업연도 개시일부터 상장일 등의 전일까지의 1주당 순손익을 산정하기 어려운 경우는 아래와 같이 산정할 수 있습니다.

[(합병등기일이 속하는 사업연도의 직전사업연도의 1주당 순손익가액) ÷ 12(12월 미만인 경우는 해당 월수)] × 합병등기일이 속하는 사업연도의 개시일부터 상장일의 전일까지 월수

(2) 당해 주식 등의 증여일 또는 취득일부터 정산기준일까지의 월수

1월 미만인 경우에는 1월로 봅니다. (상증법 시행령 제31조의3제5항제2호)

(3) 기업가치의 실질적인 증가로 인한 이익임을 확인받기 위하여 납세자는 다음의 서류를 제시하여야 합니다. (상증법 시행규칙 제10조의4)

① 대차대조표

② 손익계산서

③ 그 밖의 기업가치의 실질적인 증가를 확인할 수 있는 서류

(4) 결손금 등이 발생하여 1주당 순손익액으로 계산하는 것이 불합리한 경우에는 상증법 시행령 제55조(순자산가액의 계산방법)에 따라 계산한 1주당 순자산가액의 증가분으로 해당 이익을 계산할 수 있습니다. (상증법 시행령 제31조의3제5항)

4) 무상주가 발생된 경우의 발행주식 총수 계산

증여이익의 계산에 있어 각 사업연도의 주식수는 각 사업연도 종료일 현재의 발행 주식 총수에 의하나, 주식등의 증여일 또는 취득일부터 상장일 전일까지의 사이에 무상주를 발행한 경우에는 각 사업연도 종료일 현재 발행주식 총수를 다음과 같이 환산합니다. (상증법 시행령 제31조의3제7항 → 시행령 제56조제3항 단서)

$$\text{무상증자전 각 사업연도 말 주식수} \times \frac{(\text{무상증자 직전사업연도 말 주식수} + \text{무상증자 주식수})}{\text{무상증자 직전사업연도 말 주식수}}$$

5) 특수관계인이 아닌 자간 거래

거짓이나 그 밖의 부정한 방법으로 증여세를 감소시킨 것으로 인정되는 경우에는 특수관계인이 아닌 자간의 증여에 대해서도 본 규정(상증법 제41조의3제1항 및 제2항)을 적용합니다. 이 경우 기간에 관한 규정(5년 내 합병)은 이를 없는 것으로 봅니다. (상증법 제41조의3제9항 준용, 참조, 상증법 제42조의3제3항)

4 증여세액의 정산 등

1) 증여세 정산

합병에 따른 이익은 당초의 증여세 과세가액에 가산하여 증여세 과세표준과 세액을 정산합니

다. 정산기준일 현재의 주식등의 가액이 당초의 증여세 과세가액보다 적은 경우로서 그 차액이 기준금액 이상인 경우에는 그 차액에 상당하는 증여세액을 환급받을 수 있습니다. 그 차액에 상당하는 증여세액이란 증여받은 때에 납부한 당초의 증여세액을 말합니다. (상증법 제41조의3제4항)

위의 증여세 과세가액에는 증여받은 재산으로 주식 등을 취득한 경우에는 그 증여받은 재산에 대한 증여세 과세가액을 말합니다. (상증법 제41조의3제4항)

2) 다른 증여재산과 합산과세 배제

합병에 따른 상장 등 이익의 증여이익은 증여자 및 그 원천을 구분하기 어려우므로 개별 건별로 과세하고, 다른 증여재산가액과 합산과세를 하지 아니하며, 과세표준 계산시 3천만원을 공제합니다. (상증법 제47조제2항, 제55조제1항제3호)

5 전환사채 등의 취득에 대한 간주규정

전환사채등을 증여받거나 유상으로 취득(발행 법인으로부터 직접 인수·취득하는 경우 포함)한 경우로서 그 전환사채등의 취득일로부터 5년 이내 주식등으로 전환한 경우에는 해당 전환사채등을 증여받거나 취득한 때에 그 전환된 주식등을 증여받거나 취득한 것으로 보아 이 규정(상증법 제41조의3 제1항부터 제6항)을 적용합니다. (상증법 제41조의3제8항)

이 경우 정산기준일까지 주식등으로 전환되지 아니하는 경우에는 정산기준일에 주식등으로 전환된 것으로 보아 이 규정(상증법 제41조의3제1항부터 제6항)을 적용하고, 해당 전환사채등의 만기일까지 주식등으로 전환되지 아니한 경우에는 정산기준일을 기준으로 과세한 증여세액을 환급합니다. (상증법 제41조의3제8항, 후단)

재산사용 및 용역제공 등에 따른 이익의 증여

(상증법 제42조, 시행령 제31조)

재산의 사용 또는 용역의 제공에 의하여 이익을 얻은 경우에는 그 이익에 상당하는 금액(시가와 대가의 차액을 말합니다)을 그 이익을 얻은 자의 증여재산가액으로 과세합니다. (상증법 제42조제1항)

- (과세요건) 재산사용 및 용역제공 등에 의하여 이익을 얻은 경우 비특수관계자간 거래인 경우에는 정당한 사유가 없는 경우에만 적용
  - 타인에게 시가보다 낮은 대가를 지급하거나 무상으로 타인의 재산(부동산과 금전은 제외)을 사용함으로써 얻은 이익
  - 타인으로부터 시가보다 높은 대가를 받고 재산을 사용하게 함으로써 얻은 이익
  - 타인에게 시가보다 낮은 대가를 지급하거나 무상으로 용역을 제공받음으로써 얻은 이익
- (증여시기) 재산사용일 또는 용역제공일 (1년 이상인 경우에는 1년이 되는 날의 다음 날)
- (증여재산가액) (① ≥ 1천만원, ②·③ ≥ (시가 × 30%)
  ① 무상으로 재산을 사용, 용역 제공
    - 무상으로 담보를 제공하고 금전 등 차입한 경우 : 차입금 × 적정이자율 - 실제로 지급하였거나 지급할 이자
    - 그 외 지급하여야 할 시가 상당액
  ② 시가보다 낮은 대가를 지급하고 재산사용 용역제공 : 시가 - 대가
  ③ 시가보다 높은 대가를 받고 재산사용·용역제공 : 대가 - 시가

☞ 2004.1.1.이후 증여예시규정과 증여추정규정을 제외한 재산·용역의 무상이전 등에 대한 증여예시규정인 상증법 제42조 (그 밖의 이익의 증여 등)를 신설하였고, 2016.1.1.이후 상증법 제42조를 '재산사용 및 용역제공 등에 따른 이익의 증여', '법인의 조직변경 등에 따른 이익의 증여', '재산 취득후 재산가치 증가에 따른 이익의 증여'로 조문을 세분화하였습니다.

1 과세대상 거래유형

재산의 사용 또는 용역의 제공 등에 의하여 다음의 어느 하나에 해당하는 이익을 얻을 경우에는 그 이익에 상당하는 금액(시가와 대가의 차액)을 그 이익을 얻은 자의 증여재산가액으로 합니다. 다만, 그 이익에 상당하는 금액이 기준금액 미만인 경우는 제외합니다. (상증법 제42조제1항 각 호)

재산에는 부동산과 금전은 제외하며, 특수관계인이 아닌 자간의 거래인 경우에는 아래의 관행상 정당한 사유가 없는 경우에만 적용합니다. (상증법 제42조제3항)

① 타인에게 시가보다 낮은 대가를 지급하거나 무상으로 타인의 재산(부동산과 금전은 제외)을 사용함으로써 얻은 이익

② 타인으로부터 시가보다 높은 대가를 받고 재산을 사용하게 함으로써 얻은 이익

③ 타인에게 시가보다 낮은 대가를 지급하거나 무상으로 용역을 제공받음으로써 얻은 이익

④ 타인으로부터 시가보다 높은 대가를 받고 용역을 제공함으로써 얻은 이익

2 증여시기

재산의 사용기간 또는 용역의 제공기간이 정해지지 아니한 경우에는 그 기간을 1년으로 하고, 그 기간이 1년 이상인 경우에는 1년이 되는 날의 다음 날에 매년 새로 재산을 사용 또는 사용하게 하거나 용역을 제공 또는 제공받은 것으로 봅니다. (상증법 제42조제2항)

3 증여재산가액

1) 기준금액

기준금액 금액 미만의 경우에는 적용하지 않으며, 다음 구분에 따른 금액을 말합니다. (상증법 시행령 제32조제2항 각 호)

(1) 무상으로 재산을 사용하거나 용역을 제공받은 경우 : 1천만원

(증여재산가액 계산의 (1)에 해당)

(2) 다음의 경우: 시가의 100분의 30에 상당하는 가액

① 타인에게 시가보다 낮은 대가를 지급하고 재산을 사용하거나 용역을 제공받음으로써 얻은 이익 (증여재산가액 계산의 (2)에 해당)

② 타인으로부터 시가보다 높은 대가를 받고 재산을 사용하게 하거나, 용역을 제공함으로 써 얻은 이익 (증여재산가액 계산의 (3)에 해당)

2) 증여재산가액의 계산

무상으로 재산을 사용하거나 용역을 제공받은 경우 다음의 구분에 따라 계산한 금액을 말합니다. (상증법 시행령 제32조제1항 각 호)

(1) 무상으로 재산을 사용하거나 용역을 제공받은 경우

타인의 재산을 무상으로 담보로 제공하고 금전 등을 차입한 경우: 차입금에 제31조의4제1항 본문에 따른 적정 이자율을 곱하여 계산한 금액에서 금전 등을 차입할 때 실제로 지급하였거나 지급할 이자를 뺀 금액. (상증법 시행령 제32조제1항제1호)

기준금액은 1천만원 미만입니다.

⑺ 타인의 재산을 무상으로 담보로 제공하고 금전 등을 차입한 경우

증여재산가액 = [(차입금 × 적정이자율(4.6%)) − 지급이자

⑼ 앞의 ⑺를 제외한 경우

무상으로 재산을 사용하거나 용역을 제공받음에 따라 지급하여야 할 시가 상당액

증여재산가액 = 지급하거나 지급받아야 할 시가 상당액 전체

(2) 시가보다 낮은 대가를 지급하고 재산을 사용하거나 용역을 제공받은 경우

시가보다 낮은 대가를 지급하고 재산을 사용하거나 용역을 제공받은 경우, 시가와 대가와의 차액 상당액.(상증법 시행령 제32조제1항제2호) 기준금액은 시가의 100분의 30에 상당하는 가액입니다.

증여재산가액 = 시가 − 대가

(3) 시가보다 높은 대가를 받고 재산을 사용하게 하거나, 용역을 제공한 경우

시가보다 높은 대가를 받고 재산을 사용하게 하거나 용역을 제공한 경우, 대가와 시가와의 차액 상당액.(상증법 시행령 제32조제1항제3호) 기준금액은 시가의 100분의 30에 상당하는 가액입니다.

증여재산가액 = 대가 − 시가

☞ **(적용시기)** 타인재산을 무상으로 사용한 경우의 증여이익계산에 대한 개정규정(종전 상증법 시행령 제31조의9제1항제1호가목)은 2015.2.3.이후 새로 타인의 재산을 무상으로 사용하는 경우부터 적용하며, 2015.2.3. 당시 타인의 재산을 무상으로 사용하고 있는 경우로서 그 기간이 1년 이상이 되는 경우에는 2015.2.3.이후 종전 상증법 제42조의2에 따라 새로 사용하는 것으로 보는 경우부터 적용합니다.(상증법 시행령 부칙 제26069호, 부칙 제4조)

☞ 담보제공 개정연혁

2015.2.2.이전	2015.2.3.이후
○ 타인의 재산을 무상으로 제공받아 금전 등 차입 시 담보로 제공한 경우 – 증여재산가액 계산방법 없음(대법원2011두18458, 2013.11.14., 국패)	○ 담보제공 시 증여재산가액 계산방법 명확화 – (무상사용재산가액 × 적정이자율) – 지급이자

4 용역의 시가

용역의 시가는 해당 거래와 유사한 상황에서 불특정다수인 간 통상적인 지급대가로 합니다. 다만, 용역의 시가가 불분명한 경우에는 다음 각 호의 어느 하나에 따라 계산한 금액으로 합니다. (상증법 시행령 제32조제3항)

1) 부동산 임대용역의 경우 (상증법 시행령 제32조제3항제1호)

부동산가액(상증법에 의한 평가 가액) × 1년간 부동산 사용료를 고려하여 기획재정부령으로 정하는 율(2%)

2) 부동산 임대용역 외의 경우 (상증법 시행령 제32조제3항제2호)

법인세법 시행령 제89조(시가의 범위 등)제4항제2호에 따라 계산한 금액. 즉, 건설 기타 용역을 제공하거나 제공받는 경우에는 당해 용역의 제공에 소요된 금액(직접비 및 간접비를 포함하며, 이하 '원가'라 합니다)과 원가에 해당 사업연도 중 특수관계인 외의 자에게 제공한 유사한 용역제공거래 또는 특수관계인이 아닌 제3자간의 일반적인 용역제공거래를 할 때의 수익률(기업회계기준에 따라 계산한 매출액에서 원가를 차감한 금액을 원가로 나눈 율을 말합니다)을 곱하여 계산한 금액을 합한 금액을 말합니다. (법인세법 시행령 제89조제4항제2호)

$$\text{용역제공의 원가} + (\text{원가} \times \text{수익률}), \quad * \text{수익률} = \frac{\text{매출액} - \text{원가}}{\text{원가}}$$

5 경정 등의 청구 특례

타인의 재산을 무상으로 담보로 제공하고 금전 등을 차입함에 따라 상증법 제42조(재산사용 및 용역제공 등에 따른 이익의 증여)에 따라 증여세를 결정 또는 경정받은 자가 재산의 사용기간 중에 재산제공자로부터 해당 재산을 상속 또는 증여받거나 담보제공자가 사망한 경우 또는 해당재산을 담보로 사용하지 아니하게 된 경우, 그 사유가 발생한 날로부터 3개월 이내에 결정 또는 경정 청구를 할 수 있습니다. (상증법 제79조제2항제3호, 시행령 제81조제8항)

법인의 조직 변경 등에 따른 이익의 증여

(상증법 제42조의2, 시행령 제32조의2)

주식의 포괄적 교환 및 이전, 사업의 양수·양도, 사업 교환 및 법인의 조직 변경 등에 의하여 소유지분이나 그 가액이 변동됨에 따라 이익을 얻은 경우에는 그 이익에 상당하는 금액(소유지분이나 그 가액의 변동 전·후 재산의 평가차액을 말합니다)을 그 이익을 얻은 자의 증여재산가액으로 합니다. 다만, 그 이익에 상당하는 금액이 기준금액 미만인 경우는 제외합니다. (상증법 제42조의2제1항)

- (과세요건) 주식의 포괄적교환 및 이전, 사업의 양수·양도, 사업교환 및 법인의 조직변경 등에 의하여 소유지분이나 그 가액이 변동됨에 따라 이익을 얻은 경우, 비특수관계자간 거래인 경우에는 정당한 사유가 없는 경우만 적용
- (증여재산가액) (증여재산가액 ≥ Min(변동 전 재산가액 × 30%, 3억원 이상인 경우만 적용)
  ① 소유지분이 변동된 경우
     (변동 후 지분 – 변동 전 지분) × 지분변동 후 1주당 가액
  ② 평가액이 변동된 경우
     변동 후 가액 – 변동 전 가액

  ☞ 2004.1.1.이후 증여예시규정과 증여추정규정을 제외한 재산·용역의 무상이전 등에 대한 증여예시규정인 상증법 제42조 (그 밖의 이익의 증여 등)를 신설하였고, 2016.1.1.이후 상증법 제42조를 '재산사용 및 용역제공 등에 따른 이익의 증여', '법인의 조직변경 등에 따른 이익의 증여', '재산 취득후 재산가치 증가에 따른 이익의 증여'로 조문을 세분화하였습니다.

1 과세대상 거래유형

주식의 포괄적 교환 및 이전, 사업의 양수·양도, 사업 교환 및 법인의 조직 변경 등에 의하여 소유지분이나 그 가액이 변동됨에 따라 이익을 얻은 경우에는 그 이익에 상당하는 금액(소유지분이나 그 가액의 변동 전·후 재산의 평가차액을 말합니다.)을 그 이익을 얻은 자의 증여재산가액으로 합니다. (상증법 제42조의2제1항)

이 경우 특수관계인이 아닌 자간의 거래인 경우에는 거래의 관행상 정당한 사유가 없는 경우에만 적용합니다. (상증법 제42조의2제2항)

   ☞ 신주인수권의 양도인이 자신의 이익을 극대화하려는 노력도 전혀 하지 아니한 채 자신이 쉽게 이익을 얻을 수 있는 기회를 포기하고 특정한 거래상대방으로 하여금 신주인수권의 취득과 행사로 인한 이익을 얻게 하는 등 합리적인 경제인이라면 거래 당시의 상황에서 그와 같은 거래조건으로는 거래하지 않았을 것이라는 객관적인 사유가 있는 경우에는, 특별한 사정이 없는

한 구 상증법 제42조(현재 제42조의2)에서 정한 '거래의 관행상 정당한 사유가 있는 경우'가 있다고 보기 어렵습니다. (대법원2013두24495, 2015.2.12.)

2 증여재산가액

이익은 다음의 구분에 따라 계산한 금액으로 합니다.

1) 기준금액

기준금액 금액 미만의 경우에는 적용하지 않으며, 기준금액은 다음 금액 중 적은 금액입니다. (상증법 시행령 제32조의2제2항)

기준금액 = Min(①, ②)

　　① 변동 전 해당 재산가액의 100분의 30에 상당하는 가액

　　② 3억원

2) 증여재산가액의 계산

증여재산가액은 다음 구분에 따라 계산한 금액으로 합니다. (상증법 시행령 제32조의2제1항 각 호)

(1) 소유지분이 변동된 경우 (상증법 시행령 제32조의2제1항제1호)

　　(변동 후 지분 − 변동 전 지분) × 지분 변동 후 1주당 가액

지분 변동 후 1주당 가액은 상증법 제28조(합병에 따른 이익의 계산방법 등), 상증법 시행령 제29조(증자에 따른 이익의 계산방법 등), 상증법 시행령 제29조의2(감자에 따른 이익의 계산방법 등) 및 상증법 시행령 제29조의3(현물출자에 따른 이익의 계산방법 등)을 준용하여 계산한 가액을 말합니다. (상증법 시행령 제32조의2제1항제1호)

(2) 평가액이 변동된 경우 (상증법 시행령 제32조의2제1항제2호)

　　증여재산가액 = 변동 후 가액 − 변동 전 가액

〈1〉 조직변경 등 해당여부

(100% 주식 증여) 이 사건 주식 증여가 상증법 제42조제1항제3호의 '사업양수도 또는 법인의 조직변경 등'에 해당하지 아니함(대법원2016두285, 2016.6.23.)

(100%미만 주식 증여) 자산수증이익에 대한 법인세를 부담하였으므로 그로 인하여 법인의 주주들이 얻은 이익에 대해 상증법 제2조제3항에 의하여 증여세를 부과할 수 없고, 법인에 대한 부동산, 주식 등의 증여는 단순한 자산거래에 불과할 뿐, 상증법 제42조에서 정한 '사업양수도, 조직변경 등'에 해당한다고 볼 수 없음(대법원2014두1864, 2015.10.29.)

(주식회사 ⇒ 유한회사) 주식회사에서 유한회사로 조직을 변경함에 따라 소유지분 또는 그 가액이 변동됨으로써 이익을 얻은 경우에는 증여세가 과세됨(서면4팀-1778, 2007.5.30.)

〈2〉 입증책임

구 상증법 제42조제1항제3호, 제3항의 '거래의 관행상 정당한 사유'의 입증책임은 피고가 아니라 원고에게 있으며, 향후 신주인수권 취득으로 인한 이익이 발생하리라는 점을 예측하였던 것으로 보이는 점 등의 사정을 종합하면 신주인수권 취득 및 행사를 통해 주식을 취득함에 있어 거래관행상 정당한 사유가 있었다고 보기 어려움(부산고법 2013누1761, 2014.8.21.)

〈3〉 제3자배정 등으로 취득한 경우 증여세 과세대상

(기재부) 비상장법인의 최대주주 등으로부터 증여받거나 유상취득하지 않고, 재배정 실권주 및 제3자 배정 유상신주 방식으로 주식을 취득하고 5년 이내에 상장되는 경우 구 상증법상 포괄주의(제2조, 제42조)에 따라 증여세를 과세할 수 없는 것임(기획재정부 재산세제과-931, 2018.10.31.)

〈4〉 주식의 포괄적 교환

상법상의 주식의 포괄적 교환에 의하여 완전자회사가 되는 회사의 주주가 얻은 이익에 대하여는 '재산의 고가양도에 따른 이익의 증여'에 관한 상증법 제35조제1항제2호, 제2항이나 '신주의 저가발행에 따른 이익의 증여'에 관한 상증법 제39조제1항제1호다목을 적용하여 증여세를 과세할 수는 없고, '법인의 자본을 증가시키는 거래에 따른 이익의 증여'에 관한 상증법 제42조제1항제3호를 적용하여 증여세를 과세하여야 할 것임(대법원2011두23047, 2014.4.24.)

재산 취득 후 재산가치 증가 따른 이익의 증여

(상증법 제42조의3, 시행령 제32조의3)

직업, 연령, 소득 및 재산상태로 보아 자력으로 해당 행위를 할 수 없다고 인정되는 자가 재산을 취득하고 그 재산을 취득한 날부터 5년 이내에 개발사업의 시행, 형질변경, 공유물분할, 사업의 인가·허가 등 '재산가치증가사유'로 인하여 이익을 얻은 경우에는 그 이익에 상당하는 금액을 그 이익을 얻은 자의 증여재산가액으로 합니다. 다만, 그 이익에 상당하는 금액이 기준금액 미만인 경우는 제외합니다. (상증법 제42조의3제1항)

- (과세요건)
  ① 직업, 연령, 소득 및 재산상태로 보아 자력으로 해당행위를 할 수 없다고 인정되는 자가
  ② 재산 취득 유형에 따라 재산을 취득하고
  ③ 5년 이내에 재산가치증가사유로 인하여 이익을 얻는 경우
- (재산취득유형)
  ① 특수관계인으로부터 재산을 증여받은 경우
  ② 특수관계인으로부터 기업의 경영 등에 관하여 공포되지 아니한 내부 정보를 제공받아 그 정보와 관련된 재산을 유상으로 취득한 경우
  ③ 특수관계인으로부터 증여받거나 차입한 자금 또는 특수관계인의 재산을 담보로 차입한 자금으로 재산을 취득한 경우
     - (재산가치 증가사유) 개발사업의 시행 등
     - (기간규정 적용 제외의 경우) 거짓이나 그 밖의 부정한 방법으로 증여세를 감소시킨 것으로 인정되는 경우에는 비특수관계자간의 증여에 대해서도 적용하며, 이 경우 기간 규정은 적용하지 않음
- (증여재산가액)
  - 증여재산가액 = 해당재산가액 - (해당 재산의 취득가액 + 통상적인 가치상승분 + 가치상승기여분)
  - 적용 제외 : 증여재산가액 < Min (①, ②)
    ① (해당재산의 취득가액 + 통상적인 가치상승분 + 가치상승 기여분) × 30%
    ② 3억원

☞ 2004.1.1.이후 증여예시규정과 증여추정규정을 제외한 재산·용역의 무상이전 등에 대한 증여예시규정인 상증법 제42조 (그 밖의 이익의 증여 등)를 신설하였고, 2016.1.1.이후 상증법 제42조를 '재산사용 및 용역제공 등에 따른 이익의 증여', '법인의 조직변경 등에 따른 이익의 증여', '재산 취득후 재산가치 증가에 따른 이익의 증여'로 조문을 세분화하였습니다.

1 과세요건

직업, 연령, 소득 및 재산상태로 보아 자력으로 해당 행위를 할 수 없다고 인정되는 자가 재산을 취득하고 그 재산을 취득한 날부터 5년 이내에 개발사업의 시행, 형질변경, 공유물분할, 사업의 인가·허가 등 재산가치증가사유로 인하여 이익을 얻은 경우에는 그 이익에 상당하는 금액을 그 이익을 얻은 자의 증여재산가액으로 합니다. (상증법 제42조의3제1항)

거짓 그 밖의 부정한 방법으로 증여세를 감소시킨 것으로 인정되는 경우에는 특수관계인이 아닌 자 간의 증여에 대하여 적용합니다. 이 경우 5년에 관한 규정은 이를 없는 것으로 봅니다. (상증법 제42조의3제3항)

1) 자력으로 해당 행위를 할 수 없다고 인정되는 자 〈주체요건〉

직업·연령·소득 및 재산 상태로 보아 자력으로 해당 행위를 할 수 없다고 인정되는 자를 말합니다. (상증법 제42조의3제1항)

2) 재산취득유형 〈재산취득요건〉

다음과 같은 사유로 재산을 취득한 경우를 말합니다.(상증법 제42조의3제1항 각 호)

① 특수관계인으로부터 재산을 증여받은 경우
② 특수관계인으로부터 기업의 경영 등에 관하여 공포되지 아니한 내부정보를 제공받아 그 정보와 관련된 재산을 유상으로 취득한 경우
③ 특수관계인으로부터 증여받거나 차입한 자금 또는 특수관계인의 재산을 담보로 차입한 자금으로 재산을 취득한 경우

☞ 2024.1.1.부터 특수관계인으로부터 '증여받은 자금으로 재산을 취득하는 경우'를 추가하였습니다.

3) 재산가치 증가사유 〈재산가치 증가사유 요건〉

재산을 취득한 날부터 5년 이내에 개발사업의 시행, 형질변경, 공유물 분할, 사업의 인가·허가 등 재산가치 증가사유는 다음과 같은 사유를 말합니다. (상증법 제42조의3제1항, 상증법 시행령 제32조의3제1항 각 호)

재산가치 증가사유의 발생일 전에 당해 재산을 양도한 경우에는 그 양도한 날을 재산가치 증가사유의 발생일로 봅니다. (상증법 제42조의3제2항)

① 개발사업의 시행, 형질변경, 공유물 분할, 지하수개발·이용권 등의 인가·허가 및 그 밖에 사업의 인가·허가 (상증법 제42조의3제1항, 시행령 제32조의3제1항제1호)

② 비상장주식의 「자본시장과 금융투자업에 관한 법률」 제283조(설립)에 따라 설립된 한국금융투자협회에의 등록 (상증법 시행령 제32조의3제1항제2호)

③ 그 밖에 ① 및 ②의 사유와 유사한 것으로서 재산가치를 증가시키는 사유 (상증법 시행령 제32조의3제1항제3호)

    ☞ 한국금융투자협회는 증권시장에서 상장되지 아니한 주권의 장외매매거래를 운영합니다. 협회가 운영하는 금융투자상품시장을 K-OTC시장이라고 말합니다.

    ☞ K-OTC 운영규정, 자본시장과 금융투자업에 관한 법률 제286조(업무)

      ① 협회는 정관이 정하는 바에 따라 다음 각 호의 업무를 행한다.

        5. 증권시장에 상장되지 아니한 주권의 장외매매거래에 관한 업무

2 증여재산가액의 계산

자력으로 해당 행위를 할 수 없다고 인정되는 자가 재산을 취득하고 그 재산을 취득한 날부터 5년 이내에 개발사업의 시행, 형질변경, 공유물분할, 사업의 인가·허가 등 재산가치증가사유로 인하여 이익을 얻은 경우, 그 이익에 상당하는 금액을 그 이익을 얻은 자의 증여재산가액으로 합니다. (상증법 제42조의3제1항)

1) 기준금액

기준금액 금액 미만의 경우는 적용하지 않으며, 기준금액은 다음의 금액 중 적은 금액을 말합니다. (상증법 시행령 제32조의3제2항)

기준금액 = Min(①, ②)

① (해당 재산의 취득가액 + 통상적인 가치상승분 + 가치상승기여분) × 30%

② 3억원

2) 증여재산가액 산정

재산가치증가사유에 의하여 이익을 얻은 자의 증여재산가액의 산정은 아래 ①의 가액에서 ②부터 ④까지의 규정에 따른 가액을 뺀 금액으로 계산합니다. (상증법 시행령 제32조의3제3항)

즉, 다음의 계산식에 의하여 계산한 금액을 말합니다.

① 해당 재산가액 – (② 해당 재산의 취득가액 + ③ 통상적인 가치상승분 + ④ 가치상승기여분)

① (해당 재산가액) 재산가치증가사유가 발생한 날 현재의 가액

상증법 제4장에 따라 평가한 가액을 말합니다. 다만, 해당 가액에 재산가치증가사유에 따른 증가분이 반영되지 아니한 것으로 인정되는 경우에는 개별공시지가·개별주택가격 또는 공동주택가격이 없는 경우로 보아 표준지나 표준주택을 이용하여 평가하거나, 둘 이상의 감정기관에 의뢰하여 해당 감정기관의 감정가액을 참작하여 평가한 가액을 말합니다. (상증법 시행령 제50조(부동산의 평가)제1항 또는제4항에 따라 평가한 가액) (상증법 시행령 제32조의3제3항제1호)

② (해당 재산의 취득가액) 실제 취득하기 위하여 지급한 금액. 증여받은 재산의 경우에는 증여세 과세가액을 말합니다. (상증법 시행령 제32조의3제3항제2호)

③ (통상적인 가치 상승분) 상증법 제31조의3(주식등의 상장 등에 따른 이익의 계산방법 등)제5항에 따른 기업가치의 실질적인 증가로 인한 이익과 연평균지가상승률·연평균주택가격상승률 및 전국소비자물가상승률 등을 고려하여 해당 재산의 보유기간 중 정상적인 가치상승분에 상당하다고 인정되는 금액을 말합니다. (상증법 시행령 제32조의3제3항제3호)

☞ **상증법 시행령 제31조의3(주식등의 상장 등에 따른 이익의 계산방법 등)**
  ⑤ 제1항제3호에 따른 1주당 기업가치의 실질적인 증가로 인한 이익은 납세자가 제시하는 재무제표 등 기획재정부령으로 정하는 서류에 의하여 확인되는 것으로서 제1호에 따른 금액에 제2호에 따른 월수를 곱하여 계산한다. 이 경우 결손금등이 발생하여 1주당 순손익액으로 당해이익을 계산하는 것이 불합리한 경우에는 제55조에 따라 계산한 1주당 순자산가액의 증가분으로 당해이익을 계산할 수 있다.
    1. 해당 주식등의 증여일 또는 취득일이 속하는 사업연도개시일부터 상장일 전일까지의 사이의 1주당 순손익액의 합계액(기획재정부령으로 정하는 바에 따라 사업연도 단위로 계산한 순손익액의 합계액을 말한다)을 해당 기간의 월수(1월미만의 월수는 1월로 본다)로 나눈 금액
    2. 해당 주식등의 증여일 또는 취득일부터 정산기준일까지의 월수(1월미만의 월수는 1월로 본다)

④ (가치상승기여분) 개발사업의 시행, 형질변경, 사업의 인가·허가 등에 따른 자본적지출액 등 해당 재산가치를 증가시키기 위하여 지출한 금액을 말합니다. (상증법 시행령 제32조의3제3항제4호)

제3장 증여추정 및 증여의제

증여추정은 납세자의 반증이 없는 한 증여로 추정하는 것으로 현행 상속세 및 증여세법에서는 '배우자 등에게 양도한 재산의 증여 추정'과 '재산 취득자금 등의 증여추정' 두 가지가 있습니다.

증여의제란 증여에는 해당되지 아니하지만, 조세정책의 목적을 달성하기 위하여 법에 의하여 증여로 간주한 것을 말하며, 납세자의 반증이 있다 하더라도 증여로 봅니다.

상증법상 증여의제 규정으로는 '명의신탁재산의 증여의제', 2011.12.31. 신설된 '특수관계법인과의 거래를 통한 이익의 증여의제', 2016.12.15. 신설된 '특수관계법인으로부터 제공받은 사업기회로 발생한 이익의 증여의제'와 증여예시규정에서 의제규정으로 전환된 '특정법인과의 거래를 통한 이익의 증여의제' 네 가지가 있습니다.

- 증여추정
  ① 배우자 등에게 양도한 재산의 증여 추정
  ② 재산 취득자금 등의 증여추정

- 증여의제
  ① 명의신탁재산 증여의제
  ② 특수관계법인과의 거래를 통한 이익의 증여의제
  ③ 특수관계법인으로부터 제공받은 사업기회로 발생한 이익의 증여의제
  ④ 특정법인과의 거래를 통한 이익의 증여의제

☞ 의제는 법률상 요건을 충족하면 사실의 본질에 관계없이 정해진 법적효과를 부여하는 것으로 납세자가 반대사실에 대한 증명을 하더라도 법률효과가 번복되지 않습니다. 추정은 분명하지 않은 사실에 대하여 일단 있는 것으로 정하고, 법률효과를 발생시키는 것으로 납세자가 반대 사실을 입증하면 법률효과가 번복됩니다.

배우자 등에게 양도한 재산의 증여 추정

(상증법 제44조, 시행령 제33조)

배우자 또는 직계존비속(이하 '배우자등')에게 양도하거나 특수관계인에게 양도한 재산을 그 특수관계인이 3년 이내에 당초 양도자의 배우자등에게 양도한 경우에는 그 재산가액을 배우자등이 증여받은 것으로 추정합니다. (상증법 제44조제1항·제2항)

☞ 외형상 양도에 해당하나 증여혐의가 있는 거래에 대하여는 증여로 추정합니다.

정상적인 상거래에 따라 배우자에게 판매하는 상품에 대하여 「소득세법」에 따라서 소득세가 부과되는 때에는 당해 상품을 배우자등에게 증여한 것으로 추정하지 아니합니다. (상증법 집행기준 44-33-3)

외형상 양도에 해당하나 증여혐의가 있는 거래에 대하여는 증여로 추정합니다.

- (대상) ① 배우자 또는 직계비속에게 양도한 경우
  ② 특수관계인에게 양도한 재산을 그 특수관계인이 당초 양도자의 배우자 또는 직계존비속에게 양도한 경우
- · (적용배제) (양도자 + 양수자의 소득세 결정세액) 〉 증여세 결정세액
- (증여시기) 해당재산을 양도한 때(등기접수일)
- (재산평가) 상증법 제60조에서 제66조에 따라 평가

☞ **추정제도의 비교**

구분	배우자 등에게 양도한 재산의 증여추정 (상증법 제44조)	재산 취득자금 등의 증여추정 (상증법 제45조)	상속개시일 전 처분재산 등의 상속 추정 등 (상증법 제15조)
입증 금액	양도 금액 전체	취득금액 등 - Min (취득재산 20%, 2억원)	처분금액 - Min (처분재산 20%, 2억원)
추정 금액	미입증 금액 (차감 없음)	미입증 금액 (차감없음)	미입증 금액 - Min (처분재산 20%, 2억원) * 변제의무 없는 채무액 전체 (차감없음)

1 배우자 또는 직계비속에게 양도 시 증여추정

배우자 또는 직계존비속(이하 "배우자등")에게 양도한 재산은 양도자가 해당 재산을 양도한 때에 재산의 가액을 배우자 또는 직계존비속이 증여받은 것으로 추정합니다. 다만, 양도한 사실이 명백한 경우에는 제외합니다. (상증법 제44조제1항)

배우자는 혼인관계에 의한 배우자(사실혼 배우자는 제외)를 말합니다.(상증법 집행기준 44-0-2, 대법원 90누6897, 1991.3.26) 직계존비속의 경우에는 법정혈족(양자)을 포함합니다.

1) 증여추정의 배제 (양도된 사실이 명백한 경우)

배우자 등에게 대가를 지급받고, 양도한 사실이 명백히 인정되는 경우 등 다음의 경우에는 증여추정을 적용하지 않습니다. (상증법 제44조제4항 각 호)

(1) 법원의 결정으로 경매절차에 따라 처분된 경우

(2) 파산선고로 인하여 처분된 경우

(3) 국세징수법에 따라 공매된 경우

(4) 「자본시장과 금융투자업에 관한 법률」제8조의2(금융투자상품시장 등)제4항제1호에 따른 증권시장을 통하여 유가증권이 처분된 경우. 다만, '불특정 다수인 간의 거래에 의하여 처분된 것으로 볼 수 없는 경우'는 제외합니다. (상증법 제44조제4항제4호)

'불특정 다수인 간의 거래에 의하여 처분된 것으로 볼 수 없는 경우'는 증권시장에서 이루어지는 유가증권의 매매 중 「자본시장과 금융투자업에 관한 법률」 제393조(업무규정)제1항에 따른 한국거래소의 증권시장업무규정에 따라 시간외 대량매매 방법으로 매매된 것(당일 종가로 매매된 것은 제외합니다)을 말합니다. (상증법 시행령 제33조제2항, 시행규칙 제10조의6)

(5) 배우자 등에게 아래와 같이 대가를 지급받고 양도한 사실이 명백히 인정되는 경우
(상증법 제44조제3항제5호, 시행령 제33조제3항 각 호)

① 권리의 이전이나 행사에 등기 또는 등록을 요하는 재산을 서로 교환한 경우

② 당해 재산의 취득을 위하여 이미 과세(비과세 또는 감면받은 경우를 포함합니다) 받았거나 신고한 소득금액 또는 상속 및 수증재산의 가액으로 그 대가를 지급한 사실이 입증되는 경우

③ 당해 재산의 취득을 위하여 소유재산을 처분한 금액으로 그 대가를 지급한 사실이 입증되는 경우

2) 증여시기 (해당재산을 양도한 때입니다.)

배우자 또는 직계존비속에게 양도한 재산은 양도자가 그 재산을 양도한 때에 그 재산의 가액을 배우자등이 증여받은 것으로 추정합니다. (상증법 제44조제1항)

부동산의 경우 증여시기는 등기접수일입니다.(재일46014-1813, 1997.7.24.) 대금 청산일이 아님을 주의해야 합니다.

3) 증여추정가액

배우자 또는 직계존비속에게 양도한 재산은 양도자가 그 재산을 양도한 때에 그 재산의 가액을 추정하여 증여재산가액으로 합니다. (상증법 제44조제1항)

증여시기를 평가기준일로 하여 상증법 제60조부터 제69조까지에 따라 평가한 가액입니다.

2 배우자 등에게 우회양도한 재산의 증여추정

특수관계인에게 양도한 재산을 그 특수관계인(이하 "양수자")이 양수일부터 3년 이내에 당초 양도자의 배우자 또는 직계존비속에게 다시 양도한 경우에는 양수자가 그 재산을 양도한 당시의 재산가액을 그 배우자등이 증여받은 것으로 추정하여 이를 배우자등의 증여재산가액으로 합니다. 다만, 당초 양도자 및 양수자가 부담한 「소득세법」에 따른 결정세액을 합친 금액이 양수자가 그 재산을 양도한 당시의 재산가액을 당초 그 배우자등이 증여받은 것으로 추정할 경우의 증여세액보다 큰 경우에는 그러하지 아니합니다. (상증법 제44조제2항)

해당 배우자 또는 직계존비속에게 증여세가 부과된 경우에는 「소득세법」의 규정에도 불구하고 당초 양도자 및 양수자에게 그 재산 양도에 따른 소득세를 부과하지 아니합니다. (상증법 제44조제4항)

제 2 절	재산취득자금 등의 증여 추정

(상증법 제45조, 시행령 제34조)

직업·연령·소득 및 재산상태 등으로 볼 때 재산을 자력으로 취득하였다고 인정하기 어려운 경우 또는 채무를 자력으로 상환하였다고 인정하기 어려운 경우에는 그 가액을 증여받은 것으로 추정합니다. (상증법 제45조제1항·제2항) 이 경우 일정금액 이하에 해당하는 경우와 출처에 관한 충분한 소명이 있는 경우에는 적용하지 않습니다. (상증법 제45조제3항)

- (증여추정 배제)
  미입증 금액 ≤ Min(취득재산 등 × 20%, 2억원),
  미입증금액 = 취득재산의 가액 등 − 입증된 금액
- (증여추정 과세)
  미입증 금액 〉 Min(취득재산 등 × 20%, 2억원)
  증여재산가액 = 미입증 금액
  미입증금액 = 취득재산의 가액 등 − 입증된 금액

1 재산을 자력으로 취득하였다고 인정하기 어려운 경우

재산 취득자의 직업, 연령, 소득 및 재산 상태 등으로 볼 때 재산을 자력으로 취득하였다고 인정하기 어려운 경우에는 그 재산을 취득한 때에 그 재산의 취득자금을 그 재산 취득자가 증여받은 것으로 추정하여 이를 그 재산 취득자의 증여재산가액으로 합니다. (상증법 제45조제1항)

1) 재산의 자력 취득을 인정하기 어려운 경우

(취득재산의 가액 − 입증된 금액) 〉 Min (취득재산 × 20%, 2억원)

채무자의 직업, 연령, 소득, 재산 상태 등으로 볼 때 채무를 자력으로 상환(일부 상환을 포함합니다)하였다고 인정하기 어려운 경우는 입증된 금액의 합계액이 취득재산의 가액에 미달하는 경우를 말합니다.(상증법 제45조1항) 이 경우 입증되지 아니하는 금액이 취득재산 가액의 100분의 20에 상당하는 금액과 2억원 중 적은 금액에 미달하는 경우에는 제외합니다. (상증법 시행령 제34조제1항)

취득재산의 가액이란 그 재산의 취득에 실제로 소요된 자금을 말하는 것으로 부동산 취득의 경우, 거래가액에 취득세, 등기비용, 중개수수료 등 부대비용을 합한 금액을 말합니다.

- (증여추정 배제의 경우) 미입증 금액 ≤ Min(취득재산 등 × 20%, 2억원)
- (증여추정 과세의 경우) 미입증 금액 〉 Min(취득재산 등 × 20%, 2억원)

  미입증 금액 = 취득재산의 가액 등 – 입증된 금액

  증여재산가액 = 미입증 금액

자금의 출처가 입증된 경우는 다음의 경우를 말합니다. (상증법 시행령 제34조제1항 각 호)

① 신고하였거나 과세(비과세 또는 감면받은 경우를 포함)받은 소득금액

② 신고하였거나 과세(비과세 또는 감면받은 경우를 포함)받은 상속 또는 수증재산의 가액

③ 재산을 처분한 대가로 받은 금전이나 부채를 부담하고 받은 금전으로 당해 재산의 취득 또는 당해 채무의 상환에 직접 사용한 금액

☞ 재산취득일이 속하는 사업연도의 소득금액 중 자금출처로 인정되는 금액은 비치·기장한 장부 등에 의하여 재산취득일까지 발생한 사실이 확인되는 금액으로 하되, 그 금액을 산정하기 어려운 경우에는 당해 연도의 소득금액을 재산취득일까지의 기간에 대하여 안분한 금액으로 합니다. (서일46014-11461, 2003.10.16.)

2) 자금출처로 인정되는 경우

상증법 시행령 제34조(재산 취득자금 등의 증여추정)제1항 각 호에 따라 입증된 금액은 다음의 구분에 따릅니다. (상증법 기본통칙 45-34-1 제1항 각 호)

① 본인 소유재산의 처분사실이 증빙에 의하여 확인되는 경우 그 처분금액(그 금액이 불분명한 경우에는 상증법 제60조부터 66조까지에 따라 평가한 가액)에서 양도소득세 등 공과금 상당액을 뺀 금액

② 기타 신고하였거나 과세받은 소득금액은 그 소득에 대한 소득세 등 공과금 상당액을 뺀 금액

③ 농지경작소득

④ 재산취득일 이전에 차용한 부채로서 상증법 시행령 제10조(채무의 입증방법등)에 따라 입증된 금액. 다만 원칙적으로 배우자 및 직계존비속 간의 소비대차는 인정하지 아니합니다.

☞ **상속세 및 증여세법 시행령 제10조(채무의 입증방법등)**

① 법 제14조제4항에서 "대통령령으로 정하는 방법에 따라 증명된 것"이란 상속개시 당시 피상속인의 채무로서 상속인이 실제로 부담하는 사실이 다음 각 호의 어느 하나에 따라 증명되는 것을 말한다.

　1. 국가 · 지방자치단체 및 금융회사등에 대한 채무는 해당 기관에 대한 채무임을 확인할 수 있는 서류

　2. 제1호외의 자에 대한 채무는 채무부담계약서, 채권자확인서, 담보설정 및 이자지급에 관한 증빙등에 의하여 그 사실을 확인할 수 있는 서류

② 법 제15조제2항 및 이 조 제1항제1호에 따른 금융회사등은 「금융실명거래 및 비밀보장에 관한 법률」 제2조제1호에 따른 금융회사등(이하 "금융회사등"이라 한다)으로 한다.

⑤ 재산취득일 이전에 자기재산의 대여로서 받은 전세금 및 보증금

⑥ ①부터 ⑤까지 외의 경우로서 자금출처가 명백하게 확인되는 금액

3) 자금출처를 입증하는 경우

해당재산의 취득자금을 증여받은 재산으로 하여 자금출처를 입증하는 경우에는 상증법 시행령 제34조제1항의 단서의 규정을 적용하지 아니합니다. (상증법 기본통칙 45-34-1 제2항)

☞ **상증법 시행령 제34조(재산 취득자금 등의 증여추정)**
　① 다만, 입증되지 아니하는 금액이 취득재산의 가액 또는 채무의 상환금액의 100분의 20에 상당하는 금액과 2억원중 적은 금액에 미달하는 경우를 제외한다.

4) 차명계좌에 대한 증여추정 적용 명확화

「금융실명거래 및 비밀보장에 관한 법률」 제3조(금융실명거래)에 따라 실명이 확인된 계좌 또는 외국의 관계 법령에 따라 이와 유사한 방법으로 실명이 확인된 계좌에 보유하고 있는 재산은 명의자가 그 재산을 취득한 것으로 추정하여 '재산취득자금의 증여추정' 조항(상증법 제45조제1항)을 적용합니다.(상증법 제45조제4항) 이 경우 명의자가 차명재산임을 입증하는 경우에는 그러하지 아니합니다.

종전에는 차명계좌를 개설하여 현금을 입금하여도 계좌명의자가 당해 금전을 인출하여 실제 사용하지 않는 한, 계좌명의자가 차명재산임을 주장하는 경우 증여세 과세가 곤란한 점이 있었습니다. 그러나 2013.1.1.이후 신고·결정·경정분 부터는 해당계좌가 차명계좌라는 사실은 명의자가 명백히 입증하여야 하도록 하였으며, 이를 입증하지 못하는 경우에는 입금시점에서 명의자가 취득한 것으로 보아 과세할 수 있습니다.

☞ **상증법 제45조(재산 취득자금 등의 증여 추정)**
　④ 「금융실명거래 및 비밀보장에 관한 법률」 제3조에 따라 실명이 확인된 계좌 또는 외국의 관계 법령에 따라 이와 유사한 방법으로 실명이 확인된 계좌에 보유하고 있는 재산은 명의자가 그 재산을 취득한 것으로 추정하여 제1항을 적용한다. 〈신설 2013. 1. 1.〉

(1) 차명계좌의 연장

수증자의 명의로 되어 있는 증여자의 금융자산(이 금융자산을 포함 차명재산이 50억원 초과한 경우에 한함)을 수증자가 보유하고 있거나, 사용·수익한 경우에는 해당 재산의 증여가 있음을 안 날로부터

1년 이내에 증여세를 부과하는 것이 가능하도록 하여 차명계좌를 통한 증여세를 포탈하는 행위를 방지토록 하였습니다. (국세기본법 제26조의2제5항)

☞ **국세기본법 제26조의2(국세의 부과제척기간)**

⑤ 납세자가 부정행위로 상속세·증여세(제7호의 경우에는 해당 명의신탁과 관련한 국세를 포함한다)를 포탈하는 경우로서 다음 각 호의 어느 하나에 해당하는 경우 과세관청은 제4항에도 불구하고 해당 재산의 상속 또는 증여가 있음을 안 날부터 1년 이내에 상속세 및 증여세를 부과할 수 있다. 다만, 상속인이나 증여자 및 수증자가 사망한 경우와 포탈세액 산출의 기준이 되는 재산가액(다음 각 호의 어느 하나에 해당하는 재산의 가액을 합친 것을 말한다)이 50억원 이하인 경우에는 그러하지 아니하다.

1. 제3자의 명의로 되어 있는 피상속인 또는 증여자의 재산을 상속인이나 수증자가 취득한 경우
2. 계약에 따라 피상속인이 취득할 재산이 계약이행기간에 상속이 개시됨으로써 등기·등록 또는 명의개서가 이루어지지 아니하고 상속인이 취득한 경우
3. 국외에 있는 상속재산이나 증여재산을 상속인이나 수증자가 취득한 경우

(2) 금융실명거래 및 보장에 관한 법률(법률 제12711호, 2014.5.28. 개정, 2014.11.29. 시행)의 개정

금융자산의 실소유자와 예금 명의자가 다른 경우 범죄수익 은닉, 자금세탁, 조세포탈 등 불법행위나 범죄의 수단으로 악용될 소지가 있기 때문에 이러한 차명거래를 방지하기 위해 법령이 개정되었으며, 주요 개정내용은 다음과 같습니다.

① 불법행위 목적의 차명 금융거래 금지(다만, 선의의 차명계좌는 허용)

위반 시 차명계좌 실소유자·명의자 및 알선·중개한 금융회사 종사자 형사처벌(5년 이하 징역 또는 5천만원 이하의 벌금)

☞ **금융실명거래 및 비밀보장에 관한 법률제3조(금융실명거래)**

③ 누구든지 「특정 금융거래정보의 보고 및 이용 등에 관한 법률」 제2조제4호에 따른 불법재산의 은닉, 같은 조 제5호에 따른 자금세탁행위 또는 같은 조 제6호에 따른 공중협박자금조달행위 및 강제집행의 면탈, 그 밖에 탈법행위를 목적으로 타인의 실명으로 금융거래를 하여서는 아니 된다.

☞ **금융실명거래 및 비밀보장에 관한 법률제6조(벌칙)**

① 제3조제3항 또는 제4항, 제4조제1항 또는 제3항부터 제5항까지의 규정을 위반한 자는 5년 이하의 징역 또는 5천만원 이하의 벌금에 처한다. 〈개정 2014. 5. 28.〉
② 제1항의 징역형과 벌금형은 병과(倂科)할 수 있다.

② 실명이 확인된 계좌에 보유하고 있는 금융자산은 '명의자 소유'로 추정

☞ **금융실명거래 및 비밀보장에 관한 법률제3조(금융실명거래)**

⑤ 제1항에 따라 실명이 확인된 계좌 또는 외국의 관계 법령에 따라 이와 유사한 방법으로 실명이 확인된 계좌에 보유하고 있는 금융자산은 명의자의 소유로 추정한다.

③ 금융회사 종사자에게 불법 차명거래 금지에 대한 설명의무 부여(위반시 3천만원 이하의 과태료 부과)

☞ **금융실명거래 및 비밀보장에 관한 법률제3조(금융실명거래)**

⑥ 금융회사등은 금융위원회가 정하는 방법에 따라 제3항의 주요 내용을 거래자에게 설명하여야 한다.

☞ **금융실명거래 및 비밀보장에 관한 법률제7조(과태료)**

① 제3조·제4조의2제1항 및 제5항(제4조의2제1항을 적용하는 경우로 한정한다)·제4조의3을 위반한 금융회사등의 임원 또는 직원에게는 3천만원 이하의 과태료를 부과한다.

☞ **특정 금융거래정보의 보고 및 이용 등에 관한 법률(특정금융정보법, FIU법)제4조의2(금융회사등의 고액 현금거래 보고)**

① 금융회사등은 5천만원의 범위에서 대통령령으로 정하는 금액 이상의 현금(외국통화는 제외한다)이나 현금과 비슷한 기능의 지급수단으로서 대통령령으로 정하는 것(이하 "현금등"이라 한다)을 금융거래등의 상대방에게 지급하거나 그로부터 영수(領收)한 경우에는 그 사실을 30일 이내에 금융정보분석원장에게 보고하여야 한다. 다만, 다음 각 호의 어느 하나에 해당하는 경우에는 그러하지 아니하다.

☞ **특정 금융거래정보의 보고 및 이용 등에 관한 법률 시행령 제8조의2(고액현금거래 보고의 기준금액)**

① 법 제4조의2제1항 각 호 외의 부분 본문에서 "대통령령으로 정하는 금액"이란 1천만원을 말한다.

② 제1항의 금액을 산정할 때에는 금융회사등이 동일인 명의로 이루어지는 1거래일 동안의 금융거래등에 따라 지급한 금액을 합산하거나 영수한 금액을 합산한다. 다만, 법 제2조제1호파목에 따른 카지노사업자(이하 "카지노사업자"라 한다)가 같은 조 제2호다목에 해당하는 금융거래등을 하는 경우에는 거래 1건당 지급하거나 영수하는 금액을 기준으로 산정한다.

③ 제2항에서 동일인 명의란 「금융실명거래 및 비밀보장에 관한 법률」에 따른 실지명의(이하 "실지명의"라 한다)가 동일한 것을 말한다.

④ 제2항의 규정에 따라 금액을 합산함에 있어서 다음 각 호의 금액을 제외한다.

1. 100만원 이하의 원화 송금(무통장입금을 포함한다) 금액
2. 100만원 이하에 상당하는 외국통화의 매입·매각 금액
3. 금융정보분석원장이 정하는 공과금 등을 수납하거나 지출한 금액

2 채무를 자력으로 상환하였다고 인정하기 어려운 경우

채무자의 직업, 연령, 소득, 재산 상태 등으로 볼 때 채무를 자력으로 상환(일부 상환을 포함)하였다고 인정하기 어려운 경우로서 대통령령으로 정하는 경우에는 그 채무를 상환한 때에 그 상환자금을 그 채무자가 증여받은 것으로 추정하여 이를 그 채무자의 증여재산가액으로 합니다. (상증법 제45조제2항)

1) 채무를 자력으로 상환하였다고 보기 어려운 경우

입증된 금액의 합계액이 채무상환금액에 미달하는 경우를 말합니다. 다만 입증되지 아니하는 금액이 채무 상환금액의 100분의 20에 상당하는 금액과 2억원 중 작은 금액에 미달하는 경우를 제외합니다. (상증법 시행령 제34조제1항)

(채무상환금액 − 입증된 금액) ≥ Min(채무상환금액 × 20%, 2억원)

자금의 출처가 '입증된 경우'는 다음의 경우를 말합니다.

(상증법 시행령 제34조제1항 각 호)

① 신고하였거나 과세(비과세 또는 감면받은 경우를 포함)받은 소득금액

② 신고하였거나 과세(비과세 또는 감면받은 경우를 포함)받은 상속 또는 수증재산의 가액

③ 재산을 처분한 대가로 받은 금전이나 부채를 부담하고 받은 금전으로 당해 재산의 취득 또는 당해 채무의 상환에 직접 사용한 금액

2) 자금출처로 인정되는 경우 (상증법 기본통칙 45-34-1 제1항)

앞의 경우와 같습니다.

3) 자금출처를 입증하는 경우

해당 재산의 취득자금을 증여받은 재산으로 하여 자금출처를 입증하는 경우에는 상증법 시행령 제34조(재산 취득자금 등의 증여추정)제1항 단서의 규정을 적용하지 아니합니다. (상증법 기본통칙 45-34-1 제2항)

☞ 적용대상 개정연혁

1998.12.31.이전	1999.1.1.이후
재산취득	재산취득 채무상환

3 증여추정의 배제기준

(상속세 및 증여세 사무처리규정 제42조, 재산취득자금 등의 증여추정 배제기준)

재산취득일 전 또는 채무상환일 전 10년 이내에 주택과 기타재산의 취득가액 및 채무상환금액이 각각 아래 기준에 미달하고, 주택취득자금, 기타재산 취득자금 및 채무상환자금의 합계액이 총액한도 기준에 미달하는 경우에는 상증법 제45조(재산 취득자금 등의 증여 추정)제1항과 제2항을 적용하지 않습니다. (상속세 및 증여세 사무처리규정 제42조제1항)

☞ 2020.2.11.결정부터 세대주를 삭제하였습니다.

상속세 및 증여세 사무처리규정 제42조의 증여추정 배제기준은 다음과 같습니다.

☞ 증여추정 배제기준 (상속세 및 증여세 사무처리규정 제42조제1항)

구분	취득재산		채무상환	총액한도
	주택	기타재산		
1. 30세 미만인 자	5천만원	5천만원	5천만원	1억원
2. 30세 이상인 자	1억 5천만원	5천만원	5천만원	2억원
3. 40세 이상인 자	3억원	1억원	5천만원	4억원

기준금액에 관계없이 취득가액 또는 채무상환금액이 타인으로부터 증여받은 사실이 확인될 경우에는 증여세 과대상이 됩니다. 이 경우 입증책임은 과세관청에 있습니다. (상속세 및 증여세 사무처리규정 제42조제2항)

4 증여시기

재산을 자력으로 취득하였다고 인정하기 어려운 경우에는 당해재산을 취득한 때, 채무를 자력으로 상환하였다고 인정하기 어려운 경우에는 그 채무를 상환한 때가 증여시기가 됩니다.

취득자금 등이 직업 연령 소득 재산상태 등을 감안하여 국세청장이 정하는 금액 이하여서 증여추정규정을 적용하지 아니하는 경우, 취득자금 등은 10년 이내의 재산취득자금 등의 합계액에 의하는 것이며, 재산취득자금의 80% 상당액 이상을 소명함으로써 증여추정규정을 적용하지 아니하도록 규정한 상증법 시행령 제34조제1항 단서의 규정은 재산취득 또는 채무상환이 있을 때마다 그 해당여부를 판단합니다. (서일46014-10766. 2003.6.12.)

☞ 증여시기 비교

2012.12.31.이전	2013.1.1.이후
명의자가 자금을 인출하여 사용한 경우 적용	금융계좌에 자산이 입금되는 시점에 계좌의 명의자가 재산을 취득한 것으로 추정

명의신탁재산의 증여의제

(상증법 제45조의2, 시행령 제34조의2)

명의신탁재산 증여의제란 권리의 이전이나 행사에 등기등을 요하는 재산에 있어서 실제소유자와 명의자가 다른 경우에는 실질과세의 규정(국세기본법 제14조)에도 불구하고, 그 명의자로 등기등을 한 날에 실제소유자가 그 명의자에게 재산가액을 증여한 것으로 봅니다. 이 경우 조세 회피의 목적이 없는 경우 등은 제외합니다. (상증법 제45조의2)

- (과세대상) 권리의 이전이나 행사에 등기, 등록, 명의개서 등이 필요한 재산
- (과세요건) ① 실제 소유자와 명의자가 다름
  ② 조세 회피 목적이 있어야 함
  ③ 당사자 간의 협의가 있어야 함
- (증여시기) ① 명의개서를 한 날
  ② 장기미명의개서 – 취득일이 속하는 해의 다음 해 말일의 다음 날
   · 장기미명의개서의 경우 소유권 취득일을 기준으로 재산 평가
- (과세표준 계산) 증여재산공제 적용하지 않음

  ☞ 상증법 집행기준 45의2-0-1(명의신탁)
  명의신탁은 실정법상의 근거없이 판례에 의하여 형성된 신탁행위의 일종으로 수탁자에게 재산의 명의가 이전되지만 수탁자는 외관상 소유자로 표시될 뿐이고 적극적으로 그 재산을 관리·처분할 권리의무를 가지지 아니하는 신탁입니다.

(과세경과)

1995.7.1.부터 「부동산 실권리자명의 등기에 관한 법률」이 시행되어 토지 건물의 명의신탁에 대해서는 과징금이 부과되며,

1997.1.1.이후 토지, 건물의 명의신탁에 대해서는 증여의제로 과세하지 않습니다.

2003.1.1.이후 소유권 취득분부터는 소유자가 바뀌었음에도 명의개서하지 않은 경우에 대해서도 명의신탁으로 보아 증여세를 과세합니다.

2016.1.1.이후 상속으로 소유권을 취득한 경우로서 상속인이 상속세 신고기한 내 신고·수정신고·기한후신고와 함께 명의신탁재산을 상속세 과세가액에 포함하여 신고한 경우에는, 실제소유 명의로 명의개서를 하지 아니한 경우로서 조세 회피 목적이 있는 것으로 추정하지 아니한 사유로 보도록 추가하였습니다. 이 경우, 상속세 과세표준과 세액을 결정 또는 경정할 것을 미리 알고 수정신고를 하거나, 기한 후 신고를 하는 경우는 제외합니다.

2016.1.1.이후 증여로 의제하는 경우부터는 장기미명의개서재산은 소유권취득일을 기준으로 평가합니다.

2019.1.1.이후 증여로 의제하는 경우부터는 조세 회피 목적으로 명의신탁을 활용하는 주체는 실소유자라는 점을 감안하여 납세의무자를 실제소유자로 변경하였습니다.(상증법 제4조의2제2항) 이에 실제소유자의 다른 재산으로 증여세·가산금 또는 강제징수비를 모두 징수하지 못할 경우 명의자에게 증여한 것으로 보는 재산으로도 증여세·가산금 또는 강제징수비를 징수할 수 있도록 하였으며, 합산하는 재산에서 제외하였습니다. 다만, 이 법 시행 전에 실제 소유자가 소유권을 취득하였으나, 명의개서를 하지 아니하여 이 법 시행 이후 증여로 의제되는 분에 대해서는 종전의 규정을 따릅니다. (부칙 제86조, 2018.12.31.)

1 증여의제 대상

권리의 이전이나 행사에 등기등을 요하는 재산에 있어서 실제소유자와 명의자가 다른 경우에는 실질과세의 규정(국세기본법 제14조)에도 불구하고, 그 명의자로 등기등을 한 날에 실제소유자가 그 명의자에게 재산가액을 증여한 것으로 보아(증여의제) 증여세를 과세합니다. '명의신탁재산 증여의제'로서 증여세를 과세하는 경우, 조세 회피의 목적이 없는 경우 등은 제외합니다. (상증법 제45조의2)

'등기등'이란 등기, 등록 명의개서 등을 말하며, 등기등이 효력발생 요건 내지 대항요건으로서 법률상 요구되는 경우만을 말합니다. (대법원 84누431, 1987.3.24.)

1) 등기

등기부상에 소유권이 등기되어야 할 물건을 말합니다. 예를 들면 공장재단, 광업재단, 선박등기법에 따른 선박 등입니다. (상증법 제45조의2제1항)

☞ 1995.7.1.부터 '부동산 실권리자 명의등기에 관한 법률'의 시행으로, 1997.1.1.이후 토지와 건물 등을 명의신탁재산에서 제외하였습니다.

☞ **부동산 명의신탁 행위시의 제재 (부동산 실권리자 명의등기에 관한 법률, 약칭 부동산실명법)**
   ① (과징금) 부동산가액의 10%~30%이며, 부동산가액은 과징금 부과일 현재기준시가 등으로 계산합니다. (부동산 실명법 제5조)
   ② (이행강제금) 과징금 부과일을 기준으로 1년을 넘은 경우와 2년이 넘은 경우로 구분하여 부동산 평가액의 10%, 20%를 부과합니다. (부동산실명법 제6조)
   ③ (장기미등기자에 대한 벌칙) 명의신탁자 등은 5년 이하의 징역 또는 2억원 이하의 벌금, 명의수탁자 등은 3년 이하의 징역 또는 1억원 이하의 벌금에 처합니다. (부동산실명법 제10조제5항, 제7조제2항)

2) 등록

행정관청의 등록원부에 등록하는 재산을 말합니다. 예를 들면 특허란 실용신안권, 의장권, 상표권, 저작권, 수산업법에 따른 어업권, 광업법에 따른 광업권 등입니다.

3) 명의개서 등

명부 등에 명의인의 표시를 고쳐 쓰는 것을 말합니다. 주권과 사채권 등이 있습니다. (상증법 제45조의2제1항)

4) 명의개서를 하여야 하는 재산('장기미명의개서')

매매 등에 의하여 주식등의 소유권을 취득하였음에도 명의개서를 하지 아니하는 경우에는 그 실질이 명의를 신탁한 경우와 같으므로 이를 명의신탁으로 보는 경우를 말합니다.

타인의 명의로 재산의 등기등을 한 경우 및 실제소유자 명의로 명의개서를 하지 아니한 경우에는 조세 회피 목적이 있는 것으로 추정합니다. (상증법 제45조의2제3항)

2 증여의제 제외

타인의 명의로 재산의 등기 등을 하거나 소유권을 취득한 실제소유자 명의로 명의개서를 하지 아니한 경우에도 조세 회피 목적이 없는 것으로 인정되는 경우, 실명전환 유예기간 중에 주식 등을 실명전환한 경우 등은 과세제외 됩니다.

실제소유자와 명의자가 다른 경우임에도 다음의 경우에는 실제소유자가 명의자에게 증여한 것으로 보지 않습니다. (상증법 제45조의2제1항)

① 조세 회피 목적 없이 타인의 명의로 재산의 등기등을 하거나 소유권을 취득한 실제소유자 명의로 명의개서를 하지 아니한 경우 (상증법 제45조의2제1항제1호)

② 자본시장과 금융투자업에 관한 법률(구, 신탁업법 또는 간접투자자산 운용업법)에 따른 신탁자산인 사실의 등기 등을 하는 경우 (상증법 제45조의2제1항제3호)

③ 비거주자가 법정대리인 또는 재산관리인의 명의로 등기 등을 하는 경우 (상증법 제45조의2제1항제4호)

☞ **실명전환 유예기간 중에 주식등을 실명 전환한 경우**
주식등 중 1999.12.31. 이전에 신탁 또는 약정에 따라 타인 명의로 주주명부 또는 사원명부에 기재되어 있거나 명의개서 되어 있는 주식 등에 대하여 1997.1.1.부터 1998.12.31.까지의 기간(유예기간) 중 실제소유자 명의로 전환한 경우에는 증여세를 부과하지 않습니다. 이 경우, 해당 주식 등을 발행한 법인의 주주와 특수관계인 및 1997.1.1.현재 미성년자의 명의로 전환하는 경우에는 그러하지 아니합니다.
2015.12.15. 상증법 개정 시 본문에서 삭제되었으나, 부칙에 따라 종전규정을 적용합니다. 부칙 제11조(명의신탁재산의 증여의제 예외 사유에 관한 경과조치) 이 법 시행 전에 종전의 제45조의2제1항제2호에 해당한 경우의 명의신탁재산에 대해서는 제45조의2 개정규정에도 불구하고 종전의 규정에 따릅니다.

☞ **장기미명의개서재산으로 2004.12.31. 이전에 양도한 경우**
2002.12.31. 이전에 소유권을 취득하고 2003.1.1현재 명의개서를 하지 아니한 경우에는 2015.1.1.을 명의신탁 증여의제 시기로 보아 증여세를 과세하는 것이나, 2004.12.31. 이전에 제3자에게 양도한 경우에는 증여세를 과세하지 않습니다.

3 증여의제 요건

☞ 증여의제 요건

과세 요건	입증 책임
① 권리의 이전 및 행사에 등기 등이 필요한 재산의 실제 소유자와 명의자가 다를 것	명의신탁 여부는 과세관청 입증
② 조세 회피 목적이 있을 것	조세 회피 목적이 없음은 명의자가 입증
③ 당사자간의 합의 또는 의사소통이 있을 것	명의도용은 명의자가 입증

1) 실제소유자와 명의자가 달라야 합니다.

실제소유자와 명의자가 다른 경우에는 국세기본법 제14조(실질과세)에도 불구하고 그 명의자로 등기등을 한 날에 그 재산의 가액을 실제소유자가 명의자에게 증여한 것으로 봅니다. (상증법 제45조의2제1항)

실제소유자란 애초 주식의 명의신탁 당시 나이·직업·소득 및 재산상태 등으로 보아 해당주식의 실제 소유자임이 사실 조사에 따라 객관적으로 입증되는 자를 말합니다. (재경부 재산 46014-145, 1997.5.1.)

2) 조세 회피 목적이 있어야 합니다.

타인의 명의로 재산의 등기등을 한 경우 및 실제소유자 명의로 명의개서를 하지 아니한 경우에는 조세 회피 목적이 있는 것으로 추정합니다. (상증법 제45조의2제3항)

☞ **조세 회피 유형에 대한 헌법재판소 판례(헌재2004헌바40, 2005.6.30.)**
　① 명의신탁에 의하여 재산이 없는 상태를 허위로 작출하고 결손처분을 받아 조세의 납부를 면탈할 수 있습니다.
　② 명의신탁을 이용하여 주식을 미리 상속인에게 이전하여 상속세를 회피할 수 있습니다.
　③ 명의신탁을 이용하여 주식의 소유를 분산함으로써 주식배당소득에 대한 합산과세를 회피하여 누진적 소득세 부담을 회피할 수 있습니다.
　④ 명의신탁을 통하여 과점주주의 지위를 벗어나면 누진적 소득세부담을 경감, 회피할 수 있습니다.
　⑤ 명의신탁을 통하여 과점주주가 되는 것을 방지하면, 과점주주로서 주식 취득에 대하여 부담할 취득세를 회피할 수 있습니다.
　⑥ 명의신탁을 이용하여 특수관계인이 되는 범위를 벗어나게 되면, 상속세 및 증여세법상 특수관계인에게 적용되는 각종 조세 회피방지규정들을 회피하여 상속세 및 증여세를 회피할 수 있으며, 소득세법, 법인세법, 부가가치세법 등에 존재하는 특수관계자에게 적용되는 각종 조세 회피 방지규정을 회피하여 소득세, 법인세, 부가가치세 등을 회피할 수 있습니다.
　⑦ 명의신탁을 통하여 제2차 납세의무자가 되지 않도록 하거나 지분율을 줄여 조세를 회피 또는 경감할 수 있습니다.

(1) 조세의 범위

조세란 상속세 또는 증여세에 한정하지 않고, 국세기본법 제2조(정의)제1호 및 제7호에 규정된 국세, 지방세, 관세법에 따른 관세를 말합니다. (상증법 제45조의2제6항)

(2) 입증책임

차명주식에 대해 조세 회피 목적이 있는 것으로 추정되는 경우, 명의자가 이러한 추정을 벗어나기 위해서는 그가 조세 회피 목적이 없었다는 점에 대해 주장하거나 입증할 책임을 지며,(대법원 2005두3992, 2005.7.22.) 실질적으로 조세를 회피한 사실이 있는 경우뿐만 아니라, 조세 회피의 개연성이 있는 경우까지를 포함하여 판단하여야 합니다. (대법원 2002두5351, 2002.9.10.)

(3) 판단시기 등

명의신탁이 조세 회피 목적이 아닌 다른 이유에서 이루어졌음이 인정되고, 그 명의 신탁에 부수하여 사소한 조세경감이 생기는 것에 불과하다면 '조세 회피 목적'이 있었다고는 볼 수 없습니다.(대법원 2004두7733, 2006.5.12.) 조세 회피 목적 유무는 명의신탁 당시를 기준으로 판단합니다.(대법원2012두546, 2013.11.28.)

(4) 조세 회피 추정

타인의 명의로 재산의 등기등을 한 경우 및 실제소유자 명의로 명의개서를 하지 아니한 경우에는 조세 회피 목적이 있는 것으로 추정합니다. (상증법 제45조의2제3항)

다만, 실제소유자의 명의로 명의개서를 하지 아니한 경우로서 다음에 해당하는 경우에는 조세 회피 목적이 있는 것으로 추정하지 아니합니다. (상증법 제45조의2제3항 단서)

① 매매로 소유권을 취득한 경우로서 종전 소유자가 소득세법 제105조(양도소득과세표준 예정신고) 및 제110조(양도소득과세표준 확정신고)에 따른 양도소득 과세표준신고 또는 증권거래세법 제10조(신고·납부 및 환급)에 따른 신고와 함께 소유권 변경 내용을 신고하는 경우입니다. (상증법 제45조의2제3항제1호)

☞ 주식 양도자가 기한 후 과세표준신고서를 소유권양도일이 속하는 연도의 다음 연도 말일까지 제출한 경우에는 명의자에 대하여 명의신탁 증여의제로 과세하지 않습니다.(재산세과-1308, 2009.7.10.)

② 상속으로 소유권을 취득한 경우로서 상속인이 신고(상증법 제67조에 따른 과세표준신고, 국기법 제45조에 따른 수정신고, 국기법 제34조의3에 따른 기한후신고)와 함께 해당 재산을 상속세 과세가액에 포함하여 신고한 경우. 다만, 상속세 과세표준과 세액을 결정 또는 경정할 것을 미리

알고 수정신고하거나 기한후 신고를 하는 경우는 제외합니다. (상증법 제45조의2제3항제2호)

☞ 2016.1.1.이후부터 적용합니다.

㉮ 「상속세 및 증여세법」 제67조에 따른 상속세 과세표준신고

㉯ 「국세기본법」 제45조에 따른 수정신고

㉰ 「국세기본법」 제45조의3에 따른 기한 후 신고

3) 당사자간의 합의가 있어야 합니다.

명의신탁이란 실제소유자와 공부상 명의자 사이의 계약에 의하여 성립되는 것으로 당사자간의 합의없이 명의를 도용한 경우에는 증여세를 부과할 수 없습니다. 이 경우 합의가 없었다는 사실을 납세자가 입증하여야 합니다.

이 경우 과세관청이 그 실질소유자가 명의자와 다르다는 점만을 입증하면, 그 명의자로의 등기 등이 명의자의 의사와는 관계없이 실질소유자의 일방적인 행위로 이루어졌다는 입증은 이를 주장하는 명의자가 하여야 합니다. (대법원 90누5023, 1990.10.10.)

또한, 명의신탁관계는 반드시 신탁자와 수탁자 간의 명시적 계약에 의해서만 성립하는 것이 아니라 묵시적 합의에 의해서도 성립될 수 있는 것이므로, 당사자들 사이에 차명계좌의 개설과 관련한 명시적인 합의가 없었다고 하여 달리 볼 것도 아닙니다. (대법원2000다49091. 2001.1.5)

4 증여의제 시기

- 소유권을 취득한 자가 타인 명의로 명의개서 한 경우 → 그 명의개서일
  (갑이 을로부터 취득하여 병 명의로 개서)
- 소유권을 취득했으나, 종전소유자 명의를 그대로 유지한 경우
  → 취득일이 속하는 해의 다음 해 말일의 다음 날
  (갑이 을로부터 취득한 주식을 을 명의 그대로 둔 경우)

등기·등록 또는 명의개서를 한 날에 실제소유자가 그 명의자에게 증여한 것으로 의제합니다.

그러나 주식 등 명의개서를 필요로 하는 재산의 소유권을 취득한 자가 본인의 명의로 명의개서를 하지 않고 종전 소유자의 명의로 두고 있는 경우에는 그 소유권 취득일이 속하는 연도의 다음 연도 말 일의 다음날에 종전 소유자에게 명의신탁한 것으로 보아 증여세를 과세합니다. (상증법 제45조의2제1항)

☞ 주식을 취득한 자가 장기간 본인명의로 주식을 명의개서하지 않은 경우 실질상 명의신탁임에도 과세관청에서는 이를 인지하기 어려우므로 이를 방지하기 위하여 별도의 증여시기를 2012.12.18.개정하여 명문화하였습니다. 구체적으로 2002.12.31. 이전에 소유권을 취득하고, 2003.1.1.현재 명의개서를 하지 아니한 경우에는 2003.1.1.(의제취득일)에 소유권을 취득한 것으로 보아, 다음 연도 말일의 다음날인 2005.1.1.에 명의신탁 증여한 것으로 봅니다. (상증법 법률 제6780호, 2002.12.18. 부칙 제9조 명의신탁에 관한 경과조치)

☞ 또한 2003.1.1.이후에 소유권을 취득(예, 2006.4.3.)하고 실소유자 명의로 명의개서를 하지 않은 경우에는 소유권을 취득한 날이 속하는 연도의 다음연도 말일의 다음 날(예, 2008.1.1.)에 명의자에게 명의신탁 한 것으로 보아 증여세를 과세하게 됩니다.

1) 명의신탁 주식의 증여시기

제3자 명의로 명의개서를 한 날이며, 이는 상법 제337조(주식의 이전의 대항요건)에 따라 취득자의 주소와 성명을 주주명부(자본시장과 금융투자업에 관한 법률 제316조에 따른 실질주주 명부를 포함)에 기재한 때를 말합니다. (상증법 기본통칙 45의2-0-3)

☞ (실질주주명부) 실질주주명부는 발행법인등이 배당등을 위하여 주주명부를 폐쇄하는 경우 폐쇄기준일 현재 주주의 성명·주소·주식의 종류와 수량을 증권예탁원으로부터 받아 작성하는 주주명부를 말합니다. (자본시장과 금융투자업에 관한 법률 제315조·316조)

☞ **상법 제337조(주식의 이전의 대항요건)**
① 주식의 이전은 취득자의 성명과 주소를 주주명부에 기재하지 아니하면 회사에 대항하지 못한다.
② 회사는 정관이 정하는 바에 의하여 명의개서대리인을 둘 수 있다. 이 경우 명의개서대리인이 취득자의 성명과 주소를 주주명부의 복본에 기재한 때에는 제1항의 명의개서가 있는 것으로 본다

상장주식의 명의신탁(타인 명의의 증권예탁계좌를 통하여 거래하는 경우) 증여의제 시기는 실질주주명부를 작성한 날입니다. (상장주식 취득일 또는 예탁계좌에 입고한 날이 아닙니다.)(재재산-1721, 2004.12.30)

2) 명의신탁 주식에 대한 유상증자를 한 경우 증여시기

명의신탁재산의 증여의제 규정을 적용할 때, 유상증자로 인하여 교부받은 신주를 실제 소유자가 아닌 제3자 명의로 명의개서한 경우 명의신탁재산의 증여시기는 그 제3자 명의로 명의개서한 날이 되는 것이며, 주식의 가액은 그 명의개서한 날을 기준으로 상증법 제60조 및 제63조에 따라 평가한 가액입니다. (서면4팀-109, 2008.1.14., 대법원2014두2331, 2020.4.29.)

3) 주주명부가 작성되지 않은 경우

주주명부 또는 사원명부가 작성되지 아니한 경우에는 법인세법 제109조(법인의 설립 또는 설치신고)제1항 및 제119조(주식등변동상황명세서의 제출)에 따라 납세지 관할 세무서장에게 제출한 주주 등에 관한 서류 및 주식등변동상황명세서에 의하여 명의개서 여부를 판정합니다. (상증법 제45조의2제4항) ☞ 2004.1.1.이후 제출하는 분부터 적용합니다.

☞ 이는 주주명부 또는 사원명부 자체가 없는 경우가 있어 주식등변동상황명세서 등에 의하여 타인 명의로 등재된 사실이 확인됨에도 주주명부 또는 사원명부상 명의개서가 아니어서 증여세 과세에 대한 논란이 있어 법인설립시 제출하는 주주 등의 명세 또는 법인세 과세표준신고시 제출하는 주식등변동상황명세서에 의하여 명의개서 여부를 판정하는 것으로 명확히 규정한 것입니다.

증여시기는 다음 순서에 따라 정한 날입니다. (상증법 45조의2제4항, 시행령 제34조의2)
① 양도소득세 증여세 등 과세표준신고서에 기재된 소유권 이전일
② 주식등변동상황명세서에 기재된 거래일
　　☞ 2020.1.1 이후부터 적용합니다.

5 증여재산 재산가액

증여의제 당시의 시가를 따릅니다.

1) 증여의제 당시의 시가

증여의제일 현재를 기준으로 상증법 제60조부터 제66조까지에 따라 평가한 가액을 따릅니다. 장기미명의개서 재산은 소유권취득일을 기준으로 평가합니다. (상증법 제45조의2제1항)
　☞ 2016.1.1.이후 증여로 의제하는 경우부터 적용합니다.

2) 과세표준계산 특례

명의신탁재산의 증여의제에 있어서는 당해 명의신탁재산의 금액에서 감정평가수수료를 뺀 금액을 증여세 과세표준으로 합니다. 즉 증여재산공제 및 재해손실공제를 적용하지 않습니다.

명의신탁재산은 증여세 합산과세 대상에서 제외됩니다. (상증법 제47조제1항)
　☞ 2019.1.1.이후 증여받은 것으로 보는 분부터 적용합니다.

3) 명의신탁 주식의 최대주주 할증평가

명의신탁 주식의 경우 최대주주 할증평가 규정을 적용하지 않습니다. (상증법 시행령 제53조제8항 제8호 ← 상증법 제43조(유가증권의 평가)제3항 단서 규정)
　☞ 2016.2.5. 이후 평가하는 분부터 적용합니다.

6 명의신탁 해지

1) 의의 및 과세여부

명의신탁의 해지란 권리의 이전이나 그 행사에 등기 등을 요하는 재산에 있어서 명의수탁자 명의로 되어있는 공부상의 소유명의를 명의신탁재산 실제소유자 명의로 환원하는 것을 말합니다.

명의신탁재산을 신탁해지하여 환원하는 경우, 즉 상증법 제45조의2에 따른 증여에 해당하는 재산의 신탁을 해지하여 그 재산의 실제소유자인 위탁자 명의로 환원하는 경우 그 환원하는 것은 증여에 해당하지 아니하나, 실제소유자 외의 자에게 무상으로 명의이전하는 경우에는 그 명의를 이전한 날에 실제소유자가 그 명의를 이전받은 자에게 증여한 것으로 봅니다. (상증법 기본통칙 제45의2-0-2)

명의신탁의 해지는 당초 명의신탁된 재산의 소유권이 실제소유자 앞으로 환원되는 것이므로 당 환원행위에 대해 증여세나 양도소득세를 과세하지 않습니다. 다만 실제소유자가 아닌 제3자(배우자 및 자녀 등)에게 무상으로 명의를 이전하는 경우에는 그 명의를 이전한 날에 실제소유자가 그 명의를 이전 받은 자에게 증여한 것으로 봅니다.

명의신탁된 재산을 유상으로 이전하는 경우에는 양도소득세 과세대상이 되며,(상증법 제45조의2 제3항제1호) 해당 재산의 취득시기는 당초 재산의 취득일이 됩니다.

2) 명의신탁 주식을 처분하여 3개월 내에 주식매각대금으로 변환한 경우

증여의제 재산은 금전(매각대금)이 아닌 명의신탁 주식 자체이므로 명의신탁 주식 매도대금의 반환을 증여받은 재산의 반환으로는 볼 수 없습니다. (대법원2005두10200, 2007.2.8.)

(상증법 제45조의3, 시행령 제34조의3, 일명: 일감몰아주기)

| 과세요건 판단 및 증여의제이익 계산 순서 |

1. 지배주주의 확정

① 본인과 그 친족의 보유주식이 가장 많은 그룹(최대주주 등) 확정

② 그 중 직·간접 주식보유비율이 가장 높은 개인 주주 선정.

다만, 수혜법인의 최대주주등 중에서 본인과 본인의 친족등 주식보유비율이 사용인의 주식보유비율보다 많은 경우 본인과 본인의 친족 중에서 지배주주 선정

2. 특수관계법인과의 매출액 정상거래비율 초과여부 확인

① 수혜법인의 일반·중소·중견기업 해당 여부 확인

② 지배주주와 특수관계에 있는 법인 선정

③ 특수관계법인과의 매출액 중 과세제외매출액 포함 여부 확인

④ 그 법인들에 대한 매출액 합계액이 총 매출액에서 차지하는 비율이 30%(중소기업 50%, 중견기업 40%)를 초과하는지 여부 확인 ⇒ 비율계산시 과세제외매출액은 분자, 분모에서 모두 제외

3. 수증자가 한계보유비율 초과여부 확인

① 지배주주와 그 친족 선정

② 그들 중 직·간접주식보유비율이 3%(중소·중견기업 10%)를 초과하는 개인주주 확정

4. 증여의제이익의 산정

> · 일반법인 : 세후영업이익 × (특수관계법인거래비율 − 5%) × (주식보유비율 − 0%)
> · 중견법인 : 세후영업이익 × (특수관계법인거래비율 − 20%) × (주식보유비율 − 5%)
> · 중소기업 : 세후영업이익 × (특수관계법인거래비율 − 50%) × (주식보유비율 − 10%)

- 증여의제이익 : ①×②×③

① 세후영업이익

② 특수관계법인들과의 거래 비율 − 5%(중소기업50%, 중견기업20%)

③ 수증자의 직·간접보유비율 − 0%(중소기업 10%, 중견기업 5%)

- 주식 직·간접보유 구분에 따라 계산(㉠+㉡)

㉠ 주식 직접보유분 관련 이익

㉡ 주식 간접보유분 관련 이익

- 신고기한내 배당소득에 대한 공제액 차감

  − 수혜법인 배당 : ㉠에서 차감

  − 간접출자법인 배당 : ㉡에서 차감

수혜법인의 지배주주와 특수관계에 있는 법인이 수혜법인에 일감을 몰아주어 발생한 영업이익을 기준으로 과세하는 것으로, 그 법인의 영업이익은 주가 상승을 통하여 주주의 이익으로 전환되므로 수혜법인의 영업이익과 주주의 이익은 장기적으로 높은 상관관계에 있다고 보고 있습니다. 따라서 수혜법인의 영업이익 중 일감몰아주기와 관련된 부분을 수혜법인의 지배주주 등이 증여받은 것으로 의제하여 과세합니다.

☞ 이른 바 일감몰아주기로 수혜법인의 지배주주 등에게 발생한 이익에 대하여 증여세를 부과함으로써 적정한 소득의 재분배를 촉진하고, 시장의 지배와 경제력의 남용 우려가 있는 일감몰아주기를 억제하려는 것입니다. (헌재2016헌바3147, 2018.6.28.)

- (과세요건) 다음 세 가지 모두를 충족
   ① 수혜법인의 세후영업이익이 있을 것
   ② 특수관계법인 거래비율이 정상거래비율(30%, 중소기업은 50%, 중견기업은 40%) 초과
   ③ 지배주주와 그 친족의 주식보유비율이 한계보유비율(3%, 중소·중견기업은 10%) 초과
- (증여의제이익의 산정)
   – 증여의제이익 ①×②×③
   ① 세후영업이익
   ② 특수관계법인들과의 거래비율 – 5% (중소기업 50%, 중견기업 20%)
   ③ 수증자의 직·간접 주식보유비율 – 0% (중소기업 10%, 중견기업 5%)
   – 주식 직·간접 보유 구분에 따라 계산 (㉠ + ㉡)
   ㉠ 주식 직접보유분 관련 이익
   ㉡ 주식 간접보유분 관련 이익
   – 신고기한 내 배당소득에 대한 공제 : 수혜법인 배당 ㉠에서 차감, 간접출자법인 배당 ㉡에서 차감

(과세경과)

특수관계법인을 이용하여 부를 이전하는 사례에 대한 증여세 과세를 위해 특수관계법인간의 일감몰아주기로 발생한 이익을 증여로 의제하는 규정으로, 2011.12.31 신설하여 2012.1.1.이후 최초로 개시하는 사업연도 거래분부터 적용하여 왔습니다. (상증법 제45조의3)

2014.1.1. 상증법 개정시 중소기업인 수혜법인과 중소기업인 특수관계법인 간의 거래에서 발생하는 매출액을 제외하는 등 중소·중견기업에 대한 과세를 완화하였습니다.

한편, 2017.12.19. 상증법 개정시 공시대상기업집단 간의 담합에 의하여 제3자를 통한 간접적인 둘 이상의 거래를 거치는 방법에 의해 발생된 수혜법인의 매출액 등을 과세대상에 포함하여 과세대상을 확대하였으며, 대기업과 중소기업의 정상거래 비율과 한계보유비율을 축소하여 과세를 강화하였습니다.

☞ **중소기업**(상증법 시행령 제34조의3제6항)

구분	증여재산가액
근거법령	조세특례제한법 제6조제1항 및 같은 법 시행령 제2조
업종	소비성서비스업 이외 모든 업종
업종별 규모기준	당해 과세연도 종료일 매출액이 중소기업기본법 시행령 별표1에 따른 규모기준 이내일 것
자산규모	당해 과세연도 종료일 자산총액이 5천억원 미만일 것
독립성기준	1. 공시대상기업집단에 속하는 회사와 상호출자제한기업집단의 소속회사로 편입·통지된 것으로 보는 회사 제외 2. 자산총액이 5천억원 이상인 법인이 직·간접 30%이상 소유하면서 최다출자자인 기업 제외 3. 관계기업 합산 매출액이 중소기업기본법 시행령 별표1에 따른 규모기준 이내일 것
유예	규모 증가로 중소기업에 해당하지 아니하게 된 사업연도와 그 다음 3년(최초 1회에 한함) ※ 유예제외 　1. 중소기업 이외 기업과의 합병 　2. 유예기간 중인 기업과의 합병 　3. 독립성 기준 미충속(관계기업 합산 매출액 규모기준 제외) 　4. 창업일 속한 과세연도 종료일부터 2년 이내 중소기업기준 초과

☞ **중견기업**(상증법 시행령 제34조의3제6항)

구분	증여재산가액
근거법령	조세특례제한법 제10조제1항제1호가목2 및 같은 법 시행령 제9조제4항
업종	소비성서비스업, 금융업, 보험 및 연금업, 금융 및 보험 관련 서비스업 이외 모든 업종
독립성기준	1. 공시대상기업집단에 속하는 기업 제외 2. 자산총액이 10조원 이상인 법인이 직·간접 30%이상 소유하면서 최다출자자인 기업 제외

1 과세요건 [1) 2) 3) 모두 충족]

다음의 세 가지 요건을 모두 충족해야 합니다.

① 수혜법인의 세후영업이익이 있을 것

② 특수관계법인 거래비율이 정상거래비율(30%, 중소기업은 50%, 중견기업은 40%) 초과

③ 지배주주와 그 친족의 주식보유비율이 한계보유비율(3%, 중소·중견기업은 10%) 초과

　☞ (중소기업) 조세특례제한법 제6조제1항(조세특례제한법 시행령 제2조)에 따른 중소기업. 단 공시대상기업집단(자산 5조원) 소속 기업은 제외 (상증법 시행령 제34조의3제6항),

　　(중견기업) 조세특례제한법 시행령 제9조제4항에 따른 중견기업. 단, 공시대상기업집단(자산 5조원) 소속 기업은 제외 (상증법 시행령 제34조의3제6항),

☞ (지배주주) 지배주주는 상증법 시행령 제34조의3(특수관계법인과의 거래를 통한 이익의 증여의제)제1항에 따라 판단합니다. (상증법 시행령 제34조의3제1항 ← 상증법 제45조의3부터 제45조의5까지 적용합니다)

2020.1.1.이후에는 특정법인의 범위를 증여세 과세의 지분율 요건 및 과세대상 주주범위 등을 법인의 결손여부 등과 관계없이 일원화하여 지배주주와 그 친족이 직접 또는 간접으로 보유하는 주식보유비율이 30%이상 법인으로 개정하고 직접 증여한 경우보다 증여세액이 커지지 아니하도록 한도를 신설하였습니다. (2019.12.31이전에는 주식보유비율을 50%를 적용하였습니다)

☞ 상증법 시행령 제34조의3(특수관계법인과의 거래를 통한 이익의 증여 의제) ① 상증법 제45조의3부터 제45조의5까지의 규정에서 "지배주주"란 다음 각 호의 어느 하나에 해당하는 자(이하 이 조 및 제34조의4에서 "지배주주"라 한다)로 하되, 이에 해당하는 자가 두 명 이상일 때에는 해당 법인(「법인세법」 제2조제1호에 따른 내국법인「외국인투자 촉진법」 제2조제1항제6호에 따른 외국인투자기업으로서 같은 항 제1호에 따른 외국인이 해당 외국인투자기업의 의결권 있는 발행주식총수 또는 출자총액의 100분의 50 이상을 소유하는 법인은 제외한다. 이 경우 거주자 및 내국법인이 의결권 있는 발행주식총수 또는 출자총액의 100분의 30 이상을 소유(「조세특례제한법 시행령」 제116조의2제12항에 따라 계산한 간접으로 소유하는 부분을 포함한다)하는 외국법인은 외국인으로 보지 않는다)에 한정한다]의 임원에 대한 임면권의 행사와 사업방침의 결정 등을 통하여 그 경영에 관하여 사실상의 영향력이 더 큰 자로서 기획재정부령으로 정하는 자를 지배주주로 한다. 다만, 해당 법인의 최대주주등 중에서 본인과 그의 특수관계인(사용인은 제외하며, 이하 이 항에서 "본인의 친족등"이라 한다)의 주식등 보유비율의 합계가 사용인의 주식등 보유비율보다 많은 경우에는 본인과 본인의 친족등 중에서 지배주주를 판정한다. 〈개정 2013. 2. 15., 2013. 6. 11., 2014. 2. 21., 2015. 2. 3., 2016. 2. 5., 2019. 2. 12., 2020. 2. 11.〉

1. 해당 법인의 최대주주등 중에서 그 법인에 대한 직접보유비율[보유하고 있는 법인의 주식등을 그 법인의 발행주식총수등(자기주식과 자기출자지분은 제외한다)으로 나눈 비율을 말한다. 이하 같다]이 가장 높은 자가 개인인 경우에는 그 개인

2. 해당 법인의 최대주주등 중에서 그 법인에 대한 직접보유비율이 가장 높은 자가 법인인 경우에는 그 법인에 대한 직접보유비율과 간접보유비율을 모두 합하여 계산한 비율이 가장 높은 개인. 다만, 다음 각 목에 해당하는 자는 제외한다.

   가. 해당 법인의 주주등이면서 그 법인의 최대주주등에 해당하지 아니한 자

   나. 해당 법인의 최대주주등 중에서 그 법인에 대한 직접보유비율이 가장 높은 자에 해당하는 법인의 주주등이면서 최대주주등에 해당하지 아니한 자

수혜법인에서 제외되는 법인은 다음의 법인을 말합니다. (상증법 시행령 제34조의3제1항)

① 외국법인

② 외국투자기업(외국인이 의결권 있는 주식총수 등의 50% 이상 소유하는 법인)

수혜법인이 사업부문별로 회계구분 관리 등 요건을 충족하는 경우 사업부문별로 과세여부 판단 및 증여의제이익을 계산할 수 있으며, 사업부문별로 회계를 구분하여 기록하는 등 대통령령으로 정하는 요건을 갖춘 경우란 다음의 요건(①과 ②)을 모두 갖춘 경우를 말합니다. (상증법 제45조의3제1항, 시행령 제34의3제3항 각 호) ☞ 2023.1.10이후부터 적용합니다.

① 사업부문별로 자산·부채 및 손익을 기획재정부령으로 정하는 바에 따라 각각 독립된 계정과목으로 구분하여 정리하여야 합니다.

☞ 상증법 시행규칙 제10조의8(수혜법인의 사업부문별 회계의 구분경리) 「상속세 및 증여세법」 제45조의3제1항 각 호 외의 부분 후단을 적용받으려는 수혜법인은 영 제34조의3제3항제1호에 따라 사업부문별로 자산 · 부채 및 손익을 「법인세법 시행규칙」 제77조제1항을 준용하여 계산하고, 이를 각각 독립된 계정과목으로 구분기장해야 한다. [본조신설 2023. 3. 20.]

② 한국표준산업분류에 따라 세세분류 이상으로 사업부문을 구분하여야 합니다.

위의 요건(①과 ②)을 모두 갖춘 법인의 특수관계법인거래비율 및 세후영업이익은 사업부문별로 계산할 수 있습니다. 이 경우 사업부문이 둘 이상인 경우에는 그 둘 이상의 사업부문을 하나의 사업부문으로 보아 특수관계법인거래비율 및 세후영업이익을 계산합니다. (상증법 시행령 제34의2제4항)

☞ **상증법 제45조의3(특수관계법인과의 거래를 통한 이익의 증여 의제) 본문 후단**
이 경우 수혜법인이 사업부문별로 회계를 구분하여 기록하는 등 대통령령으로 정하는 요건을 갖춘 경우에는 제1호 및 제2호를 적용할 때 대통령령으로 정하는 바에 따라 사업부문별로 특수관계법인거래비율 및 세후영업이익 등을 계산할 수 있다.

☞ **상증법 제45조의3(특수관계법인과의 거래를 통한 이익의 증여 의제) 제1항**
1. 법인이 다음 각 목의 어느 하나에 해당하는 경우
    가. 법인이 대통령령으로 정하는 중소기업(이하 이 조에서 "중소기업"이라 한다) 또는 대통령령으로 정하는 중견기업(이하 이 조에서 "중견기업"이라 한다)에 해당하는 경우: 법인의 사업연도 매출액(「법인세법」 제43조의 기업회계기준에 따라 계산한 매출액을 말한다. 이하 이 조에서 같다) 중에서 그 법인의 지배주주와 대통령령으로 정하는 특수관계에 있는 법인(이하 이 조에서 "특수관계법인"이라 한다)에 대한 매출액(「독점규제 및 공정거래에 관한 법률」 제31조에 따른 공시대상기업집단 간의 교차거래 등으로서 대통령령으로 정하는 거래에서 발생한 매출액을 포함한다. 이하 이 조에서 같다)이 차지하는 비율(이하 이 조에서 "특수관계법인거래비율"이라 한다)이 그 법인의 규모 등을 고려하여 대통령령으로 정하는 비율(이하 이 조에서 "정상거래비율"이라 한다)을 초과하는 경우
    나. 법인이 중소기업 및 중견기업에 해당하지 아니하는 경우: 다음의 어느 하나에 해당하는 경우
    1) 가목에 따른 사유에 해당하는 경우
    2) 특수관계법인거래비율이 정상거래비율의 3분의 2를 초과하는 경우로서 특수관계법인에 대한 매출액이 법인의 규모 등을 고려하여 대통령령으로 정하는 금액을 초과하는 경우

1) 수혜법인의 세후영업이익이 있어야 합니다.

수혜법인의 세후영업이익은 영업손익(기업회계기준에 따라 계산한 매출액에서 매출원가 및 판매비와 관리를 차감한 영업손익)에 법인세법에 따른 세무조정사항을 반영한 후 가액(이하 '세무조정 후 영업손익'이라 함)을 구하고, 이에 대한 법인세 상당액을 뺀 금액에 과세매출비율을 곱하여 계산합니다. (상증법 45조의3제1항가목, 법인세법 제43조)

세후영업이익

= (세무조정 후 영업손익 – 세무조정 후 영업손익에 대한 법인세 상당액) × 과세매출비율

세무조정 후 영업손익에 대한 법인세 상당액

= 산출세액 – 토지 등 양도소득세 대한 법인세액 – 공제·감면세액 × $\dfrac{\text{세무조정 후 영업손익}}{\text{각 사업연도 소득금액}}$

* [세무조정후 영업손익 / 각 사업연도 소득금액의 비율] 이 1을 초과하는 경우에는 1로 합니다.

2) 수혜법인의 지배주주와 특수관계에 있는 법인과의 거래비율이 정상거래비율인 30%(중소기업은 50%, 중견기업은 40%)를 초과해야 합니다.

수혜법인의 사업연도 매출액 중에서 그 법인의 지배주주와 특수관계에 있는 법인 등에 대한 매출액이 차지하는 비율(특수관계법인거래비율)이 정상거래비율을 초과하는 경우에 해당되어야 합니다. (상증법 제45조의3제1항)

$$특수관계법인\ 거래비율 = \frac{특수관계법인에\ 대한\ 매출액 - 과세제외\ 매출액}{수혜법인의\ 사업연도\ 매출액 - 과세제외\ 매출액} \times 100$$

정상거래비율 : 30%(중소기업은 50%, 중견기업은 40%) (상증법 시행령 제34조의2 제5항)

수혜법인이 중소기업 및 중견기업에 해당하지 아니하는 경우에는 특수관계법인과 거래비율이 20%를 초과하면서 특수관계법인과의 거래금액이 1천억원을 초과하는 경우도 과세대상에 포함됩니다. (상증법 45조의3제1항제1호나목2 , 시행령 제34조의3제17항)

☞ 2018년도에 시행령이 개정되었습니다.

독점규제 및 공정거래에 관한 법률 제14조에 따른 공시대상기업집단 간의 교차거래 등으로 발생한 매출액도 수혜법인의 지배주주와 특수관계에 있는 법인들에 대한 매출액에 포함됩니다. (상증법 45조의3제1항제1호가목)

☞ 정상거래비율 및 한계보유비율 개정연혁

구분	정상거래비율(시행령 제34조의2제5항)			한계보유비율 (시행령 재34조의2제7항)	
	'12.1.1.이후개시 사업연도분	'14.1.1.이후신고 기한도래분	'17.2.7.이후개시 사업연도분	'12.1.1.이후개시 사업연도분	'14.1.1.이후신고 기한도래분
대기업	30%	30%	30%	3%	3%
중견기업	30%	50%	40%	3%	103%
중소기업	30%	50%	50%	3%	103%

(1) 수혜법인의 사업연도 매출액 중 특수관계법인과의 거래비율 계산

특수관계법인거래비율을 계산할 때 특수관계법인이 둘 이상인 경우 각각의 매출액을 모두 합하여 계산하여(상증법 시행령 제34조의3제11항) 제3자를 통한 간접적인 방법이나 둘 이상의 행위 또는 거래를 거치는 방법으로 증여세를 부당하게 감소시킨 것으로 인정되는 경우에는 그 경제적 실질 내용에 따라 직접 거래한 것으로 보거나 연속된 하나의 거래로 보아 거래비율을 계산합니다.

특수관계법인거래비율 계산시 과세제외매출액은 특수관계법인에 대한 매출액과 수혜법인의 사업연도 매출액에서 각각 제외하여 비율을 계산합니다. (상증법 시행령 제34조의3제10항)

☞ 2014.2.21.개정되어 적용됩니다.

(가) 지배주주의 특수관계법인 해당 여부 판단 기준일

특수관계법인거래비율 계산시 지배주주와 특수관계에 있는 법인에 해당하는지 여부는 수혜법인의 사업연도 종료일을 기준으로 판단합니다. (상증법 시행령 제34조의3제8항)

(나) 수혜법인의 사업연도 중에 지배주주와 특수관계법인에 해당하게 된 경우로서 사업연도 종료일 현재 특수관계법인에 해당하는 경우

'특수관계법인거래비율'은 그 법인과의 사업연도 전체 매출액을 기준으로 산정합니다. (서면법규과 -1487 2012.12.14.)

(2) 특수관계법인거래비율 계산시 '과세제외매출액' 해당 여부 판단

(상증법 시행령 제34조의3제10항)

매출액비율 계산시 제외하는 '과세제외매출액'은 다음의 어느 하나에 해당하는 금액을 말하며, 이 중 두 개 이상이 동시에 해당하는 경우에는 더 큰 금액을 적용합니다. (상증법 시행령 제34조의3제10항)

☞ **매출액비율 계산시 제외되는 과세제외매출액 〈요약〉**
① 중소기업이 수혜법인이 중소기업인 특수관계법인과의 거래한 매출액
② 수혜법인이 본인의 주식비율이 100분의 50 이상인 특수관계법인과의 거래한 매출액
③ 수혜법인이 본인의 주식보유비율이 100분의 50 미만인 특수관계법인과 거래한 매출액에 그 특수관계법인에 대한 수혜법인의 주식보유비율을 곱한 금액
④ 수혜법인이 「독점규제 및 공정거래에 관한 법률」 제2조제7호에 따른 지주회사('지주회사'인 경우로서 수혜법인의 같은 법 제2조제8호에 따른 자회사('자회사') 및 같은 법 제2조제1호의4에 따른 손자회사(같은 법 제18조제5항에 따른 증손회사를 포함하며, '손자회사')의 거래한 매출액
⑤-1 수혜법인이 제품·상품의 수출(부가가치세법 제21조제2항에 따른 수출을 말합니다)을 목적으로 특수관계법인과 거래한 매출액
⑤-2 수혜법인이 용역을 국외에서 공급(부가가치세법 제22조에 따라 영세율이 적용되는 용역의 공급을 말합니다.)할 목적으로 특수관계법인과 거래한 매출액
⑤-3 수혜법인이 부가가치세법 제24조제1항에 따라 영세율이 적용되는 용역의 공급으로서 부가가치세법시행령 제33조제2항제1호 다목 또는 바목에 따른 용역의 공급(해당 용역을 공급받은 비거주자 또는 외국법인이 공급받은 용역과 동일한 용역을 다시 거주자 또는 내국법인에 공급하는 경우는 제외합니다)목적으로 특수관계인과 거래한 매출액
⑥ 수혜법인이 다른 법률에 따라 의무적으로 특수관계법인과 거래한 매출액
⑦ 한국표준산업분류에 따른 스포츠 클럽 운영업 중 프로스포츠구단 운영을 주된 사업으로 하는 수혜법인이 특수관계법인과 거래한 광고 매출액
⑧ 수혜법인이 국가, 지방자치단체, 「공공기관의 운영에 관한 법률」에 따른 공공기관 또는 「지방공기업법」에 따른 지방공기

업(이하 이 호에서 '국가등'이라 합니다.)이 운영하는 사업에 참여함에 따라 국가등이나 「국가재정법」 별표 2에서 규정하는 법률에 따라 설립된 기금 또는 공공기금이 발행주식총수 또는 출자총액의 100분의 100을 출자하고 있는 법인이 발행주식총수 또는 출자총액의 100분의 50 이상을 출자한 경우 해당 법인과 거래한 매출액

① 중소기업인 수혜법인이 중소기업인 특수관계법인과 거래한 매출액

　수혜법인이 중소기업인 경우로서 지배주주와 특수관계에 있는 중소기업 법인과 거래한 경우 해당 매출액을 분모, 분자에서 제외합니다.

② 수혜법인이 본인의 주식보유비율이 100분의 50 이상인 특수관계법인과 거래한 매출액

　수혜법인이 50% 이상 직·간접 출자한 특수관계법인과 거래한 경우 해당 매출액 전액을 제외합니다.

③ 수혜법인이 본인의 주식보유비율이 100분의 50 미만인 특수관계법인과 거래한 매출액에 그 특수관계법인에 대한 수혜법인의 주식보유비율을 곱한 금액

④ 수혜법인이 「독점규제 및 공정거래에 관한 법률」 제2조제7호에 따른 지주회사('지주회사'라 합니다)인 경우로서 수혜법인의 같은 법 제2조제8호에 따른 자회사('자회사'라 합니다) 및 같은 법 제2조제1호의4에 따른 손자회사(같은 법 제18조제5항에 따른 증손회사를 포함하며, 이하 이 조에서 '손자회사'라 합니다.)와 거래한 매출액

⑤ 수혜법인이 제품·상품의 수출(부가가치세법 제21조제2항에 따른 수출을 말합니다)을 목적으로 특수관계법인과 거래한 매출액

⑤의2 수혜법인이 용역을 국외에서 공급(부가가치세법 제22조에 따라 영세율이 적용되는 용역의 공급을 말합니다)할 목적으로 특수관계법인과 거래한 매출액

⑤의3. 수혜법인이 부가가치세법 제24조제1항에 따라 영세율이 적용되는 용역의 공급으로서 같은 법 시행령 제33조제2항제1호다목 또는 바목에 따른 용역의 공급(해당 용역을 공급받은 비거주자 또는 외국법인이 공급받은 용역과 동일한 용역을 다시 거주자 또는 내국법인에 공급하는 경우는 제외합니다)을 목적으로 특수관계법인과 거래한 매출액

⑥ 수혜법인이 다른 법률에 따라 의무적으로 특수관계법인과 거래한 매출액

⑦ 한국표준산업분류에 따른 스포츠 클럽 운영업 중 프로스포츠구단 운영을 주된 사업으로 하는 수혜법인이 특수관계법인과 거래한 광고 매출액

　위의 7가지 유형 중 2개 이상 유형이 동시에 해당하는 경우에는 가장 큰 금액을 적용하여 해당 매출액을 제외합니다.

⑧ 수혜법인이 국가, 지방자치단체, 「공공기관의 운영에 관한 법률」에 따른 공공기관 또는 「지방공기업법」에 따른 지방공기업('국가등'이라 합니다)이 운영하는 사업에 참여함에 따라 국가등이나 「국가재정법」 별표 2에서 규정하는 법률에 따라 설립된 기금('공공기금'이라 합니다) 또는 공공기금이 발행주식총수 또는 출자총액의 100분의 100을 출자하고 있는 법인이 발행주식총수 또는 출자총액의 100분의 50 이상을 출자하고 있는 법인에 출자한 경우 해당 법인과 거래한 매출액 ☞ 2020.2.11.이후 신고분부터 적용합니다.

(3) 지배주주의 판정

지배주주는 수혜법인의 최대주주 또는 최대출자자(최대주주) 중에서 수혜법인에 대한 주식보유비율이 가장 높은 개인을 말합니다. 이때 수혜법인의 최대주주등 중에서 주식보유비율이 가장 높은 개인인 경우와 법인인 경우에 따라 지배주주의 판정이 달라지게 됩니다.

> ☞ **상증법 시행령 제19조(금융재산 상속공제)**
> ② 법 제22조제2항에서 "대통령령으로 정하는 최대주주 또는 최대출자자"란 주주등 1인과 그의 특수관계인의 보유주식등을 합하여 그 보유주식등의 합계가 가장 많은 경우의 해당 주주등 1인과 그의 특수관계인 모두를 말한다.
>
> ☞ 상증법 시행령 제2조의2(특수관계인의 범위) ① 법 제2조제10호에서 "본인과 친족관계, 경제적 연관관계 또는 경영지배관계 등 대통령령으로 정하는 관계에 있는 자"란 본인과 다음 각 호의 어느 하나에 해당하는 관계에 있는 자를 말한다. (1~7호 생략) → p.170 참조

판단기준일은 사업연도 종료일이며, 주식보유비율(직접보유비율 + 간접보유비율) 산정시 자기주식은 발행주식총수에서 제외합니다. (상속증여세과-383, 2013.07.22.)

㈎ 지배주주 : 아래 ① 또는 ②의 자 (상증법 시행령 제34조의3제1항)

① 수혜법인의 최대주주등 중에서 그 법인에 대한 직접보유비율이 가장 높은 자가 개인인 경우에는 → 해당 개인 (상증법 시행령 제34조의3제1항제1호)

직접보유비율 = 보유하고 있는 법인의 주식등 ÷ 그 법인의 발행주식총수등

※ 자기주식과 자기출자지분은 제외

수혜법인의 최대주주등 중에서 본인과 그의 특수관계인(사용인은 제외하며, 이하 이 항에서 '본인의 친족등'이라 합니다)의 주식등 보유비율의 합계가 사용인의 주식등 보유비율보다 많은 경우에는 본인과 본인의 친족등 중에서 지배주주를 판정합니다. (상증법 시행령 제34조의3제1항)

> ☞ (최대주주등) 특수관계인(친족, 사용인 등 포함)의 보유주식을 합하여 가장 많은 경우 그 주주 1인과 그의 특수관계인 모두(상증법 시행령 제19조제2항)

② 수혜법인의 최대주주등 중에서 그 법인에 대한 직접보유비율이 가장 높은 자가 법인인 경

우 → 그 법인에 대한 직접보유비율과 간접보유비율을 모두 합하여 계산한 비율이 가장 높은 개인 (상증법 시행령 제34조의3제1항제2호)

직접보유비율 = 보유하고 있는 법인의 주식등 ÷ 그 법인의 발행주식총수등

※ 자기주식과 자기출자지분은 제외

간접보유비율 = 간접출자법인에 대한 출자비율 × 간접출자법인이 수혜법인에 출자비율

다만, 다음에 해당하는 자는 지배주주로 보지 않습니다. (상증법 시행령 제34조의3제1항2호 각 목)

㉮ 수혜법인의 주주등이면서 최대주주등에 해당하지 아니한 자

㉯ 수혜법인의 최대주주등 중에서 그 법인에 대한 직접보유비율이 가장 높은 자에 해당하는 법인의 주주등이면서 최대주주등에 해당하지 아니한 자

> ☞ 이는 실질 지배력이 없는 주주가 지배주주가 되는 것을 방지하기 위함입니다.
> ☞ (수혜법인) 상증법 법령 조문에서는 수혜법인이라는 용어를 사용하지만, 상증법 시행령에서는 해당 법인이라고 명기되어 있습니다.

(내) 지배주주가 2명 이상인 경우

지배주주가 2명 이상인 경우 수혜법인의 임원에 대한 임면권의 행사와 사업 방침의 결정 등을 통하여 그 경영에 관하여 사실상의 영향력이 더 큰 자로서 다음의 순서에 따른 자를 지배주주로 봅니다. (상증령 제34조의3제1항 후단, 상증법 시행규칙 제10조의7)

① 본인과 그 친족의 수혜법인에 대한 주식보유비율(직접보유비율과 간접보유비율을 합하여 계산한 비율)을 합하여 계산한 비율이 더 큰 경우의 그 본인

② 본인과 특수관계법인에 대한 수혜법인의 매출액이 더 큰 경우의 그 본인

③ 사업연도 종료일을 기준으로 가장 최근에 수혜법인의 대표이사였던 자

(4) 특수관계법인

수혜법인의 지배주주와 특수관계에 있는 법인의 범위(사업연도 종료일 기준)는 상증법 시행령 제2조의2(특수관계인의 범위)제1항제3호부터 제8호에 해당하는 법인(비영리법인을 포함)을 말합니다.

> ☞ **상증법 시행령 제2조의2(특수관계인의 범위)**
> ① 법 제2조제10호에서 "본인과 친족관계, 경제적 연관관계 또는 경영지배관계 등 대통령령으로 정하는 관계에 있는 자"란 본인과 다음 각 호의 어느 하나에 해당하는 관계에 있는 자를 말한다.
> 　1. 「국세기본법 시행령」 제1조의2제1항제1호부터 제5호까지의 어느 하나에 해당하는 자(이하 "친족"이라 한다) 및 직계비속의 배우자의 2촌 이내의 혈족과 그 배우자
> 　2. 사용인(출자에 의하여 지배하고 있는 법인의 사용인을 포함한다. 이하 같다)이나 사용인 외의 자로서 본인의 재산으로 생계를 유지하는 자

3. 다음 각 목의 어느 하나에 해당하는 자

　　가. 본인이 개인인 경우: 본인이 직접 또는 본인과 제1호에 해당하는 관계에 있는 자가 임원에 대한 임면권의 행사 및 사업방침의 결정 등을 통하여 그 경영에 관하여 사실상의 영향력을 행사하고 있는 기획재정부령으로 정하는 기업집단의 소속 기업[해당 기업의 임원(「법인세법 시행령」 제40조제1항에 따른 임원을 말한다. 이하 같다)과 퇴직 후 3년(해당 기업이 「독점규제 및 공정거래에 관한 법률」 제31조에 따른 공시대상기업집단에 소속된 경우는 5년)이 지나지 않은 사람(이하 "퇴직임원"이라 한다)을 포함한다]

　　나. 본인이 법인인 경우: 본인이 속한 기획재정부령으로 정하는 기업집단의 소속 기업(해당 기업의 임원과 퇴직임원을 포함한다)과 해당 기업의 임원에 대한 임면권의 행사 및 사업방침의 결정 등을 통하여 그 경영에 관하여 사실상의 영향력을 행사하고 있는 자 및 그와 제1호에 해당하는 관계에 있는 자

4. 본인, 제1호부터 제3호까지의 자 또는 본인과 제1호부터 제3호까지의 자가 공동으로 재산을 출연하여 설립하거나 이사의 과반수를 차지하는 비영리법인

5. 제3호에 해당하는 기업의 임원 또는 퇴직임원이 이사장인 비영리법인

6. 본인, 제1호부터 제5호까지의 자 또는 본인과 제1호부터 제5호까지의 자가 공동으로 발행주식총수 또는 출자총액(이하 "발행주식총수등"이라 한다)의 100분의 30 이상을 출자하고 있는 법인

7. 본인, 제1호부터 제6호까지의 자 또는 본인과 제1호부터 제6호까지의 자가 공동으로 발행주식총수등의 100분의 50 이상을 출자하고 있는 법인

8. 본인, 제1호부터 제7호까지의 자 또는 본인과 제1호부터 제7호까지의 자가 공동으로 재산을 출연하여 설립하거나 이사의 과반수를 차지하는 비영리법인

② 제1항제2호에서 "사용인"이란 임원, 상업사용인, 그 밖에 고용계약관계에 있는 자를 말한다.

③ 제1항제2호 및 제39조제1항제5호에서 "출자에 의하여 지배하고 있는 법인"이란 다음 각 호의 어느 하나에 해당하는 법인을 말한다.

1. 제1항제6호에 해당하는 법인

2. 제1항제7호에 해당하는 법인

3. 제1항제1호부터 제7호까지에 해당하는 자가 발행주식총수등의 100분의 50 이상을 출자하고 있는 법인

(5) 지배주주 판정시 간접출자법인의 범위 및 간접보유비율의 계산

(상증법 시행령 제34조의3제2항)

지배주주 해당여부 판정시 수혜법인에 대한 간접보유비율은 개인과 수혜법인 사이에 주식보유를 통하여 한 개 이상의 법인('간접출자법인'이라 합니다)이 게재되어 있는 경우('간접출자관계'라 합니다)에 각 단계의 직접보유비율을 모두 곱하여 산출한 비율을 말합니다. (상증법 시행령 제34조의3제2항)

이 경우, 개인과 수혜법인 사이에 둘 이상의 간접출자관계가 있는 경우에는 개인의 수혜법인에 대한 간접보유비율은 각각의 간접출자관계에서 산출한 비율을 모두 합하여 산출합니다.(상증법 시행령 제34조의3제2항) 여기에서 둘 이상의 간접출자관계란 병렬적인 간접출자관계를 말합니다.

☞ (지배주주 판정시 간접출자법인) 지배주주 판정 시의 간접출자법인은 증여의제이익 계산을 위한 간접보유비율 계산 시의 간접출자법인의 범위와 달리, 수혜법인의 지배주주 및 그의 친족이 지배하는 법인에 해당하는지 여부와 관계없이 모든 간접출자관계에 있는 법인을 대상으로 하는 것임을 유의해야 합니다.

3) 지배주주와 그 친족의 주식보유비율이 3%(중소·중견기업 10%)를 초과해야 합니다.

(1) 한계보유비율 초과여부 판단

수혜법인이 사업연도 종료일 기준으로 지배주주와 지배주주의 친족(배우자, 6촌이내 혈족, 4촌이내 인척) 중 수혜법인에 대한 직접보유비율과 간접보유비율을 합하여 계산한 비율이 한계보유비율을 초과하여야 합니다. (상증법 제45조의3제1항 각 호 외의 부분 전단)

이 경우 한계보유비율이란 3%을 말합니다. 수혜법인이 중소기업 또는 중견기업에 해당하는 경우에는 10%로 합니다. (상증법 시행령 제34조의3제9항)

(2) 수증자 해당여부 판단시 간접출자법인의 범위(사업종료일 기준)

한계보유비율 초과여부 판단시 간접보유비율은 상증법 시행령 제34조의3(특수관계법인과의 거래를 통한 이익의 증여 의제)제18항 다음 각 호의 어느 하나에 해당하는 간접출자법인(30% 이상 출자법인 등)을 통하여 수혜법인에 간접적으로 출자하는 경우의 간접보유비율을 말합니다. (상증법 시행령 제34조의3제18항 각 호)

① 지배주주등이 발행주식총수등의 100분의 30 이상을 출자하고 있는 법인
② 지배주주등 및 ①에 해당하는 법인이 발행주식총수등의 100분의 50 이상을 출자하고 있는 법인
③ 앞의 ①, ②의 법인과 수혜법인 사이에 주식등의 보유를 통하여 하나 이상의 법인이 개재되어 있는 경우에는 해당 법인

이는 수혜법인에 직접 출자한 경우만 고려할 경우 제3법인을 이용한 조세 회피우려가 있어 간접출자비율을 포함하되, 소수의 지분을 출자한 경우까지 확대하는 경우 과세실익은 적으면서 계산만 복잡해지므로 일정 범위의 법인으로 제한한 것이므로, 앞에서 살펴본 지배주주 판정을 위한 간접보유비율 계산방법과는 구분해야 합니다.

2 증여시기

특수관계법인과의 거래를 통한 이익의 증여의제규정을 적용 시 증여시기는 수혜법인의 해당 사업연도 종료일입니다. (상증법 제45조의3제3항)

이 경우 수혜법인의 사업연도는 법인세법 제6조(사업연도), 제7조(사업연도의 변경), 제8조(사업연도의 의제)를 준용하므로 연도 중에 합병되는 경우 등에는 그 합병등기일 등이 증여시기가 됩니다. (상증법 제45조의3제1항가목)

3 증여자

수혜법인의 사업연도 매출액 중에서 수혜법인의 지배주주와 상증법 시행령 제2조의2(특수관계인의 범위)제1항제3호부터 제8호까지의 특수관계에 있는 법인들에 대한 매출액의 합계액이 차지하는 비율이 정상거래비율(30%, 중소기업 50%, 중견기업 40%)를 초과하는 경우의 지배주주와 특수관계에 있는 법인들이 증여자에 해당됩니다. 특수관계법인이 둘 이상인 경우에도 하나의 법인으로부터 이익을 얻은 것으로 봅니다. (상증법 제45조의3제1항제1호가목, 시행령 제34조의3제7항)

4 수증자

수증자는 수혜법인의 사업연도 종료일 기준으로, 지배주주와 지배주주의 친족(배우자, 6촌 이내의 혈족, 4촌 이내의 인척 등) 중 수혜법인에 대한 직접보유비율과 간접보유비율을 합하여 계산한 비율이 한계보유비율(3%, 중소·중견기업의 경우는 10%)을 초과하는 자입니다. (상증법 시행령 제34조의3제9항)

5 증여의제 이익의 계산

① 수혜법인이 중소·중견기업이 아닌 경우
세후영업이익 × [특수관계법인거래비율 - 5%] × [주식보유비율]

② 수혜법인이 중견기업인 경우
세후영업이익 × [특수관계법인거래비율 - 20%] × [주식보유비율 - 5%]

③ 수혜법인이 중소기업인 경우
세후영업이익 × [특수관계법인거래비율 - 50%] × [주식보유비율 - 10%]

☞ 2018.1.1. 증여받은 분부터 적용합니다.

1) 수혜법인의 세후영업이익의 계산 [(①-②) ×③]

수혜법인의 세후영업이익은 다음 ①의 가액에서 ②의 가액을 뺀 금액에 ③의 과세매출비율을 곱하여 계산한 금액으로 합니다. (상증법 시행령 제34조의3제12항 각 호)

① 수혜법인의 영업손익(법인세법 제43조의 기업회계기준에 따라 계산한 매출액에서 매출원가 및 판매비와 관리비를 차감한 영업손익)에 대해 다음 항목에 따른 세무조정사항을 반영한 가액('세무조정 후 영업손익') (상증법 시행령 제34조의3제12항제1호)

⑦ 법인세법 제23조에 따른 감가상각비 관련 세무조정사항

⑭ 법인세법 제33조에 따른 퇴직급여충당금 관련 세무조정사항

⑮ 법인세법 제34조에 따른 대손충당금 관련 세무조정사항

㉑ 법인세법 제40조에 따른 손익의 귀속사업연도 관련 세무조정사항

㉒ 법인세법 제41조에 따른 자산의 취득가액 관련 세무조정사항

㉓ 법인세법 시행령 제44조의2 퇴직보험료의 손금불산입

㉔ 법인세법 시행령 제74에 재고자산의 평가 관련 세무조정사항

② 다음 ⑦의 세액에 ⑭의 비율을 곱하여 계산한 금액(상증법 시행령 제34조의3제12항제2호)

⑦ 법인세법 제55조에 따른 수혜법인의 산출세액(법인세법 제55조의2에 따른 토지 등 양도소득에 대한 법인세액은 제외합니다)에서 법인세액의 공제·감면액을 뺀 세액

⑭ 수혜법인의 세무조정 후 영업손익 ÷ 법인세법 제14조에 따른 각 사업연도 소득금액 (해당 비율이 1을 초과하는 경우에는 1로 합니다.)

③ 과세매출비율 (상증법 시행령 제34조의3제12항제3호)

1- (과세제외매출액 ÷ 과세제외매출액이 포함된 사업연도의 매출액)

위 '과세매출비율'을 산정할 때에는 '과세제외매출액'(앞에서 살펴본 바 있음) 8가지 유형 중 어느 하나에 해당하지 아니하는 경우로서 지배주주 등의 출자관계별로 다음의 어느 하나에 해당하는 금액(이하 '추가되는 과세제외매출액')이 있는 경우에는 그 금액(동시에 해당하는 경우에는 더 큰 금액)을 '과세제외매출액'에 포함하여 계산합니다. (상증법 시행령 제34조의3제14항 각호)

⑴ 수혜법인이 제18항에 따른 간접출자법인인 특수관계법인과 거래한 매출액

⑵ 지주회사의 자회사 또는 손자회사에 해당하는 수혜법인이 그 지주회사의 다른 자회사 또는 손자회사에 해당하는 특수관계법인과 거래한 매출액에 그 지주회사의 특수관계법인에 대한

주식보유비율을 곱한 금액. 다만, 지배주주등이 수혜법인 및 특수관계법인과 지주회사를 통하여 각각 간접출자관계에 있는 경우로 한정한다.

⑶ 수혜법인이 특수관계법인과 거래한 매출액에 지배주주등의 그 특수관계법인에 대한 주식보유비율을 곱한 금액

증여의제이익 계산식에서 상증령 제34조의3제12항 각 호의 '추가되는 과세제외 매출액'은 지배주주 등의 출자관계별로 수혜법인의 세후영업이익을 계산할 때와 정상거래비율을 초과하는 특수관계법인거래비율을 계산할 때, 모두 같은 조 제8항의 과세제외매출액에 포함하여 계산합니다.(상속증여세과-82, 2014.4.2.)

⑷ 상증법 시행령 제34조의3제18항에 따른 간접출자법인의 자법인(특정 법인이 어느 법인의 최대주주등에 해당하는 경우 그 법인을 특정 법인의 자법인이라 합니다)에 해당하는 수혜법인이 그 간접출자법인의 다른 자법인에 해당하는 특수관계법인과 거래한 경우로서 다음 각 목을 모두 충족하는 경우에는 해당 거래에 따른 매출액에 그 간접출자법인의 특수관계법인에 대한 주식보유비율을 곱한 금액

㉮ 지배주주등 및 지배주주의 특수관계인(그 간접출자법인은 제외합니다)이 수혜법인 및 특수관계법인의 주식등을 보유하지 않을 것

㉯ 특수관계법인이 수혜법인의 주식등을 직접 또는 간접으로 보유하지 않고 수혜법인이 특수관계법인의 주식등을 직접 또는 간접으로 보유하지 않을 것

㉰ 수혜법인 및 특수관계법인이 지배주주등과 수혜법인 및 특수관계법인 사이에 주식보유를 통하여 개재되어 있는 법인의 주식을 직접 또는 간접으로 보유하지 않을 것

2) 정상거래비율을 초과하는 특수관계법인과의 거래비율 계산

증여의제 계산식 중 '정상거래비율을 초과하는 특수관계법인과의 거래비율'이란 '수혜법인이 중소기업에 해당하는 경우 정상거래비율(50%)을 초과하는 특수관계법인거래비율, 중견기업에 해당하는 경우 정상거래비율(40%)의 1/2을 초과하는 '특수관계법인거래비율'을 말합니다. (상증법 제45조의3제1항 각 호)

수혜법인의 사업연도 매출액(법인세법 제43조의 기업회계기준에 따라 계산한 매출액을 말합니다) 중 그 법인의 지배주주와 특수관계에 있는 법인들에 대한 매출액이 차지하는 비율('특수관계법인거래비율')에서 중소기업·중견기업이 아닌 기업의 경우에는 5%를 차감하며, 중소기업의 경우에는 정상거래

비율 50%, 중견기업의 경우에는 정상거래비율 20%(정상거래비율 40%의 2분의 1)를 차감하여 계산합니다. (상증법 제45조의3제1항제2호 각목)

이 경우 특수관계법인거래비율은 수증자인 각 주주별로 '추가과세제외매출액'이 있는 경우에는 그 금액을 과세제외매출액에 포함하여 특수관계법인거래비율을 산정하여야 합니다. (상증법 시행령 제34조의3제14항)

☞ 추가과세제외매출액은 과세요건 판단 시의 특수관계법인거래비율에는 반영하지 않으며, 수증자별 증여의제이익 계산시에만 반영합니다.

정상거래비율을 초과하는 특수관계법인 거래비율은 다음과 같이 계산합니다.

① 수혜법인이 중소·중견기업이 아닌 경우 : 특수관계법인 거래비율 – 5%

② 수혜법인이 중소기업인 경우 : 특수관계법인거래비율 – 50%

③ 수혜법인이 중견기업인 경우 : 특수관계법인거래비율 – 20%

① 수혜법인이 중소·중견기업이 아닌 경우(상증법 제45조의3제1항제2호다목)

$$\left[\frac{\text{특수관계법인에 대한 매출액 – 과세제외매출액(추가분 포함)}}{\text{수혜법인의 총매출액 – 과세제외매출액(추가분 포함)}} \times 100 \right] - 5\%$$

② 수혜법인이 중소기업인 경우(상증법 제45조의3제1항제2호가목)

$$\left[\frac{\text{특수관계법인에 대한 매출액 – 과세제외매출액(추가분 포함)}}{\text{수혜법인의 총매출액 – 과세제외매출액(추가분 포함)}} \times 100 \right] - 50\%$$

③ 수혜법인이 중견기업인 경우(상증법 제45조의3제1항제2호나목)

$$\left[\frac{\text{특수관계법인에 대한 매출액 – 과세제외매출액(추가분 포함)}}{\text{수혜법인의 총매출액 – 과세제외매출액(추가분 포함)}} \times 100 \right] - 20\%$$

3) 한계보유비율을 초과하는 주식보유비율계산

중소·중견기업의 증여의제이익을 계산할 때 세후영업이익과 정상거래비율을 초과하는 특수관계법인거래비율에 곱하는 수증자의 주식보유비율은 각 주주별로 수혜법인에 대한 직·간접 주식보유비율에서 한계보유비율(중소 10%, 중견 5%)를 차감한 비율을 말합니다.

☞ 중소·중견기업이 아닌 일반 기업은 주식보유비율에서 차감하지 않고 증여의제이익을 계산합니다.

지배주주와 그 친족이 수혜법인에 직접적으로 출자하는 동시에 다음과 같이 간접 출자법인을 통하여 수혜법인에 간접적으로 출자하는 경우에는 각각의 증여의제를 계산한 후 합산하도록 되어 있으며, 이 경우 '한계보유비율을 초과하는 주식보유비율'을 초과할 때 수혜법인에 대한 간접보유비율이 있는 경우에는 해당 간접보유비율에서 한계보유비율(중소기업 10%, 중견기업 5%)을 먼저 빼고 간접출자관계가 두 개 이상인 경우에는 각각의 간접보유비율 중 적은 것에서부터 뺍니다. (상증법 시행령 제34조의3제13항)

한계보유비율(중소기업 10%, 중견기업 5%) 초과여부는 수혜법인의 사업연도 종료일 기준으로 주주별 ①과 ②를 합하여 판정하며, 증여의제이익은 ①과 ②로 각각 구분하여 계산한 후 합산합니다.

① 직접출자한 후 : 수혜법인에 대한 주식보유비율

② 간접출자한 후 : 수혜법인에 대한 간접보유비율

각 수증자별 한계보유비율(중소기업 10%, 중견기업 5%) 차감(빼는) 순서는 다음과 같습니다. (상증법 시행령 제34조의3제13항)

① 직접출자와 간접출자가 있는 경우에는 간접보유비율에서 먼저 뺍니다.

② 간접출자관계가 두 개 이상인 경우에는 간접보유비율이 작은 것에서부터 뺍니다.

간접보유비율이 1000분의 1(0.1%) 미만인 경우의 간접출자관계는 제외되므로 한계보유비율 차감대상이 아닙니다.

4) 지배주주 등의 간접보유비율이 0.1%미만인 경우 증여의제이익 제외

수혜법인의 사업연도 종료일 현재 지배주주와 지배주주 친족이 간접출자법인을 통해 수혜법인이 간접적으로 출자하는 경우로서 수혜법인에 대한 간접보유비율이 1000분의 1 미만이 되는 경우에는 해당 출자관계에 따른 간접보유비율은 제외합니다. (상증법 시행령 제34조의3제13항)

간접출자관계에서 각 간접보유비율이 0.1%미만인 경우에는 해당증여의제이익은 없는 것으로 합니다. (상증법 시행령 제34조의3제13항)

☞ **상증법 시행령 제34조의3 (특수관계법인과의 거래를 통한 이익의 증여 의제)**
　⑬ 법 제45조의3제1항의 증여의제이익은 사업연도 말 현재 같은 항 각 호 외의 부분에 따른 지배주주와 그 친족(이하 이 조에서 "지배주주등"이라 한다)의 수혜법인에 대한 출자관계(간접보유비율이 1천분의 1 미만인 경우의 해당 출자관계는 제외한다)별로 각각 구분하여 계산한 금액을 모두 합하여 계산한다

5) 신고기한 내 배당받은 경우 증여의제이익에서 공제

지배주주 등이 수혜법인의 사업연도 말일부터 상증법 제68조제1항에 따른 증여세 과세표준 신고기한까지 수혜법인 또는 간접출자법인으로부터 배당받은 소득이 있는 경우에는 다음 구분에 따른 금액을 해당 출자관계의 증여의제이익에서 공제합니다. 다만 공제 후의 금액이 음수인 경우에

는 영으로 봅니다. (상증법 시행령 제34조의3제15항)

① 수혜법인으로부터 받은 배당소득 : 다음 계산식에 따라 계산한 금액. 이 경우 배당가능이익은 법인세법 시행령 제86조의3제1항에 따른 배당가능이익('배당가능이익')으로 합니다.

$$배당소득 \times \frac{상증법 \ 제34조의 \ 2제13항에 \ 따라 \ 계산한 \ 직접출자관계의 \ 증여의제이익}{수혜법인의 \ 사업연도 \ 종료일 \ 배당가능이익 \times 지배주주 \ 등의 \ 수혜법인에 \ 대한 \ 직접보유비율}$$

☞ **상증법 시행령 제34조의3(특수관계법인과의 거래를 통한 이익의 증여 의제)**

⑮ 1. 수혜법인으로부터 받은 배당소득: 다음 계산식에 따라 계산한 금액. 이 경우 배당가능이익은 「법인세법 시행령」 제86조의3제1항에 따른 배당가능이익(이하 이 항에서 "배당가능이익"이라 한다)으로 한다.

☞ **법인세법 시행령 제86조의3(유동화전문회사 등에 대한 소득공제)**

① 법 제51조의2제1항 각 호 외의 부분에서 "대통령령으로 정하는 배당가능이익"이란 기업회계기준에 따라 작성한 재무제표상의 법인세비용 차감 후 당기순이익에 이월이익잉여금을 가산하거나 이월결손금을 공제하고, 「상법」 제458조에 따라 적립한 이익준비금을 차감한 금액을 말한다. 이 경우 다음 각 호의 어느 하나에 해당하는 금액은 제외한다.

1. 법 제18조제8호에 해당하는 배당
2. 당기순이익, 이월이익잉여금 및 이월결손금 중 제73조제2호가목부터 다목까지의 규정에 따른 자산의 평가손익. 다만, 제75조제3항에 따라 시가법으로 평가한 투자회사등의 제73조제2호다목에 따른 자산의 평가손익은 배당가능이익에 포함한다.

② 간접출자법인으로부터 받은 배당소득 : 다음 계산식에 따라 계산한 금액

$$배당소득 \times \frac{b}{a}$$

a : 상증법 시행령 제34조의2제13항에 따라 계산한 간접 출자관계의 증여의제이익
b : [간접출자법인의 사업연도 말일 배당가능이익 + (수혜법인의 사업연도말일 배당가능이익 × 간접출자법인의 수혜법인에 대한 주식보유비율)] × 지배주주 등의 간접출자법인에 대한 직접보유비율

6) 특수관계법인이 2 이상인 경우 증여의제이익 계산

이익을 준 특수관계법인이 둘 이상인 경우에도 하나의 법인으로부터 이익을 얻은 것으로 보아 증여의제이익을 계산합니다. (상증법 시행령 제34조의3제19항)

7) 지배주주가 다수의 수혜법인을 보유한 경우 증여의제이익 계산

어느 한 지배주주가 다수의 수혜법인을 보유한 경우 과세대상 증여의제이익은 수혜법인별·지배주주별로 각각 산정합니다. (서면법규과-1487, 2012.12.14.)

6 증여세 합산과세 배제

1) 증여세 과세가액 계산방법

증여재산에 대하여 증여일 전 10년 이내에 동일인(증여자가 직계존속인 경우에는 그 직계존속의 배우자를 포함합니다)으로부터 받은 증여재산가액을 합한 금액이 1천만원 이상인 경우에는 그 가액을 증여세 과세가액에 가산하는 것이나(상증법 제47조제2항), 특수관계법인과의 거래를 통한 이익의 증여의제는 개별 건별로 과세하는 합산배제증여재산으로 분류되어 합산과세를 하지 아니합니다. (상증법 제47조제1항)

2) 증여세의 과세표준 계산방법

증여세의 과세표준은 특수관계법인과의 거래를 통한 이익의 증여의제이익에서 증여재산의 감정평가수수료를 뺀 금액으로 합니다. (상증법 제55조제1항제2호)

7 증여세 신고 및 납부기한

수혜법인의 법인세법 제60조제1항에 따른 과세표준의 신고기한이 속하는 달의 말일부터 3개월이 되는 날입니다. (상증법 제68조제1항)

8 증여세가 과세된 주식의 양도시 이중과세 조정

소득세법 시행령 제97조(양도소득의 필요경비계산)제1항제1호(취득가액)가목 본문은 다음에 따라 적용합니다.

「상속세 및 증여세법」 제3조의2제2항, 제33조부터 제39조까지, 제39조의2, 제39조의3, 제40조, 제41조의2부터 제41조의5까지, 제42조, 제42조의2, 제42조의3, 제45조의3부터 제45조의5까지의 규정에 따라 상속세나 증여세를 과세받은 경우에는 해당 상속재산가액이나 증여재산가액(같은 법 제45조의3부터 제45조의5까지의 규정에 따라 증여세를 과세받은 경우에는 증여의제이익을 말합니다) 또는 그 증·감액을 취득가액에 더하거나 뺍니다. (소득세법시행령 제163조제10항제1호)

$$양도차익 = 양도가액 - [취득가액 + \{ 증여의제이익 \times \frac{양도\ 주식수}{보유\ 주식수} \}]$$

| 관련 질의회신 및 판례 |

〈1〉 기업의 주된 영업활동 관련 배당금수익 로열티수익의 일감몰아주기 과세대상인지 여부

상증법 시행령 제34조의2제8항의 수혜법인의 세후영업이익을 계산함에 있어 기업의 주된 영업활동으로부터 발생한 배당금수익 지분법이익은 같은 조 같은 항 제1호의 「법인세법」 제43조의 기업회계기준에 따라 계산한 매출액에서 제외하는 것이며, 기업의 주된 영업활동으로부터 발생한 상표사용에 따른 로열티수익은 동 매출액에 포함하는 것임(서면법규과-1301, 2013.11.29.)

〈2〉 특수관계법인

구 상증법(2014.1.1. 법률 제12168호로 개정되기 전의 것) 제45조의3제1항 및 구 상증법 시행령(2014.2.21. 대통령령 제25195호로 개정되기 전의 것) 제34조의2제3항에 따른 '법인의 지배주주와 특수관계에 있는 법인'이란 같은 령 같은 조 제1항에 따른 지배주주(개인)를 기준으로 같은 령 제12조의2제1항제3호부터 제8호까지의 관계에 잇는 법인을 말하는 것으로 을(乙) 기업집단의 경영에 관하여 사실상의 영향력을 행사하고 있지 않은 갑(甲)법인의 지배주주가 을(乙) 기업집단에 속한 법인의 임원인 귀 질의 경우 해당 지배주주와 을(乙) 기업집단의 소속기업은 같은 령 제34조의2제3항 단서 외의 본문에 따른 특수관계에 있는 자에 해당하지 아니함 (기획재정부 재산세제과-307, 2016.5.2.)

제 5 절	특수관계법인으로부터 제공받은 사업기회로 발생한 이익의 증여의제

(상증법 제45조의4, 시행령 제34조의4, 일명: 일감떼어주기)

특수관계법인(중소기업은 제외)으로부터 사업기회를 제공받은 수혜법인의 지배주주에게 증여세를 과세할 수 있도록 증여의제 규정을 신설하였습니다. (상증법 제45조의4)

☞ 2016.1.1.이후 개시하는 사업연도에 사업기회를 제공받은 분부터 적용합니다.

- (과세대상) 특수관계법인(중소기업 제외)으로부터 사업기회를 제공받은 수혜법인 주주의 이익
- (사업기회 제공) 특수관계법인이 직접 수행하거나 다른 사업자가 수행하고 있던 사업기회를 임대차계약, 입점계약 등의 방법으로 제공받은 경우. 방법은 임대차계약, 입점계약, 대리점계약 및 프랜차이즈계약 등 명칭 여하를 불문
- (증여이익) ① 수혜법인의 3년간 영업이익 × 지배주주등의 지분율
  ② 3년 후 실제 손익을 반영하여 증여세 재계산
- (증여세 신고기한) ① 개시사업연도의 법인세 신고기한이 속하는 달의 말일부터 3개월이 되는 날
  ② 정산사업연도의 법인세 신고기한이 속하는 달의 말일부터 3개월이 되는 날

1 사업기회 제공

특수관계법인이 직접 수행하거나 다른 사업자가 수행하고 있던 사업기회를 임대차 계약, 입점계약 등의 방법으로 제공받는 경우를 말합니다. 사업기회 제공 방법은 임대차계약, 입점계약, 대리점계약 및 프랜차이즈계약 등 명칭여하를 불문한 약정을 모두 포함합니다. (상증법 제45조의4제1항, 시행령 제34조의3, 시행규칙 10조의9)

☞ **상증법 시행령 제34조의4(특수관계법인으로부터 제공받은 사업기회로 발생한 이익의 증여 의제)**
  ② 법 제45조의4제1항에서 "대통령령으로 정하는 방법으로 사업기회를 제공받는 경우"란 특수관계법인이 직접 수행하거나 다른 사업자가 수행하고 있던 사업기회를 임대차계약, 입점계약 등 기획재정부령으로 정하는 방법으로 제공받는 경우를 말한다.

☞ **상증법 시행규칙 제10조의9(사업기회 제공방법)**
  ① 영 제34조의4제2항에서 "임대차계약, 입점계약 등 기획재정부령으로 정하는 방법"이란 임대차계약, 입점계약, 대리점계약 및 프랜차이즈계약 등 명칭 여하를 불문한 약정을 말한다.

2 과세요건

지배주주와 그 친족의 주식보유비율이 100분의 30 이상인 법인이 지배주주와 특수관계에 있는 법인으로부터 사업기회를 제공받아야 합니다. 이 경우 주식보유비율은 직접보유비율에 간접보유비율이 포함됩니다. (상증법 제45조의4제1항)

☞ 2020.1.1. 주식보유비율에서 직접보유비율에 간접보유비율이 포함된다는 사실을 명확히 하였습니다.

1) 지배주주

지배주주는 상증법 제45조의3(특수관계법인과의 거래를 통한 이익의 증여 의제)제1항에 따릅니다. 즉, 일감몰아주기에서 설명한 요건과 동일합니다. (상증법 시행령 제34조의3제1항)

2) 특수관계법인

지배주주와 상증법 시행령 제2조의2(특수관계인의 범위)제1항제3호로부터 제8호까지의 규정에 따른 관계에 있는 자를 말하며, 조세특례제한법 제6조(창업중소기업 등에 대한 세액감면)제1항에 따른 중소기업과 수혜법인의 주식보유비율이 50%이상인 법인은 제외합니다. (상증법 45조의4제1항, 시행령 제34조의4제8항)

3 증여의제이익

[{(제공받은 사업기회로 인하여 발생한 개시사업연도의 수혜법인의 이익 × 지배주주등의 주식보유비율) − 개시사업연도분의 법인세 납부세액 중 상당액} ÷ 개시사업연도의 월 수 × 12] × 3

사업기회를 제공받은 해당 사업부문(수혜법인)의 영업이익은 법인세법 제43조(기업회계기준과 관행의 적용)의 기업회계기준에 따라 계산한 매출액에서 매출원가 및 판매비와 관리비를 차감한 영업이익에 법인세법 제23조·제33조·제34조·제40조·제41조 및 법인세법 시행령 제44조의2·제74조에 따른 세무조정사항을 반영한 금액을 말합니다. (상증법 시행령 제34조의4제3항, 일감몰아주기 내용 참조)

지배주주등의 주식보유비율은 개시사업연도 종료일을 기준으로 적용합니다. (상증법 제45조의4제4항)

증여세 과세표준을 신고시 사업부문별로 회계를 구분하여 기록하지 아니한 사유등으로 해당 사업부문의 영업이익을 계산할 수 없는 경우에는 수혜법인의 영업이익은 세무조정 이후 전체 영업이익에서 해당 사업부문의 매출액이 전체 매출액에서 차지하는 비율을 곱하여 계산합니다. (상증법 시행령 제34조의4제3항) ☞ 2017.2.7.이후부터 적용됩니다.

수혜법인의 전체 세무조정후 영업이익 × (해당사업부문의 매출액 ÷ 전체 매출액)

'법인세 납부세액등 상당액'은 ①의 세액에 ②의 비율을 곱하여 계산한 금액을 말합니다.

① 법인세법 제55조에 따른 수혜법인의 산출세액(법인세법 제55조의2에 따른 토지등 양도소득에 대한 법인세액은 제외)에서 법인세액의 공제·감면액을 뺀 금액

② 위의 영업이익에서 수혜법인의 사업연도 말일부터 증여세 과세표준 신고기한까지 수혜법인으로부터 배당받은 소득이 있는 경우에는 다음의 계산식에 따라 계산한 금액을 증여의제이익에서 제외합니다. 이 경우 공제 후의 금액이 음수인 경우에는 영으로 봅니다.

$$배당소득 \times \frac{\text{상증법 제45조의4제1항에 따라 계산한 증여의제이익}}{\text{수혜법인의 사업연도 말일의 법인세법 시행령 제86조의2제1항에 따른 배당가능이익}}$$
$$\times \text{지배주주등의 수혜법인에 대한 주식보유비율}$$

☞ 일감몰아주기와 일감떼어주기의 증여의제이익

구분	일감몰아주기	일감떼어주기
조문	상증법 제45조의3 (특수관계법인과의 거래를 통한 이익의 증여 의제)	상증법 제45조의4 (특수관계법인으로부터 제공받은 사업기회로 발생한 이익의 증여 의제)
계산식	(수혜법인 영업이익 - 수혜법인 영업손익에 관련 법인세) ×[특수관계법인 거래비율 - 5%(중소기업 50%, 중견기업 20%)] × [주식보유비율 - 0%(중소기업 10%, 중견기업 5%)]	(개시사업연도) [{(제공받은 사업기회로 인하여 발생한 개시사업연도의 수혜법인의 이익 × 지배주주등의 주식보유비율) - 개시사업연도분의 법인세 납부세액 중 상당액} ÷ 개시사업연도의 월 수 × 12] × 3 (정산사업연도) [(제공받은 사업기회로 인하여 개시사업연도부터 정산사업연도까지 발생한 수혜법인의 이익합계액) × 지배주주등의 주식보유비율] - 개시사업연도분부터 정산사업연도분까지의 법인세 납부액 중 상당액

4 정산

(상증법 제45조의4제3항)

증여의제이익이 발생한 수혜법인의 지배주주등은 개시사업연도부터 사업기회 제공일 이후 2년이 지난 날이 속하는 사업연도('정산사업연도')까지 수혜법인이 제공받은 사업기회로 인하여 발생한 실제 이익을 반영하여 다음 계산식에 따라 계산한 금액('정산증여의제이익')에 대한 증여세액과 당초

납부한 증여의제이익에 대한 증여세액과의 차액을 관할세무서장에게 납부하여야 합니다. 이 경우, 정산증여의제이익이 당초의 증여의제이익보다 적은 경우에는 그 차액에 상당하는 증여세액(당초 납부한 세액을 한도로 합니다)을 환급받을 수 있습니다. (상증법 제45조의4제3항)

[(제공받은 사업기회로 인하여 개시사업연도부터 정산사업연도까지 발생한 수혜법인의 이익 합계액) × 지배주주등의 주식보유비율] – 개시사업연도분부터 정산사업연도분까지의 법인세 납부액 중 상당액

지배주주 등이 수혜법인의 개시사업연도 말일부터 정산사업연도 증여세 과세표준 신고기한까지 수혜법인으로부터 배당받은 소득이 있는 경우에는 다음의 계산식에 따라 계산한 금액을 정산증여의제이익에서 공제합니다. 이 경우 공제 후의 금액이 음수인 경우에는 영으로 봅니다. (상증법 시행령 제34조의4제5항)

상증법 제46조의4제1항에 따른 개시사업연도 말일부터 같은 조 제5항에 따른 과세표준 신고기한 종료일까지 수혜법인으로부터 배당받은 소득의 합계 × {상증법 제45조의4제3항에 따라 계산한 증여의제이익 ÷ (수혜법인의 상증법 제45조의4제1항에 따른 개시사업연도 말일부터 같은 조 제3항에 따른 정산사업연도 말까지의 기간에 각 사업연도 말일을 기준으로 각 사업연도 단위로 계산한 법인세법 시행령 제86조의2제1항에 따른 배당가능이익의 합계 × 지배주주등의 수혜법인에 대한 주식보유비율)}

5 증여세 신고기한

개시사업연도의 법인세법 제60조(과세표준 등의 신고) 제1항에 따른 과세표준의 신고기한이 속하는 달의 말일부터 3개월이 되는 날입니다. (상증법 제45조의4제2항)

정산한 경우에는 증여세 과세표준의 신고기한은 정산사업연도의 법인세법 제60조제1항에 따른 과세표준의 신고기한이 속하는 달의 말일부터 3개월이 되는 날입니다. (상증법 제45조의4제5항)

(상증법 제45조의5, 시행령 제34의5)

☞ 특정법인과의 거래를 통한 증여세 과세개요

□ **증여세가 과세되는 특정법인의 범위**
- 지배주주 등이 주식보유비율(직접+간접)이 30% 이상 법인

□ **증여세가 과세되는 거래**
- 특정법인 최대주주등의 특수관계인이 그 특정법인과 거래하여 그 주주등이 이익을 얻은 경우
  - 해당 이익 중 그 주주의 지분율만큼을 증여재산가액으로 보아 증여세 과세
- 거래유형과 증여이익 계산

특정법인과의 거래	거래이익	최저과세기준
① 재산·용역을 무상 제공하는 거래	증여재산가액	거래금액이 3억원 (2015년도 이전 1억원 이상)
② 채무를 면제·인수 또는 변제하는 거래	채무면제 등 이익	
③ 재산·용역을 현저히 낮은 대가로 양도·제공하는 거래	재화·용역의 시가 – 대가	시가와 대가와의 차액이 시가의 30% 이상이거나 3억원 이상 (2015년도 이전 1억원이상)
⑤ 재산·용역을 현저히 높은 대가로 양도·제공받는 거래	재화·용역의 대가 –시가	
⑥ 시가보다 현저히 낮은 가액으로 현물출자하는 것	출자한 재산의 시가 – 대가	

- 증여재산가액의 계산

$$증여이익 = [해당거래이익 - (법인세산출세액 \times \frac{해당거래이익}{각\ 사업연도소득금액})] \times 주주등\ 지분율$$

※ 법인세산출세액 : 토지등 양도소득에 대한 법인세액 제외, 공제·감면액 차감

특정법인 주주의 특수관계인이 그 법인에게 재산(용역)을 증여하거나 현저한 저가·고가거래 등으로 특정법인의 최대주주 등에게 나누어준 이익에 대해서는 해당이익을 증여로 의제하여 증여세를 과세합니다. (상증법 제45조의5제1항) ☞ 2015.12.31이전에는 상증법 제41조입니다.

- (특정법인) 지배주주와 그 친족이 직접 또는 간접으로 보유하는 주식보유비율이 30% 이상인 법인
- (거래유형) 재산이나 용역을 무상으로 제공하는 것 등
- (증여이익)

$$[해당\ 거래이익 - (법인세산출세액 \times \frac{해당거래이익}{각\ 사업연도\ 소득금액})] \times 주주등의\ 지분율$$

(과세 경과)

이는 결손법인이나 휴면법인 등의 주식을 낮은 가격으로 자녀에게 취득시킨 후 당해법인에 재산을 증여하거나 채무를 대신 변제 해주는 방법을 통해 우량기업으로 성장시켜 법인세 및 증여세 부담없이 부를 이전하는 변칙적 증여행위를 방지하기 위하여 1996.12.31.신설되었습니다. 그후 과세대상 범위가 계속 확대되었으나, 법원의 무효판결이 있었으며, 2016.1.1.이후 증여예시 규정에서 증여의제규정으로 전환하였습니다.

2014.1.1.~2019.12.31.에는 흑자 영리법인도 '특정법인'으로 보아 증여세를 과세하도록 개정하였습니다. 즉 종전에는 특정 법인을 ① 결손금이 있는 법인 ② 휴·폐업 상태인 법인으로만 정하였으나, 흑자 영리법인을 이용한 변칙증여를 방지하고자 '지배 주주 등의 주식보유비율이 50% 이상인 법인'을 추가하여 그 법인의 지배주주등이 얻은 이익에 대해서도 증여세를 과세하도록 하였습니다. 결손금 한도규정을 삭제하고, 법인세 상당액을 차감하여 이익계산을 하도록 개정하였습니다.

2020.1.1.이후에는 특정법인의 범위를 증여세 과세의 지분율 요건 및 과세대상 주주범위 등을 법인의 결손여부 등과 관계없이 일원화하여 지배주주와 그 친족이 직접 또는 간접으로 보유하는 주식보유비율이 30%이상 법인으로 개정하고 직접 증여한 경우보다 증여세액이 커지지 아니하도록 한도를 신설하였습니다.

2014.2.20.이전에는 상장법인을 제외하였으나, 2014.2.21.이후에는 상장법인을 제외하지 않습니다.

〈특정법인 및 이익 계산방법에 대한 개정연혁〉

☐ 2003년 – 2015년 결손법인 관련

- (1997년 신설) 증여의제 규정으로 신설
- (대법원 패소) 거래를 전후하여 모두 부수인 경우에는 증가된 주식 등의 1주당 가액은 없는 것으로 보는 것임(대법원2003두 4249, 2003.11.28.)
- (2004년 개정) 증여의제규정에서 증여예시규정으로 전환, 이익 계산 방법 변경
  - (변경 전) 채무면제 등으로 증가된 1주당 가액 × 주식수
  - (변경 후) 채무면제이익 등 × 출자비율
- (대법원 패소) 개정된 상증법 시행령 제31조제6항에 대하여 위임범위를 벗어난 것으로 무효(대법원2006두19693, 2009.3.19.)
- (2010년 개정) '이익'을 '대통령령이 정하는 이익'으로 변경
- (대법원 패소) 개정된 상증법 시행령 제31조제6항은 위임범위를 벗어난 것으로 무효(대법원2015두45700, 2017.4.20.)
  - 〈구 상증법 시행령 제31조제6항 무효인 경우 증여세 과세 불가 (기획재정부 재산세제과-499, 2018.6.14.)〉
    - · 구 상증법 시행령 제31조제6항(2014.1.1. 법률 제12168호로 개정되기 전의 것)이 법원의 판결에 따라 무효로 되어 2010.2.18.부터 2014.2.21.사이에 발생한 특정법인과의 거래를 통한 이익의 증여에 대해 구 상증법 시행령 제31조 제6항(2016.2.5. 대통령령 제26960호로 개정되기 전의 것)을 적용하여 과세할 수 없음

☐ (2014년) 특정법인의 범위에 흑자영리법인을 추가

☐ (2016년) 증여예시규정에서 증여의제규정으로 전환

☐ (2020년) 특정법인의 범위를 지배주주와 그 친족이 직접 또는 간접으로 보유하는 주식보유비율이 30% 이상 법인으로 하고, 한도를 신설

1 과세요건

1) 특정법인과의 거래

　지배주주와 그 친족('지배주주등'이라 합니다)이 직접 또는 간접으로 보유하는 주식보유비율이 100분의 30 이상인 법인(이하 이 조 및 상증법 제68조에서 "특정법인"이라 합니다)이 지배주주의 특수관계인과 거래를 하는 경우에는 거래한 날을 증여일로 하여 그 특정법인의 이익에 특정법인의 지배주주등의 주식보유비율을 곱하여 계산한 금액을 그 특정법인의 지배주주등이 증여받은 것으로 봅니다. (상증법 제45조의5제1항)

　☞ 이는 2020.1.1. 이후부터 적용합니다.
　☞ 2014.1.1.부터 2019.12.31.까지는 '지배주주등의 주식보유비율'이 50%이상 법인이었으나, 2020.1.1.부터 30%이상 법인으로 강화되었습니다.

　이 경우 지배주주는 상증법 시행령 제34조의3(특수관계법인과의 거래를 통한 이익의 증여의제)제1항에 따라 판단합니다. (상증법 시행령 제34조의3제1항 → 상증법 제45조의3부터 45조의5까지 적용)

　☞ 특정법인 개정연혁

2013년 이전	2014-2019년	2020년 이후
① 결손법인 ② 휴폐업법인	① 결손법인 ② 휴폐업법인 ③ 흑자영리법인(50%)	지배주주 등이 주식보유비율(직접+간접)이 30% 이상 법인

　☞ 결손금 개정연혁

2016.2.4. 이전	2016.2.5.~2019.12.31.
증여일이 속하는 사업연도까지 결손금이 있는 법인	증여일이 속하는 사업연도의 직전 사업연도까지 결손금이 있는 법인

2) 과세대상

　과세대상은 다음과 같은 항목입니다. (상증법 제45조의5제1항 각 호, 시행령 34조의5제6항)
　　① 재산 또는 용역을 무상으로 제공받는 것 (상증법 제45조의5제1항제1호)
　　② 재산 또는 용역을 통상적인 거래 관행에 비추어 볼 때 현저히 낮은 대가로 양도·제공받는 것 (상증법 제45조의5제1항제2호)
　　③ 재산 또는 용역을 통상적인 거래 관행에 비추어 볼 때 현저히 높은 대가로 양도·제공하는

것 (상증법 제45조의5제1항제3)

④ 해당 법인의 채무를 면제ㆍ인수 또는 변제하는 것. 다만, 해당 법인이 해산(합병 또는 분할에 의한 해산은 제외합니다) 중인 경우로서 주주등에게 분배할 잔여재산이 없는 경우는 제외합니다. (상증법 시행령 34조의5제6항제1호)

⑤ 시가보다 낮은 가액으로 해당 법인에 현물출자하는 것 (상증법 시행령 34조의5제6항제2호)

☞ 낮은 대가의 대상 개정 연혁

1997.1.1.-1997.11.9.	1997.11.10.-1999.12.31.	2000.1.1.이후
부동산	부동산 및 유가증권	모든 재산 및 용역

☞ 높은 대가의 개정연혁

1997.11.10.-1999.12.31.	2000.1.1.이후
부동산 및 유가증권	모든 재산 및 용역

3) 현저히 낮은 대가 또는 높은 대가의 범위

각각 해당 재산 및 용역의 시가와 대가(현물 출자의 경우에는 출자한 재산에 대하여 교부받은 주식등의 액면가액의 합계액을 말합니다)와의 차액이 시가의 100분의 30이상이거나 그 차액이 3억원 이상인 경우의 해당가액을 말합니다. (상증법 제45조의5제1항, 시행령 34조의5제7항)

이 경우 금전을 대부하거나 대부받는 경우에는 상증법 제41조의4(금전 무상대출 등에 따른 이익의 증여)를 준용하여 계산한 이익으로 합니다. (상증법 시행령 34조의5제7항)

☞ 현저히 낮은 대가 또는 높은 대가의 범위 개정연혁

2015.12.31.이전	2016.1.1.이후
차액이 시가의 30% or 차액이 1억원 이상	차액이 시가의 30% or 차액이 3억원 이상

재산 또는 용역의 시가는 법인세법 시행령 제89조(시가의 범위 등)에 따릅니다. (상증법 시행령 34조의5제8항) ☞ 2019.2.12. 개정되었습니다.

☞ 2019.2.12.이전에는 '재산 및 용역의 시가가 불분명한 경우에 그 시가는' 법인세법 제89조(시가의 범위 등)를 따르도록 하였습니다.

☞ **재산 또는 용역의 시가 적용 개정연혁**

2019.2.11.까지	2019.2.12.이후
재산 또는 용역의 시가가 불분명한 경우에 그 시가는 법인세법 시행령 제89조에 따른다.	재산 또는 용역의 시가는 법인세법 시행령 제89조에 따른다.

☞ **법인세법 시행령 제89조(시가의 범위 등)**

① 법인세법 제52조제2항을 적용할 때 해당 거래와 유사한 상황에서 해당 법인이 특수관계인 외의 불특정다수인과 계속적으로 거래한 가격 또는 특수관계인이 아닌 제3자간에 일반적으로 거래된 가격이 있는 경우에는 그 가격에 따른다. 다만, 주권상장 법인이 발행한 주식을 다음 각 호의 어느 하나에 해당하는 방법으로 거래한 경우 해당 주식의 시가는 그 거래일의 「자본시장과 금융투자업에 관한 법률」 제8조의2제2항에 따른 거래소(이하 "거래소"라 한다) 최종시세가액(거래소 휴장 중에 거래한 경우에는 그 거래일의 직전 최종시세가액)으로 하며, 기획재정부령으로 정하는 바에 따라 사실상 경영권의 이전이 수반되는 경우(해당 주식이 「상속세 및 증여세법 시행령」 제53조제8항 각 호의 어느 하나에 해당하는 주식인 경우는 제외한다)에는 그 가액의 100분의 20을 가산한다. 〈개정 2023.2.28〉

　1. 「자본시장과 금융투자업에 관한 법률」 제8조의2제4항제1호에 따른 증권시장 외에서 거래하는 방법

　2. 대량매매 등 기획재정부령으로 정하는 방법

② 법인세법 제52조제2항을 적용할 때 시가가 불분명한 경우에는 다음 각 호를 차례로 적용하여 계산한 금액에 따른다.

　1. 「감정평가 및 감정평가사에 관한 법률」에 따른 감정평가법인등이 감정한 가액이 있는 경우 그 가액(감정한 가액이 2 이상인 경우에는 그 감정한 가액의 평균액). 다만, 주식등 및 가상자산은 제외한다.

　2. 「상속세 및 증여세법」 제38조 · 제39조 · 제39조의2 · 제39조의3, 제61조부터 제66조까지의 규정을 준용하여 평가한 가액. 이 경우 「상속세 및 증여세법」 제63조제1항제1호나목 및 같은 법 시행령 제54조에 따라 비상장주식을 평가할 때 해당 비상장주식을 발행한 법인이 보유한 주식(주권상장법인이 발행한 주식으로 한정한다)의 평가금액은 평가기준일의 거래소 최종시세가액으로 하며, 「상속세 및 증여세법」 제63조제2항제1호 · 제2호 및 같은 법 시행령 제57조제1항 · 제2항을 준용할 때 "직전 6개월(증여세가 부과되는 주식등의 경우에는 3개월로 한다)"은 각각 "직전 6개월"로 본다.

③ 제88조제1항제6호 및 제7호에 따른 금전의 대여 또는 차용의 경우에는 제1항 및 제2항에도 불구하고 기획재정부령으로 정하는 가중평균차입이자율(이하 "가중평균차입이자율"이라 한다)을 시가로 한다. 다만, 다음 각 호의 경우에는 해당 각 호의 구분에 따라 기획재정부령으로 정하는 당좌대출이자율(이하 "당좌대출이자율"이라 한다)을 시가로 한다.

　1. 가중평균차입이자율의 적용이 불가능한 경우로서 기획재정부령으로 정하는 사유가 있는 경우: 해당 대여금 또는 차입금에 한정하여 당좌대출이자율을 시가로 한다.

　　1의 2. 대여기간이 5년을 초과하는 대여금이 있는 경우 등 기획재정부령으로 정하는 경우: 해당 대여금 또는 차입금에 한정하여 당좌대출이자율을 시가로 한다.

　2. 해당 법인이 법 제60조에 따른 신고와 함께 기획재정부령으로 정하는 바에 따라 당좌대출이자율을 시가로 선택하는 경우: 당좌대출이자율을 시가로 하여 선택한 사업연도와 이후 2개 사업연도는 당좌대출이자율을 시가로 한다.

④ 제88조제1항제6호 및 제7호에 따른 자산(금전은 제외한다) 또는 용역을 제공할 때 제1항 및 제2항을 적용할 수 없는 경우에는 다음 각 호에 따라 계산한 금액을 시가로 한다. 〈개정 2000.12.29, 2001.12.31, 2012.2.2, 2021.2.17〉

　1. 유형 또는 무형의 자산을 제공하거나 제공받는 경우에는 당해 자산시가의 100분의 50에 상당하는 금액에서 그 자산의 제공과 관련하여 받은 전세금 또는 보증금을 차감한 금액에 정기예금이자율을 곱하여 산출한 금액

　2. 건설 기타 용역을 제공하거나 제공받는 경우에는 당해 용역의 제공에 소요된 금액(직접비 및 간접비를 포함하며, 이하 이호에서 "원가"라 한다)과 원가에 해당 사업연도 중 특수관계인 외의 자에게 제공한 유사한 용역제공거래 또는 특수관계인이 아닌 제3자간의 일반적인 용역제공거래를 할 때의 수익률(기업회계기준에 따라 계산한 매출액에서 원가를 차감한 금액을 원가로 나눈 율을 말한다)을 곱하여 계산한 금액을 합한 금액

⑤ 제88조의 규정에 의한 부당행위계산에 해당하는 경우에는 법 제52조제1항의 규정에 의하여 제1항 내지 제4항의 규정에 의

한 시가와의 차액 등을 익금에 산입하여 당해 법인의 각 사업연도의 소득금액을 계산한다. 다만, 기획재정부령이 정하는 금전의 대여에 대하여는 이를 적용하지 아니한다.

⑥ 제88조제1항제8호 및 제8호의2의 규정에 의하여 특수관계인에게 이익을 분여한 경우 제5항의 규정에 의하여 익금에 산입할 금액의 계산에 관하여는 그 유형에 따라 「상속세 및 증여세법」 제38조·제39조·제39조의2·제39조의3·제40조·제42조의2와 같은 법 시행령 제28조제3항부터 제7항까지, 제29조제2항, 제29조의2제1항·제2항, 제29조의3제1항, 제30조제5항 및 제32조의2의 규정을 준용한다. 이 경우 "대주주" 및 "특수관계인"은 이 영에 의한 "특수관계인"으로 보고, "이익" 및 "대통령령으로 정하는 이익"은 "특수관계인에게 분여한 이익"으로 본다.

2 특수관계인의 범위

지배주주의 특수관계인을 말합니다. (상증법 시행령 제34조의3제1항)

☞ 특수관계인 개정연혁

2019.12.31.이전	2020.1.1.이후
① 결손 ② 휴폐업법인 : 특정법인의 최대주주등의 특수관계인 ③ 흑자영리법인 : 지배주주 등의 배우자·직계존비속 또는 그 배우자·직계존비속이 최대주주 등으로 있는 법인	지배주주와 특수관계인

3 증여재산가액

1) 유형별 증여재산가액의 계산

각 주주의 증여이익은 아래와 같이 계산합니다. 다만, 각 주주별 증여이익이 1억원 이상인 경우에 한하여 증여세가 과세됩니다.(상증법 시행령 34조의5제5항 ☞ 2014.1.1이후부터 적용됩니다.) 지배주주 등이 직접 증여받은 경우의 증여세상당액에서 특정법인이 부담한 법인세 상당액을 차감한 금액을 초과하는 경우 그 초과액은 없는 것으로 봅니다. (상증법 제45조의5제2항. 시행령 제34조의5제9항, ☞ 2020.1.1.이후부터 적용됩니다.)

$$[\text{특정법인의 이익} - \{\text{법인세산출세액(공제·감면액 차감)} \times \frac{\text{특정법인의 이익}}{\text{각 사업연도 소득금액}}\}] \times \text{주주등의 지분율}$$

법인세 산출이익은 공제·감면액을 뺀 금액이며, 토지 등 양도소득에 대한 법인세액은 제외합니다. (상증법 시행령 제34조의5제4항제2호가목)

유형별로 산식을 구분하면 아래와 같고, 법인세상당액을 계산할 때(해당 거래이익 / 각 사업연도 소득금액)의 비율이 1을 초과하는 경우에는 1로 합니다. (상증법 시행령 제34조의5제4항제2호나목)

직접 증여받은 경우의 '증여상당'액은 특정법인의 이익에 지분율을 곱한 금액을 해당 주주가 직접 증여받은 것을 볼 때의 증여세를 말하고, '법인세 상당액'은 '법인세 산출세액에서 각 사업연도 소득금액에서 각 사업연도 소득금액에서 해당 거래이익이 차지하는 비율을 곱하여 계산한 금액'에 해당 지배주주등의 주식보유비율을 곱한 금액으로 합니다. (상증법 시행령 제34조의5제9항)

이 경우 초과배당은 재산을 무상으로 제공한 거래에 해당합니다. (기획재정부 재산세제과-434, 2019.6.18.)

(1) 재산증여

증여이익 = (해당 법인이 얻은 증여재산가액 − 법인세상당액) × 지분율

(2) 채무면제·인수·변제

증여이익 = (해당법인이 얻은 증여재산가액 − 법인세상당액) × 지분율

(3) 저가양도

증여이익 = (시가 − 대가 − 법인세상당액) × 지분율

(4) 고가양수

증여이익 = (대가 − 시가 − 법인세상당액) × 지분율

(5) 저가 현물출자

증여이익 = (시가 − 교부받은 주식의 액면가액 합계 − 법인세상당액) × 지분율

2) 주주등의 지분율

다음 구분에 따른 지분율을 말합니다. (상증법 제45조의5제1항)

지배주주 등의 지분율이 30% 이상인 법인 : 그 특정법인의 지배주주 등의 주식보유비율

☞ 2020.1.1부터 적용합니다. 2019.12.31이전에는 지배주주등의 주식보유비율이 50% 이상인 법인이 해당되었습니다.

구분	2013.12.31.이전	2014.1.1이후	2020.1.1.이후	2022.2.15.이후
증여 의제 이익	특정법인의 이익 × 지분율	(특정법인의 이익- 법인세 상당액) × 지분율	(특정법인의 이익-특정 법인의 이익에 대한 법인 세) × 지분율	(특정법인의 이익 - 특정 법인의 이익에 대한 법인 세) × 지분율
과세 요건	결손금 한도	삭제	증여의제이익 증여세 - 법인세상당액 〉 0	직접 증여 증여세액 - 법 인세 상당액 〉 0

* 직접증여 증여세액 : 특정법인의 이익 × 지분율 × 증여세율
* 법인세상당액 : 특정법인의 이익에 대한 법인세 × 지분율

☞ 특정법인과의 거래를 통한 이익의 증여의제 적용 시 증여세 한도액 계산방식 정비

2022.2.15. 이전	2022.2.15. 이후
[증여재산가액 - 법인세 상당액]에 대한 증여세로 계산	증여재산가액에 대한 증여세 * 법인세 상당액을 차감하지 않고 전체 증여재산가액을 기준으 로 증여세 계산

4 증여시기

지배주주등(지배주주와 그 친족)의 특수관계인과 거래를 하는 경우에는 거래한 날을 증여일로 봅니다. (상증법 제45조의5제1항)

증여이익이 발생하는 유형, 즉 재산의 증여, 무상제공, 채무의 면제·인수 등에 따라 개별적으로 증여시기를 판단합니다.

> ☞ 부동산을 특정법인에 증여한 경우 해당 '거래를 한 날'을 증여일로 하며, 이때의 '거래를 한 날'은 계약의 내용과 토지의 사용현황 등 제반사정을 종합하여 소득세법 제98조 및 소득세법 시행령 제162조제1항에 따라 판정합니다. (기준-2020-법령해석재산-0018, 2020.6.30.)

5 증여세 신고기한

특정법인의 법인세법 제60조(과세표준 등의 신고)제1항에 따른 과세표준의 신고기한이 속하는 달의 말일부터 3개월이 되는 날입니다.

제 **2** 편

상속·증여재산의 평가

〈 상속·증여재산의 평가규정 요약 〉

(자료 : 국세청)

시가 평가원칙	§60 ①	시가평가 원칙(상장·코스닥주식은 이전·이후 각 2월간 종가평균액을 시가로 봄) (가상자산의 이전·이후 각1월간 종가평균액을 시가로 봄)	

	§60 ②	시가를 정의하고, 시행령 §49의 가액을 시가에 포함	해당재산의 정상적인 거래가액
			해당재산의 감정가액평균액(주식 제외)
			해당재산의 수용·공매·경매가액
			유사재산의 매매사례가액 등
			해당·유사 재산의 평가기간밖의 거래가액 등

시가가 없거나 시가산정이 어려운 경우

보충적 평가방법	§60 ①	§61에서 부터 §65에 따름

	§61	- 토지 : 개별공시지가 - 건물 : 국세청 고시 기준시가 등 - 지상권 및 부동산 취득에 관한 권리 등

임대차계약 체결시
: 왼쪽 금액과
 (임대보증금 + 年
 임대료 ÷ 0.12) 중
 큰 금액

※ 선박·항공기 등
 임대보증금

$+ \sum \dfrac{年임대료}{(1+이자율)^n}$

	§62	- 선박·항공기등 : 재취득가액 → 장부가액 → 지방세 시가표준액 - 상품·제품 : 재취득가액 → 장부가액 - 서화·골동품 : 전문가 감정가액

	§63	- ①호 가목 : 유가증권·코스닥시장 상장주식 평가
		- ①호 나목 : 비상장주식의 보충적 평가
		- ①2호 : 국채·공채·회사채, CB·BW 등 평가
		- ②기업공개중인 주식, 미상장주식의 평가특례
		- ③최대주주의 ①·②주식 할증평가 (중소·중견기업주식은 제외) : 20%

ⓐ : 1주 순손익가치
ⓑ : 1주 순 자산가치
• 원칙 : (ⓐ×3+ⓑ×2)÷5
• 부동산 과다법인
 (ⓐ×2+ⓑ×3)÷5
• 하한액 : 순자산가치
 ×80%
• 3년미만 법인 등 : ⓑ

	§64	- 무체재산권의 평가 : 영업권, 저작권, 광업권 등

	§65	- 그밖의 조건부권리 등 평가 : 신탁이익, 정기금, 가상자산 등

감정가액, 기준시가,
장부가액, 취득가액을
순차적으로
적용합니다.

저당권등 평가특례	§66	담보하는 채권액 등과 시가 또는 보충적 평가액과 비교하여 큰 금액으로 평가 - 저당권등이 담보하는 채권액 - 전세금 및 임대보증금

제1장 상속·증여재산의 평가 원칙

제1절 재산평가의 의미

1 재산평가의 의의

재산평가란 특정재산의 경제적 가치를 화폐라는 하나의 공통의 제도로서 동질화시키는 것을 말합니다. 재산의 평가가액에 따라 세 부담의 크기가 달라지므로 공평과세라는 관점에서 볼 때, 객관적이고 통일된 방법으로 재산을 평가하는 것이 중요합니다.

상증법의 상속 또는 증여재산은 시가평가를 원칙으로 하고 있으며, 시가를 산정하기 어려운 경우를 대비하여 각 재산별 평가방법을 다양하게 규정하고 있습니다. 재산평가에 있어서 중요한 점은 평가시점과 평가방법입니다. 주로 쟁점이 되는 것은 평가방법에 관한 사항입니다.

☞ (평가방법의 쟁점) 특히 평가시점과 시가 적용 등 평가방법은 조세 쟁송이 가장 많이 일어나는 부분 중의 하나입니다. 따라서 고액의 재산을 증여하거나 특수관계자 간 거래를 해야 할 경우에는 시가 적용과 평가방법 등을 관련 법조항과 사실관계 등을 면밀히 살피고 실행할 필요가 있습니다.

☞ (평가시점의 중요성) 재산의 가액은 시간의 흐름에 따라 시시각각 변화하는 것이므로 어느 시점에서 재산을 평가하느냐에 따라 그 가액이 달라질 수 있습니다. 따라서 재산의 평가액이 예측 가능하고 통일되려면, 그 평가시점을 명확히 할 필요가 있습니다.

☞ (재산의 평가를 먼저 설명하는 이유) 재산의 평가는 상속세 신고와 증여세 신고를 먼저 다루고, 평가는 주로 뒷부분에서 다루지만, 이 책에서는 평가시점과 평가방법이 매우 중요하다고 여겨 앞부분에서 먼저 설명합니다.

2 재산평가 기준일

- (상속재산) 상속개시일
- (증여재산) 증여일
  * 가산하는 증여재산은 각각의 증여일 현재 가액

상증법에서는 상속 또는 증여재산 가액의 평가시점을 원칙적으로 상속개시일 또는 증여일로 규정하고 있습니다. (상증법 제60조제1항)

예외적으로 증여로 의제되는 장기미명의개서의 경우에는 소유권 취득일을 기준으로 평가합니다. ☞ 2016.1.1. 이후 증여로 의제되는 분부터 적용합니다.

1) 상속재산의 평가시점은 상속개시일

상속재산의 평가는 상속개시일 현재의 가액으로 평가합니다. 상속개시일이란 통상 자연인의 사망일을 말하며, 사망한 것으로 간주되는 실종선고일, 인정사망일도 상속개시일에 포함됩니다.

2) 증여재산의 평가시점은 증여일

증여재산의 평가는 증여일 현재의 가액으로 평가합니다. 증여일이란 타인의 증여에 의하여 재산을 취득한 날을 의미합니다.

상증법에서는 증여재산의 취득시기(증여시기)를 재산별로 구분하여 상증법 시행령 제24조(증여재산의 취득시기)에 규정하고 있습니다. 다만, 신탁이익의 증여 등 증여 예시 규정과 증여추정, 증여의제 규정의 증여일, 즉 평가기준일에 대하여는 상증법 제33조부터 제39조까지, 제39조의2, 제39조의3, 제40조, 제41조의2부터 제41조의5까지, 제42조, 제42조의2, 제42조의3, 제44조, 제45조 및 제45조의2부터 제45조의5에서 별도로 규정하고 있습니다.

3) 상속세 과세가액에 가산하는 증여재산의 평가

상속개시일 전 10년 이내에 피상속인이 상속인에게 증여한 재산과 상속개시일 전 5년 이내에 상속인 외의 자에게 증여한 재산가액은 상속세 과세가액에 가산하여 상속세를 과세합니다. 이 경우 상속세 과세가액에 가산하는 사전증여재산의 가액은 당초 증여일 현재의 가액(시가 또는 보충적 평가액)으로 평가합니다.

☞ 상속개시전 일정기간의 증여재산의 가액을 재산처분행위인 증여 당시 부담할 세액을 예측할 수 없어 국민의 경제생활에 법적 안정성을 침해할 뿐만 아니라 그 재산의 증여 당시와 상속 당시 사이에 가액의 증가가 있는 경우 그 가액증가분에 대하여 수증자는 상속세를 부담하는 외에 그 증여재산을 양도할 때 다시 양도소득세를 이중으로 부담하게 되는 결과에 이르게 됩니다. (헌재96허가19, 1997.12.24.)

4) 상속재산으로 추정하는 상속개시 전 처분 재산의 평가

피상속인이 상속개시 전 일정기간 내에 재산을 처분(인출)하거나 채무를 부담한 경우로서 그 처분(인출)가액이나 채무 부담액의 사용처가 명백하지 않은 금액은 상속받은 것으로 추정하여 상속세를 과세합니다.

이 경우, 해당 재산의 처분가액의 평가는 실제 수입한 금액을 기준으로 합니다. 그 금액이 확인되지 아니한 경우에는 해당 재산의 처분당시를 기준으로 상증법 제60조부터 제66조까지 평가한 가액으로 합니다.

5) 합산되는 증여재산 (재차증여의 경우)

해당 증여일 전 10년 이내에 동일인(증여자가 직계존속인 경우에는 직계존속의 배우자를 포함)으로부터 받은 증여재산가액의 합계액이 1천만원 이상인 경우 그 가액은 해당 증여세과세가액에 합산하여 과세합니다. 이 경우 가산되는 각각의 증여재산의 평가액은 각각의 증여일 현재 재산가액에 따릅니다.

1 시가평가의 원칙

상속세나 증여세가 부과되는 재산의 가액은 상속개시일 또는 증여일(이하 "평가기준일"이라 합니다) 현재의 시가에 따릅니다. (상증법 제60조제1항)

> ☞ 제60조(평가의 원칙 등) ① 이 법에 따라 상속세나 증여세가 부과되는 재산의 가액은 상속개시일 또는 증여일(이하 "평가기준일"이라 한다) 현재의 시가(時價)에 따른다. 이 경우 다음 각 호의 경우에 대해서는 각각 다음 각 호의 구분에 따른 금액을 시가로 본다

시가란 불특정 다수인 사이에 자유롭게 거래가 이루어지는 경우에 통상적으로 성립된다고 인정되는 가액으로 하고, 평가기준일 전·후 6개월 [증여재산의 경우에는 평가기준일 전 6개월 (2019.2.12.이후 증여분부터) 후 3개월로 합니다. (이하 '평가기간')] 이내에 매매·감정·수용·공매 또는 경매(이하 '매매 등')가 있는 경우 그 가액을 시가로 봅니다. (상증법 제60조제2항)

다만, 평가기간에 해당하지 않는 기간으로서 평가기준일 전 2년 이내의 기간 중에 평가 대상 재산의 매매등이 있거나 평가기간이 경과한 후부터 상증법 시행령 제78조(결정·경정)제1항에 따른 기한까지의 기간 중에 매매등이 있는 경우에도 평가기준일부터 제2항 각 호의 어느 하나에 해당하는 날까지의 기간 중에 주식발행회사의 경영상태, 시간의 경과 및 주위환경의 변화 등을 고려하여 가격변동의 특별한 사정이 없다고 보아 상속세 또는 증여세 납부의무가 있는 자(이하 이 조 및 시행령 제54조에서 "납세자"라 한다), 지방국세청장 또는 관할세무서장이 신청하는 때에는 상증법 시행령 제49조의2(평가심의위원회의 구성 등)제1항에 따른 평가심의위원회의 심의를 거쳐 해당 매매등의 가액을 다음 각 호의 어느 하나에 따라 확인되는 가액에 포함시킬 수 있습니다. (상증법 시행령 제49조제1항)

> ☞ **상증법 시행령 제49조(평가의 원칙등)** ①법 제60조제2항에서 "수용가격·공매가격 및 감정가격 등 대통령령으로 정하는 바에 따라 시가로 인정되는 것"이란 상속개시일 또는 증여일(이하 "평가기준일"이라 한다) 전후 6개월(증여재산의 경우에는 평가기준일 전 6개월부터 평가기준일 후 3개월까지로 한다. 이하 이 항에서 "평가기간"이라 한다)이내의 기간 중 매매·감정·수용·경매(「민사집행법」에 따른 경매를 말한다. 이하 이 항에서 같다) 또는 공매(이하 이 조 및 제49조의2에서 "매매등"이라 한다)가 있는 경우에 다음 각 호의 어느 하나에 따라 확인되는 가액을 말한다. 다만, 평가기간에 해당하지 않는 기간으로서 평가기준일 전 2년 이내의 기간 중에 매매등이 있거나 평가기간이 경과한 후부터 제78조제1항에 따른 기한까지의 기간 중에 매매등이 있는 경우에도 평가기준일부터 제2항 각 호의 어느 하나에 해당하는 날까지의 기간 중에 주식발행회사의 경영상태, 시간의 경과 및 주위환경의 변화 등을 고려하여 가격변동의 특별한 사정이 없다고 보아 상속세 또는 증여세 납부의무가 있는 자(이하 이 조 및 제54조에서 "납세자"라 한다), 지방국세청장 또는 관할세무서장이 신청하는 때에는 제49조의2제1항에 따른 평가심의위원회의 심의를 거쳐 해당 매매등의 가액을 다음 각 호의 어느 하나에 따라 확인되는 가액에 포함시킬 수 있다.

다음의 경우에는 각각 구분에 따른 금액을 시가로 봅니다. (상증법 제60조제1항 단서, 각 호)

① 「자본시장과 금융투자업에 관한 법률」에 따른 증권시장으로서 대통령령으로 정하는 증권시장에서 거래되는 주권상장법인의 주식등 중 대통령령으로 정하는 주식등(제63조제2항에 해당하는 주식등은 제외한다)의 경우: 제63조(유가증권 등의 평가)제1항제1호가목에 규정된 평가방법으로 평가한 가액 → 상장주식

② 「가상자산 이용자 보호 등에 관한 법률」 제2조제1호에 따른 가상자산의 경우: 제65조제2항에 규정된 평가방법으로 평가한 가액 → 가상자산

☞ 2024.7.19부터 적용합니다.

2 시가산정 시 보충적 평가방법 적용

시가를 산정하기 어려운 경우에는 해당 재산의 종류, 규모, 거래 상황 등을 고려하여 상증법 제61조부터 제65조까지에 규정된 방법으로 평가한 가액을 시가로 봅니다. (상증법 제60조제3항)

☞ 상증법 제61조(부동산 등의 평가), 제62조(선박 등 그 밖의 유형재산의 평가), 제63조(유가증권 등의 평가), 제64조(무체재산권의 가액) 제65조(그 밖의 조건부 권리 등의 평가)

1) 보충적 평가방법

보충적 평가방법이란 상속 또는 증여재산의 시가를 산정하기 어려운 경우에 제한적으로 적용하는 평가방법입니다.

상증법 제61조부터 제65조까지 규정된 방법으로 평가한 가액도 시가이지만, 상증법 제60조(평가의 원칙 등)제2항에 따른 시가와 구분하기 위해서 보충적 평가라는 용어를 사용합니다. 상증법 제61조부터 제65조까지는 각 재산종류별로 보충적으로 평가하는 방법(보충적 평가방법)을 자세하게 규정하고 있습니다.

☞ (보충적 평가방법) 보충적 평가방법이라는 용어는 상증법 본문에서는 구체적으로 사용하고 있지 않지만, 상증법 시행령 제49조의2(평가심의위원회의 구성)제5항제2호가목 및 시행령 제54조(비상장주식등의 평가)제6항에서 이 용어를 사용하고 있습니다.

2) 보충적 평가방법의 적용요건과 입증책임

보충적 평가방법을 적용하기 위해서는 '평가대상 재산의 시가를 산정하기 어려운 경우'라는 요건이 먼저 충족되어야 합니다. (상증법 제60조제3항)

이 경우 보충적 평가방법에 의할 수밖에 없었다는 점은 과세관청이 주장·입증하여야 하고, 그에 대한 입증을 다하지 못하는 한 과세처분은 위법합니다. (대법07누8502, 1997.9.26.외 다수)

거래 실례가 있다 하더라도 그 거래가액을 상속재산의 객관적 교환가치를 적정하게 반영하여 정상적인 거래로 인하여 형성된 가격이라고 할 수 없는 경우에는 시가를 산정하기 어려운 것으로 보아 보충적 평가방법에 따라 그 가액을 산정할 수 있습니다. (대법원2012두7905, 2015.2.12.)

3 저당권 등이 설정된 재산의 평가 특례

저당권 등이 설정된 재산은 다음의 평가방법 중에서 큰 금액으로 평가합니다. (상증법 제66조, 시행령 제63조)

재산평가액 = Max(① 시가 or 보충적 평가가액, ② 해당 재산이 담보하는 채권액)

① 평가 기준일 현재의 시가 또는 보충적 평가방법에 의한 평가액
② 해당 재산이 담보하는 채권액 등으로 평가한 가액

☞ 저당권 등이 설정된 재산 평가의 특례(상증법 제66조)는 뒤에서 별도로 설명을 합니다.

4 기타재산(국외재산, 공유재산, 할부재산 등) 평가 방법

1) 국외재산의 평가방법

외국에 소재하는 상속 또는 증여재산으로서 상증법 제60조부터 제65조의 평가규정을 적용하는 것이 부적당한 경우에는 해당 재산이 소재하는 국가에서 양도소득세·상속세·증여세 등의 부과목적으로 평가한 가액을 평가액으로 합니다. (상증법 시행령 제58조의3제1항)

위 해당하는 평가액이 없는 경우에는 세무서장 등이 둘 이상의 국내 또는 국외의 감정기관(주식 등에 대한 평가의 경우에는 신용평가전문기관, 「공인회계사법」에 따른 회계법인 또는 「세무사법」에 따른 세무법인 포함)에 의뢰하여 감정한 가액을 참작하여 평가한 가액을 평가액으로 합니다. (상증법 시행령 제58조의3제2항)

외화자산 및 부채는 평가기준일 현재 「외국환거래법」 제5조제1항에 따른 기준환율 또는 재정환율에 따라 환산한 가액을 기준으로 평가합니다. (상증법 시행령 제58조의4) ☞ 2012.2.2 신설되었습니다.

2) 재산의 종류 별로 개별 평가 및 재산 평가시 계산 단위

재산의 가액은 각각의 재산을 개별적으로 평가하여 그 평가액의 합계액을 재산 평가액으로 합니다.

그리고 배율에 의한 부동산의 제곱미터당 가액, 상장주식 1주당 최종시세가액의 평균액과 비상장주식의 1주당가액, 1주당 순손익액 및 이의 가중평균액 등을 계산할 때에는 원 단위 미만의 금액은 이를 절사합니다. (예 : 210.22 → 210) (상증법 기본통칙 60-0…1)

3) 원물과 과실

천연과실의 가액은 원물의 가액에 포함해서 평가하고, 법정과실의 가액은 원물과는 별개로 평가합니다. 다만, 장래에 확정될 법정과실 등에 대하여 거래의 관행이 있거나 법령에 특별히 정한 경우에는 그 관행 및 법령에 정한 바에 따라 평가합니다.

① 원물 : 과실을 생기게 하는 물건
② 과실 : 물건으로부터 생기는 경제적 이익(수익)
　- 천연과실 : 물건의 용법에 의하여 수취되는 산출물을 말하며, 자연적·유기적으로 생산되는 물건(과수나무에 달린 과일 등)과 인공적·무기적으로 수취되는 물건(석재, 토사 등) 등
　- 법정과실 : 물건의 사용대가로 받는 금전 등(임대차 사용료 등)

4) 연부 또는 할부로 취득하여 상환만료 전에 있는 재산의 평가

연부 또는 월부에 따라 취득한 재산으로서 평가기준일 현재 상환이 완료되지 않은 재산에 대해서는 그 재산에서 미상환금액을 뺀 가액으로 평가합니다. 이 경우 그 뺀 가액이 음수(-)이면, '0'으로 합니다. (상증법 기본통칙 65-0-1)

5) 공유재산의 평가

공유재산은 전체로서 평가한 재산가액에 그 공유자의 지분비율에 따라 안분한 가액으로 평가합니다. (상증법 시행령 제49조제3항)

평가대상 재산이 공유물인 경우 그 재산의 타인지분에 감정가액이 있는 경우에는 그 감정가액

을 재산의 시가로 볼 수 있습니다. 다만, 공유물이 현실적으로 각자가 별도로 관리·처분할 수 있고 이에 대한 계약 등에 따라 그 사실이 확인되거나 상호 명의신탁재산에 해당하여 사실상 이를 공유물로 볼 수 없는 경우에는 타인지분에 대한 감정가액을 평가대상 재산의 시가로 보지 아니합니다. (상증법 기본통칙 60-49-3)

6) 구체적인 평가방법이 규정되지 않은 재산의 평가

상증법에서 평가방법을 따로 규정하지 아니한 재산의 평가는 상증법 제65조제1항과 제60조부터 제64조까지에 규정된 평가방법을 준용하여 평가합니다. (상증법 제65조제3항)

⑤ 둘 이상의 재산에 포함된 경우 안분 방법

(상증법 시행령 제49조제1항)

매매가액, 감정가액의 평균액, 수용·보상가액 등이 2 이상의 재산에 일괄하여 거래 및 설정된 경우로서 각각의 재산가액이 구분되지 아니하는 경우에는 각각의 재산을 상증법 제61조부터 제65조까지 규정에 따라 평가한 가액에 비례하여 안분합니다.

그러나 각각의 재산에 대하여 감정가액(동일 감정가액이 동일한 시기에 감정한 각각의 감정가액을 말합니다)이 있는 경우에는 감정가액에 비례하여 안분하여 계산합니다.

다만, 토지와 그 토지에 정착된 건물, 기타 구축물의 가액이 구분되지 아니하는 경우에는 부가가치세법 시행령 제64조(토지와 건물 등을 함께 공급하는 경우 건물 등의 공급가액 계산)에 따라 안분 계산합니다. ☞ 감정가액, 기준시가, 장부가액, 취득가액을 순차적으로 적용합니다.

> ☞ **부가가치세법 시행령 제64조(토지와 건물 등을 함께 공급하는 경우 건물 등의 공급가액 계산)**
> ① 법 제29조제9항 각 호 외의 부분 단서 및 같은 항 제2호 본문에 따른 안분계산한 금액은 다음 각 호의 구분에 따라 계산한 금액으로 한다.
> 1. 토지와 건물 또는 구축물 등(이하 이 조에서 "건물등"이라 한다)에 대한 「소득세법」 제99조에 따른 기준시가(이하 이 조에서 "기준시가"라 한다)가 모두 있는 경우: 공급계약일 현재의 기준시가에 따라 계산한 가액에 비례하여 안분(按分) 계산한 금액. 다만, 감정평가가액[제28조에 따른 공급시기(중간지급조건부 또는 장기할부판매의 경우는 최초 공급시기)가 속하는 과세기간의 직전 과세기간 개시일부터 공급시기가 속하는 과세기간의 종료일까지 「감정평가 및 감정평가사에 관한 법률」에 따른 감정평가법인등이 평가한 감정평가가액을 말한다. 이하 이 조에서 같다]이 있는 경우에는 그 가액에 비례하여 안분 계산한 금액으로 한다.
> 2. 토지와 건물등 중 어느 하나 또는 모두의 기준시가가 없는 경우로서 감정평가가액이 있는 경우: 그 가액에 비례하여 안분 계산한 금액. 다만, 감정평가가액이 없는 경우에는 장부가액(장부가액이 없는 경우에는 취득가액)에 비례하여 안분

계산한 후 기준시가가 있는 자산에 대해서는 그 합계액을 다시 기준시가에 의하여 안분 계산한 금액으로 한다.

3. 제1호와 제2호를 적용할 수 없거나 적용하기 곤란한 경우: 국세청장이 정하는 바에 따라 안분하여 계산한 금액

② 법 제29조제9항제2호 단서에 따라 다음 각 호의 어느 하나에 해당하는 경우에는 건물등의 실지거래가액을 공급가액으로 한다.

1. 다른 법령에서 정하는 바에 따라 토지와 건물등의 가액을 구분한 경우

2. 토지와 건물등을 함께 공급받은 후 건물등을 철거하고 토지만 사용하는 경우

제2장 재산의 시가평가

상속세 또는 증여세가 부과되는 재산의 가액은 평가기준일(상속개시일 또는 증여일) 현재의 시가에 따릅니다. (상증법 제60조제1항)

- (시가평가원칙) 시가는 불특정 다수인 사이에 자유롭게 거래가 이루어지는 경우 통상적으로 성립된다고 인정되는 가액을 말함
  ① (평가기간 이내) 해당 재산의 평가기간 내의 매매등 가액
    - (평가기간) 상속은 상속개시일 전·후 6개월, 증여는 증여일 전 6개월 후 3개월
    - (매매등 가액) 매매·수용·공매·경매 가액·감정가액의 평균액을 말함
  ② (평가기준일 전 2년부터 법정결정기한까지) ①의 가액이 없는 경우 평가심의위원회 심의를 거쳐 시가로 인정한 가액
  ③ (평가기준일 전 6개월부터 평가기간내 신고일까지) ①의 가액이 없는 경우 동일·유사재산의 매매등 가액
  ④ 상장·코스닥 상장 주식은 평가기준일 이전·이후 각 2개월간 공표된 매일의 종가 평균액
- (보충적 평가) 시가를 인정하기 어려운 경우(① ~ ④)의 가액이 없는 경우 상증법 제61조~제65조에 규정된 방법으로 평가한 가액을 시가로 봄
- (저당권 등이 설정된 재산)
  재산평가액 = Max(① 시가 or 보충적 평가액, ② 해당 재산이 담보하는 채권액 등)

제1절　평가의 원칙 (상증법 제60조제1항)

상속세 또는 증여세가 부과되는 재산의 가액은 평가기준일(상속개시일 또는 증여일) 현재의 시가에 따릅니다. (상증법 제60조제1항)

① (시가) 불특정 다수인 사이에 자유롭게 거래가 이루어지는 경우 통상적으로 성립된다고 인정되는 가액

② 해당 재산에 대한 평가기간 내의 매매·감정·수용 등의 가액

③ 동일·유사한 재산에 대한 평가기간 내의 매매·감정·수용 등의 가액

④ 평가기간 밖의 매매 등 가액 중 평가심의위원회 심의를 거쳐 시가로 인정된 가액

☞ 상증법 제60조(평가의 원칙 등) ① 이 법에 따라 상속세나 증여세가 부과되는 재산의 가액은 상속개시일 또는 증여일(이하 "평가기준일"이라 한다) 현재의 시가(時價)에 따른다. 이 경우 다음 각 호의 경우에 대해서는 각각 다음 각 호의 구분에 따른 금액을 시가로 본다. (이하 생략)

시가란 불특정 다수인 사이에 자유롭게 거래가 이루어지는 경우에 통상적으로 성립된다고 인정되는 가액으로 하고,(상증법 제60조제2항) 평가기간 이내에 매매·감정·수용·공매 또는 경매('매매 등')가 있는 경우 해당 매매가액 등이 시가에 포함됩니다.(상증법 제60조제3항) 평가기간은 상속의 경우 평가기준일 전·후 6개월, 증여의 경우 전 6개월 · 후 3개월을 말합니다.(상증법 시행령 제49조제1항)

(1) 상속세나 증여세가 부과되는 재산의 가액은 상속개시일 또는 증여일(이하 '평가기준일'이라 한다) 현재의 시가(時價)에 따릅니다. (상증법 제60조제1항)

　　다음 각 호의 경우에 대해서는 각각의 구분에 따른 금액을 시가로 봅니다. (상증법 제60조제1항 각 호)

　　① 「자본시장과 금융투자업에 관한 법률」에 따른 증권시장으로서 대통령령으로 정하는 증권시장에서 거래되는 주권상장법인의 주식등 중 대통령령으로 정하는 주식등(상증법 제63조(유가증권 등의 평가)제2항에 해당하는 주식등은 제외)의 경우: 상증법 제63조(유가증권 등의 평가)제1항제1호가목에 규정된 평가방법으로 평가한 가액

　　② 「가상자산 이용자 보호 등에 관한 법률」 제2조제1호에 따른 가상자산의 경우: 제65조제2항에 규정된 평가방법으로 평가한 가액　☞ 2024.7.19부터 적용합니다.

　　☞ 2024.7.18.까지는 다음과 같이 적용합니다.
　　　② 「특정 금융거래정보의 보고 및 이용 등에 관한 법률」 제2조제3호에 따른 가상자산의 경우: 상증법 제65조(그 밖의 조건부 권리 등의 평가)제2항에 규정된 평가방법으로 평가한 가액

(2) 상증법 제60조(평가의 원칙 등)제1항에 따른 시가는 불특정 다수인 사이에 자유롭게 거래가 이루어지는 경우에 통상적으로 성립된다고 인정되는 가액으로 하고 수용가격 · 공매가격 및 감정가격 등 대통령령으로 정하는 바에 따라 시가로 인정되는 것을 포함합니다. (상증법 제60조제2항)

(3) 상증법 제60조(평가의 원칙 등)제1항을 적용할 때 시가를 산정하기 어려운 경우에는 해당 재산의 종류, 규모, 거래 상황 등을 고려하여 제61조부터 제65조까지에 규정된 방법으로 평가한 가액을 시가로 봅니다. (상증법 제60조제3항)

(4) 상증법 제60조(평가의 원칙 등)1항을 적용할 때 상증법 제13조에 따라 상속재산의 가액에 가산하는 증여재산의 가액은 증여일 현재의 시가에 따릅니다. (상증법 제60조제4항)

시가에 포함되는 가액을 요약하면 다음과 같습니다. (상증법 시행령 제49조제1항)

　　☞ 이 평가기준은 2019.2.12.이후 부터 개정된 세법에 따라 적용됩니다.

① 평가기간(상속 전·후 6개월, 증여는 전6개월, 후3개월) 이내의 해당재산의 매매등 가액

  * 이 때 해당재산에 자본적 지출이 있는 경우 해당 자산의 매매등의 가액에 가산합니다.

② (①의 가액이 없는 경우에만) 평가기간 이내의 동일 유사 재산의 매매등 가액

③ 평가기준일 전 2년 이내·법정 결정기한까지 매매등의 가액 중 평가심의위원회 심의를 거쳐 확인된 금액

☞ 상증법 제60조(평가의 원칙 등)

① 이 법에 따라 상속세나 증여세가 부과되는 재산의 가액은 상속개시일 또는 증여일(이하 "평가기준일"이라 한다) 현재의 시가(時價)에 따른다. 이 경우 다음 각 호의 경우에 대해서는 각각 다음 각 호의 구분에 따른 금액을 시가로 본다.〈개정 2020.12.22.〉

　1.「자본시장과 금융투자업에 관한 법률」에 따른 증권시장으로서대통령령으로 정하는 증권시장에서 거래되는 주권상장법인의 주식등 중대통령령으로 정하는 주식등(제63조 제2항에 해당하는 주식등은 제외한다)의 경우:제63조 제1항 제1호 가목에 규정된 평가방법으로 평가한 가액

　2.「특정 금융거래정보의 보고 및 이용 등에 관한 법률」 제2조 제3호에 따른 가상자산의 경우:제65조 제2항에 규정된 평가방법으로 평가한 가액

② 제1항에 따른 시가는 불특정 다수인 사이에 자유롭게 거래가 이루어지는 경우에 통상적으로 성립된다고 인정되는 가액으로 하고 수용가격·공매가격 및 감정가격 등대통령령으로 정하는 바에 따라 시가로 인정되는 것을 포함한다.

③ 제1항을 적용할 때 시가를 산정하기 어려운 경우에는 해당 재산의 종류, 규모, 거래 상황 등을 고려하여제61조부터 제65조까지에 규정된 방법으로 평가한 가액을 시가로 본다.

④ 제1항을 적용할 때제13조에 따라 상속재산의 가액에 가산하는 증여재산의 가액은 증여일 현재의 시가에 따른다.

⑤ 제2항에 따른 감정가격을 결정할 때에는대통령령으로 정하는 바에 따라 둘 이상의 감정기관(대통령령으로 정하는 금액 이하의 부동산의 경우에는 하나 이상의 감정기관)에 감정을 의뢰하여야 한다. 이 경우 관할 세무서장 또는 지방국세청장은 감정기관이 평가한 감정가액이 다른 감정기관이 평가한 감정가액의 100분의 80에 미달하는 등대통령령으로 정하는 사유가 있는 경우에는대통령령으로 정하는 바에 따라대통령령으로 정하는 절차를 거쳐 1년의 범위에서 기간을 정하여 해당 감정기관을 시가불인정 감정기관으로 지정할 수 있으며, 시가불인정 감정기관으로 지정된 기간 동안 해당 시가불인정 감정기관이 평가하는 감정가액은 시가로 보지 아니한다.〈2017.12.19.〉

☞ 상증법 시행령 제49조(평가의 원칙등)

① 법 제60조제2항에서 "수용가격·공매가격 및 감정가격 등 대통령령으로 정하는 바에 따라 시가로 인정되는 것"이란 상속개시일 또는 증여일(이하 "평가기준일"이라 한다) 전후 6개월(증여재산의 경우에는 평가기준일 전 6개월부터 평가기준일 후 3개월까지로 한다. 이하 이 항에서 "평가기간"이라 한다)이내의 기간 중 매매·감정·수용·경매(「민사집행법」에 따른 경매를 말한다. 이하 이 항에서 같다) 또는 공매(이하 이 조 및 제49조의2에서 "매매등"이라 한다)가 있는 경우에 다음 각 호의 어느 하나에 따라 확인되는 가액을 말한다. 다만, 평가기간에 해당하지 않는 기간으로서 평가기준일 전 2년 이내의 기간 중에 매매등이 있거나 평가기간이 경과한 후부터 제78조제1항에 따른 기한까지의 기간 중에 매매등이 있는 경우에도 평가기준일부터 제2항 각 호의 어느 하나에 해당하는 날까지의 기간 중에 주식발행회사의 경영상태, 시간의 경과 및 주위환경의 변화 등을 고려하여 가격변동의 특별한 사정이 없다고 보아 상속세 또는 증여세 납부의무가 있는 자(이하 이 조 및 제54조에서 "납세자"라 한다), 지방국세청장 또는 관할세무서장이 신청하는 때에는 제49조의2제1항에 따른 평가심의위원회의 심의를 거쳐 해당 매매등의 가액을 다음 각 호의 어느 하나에 따라 확인되는 가액에 포함시킬 수 있다.〈2023.2.28〉

　1. 해당 재산에 대한 매매사실이 있는 경우에는 그 거래가액. 다만, 다음 각 목의 어느 하나에 해당하는 경우는 제외한다.

　　가. 특수관계인과의 거래 등으로 그 거래가액이 객관적으로 부당하다고 인정되는 경우

나. 거래된 비상장주식의 가액(액면가액의 합계액을 말한다)이 다음의 금액 중 적은 금액 미만인 경우(제49조의2제1항에 따른 평가심의위원회의 심의를 거쳐 그 거래가액이 거래의 관행상 정당한 사유가 있다고 인정되는 경우는 제외한다)

    1) 액면가액의 합계액으로 계산한 해당 법인의 발행주식총액 또는 출자총액의 100분의 1에 해당하는 금액

    2) 3억원

2. 해당 재산(법 제63조제1항제1호에 따른 재산을 제외한다)에 대하여 둘 이상의 기획재정부령으로 정하는 공신력 있는 감정기관(이하 "감정기관"이라 한다)이 평가한 감정가액이 있는 경우에는 그 감정가액의 평균액. 다만, 다음 각 목의 어느 하나에 해당하는 것은 제외하며, 해당 감정가액이 법 제61조·제62조·제64조 및 제65조에 따라 평가한 가액과 제4항에 따른 시가의 100분의 90에 해당하는 가액 중 적은 금액(이하 이 호에서 "기준금액"이라 한다)에 미달하는 경우(기준금액 이상인 경우에도 제49조의2제1항에 따른 평가심의위원회의 심의를 거쳐 감정평가목적 등을 고려하여 해당 가액이 부적정하다고 인정되는 경우를 포함한다)에는 세무서장(관할지방국세청장을 포함하며, 이하 "세무서장등"이라 한다)이 다른 감정기관에 의뢰하여 감정한 가액에 의하되, 그 가액이 납세자가 제시한 감정가액보다 낮은 경우에는 그렇지 않다.

가. 일정한 조건이 충족될 것을 전제로 당해 재산을 평가하는 등 상속세 및 증여세의 납부목적에 적합하지 아니한 감정가액

나. 평가기준일 현재 당해재산의 원형대로 감정하지 아니한 경우의 당해 감정가액

3. 해당 재산에 대하여 수용·경매 또는 공매사실이 있는 경우에는 그 보상가액·경매가액 또는 공매가액. 다만, 다음 각 목의 어느 하나에 해당하는 경우에는 해당 경매가액 또는 공매가액은 이를 제외한다.

가. 법 제73조 및 제73조의2에 따라 물납한 재산을 상속인 또는 그의 특수관계인이 경매 또는 공매로 취득한 경우

나. 경매 또는 공매로 취득한 비상장주식의 가액(액면가액의 합계액을 말한다)이 다음의 금액 중 적은 금액 미만인 경우 (1) 액면가액의 합계액으로 계산한 당해 법인의 발행주식총액 또는 출자총액의 100분의 1에 해당하는 금액 (2) 3억원

다. 경매 또는 공매절차의 개시 후 관련 법령이 정한 바에 따라 수의계약에 의하여 취득하는 경우

라. 제15조제3항에 따른 최대주주등의 상속인 또는 최대주주등의 특수관계인이 최대주주등이 보유하고 있던 제54조제1항에 따른 비상장주식등을 경매 또는 공매로 취득한 경우

② 제1항을 적용할 때 제1항 각 호의 어느 하나에 따른 가액이 평가기준일 전후 6개월(증여재산의 경우에는 평가기준일 전 6개월부터 평가기준일 후 3개월까지로 한다) 이내에 해당하는지는 다음 각 호의 구분에 따른 날을 기준으로 하여 판단하며, 제1항에 따라 시가로 보는 가액이 둘 이상인 경우에는 평가기준일을 전후하여 가장 가까운 날에 해당하는 가액(그 가액이 둘 이상인 경우에는 그 평균액을 말한다)을 적용한다. 다만, 해당 재산의 매매등의 가액이 있는 경우에는 제4항에 따른 가액을 적용하지 아니한다. 〈개정 2019.2.12〉

1. 제1항제1호의 경우에는 매매계약일

2. 제1항제2호의 경우에는 가격산정기준일과 감정가액평가서 작성일

3. 제1항제3호의 경우에는 보상가액·경매가액 또는 공매가액이 결정된 날

③ 제1항 각호의 가액에 2 이상의 재산가액이 포함됨으로써 각각의 재산가액이 구분되지 아니하는 경우에는 각각의 재산을 법 제61조 내지 제65조의 규정에 의하여 평가한 가액에 비례하여 안분계산하되 각각의 재산에 대하여 감정가액(동일감정기관이 동일한 시기에 감정한 각각의 감정가액을 말한다)이 있는 경우에는 감정가액에 비례하여 안분계산한다. 다만, 토지와 그 토지에 정착된 건물 기타 구축물의 가액이 구분되지 아니하는 경우에는 「부가가치세법 시행령」 제64조에 따라 안분계산한다. 〈2016.2.5〉

④ 제1항을 적용할 때 기획재정부령으로 정하는 해당 재산과 면적·위치·용도·종목 및 기준시가가 동일하거나 유사한 다른 재산에 대한 같은 항 각 호의 어느 하나에 해당하는 가액[법 제67조 또는 제68조에 따라 상속세 또는 증여세 과세표준을 신고한 경우에는 평가기준일 전 6개월부터 제1항에 따른 평가기간 이내의 신고일까지의 가액을 말한다]이 있는 경우에는 해당 가액을 법 제60조제2항에 따른 시가로 본다. 〈2019.2.12〉

⑤ 제1항을 적용할 때 제2항 각 호에 따른 날이 평가기준일 전에 해당하는 경우로서 그 날부터 평가기준일까지 해당 재산에

대한 자본적지출액이 확인되는 경우에는 그 자본적지출액을 제1항에 따른 가액에 더할 수 있다. 〈2016.2.5〉

⑥ 법 제60조제5항 전단에서 "대통령령으로 정하는 금액 이하의 부동산"이란 「소득세법」 제99조제1항제1호에 따른 부동산 중 기준시가 10억원 이하의 것을 말한다. 〈신설 2018.2.13〉

⑦ 법 제60조제5항 후단에서 "대통령령으로 정하는 사유"란 납세자가 제시한 감정기관(이하 이 조에서 "원감정기관"이라 한다)의 감정가액(이하 이 조에서 "원감정가액"이라 한다)이 세무서장등이 다른 감정기관에 의뢰하여 평가한 감정가액(이하 이 조에서 "재감정가액"이라 한다)의 100분의 80에 미달하는 경우를 말한다. 〈신설 2016.2.5, 2018.2.13〉

⑧ 제7항의 사유에 해당하는 경우 세무서장등은 제49조의2제1항에 따른 평가심의위원회의 심의를 거쳐 부실감정의 고의성 및 원감정가액이 재감정가액에 미달하는 정도 등을 고려하여 1년의 범위에서 기획재정부령으로 정하는 기간 동안 원감정 기관을 시가불인정 감정기관으로 지정할 수 있다. 이 경우 그 기간은 세무서장등이 원감정기관을 시가불인정 감정기관으로 지정하여 통지한 날부터 기산한다. 〈2021.1.5〉

⑨ 세무서장 등은 제8항에 따른 평가심의위원회의 심의 전에 다음 각 호의 내용 등을 해당 감정기관에 통지하고 의견을 청취하여야 한다. 이 경우 통지를 받은 감정기관은 통지를 받은 날부터 20일 이내에 의견을 제출하여야 하며, 정당한 사유 없이 의견을 제출하지 아니한 경우에는 의견이 없는 것으로 본다. 〈2018.2.13〉

1. 시가불인정 감정기관 지정내용 및 법적근거

2. 제1호에 대하여 의견을 제출할 수 있다는 뜻과 의견을 제출하지 아니하는 경우의 처리방법

3. 의견제출기한

4. 그 밖에 의견제출에 필요한 사항

⑩ 제7항부터 제9항까지에서 규정한 사항 외에 시가불인정 감정기관의 지정 및 통지 등에 필요한 사항은 국세청장이 정하여 고시한다. 〈2018.2.13〉

⑪기획재정부장관은 상속·증여재산을 평가함에 있어서 평가의 공정성을 확보하기 위하여 재산별 평가기준·방법·절차 등에 관한 세부사항을 정할 수 있다. 〈2018.2.13.〉

제 2 절　시가의 적용기준

(상증법 시행령 제49조제2항)

- (2개 이상의 시가) 평가기준일부터 가장 가까운 날에 해당하는 가액
- (가장 가까운 날의 판단 기준)
  - 거래가액 : 매매계약일
  - 감정가액 : 가격산정기준일, 감정평가서 작성일
  - 수용·보상·경매가액 : 가액 결정일

1 2개 이상의 시가가 있는 경우 (상증법 시행령 제49조제2항)

평가기간 중 시가로 보는 가액이 2이상인 경우에는 평가기준일을 전후하여 가장 가까운 날에 해당하는 가액을 시가로 봅니다.

가장 가까운 날에 해당하는 가액이 둘 이상인 경우, 그 평균액을 시가로 봅니다.

해당재산의 매매등 가액이 확인되는 경우에는 평가기준일을 기준으로 더 가까운 날에 유사재산의 매매등 가액이 있는 경우에도 해당재산의 매매등 가액을 우선하여 적용합니다.

2 평가기간 내의 적용 기준 (상증법 시행령 제49조제2항)

매매거래가액 등이 평가기간 이내에 있는 지, 밖에 있는 지를 판정하는 기준은 아래의 날자를 기준으로 합니다. (상증법 시행령 제49조제2항)

① 거래가액 : 매매계약일

② 감정가액 : 가격산정기준일과 감정가액 평가서 작성일(가격산정 기준일과 감정평가서 작성일이 모두 평가기간 내에 있어야 합니다.)

③ 수용·경매·공매 : 보상가액·경매가액·공매가액이 결정된 날

'경매가액이 결정된 날'은 「민사집행법」 제128조(매각허가결정)에 따라 매각허가를 결정하는 날을 의미합니다. (서면2015법령해석재산-0757, 2015.6.12.)

시가에 포함하는 가액

(상증법 시행령 제49조))

시가로 보는 가액은 크게 평가대상인 해당 재산의 매매·감정·수용·경매 또는 공매 등의 가액과 평가대상 재산과 동일하거나 유사한 다른 재산의 매매·감정·수용·경매 또는 공매 등의 가액과 구분하고 있습니다. (상증법 시행령 제49조제1항 후단)

① 해당재산의 매매등 가액을 우선 적용하고,

② 해당 가액이 없는 경우에 한정하여 동일·유사재산의 매매등 가액을 적용하고,

③ 평가기간 내 신고일까지의 동일·유사 재산의 매매등의 가액만 적용합니다.

다만, 이들 가액이 평가기간에 해당하지 아니하는 기간으로서 평가기준일 전 2년 이내의 기간 중에 매매등이 있거나 평가기간이 경과한 후부터 상증법 시행령 제78조(결정.경정)제1항에 따른 기한까지의 기간(법정결정기한, 상속세과세표준 신고기한부터 상속세 9개월, 증여세 6개월) 중에 매매등이 있는 경우에도 평가기준일부터 상증법 시행령 제49조(평가의 원칙)제2항 각 호의 어느 하나에 해당하는 날까지의 기간(매매계약일, 가격산정기준일과 감정평가서 작성일, 공매가액이 결정된 날) 중에 주식발행회사의 경영상태, 시간의 경과 및 주위환경의 변화 등을 고려하여 가격변동의 특별한 사정이 없다고 인정하는 때에는 평가심의위원회의 심의를 거쳐 시가에 포함시킬 수 있습니다.(상증법 시행령 제49조제1항 후단, 단 평가심의위원회 운영규정 제39조)

☞ **상증법 시행령 제49조(평가의 원칙등)제2항**
    ② 제1항을 적용할 때 제1항 각 호의 어느 하나에 따른 가액이 평가기준일 전후 6개월(증여재산의 경우에는 평가기준일 전 6개월부터 평가기준일 후 3개월까지로 한다) 이내에 해당하는지는 다음 각 호의 구분에 따른 날을 기준으로 하여 판단하며, 제1항에 따라 시가로 보는 가액이 둘 이상인 경우에는 평가기준일을 전후하여 가장 가까운 날에 해당하는 가액(그 가액이 둘 이상인 경우에는 그 평균액을 말한다)을 적용한다. 다만, 해당 재산의 매매등의 가액이 있는 경우에는 제4항에 따른 가액을 적용하지 아니한다. 〈개정 2019.2.12〉
    1. 제1항제1호의 경우에는 매매계약일
    2. 제1항제2호의 경우에는 가격산정기준일과 감정가액평가서 작성일
    3. 제1항제3호의 경우에는 보상가액 · 경매가액 또는 공매가액이 결정된 날

평가기간이 경과한 후부터 법정결정기한(상증법 시행령 제78조제1항)까지의 매매 등의 가액도 평가심의위원회의 심의를 거쳐 시가에 포함시킬 수 있습니다.

☞ 2019.2.12.이후 상속·증여분부터 적용합니다.

〈시가에 포함하는 가액〉

① 해당 재산에 대한 평가기간 내의 매매·감정·수용 등의 가액

② (①이 없을 때)

　　가) 동일 유사한 재산에 대한 평가기간 내의 매매·감정·수용 등의 가액

　　나) 과세표준을 신고한 경우에는 평가기준일전 6개월부터 신고일까지의 매매등 가액을 말함

　　다) 평가기간 밖의 매매 등 가액 중 평가심의위원회 심의를 거쳐 시가로 인정된 가액

평가기간 내의 적용기준에 따른 날이 평가기준일 전에 해당하는 경우로서 그 날(매매계약일, 가격산정기준일, 감정평가서작성일, 보상가격·경매·공매가격 결정일)부터 평가기준일까지 해당 재산에 대한 자본적 지출이 확인되는 경우에는 그 자본적지출액을 평가 등의 가액에 더할 수 있습니다.(상증법 시행령 제49조제5항)

☞ **상증법 시행령 제49조(평가의 원칙등) 제5항**

⑤ 상증법 시행령 제1항을 적용할 때 제2항 각 호에 따른 날이 평가기준일 전에 해당하는 경우로서 그 날부터 평가기준일까지 해당 재산에 대한 자본적지출액이 확인되는 경우에는 그 자본적지출액을 제1항에 따른 가액에 더할 수 있다.

1 평가대상 재산의 거래가액

해당 재산에 대한 매매사실이 있는 경우에는 그 실지거래가액을 시가로 봅니다. 다만, 다음의 어느 하나에 해당하는 경우에는 시가로 보지 아니합니다. (상증법 시행령 제49조제1항제1호)

㉮ 특수관계인과의 거래 등으로 그 거래가액이 객관적으로 부당하다고 인정되는 경우

㉯ 거래된 비상장주식의 가액(액면가액의 합계액을 말합니다)이 다음의 금액 중 적은 금액 미만인 경우(평가심의위원회의 심의를 거쳐 그 거래가액이 거래의 관행상 정당한 사유가 있다고 인정되는 경우는 제외합니다.) ☞ 2012.2.2. 이후 상속증여분부터 평가심의회 심의를 거쳐 적용할 수 있습니다.

　(1) 액면가액의 합계액으로 계산한 해당 법인의 발행주식총액 또는 출자총액의 100분의 1에 해당하는 금액

　(2) 3억원

☞ (시가의 판단기준) 어떠한 거래가 그 거래대상의 객관적인 교환가치를 반영하는 일반적이고 정상적인 거래인지 여부는 ① 거래당사자들이 각기 경제적 이익의 극대화를 추구하는 대등한 관계에 있는지, ② 거래당사자들이 거래 관련 사실에 관하여 합리적인 지식이 있으며 강요에 의하지 아니하고 자유로운 상태에서 거래를 하였는지 등 거래를 둘러싼 제반 사정을 종합적으로 검토하여 결정하여야 함. 따라서 특수관계에 있는 자와의 거래라 하더라도 위와 같은 제반 사정을 고려하여 객관적 교환가치가 적정하게 반영된 정상적인 거래라고 판단되면 그 거래가격을 시가로 보아 평가하여야 하되, 특수관계자와의 거래가 정상적인 거래에 해당된다는 입증은 이를 주장하는 자에게 있습니다.(대법원 2006두17055, 2007.1.11, 서울고등법원 2005누2348, 2006.10.17)

2 평가대상 재산에 대한 2 이상의 감정가액의 평균액

2 이상의 감정기관이 평가한 감정가액이 있는 경우에는 그 감정가액의 평균액을 시가로 봅니다.(상증법 시행령 제49조제1항제2호) 이 경우 소득세법 제99조제1항에 따른 부동산(토지, 건물, 오피스텔, 상업용 건물, 주택) 중 기준시가 10억원 이하의 부동산의 경우에는 하나의 감정기관이 평가한 감정가액도 시가로 인정합니다. (상증법 제60조제5항, 시행령 제49조제6항)

☞ 위 단서의 경우는 2018.4.1. 이후부터 적용합니다.

감정평가방법을 달리함에 따라 다양한 감정가액이 산출됨으로써 조세공평의 원칙에 반하는 결과를 초래하는 것을 방지하기 위해 상장·코스닥상장 주식 및 비상장주식의 감정가액은 시가로 인정하지 아니합니다. (상증법 제60조제1항제1호 → 상증법 제63조(유가증권 등의 평가)제1항제1호가목에 규정된 평가방법으로 평가)

☞ (비상장주식의 감정가액 불인정) 비상장주식의 경우에는 통상적으로 불특정 다수인 사이에서 거래가 이루어지지 아니하고, 또한 시가를 평가하는 방법이 정립되어 있지 아니함에 따라 감정평가방법별로 현저히 다른 감정가액이 산출될 수 있습니다. 이를 시가로 인정하게 되면 조세공평의 원칙에 반하는 결과가 초래될 수 있음을 고려하여, 특별한 사정이 없는 한 상증법 제60조제2항에서 정한 시가에 해당하지 아니하도록 이를 규정한 것으로 해석됩니다. 이러한 사정들을 종합하여 보면, 감정가액을 원칙으로 비상장주식에 대한 시가로 인정되는 것에서 제외하고 있는 상증법 시행령 규정이 상증법 제60조제2항에 따른 위임의 범위와 한계를 벗어난 무효의 규정이라고 할 수 없습니다. (대법원2015두53558, 2016.2.18.)

소급감정방지를 위해 감정가액의 가격산정 기준일과 감정가액평가서 작성일 모두 평가기간 이내에 있어야 합니다. (상증법 시행령 제49조제1항 본문)

☞ 2014.2.21.일부터 적용합니다.

'감정기관'이란 「감정평가 및 감정평가사에 관한 법률」제2조제4호에 따른 감정평가법인을 말하며, '감정평가법인등'은 같은 법 제21조에 따라 신고를 한 감정평가사와 같은 법 제29조에 따라 인가를 받은 감정평가법인을 말합니다. (상증법 시행규칙 제15조제1항)

1) 시가로 인정하지 아니하는 감정가액

(상증법 시행령 제49조제1항제2호)

다음의 감정가액은 시가로 인정하지 아니합니다.

① 일정한 조건이 충족될 것을 전제로 해당재산을 평가하는 등 상속세 및 증여세의 납부 목적에 적합하지 아니한 감정가액

② 평가기준일 현재 해당재산의 원형대로 감정하지 아니한 경우의 해당 감정가액

③ 해당 감정가액 〈 기준금액 [Min (㉠ 법 제61조·제62조·제64조 및 제65조에 따라 평가한 가액, ㉡ 동일·유사재산의 매매등의 가액의 100분의 90인 경우)]

④ 시가불인정 감정기관이 시가불인정 기간 동안에 감정한 가액

①, ②에 해당하는 가액은 제외하며, ③해당 감정가액이 기준금액에 미달하는 경우에는 세무서장 등이 다른 감정기관에 의뢰하여 감정한 가액에 의하되, 그 가액이 상속세 또는 증여세 납세의무자가 제시한 가격보다 낮은 경우에는 그러하지 아니합니다.

기준금액에 미달하는 경우 뿐 아니라, 기준금액 이상이라도 평가심의위원회의 심의를 거쳐 감정평가목적 등을 감안하여 그 가액이 부적정하다고 인정되는 경우에는 시가로 인정하지 아니할 수 있습니다.

2) 시가불인정 감정기관

감정기관이 평가한 감정가액이 다른 감정기관이 평가한 감정가액의 100분의 80에 미달하는 등의 경우에는 1년의 범위에서 기간을 정하여 해당 감정기관의 시가를 불인정 감정기관으로 지정할 수 있으며, 시가불인정 감정기관으로 지정된 기간 동안 해당 시가불인정 감정기관이 평가한 감정가액은 시가로 보지 아니합니다.(상증법 제60조제5항) 이 경우 시가불인정 기간은 세무서장등이 원감정기관을 시가불인정 감정기관으로 지정하여 통지한 날부터 기산합니다. (상증법 시행령 제49조제8항)

세무서장 등은 시가불인정 감정기관 지정 전에 다음의 내용 등을 해당 감정기관에 통지하고 의견을 청취하여야 합니다. 이 경우 통지를 받은 감정기관은 통지를 받은 날부터 20일 이내에 의견을 제출하여야 하며, 정당한 사유 없이 의견을 제출하지 아니한 경우에는 의견이 없는 것으로 봅니다. (상증법 시행령 제49조제9항)

① 시가불인정 감정기관 지정내용 및 법적근거

② ①에 대하여 의견을 제출할 수 있다는 뜻과 의견을 제출하지 아니하는 경우의 처리방법

③ 의견제출기한

④ 그 밖에 의견 제출에 필요한 사항

시가불인정 기간은 다음의 구분에 따른 기간으로 하되, 아래의 ①과 ②에 모두 해당하는 경우에는 해당 기간 중 가장 긴 기간으로 합니다. (상증법 시행규칙 제15조제4항)

① 고의 또는 중대한 과실로 다음 각 목의 어느 하나에 해당하는 부실감정을 한 경우: 1년

㉮ 평가대상 재산의 위치·지형·이용상황·주변환경 등 객관적 가치에 영향을 미치는 요

인을 사실과 다르게 조사한 경우

(나)「감정평가 및 감정평가사에 관한 법률」제2조 및 제25조제2항을 위반한 경우

(다) 납세자와 담합하여 상속세 및 증여세를 부당하게 감소시킬 목적으로 감정평가한 경우

② 원감정가액이 재감정가액에 미달하는 경우: 재감정가액에 대한 원감정가액의 비율에 따른 다음 각 목의 기간

(가) 100분의 70이상 100분의 80미만인 경우: 6월

(나) 100분의 60이상 100분의 70미만인 경우: 9월

(다) 100분의 60미만인 경우: 1년

❸ 평가대상 재산의 수용보상가액, 공매·경매가액

해당 재산에 수용·공매·민사집행법에 따른 경매 사실이 있는 경우에는 그 보상가액·공매가액·경매가액을 시가로 봅니다. (상증법 시행령 제49조제1항제3호)

평가기간 이내에 해당하는지 여부는 보상가액·공매가액·경매가액이 결정된 날을 기준으로 적용하고 보상가액이 결정된 날이라 함은 수용보상계약 체결일을 말합니다.(상증법 시행령 제49조제2항)

「공익사업을 위한 토지 등의 취득 및 보상에 관한 법률」제17조에 따라 협의매수된 경우로서 상속개시일 후 6개월을 경과하여 보상가액이 결정된 경우, 그 가액은 '시가'의 범위 포함되지 아니합니다. (서면4팀-2244, 2007.7.24.)

다음의 어느 하나에 해당하는 경우에는 해당 경매가액 또는 공매가액은 이를 제외합니다. (상증법 시행령 제49조제1항제3호 각 목)

(가) 상속·증여세 물납재산을 상속인 또는 그와 특수관계인이 경매 또는 공매로 취득한 경우의 해당 경매·공매가액

☞ 물납한 비상장주식 등을 상속인 또는 그와 특수관계인이 낮은 가액으로 공매를 받고, 그 이후에 해당 주식 등과 동일 종목의 주식을 증여하면서 그 공매가액을 시가로 보아 증여세 등을 부당하게 감소시키는 것을 방지하기 위한 목적입니다.

(나) 경매 또는 공매로 취득한 비상장주식의 가액(액면가액의 합계액을 말합니다)이 다음의 금액 중 적은 금액 미만인 경우

(1) 액면가액의 합계액으로 계산한 당해 법인의 발행주식총액 또는 출자총액의 100분의 1에 해당하는 금액

(2) 3억원

(다) 경매 또는 공매절차의 개시 후 관련 법령이 정한 바에 따라 수의계약에 따라서 취득하는 경우

(라) 최대주주 등의 상속인 또는 특수관계인이 최대주주등이 보유하고 있던 비상장주식 등을 경매 또는 공매로 취득한 경우

4 유가증권시장·코스닥시장 상장주식의 최종시세가액 평균액

(상증법 제63조제1항제1호가목)

「자본시장과 금융투자업에 관한 법률」에 따른 증권시장으로서 유가증권시장과 코스닥시장에서 거래되는 주권상장법인의 주식등 중 대통령령으로 정하는 주식등(이하 이 호에서 "상장주식"이라 합니다)은 평가기준일 이전·이후 각 2개월 동안 공표된 매일의 「자본시장과 금융투자업에 관한 법률」에 따라 거래소허가를 받은 거래소(이하 "거래소"라 합니다) 최종 시세가액(거래실적 유무를 따지지 아니합니다.)의 평균액으로 평가합니다. (상증법 제63조제1항제1호가목, 시행령 제52조의2제1항)

☞ **상증법 시행령 제52조의2(유가증권시장 및 코스닥시장에서 거래되는 주식등의 평가)**
　③ 법 제60조제1항제1호 및 제63조제1항제1호가목 본문에서 "대통령령으로 정하는 주식등"이란 각각 평가기준일 전후 2개월 이내에 거래소가 정하는 기준에 따라 매매거래가 정지되거나 관리종목으로 지정된 기간의 일부 또는 전부가 포함되는 주식등(적정하게 시가를 반영하여 정상적으로 매매거래가 이루어지는 경우로서 기획재정부령으로 정하는 경우는 제외한다)을 제외한 주식등을 말한다

다만, 제38조에 따라 합병으로 인한 이익을 계산할 때 합병(분할합병을 포함)으로 소멸하거나 흡수되는 법인 또는 신설되거나 존속하는 법인이 보유한 상장주식의 시가는 평가기준일 현재의 거래소 최종 시세가액으로 합니다. (상증법 제63조제1항제1호가목)

평가기준일이 공휴일 등 매매가 없는 날인 경우에는 그 전일을 기준으로 합니다.(상증법 제63조제1항제1호가목)

평균액을 계산할 때 평가기준일 이전·이후 각 2개월 동안에 증자·합병 등의 사유가 발생하여 그 평균액으로 하는 것이 부적당한 경우에는 평가기준일 이전·이후 각 2개월의 기간 중 다음 방법으로 계산한 기간의 평균액으로 합니다. (상증법 제63조제1항제1호가목, 시행령 제52조의2)

① 평가기준일 이전에 증자·합병 등의 사유가 발생한 경우에는 동 사유가 발생한 날(증자·합병의 사유가 2회 이상 발생한 경우에는 평가기준일에 가장 가까운 날을 말합니다. 이하 이 조에서 같습니다)의 다음날부터 평가기준일 이후 2월이 되는 날까지의 기간

② 평가기준일 이후에 증자·합병 등의 사유가 발생한 경우에는 평가기준일 이전 2월이 되는
날부터 동 사유가 발생한 날의 전일까지의 기간

③ 평가기준일 이전·이후에 증자·합병 등의 사유가 발생한 경우에는 평가기준일 이전 동 사
유가 발생한 날의 다음날부터 평가기준일 이후 동 사유가 발생한 날의 전일까지의 기간

5 동일 유사한 재산의 매매 등 가액

(상증법 시행령 제39조제4항)

상속·증여재산의 면적·위치·용도·종목 및 기준시가가 동일하거나 유사한 다른 재산의 거래(거
래가액, 감정가액의 평균액, 수용·공매·경매가액 등)이 있는 경우에는 그 가액을 시가로 합니다.

면적·위치·용도·종목 및 기준시가가 동일하거나 유사한 다른 재산에 대한 같은 항 각 호의
어느 하나에 해당하는 가액(상속세 또는 증여세 과세표준을 신고한 경우에는 평가기준일 전 6개월부터 평가
기간 이내의 신고일까지의 가액을 말합니다.)이 있는 경우에는 해당 가액을 상증법 제60조제2항에 따른
시가로 봅니다. (상증법 시행령 제39조제4항)

해당 재산에 대한 매매등 가액이 없는 경우에는 동일·유사재산의 매매 등 가액을 시가로 적용합
니다. 동일·유사재산의 매매 등의 가액은 신고일까지 가액만 인정합니다. (상증법 시행령 제39조제4항)

☞ 동일·유사재산의 매매등의 가액은 2011.1.1. 이후부터 적용합니다.

☞ (예시) 증여일이 2020.3.2.인 경우 증여세 신고기한은 2020.6.30.이지만, 증여세 신고를 2020.3.31.에 한 경우
2020.4.1.부터 2020.6.30.까지의 동일·유사재산의 매매 등의 가액은 시가로 적용할 수 없습니다. (2012.2.2.개정)

다만, 동일·유사재산의 매매등의 가액이 평가기간에 해당하지 않는 기간으로서 평가기준일 전
2년 이내의 기간 중에 평가대상재산의 매매등이 있거나 평가기간이 경과한 후부터 법정결정기한
(신고기한부터 상속세는 9개월, 증여세는 6개월)까지의 기간 중에 매매등이 있는 경우에도 평가기준일부
터 매매계약일등까지의 기간 중에 주식발행회사의 경영상태, 시간의 경과 및 주위환경의 변화 등
을 고려하여 가격변동의 특별한 사정이 없다고 보아 상속세 또는 증여세 납부의무가 있는 자('납세
자'), 지방국세청장 또는 관할세무서장이 신청하는 때에는 평가심의위원회의 심의를 거쳐 해당 매
매등의 가액을 포함시킬 수 있습니다. (상증법 시행령 제49조제1항 단서)

☞ (판례) 유사한 다른 재산에 대한 거래가액 등을 시가로 보도록 규정한 것은 상증법의 시가범위를 구체화·명확화 한 것으로 조
세법률주의 또는 평등의 원칙 등에 위배되거나 위임입법의 한계를 벗어난 무효의 규정이라고 할 수 없습니다.(대법원2008두
8505, 2010.01.28.외)

☞ (판례) 증여재산을 평가함에 있어 매매사례가 정상적인 거래에 따라서 형성된 객관적 교환가액이라면 이를 시가로 보아 증여 재산을 평가하는 것이 시가주의의 원칙에 부합한다는 점을 고려하면 헌법상 과잉금지의 원칙에 위배된다거나 증여일 후 3개월을 대상거래의 기간에 포함된 것을 들어 모법의 위임범위를 벗어난 위법한 규정이라고 볼 수는 없습니다. (대법원2013두4521, 2013.6.14. ; 증여일 2010.8.27., 비교대상 아파트 매매계약일 2010.10.11.)

해당 재산과 면적·위치·용도·품목 및 기준시가가 동일하거나 유사한 다른 재산이란 다음의 구분에 따른 재산을 말합니다. (상증법 시행규칙 제15조제3항) ☞ 2017.3.10.부터 적용합니다.

① 「부동산 가격공시에 관한 법률」에 따른 공동주택가격(새로운 공동주택가격이 고시되기 전에는 직전의 공동주택가격을 말합니다)이 있는 공동주택의 경우: 다음 각 목의 요건을 모두 충족하는 주택. 다만, 해당 주택이 둘 이상인 경우에는 평가대상 주택과 공동주택가격 차이가 가장 작은 주택을 말합니다.

⑦ 평가대상 주택과 동일한 공동주택단지(「공동주택관리법」에 따른 공동주택단지를 말한다) 내에 있을 것

㉯ 평가대상 주택과 주거전용면적(「주택법」에 따른 주거전용면적을 말한다)의 차이가 평가대상 주택의 주거전용면적의 100분의 5 이내일 것

㉲ 평가대상 주택과 공동주택가격의 차이가 평가대상 주택의 공동주택가격의 100분의 5 이내일 것

해당주택이 둘 이상인 경우에는 평가대상 주택과 공동주택가격 차이가 가장 적은 주택을 말합니다. (☞ 2019.3.20. 이후 상속·증여분을 평가하는 경우부터 적용합니다.)

② 앞의 ① 외의 재산의 경우: 평가대상 재산과 면적 · 위치 · 용도 · 종목 및 기준시가가 동일하거나 유사한 다른 재산

6 평가심의위원회

(상증법 시행령 제49조의2)

아래 심의를 위하여 국세청과 지방국세청에 각각 평가심의위원회를 둡니다. (상증법 시행령 제49조의2제1항)

① 상증법 시행령 제49조(평가의 원칙등) 제1항 각 호 외의 부분 단서에 따른 매매등의 가액의 시가인정

② 상증법 시행령 제49조(평가의 원칙등) 제8항에 따른 시가불인정 감정기관의 지정

☞ 2017.7.1. 이후 세무서장등이 원감정기관이 아닌 감정기관에 시가의 감정을 의뢰하는 분부터 적용합니다.

③ 상증법 시행령 제54조(비상장주식등의 평가) 제1항에 따른 비상장주식등(이하 '비상장주식등'이라 합니다)의 같은 조 제6항에 따른 가액평가 및 평가방법

☞ 2017.7.1. 이후 상속·증여분부터 적용합니다.

④ 상증법 시행령 제15조(가업상속) 제11항제2호나목 및 「조세특례제한법 시행령」 제27조의6(가 업의 승계에 대한 증여세 과세특례)제6항제2호나목에 따른 업종의 변경

가업상속, 가업승계 사후관리 시 업종의 변경을 신청하는 경우입니다.

☞ 2020.2.11. 신설되었습니다.

⑤ 상증법 제61조(부동산 등의 평가)제1항제2호 및 제3호에 따른 건물, 오피스텔 및 상업용 건물 가치의 산정·고시를 하기 위한 자문

☞ 2020.2.11.부터 신설되었습니다.

납세자는 위의 대상에 심의가 필요한 경우에는 상증법 제67조에 따른 상속세 과세표준 신고기한 만료 4개월 전(증여의 경우에는 상증법 제68조에 따른 증여세 과세표준 신고기한 만료 70일 전)까지 다음 의 구분에 따른 자료를 첨부하여 평가심의위원회에 신청해야 합니다. 다만, 앞의 ①의 경우 중에 서 평가기간이 경과한 후부터 상증법 시행령 제78조(결정·경정)제1항에 따른 기한까지의 기간 법 정결정기한(신고기한부터 상속세는 9개월, 증여세는 6개월)까지의 기간 중에 매매등이 있는 경우에는 해 당 매매등이 있는 날부터 6개월 이내에 다음 각 호의 구분에 따른 자료를 첨부하여 평가심의위원 회에 신청해야 합니다. (상증법 시행령 제49조의2제5항)

① 상증법 시행령 제49조(평가의 원칙등)제1항제1호의 경우: 매매등의 가액의 입증자료

② 상증법 시행령 제49조(평가의 원칙등)제1항제2호의 경우: 다음 각 목의 자료

㈎ 상증법 시행령 제54조제1항·제4항, 제55조 및 제56조에 따라 평가한 비상장주식등의 평가액(이하 이 조 및 상증법 시행령 제54조에서 "보충적 평가방법에 따른 주식평가액"이라 합니다) 및 그 평가 부속서류

㈏ 보충적 평가방법에 따른 주식평가액이 불합리하다고 인정할 수 있는 근거자료

㈐ 상증법 시행령 제54조제6항 각 호의 어느 하나의 방법에 따라 평가한 비상장주식등의 평 가액 및 그 평가 부속서류

③ 상증법 시행령 제49조의2제1항제3호의 경우(앞의 ④에 해당하는 경우) : 업종 변경의 승인 필요 성을 인정할 수 있는 근거자료

신청을 받은 평가심의위원회는 해당 상속세 과세표준 신고기한 만료 1개월 전(증여의 경우에는 증

여세 과세표준 신고기한 만료 20일 전)까지 그 결과를 납세자에게 서면으로 통지하여야 합니다. 다만, 단서의 경우에는 신청을 받은 날부터 3개월 이내에 그 결과를 납세자에게 서면으로 통지해야 합니다. (상증법 시행령 제49조의2제6항)

평가심의위원회는 공정하고 객관적인 심의를 위하여 필요하다고 인정하는 경우에는 상증령 제56조제2항에 따른 신용평가전문기관에 평가를 의뢰하거나 심의에 앞서 관계인의 증언을 청취할 수 있습니다. 이 경우 납세자가 신용평가전문기관의 평가에 따른 평가수수료를 부담하여야 합니다. (상증법 시행령 제49조의2제9항)

☞ 재산평가심의사례는 국세법령정보시스템(업무도우미)에 공개되어 있습니다.

제3장 부동산 및 기타재산의 평가방법

상속·증여재산의 가액은 평가기준일 현재의 시가로 평가하는 것이 원칙이지만, 시가를 산정하기 어려운 경우에는 상증법 제61조부터 제65조까지 규정하고 있는 각각의 재산 종류별로 규정한 평가방법에 따라 평가합니다. (상증법 제60조제1항)

① 평가 원칙

평가원칙	시가	상증법 제60조제1항·제2항, 시행령 제49조

② 시가산정이 어려운 경우

재산종류		근거법령
부동산	토지	상증법 제61조제1항제1호, 시행령 제50조제1항
	건물	상증법 시행령 제61조제1항제2호~제4호, 시행령 제50조제3항, 제4항
	구축물	상증법 제61조제4항, 시행령 제51조제4항
	지상권 부동산을 취득할 수 있는 권리, 특정시설물을 이용할 수 있는 권리	상증법 제61조제3항, 시행령 제51조제1항~제4항
	임대차계약이 체결되었거나 임차권이 등기된 재산	상증법 제62조제3항, 시행령 제52조제3항
선박 등 기타 유형자산	선박, 항공기, 차량, 기계장치, 입목	상증법 제62조제1항, 시행령 제52조제1항
	상품·제품 등	상증법 제62조제2항, 시행령 제52조제2항제1호
	판매용이 아닌 서화·골동품	상증법 제62조제2항, 시행령 제52조제2항제2호
	소유권 대상이 되는 동물 그 밖의 유형재산	상증법 제62조제2항, 시행령 제52조제2항제3호
	임대차계약이 체결되거나 임차권이 등기된 재산	상증법 제62조제3항, 시행령 제50조제7항

재산종류		근거법령
유가증권	상장주식	상증법 제63조제1항제1호가목, 시행령 제52조의2
	코스닥 상장주식	상증법 제63조제1항제1호나목, 시행령 제52조의2
	비상장 주식	상증법 제63조제1항제1호다목, 시행령 제54조~제56조
	국·공채 전환사채 등	상증법 제63조제1항제2호, 시행령 제58조, 제58조의2
	기업공개 준비 중인 주식	상증법 제2조, 상증법 제57조
	예금, 저금, 적금 등	상증법 제63조제4항
무체재산권	무체재산권	상증법 제64조
	영업권	상증법 제64조, 시행령 제59조제2항~제3항
	어업권 및 양식업권	상증법 제64조, 시행령 제59조제4항
	특허권, 실용신안권, 상표권, 디자인권, 저작권 등	상증법 제64조, 시행령 제59조제5항
	광업권, 채석권 등	상증법 제64조, 시행령 제59조제6항
조건부채권	조건부 권리, 존속기간이 확정되지 아니한 권리	상증법 제65조제1항, 시행령 제60조
	신탁의 이익을 받을 권리	상증법 제65조제1항, 시행령 제61조
	정기금을 받을 권리	상증법 제65조제1항, 시행령 제62조
	가상재산	상증법 제65조제2항, 시행령 제60조제2항
국외재산	국외재산	상증법 시행령 제58조의3
저당권 등이 설정된 재산	저당권 등	상증법 제66조, 시행령 제63조제1항제1호~제4호
	전세권	상증법 제66조, 시행령 제63조제1항제5호

* 저당권 등이 설정된 재산의 경우에는 ① 시가로 평가하는경우 ② 보충적 가액으로 평가하는 경우 모두 적용하여 비교 평가합니다.

☞ 「상속세 및 증여세법」과 「법인세법」 상 재산평가방법 비교   (자료 : 국세청)

구 분	「상속세 및 증여세법」	「법인세법」
부동산	○ 토지(법§61① (1)) 　- 일반지역 : 개별공시지가, 특정지역 : 공시지가×배율 ○ 건물(법§61① (2)) 　- 건물의 신축가격, 구조, 용도, 위치, 신축연도 등을 고려하여 매년 1회 이상 국세청장이 산정 · 고시하는 가액 ○ 오피스텔 및 상업용 건물(법§61① (3)) 　- 건물의 종류, 규모, 거래 상황 등을 고려하여 매년 1회 이상 국세청장이 토지와 건물에 대하여 일괄하여 산정 · 고시한 가액(지정지역 내) ○ 주택(법§61① (4)) 　- 「부동산 가격공시에 관한 법률」에 따른 개별주택가격 및 공동 주택가격(같은 법 제18조제1항 단서에 따라 국세청장이 결정 · 고시한 공동주택가격이 있는 때에는 그 가격을 말함) ○ 임대차계약이 체결된 부동산(법§61⑤, 영§50⑦, 규칙§15의2) : 　MAX [(1년간 임대료/0.12)+임대보증금, 공시지가 등에 의한 평가액]	상증법 제61조 준용
부동산을 취득할 수 있는 권리	○ 평가기준일까지 납입한 금액 + 평가기준일 현재의 프리미엄에 상당하는 금액(영§51②)	상증법 제61조 준용
지상권	○ 지상권설정 토지가액 × 연2%* × 잔존연수 고려한 현재가치상당액(영§51①, 규칙§16①②) * '22. 9. 1. 기준	상증법 제61조 준용
선박 등 그 밖의 유형재산의 평가	○ 선박, 항공기, 차량, 기계장비 및 입목 : (법§62①, 영§52①) MAX[①,②] 　① 처분시 재취득가액, 가액이 확인되지 않은 경우 장부가액 및 지방세법 상 시가표준액에 따른 가액을 순차로 적용한 가액 　② 임대료 등의 환산가액 　　1) 선박, 항공기, 차량 및 기계장비 : 임대보증금+(각 연도에 받을 임대료)÷(1+이자율)^n 　　2) 1) 외 유형자산 : 임대보증금+(1년간 임대료 합계액÷기획재정부령으로 정하는 율) ○ 서화·골동품(법§62②, 영§52②) 　- 2인 이상의 전문가가 감정한 가액의 평균액(다만, 그 가액이 국세청장이 위촉한 3인이상의 전문가로 구성된 감정평가심의회에서 감정한 감정가액에 미달하는 경우에는 그 감정가액으로 한다) ○ 상품 · 제품 등 기타 이에 준하는 동산(법§62②, 영§52②) 　- 처분시 재취득가액	상증법 제61조 준용
상장·코스닥 주식	○ 일반적인 경우(법§63①(1)가, 영§52조의2) 　- 평가기준일 이전·이후 각 2개월간 종가 평균액 ○ 평가기준일 이전·이후 각 2개월 동안 증자 등의 사유가 발생하는 경우 　① 평가기준일 이전에 증자 등 사유가 발생하는 경우 : 동 사유가 발생한 날(증자 · 합병의 사유가 2회 이상 발생한 경우에는 평가기준일에 가장 가까운 날)의 다음날부터 평가기준일 이후 2월이 되는 날까지의 기간동안 종가 평균액 　② 평가기준일 이후에 증자 등 사유가 발생하는 경우 : 평가기준일 이전 2월이 되는 날부터 동 사유가 발생한 날의 전일까지의 기간동안 종가 평균액 　③ 평가기준일 이전·이후에 증자 등 사유가 발생하는 경우 : 평가기준일 이전 동 사유가 발생한 날의 다음날부터 평가기준일 이후 동 사유가 발생한 날의 전일까지의 기간동안 종가 평균액 ○ 최대주주 또는 최대출자자 및 그의 특수관계인에 해당하는 주주 등의 주식 등은 20% 할증(중소기업 등은 제외)(법§63③) ○ 증자로 취득한 주식 중 상장되지 않은 신주(영§57③) 　- 평가기준일 이전·이후 각 2개월간 종가 평균액에서 배당차액을 차감한 가액	법인령 제89조 제1항 및 제2항 제2호 후단 적용

구 분	「상속세 및 증여세법」	「법인세법」
기업공개 준비중인 주식	○ 기업 공개를 목적으로 금융위에 평가기준일 현재 유가증권 신고 직전 6개월(증여세 부과 주식 : 3개월)부터 거래소에 최초로 주식등을 상장하기 전까지의 기간에 유가증권 신고를 한 법인의 주식등(영§57) – MAX[자본시장법에 따라 금융위가 정한 기준에 따라 결정된 공모가격, 상장주식 평가방법에 따른 해당 주식등의 평가액(그 가액이 없으면 비상장주식 평가규정에 따른 평가액]	상증법 제63조 준용 + 법인령 제89조 제2항 제2호 후단 적용
비상장주식	○ 1주당 순손익가치와 순자산가치를 각각 3:2의 비율로 가중평가한 가액(부동산 과다보유법인 2:3)(영§54①) ○ 1주당 순손익가치(영§56) 평가기준일 최근 3년간 순손익액의 가중평균액 ÷ 10%*(순손익가치환원률) * '22. 9. 1. 기준 – 순손익액은 법인세법상 각 사업연도소득에 과오납금환급금이자 등을 가산하고 법인세액 등을 차감 계산 – 사업연도가 3년미만 법인 등 최근 3년간 순손익액의 가중평균액으로 평가하는 것이 불합리한 경우에는 2이상 회계법인 등이 평가한 1주당 추정이익의 평균액으로 할 수 있음 ○ 1주당 순자산가치(영§55) (자산총액 – 부채총액) ÷ 발행주식총수 – 자산가치는 평가기준일 현재 당해 법인의 자산별 시가 또는 상증법상 평가액으로 평가 ○ 최대주주 또는 최대출자자 및 그의 특수관계인에 해당하는 주주 등의 주식 등은 20% 할증(중소기업 등은 제외)(법§63③)	상증법 제63조 준용 + 법인령 제89조 제2항 제2호 후단 적용
국채·공채 등 그 밖의 유가증권	○ 거래소에서 거래되는 국채 등(영§58①) – 평가기준일 이전 2개월간 종가 평균액과 평가기준일 이전 최근일의 최종 시세가액 중 큰 금액 ○ 타인으로부터 매입한 국채 등(영§58①) – 매입가액 + 평가기준일까지 미수이자상당액 ○ 그 외의 국채 등(영§58①) – 평가기준일 현재 처분 시 예상금액 ○ 대부금·외상매출금 등 채권가액과 입회금·보증금 등의 채무가액(영§58②) – 평가기준일 현재 채무에 대하여 각 연도에 회수할 금액(원본+이자상당액)을 현재가치로 할인한 금액의 합계액 ○ 집합투자증권(영§58③) – 평가기준일 현재 거래소의 기준가격 또는 집합투자업자 또는 투자회사가 산정 또는 공고한 기준가격	상증법 제63조 준용
전환사채등	○ 거래소에서 거래되는 전환사채등(영§58의2①) – 평가기준일 이전 2개월간 종가 평균액과 평가기준일 이전 최근일의 최종 시세가액 중 큰 금액 ○ 거래소에서 거래되지 않는 전환사채 중 주식전환 불가능한 기간 중인 경우(영§58의2②(1)) – 신주인수권증권 : 사채발행이율에 따라 현재가치로 할인한 가액 – 적정할인율에 따라 현재가치로 할인한 가액 – 그 외 전환사채 등 : 사채발행이율과 적정할인율중 낮은 이율에 의하여 발행 당시의 현재가치로 할인한 가액에서 발행 후 평가기준일까지 발생한 이자상당액을 가산한 가액	상증법 제63조 준용

구분	「상속세 및 증여세법」	「법인세법」
전환사채등	○ 거래소에서 거래되지 않는 전환사채 중 주식전환 가능한 기간 중인 경우(영§58의2②(2)) − 전환사채 : MAX[①,②] 　① 전환금지기간 중 사채평가액 　② 주식으로 전환시 주식가액에서 배당차액을 차감한 가액 − 신주인수권증권 : MAX[①,②] 　① 전환금지기간 중 신주인수권증권평가액 　② 당해 신주인수권증권으로 인수할 수 있는 주식가액 − 배당차액 − 신주인수가액 − 신주인수권부사채 : MAX[①,②] 　① 전환금지기간 중 사채평가액 　② ① + 전환가능기간 중의 신주인수권증권평가액 − 전환금지기간 중의 신주인수권증권평가액 − 신주인수권증서 　① 거래소에 상장되어 거래되는 경우 : 전체 거래일 종가 평균 　② 그 외 : MIN[권리락 후 주식가액, (권리락 전 주식가액 − 배당차액)] − 신주인수가액	상증법 제63조 준용
무체재산권	○ 영업권 (법§64) : MAX[①,②] 　① 취득가액 − 취득한 날부터 평가기준일까지의 「법인세법」 상의 감가상각비 상당액 　② 장래의 경제적 이익 등을 고려하여 대통령령으로 정하는 방법으로 평가한 금액(초과이익금액의 환산가액) ○ 특허권 · 실용신안권 · 상표권 · 디자인권 및 저작권 등 : 권리에 의하여 장래에 받을 각 연도의 수입금액을 기준으로 기획재정부령으로 정하는 바에 의하여 계산한 금액의 합계액 ○ 광업권 및 채석권 등 : 채굴가능연수에 대하여 평가기준 일전 3년간 평균소득을 각 연도마다 기획재정부령으로 정하는 방법에 의하여 환산한 금액의 합계액	상증법 제64조 준용
조건부 권리 등	○ 조건부 권리(영§60①(1)) : 본래의 권리의 가액을 기초로 하여 평가기준일 현재의 조건내용을 구성하는 사실, 조건성취의 확실성, 그 밖의 모든 사정을 고려한 적정가액 ○ 존속기간이 확정되지 않은 권리(영§60①(2)) : 권리의 성질, 목적물의 내용연수, 그 밖의 모든 사정을 고려한 적정가액 ○ 소송 중인 권리의 가액(영§60①(3)) : 분쟁관계의 진상을 조사하고 소송진행의 상황을 고려한 적정가액 ○ 「특정 금융거래정보의 보고 및 이용 등에 관한 법률」 제2조 제3호에 따른 가상자산(영§60②) 　① 국세청장이 고시하는 가상자산사업자의 사업장에서 거래되는 가상자산 : 평가기준일 전 · 이후 각 1개월 동안에 해당 가상자산사업자가 공시하는 일평균가액의 평균액 　② 그 밖의 가상자산 : ①에 해당하는 가상자산사업자 외의 가상자산사업자 및 이에 준하는 사업자의 사업장에서 공시하는 거래일의 일평균가액 또는 종료시각에 공시된 시세가액 등 합리적으로 인정되는 가액	상증법 제65조 준용
신탁의 이익을 받을 권리	○ 원본을 받을 권리와 수익을 받을 권리의 수익자가 같은 경우(영§61①(1)) : MAX[①,②] 　① 평가기준일 현재 신탁재산의 가액 　② 신탁계약의 철회, 해지, 취소 등을 통해 받을 수 있는 일시금 ○ 원본을 받을 권리와 수익을 받을 권리의 수익자가 다른 경우(영§60①(2)) 　① 원본을 받을 권리를 수익하는 경우 : 법에 따라 평가한 신탁재산의 가액에서 ②에 따라 계산한 금액의 합계액을 뺀 금액 　② 수익을 받을 권리를 수익하는 경우 : 다음의 계산식에 따라 계산한 금액의 합계액 　$$\dfrac{\text{각 연도에 받을 수익의 이익 − 원천징수세액상당액}}{(1+\text{신탁재산의 평균 수익률 등을 고려하여 기획재정부령으로 정하는 이자율})}$$	상증법 제65조 준용

구 분	「상속세 및 증여세법」	「법인세법」
정기금을 받을 권리	○ 유기정기금(영§62(1)) : MAX[①,②] 　① 잔존기간에 각 연도에 받을 정기금액을 기준으로 다음 계산식에 따라 계산한 　　금액의 합계액 $$\sum_{n=1}^{n} \frac{각\ 년도에\ 받을\ 정기금액}{(1+기획재정부령으로\ 정하는\ 이자율)^n},\ \ n : 평가기준일로부터\ 잔존연수$$ 　② 계약의 철회, 해지, 취소 등을 통해 받을 수 있는 일시금 ○ 무기정기금(영§62(2)) : MAX[①,②] 　① 1년분 정기금액 × 20배 　② 계약의 철회, 해지, 취소 등을 통해 받을 수 있는 일시금 ○ 종신정기금(영§62(3)) : MAX[①,②] 　① 기대여명의 연수까지의 기간 중 각 연도에 받을 정기금액을 기준으로 유기정 　　기금의 계산식에 따라 계산한 금액의 합계액 　② 계약의 철회, 해지, 취소 등을 통해 받을 수 있는 일시금	상증법 제65조 준용
저당권 등이 설정된 재산	○ 담보 등으로 제공된 재산(영§63①) : 평가기준일 당시 시가 또는 보충적 평가방 　법으로 평가한 가액과 그 재산이 담보하는 채권액의 합계액을 비교하여 큰 금액 　으로 평가 　① 근저당권이 설정된 재산 : 당해 재산이 담보하는 채권액(채권최고액이 채권액 　　보다 적은 경우 채권최고액으로 함) 　② 공동저당권이 설정된 재산 : 당해 재산이 담보하는 채권액을 공동저당된 재산 　　의 평가기준일 현재의 가액으로 안분계산 　③ 질권이 설정된 재산 및 양도담보재산 : 당해 재산이 담보하는 채권액 　④ 전세권이 등기된 재산 : 등기된 전세금(임대보증금을 받고 임대한 경우에는 임 　　대보증금) 　⑤ 담보신탁계약이 체결된 재산 : 신탁계약 또는 수익 증권에 따른 우선수익자인 　　채권자의 수익한도금액 　⑥ 「자동차저당법」등에 의한 자동차 등 단기소모성 재산 : 당해 재산이 담보하는 　　채권액	상증법 제66조 준용

| 제 1 절 | **부동산의 평가** |

(상증법 제61조, 시행령 제50조)

Max(임대료 환산가액, ①~⑥)

① 토지 : 개별공시지가

　　　　개별공시지가가 없는 경우 납세지관할세무서장이 평가

② 건물(③, ④는 제외) : 국세청장이 산정·고시하는 금액

③ 오피스텔·상업용 건물 : 고시가액(토지와 건물 일괄 고시, ㎡당 가액 고시)

④ 주택 : 개별주택가격, 공동주택가격 / 개별주택가격, 공동주택가격이 없는 경우 납세지관할세무서장이 평가

⑤ 분양권 : 불입금액 + 프리미엄

⑥ 시설물, 구축물 : 다시 건축하거나 다시 취득할 때 소요되는 가액

1 토지의 평가

시가가 없는 토지의 평가는 평가기준일 현재 고시되어 있는 「부동산 가격공시에 관한 법률」에 따른 개별공시지가에 따라 평가합니다. (상증법 집행기준 61-0-1, 시가가 없는 토지의 평가방법)

「부동산 가격공시에 관한 법률」에 따른 개별공시지가(이하 "개별공시지가"라 합니다)에 따라 평가합니다. (상증법 제61조제1항제1호)

> ☞ (주의사항) 토지는 개별공시지가를 적용하여 평가하기 이전에 얼마든지 평가기간 내에 토지의 감정가액등 시가가 존재할 수 있으므로, 평가가액 적용에 주의를 기울여야 합니다. 즉 토지의 평가가액을 개별공시지가를 적용하기 이전에 시가 평가 관련 규정들을 먼저 면밀히 검토해야만 합니다.

1) 개별공시지가에 따른 평가 (상증법 제61조제1항)

토지는 「부동산가격공시에 관한 법률」에 따라 국토교통부장관이 매년 1월 1일을 가격산정 기준일로 하여 고시하는 개별공시지가에 따라 평가합니다. (상증법 제61조제1항제1호)

개별공시지가는 평가기준일 현재 고시되어 있는 개별공시지가를 적용하고, 해당 개별 공시지가가 경정된 경우에는 경정 고시된 개별공시지가를 적용합니다. (재삼46014-1774, 1998.9.17.)

2) 개별공시지가가 없는 토지의 평가 (상증법 시행령 제50조)

개별공시지가가 없는 토지의 가액은 개별공시지가가 없는 해당 토지와 지목·이용 상황 등 지가형성요인이 유사한 인근 토지를 표준지로 보고, 「부동산가격공시에 관한 법률」 제3조제8항에 따른 비교표에 따라 납세지 관할세무서장이 평가합니다.

납세지 관할세무서장과 해당 토지의 소재지를 관할하는 세무서장이 서로 다른 경우로서 납세지 관할세무서장의 요청이 있는 경우에는 해당 토지의 소재지를 관할하는 세무서장이 평가합니다.

이 경우 납세지 관할세무서장은 지방세법 제4조(부동산 등의 시가표준액)제1항 단서에 따라 시장·군수가 산정한 가액 또는 2 이상의 감정기관에 의뢰하여 감정한 가액의 평균액을 평가가액으로 할 수 있습니다. (상증법 시행령 제50조제1항)

개별공시지가가 없는 토지는 아래와 같습니다. (상증법 시행령 제50조제1항 각 호)
① 「공간정부의 구축 및 관리 등에 관한 법률」에 따른 신규 등록 토지
② 「공간정부의 구축 및 관리 등에 관한 법률」에 따라 분할 또는 합병된 토지
③ 토지의 형질변경 또는 용도변경으로 인하여 「공간정부의 구축 및 관리 등에 관한 법률」상의 지목이 변경된 토지
④ 개별공시지가의 결정·고시가 누락된 토지(국·공유지를 포함합니다)

3) 특수한 경우의 토지의 보충적 평가방법 (상증법 집행기준 61-50-2)

(1) 토지의 형질이 변경된 경우

토지의 평가시 환지 및 택지개발 등에 의하여 토지의 형질이 변경된 경우로서 평가기준일 현재 고시되어 있는 개별공시지가를 적용하는 것이 불합리하다고 인정하는 경우에는 개별공시지가가 없는 토지의 평가방법을 준용하여 적용합니다. (상증법 집행기준 61-50-1제1항, 기본통칙 61-50-1제2항)

(2) 분할 및 합병된 토지

분할 또는 합병된 토지란 개별공시지가가 없는 경우의 토지의 평가방법을 준용하여 평가하되 분할 또는 합병 전후 당해 토지의 지목변경 및 이용 상태 등으로 보아 종전의 개별공시지가를 적용한 것이 합리적이라고 인정되는 경우에는 다음의 방법에 의합니다. (상증법 집행기준 61-50-1제2항, 기본통칙 61-50-1제2항)

① 분할된 토지 : 분할전 토지에 대한 개별공시지가에 의합니다.

② 합병된 토지 : 합병된 토지에 대한 각 개별공시지가의 합계액을 총면적으로 나눈 금액에 의합니다.

(3) 환지예정지

환지예정지의 가액은 환지권리면적에 따라 계산한 가액에 따릅니다. (상증법 집행기준 61-50-2제3항, 기본통칙 61-50-1제2항)

(4) 도로

불특정다수인이 공용하는 사실상 도로 및 하천·제방·구거 등('도로 등'이라 합니다)은 상속재산 또는 증여재산에 포함되나, 평가기준일 현재 도로 등 외의 용도로 사용할 수 없는 경우로서 보상가격이 없는 등 재산적 가치가 없다고 인정되는 때에는 그 평가액을 영(0)으로 합니다.(개인 사도는 제외) (상증법 집행기준 61-50-2제4항, 기본통칙 61-50-1제2항)

(5) 조성중인 토지

조성중인 토지의 가액은 그 지목에 대한 개별공시지가로 평가한 가액에 그 조성과 관련된 비용(차입금에 따른 이자비용 포함)을 가산한 가액에 의하여 평가합니다.(상증법 집행기준 61-50-2제5항)

4) 지정지역 토지의 평가

지정지역 토지 평가액 = 개별공시지가 × 배율

각종 개발사업 등으로 지가가 급등하거나 급등할 우려가 있어 국세청장이 지정한 지역의 토지 평가액은 평가기준일 현재의 개별공시지가에 국세청장이 고시한 배율을 곱하여 산정합니다. (상증법 제61조제1항제1호 단서, 시행령 제50조제2항, 상증법 집행기준 61-50-3 지정지역 토지의 평가방법)

☞ **겸용주택의 부수토지만을 일부 증여하는 경우 증여한 토지의 평가방법**

하나의 건물이 주택과 주택외의 부분으로 복합되어 있는 겸용주택의 부수토지만을 일부 증여하는 경우 「상속세 및 증여세법」 제61조제1항에 따라 평가할 때, 그 겸용주택의 부수토지를 주택의 부수토지와 주택외 건물의 부수토지로 구분한 후 ① 주택의 부수토지에 대해서는 개별주택가격을 평가기준일 현재 「상속세 및 증여세법」제61조제1항제1호(개별공시지가) 및 제2호(건물 기준시가)의 규정에 의한 가액으로 안분하여 주택과 그 부수토지의 가액을 구분한 후 주택부수토지의 가액에 증여받은 지분율을 곱하여 계산한 금액으로 하고, ② 주택외 건물의 부수토지에 대해서는 개별공시지가로 평가한 가액에 증여받은 지분율을 곱하여 계산한 금액으로 하는 것으로서 ①과 ②를 합하여 증여한 토지를 평가하는 것입니다.(재산세과-383, 2012.10.26.)

2 건물의 평가

시가가 없는 건물의 경우 국토교통부장관 또는 국세청장이 고시하는 가격에 따라서 평가합니다.

건물의 신축가격, 구조, 용도, 위치, 신축연도 등을 고려하여 매년 1회 이상 국세청장이 산정·고시하는 가액으로 평가합니다. (상증법 제61조제1항제2호)

오피스텔·상업용 건물·주택을 제외한 일반건물의 평가액은 건물의 신축가격, 구조, 용도, 위치, 신축연도 등을 고려하여 매년 1회 이상 국세청장이 산정·고시하는 가액으로 합니다. (상증법 집행기준 61-50-4 일반건물의 평가방법)

1) 일반 건물의 평가

- (기준시가) = ㎡당 금액 × 평가대상 건물의 면적
- (㎡당 금액) = 건물신축가격 기준액 × 구조지수 × 용도지수 × 위치지수 × 경과연수별잔가율 × 개별건물의 특성에 따른 조정율
  - 일반건물은 공동주택, 개별주택, 고시된 오피스텔 및 상업용 건물은 제외합니다
  - ㎡당 금액이 1,000원 단위 미만은 절사하며, 건물의 면적은 전유, 공용면적을 포함한 연면적입니다.

일반건물(공동주택, 개별주택, 오피스텔 및 상업용 건물 제외)의 평가는 신축가격·구조·용도·위치·신축연도 등을 참작하여 매년 1회 이상 국세청장이 산정·고시하는 가액으로 합니다. (상증법 제61조제1항제2호)

개별주택가격·공동주택가격·일정 요건을 충족한 오피스텔·상업용건물의 고시가액은 토지가액을 포함한 건물가격이지만, 일반건물 기준시가는 토지가액은 제외된 건물가액이므로 주의하여야 합니다.

건물기준시가는 국세청에서 발간한 「건물시가 계산방법 해설」책자(2024.2월, 국세청)에 자세히 설명하고 있습니다.

2) 오피스텔 및 상업용 건물의 평가

- 국세청장이 산정·고시한 ㎡당 가액 × 건물면적(전용면적 + 공용면적)
  - ㎡당 가액은 토지와 건물에 대하여 일괄하여 산정·고시함

건물에 딸린 토지를 공유로 하고, 건물을 구분 소유하는 것으로서 건물의 용도·면적 및 구분 소

유하는 건물의 수 등을 감안하여 국세청장이 지정하는 오피스텔 및 상업용 건물(이들에 부수되는 토지를 포함합니다)에 대해서는 건물의 종류·규모·거래상황·위치 등을 참작하여 매 년 1회 이상 국세청장이 토지와 건물에 대하여 일괄하여 산정·고시한 ㎡당 가액으로 평가합니다. (상증법 제61조제1항제3호, 시행령 제50조제3항)

국세청장이 고시하지 아니하는 오피스텔 등은 일반건물 기준시가를 적용합니다.

고시대상은 수도권(서울, 경기, 인천)과 5대 광역시(대전, 광주, 대구, 부산, 울산) 및 세종시에 소재하는 구분 소유된 오피스텔과 일정규모(판매 및 영업시설 등의 면적이 3,000㎡ 또는 100호) 이상인 상업용 건물입니다.

3) 주택의 평가

「부동산 가격공시에 관한 법률」에 따른 개별주택가격 및 공동주택가격으로 평가합니다. 다만, 공동주택가격의 경우에는 국세청장이 결정·고시한 공동주택가격('고시주택가격')이 있는 때에는 그 가격에 따릅니다. (상증법 제61조제1항제4호)

개별주택가격 및 공동주택가격 없는 주택의 경우에는 납세지 관할세무서장이 인근 유사주택의 개별주택가격 및 공동주택가격을 고려하여 평가한 금액으로 합니다.(상증법 제61조제1항제4호)

☞ 2010.1.1. 이후 상속·증여분부터 적용합니다.

① 개별주택가격

「부동산 가격공시에 관한 법률」에 따른 개별주택가격으로 평가합니다.

② 공동주택가격

「부동산 가격공시에 관한 법률」에 따른 공동주택가격으로 평가합니다. 다만, 국세청장이 국토교통부장관과 협의하여 공동주택가격(아파트 및 건축연면적 165㎡이상의 연립주택)을 별도 결정·고시하는 경우에는 해당 공동주택가격으로 평가합니다.

③ 개별주택가격 또는 공동주택가격이 없거나 주택가격 공시 후 대수선 또는 리모델링이 있는 경우 다음과 같은 평가방법으로 평가합니다.

해당 주택의 고시주택가격이 없거나,(상증법 제61조제1항제4호가목) 고시주택가격 고시 후에 해당 주택을 「건축법」에 따라 대수선 또는 리모델링을 하여 고시주택가격으로 평가하는 것이 적절하지 아니한 경우(상증법 제61조제1항제4호나목)에는 납세지 관할세무서장이 인근 유사주택의 고시주택가

격을 고려하여 다음 평가 금액으로 평가합니다.(상증법 제61조제1항제4호, 시행령 제50조제4항)

(1) 「부동산 가격공시에 관한 법률」에 따른 개별주택가격이 없는 단독주택의 경우에는 해당 주택과 구조·용도·이용 상황 등 이용가치가 유사한 인근주택을 표준주택으로 보고 같은 법 제16조(표준주택가격의 조사·산정 및 공시 등)제6항에 따른 주택가격 비준표에 따라 납세지 관할세무서장(납세지 관할세무서장과 해당 주택의 소재지를 관할하는 세무서장이 서로 다른 경우로서 납세지 관할세무서장의 요청이 있는 경우에는 해당 주택의 소재지를 관할하는 세무서장)이 평가하거나, 「지방세법」 제4조제1항 단서에 따라 시장·군수가 산정한 가액이나 둘 이상의 감정평가기관에 해당 주택에 대한 감정을 의뢰하여 산정된 감정가액을 고려하여 납세지 관할세무서장이 평가한 가액으로 평가합니다.

(2) 「부동산 가격공시에 관한 법률」에 따른 공동주택가격이 없는 공동주택의 경우에는 인근 유사 공동주택의 거래가격·임대료 및 해당 공동주택과 유사한 이용가치를 지닌다고 인정되는 공동주택의 건설에 필요한 비용추정액 등을 종합적으로 고려하여 납세지 관할세무서장(납세지 관할세무서장과 해당 주택의 소재지를 관할하는 세무서장이 서로 다른 경우로서 납세지 관할세무서장의 요청이 있는 경우에는 해당 주택의 소재지를 관할하는 세무서장)이 평가하거나, 「지방세법」 제4조(부동산 등의 시가표준액)제1항 단서에 따라 시장·군수가 산정한 가액이나 둘 이상의 감정평가기관에 해당 주택에 대한 감정을 의뢰하여 산정된 감정가액을 고려하여 납세지 관할세무서장이 평가한 가액으로 합니다.

☞ **(상증법 집행기준 61-50-9) 주택의 고시가격이 없거나 고시후 대수선·리모델링한 경우 평가방법**
고시가격이 없는 경우 또는 고시주택가격 고시 후에 해당 주택을 대수선 또는 리모델링을 하여 고시주택가격으로 평가하는 것이 적절하지 않은 주택은 다음 중 어느 하나에 해당하는 가액으로 평가한다.
① 단독주택의 경우에는 해당 주택과 구조·용도·이용 상황 등 이용가치가 유사한 인근주택을 표준주택으로 보고 「부동산 가격공시에 관한 법률」에 따른 주택가격 비준표에 따라 납세지 관할세무서장이 평가한 가액
② 공동주택가격이 없는 공동주택의 경우에는 인근 유사 공동주택의 거래가격·임대료, 해당 공동주택과 유사한 이용가치를 지닌다고 인정되는 공동주택의 건설에 필요한 비용추정액 등을 종합적으로 고려하여 납세지 관할세무서장이 평가한 가액
③ 「지방세법」에 따라 시장·군수가 산정한 개별주택가액, 공동주택가액
④ 2 이상의 감정평가기관에 해당 주택에 대한 감정을 의뢰하여 산정된 감정가액을 고려하여 납세지 관할세무서장이 평가한 가액

4) 철거대상 건물의 평가

평가기준일 현재 다른 법령에 따라서 철거대상에 해당하는 건물의 평가액은 그 재산의 이용도,

철거의 시기 및 철거에 따른 보상의 의무 등 제반 상황을 감안한 적정가액에 따라서 평가합니다. (상증법 기본통칙 61-50-2)

5) 건설(신축) 중인 건물의 평가

건설 중인 건물의 가액은 건설에 소요된 비용의 합계액으로 평가합니다. 건설에 소요된 차입금에 대한 이자 또는 이와 유사한 성질의 지출금은 건설에 소요된 비용에 가산합니다.

6) 기타 시설물 및 구축물의 평가

기타 시설물 및 구축물(토지와 건물 일괄평가 제외)에 대해서는 평가기준일에 다시 건축하거나 다시 취득할 때 소요되는 가액(이하 '재취득가액등'이라 합니다)에서 그것의 설치일로부터 평가기준일까지의 법인세법상 감가상각비 상당액을 뺀 가액을 말합니다. (상증법 제61조제4항)

이 경우 재취득가액 등을 산정하기 어려운 경우에는 「지방세법 시행령」제4조(부동산 등의 시가표준액)제1항에 따른 가액을 해당 시설물 및 구축물의 가액으로 할 수가 있습니다.(상증법 시행령 제51조제4항) 또한 공동주택에서 부속 또는 부착된 시설물 및 구축물은 토지 또는 건물과 일괄하여 평가한 것으로 봅니다. (상증법 시행령 제51조제5항)

3 임대차 계약이 체결된 재산의 평가특례

- (평가액) =Max(① 토지 또는 건물 평가액, ② 임대보증금 환산가액)
- (임대보증금 환산가액) = 임대보증금 +[(1년간 임대료 합계액 ÷ 기획재정부령으로 정하는 율(현재12%)]
  * 1년간 임대료 합계액 : 평가기준일이 속하는 월의 임대료 × 12월

1) 임대차계약이 체결되거나, 임차권이 등기된 부동산의 평가

평가기준일 현재 상증법 제60조제2항에 따른 시가가 없는 경우로서, 사실상 임대차계약이 체결되거나, 임차권이 등기된 부동산은 위의 평가금액(토지 또는 건물평가액)과 임대료 환산가액을 비교하여 큰 금액으로 평가합니다. (상증법 제61조제5항)

☞ '임대료'란 부동산을 임대하는 조건으로 임차인으로부터 실제 수입하는 금액을 말하는 것으로서 자기가 사용하거나 임대하지 않은 면적에 대한 적정임대료 상당액을 포함하지 않는 것이며, 일정액으로 고정되어 있는 관리비 중 사실상 임대인과 임차인의 계약에 따라 수입하는 주차료는 임대료에 포함합니다. (재산세과-204, 2012.5.24.)

☞ 시가주의 관점에서 보았을 때, 임차권에 대한 평가액도 시가를 반영하는 하나의 지표가 되는 것이며, 임차권 설정 여부에 따라 과세상 달리 취급하는 이 법률조항은 입법자의 자의적 차별이라 할 수 없습니다. (헌재2005헌바39, 2006.6.29.)

2) 토지와 건물의 소유현황에 대한 임대료 등 환산가액 적용방법

(1) 토지와 건물의 소유자가 동일한 경우 (상증법 시행령 제50조제8항제1호)

토지 및 건물의 소유자가 임차인으로부터 받은 임대료 등의 환산가액을 상증법 제61조제1항부터 제4항까지의 규정으로 평가한 토지와 건물의 가액('기준시가')으로 나누어 계산한 금액을 각각 토지와 건물의 평가가액으로 합니다.

(2) 토지와 건물의 소유자가 다른 경우 (상증법 시행령 제50조제8항제2호)

① 토지 소유자와 건물 소유자가 제3자와의 임대차계약 당사자인 경우에는 토지 소유자와 건물 소유자에게 구분되어 귀속되는 임대료등의 환산가액을 각각 토지와 건물의 평가가액으로 합니다.

② 토지 소유자와 건물 소유자 중 어느 한 사람만이 제3자와의 임대차계약의 당사자인 경우에는 토지 소유자와 건물 소유자 사이의 임대차 계약의 존재 여부 및 그 내용에 상관없이 제3자가 지급하는 임대료와 임대보증금을 토지 전체에 대한 것으로 보아 제3자가 지급하는 임대료 등의 환산가액을 토지와 건물의 기준시가로 나누어 계산한 금액을 각각 토지와 건물의 평가가액으로 합니다.

1 지상권의 평가

(상증법 제61조제3항)

지상권 및 부동산을 취득할 수 있는 권리와 특정시설물을 이용할 수 있는 권리는 그 권리 등이 남은 기간, 성질, 내용, 거래상황 등을 감안하여 평가한 가액으로 합니다. (상증법 제61조제3항)

$$\sum_{n=1}^{\text{잔존연수}} \frac{\text{지상권이 설정된 토지가액} \times 2\%}{[1+0.1]^n} \quad , \quad n : \text{평가기준일로부터 잔존연수}$$

지상권이란 타인의 토지에 건물, 기타의 공작물이나 수목을 소유하기 위하여 그 토지를 사용할 수 있는 물권을 말하며, 지상권의 가액은 지상권이 설정되어 있는 토지의 가액에 2%를 곱하여 계산한 금액을 이자율 10%로 할인한 가액으로 평가합니다. 이 경우 잔존연수에 관하여는 민법 제280조 및 제281조에 따른 지상권의 존속기간을 준용합니다. (상증법 시행령 제51조제1항, 시행규칙 제16조제1항)

지상권의 잔존연수는 다음과 같습니다.

① 석조, 석회조, 연와조 또는 이와 유사한 견고한 건물, 수목의 소유목적 : 30년

② 그 외 건물 소유 목적 : 15년

③ 건물 외 공작물 소유 목적 : 5년

2 부동산을 취득할 수 있는 권리와 특정시설물을 사용할 수 있는 권리의 평가

(상증법 제61조제3항)

• 불입금액 + 프리미엄

• 소득세법 시행령에 따른 기준시가가 있는 경우에는 그 가액

부동산을 취득할 수 있는 권리(건물이 완성되는 때에 그 건물과 이에 부수되는 토지를 취득할 수 있는 권리를 포함) 및 특정시설물을 이용할 수 있는 권리의 가액은 평가기준일까지 불입한 금액과 평가기준일 현재의 프리미엄에 상당하는 금액을 합한 금액으로 평가합니다. 다만 해당권리에 대하여 소득세법 시행령 제163조(토지·건물 외의 자산의 기준시가 산정)제8항제3호에 따른 가액이 있는 경우에는

해당 가액으로 평가합니다. (상증법 시행령 제51조제2항)

소득세법 제89조제2항에 따른 조합원 입주권의 경우에는 「도시 및 주거환경정비법」 제74조제1항에 따른 관리처분계획을 기준으로 하여 기재부령으로 정하는 조합원권리가액과 평가기준일까지 납입한 계약금, 중도금 등을 합한 금액을 말합니다. (상증법 시행령 제51조제2항, 시행규칙 제16조제2항) ☞ 2020.2.11. 신설되었습니다.

$$\text{조합원권리가액} = \frac{\text{분양대상자의}}{\text{종전토지 및 건축물 가격}} \times \frac{\text{(사업완료후의 대지 및 건축물의 총수입 − 총사업비)}}{\text{종전의 토지 및 건축물의 총 가액}}$$

특정시설물을 이용할 수 있는 권리라 함은 특정시설물이용권·회원권 기타 명칭여하를 불문하고 당해 시설물을 배타적으로 이용하거나 일반이용자에 비하여 유리한 조건으로 이용할 수 있도록 약정한 단체의 일원이 된 자에게 부여되는 권리를 말합니다. (상증법 시행령 제51조제3항)

3 선박 항공기 등 기타 유형재산의 평가

(상증법 제62조제1항, 시행령 제52조제1항)

선박·항공기·기계장비·차량 및 「입목에 관한 법률」의 적용을 받는 입목에 대해서는 ① 그것을 처분할 때 다시 취득할 수 있다고 예상되는 가액. ② 그 가액이 확인되지 않을 경우에는 장부가액(취득가액에서 감가상각비를 뺀 가액) 및 ③ 지방세법 시행령 제4조제1항에 따른 시가표준액을 순차로 적용합니다. (상증법 시행령 제52조제1항)

- Max[①, ②]
  ① 재취득가액, 장부가액, 시가표준액 순차 적용
  ② 임대보증금 환산가액
  · 선박·항공기·차량·기계장치 임대보증금 $+ \sum_{n=1}^{\text{잔존연수}} \frac{\text{각 사업연도에 받을 임대료}}{[1+30/1000]^n}$, n : 평가기준일로부터 잔존연수

  · 입목 및 그 외 유형자산 : 임대보증금 $+ \dfrac{\text{1년간 임대료수입}}{3\%}$

사실상 임대차계약이 체결되거나 임차권이 등기된 재산의 경우에는 위의 가액과 비교하여 큰 가액으로 평가합니다. (상증법 제62조제3항)

임대료환산가액은 선박, 항공기, 차량 및 기계장비는 임대보증금 및 평가기준일 이후 해당 재산의 사용가능기한까지의 연도별 임대료를 기획재정부령으로 정하는 방법에 따라 환산한 금액으로 하고, 그 외 유형자산은 부동산의 환산가액(상증법 시행령 제50조제7항, 임대차계약이 체결된 재산의 평가

특례의 평가 방법)의 적용과 같습니다. (상증법 시행령 제52조제3항)

☞ **제62조(선박 등 그 밖의 유형재산의 평가)**
③ 사실상 임대차계약이 체결되거나 임차권이 등기된 재산의 경우에는 해당 임대료 등을 기준으로 하여 대통령령으로 정하는 바에 따라 평가한 가액과 상증법 제62조 제1항 및 제2항에 따라 평가한 가액 중 큰 금액을 그 재산의 가액으로 한다.

☞ **상증법 시행령 제52조(그 밖의 유형재산의 평가)**
③ 상증법 제62조제3항에서 "대통령령으로 정하는 바에 따라 평가한 가액"이란 다음 각 호의 구분에 따른 금액을 말한다.
1. 선박, 항공기, 차량 및 기계장비: 임대보증금 및 평가기준일 이후 해당 재산의 사용가능기한까지의 연도별 임대료를 기획재정부령으로 정하는 방법에 따라 환산한 금액
2. 제1호 외의 유형재산: 제50조제7항을 준용하여 평가한 금액

4 상품·제품 등 평가

(상증법 제62조제2항)

• 재취득가액, 장부가액 순차 적용

상품·제품·반제품·재공품·원재료 기타 이에 준하는 동산 및 소유권의 대상이 되는 동산의 평가는 그것을 처분할 때에 취득할 수 있다고 예상되는 가액으로 평가합니다. 다만 그 가액이 확인되지 않을 경우에는 장부가액으로 합니다. (상증법 시행령 제52조제2항제1호)

이 경우 '그것을 처분할 때에 취득할 수 있다고 예상되는 가액'이라 함은 재취득 가액을 말합니다, 사업용재고자산인 경우 재취득가액에는 부가가치세를 제외한 금액을 말합니다. (상증법 기본통칙 82-52-1)

5 판매용이 아닌 서화·골동품의 평가

(상증법 제62조제2항)

• 감정가액의 평균액(감정평가심의위원회의 감정가액에 미달한 경우 심의회의 감정가액)

판매용이 아닌 서화·골동품 등 예술적 가치가 있는 유형재산의 평가는 다음의 구분에 따른 전문분야별로 2인 이상의 전문가가 감정한 가액의 평균액. 다만 그 가액이 국세청장이 위촉한 3인 이상의 전문가로 구성된 감정평가심의회에서 감정한 감정가액에 미달하는 경우와 특수관계인간에 양도·양수하는 경우로서 감정평가심의회에서 감정한 감정가액의 100분의 150을 초과하는 경우에는 감정평가심의회에서 감정한 감정가액으로 합니다. (상증법 시행령 제52조제2항제2호)

☞ 2024.2.29. 개정되었습니다.

① 서화·전적　② 도자기·토기·철물　③ 목공예·민속장신구　④ 선사유물　⑤ 석공예
⑥ 기타 골동품　⑦ 기타 미술품

6 동물 및 별도로 평가방법을 규정하지 않은 유형재산의 평가

(상증법 제62조제2항)

- 재취득가액, 장부가액 순차 적용

소유권의 대상이 되는 동물 및 평가방법을 규정하지 아니한 기타 유형재산의 평가는 그것을 처분할 수 있다고 예상되는 가액을 따릅니다. 다만, 그 가액이 확인되지 않을 경우에는 장부가액으로 평가합니다. (상증법 시행령 제52조제2항제3호)

7 미착상품의 평가

상속개시 당시 미착된 상품의 가액은 상속개시일까지 해당 상품의 취득에 소요된 비용의 합계액으로 평가합니다.

8 국채·공채·사채 및 기타 유가증권의 평가

(상증법 제63조제1항제2호, 시행령 제58조제1항제1호)

1) 상장된 국채 등의 평가

Max (①, ②)
　①　평가기준일 이전 2개월간에 공표된 최종시세가액의 평균액
　②　평가기준일 이전 최근일의 최종시세가액

한국거래소에서 거래되는 유가증권 중 국채·공채·사채(전환사채등 제외)('국채등')의 평가는 평가기준일 이전 2개월간에 공포된 매일의 한국거래소 최종시세가액의 평균액과 평가기준일 이전 최근일의 최종시세가액중 큰 가액으로 평가합니다. (상증법 시행령 제58조제1항제1호)

거래소에서 거래되는 국민주택채권의 가액은 상증법 시행령 제58조제1항제1호에 의하여 평가합니다. (재삼46014-2451, 1997.10.16.)

2) 상장되어 있지 않은 경우

상장되어 있지 아니하거나, 평가기준일 이전 2개월의 기간 중 거래실적이 없는 국채 등은 다음과 같이 평가합니다. (상증법 시행령 제58조제1항제2호)

① 타인으로부터 매입한 국채 등

매입가액 + 평가기준일까지의 미수이자상당액

이 경우 국채 등의 발행기관 및 발행회사로부터 액면가로 직접 매입한 것은 제외합니다. (상증법 시행령 제58조제1항제2호가목)

② 그 외의 국채 등

평가기준일 현재 이를 처분하는 경우에 받을 수 있다고 예상되는 금액(처분예상금액)

다만, 처분예상금액을 산정하기 어려운 경우에는 해당 국채 등의 상환기간·이자율·이자지급방법 등을 참작하여 「자본시장과 금융투자업에 관한 법률」에 따라 인가를 받은 2 이상의 투자매매업자 등이 평가한 금액의 평균액 이상으로 할 수 있습니다. (상증법 시행령 제58조제1항제2호나목)

투자매매업자 등은 「자본시장과 금융투자업에 관한 법률」에 따라 인가를 받은 투자매매업자, 투자중개업자, 「공인회계사법」에 따른 회계법인과 「세무사법」에 따른 세무법인을 말합니다.

9 전환사채(convertable bond)의 평가

(상증법 제63조제1항제2호, 시행령 제58조의2)

전환사채란 사채의 형태로 발행되지만 일정기간이 지나면 사채권자의 청구에 따라 미리 결정된 조건대로 발행회사의 주식으로 전환할 수 있는 사채를 말합니다.

1) 한국거래소에서 거래되는 전환사채

국채 등의 방법을 준용하여 평가합니다. (상증법 시행령 제58조의2제1항)

(1) 거래실적이 있는 경우

전환사채의 평가액 = Max(①, ②)

  ① 평가기준일 이전 2개월간에 공표된 최종시세가액의 평균액

  ② 평가기준일 이전 최근일의 최종시세가액

평가기준일 이전 2개월간에 공표된 매일의 유가증권시장 최종시세가액의 평균액과 평가기준일 이전 최근일의 최종시세가액 중 큰 가액으로 평가합니다. (상증법 시행령 제58조의2제1항)

(2) 평가기준일 이전 2개월의 기간 중 거래실적이 없는 경우

타인으로부터 매입한 전환사채 = 매입가액 + 평가기준일까지의 미수이자 상당액

그 외의 전환사채 = 처분예상금액. 처분예상금액을 산정하기 어려운 경우에는 투자매매업자등의 평가액의 평균액

① 타인으로부터 매입한 전환사채

매입가액 + 평가기준일까지의 미수이자상당액.

이 경우 국체등의 발행기관 및 발행회사로부터 액면가로 직접 매입한 것은 제외합니다. (상증법 시행령 제58조제1항제2호가목 준용)

② 그 외의 전환사채

평가기준일 현재 이를 처분하는 경우에 받을 수 있다고 예상되는 금액(처분예상금액)

다만 처분예상금액을 산정하기 어려운 경우에는 해당 전환사채의 상환기간·이자율·이자지급 방법 등을 참작하여 투자매매업자 등이 평가한 금액의 평균액으로 할 수 있습니다.(상증법 시행령 제58조제1항제2호나목 준용)

2) 한국거래소에서 거래되지 않은 전환사채

다음의 가액에 따라서 평가하되 2 이상의 투자매매업자등이 평가한 금액의 평균액으로 할 수 있습니다.

(1) 전환금지기간 중에 평가하는 경우

전환사채의 평가액 = [만기상환금액 / $(1 + min(R, r)^n$] + 평가기준일까지의 이자상당액

  R : 사채발행이율

  r : 기획재정부령이 정하는 이자율('적정할인율') : 8%

만기상환금액(이자 포함)을 사채발행이율과 적정할인율 중 낮은 이율에 따라서 발행당시의 현재가치로 할인한 가액에서 발행 후 평가기준일까지 발생한 이자상당액을 가산한 가액으로 평가합니다. (상증법 시행령 제58조의2제2항제1호나목)

(2) 전환 등이 가능한 기간 중에 있는 전환사채의 평가

전환사채의 평가액 = Max(①, ②)

① [만기상환금액 / $(1 + \min(R, r)^n)$] + 평가기준일까지의 이자상당액

R : 사채발행이율

r : 적정할인율 : 8%

② 전환할 수 있는 주식가액 = 배당차액

배당차액 = [주식 또는 출자지분 1주당 액면가액 × 직전기 배당률 × 신주발생일이 속하는 사업연도 개시일부터 배당기산일 전일까지의 일수] / 365

전환 등 불가능한 기간 중에 평가하는 경우의 평가액과 해당 전환사채로 전환할 수 있는 주식가액에서 배당차액을 뺀 큰 가액으로 평가합니다. (상증법 시행령 제58조의2제2항제2호가목)

⑩ 신주인수권증권(warrants)의 평가

(상증법 제63조제1항제2호, 시행령 제58조의2)

신주인수권증권이란 신주인수권부사채에서 신주인수권만 떼어낸 것으로 일정기간에 미리 정해진 가격으로 새로 주식을 발행해 달라고 요구할 수 있는 권리를 나타내는 증서입니다.

1) 한국거래소에서 거래되는 경우

국채 등의 방법을 준용하여 평가합니다. (상증법 시행령 제58조의2제1항)

평가기준일 이전 2개월간에 공표된 매일의 유가증권시장 최종시세가액의 평균액과 평가기준일 이전 최근일의 최종시세가액 중 큰 가액으로 평가합니다. (상증법 시행령 제58조의2제1항)

신주인수증권의 평가액 = Max(①, ②)
① 평가기준일 이전 2개월간에 공표된 최종시세가액의 평균액
② 평가기준일 이전 최근일의 최종시세가액

평가기준일 이전 2개월간에 공표된 매일의 유가증권시장 최종시세가액의 평균액과 평가기준일 이전 최근일의 최종시세가액 중 큰 가액으로 평가합니다. (상증법 시행령 제58조의2제1항)

2) 한국거래소에서 거래되지 않는 경우

다음의 가액에 따라서 평가하되, 2 이상의 투자매매업자 등이 평가한 금액의 평균액으로 할 수

있습니다.

(1) 전환 등이 불가능한 기간 중에 평가하는 경우 (상증법 시행령 제58조의2제2항제1호가목)

신주인수권부사채의 만기상환금액(만기 전에 발생하는 이자상당액을 포함합니다. 이하 이 호에서 같습니다)을 사채발행이율에 따라 발행 당시의 현재가치로 할인한 가액에서 그 만기상환금액을 3년 만기 회사채의 유통수익률을 고려하여 기획재정부령으로 정하는 이자율(이하 '적정할인율'이라 합니다)에 따라 발행 당시의 현재가치로 할인한 가액을 뺀 가액. 이 경우 그 가액이 음수인 경우에는 영으로 합니다. (상증법 시행령 제58조의2제2항제1호가목)

신주인수권증권의 평가액(a) = [만기상환금액 / $(1 + R)^n$] − [만기상환금액 / $(1 + r)^n$]
만기상환금액(이자포함)
R : 사채발행이율
r : 기획재정부령이 정하는 이자율('적정할인율') : 8%

사채발행이율이란, 사채의 발행가액과 사채발행에 따라 만기일까지 지급할 액면이자와 만기상환금액의 합계액 현재가치를 일치시키는 이자율을 말하는 것이며, 만기상환금액에는 상환할증금이 포함됩니다. (재재산-1036. 2011.12.2. 재재산-678, 2010.7.14.)

'기획재정부령으로 정하는 이자율'이란 연간 100분의 8을 말합니다. (상증법 시행규칙 제18조의3)

(2) 전환 등이 가능한 기간 중에 평가하는 가액 (상증법 시행령 제58조의2제2항제2호다목)

신주인수권증권의 평가액(b) = Max(①, ②)
① [만기상환금액 / $(1 + R)^n$] − [만기상환금액 / $(1 + r)^n$]
만기상환금액 : 이자포함 금액
R : 사채발행이율
r : 적정할인율 : 8%
② 전환할 수 있는 주식가액 = (배당차액 + 신주인수가액)
배당차액 = [주식 또는 출자지분 1주당 액면가액 × 직전기 배당률 × 신주발생일이 속하는 사업연도 개시일부터 배당기산일 전일까지의 일수] / 365

위 '(1) 전환 등이 불가능한 기간 중에 평가하는 경우'의 평가액과 해당 신주인수권증권으로 인수할 수 있는 주식가액에서 배당차액과 신주인수가액을 뺀 가액 중 큰 가액으로 평가합니다. (상증법 시행령 제58조의2제2항제2호다목)

11 신주인수권부사채의 평가

(상증법 제63조제1항제2호, 시행령 제58조의2)

신주인수권부사채는 사채권자에게 신주인수권이 부여된 사채를 말합니다.

1) 한국거래소에서 거래되는 경우

국채 등의 방법을 준용하여 평가합니다. (상증법 시행령 제58조의2제1항)

평가기준일 이전 2개월간에 공표된 매일의 유가증권시장 최종시세가액의 평균액과 평가기준일 이전 최근일의 최종시세가액 중 큰 가액으로 평가합니다. (상증법 시행령 제58조의2제1항)

신주인수권부사채의 평가액 = Max(①, ②)
① 평가기준일 이전 2개월간의 공표된 최종시세가액의 평균액
② 평가기준일 이전 최근일의 최종시세가액

2) 한국거래소에서 거래되지 않은 경우

다음의 가액에 따라서 평가하되, 2 이상의 투자매매업자 등이 평가한 금액의 평균액에 의할 수 있습니다.

(1) 전환 등의 불가능한 기간 중에 평가하는 경우

인수권부사채의 평가액(c) = [만기상환금액 / $(1 + \min(R, r)^n)$] − 평가기준일까지의 이자상당액

만기상환금액 : 이자포함 금액
R : 사채발행이율
r : 적정할인율

만기상환금액을 사채발행이율과 적정할인율 중 낮은 이율에 따라서 발행당시의 현재가치로 할인된 가액에서 발행 후 평가기준일까지 발생한 이자상당액을 가산한 가액으로 평가합니다. (상증법 시행령 제58조의2제2항제1호나목)

(2) 전환 등이 가능한 기간 중에 평가하는 경우

(상증법 시행령 제58조의2제2항제2호나목)

신주인수권부사채의 평가액 = Max(①, ②)
① (c)

② (c) − (a) + (b)

    (a) 전환금지기간 중 신주인수권증권 평가액　[10.−2)−(1) 시행령 제58조의2제2항제1호가목]

    (b) 전환가능기간 중 신주인수권증권 평가액　[10.−2)−(2) 시행령 제58조의2제2항제1호다목]

    (c) 전환금지지간 중 신주인수권부사채 평가액　[11.−2)−(1) 시행령 제58조의2제2항제1호나목]

상증법 시행령 제58조의2제2항제1호나목(c)의 규정에 의하여 평가한 가액과 동가액에서 동호 가목(a)의 규정을 준용하여 평가한 신주인수권가액을 차감하고 다목(b)의 규정을 준용하여 평가한 신주인수권가액을 가산한 가액중 큰 가액으로 평가합니다. (상증법 시행령 제58조의2제2항제2호나목)

⑫ 신주인수권증서의 평가

(상증법 제63조제1항제2호, 시행령 제58조의2)

신주인수권증서란 신주를 인수할 수 있는 권리에 대해 매매를 할 수 있도록 증서화 한 것을 말합니다.

다음의 가액에 따라서 평가하되, 2 이상의 투자매매업자 등이 평가한 금액의 평균액에 의할 수 있습니다.

(가) 한국거래소에서 거래되는 경우(상증법 시행령 제58조의2제2항제2호라목1)

거래소에 상장되어 거래되는 전체 거래일의 종가 평균으로 합니다.

(나) 한국거래소에서 거래되지 않는 경우(상증법 시행령 제58조의2제2항제2호라목2)

Min [권리락 후 주식가액, (권리락 전 주식가액 − 배당차액)] − 신주인수가액

신주인수권증서가 거래소에서 거래되지 않은 경우에는 해당 신주인수권증서로 인수할 수 있는 (주식의 권리락 전 가액) − (배당차액 + 신주인수권가액)으로 평가합니다. 다만, 해당 주식이 주권상장법인 등의 경우로서 권리락 후 주식가액이 권리락 전 주식가액에서 배당차액을 뺀 금액보다 작으면 권리락 후 주식가액에서 신주인수가액을 뺀 금액으로 평가합니다. (상증법 시행령 제58조의2제2항제2호라목2))

13 대부금·외상매출금 및 받을어음 등 채권가액과 입회금·보증금 등의 채무가액 평가 (상증법 시행령 제58조제2항)

대부금 · 외상매출금 및 받을 어음등의 채권가액과 입회금 · 보증금 등의 채무가액은 원본의 회수기간 · 약정이자율 및 금융시장에서 형성되는 평균이자율 등을 고려하여 가액을 평가합니다. 다만, 채권의 전부 또는 일부가 평가기준일 현재 회수불가능한 것으로 인정되는 경우에는 그 가액을 산입하지 않습니다. (상증법 시행령 제58조제2항)

1) 회수기간이 5년을 초과하거나 회사정리절차 등으로 내용이 변경된 경우

$$\text{평가액} = \sum \frac{\text{각 연도별로 회수할 금액(원본 + 이자상당액)}}{(1+8\%)^n}$$

n = 평가기준일로부터 회수일이 속하는 연수

8% = 적정할인율, 상증법 시행규칙 제18조의3(전환사채등의 평가) 이자율

대부금 등의 원본 회수기간이 5년을 초과하거나 회사정리절차의 개시 등의 사유로 당초 채권의 내용이 변경된 경우에는 각 연도에 회수할 금액(원본 + 이자상당액)을 이자율(8%)에 따라서 현재가치로 할인한 금액의 합계액으로 평가합니다. 이 경우 소득세법 제94조제1항제4호나목에 따른 시설물이용권에 대한 입회금·보증금 등으로서 원본의 회수기간이 정하여지지 아니한 것을 그 회수기간을 5년으로 봅니다. (상증법 시행규칙 제18조의2제1항제1호)

2) 회수기간이 5년 이내인 대부금의 경우

원본가액에 평가기준일까지의 미수이자 상당액을 가산한 금액으로 평가합니다. (상증법 시행규칙 제18조의2제2항제2호)

14 집합투자증권의 평가

(상증법 제63조시행령 제58조제3항)

집합투자란 2인 이상에게 투자권유를 하여 모은 금전 등을 투자증권, 파생상품, 부동산, 실물자산 등에 운용하고 그 결과를 투자자에게 귀속시키는 것을 말합니다.

1) 집합투자증권의 평가

집합투자증권이란 집합투자기구에 출자한 자본(투자신탁의 경우에는 수익권)이 표시된 증권을 말하며, 이러한 집합투자증권의 평가는 평가기준일 현재의 한국거래소의 기준가격이나 집합투자업자 또는 투자회사가 「자본시장과 금융투자업에 관한 법률」(자본시장법)에 따라 산정·공고한 기준가격으로 평가합니다.

「자본시장과 금융투자업에 관한 법률」에 따른 집합투자증권의 평가는 평가기준일 현재의 거래소의 기준가격으로 하거나 집합투자업자 또는 투자회사가 같은 법에 따라 산정 또는 공고한 기준가격으로 합니다. 다만, 평가기준일 현재의 기준가격이 없는 경우에는 평가기준일 현재의 환매가격 또는 평가기준일전 가장 가까운 날의 기준가격으로 합니다. (상증법 시행령 제58조제3항)

수익증권의 기준가격은 신탁재산을 주식이나 채권, 유동성자산 등에 투자한 자산의 평가액에 그 투자에 따른 배당, 이자 등을 가산하고 부채나 운용에 소요된 비용을 차감한 순자산가액에 투자한 총 좌수로 나누어 계산합니다. 기준가격에는 원천징수세액 상당액을 차감하지 않습니다.(서일46014-10330, 2003.3.18.)

2) 뮤추얼펀드의 평가

뮤츄얼펀드란 투자신탁의 일종으로 우리나라에서는 유가증권 투자를 목적으로 설립된 법인회사로 주식발행을 통해 투자자를 모집하고 모집된 투자자산을 전문적인 운용회사에 맡겨 그 운용수익을 투자자에게 배당금의 형태로 되돌려주는 투자회사를 의미합니다.

평가방법은 집합투자증권의 평가와 동일합니다.

15 예금·적금·저금 등의 평가

(상증법 제63조제4항)

평가액 = 예입금액 + 미수이자 상당액 - 원천징수 상당액

예금·저금·적금 등의 평가는 평가기준일 현재 예입 총액과 같은 날 현재 이미 지난 미수이자 상당액을 합친 금액에서 소득세법 제127조(원천징수의무)제1항에 따른 원천징수세액 상당 금액을 뺀 가액으로 합니다. (상증법 제63조제4항)

🔢 무체재산권 등의 평가

(상증법 제64조, 시행령 제59조)

평가액 = Max(①, ②)

　　① 취득가액 - 감가상각비상당액

　　② 각 연도의 수입금액을 현재가치로 환산한 금액

무체재산권은 특허권·실용신안권·상표권·디자인권·저작권 등을 말합니다.

무체재산권의 가액은 다음에 따른 금액 중 큰 금액으로 합니다. (상증법 제64조)

① 재산의 취득 가액에서 취득한 날부터 평가기준일까지의 「법인세법」상의 감가상각비를 뺀 금액

② 장래의 경제적 이익 등을 고려하여 대통령령으로 정하는 방법으로 평가한 금액

☞ 2014.1.1. 이후 상속·증여분부터 적용합니다.

1) 매입한 무체재산권의 평가 (상증법 제64조제1항, 시행령 제59조제1항)

평가액 = 취득가액 - 취득한 날부터 평가기준일까지의 감가상각비 상당액

감가상각비 상당액 = 매입가액 × [(매입시가에서 평가기준일까지의 총월수) / 법인세법상 무형고정자산의

　　　　　　　　내용연수(총 월수)]

　　　　　· 월수는 역에 따라 계산하되 1월 미만인 경우에는 1월로 합니다.

2) 일반적인 평가방법

특허권·실용신안권·상표권·디자인권 등은 그 권리에 따라서 장래에 보장을 받을 각 연도의 수입금액을 현재가치로 환산하여 평가합니다. (상증법 시행규칙 제19조제2항)

$$\sum_{n=1}^{n} \frac{\text{각 연도의 수입금액}}{[1+\frac{10}{100}]^n} , \quad n : \text{평가기준일로부터 경과연수}$$

평가기준일부터의 최종 경과연수는 해당권리의 존속기간에서 평가기준일 전일까지 경과된 연수를 차감하여 계산합니다. 이 경우 평가기준일부터 최종 경과연수가 20년을 초과하는 때에는 20년으로 합니다. (상증법 시행규칙 제19조제3항)

각 연도의 수입금액이 확정되지 아니한 경우에는 평가기준일 전 최근 3년간(3년에 미달하는 경우에는 그 미달하는 연수)의 각 연도의 수입금액의 합계액을 평균한 금액을 각 사업연도의 수입금액으로 하되, 최근 3년간 수입금액이 없거나 저작권(저작인접권 포함)으로서 평가기준일 현재 장래에 받

을 각 연도의 수입금액이 하락할 것이 명백한 경우에는 세무서장 등이 2 이상의 공신력 있는 감정기관('감정평가 및 감정평가사에 관한 법률'에 따른 감정평가업자를 말합니다) 또는 전문가의 감정가액 및 해당권리의 성질 기타 제반사정을 감안하여 적정한 가액으로 평가할 수 있습니다. (상증법 시행령 제59조제5항, 시행규칙 제19조제4항)

⑰ 영업권의 평가

(상증법 제59조제2항. 시행령 제59조제2항)

영업권의 평가는 다음 산식에 의하여 계산한 초과이익금액을 평가기준일 이후의 영업권지속연수(원칙적으로 5년으로 합니다)를 고려하여 기획재정부령(시행령)으로 정하는 방법에 따라 환산한 가액에 의합니다. 다만, 매입한 무체재산권으로서 그 성질상 영업권에 포함시켜 평가되는 무체재산권의 경우에는 이를 별도로 평가하지 않되, 해당 무체재산권의 평가액이 환산한 가액보다 큰 경우에는 해당 가액을 영업권의 평가액으로 합니다. (상증법 제59조제2항 전문)

[최근 3년간(3년에 미달하는 경우에는 해당 연수로 하고, 제55조제3항제2호 각 목에 모두 해당하는 경우에는 개인사업자로서 사업을 영위한 기간을 포함합니다)의 순손익액의 가중평균의 100분의 50에 상당하는 가액-[평가기준일 현재의 자기자본 × 1년만기정기예금이자율을 고려하여 기획재정부령으로 정하는 율(10%)]]

$$\text{영업권} = \sum_{n=1}^{\text{지속연수}} \frac{\text{자기자본 이익률 초과 순손익액}}{[1+0.1]^n}, \quad n : \text{평가기준일로부터 경과연수}$$

영업권의 평가는 초과이익금액을 평가기준일 이후의 영업권 지속연수(원칙적으로 5년)를 감안한 환산가액에 따릅니다. (상증법 시행령 제59조제2항)

영업권을 매입한 경우로서 그 평가액(취득가액 - 감가상각비)이 아래 계산식에 따라 산정한 금액보다 큰 경우에는 그 평가액으로 합니다. (상증법 시행령 제59조제2항)

자기자본이익률을 초과하는 순손익액

$$= [\text{최근 3년간 (3년에 미달시는 해당연수 ①)의 순손익액의 가중평균액 ②} \times \frac{50}{100}]$$

$$- [\text{평가기준일 현재의 자기자본 ③} \times \frac{10}{100}]$$

① 평가기준일 이전 각 사업연도가 2개 또는 1개의 사업연도 밖에 없는 경우에도 그 2개 또는 1개의 사업연도의 순손익액을 기준으로 가중 평균하여 영업권을 평가합니다. 이 경우 평가기

준일 속하는 사업연도에 사업을 개시하여 평가기준일 이전 사업연도의 순손익액이 없는 경우에는 영업권가액은 0원이 되며, 영업권 포함 전 순자산가액인 자기자본이 0 이하인 경우에도 0으로 합니다. (상증법 시행령 제59조제3항)

법인전환 사업장의 경우 최근 3년간의 순손익액 계산시 다음 (1), (2) 요건을 모두 충족하는 경우 개인사업자였던 기간을 포함하며, 3년에 미달하는 경우에는 당해 연수로 합니다.

(1) 개인기업 + 법인 영위기간을 합한 기간이 3년 이상인 경우

(2) 개인 사업 영위기간 중 소유·사업에 실제 사용한 특허권 등 무형자산을 법인에 출자하고, 해당 자산을 그 법인이 사용하는 경우

② 비상장주식의 평가시 1주당 순손익가치를 계산하는 방법을 준용합니다.

③ 자기자본은 상증법 시행령 제55조(순자산가액의 계산방법)제1항에 따라 계산한 순자산가액을 말하며, 자산총계에서 부채총계를 공제하여 계산합니다.

자기자본을 확인할 수 없는 경우에는 (사업소득금액/자기자본이익률)과 (수입금액/자기자본회전율) 중 큰 가액으로 합니다. (상증법 시행령 제59조제7항)

☞ (관련 법령) 상증법 시행령 제59조(무체재산권의 평가), 소득세법 시행령 제165조(토지·건물외의 자산의 기준시가 산정), 소득세법 시행규칙 제81조(토지·건물외의 자산의 기준시가 산정)

☞ 상증법 시행령 제59조(무체재산권의 평가)

① 삭제 〈2014. 2. 21.〉

② 영업권의 평가는 다음 산식에 의하여 계산한 초과이익금액을 평가기준일 이후의 영업권지속연수(원칙적으로 5년으로 한다)를 고려하여 기획재정부령으로 정하는 방법에 따라 환산한 가액에 의한다. 다만, 매입한 무체재산권으로서 그 성질상 영업권에 포함시켜 평가되는 무체재산권의 경우에는 이를 별도로 평가하지 않되, 해당 무체재산권의 평가액이 환산한 가액보다 큰 경우에는 해당 가액을 영업권의 평가액으로 한다. 〈개정 , 2021. 1. 5.〉[최근 3년간(3년에 미달하는 경우에는 해당 연수로 하고, 제55조제3항제2호 각 목에 모두 해당하는 경우에는 개인사업자로서 사업을 영위한 기간을 포함한다)의 순손익액의 가중평균액의 100분의 50에 상당하는 가액-(평가기준일 현재의 자기자본×1년만기정기예금이자율을 고려하여 기획재정부령으로 정하는 율)]

③ 제2항을 적용함에 있어서 최근 3년간의 순손익액의 가중평균액은 제56조 제1항 및 제2항을 준용하여 평가한다. 이 경우 같은 조 제1항 중 "1주당 순손익액"과 같은 조 제2항 중 "1주당 추정이익"은 "순손익액"으로 본다. 〈개정 1999. 12. 31., 2014. 2. 21.〉

④ 어업권 및 양식업권의 가액은 제2항의 영업권에 포함하여 계산한다. 〈개정 2020. 8. 26.〉

⑤ 특허권·실용신안권·상표권·디자인권 및 저작권 등은 그 권리에 의하여 장래에 받을 각 연도의 수입금액을 기준으로 기획재정부령이 정하는 바에 의하여 계산한 금액의 합계액에 의한다. 이 경우 각연도의 수입금액이 확정되지 아니한 것은 평가기준일전 3년간의 각 연도 수입금액의 합계액을 기획재정부령이 정하는 바에 따라 평균한 금액을 각 연도의 수입금액으로 할 수 있다. 〈개정 1998. 12. 31., 2005. 6. 30., 2008. 2. 29.〉

⑥ 광업권 및 채석권등은 평가기준일이후의 채굴가능연수에 대하여 평가기준일전 3년간 평균소득(실적이 없는 경우에는 예상순소득으로 한다)을 각 연도마다 기획재정부령이 정하는 방법에 의하여 환산한 금액의 합계액을 그 가액으로 한다. 다만, 조업할 가치가 없는 경우에는 설비등에 의하여만 평가한 가액으로 한다. 〈개정 1998. 12. 31., 2008. 2. 29.〉

⑦ 제2항의 규정에 의하여 영업권을 평가함에 있어서 제시한 증빙에 의하여 자기자본을 확인할 수 없는 경우에는 다음 각호

의 산식에 의하여 계산한 금액중 많은 금액으로 한다. 〈신설 2004. 12. 31., 2005. 8. 5.〉

1. 사업소득금액 ÷ 「소득세법 시행령」 제165조 제10항 제1호에서 규정하는 자기자본이익률

2. 수입금액 ÷ 「소득세법 시행령」 제165조 제10항 제2호에서 규정하는 자기자본회전율

☞ **소득세법 시행령 제165조(토지·건물외의 자산의 기준시가 산정)** ← 2023.12.31.까지 적용

① 법 제99조 제1항 제2호 가목에서 "대통령령으로 정하는 방법에 따라 평가한 가액"이란 취득일 또는 양도일까지 납입한 금액과 취득일 또는 양도일 현재의 프리미엄에 상당하는 금액을 합한 금액을 말한다.

② 법 제99조 제1항 제2호 나목에서 "대통령령으로 정하는 방법에 따라 평가한 가액"이란 「상속세 및 증여세법 시행령」 제51조 제1항을 준용하여 평가한 가액을 말한다. 〈개정 2010. 2. 18.〉

③ 법 제99조 제1항 제3호 전단 및 같은 항 제4호 전단에서 "대통령령으로 정하는 주권상장법인"이란 각각 코스닥시장 또는 코넥스시장에 주권을 상장한 법인을 말하며, 법 제99조 제1항 제3호에서 "대통령령으로 정하는 것"이란 「상속세 및 증여세법 시행령」 제52조의2 제3항에 해당하는 것을 말한다. 이 경우 같은 항 중 "평가기준일 전후 2개월"은 "양도일·취득일 이전 1개월"로 한다. 〈개정 2005. 2. 19., 2010. 2. 18., 2013. 8. 27., 2018. 2. 13.〉

④ 법 제99조 제1항 제4호 후단에 따른 평가기준시기 및 평가액은 다음 각 호에 정하는 바에 따른다. 〈 2023. 2. 28.〉

1. 1주당 가액의 평가는 가목의 계산식에 따라 평가한 가액(이하 이 항에서 "순손익가치"라 한다)과 나목의 계산식에 따라 평가한 가액(이하 이 항에서 "순자산가치"라 한다)을 각각 3과 2의 비율(법 제94조 제1항 제4호 다목에 해당하는 법인의 경우에는 순손익가치와 순자산가치의 비율을 각각 2와 3으로 한다)로 가중평균한 가액으로 한다. 다만, 그 가중평균한 가액이 1주당 순자산가치에 100분의 80을 곱한 금액보다 적은 경우에는 1주당 순자산가치에 100분의 80을 곱한 금액을 평가액으로 한다.

가. 양도일 또는 취득일이 속하는 사업연도의 직전 사업연도의 1주당 순손익액 ÷ 「금융실명거래 및 비밀보장에 관한 법률」 제2조 제1호에 따른 금융회사등이 보증한 3년만기회사채의 유통수익률을 고려하여 기획재정부령으로 정하는 이자율

나. 양도일 또는 취득일이 속하는 사업연도의 직전 사업연도 종료일 현재 해당 법인의 장부가액(토지의 경우는 법 제99조 제1항 제1호 가목에 따른 기준시가) ÷ 발행주식총수

2. 제1호를 적용하는 경우 법 제99조 제1항 제4호의 주식등(이하 이 호에서 "비상장주식등"이라 한다)을 발행한 법인이 다른 비상장주식등을 발행한 법인의 발행주식총수 또는 출자총액의 100분의 10 이하의 주식 또는 출자지분을 소유하고 있는 경우에는 그 다른 비상장주식등의 평가는 제1호에도 불구하고 「법인세법 시행령」 제74조 제1항 제1호 마목에 따른 취득가액에 따를 수 있다.

3. 다음 각 목의 어느 하나에 해당하는 주식등의 경우에는 제1호 각 목 외의 부분에 불구하고 제1호나목의 산식에 따라 평가한 가액으로 한다.

가. 법 제110조에 따른 양도소득과세표준 확정신고기한 이내에 청산절차가 진행 중인 법인과 사업자의 사망 등으로 인하여 사업의 계속이 곤란하다고 인정되는 법인의 주식등

나. 사업개시 전의 법인, 사업개시 후 1년 미만의 법인과 휴·폐업 중에 있는 법인의 주식등

다. 법인의 자산총액 중 주식등 가액의 합계액이 차지하는 비율이 100분의 80 이상인 법인의 주식등

라. 법인의 설립 시 정관에 존속기한이 확정된 법인으로서 평가기준일 현재 잔여 존속기한이 3년 이내인 법인의 주식등

4. 제1호나목을 적용하는 경우 "발행주식총수"는 양도일 또는 취득일이 속하는 사업연도의 직전 사업연도 종료일 현재의 발행주식총수에 의한다.

⑤ 주식등의 양도일 현재에는 제3항에 따른 주식등에 해당하나 그 취득 당시에는 제3항에 따른 주식등에 해당되지 아니하는 경우 취득 당시의 기준시가는 제4항에도 불구하고 다음 산식으로 계산한 가액에 따른다. 이 경우 취득일 현재의 제4항에 따른 평가액과 코스닥시장 또는 코넥스시장 상장일 현재의 제4항에 따른 평가액이 같은 경우에는 제9항을 준용하여 계산한 가액을 코스닥시장 또는 코넥스시장 상장일 현재의 제4항에 따른 평가액으로 한다. 〈개정 2013. 8. 27.〉

[코스닥시장 또는 코넥스시장 상장일 이후 1개월간 공표된 매일의 코스닥 시장 또는 코넥스시장의 최종 시세가액의 평균액] × (취득일 현재의 제4항에 따른 평가액 / 코스닥시장 또는 코넥스시장상장일 현재의 제4항에 따른 평가액)⑥ 주식등

의 양도일 현재에는 유가증권시장상장법인(「자본시장과 금융투자업에 관한 법률 시행령」 제176조의9 제1항에 따른 유가증권시장에 주권을 상장한 법인을 말한다)의 주식등에 해당하나 그 취득 당시에는 유가증권시장상장법인(「자본시장과 금융투자업에 관한 법률 시행령」 제176조의9 제1항에 따른 유가증권시장에 주권을 상장한 법인을 말한다)의 주식등과 제3항에 따른 주식등에 해당되지 아니하는 경우 취득 당시의 기준시가는 제5항을 준용하여 계산한 가액에 따른다. 이 경우 "코스닥시장 또는 코넥스시장 상장일"은 "유가증권시장 상장일"로, "코스닥시장 또는 코넥스시장의 최종시세가액"은 "거래소의 최종시세가액"으로 본다. 〈개정 2013. 8. 27.〉

⑦ 법 제99조 제1항 제5호에서 "대통령령으로 정하는 방법에 따라 평가한 가액"이란 「상속세 및 증여세법 시행령」 제58조의2 제2항을 준용하여 평가한 가액을 말한다. 〈개정 2010. 2. 18.〉

⑧ 법 제99조 제1항 제6호에서 "대통령령으로 정하는 방법에 따라 평가한 가액"이란 다음 각 호에 따라 평가한 가액을 말한다. 〈개정 2023. 2. 28.〉

  1. 법 제94조 제1항 제4호 나목부터 라목까지의 규정에 따른 주식등　법 제99조제1항제3호 및 제4호에 따라 평가한 가액. 이 경우 법 제94조 제1항 제4호 라목에 따른 주식등이 법 제99조 제1항 제4호의 주식등에 해당하는 경우에는 이 조 제4항제1호나목의 계산식에 따라 평가한 가액으로 한다.

  2. 법 제94조 제1항 제4호 가목의 규정에 의한 영업권　「상속세 및 증여세법 시행령」 제59조 제2항의 규정을 준용하여 평가한 가액

  3. 법 제94조 제1항 제4호 나목에 따른 시설물이용권(주식등은 제외한다)　「지방세법」에 따라 고시한 시가표준액. 다만, 취득 또는 양도 당시의 시가표준액을 확인할 수 없는 경우에는 기획재정부령으로 정하는 방법에 따라 계산한 가액

⑨ 법 제99조 제1항 제3호 및 제4호에 따라 산정한 양도 당시의 기준시가와 취득 당시의 기준시가가 같은 경우에는 법 제99조 제1항 제3호 및 제4호에도 불구하고 해당 자산의 보유기간과 기준시가의 상승률을 고려하여 기획재정부령으로 정하는 방법에 따라 계산한 가액을 양도 당시의 기준시가로 한다. 〈개정 2010. 2. 18.〉

⑩ 제8항제2호의 규정에 의하여 영업권을 평가함에 있어서 양도자가 제시한 증빙에 의하여 자기자본을 확인할 수 없는 경우에는 다음 각호의 산식에 의하여 계산한 금액 중 많은 금액으로 한다. 〈개정 2008. 2. 29.〉

  1. 사업소득금액 / 기획재정부령이 정하는 자기자본이익률

  2. 수입금액 / 기획재정부령이 정하는 자기자본회전율

⑪ 제10항을 적용할 때 사업소득금액과 수입금액은 영업권의 양도일이 속하는 연도의 직전 과세연도의 해당 사업부문에서 발생한 것으로 한다. 다만, 자산을 양도한 연도에 양도하는 사업을 새로 개시한 경우에는 사업개시일부터 양도일까지의 그 양도하는 사업부문에서 발생한 사업소득금액 또는 수입금액을 연(年)으로 환산하여 계산한다. 〈신설 2010. 2. 18.〉

⑫ 법 제99조 제1항 제8호에 따라 「상속세 및 증여세법」 제65조 제1항을 준용하여 평가하는 경우 「상속세 및 증여세법 시행령」 제61조의 "평가기준일"은 "양도일 · 취득일"로 본다. 〈신설 2021. 2. 17.〉

☞ **소득세법 시행령 제165조(토지 · 건물외의 자산의 기준시가 산정)** ← 2025.1.1. 개정 시행 부분

① 동일

② 법 제99조제1항제2호나목에서 "대통령령으로 정하는 방법에 따라 평가한 가액"이란 「상속세 및 증여세법 시행령」 제51조제1항을 준용하여 평가한 가액을 말한다. 〈개정 2010. 2. 18.〉

③ 삭제 〈2021. 2. 17.〉

④ 삭제 〈2021. 2. 17.〉

⑤ 삭제 〈2021. 2. 17.〉

⑥ 삭제 〈2021. 2. 17.〉

⑦ 삭제 〈2021. 2. 17.〉

⑧ 법 제99조제1항제6호에서 "대통령령으로 정하는 방법에 따라 평가한 가액"이란 다음 각 호에 따라 평가한 가액을 말한다. 〈개정 2023. 2. 28.〉

  1. 법 제94조제1항제4호나목부터 라목까지의 규정에 따른 주식등　제150조의22에 따라 평가한 가액. 이 경우 다음 각 목의 주식등이 제150조의22제1항제2호 각 목 외의 부분의 주식등에 해당하는 경우에는 다음 각 목에서 정하는 가액으로 한다.

가. 법 제94조제1항제4호다목에 따른 주식등: 제150조의22제1항제2호가목에서 정하는 바에 따라 평가(다만, 순손익가치와 순자산가치의 비율은 각각 2와 3으로 한다)한 가액

나. 법 제94조제1항제4호라목에 따른 주식등: 제150조의22제1항제2호가목2)의 계산식에 따라 평가한 가액

2. 법 제94조제1항제4호 가목의 규정에 의한 영업권 「상속세 및 증여세법 시행령」 제59조제2항의 규정을 준용하여 평가한 가액

3. 법 제94조제1항제4호나목에 따른 시설물이용권(주식등은 제외한다) 「지방세법」에 따라 고시한 시가표준액. 다만, 취득 또는 양도 당시의 시가표준액을 확인할 수 없는 경우에는 기획재정부령으로 정하는 방법에 따라 계산한 가액

⑨ 삭제 〈2021. 2. 17.〉

[시행일: 2025. 1. 1.] 제165조제3항, 제165조제4항, 제165조제5항, 제165조제6항, 제165조제7항, 제165조제9항, 제165조제8항

☞ 소득세법 시행규칙 제81조(토지 · 건물외의 자산의 기준시가 산정)

① 삭제 〈2007. 4. 17.〉

② 영 제165조 제4항 제1호 가목에서 "기획재정부령이 정하는 이자율"이란 「상속세 및 증여세법 시행규칙」 제17조에 따른 이자율을 말한다. 〈신설 2023. 3. 20.〉

③ 영 제165조 제8항 제3호에서 "기획재정부령으로 정하는 방법에 따라 계산한 가액"이란 다음 각 호의 방법으로 환산한 가액을 말한다. 이 경우 "생산자물가지수"란 「한국은행법」에 따라 한국은행이 조사한 매월의 생산자물가지수를 말한다. 〈신설 2009. 4. 14.〉

1. 양도 당시의 기준시가는 정하여져 있으나 취득 당시의 기준시가를 정할 수 없는 경우에 취득 당시의 기준시가로 하는 가액

$$\text{「지방세법 시행령」에 따라 최초로 고시한 시가표준액} \times \frac{\text{취득일이 속하는 달의 생산자물가지수}}{\text{「지방세법 시행령」에 따른 시가표준액을 최초로 고시한 날이 속하는 달의 생산자물가지수}}$$

2. 취득 당시의 기준시가와 양도 당시의 기준시가를 모두 정할 수 없는 경우에 취득 또는 양도 당시의 기준시가로 하는 가액

$$\text{분양가} \times \frac{\text{취득일(양도일)이 속하는 달의 생산자물가지수}}{\text{분양일이 속하는 달의 생산자물가지수}}$$

④ 영 제165조 제9항에서 "기획재정부령으로 정하는 방법에 따라 계산한 가액"이란 다음 각 호의 규정에 의하여 계산한 가액을 말한다. 이 경우 1개월 미만의 월수는 1개월로 본다. 〈개정 1998. 8. 11., 1999. 5. 7., 2001. 4. 30., 2008. 4. 29., 2010. 4. 30.〉

1. 당해법인의 동일한 사업연도내에 취득하여 양도하는 경우에는 다음 산식에 의하여 계산한 가액

$$\text{양도당시의 기준시가} = \text{취득일이 속하는 사업연도의 직전사업연도 기준시가} + \left(\text{취득일이 속하는 사업연도의 직전사업연도 기준시가} - \text{취득일이 속하는 사업연도의 전전사업연도 기준시가} \right) \times \frac{\text{양도자산 보유월수}}{\text{취득일이 속하는 사업연도의 직전사업연도의 월수}}$$

2. 제1호외의 경우에는 당해 양도자산의 기준시가

⑤ 삭제 〈2000. 4. 3.〉

⑥ 영 제165조 제10항 제1호 및 제2호에 규정하는 자기자본이익률 및 자기자본회전율은 한국은행이 업종별, 규모별로 발표한 자기자본이익률 및 자기자본회전율을 말한다. 〈개정 2001. 4. 30.〉

⑦ 삭제 〈2009. 4. 14.〉

18 어업권 및 양식업권의 평가

(상증법 시행령 제59조제4항)

어업권 및 양식업권 가액은 영업권에 포함하여 계산합니다. (상증법 시행령 제59조제4항)

19 광업권 및 채석권의 평가

(상증법 시행령 제59조제6항)

광업권 및 채석권등은 평가기준일 이후의 채굴가능연수에 대하여 평가기준일 전 3년간 평균소득(실적이 없는 경우에는 예상순소득으로 합니다)을 각 연도마다 기획재정부령이 정하는 방법에 의하여 환산한 금액의 합계액을 그 가액으로 합니다. 다만, 조업할 가치가 없는 경우에는 설비등에 의하여만 평가한 가액으로 합니다.(상증법 시행령 제59조제6항)

1) 조업할 수 있는 광업권 등의 평가 (상증법 시행규칙 제19조제5항)

$$환산가액 = \sum_{n=1}^{n} \frac{평가기준일 전 3년간 평균소득}{[1+0.1]^n} \quad , \quad n : 평가기준일부터 채굴 가능연수$$

광업권 및 채석권 등은 평가기준일 이후의 채굴가능연수에 대하여 평가기준일 전 3년간 평균소득(실적이 없는 경우 예상 순소득)을 각 연도마다 환산한 금액의 합계액을 그 가액으로 합니다.

평가기준일 전 3년간 평균소득은 광물의 매출액에서 그 광물의 채굴까지 소요되는 생산비용을 뺀 금액을 말합니다. 이 경우 평가기준일 전 3년간 평균소득 실적이 없는 경우에는 예상되는 광물의 매출액에서 그 광물의 채굴까지 소요되는 비용을 뺀 금액으로 합니다.

2) 조업할 가치가 없는 광업권 등의 평가

조업할 가치가 없는 광산의 광업권의 가액은 없는 것으로 봅니다. 다만, 광산에 대한 가액은 그 광산이 폐광되는 경우에 타 용도로 전용될 수 있다고 인정되는 고정자산과 유동자산가액의 합계액으로 평가합니다. (상증법 시행령 제59조제6항)

3) 소득이 발생하지 아니한 광업권 등의 평가

조업은 하고 있으나, 소득은 얻지 못하는 광산, 탐광 중인 광산, 채광에 착수하지 않은 광산으로서 가까운 장래에 소득을 얻을 전망이 있는 광업권과 조광권이 설정되어 있는 광산의 광업권 평가는 조업을 할 수 있는 광산의 광업권 등의 평가방법에 따라서 평가합니다.

다만, 각 연도의 조광료 수입금액에서 광업권자가 부담할 경비 등을 공제한 금액에 따라서 평가기준일 이전 3년간 평균소득을 계산합니다.

4) 광업권에 저당권이 설정되어 있는 경우의 평가

평가기준일 현재 광업권에 저당권이 설정되어 있는 경우에는 평가기준일 현재의 시가 또는 조업을 할 수 있는 광산의 광업권 등의 평가방법에 따른 평가액과 저당권이 설정된 광업권이 담보하는 채권액 중 큰 금액으로 합니다. (상증법 시행령 제63조제1항)

⑳ 조건부 권리 등의 평가

(상증법 제65조제1항, 시행령 제60조)

조건부 권리, 존속기간이 불확정한 권리 및 소송 중인 권리의 가액은 다음과 같이 평가한 가액에 따릅니다. (상증법 시행령 제60조)

① 조건부 권리는 본래의 권리의 가액을 기초로 하여 평가기준일 현재의 조건내용을 구성하는 사실, 조건성취의 확실성, 그 밖의 모든 사정을 고려한 적정가액

② 존속기간이 확정되지 않은 권리의 가액은 평가기준일 현재의 권리의 성질, 목적물의 내용연수, 그 밖의 모든 사정을 고려한 적정가액

③ 소송 중인 권리의 가액은 평가기준일 현재의 분쟁관계의 진상을 조사하고 소송진행의 상황을 고려한 적정가액

☞ (판례) 법인의 자산 속에 '소송 중인 권리'가 포함되어 있는 경우 그 순자산가액은 '분쟁관계의 진상을 조사하고 소송진행의 상황을 참작한 적정한 가액'으로 평가하여야 할 것이고, 이때 '소송 중의 권리'는 상속재산평가의 일반원칙에 따라 상속개시 당시의 현황, 즉 상속개시 당시의 시가에 의하여 산정할 수밖에 없을 것인데, 상속개시 당시에는 '소송 중의 권리'가 그 권리의 존부나 범위를 둘러싸고 다툼이 있어 분쟁관계에 있었다고 하더라도 그 후 당해 과세처분취소소송의 변론종결 이전에 법원의 판결 등을 통하여 '소송 중의 권리'의 내용과 범위가 구체적으로 확정되었다면, 다른 특별한 사정이 없는 한, 판결에 따라 확정된 권리의 가액을 기초로 상속개시 당시의 현황에 의하여 '소송 중의 권리'의 가액을 평가하여야 할 것입니다. (대법원2003주6153, 2005.5.26.)

21 신탁의 이익을 받을 권리의 평가

(상증법 재65조제1항, 시행령 제61조)

신탁의 이익을 받을 권리의 가액은 다음의 어느 하나에 따라 평가한 가액으로 합니다. 다만, 평가기준일 현재 신탁계약의 철회, 해지, 취소 등을 통해 받을 수 있는 일시금이 다음 각 호에 따라 평가한 가액보다 큰 경우에는 그 일시금의 가액으로 합니다. (상증법 제61조제1항)

1) 원본과 수익을 받을 권리의 수익자가 동일한 경우

(상증법 시행령 제61조제1항제1호)

평가액 = Max(①, ②)
　　① 신탁재산가액
　　② 신탁계약의 철회·해지·취소 등을 통해 받을 수 있는 일시금

평가기준일 현재 법에 따라 평가한 신탁재산의 가액. 즉, 상증법 제60조~제65조에 따른 상속개시일·증여일 현재 시가로 하되, 시가 산정이 어려운 경우 보충적 평가방법을 적용합니다. (상증법 시행령 제61조제1항제1호) ☞ 2021. 2.17. 부터 시행합니다

2) 원본과 수익을 받을 권리의 수익자가 다른 경우

(상증법 시행령 제61조제1항제2호)

(1) 원본을 받을 권리를 수익하는 경우 (상증법 시행령 제61조제1항제2호가목)

평가액 = Max(①, ②)
　　① 신탁재산가액 - 신탁의 수익 평가액
　　② 신탁계약의 철회·해지·취소 등을 통해 받을 수 있는 일시금

평가기준일 현재 법에 따라 평가한 신탁재산의 가액에서 신탁의 수익·평가액을 차감한 금액과 평가기준일 현재 신탁계약의 철회·해지·취소 등을 통해 받을 수 있는 일시금 중 큰 금액으로 합니다.

(2) 수익을 받을 권리를 수익하는 경우 (상증법 시행령 제61조제1항제2호나목)

평가기준일 현재 기획재정부령이 정하는 방법에 따라서 추산한 장래 받을 각 연도의 수익금에 대하여 수익의 이익에 대한 원천징수세액 상당액 등을 감안하여 다음의 계산식에 의하여 환산한 가액의 합계액으로 평가합니다.

평가액 = Max(①, ②)

① $\sum_{n=1}^{n} \dfrac{\text{각 연도 받을 수익의 이익 − 원천징수상당액}}{1 + \text{기획재정부령이정하는이자율(3\%)}^n}$, n : 평가기준일부터 수익시기까지의 연수

② 평가기준일 현재 신탁계약의 철회·해지·취소 등을 통해 받을 수 있는 일시금

이 경우 수익시기가 정해지지 않은 경우 평가기준일부터 수익시기까지 연수는 20년 또는 기대여명의 연수로 계산합니다.

평가기준일 현재 신탁재산의 수익에 대한 수익률이 확정되지 아니한 경우 원본의 가액에 3%를 곱하여 계산한 금액을 말합니다.

22 정기금을 받을 권리의 평가

(상증법 제65조제1항, 시행령 제62조)

정기금이란 정기적으로 반복하여 금전 기타 물건을 지급하는 것을 목적으로 하는 채권으로서 연금 등이 이에 해당합니다.

정기금을 받을 권리의 가액은 다음의 정기금 별 각 연도에 받을 정기금액을 아래 현재가치할인 계산식에 따라서 할인한 가액의 합계액으로 평가합니다.

평가기준일 현재 계약의 철회·해지·취소 등을 통해 받을 수 있는 일시금이 아래 평가한 가액보다 큰 경우에는 그 일시금의 가액에 의합니다. ☞ 2019.2.12. 이후부터 적용합니다.

1) 유기정기금 (상증법 시행령 제62조제1호)

유기정기금 평가액 = $\sum_{n=1}^{n} \dfrac{\text{각 연도에 받을 정기금액}}{[1 + 3\%]^n}$, n : 평가기준일부터 경과연수

유기정기금은 일정기간 정기적으로 금전 기타 물건을 받을 권리로서, 평가기준일 현재 정기금의 급부 잔존기간에 각 연도에 받을 정기금액을 기준으로 계산한 금액의 합계액으로 평가합니다. 다만, 1년분 정기금액의 20배를 초과할 수는 없습니다.

2) 무기정기금 (상증법 시행령 제62조제2호)

무기정기금이란 정기금의 급부사유가 발생한 이후에 장래 무기한 정기적으로 금전 기타 물건을 받게 되는 권리를 말하며, 그 1년 분 정기금액의 20배에 상당하는 금액으로 평가합니다.

3) 종신정기금 (상증법 시행령 제62조제3호)

종신정기금이란 당사자 일방이 자기, 상대방 또는 제3자의 종신까지 정기로 금전 기타 물건을 상대방 제3자에게 지급할 것을 약정함으로써 그 효력이 발생하는 것으로서, 상대방 또는 제3자가 사망 시까지 정기적으로 금전 기타 물건을 받을 권리를 말합니다.

종신정기금은 정기금을 받을 권리가 있는 자의 「통계법」 제18조에 따라 통계청장이 승인하여 고시하는 통계표에 따른 성별·연령별 기대여명의 연수(소수점 이하는 버립니다)까지의 기간중 각 연도에 받을 정기금액을 기준으로 상증법 시행령 제62조제1호의 계산식(유기정기금 계산식)에 따라 계산한 금액의 합계액으로 평가합니다. (상증법 시행령 제62조제3호)

종신정기금의 평가는 그 목적으로 된 자의 기대여명 중 각 연도에 받을 정기금액을 기준으로 위의 유기정기금 평가 계산식과 같이 계산한 금액의 합계액으로 평가합니다.

23 가상자산의 평가

(상증법 제65조제1항, 시행령 제60조제2항)

가상자산은 「가상자산 이용자 보호 등에 관한 법률」 제2조제1호에 따라 해당 자산의 거래규모 및 거래방식 등을 고려하여 대통령령으로 정하는 방법으로 평가합니다. (상증법 제65조제2항)

☞ 2024. 7. 19.부터 적용합니다. 2024.7.19.이전에는 「특정 금융거래의 보고 및 이용 등에 관한 법률」 제2조제3호에 따른 가상자산을 의미하였습니다.

상증법 제65조제2항에 따른 가상자산의 가액은 다음의 구분에 따라 평가한 가액으로 합니다. (상증법 시행령 제60조제2항)

① 평가기준일 이전·이후 1개월의 '가상자산사업자가 공시하는 일평균가액 평균액

② 그 밖의 가상자산 : 거래일의 일평균가액 or 종료시각에 공시된 시세가액

① 「특정 금융거래정보의 보고 및 이용 등에 관한 법률」 제7조에 따라(2024.7.19.이후에는 「가상자

산 이용자 보호 등에 관한 법률」 제2조제1호에 따라) 신고가 수리된 가상자산사업자('가상자산사업자'라 합니다) 중 국세청장이 고시하는 가상자산사업자의 사업장에서 거래되는 가상자산: 평가기준일 전·이후 각 1개월 동안에 해당 가상자산사업자가 공시하는 일평균가액의 평균액

② 그 밖의 가상자산: ①에 해당하는 가상자산사업자 외의 가상자산사업자 및 이에 준하는 사업자의 사업장에서 공시하는 거래일의 일평균가액 또는 종료시각에 공시된 시세가액 등 합리적으로 인정되는 가액

☞ **상증법 제65조(그 밖의 조건부 권리 등의 평가)**

① 조건부 권리, 존속기간이 확정되지 아니한 권리, 신탁의 이익을 받을 권리 또는 소송 중인 권리 및 대통령령으로 정하는 정기금(定期金)을 받을 권리에 대해서는 해당 권리의 성질, 내용, 남은 기간 등을 기준으로 대통령령으로 정하는 방법으로 그 가액을 평가한다.

② 「가상자산 이용자 보호 등에 관한 법률」 제2조제1호에 따른 가상자산은 해당 자산의 거래규모 및 거래방식 등을 고려하여 대통령령으로 정하는 방법으로 평가한다. 〈신설 2020. 12. 22., 2023. 7. 18.〉

③ 그 밖에 이 법에서 따로 평가방법을 규정하지 아니한 재산의 평가에 대해서는 제1항 및 제60조부터 제64조까지에 규정된 평가방법을 준용하여 평가한다. 〈개정 2020. 12. 22.〉

[전문개정 2010. 1. 1.] [시행일: 2024. 7. 19.] 제65조

24 국외재산의 평가

(상증법 시행령 제58조의3, 제58조의4)

외국에 있는 상속 또는 증여재산으로서 법 제60조 내지 법 제65조의 규정을 적용하는 것이 부적당한 경우에는 당해 재산이 소재하는 국가에서 양도소득세·상속세 또는 증여세등의 부과목적으로 평가한 가액을 평가액으로 합니다. (상증법 시행령 제58조의3제1항)

위에 따른 평가액이 없는 경우에는 세무서장등이 둘 이상의 국내 또는 외국의 감정기관(주식등에 대한 평가의 경우에는 기획재정부령으로 정하는 신용평가전문기관, 「공인회계사법」에 따른 회계법인 또는 「세무사법」에 따른 세무법인을 포함합니다)에 의뢰하여 감정한 가액을 참작하여 평가한 가액을 평가액으로 합니다. (상증법 시행령 제58조의3제2항)

외화자산 및 부채는 평가기준일 현재 「외국환거래법」 제5조제1항에 따른 기준환율 또는 재정환율에 따라 환산한 가액을 기준으로 평가합니다. (상증법 시행령 제58조의4)

제 4 장 주식의 평가방법

제 1 절 주식등과 유가증권 시장

1 주식과 출자지분

1) 회사와 주식회사

상법에서는 회사를 합명회사, 합자회사, 유한회사, 유한책임회사 및 주식회사 다섯 종으로 구분하고 있습니다. (상법 제19조)

이 중 주식회사 제도는 자본을 주식으로 분할하여 주권이라는 유가증권 형태로 대중 속에 흩어져 있는 자금을 조달하고, 주권을 취득한 투자자들은 이를 자유롭게 유통시킴으로써 필요할 때 환금할 수 있는 제도입니다.

주식회사는 자본의 세분화·자본의 증권화·증권의 양도성을 기초로 운영되어 자본 조달을 쉽게 할 수 있어 오늘날 대부분의 기업들은 주식회사 형태를 띠고 있습니다.

2) 주식과 출자지분

주식이란 주식회사의 주주가 출자자로서 회사에 대하여 갖는 지분권을 말합니다. 주식은 자본을 조달하는 회사 입장에서는 자본의 구성 부분을 말하고, 투자자인 주주 입장에서는 회사에 대하여 갖는 권리의무의 기초인 사원의 지위 또는 자격을 의미합니다.

주주는 출자한 회사에 대하여 이익배당청구권, 잔여재산분배청구권 등의 자익권과 회사경영의 중요한 사항에 대한 의결권을 그 지분 소유 비율대로 갖게 됩니다.

출자지분이란 상법에 따라서 설립된 합명회사, 합자회사, 유한회사 및 유한책임회사의 사원으로서 지위 또는 출자자로서 권리의무를 말합니다.

주식과 출자지분을 상증법에서는 '주식등'이라는 용어로 표현합니다.

2 유가증권 시장

유가증권이 거래되는 시장은 한국거래소의 유가증권시장, 코스닥시장, 코넥스시장, K-OTC시장 등으로 구분할 수 있습니다. 상증법에서는 유가증권 시장에서 거래되는 주식의 종류에 따라 각각 평가방법을 구분하고 있습니다. 그 시장의 종류는 대체로 다음과 같습니다.

1) 유가증권 시장

2015.1.27. 증권거래소, 코스닥시장, 선물거래소가 통합되어 한국증권선물거래소가 출범하였으며, 종전의 증권거래소 시장이 유가증권시장이라는 명칭으로 변경되었습니다.

유가증권시장에 증권을 발행한 법인을 주권상장법인이라고 부르며, 동 시장에서는 주식, 채권, 외국주권과 채권 및 외국주식예탁증서, 주식워런트증권 등을 운영하고 있습니다. 2009.2.4.이후 「자본시장과 금융투자업에 관한 법률」에 따라 「한국거래소」로 이름을 바꾸었습니다.

상증법에서는 유가증권시장에 상장된 주식의 경우 일정기간 동안의 매일의 최종 시세가액 평균액을 시가로 보도록 규정하고 있습니다.

2) 코스닥 시장

종전에 한국증권업협회에서 시장을 개설하고 운영하던 것을 2005.1.27. 출범한 한국거래소가 그 권한을 이어받았고, 코스닥시장 운영본부가 위임받아 운영하고 있습니다. 이에 따라 협회중개시장이 코스닥시장으로 명칭이 변경되었습니다.

「상속세 및 증여세법」에서는 코스닥시장의 상장주식도 유가증권시장 상장주식과 마찬가지로 일정기간 동안의 매일의 최종시세가액 평균액을 시가로 보도록 규정하고 있습니다.

3) 코넥스 시장

자본시장을 통한 초기 중소기업 지원을 강화하여 창조경제 생태계 기반을 조성하기 위해 개설된 중소기업전용 유가증권 시장으로 상증법에서는 일반 비상장주식의 평가방법에 따라 평가(서면 법규과-1021, 2013.9.16.)하도록 하고 있습니다.

4) K-OTC (한국장외시장)

비상장주식의 매매거래를 위하여 한국투자금융협회가 「자본시장과 금융투자업에 관한 법률」에 따라 개설, 운영되는 제도와, 조직화된 장외시장을 말합니다. 일반 비상장주식과 동일하게 비상장 주식의 평가방법에 따라 평가합니다.

5) 장외시장

장외시장이란 한국거래소등과 같이 조직화된 시장 외에 증권회사의 창구에서 이루어지는 거래 및 투자자 상호간의 직접적인 접촉과 협상으로 이루어지는 거래 등 비조직적이고 추상적인 시장 을 말하며, 제도권 시장과 비교되는 상대적 용어라고 할 수 있습니다.

상증법에서는 유가증권의 상장주식이나 코스닥시장 상장주식은 장외에서 거래되는 경우에도 일정기간 동안의 최종시세가액 평균액을 시가로 보도록 하고 있으며, 비상장주식은 평가기간 내 에 객관적 교환가치를 반영한 매매거래가 있는 경우 이를 시가로 볼 수 있지만, 시가가 없는 경우 에는 주식발행법인의 순자산가치와 순손익가치를 가중평균하여 평가합니다.

유가증권 및 코스닥상장법인 주식의 평가

(상증법 제63조제1항제1호, 시행령 제52조의2)

「자본시장과 금융투자업에 관한 법률」에 따른 증권시장으로서 유가증권시장과 코스닥시장에서 거래되는 주권상장법인의 주식등(상증법 제63조제2항에 해당하는 주식등은 제외합니다)의 경우 상증법 제63조제1항제1호가목에 규정된 평가방법으로 평가한 가액을 시가로 보도록 하고 있습니다. (상 증법 제60조제1항제1호, 시행령 제52조의2제1항·제3항)

- 평가기준일 이전·이후 2개월 간의 거래소 최종 시세가액 평균액
  - 평가기준일 이전·이후 2개월 중에 증자 등의 사유 발생시 고려하여 적용
- 평가기준일 전후 2개월 이내에 매매거래 정지 또는 관리종목지정 기간이 있는 경우 보충적 평가방법을 적용

1 주권상장법인의 주식 평가원칙

(상증법 제63조제1항제1호가목)

유가증권시장에서 거래되는 주권상장법인의 주식 및 출자지분의 가액은 평가기준일 이전·이후 각 2개월 동안 공표된 매일의 거래소 최종시세가액(거래실적의 유무 불문합니다)의 평균액으로 평가 합니다. (상증법 제63조제1항제1호가목)

① 평가기준일 이전·이후 각 2개월간의 기간 계산(초일 불산입)은 월력에 따라 계산합니다.

② 평가기준일 이전 · 이후 각 2월간의 합산기간이 4월에 미달하는 경우에는 그 기간에 대한 최 종시세가액의 평균액으로 평가합니다. (상증법 시행규칙 제16조의3제1항)

☞ 상속개시일에 상장되는 주식의 평가도 상장주식의 평가방법에 따라서 평가합니다. (재삼45014-12143, 1994.5.9)

③ 최종시세가액 평균액 계산시 평가기준일의 최종시세가액도 포함됩니다.

④ 평가기준일이 공휴일, 매매거래 정지일, 납회기간 등인 경우에는 그 전일을 기준으로 하여 계산합니다.

☞ 평가기준일 이전·이후 각 2개월이 되는 날이 공휴일 등이더라도 그 전일이나 휴일은 평가대상기간에 산입하지 아니합니 다. (서면4팀-1646, 2004.1.18.)

⑤ 상증법 제48조에 따라 합병으로 인한 이익을 계산할 때, 합병(분할합병을 포함합니다)으로 소멸

되거나 흡수되는 법인 또는 신설되거나 존속되는 법인이 보유한 상장주식의 시가는 평가기준일 현재의 거래소 최종 시세가액으로 합니다.

☞ 평가기준일 하루만을 기준으로 코스닥상장법인의 주식을 평가하게 되면, 증여 이후 주가의 단기적인 변동에 따라 증여계약을 해제하고, 하락한 주가로 기준을 재차 증여하는 행위를 반복하거나, 법인의 내부정보에 쉽게 접근할 수 있는 사람들이 주식상승이 임박한 시점에 주식을 양도하는 등 과세행정에 혼란이 초래되고, 주식의 양도가 증여세 부담을 회피하면서 거액을 증여하기 위한 수단으로 악용될 가능성이 있습니다. 또한 평가기준일 이전, 이후, 총 4개월을 평가기간으로 정한 것은 평가의 안정성과 객관성을 높이기 위하여 기간을 늘인 것으로 주식의 내재적인 가치를 평가함에 있어 적절한 기간으로 볼 수 있습니다. (헌재2014헌바363, 2016.2.25.)

2 관리종목으로 지정된 경우의 평가

(상증법 시행령 제52조의2제3항, 시행규칙 제16조의3제2항)

평가기준일 전후 2개월 이내에 거래소가 지정하는 기준에 따라 매매거래가 정지되거나 관리종목으로 지정된 기간의 일부 또는 전부가 포함되는 주식등(적정하게 시가를 반영하여 정상적으로 매매거래가 이루어지는 경우는 제외)은 보충적 평가방법을 적용합니다. (상증법 시행령 제52조의2제3항)

다만, 공시의무 위반 및 사업보고서 제출의무 위반 등으로 인하여 관리종목으로 지정·고시되거나 등록신청서 허위기재 등으로 인하여 일정기간 동안 매매거래가 정지된 경우로서 적정하게 시가를 반영하여 정상적으로 매매거래가 이루어지는 경우에는 상장주식과 동일한 방법(평가기준일 이전·이후 2개월 동안 공표된 매일의 거래소 최종 시세가액 평균액)으로 평가합니다. (상증법 시행규칙 제16조의3제2항)

최종시세가액의 평균액으로 평가함에 있어 원단위 미만의 금액이 있는 때에는 이를 절사합니다.

3 전·후 2개월 중에 증자 등의 사유발생시 평가

증자·합병 등의 사유로 신주가 발생되면 권리락이 생기게 되고 이에 따라 권리락 전과 후가 주가가 달라집니다. 증자·합병 등의 사유로 신주가 발생되면 주가의 변동이 있기 때문에 이를 고려하여 평가기준일 현재 주식과 동일한 상태의 주식에 대한 최종시세가액 평균액을 적용할 필요가 있습니다.

따라서 상장주식 평가 시 평균액 계산에 있어서 평가기준일 이전·이후 각 2개월 간의 기간 중에 증자·감자, 회사의 합병·분할, 주식 등의 액면분할 또는 병합 등의 사유가 발생하여 해당 평균액에 의하는 것이 부적당한 경우에는 증자 등의 사유 발생일에 따라 다음과 같은 기간 동안의 최종시세가액 평균액으로 상장주식을 평가합니다.

1) 평가기준일 이전에 증자 등이 있는 경우

평가기준일 이전에 증자·합병 등의 사유가 발생된 경우에는 동 사유가 발생한 날(증자·합병 등의 사유가 2회 이상 발생한 경우에는 평가기준일과 가장 가까운 날을 말합니다)의 다음 날(권리락일)부터 평가기준일 이후 2개월이 되는 날까지의 기간 동안의 매일 최종시세가액의 평균액으로 평가합니다. (상증법 시행령 제52조의2제2항제1호)

2) 평가기준일 이후에 증자 등이 있는 경우

평가기준일 이후에 증자·합병 등의 사유가 발생한 경우에는 평가기준일 이전 2개월이 되는 날부터 동 사유가 발생한 날의 전일까지의 기간 동안의 매일 최종시세가액의 평균액으로 평가합니다. (상증법 시행령 제52조의2제2항제2호)

3) 평가기준일 전·후에 증자 등이 있는 경우

평가기준일 이전·이후에 증자·합병 등의 사유가 발생한 경우에는 평가기준일 이전 등 사유가 발생한 다음날부터 평가기준일 이후 등 사유가 발생한 날의 전일까지의 기간 동안의 매일 최종시세가액의 평균액으로 평가합니다. (상증법 시행령 제52조의2제2항제3호)

(상증법 제63조제2항)

1 유가증권시장 상장 추진 중인 주식의 평가

(상증법 제63조제2항제1호, 시행령 제57조제1항))

Max(①, ②)
 ① 자본시장과 금융투자업에 관한 법률에 따라 금융위원회가 정하는 기준에 따라 결정된 공모가격
 ② 코스닥시장 상장법인 주식 등의 평가방법에 따라서 평가한 해당 주식 등의 가액
 (그 가액이 없으면 비상장주식 평가규정에 따른 평가액)

법인이 기업공개를 하기 위하여 금융위원회에 유가증권 신고를 한 경우에는 아직은 상장된 주식이 아니므로 비상장주식이라 할 수 있습니다.

그러나 상장 추진 중인 주식은 비록 비상장주식이라 하더라도 공모가액에 따라서 시가확인이 가능하므로 일반적인 비상장주식과는 다르게 평가합니다.(상증법 제63조제2항제1호)

기업공개를 목적으로 금융위원회에 유가증권신고를 한 법인(코스닥상장 및 비상장 법인 포함)의 주식에 대해서는 해당 법인의 사업장, 거래상황 등을 고려하여 상장 추진 중에 있는 코스닥시장 상장주식 및 비상장주식의 평가를 공모가격과 비교하여 큰 가액으로 평가합니다.

☞ **상증법 시행령 제57조(기업공개준비중인 주식등의 평가등) 제1항 후단 ← 위의 주식평가 산식**
 해당 주식등은 제1호의 가액과 제2호의 가액 중 큰 가액으로 평가한다.
 1. 「자본시장과 금융투자업에 관한 법률」에 따라 금융위원회가 정하는 기준에 따라 결정된 공모가격
 2. 법 제63조제1항제1호가목에 따라 평가한 해당 주식등의 가액(같은 목의 가액이 없는 경우에는 같은 호 나목의 가액을 말한다)

1) '상장 추진기간 중'이란

기업공개를 목적으로 금융감독위원회에 유가증권 신고를 한 법인의 주식등으로서 평가기준일 현재 유가증권 신고(유가증권 신고를 하지 아니하고 상장신청을 한 경우에는 상장신청을 말합니다) 직전 6개월(증여세가 부과되는 주식등의 경우에는 3개월로 합니다)부터 거래소에 최초로 주식등을 상장하기 전까지의 기간을 말합니다. (상증법 제63조2항제1호, 시행령 제57조제1항제1호)

2) '상장 추진기간 중' 평가

(1) 유가증권신고를 한 경우로서 평가기준일이 ① ~ ②의 기간 중에 있는 경우에는 본 규정을 적용하여 평가

〈 상장 추진기간 중 (① ~ ②) 〉

| ① 유가증권 신고일 전 6월 (증여는 전 3개월) | ▲ 유가증권 신고일 | ▲ 상장 신청일 | ② 상장일 전일 |

(2) 유가증권 신고 없이 직접 상장하는 경우로서 평가기준일이 ① ~ ②의 기간 중에 있는 경우는 본 규정을 적용하여 평가

〈 기업공개 준비기간 중 (① ~ ②) 〉

| ① 상장신청일 전 6월 (증여는 전 3개월) | ▲ 상장 신청일 | ② 상장일 전일 |

2 코스닥시장 상장 추진 중인 주식의 평가

(상증법 제63조제2항제2호, 시행령 제57조제2항)

평가액 = Max(①, ②)

① 자본시장과 금융투자업에 관한 법률에 따라 금융위원회가 정하는 기준에 따라 결정된 공모가격

② 상증법 제63조제1항제1호나목(비상장주식)에 따라 평가한 해당 주식의 가액

비상장주식 중 코스닥시장에서 주식 등을 거래하고자 유가증권신고를 한 법인의 주식으로서 평가기준일 현재 유가증권신고일(유가증권신고를 하지 아니하고 등록신청을 한 경우에는 등록신청일) 직전 6개월(증여세가 부과되는 주식은 3개월)부터 한국거래소에 상장 신청을 한 법인의 주식 등의 평가는 공모가격과 비교하여 큰 가액으로 평가합니다. (상증법 제63조제2항제2호, 시행령 제57조제2항)

3 미상장 주식 등의 평가

(상증법 제63조제2항제3호, 시행령 제57조제3항, 시행규칙 제18조)

(미상장 주식) 평가액 = ① - ②

① 한국거래소에 상장되어 있는 해당 법인의 주식에 대한 평가기준일 이전·이후 각 2개월간의 한국거래소의 최종시세가액(거래실적 유무를 불문함)의 평균액

② 배당차액(상증법 시행규칙 제18조제2항)

　　배당차액 = 1주당 액면가액 × 직전기 배당률 × (신주발행일이 속하는 사업연도 개시일부터 배당기산일 전일까지의 일수 ÷ 365)

　　－ '배당기산일'이란 신주발행 효력시기인 '주금납입일의 다음 날'임(상법 제423조제1항)

　　－ 법인정관에 따라서 해당 법인의 증자로 인하여 취득한 새로운 주식에 대한 이익을 배당할 때 평가기준일 현재 상장되어 있는 해당법인의 주식과 배당기산일을 동일하게 정하는 경우에는 배당차액이 없는 것임

　미상장 주식이란 한국거래소에 상장(코스닥시장 상장 포함)되어 있는 법인의 주식 중 해당 법인의 증자로 인하여 취득한 주식으로서 평가기준일 현재 상장되지 아니한 주식을 말합니다.

1) 미상장 주식의 평가

　미상장 주식의 평가는 한국거래소에 상장되어 있는 해당 법인의 주식에 대한 평가기준일 이전·이후 각 2개월간의 한국거래소의 최종시세가액의 평균액에서 기획재정부령이 정하는 배당차액을 뺀 가액으로 평가합니다. (상증법 시행령 제57조제3항, 시행규칙 제18조제2항)

　　배당차액 = 1주당 액면가액 × 직전기 배당률 × (신주발행일이 속하는 사업연도 개시일부터 배당기산일 전일까지의 일수) ÷ 365

2) 증자 기준일부터 상장되기 전까지의 기간 중 평가방법

(1) 신주의 주금을 피상속인(증여자)이 납입한 경우

　상장법인이 유·무상증자를 하고 신주를 아직 상장하지 않은 시점에서 신주의 주금을 피상속인(증여자)이 납입한 후에 상속개시(증여)가 이루어진 경우에는 이미 상장되어 있는 구주식과 아직 상장되지 않은 신주식 모두가 과세대상이 되며, 이 경우 평가액은 다음과 같이 구분합니다.

　　① 구주식 평가 : 상장주식의 평가방법(평가기준일 전·후 2개월간 최종시세가액의 평균액)

　　② 신주식의 평가 : 구주식의 평가액 － 배당차액

(2) 신주의 주금을 상속인(수증자)이 납입한 경우

　상장법인이 유·무상증자를 하고 신주를 아직 상장하지 않은 시점에서 신주의 주금을 납입하지 않은 상태로 상속개시(증여)가 이루어져 상속인(수증자)이 주금을 납입한 경우에는 이미 상장되어 있는 구주식과 신주인수권이 과세대상이 되며, 이 경우 평가액은 다음과 같이 구분합니다.

　　① 구주식 평가 : 상장주식의 평가방법 (평가기준일 전·후 2개월간 최종시세가액 평균액)

　　② 신주식 평가 : 구주식 평가액 － 배당차액 － 주금납입액 = 신주인수권

비상장주식의 평가

(상증법 제63조제1항제1호나목, 시행령 제54조·제55조·제55조)

1 비상장주식의 평가원칙

한국거래소에서 거래되는 유가증권시장 상장법인의 주식과 코스닥시장 상장법인의 주식 외의 주식을 비상장주식이라고 합니다.

비상장주식도 부동산등과 마찬가지로 평가기준일 전·후 6개월(증여재산의 경우는 증여일 전 6개월, 후 3개월)이내의 불특정다수인 사이의 객관적 교환가치를 반영한 거래가액 또는 경매·공매가액 등의 시가가 확인되는 경우에는 이를 시가로 인정하여 평가할 수 있습니다. (상증법 제60조제2항, 시행령 제49조제1항제1호) 다만, 비상장주식의 감정가액은 시가로 인정되지 아니합니다. (상증법 시행령 제54조제1항·제6항)

비상장주식의 시가를 인정하기 어려운 경우에는 순손익가치과 순자산가치에 따라 평가합니다. (상증법 시행령 제54조제1항·제4항)

2 시가를 산정하기 어려운 경우의 평가방법

1) 평가방법

시가를 확인하기 어려운 경우의 비상장주식의 1주당 평가가액은 1주당 순자산가치와 순손익가치에 의한 보충적 평가방법으로 평가합니다. 이 때 '1주당 순자산가치'는 기업을 청산하였을 때에 자산에서 채권자들에게 부채를 지급하고 남아있는 자산 중에서 주주에게 분배할 수 있는 잔여재산이 얼마인지를 측정하는 청산가치 개념이고, '1주당 순손익가치'는 계속기업을 전제로 하는 장래수익력이 얼마 정도되는가를 측정하는 개념으로 볼 수 있습니다.

> ☞ 순자산가치와 순손익가치를 어떤 비중으로 하여 평가할 것인가는 평가의 목적이나 경제상황 등을 감안하여 입법정책적으로 규정할 사항으로 볼 수 있을 것이며, 상속·증여재산의 평가에 있어서도 순자산가치와 순손익가치의 비중을 달리하는 평가방법을 몇 차례에 걸쳐서 개정하였습니다.
> * 2018. 4. 1부터 순자산가치의 80% 적용(2017. 4. 1 – 2018. 3. 31. 70%)

평가방법은 1주당 순손익가치과 1주당 순자산가치를 각각 3과 2의 비율로 가중평균한 가액에 따릅니다. 다만 부동산과다보유법인(소득세법 제94조제1항제4호다목에 해당하는 법인)의 경우에는 1주당 순손익가치와 순자산가치의 비율을 각각 2와 3으로 합니다. 다만, 그 가중평균한 가액이 1주당 순자산가치에 100분의 80을 곱한 금액 보다 낮은 경우에는 1주당 순자산가치에 100분의 80을 곱한 금액을 비상장주식등의 가액으로 합니다. (상증법 시행령 제54조제1항)

$$1주당 평가액 = Max(\frac{1주당 순손익가치 \times 3 + 1주당 순자산가치 \times 2}{5}, 순자산가치 \times 80\%)$$

· 부동산과다보유법인은 순손익가치 2, 순자산가치 3의 비율을 적용합니다.

2) 부동산과다보유법인 (상증법 시행령 제54조제1항, 소득세법 제94조제1항4호다목)

소득세법 제94조(양도소득의 범위)제1항4호다목에 해당하는 법인으로 해당법인의 자산총액 중 다음의 자산(소득세법 제94조제1항제1호 및 제2호의 자산)가액의 합계액이 차지하는 비율이 50%이상인 법인이 발행하는 주식을 말합니다.

① 토지 또는 건물(부속된 시설물과 구축물 포함)
② 부동산을 취득할 수 있는 권리(건물이 완성되는 때에 그 건물과 이에 딸린 토지를 취득할 수 있는 권리 포함)
③ 지상권
④ 전세권과 등기된 부동산임차권

자산총액 및 자산가액은 해당 법인의 장부가액(토지·건물은 기준시가와 장부가액 중 큰 금액)에 의하며, 다음은 자산 가액에 포함되지 아니합니다. (소득세법 시행령 제158조제4항)

① 개발비
② 사용수익기부 자산가액
③ 평가기준일부터 소급하여 1년이 되는 날부터 평가기준일까지의 기간 중 차입금 또는 증자에 따라서 증가한 현금·금융자산(상증법 제22조에 따른 금융재산) 및 대여금의 합계

3) 평가기준일

비상장주식의 상속 및 증여와 관련하여 평가의 기준시점인 평가기준일은 '재산평가의 기준시점'과 동일합니다. (상증법 시행령 제49조제1항)

4) 다른 비상장법인의 주식을 10%이하로 소유하는 경우

비상장주식을 평가할 때 상증법 제63조(유가증권 등의 평가)제1항제1호나목의 주식등을 발행한 법인이 다른 비상장주식등을 발행한 법인의 발행주식총수등(자기주식과 자기출자지분은 제외합니다)의 100분의 10 이하의 주식 및 출자지분을 소유하고 있는 경우에는 그 다른 비상장주식등의 평가는 순손익가치와 순자산가치의 가중평균한 평가에도 불구하고 「법인세법 시행령」 제74조(재고자산의 평가)제1항제1호마목(이동평균법)에 따른 취득가액에 의하여 평가할 수 있습니다. 다만, 법 제60조(평가의 원칙 등)제1항에 따른 시가가 있으면 시가를 우선하여 적용합니다. (상증법 시행령 제54조제3항)

5) 순자산가치로만 평가하는 경우

장래의 수익력을 측정할 필요가 없는 청산법인 또는 휴·폐업법인이거나 계속하여 결손이 발생하는 등으로 경상적인 순손익 가치를 측정하기 곤란한 아래 유형의 법인에 대하여는 순자산가치로만 평가(의무규정임)하여야 합니다. (상증법 시행령 제54조제4항)

① 상속세 및 증여세 과세표준신고기한 이내에 평가대상 법인의 청산절차가 진행 중이거나 사업자의 사망 등으로 인하여 사업의 계속이 곤란하다고 인정되는 법인의 주식등

② 사업개시 전의 법인, 사업개시 후 3년 미만의 법인 또는 휴업 · 폐업 중인 법인의 주식등
   이 경우 「법인세법」 제46조의3(적격분할 시 분할신설법인등에 대한 과세특례), 제46조의5(분할 후 분할법인이 존속하는 경우의 과세특례) 및 제47조(물적분할 시 분할법인에 대한 과세특례)의 요건을 갖춘 적격분할 또는 적격물적분할로 신설된 법인의 사업기간은 분할 전 동일 사업부분의 사업개시일부터 기산합니다.

③ 부동산과다보유법인의 자산총액 중 「소득세법」 제94조(양도소득의 범위)제1항제4호다목 1 및 2의 합계액이 차지하는 비율이 100분의 80 이상인 법인의 주식등 (업종에 상관없이 자산총액 중 부동산 등이 80% 이상인 법인) (상증법 시행령 제54조제4항제3호. 소득세법 제94조제1항제4호 라목, 소득세법 시행령 제158조)

> ☞ **소득세법 제94조(양도소득의 범위)** ① 양도소득은 해당 과세기간에 발생한 다음 각 호의 소득으로 한다.
>   4. 다음 각 목의 어느 하나에 해당하는 자산(이하 이 장에서 "기타자산"이라 한다)의 양도로 발생하는 소득
>   다. 법인의 자산총액 중 다음의 합계액이 차지하는 비율이 100분의 50 이상인 법인의 과점주주(소유 주식등의 비율을 고려하여 대통령령으로 정하는 주주를 말하며, 이하 이 장에서 "과점주주"라 한다)가 그 법인의 주식등의 100분의 50 이상을 해당 과점주주 외의 자에게 양도하는 경우(과점주주가 다른 과점주주에게 양도한 후 양수한 과점주주가 과점주주 외의 자에게 다시 양도하는 경우로서 대통령령으로 정하는 경우를 포함한다)에 해당 주식등
>   1) 제1호 및 제2호에 따른 자산(이하 이 조에서 "부동산등"이라 한다)의 가액

2) 해당 법인이 직접 또는 간접으로 보유한 다른 법인의 주식가액에 그 다른 법인의 부동산등 보유비율을 곱하여 산출한 가액. 이 경우 다른 법인의 범위 및 부동산등 보유비율의 계산방법 등은 대통령령으로 정한다.

라. 대통령령으로 정하는 사업을 하는 법인으로서 자산총액 중 다목1) 및 2)의 합계액이 차지하는 비율이 100분의 80 이상인 법인의 주식등

④ 법인의 자산총액 중 주식등의 가액의 합계액이 차지하는 비율이 100분의 80 이상인 법인의 주식등 (상증법 시행령 제54조제4항제3호)

⑤ 법인의 설립 시 정관에 존속기한이 확정된 법인으로서 평가기준일 현재 잔여 존속기한이 3년 이내인 법인의 주식등

☞ (법령개정) 평가기준일이 속하는 사업연도 전 3년 내의 사업연도부터 계속하여「법인세법」상 각 사업연도에 속하거나 속하게 될 손금의 총액이 그 사업연도에 속하거나 속하게 될 익금의 총액을 초과하는 결손금이 있는 경우 (2018.2.13. 삭제) ← 법령에서는 삭제된 조항이지만, 법 개정 이전 연도의 평가가 발생될 수 있기 때문에 평가서식에는 항목이 있습니다.

3 순자산가치의 산정

(상증법 시행령 제54조·제55조)

- 1주당 순자산가치 $= \dfrac{\text{평가기준일 현재 순자산가액}}{\text{평가기준일 현재 발행주식 총수 등}}$

- 순자산가액 = 자산총액 − 부채총계 + 영업권평가액

1) 순자산가치의 계산방법 (상증법 시행령 제54조제2항, 제55조제1항)

1주당 '순자산가치'는 다음의 산식에 의하여 평가한 가액으로 합니다. (상증법 시행령 제54조제2항)

1주당 가액 = 당해법인의 순자산가액 ÷ 발행주식총수

이하 "순자산가치"라 합니다. (상증법 시행령 제54조제2항)

순자산가액은 평가기준일 현재 당해 법인의 자산을 상증법 제60조 내지 제66조의 규정에 의하여 평가한 가액에서 부채를 차감한 가액으로 하며, 순자산가액이 0원 이하인 경우에는 0원으로 합니다. 이 경우 당해 법인의 자산을 상증법 제60조제3항 및 상증법 제66조의 규정에 의하여 평가한 가액이 장부가액(취득가액에서 감가상각비를 차감한 가액을 말합니다. 이하 이 항에서 같습니다)보다 적은 경우에는 장부가액으로 하되, 장부가액보다 적은 정당한 사유가 있는 경우에는 그러하지 아니합니다. (상증법 시행령 제53조제2항, 제55조제1항)

☞ 상증법 시행령에서는 순자산가치를 1주당 가액, 1주당 순자산가액, 1주당 순자산가치 등으로 용어를 사용하고 있으므로 이를 구분해 이해할 필요가 있습니다.

순자산가치는 법인이 청산할 때를 가정하여 청산가치를 측정하는 것으로서, 1주당 순자산가치는 평가기준일 현재로 가결산을 하여 비상장법인의 자산총액에서 부채 총액을 차감한 순자산가액을 발행주식 총수로 나누어 계산합니다. 순자산가치가 0원 이하인 경우에는 0원으로 평가합니다. (상증법 시행령 제55조제1항, 서면4팀-2578, 2007.9.4.)

(1) 순자산가액은 평가기준일 현재 시점으로 평가

순자산가액의 산정은 평가기준일 현재 시점으로 평가합니다. 즉 평가기준일 현재의 기업회계기준에 따라서 가결산된 평가대상법인의 대차대조표상의 장부가액을 기초로 하여 평가하는 것으로 만약 평가기준일이 사업연도 말일과 일치하지 않는다면 평가기준일 현재를 기준으로 가결산한 후 순자산가치를 산정하여야 합니다.

(2) 발행주식 총수 계산

1주당 순자산가치를 계산할 때 발행주식 총수 등은 평가기준일 현재의 발행주식 총수에 따릅니다.(상증법 시행령 제54조제5항) 이때 발행주식 총수에는 보통주뿐만이 아니라 배당 우선주식 및 상환 우선주가 포함되나, 평가기준일 현재 발행되지 않는 신주는 포함되지 않습니다. (재산46014-3209, 1995.12.13. 서면4팀-1894, 2004.11.23.)

비상장주식의 1주당 자산가액을 계산할 때 상속개시일 또는 증여일 현재 보유하는 당해 비상장법인의 자기주식은 다음과 같이 구분하여 처리합니다. (재재산-1494, 2004.11.10.)

구분	발행주식 총수 포함여부	자산 포함여부
주식소각·감자목적	포함하지 않음	포함하지 않음
일시보유목적	포함	포함

① 주식을 소각하거나 자본을 감소시키기 위하여 보유하는 자기주식의 경우
  자기주식을 자본에서 차감할 항목으로 보아 발행주식 총수에서 동 자기주식을 차감하여 1주당 순자산가치와 순손익가치를 평가합니다. (서면2팀-1502, 2004.7.20. 및 서일 46014-10198, 2003.2.20.)

  ☞ 법인이 합병으로 인하여 취득한 자기주식 중 주식을 소각하기 위하여 보유하는 자기주식은 발행주식 총수에 포함하지 아니합니다.

② 일시적으로 보유한 후 처분할 자기주식인 경우

자기주식을 자산으로 보아 동 자기주식은 발행주식 총 수에 포함시키고, 자기주식의 가액은 아래 계산식과 같이 계산하여 평가기준일 현재의 평가액을 순자산가액에 가산합니다.

$$1주당 순자산가치 = \frac{자기주식을 제외한 순자산가액 + (자기주식수 \times 1주당순자산가치 \times 80\%)}{총발행주식수}$$

☞ **상증법 시행령 제54조제1항 단서 규정에 해당하는 경우 자기주식을 보유한 비상장법인의 주식평가방법**

상증법 시행령 제54조제1항에 따라 1주당 가중평균한 가액이 1주당 순자산가치에 100분의 80을 곱한 금액보다 낮은 경우로서 당해 법인이 일시적으로 보유한 후 처분할 자기주식이 있는 경우에는 1주당 순자산가치에 100분의 80을 곱한 금액을 비상장주식등의 가액으로 하며, 1주당 순자산가치는 다음 산식에 의하여 평가한 가액으로 합니다. (기획재정부 재산세제과-616, 2023.4.26.)

$$1주당 순자산가치 = \frac{자기주식을 제외한 순자산가액 + (자기주식수 \times 1주당순자산가치 \times 80\%)}{총발행주식수}$$

☞ **지분율 계산시 자기주식을 제외하는 경우**

· (최대주주 할증평가) 해당 법인의 발행주식총수와 최대주주 보유주식수에는 평가기준일 현재 의결권이 제한되는 자기주식은 포함되지 아니합니다. (서면4팀-3801, 2006.11.17.)
· (가업상속공제 피상속인 요건) 피상속인과 그의 특수관계인의 주식등을 합하여 해당 기업의 발행주식총수의 100분의 50(상장30%) 이상을 계속하여 보유하는지 여부를 판정할 때, 주식발행법인이 보유하는 자기주식은 발행주식 총수에서 제외합니다.(서면법규과 -1386, 2013.12.22.)
· (가업상속공제 사후관리 상속인의 지분감소) 주식발행법인이 자기주식을 처분한 후에도 상속인이 최대주주 등에 해당하는 경우에는 위 '상속인의 지분이 감소한 경우'에 해당하지 않는 것입니다. (서면법규과-763, 2014.7.18.)
· (공익법인등의 주식보유한도) 의결권 있는 발행주식총수에서 자기주식은 제외합니다. (상증법 제16조,제48조)

2) 순자산가액의 계산 (상증법 시행령 제55조)

순자산가액은 해당 법인의 재산을 상증법 제60조부터 제66조까지 규정에 따라 평가한 가액에서 부채를 차감하여 계산합니다. (상증법 시행령 제55조제1항)

평가기준일 현재 시가로 평가함을 원칙으로 하되, 시가가 불분명한 경우에는 공시지가 등 보충적 방법으로 평가합니다. 이 경우 당해 법인의 자산을 상증법 제60조제3항 및 상증법 제66조의 규정에 의하여 평가한 가액이 장부가액(취득가액에서 감가상각비를 차감한 가액을 말합니다. 이하 이 항에서 같습니다)보다 적은 경우에는 장부가액으로 하되, 장부가액보다 적은 정당한 사유가 있는 경우에는 그러하지 아니합니다. (상증법 시행령 제55조제1항)

2004.1.1.이후 상속 또는 증여 분부터는 보충적 평가방법에 의하더라도 최소한 취득원가로는 평가되어야 한다는 취지에서 보충적 평가방법에 따른 평가액이 장부가액(취득가액에서 감가상각비를

뺀 가액)보다 적은 경우로서 정당한 사유가 없는 경우에는 장부가액에 따라서 평가합니다. (상증법 시행령 제55조제1항)

☞ 1주당 평가액은 공시지가등 보충적 평가 방법으로 평가한 경우에도 개별자산에 대하여 감정평가하여 순자산가액을 시가에 근접하게 평가할 수 있습니다.

또한 영업권 평가가액도 순자산가액에 합산하여 계산하지만, 다음의 경우에는 순자산가액에 영업권의 평가가액을 합산하지 않습니다. (상증법 시행령 제55조제3항)

① 상증법 시행령 제54조제4항제1호 또는 제3호에 해당하는 경우(상증법 시행령 제55조제3항제1호)

상속세 및 증여세 과세표준신고기한 이내에 평가대상 법인의 청산절차가 진행 중이거나 사업자의 사망 등으로 인하여 사업의 계속이 곤란하다고 인정되는 법인의 주식을 말합니다. (상증법 시행령 제54조제4항제1호)

법인의 자산총액 중 부동산등 가액이 100분의 80이상인 법인의 주식을 말합니다. (상증법 시행령 제54조제4항제3호)

② 상증법 시행령 제54조제4항제2호에 해당하는 경우(상증법 시행령 제55조제3항제2호)

사업개시전 법인, 사업개시 후 3년 미만의 법인 또는 휴폐업 중인 법인 (상증법 시행령 제54조제4항제2호)

다만, 다음의 모두에 해당하는 경우는 영업권을 평가하여 합산합니다. (상증법 시행령 제55조제3항제2호)

㉮ 개인사업자가 제59조에 따른 무체재산권을 현물출자하거나 「조세특례제한법 시행령」 제29조제2항에 따른 사업 양도·양수의 방법에 따라 법인으로 전환하는 경우로서 그 법인이 해당 사업용 무형자산을 소유하면서 사업용으로 계속 사용하는 경우 (상증법 시행령 제55조제3항제2호가목)

개인사업자가 무체재산권을 현물출자하거나 사업의 양도·양수의 방법에 따라 법인으로 전환하는 경우로서 그 법인의 해당 사업용 무형재산을 소유하면서 사업용으로 계속 사용하는 경우

㉯ 가목에 따른 개인사업자와 법인의 사업 영위기간의 합계가 3년 이상인 경우 (상증법 시행령 제55조제3항제2호나목)

앞의 ㉮ 개인사업자로서 법인의 사업 영위기간의 합계가 3년 이상인 경우

③ 해당 법인이 평가기준일이 속하는 사업연도 전 3년 내의 사업연도부터 계속하여 결손금이 있는 법인인 경우

해당 법인이 평가기준일이 속하는 사업연도 전 3년 내의 사업연도부터 계속하여 「법인세법」에 따라 각 사업연도에 속하거나 속하게 될 손금의 총액이 그 사업연도에 속하거나 속하게 될 익금의 총액을 초과하는 결손금이 있는 법인인 경우(상증법 시행령 제55조제3항제3호)

3) 순자산가액의 계산방법

순자산가액의 산정은 비상장주식등의 평가서(평가심의위원회 운영규정 별지 제4호서식 부표3)제2쪽에 의하여 산정하는 것이 편리합니다.

이 책의 보론 '시가를 산정하기 어려운 경우의 비상장주식의 평가서 작성하기' 에서 위 서식을 별도로 설명합니다.

4 **순손익가치의 산정** (1주당 최근 3년간의 순손익액의 계산방법)

(상증법 제63조제1항제1호나목, 상증법 시행령 제54조제1항, 제56조)

- 순손익가치의 계산

$$\text{1주당 순손익가치} = \frac{\text{1주당 최근 3년간의 순손익액의 가중평균액 또는}}{\text{순손익가치환원율(10\%)}}$$

· 1주당 최근 3년간 순손익액의 가중평균액이 '0' 이하인 경우에는 '0'으로 함

1) 순손익가치의 계산방법

(상증법시행령 제54조제1항, 제56조)

비상장주식의 순손익가치는 그 주식이 갖는 미래의 기대수익을 추정한 다음 그 현재가치를 평가하는 방법으로 산정하는 것이 바람직하지만, 미래의 기대수익을 정확히 예측하는 것은 매우 어려우므로 상증법 시행령에서는 과거의 실적인 '1주당 최근 3년간의 순손익액의 가중평균액'을 3년 만기 회사채의 유통수익률을 반영한 이자율에 의하여 할인하는 방법으로 1주당 순손익가치를 산정하도록 규정하고 있습니다. (대법원2011두9140, 2012.5.24.)

다만, 3년 기간 중에 증자, 합병, 주요업종 변경 등의 인정사유가 있는 경우에는 둘 이상의 신용평가전문기관, 회계법인, 세무법인의 추정이익에 따라 평가할 수 있습니다. (상증법 시행령 제56조제2항)

(1) '1주당 최근 3년간의 순손익액의 가중평균액' 계산 (상증법 시행령 제56조제1항)

$$
\text{1주당 최근 3년간의 순손익액의 가중평균액} = \\
\frac{
\begin{array}{l}
(\text{평가기준일 이전 1년이 되는 사업연도의 1주당 순손익액} \times 3) \\
+ (\text{평가기준일 이전 2년이 되는 사업연도의 1주당 순손익액} \times 2) \\
+ (\text{평가기준일 이전 3년이 되는 사업연도의 1주당 순손익액} \times 1)
\end{array}
}{6}
$$

$$
\text{각 사업연도의 1주당 순손익액} = \frac{\text{각 사업연도의 순손익액}}{\text{각 사업연도 종료일 현재 발행주식 총수}}
$$

1주당 순손익액은 각 사업연도별 순손익액을 사업연도 말 발행주식 총수 또는 환산 주식수로 나누어 산정하되, 각 사업연도별로 산정한 1주당 순손익액 중 (-)가 발생한 사업연도가 있는 경우 해당 사업연도의 순손익액을 '0'으로 보지 않고, (-) 그대로 계산합니다. (서일46014-11475, 2002.11.7)

2) 최근 3년간 사업연도의 판정

사업연도 종료일이 평가기준일이면, 해당사업연도를 포함하여 최근 3년간을 계산합니다.

☞ 2002.1.1 이후 평가분부터 적용합니다.

(3) 사업개시 후 3년 미만인 법인의 순손익가치 평가

사업개시 후 3년 미만 비상장법인은 순자산가치로만 평가합니다.

☞ 2005.1.1 이후 평가분부터 적용합니다.

☞ 2004.12.31이전분의 평가는 다음과 같이 적용합니다.
평가기준일 전 사업연도가 2개인 법인의 경우 '가중평균액'은 직전사업연도의 1주당 손손익액에 2를, 직전 전 사업연도의 1주당 순손익액에 1을 곱하여 계산한 금액의 합계액을 3으로 나누어 계산합니다. (상증법 기본통칙 63-56-13, 2019.12.23, 이 통칙은 삭제되었습니다)

(4) 결산시기가 다른 법인이 합병한 후 3년이 경과되기 전의 순손익가치 평가

① 평가기준일 3년 이내에 합병한 비상장법인의 합병전 1주당 순손익액은 합병법인과 피합병법인의 순손익액의 합계액을 합병후 발행주식 총수로 나누어 계산

이 경우 합병법인과 피합병법인의 순손익액은 각각 1년간의 순손익액을 기준으로 하되, 1년에 미달하는 사업연도 순손익액은 연으로 환산한 가액에 따릅니다. (서면4팀-1071, 2004.7.13.)

② 사업개시 후 3년 이상인 법인이 사업개시 후 3년 미만인 법인을 주식의 평가 기준일이 속하는 사업연도 이전 사업연도에 흡수합병한 경우

합병법인의 3개 사업연도 중 피 합병법인의 사업연도가 없는 사업연도의 1주당 순손익액은 합

병법인의 순손익액을 그 합병법인의 해당 사업연도 말 발행주식 총수로 나누어 계산한 가액에 따릅니다. (서일46014-945, 2007.3.21.)

③ 합병일이 속하는 피합병법인의 사업연도가 1년 미만인 경우

1년 미만인 사업연도의 순손익액은 연으로 환산한 가액에 의하는 것이나, 합병일이 속하는 피합병법인의 사업연도가 1년 미만으로서 합병 후부터 피합병법인과 합병법인의 순손익액이 합산되어 계산되는 경우에는 연으로 환산하지 아니합니다. (서일46014-10352, 2001.10.24.)

④ 사업연도가 변경된 경우 순손익가치 산정방법

비상장법인의 '1주당 최근 3년간 순손익액의 가중평균액'은 평가기준일 이전 1년, 2년 및 3년이 되는 날이 속하는 사업연도의 1주당 순손익액을 기준으로 하여 계산합니다. (서면4팀-1001, 2006.6.27.)

2) 순손익액의 계산

(상증법 시행령 제56조제4항·제5항)

순손익액의 산정은 '비상장주식등의 평가서(평가심의위원회 운영규정 별지 제4호서식 부표3) 제6쪽 서식 7.순손익액'에 의하여 산정하는 것이 편리합니다.

☞ 이 책 p.328에서 설명합니다.

순손익액의 계산은 법인세법 제14조(각 사업연도의 소득)에 따른 각사업연도 소득에 상증법 시행령 제56조(1주당 최근 3년간의 순손익액의 계산방법)제4항제1호에서 열거한 익금불산입액을 가산하고, 제2호에서 열거한 손금 불산입액을 차감하여 계산합니다. 이 경우 각 사업연도소득을 계산할 때 손금에 산입된 충당금 또는 준비금이 세법의 규정에 따라 일시 환입되는 경우에는 해당 금액이 환입될 연도를 기준으로 안분한 금액을 환입될 각 사업연도소득에 가산합니다. (상증법 시행령 제56조제4항)

이 책의 보론 '시가를 산정하기 어려운 경우의 비상장주식의 평가서 작성하기'에서 비상장주식 평가서 서식을 별도로 설명합니다.

※ 비상장주식 평가서 작성하기

　　비상장 주식의 평가는 「평가심의위원회 운영규정」 별지 제4호 서식 부표3 '비상장주식평가서'를 따라서 산정하는 것이 편리합니다. 이 서식은 상속세 및 증여세법 제63조 제1항 제1호 나목에 따른 '거래소에 상장되지 아니한 주식 및 출자지분의 평가' 관련 서식입니다. 이는 '제4편 재산의 평가방법' 제일 뒤 〈보론〉에서 따로 설명합니다.

　☞ **(보론)** 비상장 주식의 평가는 본 절에서는 간략히 설명하고, 「평가심의위원회 운영규정」 별지 제4호 서식 부표3 '비상장주식평가서' 서식에 따른 계산방법에 대하여 주식의 평가 뒤에 별도 '보론'으로 따로 설명합니다. (→ 시가를 산정하기 어려운 경우의 비상장주식의 평가서 작성하기, p299)

---

5 평가심의위원회를 통한 평가

(상증법 시행령 제54조제6항)

비상장주식등을 평가할 때 납세자가 다음 각 호의 어느 하나에 해당하는 방법으로 평가한 평가가액을 첨부하여 상증법 시행령 제49조의2(평가심의위원회의 구성 등)제1항에 따른 평가심의위원회에 비상장주식등의 평가가액 및 평가방법에 대한 심의를 신청하는 경우에는 제54조(비상장주식등의 평가)제1항·제4항, 제55조(순자산가액의 계산방법) 및 제56조(1주당 최근 3년간의 순손익액의 계산방법)에도 불구하고 평가심의위원회가 심의하여 제시하는 평가가액에 의하거나 그 위원회가 제시하는 평가방법 등을 고려하여 계산한 평가가액에 의할 수 있습니다. 다만, 납세자가 평가한 가액이 보충적 평가방법에 따른 주식평가액의 100분의 70에서 100분의 130까지의 범위 안의 가액인 경우로 한정합니다. (상증법 시행령 제54조제6항 각 호)

① 해당 법인의 자산·매출액 규모 및 사업의 영위기간 등을 고려하여 같은 업종을 영위하고 있는 다른 법인[제52조의2(유가증권시장 및 코스닥시장에서 거래되는 주식등의 평가)제1항에 따른 유가증권시장과 코스닥시장에 상장된 법인을 말합니다]의 주식가액을 이용하여 평가하는 방법

② 향후 기업에 유입될 것으로 예상되는 현금흐름에 일정한 할인율을 적용하여 평가하는 방법

③ 향후 주주가 받을 것으로 예상되는 배당수익에 일정한 할인율을 적용하여 평가하는 방법

④ 그 밖에 ①부터 ③의 규정에 준하는 방법으로서 일반적으로 공정하고 타당한 것으로 인정되는 방법

(상증법 제63조제3항, 제53조제4항·제5항)

상증법 제63조(유가증권 등의 평가)제1항제1호,제2항 및 제60조(평가의 원칙 등)제2항을 적용할 때 대통령령으로 정하는 최대주주 또는 최대출자자 및 그의 특수관계인에 해당하는 주주등(이하 이 항에서 "최대주주등"이라 합니다)의 주식등(대통령령으로 정하는 중소기업, 대통령령으로 정하는 중견기업 및 평가기준일이 속하는 사업연도 전 3년 이내의 사업연도부터 계속하여 「법인세법」 제14조제2항에 따른 결손금이 있는 법인의 주식등 등 대통령령으로 정하는 주식등은 제외합니다)에 대해서는 제1항제1호 및 제2항에 따라 평가한 가액 또는 제60조(평가의 원칙 등)제2항에 따라 인정되는 가액에 그 가액의 100분의 20을 가산합니다. 이 경우 최대주주등이 보유하는 주식등의 계산방법은 대통령령으로 정합니다. (상증법 제63조제3항)

상증법 제63조제3항 전단에서 '대통령령으로 정하는 최대주주 또는 최대출자자'란 최대주주등 중 보유주식등의 수가 가장 많은 1인을 말합니다. (상증법 시행령 제53조제4항)

상증법 제63조제3항의 규정에 의한 최대주주등이 보유하는 주식등의 지분을 계산함에 있어서는 평가기준일부터 소급하여 1년 이내에 양도하거나 증여한 주식등을 최대주주등이 보유하는 주식등에 합산하여 이를 계산합니다. (상증법 시행령 제53조제5항)

1 　 최대주주등의 주식등 할증평가

- (할증평가율) 중소·중견기업외 20% (2020.1.1.부터)
- (지분율 계산) 자기주식을 제외, 평가기준일 전 1년 이내에 양도 증여한 주식을 합산
- (지분율 적용) 최대주주 등에 해당되면 자신의 지분율에 관계없이 모두 동일한 할증률 적용

1) 할증평가 이유

비상장회사의 지배주주가 소유하는 주식은 경영권과 관계가 있고, 소액주주가 소유하는 주식에 비하여 양도성 등에 차이가 있어 거래현실상 일반적으로 그 가치가 높게 평가되는 점을 반영하자는 것이지, 해당 지배주주의 주식이 이전됨으로써 현실적으로 경영권 이전의 결과가 발생하

느지 여부에 따라 그 주식의 평가가 달라진다는 취지를 규정한 것이 아닙니다. (대법원 2001두8292, 2003.2.11.)

2) 할증평가율 및 할증대상

비중소·중견기업의 할증평가율은 20%입니다. (상증법 제63조제3항, 시행령 제53조제6항)

☞ 연도별 할증평가율

구분	2000년 이후	2003년 이후 중소기업	2003년 이후 비중소기업	2020.1.1이후 비중소기업	2023.1.1이후부터 중소·중견기업 외
지분율 50% 이하	20%	10%	20%	20%	20%
지분율 50% 초과	30%	10%	30%		

2020.1.1.부터는 중소기업의 주식은 할증평가하지 않고, 비중소기업의 주식을 할증평가하는 경우 최대주주 할증평가율은 20%로 단일화하였습니다. 이 경우 할증평가 배제 중소기업이란 중소기업기본법 제2조에 따른 중소기업을 말하고, 이는 조세특례제한법 제2조의 중소기업보다는 넓은 개념입니다.

2023.1.1부터는 할증평가를 배제하는 주식의 범위를 대통령이 정하는 중견기업이 발행한 주식으로 확대하였습니다. 여기서 대통령령으로 정하는 중견기업이란 「중견기업 성장촉진 및 경쟁력 강화에 대한 특별법」제2조에 따른 중견기업으로 평가기준일이 속하는 과세기간 또는 사업연도의 직전 3개 과세기간 또는 사업연도의 매출액 평균이 5천억원 미만인 기업을 말합니다.

☞ (중소기업의 주식평가) 할증평가하지 않고, 비중소기업을 평가하는 경우 최대주주 할증평가율은 20%로 단일화하였습니다. 이 경우 할증평가 배제 중소기업이란 중소기업기본법 제2조에 따른 중소기업을 말합니다. 이는 조세특례제한법 시행령 제2조의 중소기업보다는 넓은 개념입니다. (상증법 시행령 제53조제6항)

☞ (중견기업의 주식평가) 상증법 제63조제3항 전단에서 할증평가를 제외하는 주식의 범위에는 '대통령령으로 정하는 중견기업'이 발행한 주식이 포함됩니다.(2023.1.1.부터) '대통령령으로 정하는 중견기업'이란 「중견기업 성장촉진 및 경쟁력 강화에 관한 특별법」 제2조에 따른 중견기업으로서 평가기준일이 속하는 과세기간 또는 사업연도의 직전 3개 과세기간 또는 사업연도의 매출액의 평균이 5천억원 미만인 기업을 말합니다. 이 경우 매출액은 기업회계기준에 따라 작성한 손익계산서상의 매출액을 기준으로 하며, 과세기간 또는 사업연도가 1년 미만인 과세기간 또는 사업연도의 매출액은 1년으로 환산합니다. (상증법 시행령 제53조제7항)

☞ (할증평가 연도별 개정경과)
1993.1.1. 이후 지배주주가 보유한 비상장주식에 대하여 10%할증 평가 규정을 신설하였습니다.
1997.1.1. 이후부터 상장법인과 협회등록법인도 할증평가 대상에 포함하였습니다.
2000.1.1. 이후에는 할증률을 최대주주등의 주식지분율에 따라 차등 적용하도록 하였습니다.
2003.1.1. 이후에는 중소기업에 대해서는 50% 경감하도록 하였습니다.

2005.1.1. 부터 2019.12.31. 까지의 기간 중에 중소기업의 주식을 상속 또는 증여하는 경우에는 할증평가를 면제하였습니다. 2019.12.31. 조세특례제한법 제101조를 삭제하고, 상증법 제63조에 반영하였습니다.

3) '최대주주등'의 범위

상증법 제63조제1항제1호, 제2항 및 제60조제2항을 적용할 때 '최대주주등'의 범위는 다음과 같이 판단합니다. (상증법 제63조제3항)

'최대주주등'이란 보유주식등의 수가 가장 많은 주주1인 및 그와 특수관계에 있는 주주('최대주주등'이라 합니다.)가 평가기준일 현재 보유하고 있는 의결권이 있는 주식 등의 보유주식을 합하여 그 보유주식의 합계가 가장 많은 경우의 해당 주주1인과 그의 특수관계인 모두를 말합니다. (상증법 제63조제3항, 시행령 제53조제4항) 이 경우, 최대주주등이 보유하는 주식등의 지분을 계산함에 있어서는 평가기준일부터 소급하여 1년 이내에 양도하거나 증여한 주식등을 최대주주등이 보유하는 주식등에 합산하여 이를 계산합니다. (상증법 시행령 제53조제5항)

☞ **상증법 시행령 제53조(코스닥시장에 상장신청을 한 법인의 주식등의 평가 등)**
  ④ 법 제63조제3항 전단에서 "대통령령으로 정하는 최대주주 또는 최대출자자"란 최대주주등 중 보유주식등의 수가 가장 많은 1인을 말한다
  ⑤ 법 제63조제3항의 규정에 의한 최대주주등이 보유하는 주식등의 지분을 계산함에 있어서는 평가기준일부터 소급하여 1년 이내에 양도하거나 증여한 주식등을 최대주주등이 보유하는 주식등에 합산하여 이를 계산한다.

'최대주주등'에 해당하는 지 여부는 다음 사항에 유의하여 판단하여야 합니다.

① '최대주주등'은 보유주식등의 수가 가장 많은 주주 1인과 그의 특수관계인 모두를 '최대주주등'으로 명확히 정의하고 있습니다. (상증법 제63조제3항, 시행령 제53조제4항)

  ☞ 2012.12.2. 이후 상속증여분부터는 상증법 시행령 제19조제2항 각호를 삭제하고, 신설규정인 상증법 시행령 제12조의2(특수관계인의 범위, 현재 제2조의2)를 준용하여 주주1인과 그의 특수관계인 모두를 '최대주주등'으로 명확히 하고 있습니다.

② 평가기준일 현재 의결권이 제한되는 자기주식은 발행주식 총수에서 제외하고, 최대주주등의 주식보유지분율을 계산합니다.

최대주주 등의 주식에 대하여 할증평가를 할 때 최대주주 등이 보유하는 주식수 및 발행주식총수 등은 평가기준일 현재 상법상 의결권이 있는 주식에 의합니다. 상증법 제63조 제3항의 규정에 의하여 최대주주등의 주식에 대하여 할증평가를 할 때에 최대주주등이 보유하는 주식수 및 발행주식총수 등은 평가기준일 현재 당해 법인이 발행한 상법상 의결권이 있는 주식에 의하는 것입니다. (서일46014-10519, 2003.04.24)

③ 최대주주등이 보유하는 주식등의 지분을 계산함에 있어서 평가기준일부터 소급하여 1년 이내에 양도하거나 증여한 주식등을 최대주주등이 보유하는 주식등에 합산하여 최대주주 지분율을 계산합니다. (상증법 시행령 제53조제5항)

☞ 2000.1.1 이후부터 적용됩니다.
☞ 이는 최대주주 등이 높은 할증률 적용을 피하기 위하여 일부 주식을 양도 또는 증여한 후 주식을 증여하는 경우를 방지하기 위하여 제정된 법령입니다.

최대주주등이 평가기준일부터 소급하여 1년 이내에 양도하거나 증여한 주식을 합산하여 최대주주 지분율을 계산하는 경우 '합산 여부'는 다음에 따라 구분하여 판단합니다.

① 최대주주가 특수관계자에게 양도, 증여한 주식은 합산하지 않습니다.

최대주주등의 지분율은 주주1인 및 그와 특수관계자가 보유하고 있는 주식을 합산하여 판단하므로 최대주주가 특수관계자에게 양도, 증여하더라도 결국 최대주주 지분율에 합산되기 때문입니다.

② 양도·양수한 주식이 있는 경우에는 순 양도분을 합산합니다.

최대주주등이 해당 주식을 반복적으로 양도·양수한 경우에는 최대주주 판단기준일로부터 소급하여 1년 이내의 기간 중에 최대주주가 양도한 주식에서 양수한 주식을 뺀 주식수(부수인 경우에는 '0')를 판단기준일 현재 보유 주식수에 합산합니다.(상증법 집행기준 63-53-4)

☞ **상증법 집행기준 63-53-4 최대주주 등의 지분율 계산**
최대주주 등의 지분율을 계산할 때 평가기준일부터 소급하여 1년 이내에 양도하거나 증여한 주식등을 최대주주 등이 보유하는 주식 등에 합산하여 이를 계산하고, 상장주식 등의 경우 한국거래소에서 반복적으로 양도·양수한 경우에는 평가기준일부터 소급하여 1년 이내의 기간 중에 최대주주등의 주식보유비율이 가장 높은 날 이후에 양도한 주식에서 양수한 주식을 차감한 주식(부수인 경우에는 "0"으로 함)을 평가기준일 현재 보유주식에 합산한다.

③ 주식양도 후 최대주주등에서 제외된 자에게 양도한 주식은 합산하지 않습니다.

최대주주 등에 해당되던 주주 등이 특수관계 이외의 자에게 주식을 양도하여 최대주주등 판단기준일 현재 최대주주 등에 해당되지 않는 경우에는 양도한 주식을 합산하지 않습니다. 즉 판단기준일 현재 보유하는 주식수에 따라 먼저 최대주주등을 판단한 후, 그 최대주주등이 1년 이내 양도·증여한 주식수를 합하여 50% 초과여부를 판단합니다.

④ 최대주주 등에 해당되는 주주는 그의 지분율에 관계없이 모두 동일한 할증율을 적용하며, 최대주주 등의 그룹이 2 이상인 경우 (즉, 지분율이 같은 경우)에는 그 모두를 최대주주 등으로 보아 할증 평가합니다. (상증법 집행기준 63-53-3)

☞ 상증법 집행기준 63-53-3 최대주주의 판정
　① 주주1인과 특수관계자의 보유주식 등을 합하여 최대주주 등에 해당하는 경우에는 주주1인 및 그와 특수관계에 있는 자 모두를 최대주주등으로 본다.
　② 보유주식의 합계가 동일한 최대주주 등이 2 이상인 경우에는 모두를 최대주주 등으로 본다.
　③ 투자신탁을 운용하는 자산운용사의 보유주식 수가 가장 많은 경우 할증평가 대상인 최대주주는 동 자산운용사가 되는 것임

2 할증평가를 않는 경우

　(상증법 제63조제3항, 시행령 제53조제8항)

　최대주주 등의 보유주식 할증평가는 증여자 또는 양도자 입장에서 경영권프리미엄을 보유하였다 하여 할증평가하는 것으로, ① 거래 시점에서 ② 주식을 이전하는 자를 기준으로 ③ 이전하는 주식이 '최대주주로서 보유하는 주식'이면 적용됩니다.

　경영권 프리미엄이 형성되어 있다고 보기 어렵거나 경영권 프리미엄이 반영된 거래가액을 시가로 인정하는 경우 등에는 할증평가를 하지 않도록 하고 있습니다.

1) 할증평가 제외대상 주식

　다음의 어느 하나에 해당하는 경우에는 할증평가 대상에서 제외됩니다. (상증법 시행령 제53조제8항 각 호)

　① 평가기준일이 속하는 사업연도 전 3년 이내의 사업연도부터 계속하여 「법인세법」 제14조제2항에 따른 결손금이 있는 경우 (상증법 시행령 제53조제8항제1호)

　　순손익가치를 평가하는 직전 3개 사업연도 소득이 계속하여 결손금이 있는 법인을 말합니다.

　② 평가기준일 전후 6개월(증여재산의 경우에는 평가기준일 전 6개월부터 평가기준일 후 3개월로 합니다) 이내의 기간중 최대주주등이 보유하는 주식등이 전부 매각된 경우 (제49조제1항제1호의 규정에 적합한 경우에 한합니다)(상증법 시행령 제53조제8항제2호)

　　최대주주등이 특수관계 없는 자에게 매도한 가액이 시가로 인정된 경우. 이는 상속일 전후 6개월(증여의 경우에는 증여일 전6개월 후3개월)내 최대주주등 주식 전부가 매각된 경우입니다.

　　☞ 이 경우, 상증법 시행령 개정시 증여로 볼 수 있는 기간과 동일하게 조정하였습니다. 2020.2.11.증여받는 평가분부터 적용합니다.

③ 상증법 시행령 제28조(합병에 따른 이익의 계산방법 등), 제29조(증자에 따른 이익의 계산방법 등), 제29조의2(감자에 따른 이익의 계산방법 등), 제29조의3(현물출자에 따른 이익의 계산방법 등) 및 제30조(전환사채등의 주식전환등에 따른 이익의 계산방법 등)에 따른 이익을 계산하는 경우(상증법 시행령 제53조제8항제3호)

합병·증자·감자·현물출자 또는 전한사채의 증여이익을 계산하는 경우에는 주식 자체를 증여한 것이 아닌 간접이익의 증여이므로 할증평가에서 제외합니다.

④ 평가대상인 주식등을 발행한 법인이 다른 법인이 발행한 주식등을 보유함으로써 그 다른 법인의 최대주주등에 해당하는 경우로서 그 다른 법인의 주식등을 평가하는 경우(상증법 시행령 제53조제8항4호)

순환출자주식. 평가대상인 주식등을 발행한 법인이 다른 법인이 발행한 주식등을 보유함으로써 그 다른 법인의 최대주주등에 해당하는 경우로서 그 다른 법인의 주식등을 평가하는 경우에는 할증평가에서 제외합니다.

☞ 기존 출자분에 한정하여 할증평가하였으나, 과도한 중복 할증 방지를 위하여 2021.2.17.상속세과세표준신고 또는 증여세과세표준 신고분부터는 1차 출자분도 할증평가에서 제외하도록 개정하였습니다.

⑤ 평가기준일부터 소급하여 3년 이내에 사업을 개시한 법인으로서 사업개시일이 속하는 사업연도부터 평가기준일이 속하는 사업연도의 직전사업연도까지 각 사업연도의 기업회계기준에 의한 영업이익이 모두 영 이하인 경우 (상증법 시행령 제53조제8항제5호)

사업개시 3년 미만 법인으로서 영업이익 모두 결손인 법인의 주식의 경우에는 사업초기에 결손이 발생하는 상태에서는 현실적으로 경영권 프리미엄이 형성되기 어려운 점을 감안하여 할증평가에서 제외합니다.

⑥ 상증법 제67조의 규정에 의한 상속세과세표준신고기한 또는 상증법 제68조의 규정에 의한 증여세과세표준 신고기한 이내에 평가대상 주식등을 발행한 법인의 청산이 확정된 경우(상증법 시행령 제53조제8항제6호)

상속·증여세 신고기한 이내에 청산이 확정된 법인의 주식은 할증평가에서 제외됩니다.

⑦ 최대주주등이 보유하고 있는 주식등을 최대주주등외의 자가 상증법 제47조(증여세 과세가액)제2항에서 규정하고 있는 기간(10년) 이내에 상속 또는 증여받은 경우로서 상속 또는 증여로 인하여 최대주주등에 해당되지 아니하는 경우(상증법 시행령 제53조제8항제7호)

최대주주등외의 자가 증여재산 합산과세기간인 10년 기간 이내에 최대주주등이 보유한 주식을 상속 또는 증여받은 경우로서 상속 또는 증여로 인하여 최대주주등에 해당하지 아니하는 경우에는 할증평가에서 제외됩니다. (상속증여세과-628, 2013.12.20)

> ☞ 이는 최대주주에 해당하지 않게 되는 최대주주 외의 자 입장에서 보면 '경영권 프리미엄'이 존재한 주식을 상속, 증여받은 것으로 보기 어려우므로 할증평가에서 제외됩니다.

⑧ 주식등의 실제소유자와 명의자가 다른 경우로서 법 제45조의2(명의신탁 증여의제)에 따라 해당 주식등을 명의자가 실제소유자로부터 증여받은 것으로 보는 경우(상증법 시행령 제53조제8항제8호)

⑨ 제6항에 따른 중소기업 또는 제7항에 따른 중견기업이 발행한 주식등(상증법 시행령 제53조제8항제9호)

중소기업기본법 제2조에 따른 중소기업이 발행한 주식(2020.1.1이후 상속증여 받는 분을 평가하는 분부터)과 직전 3개년 매출액 평균이 5천억원 미만인 「중견기업법」상 중견기업이 발행한 주식(2023.1.1이후 상속증여 받는 분부터)은 할증평가에서 제외됩니다.

2) 비상장주식을 시가로 평가하는 경우

비상장주식을 상증법 제60조(평가의 원칙 등)제2항 매매가격(수용가격·공매가격 등 시가)에 따라서 시가로 평가하더라도 할증평가 대상이 됩니다. (상증법 제63조제3항)

3) 중소·중견기업 최대주주 등에 대한 할증평가 제외

중소·중견기업 최대주주 등에 대한 할증평가는 제외됩니다. (상증법 제63조제3항)

> ☞ 경영권이 포함된 주식은 대기업이나 중소기업 모두 프리미엄이 부가되어 거래되나 기술력과 경쟁력이 있는 중소기업의 원활한 가업승계를 지원하고, 기업의 영속성을 유지시켜 경제에 활력을 불어넣기 위하여 2005.1.1.부터 2019.12.31.까지 한시적으로 할증평가를 제외하였으며, 조세특례제한법 제101조(중소기업 최대주주 등의 주식할증평가 적용특례)는 2019.12.31.삭제되었으나, 상증법 제63조제3항에 반영이 되었습니다.

4) 양도소득세 부당행위계산부인규정 적용 시
(상증법 제63조제3항의 적용에 따라)

소득세법상 부당행위계산부인규정을 적용할 때 시가는 상증법 제60조부터 제66조까지와 상증법 제49조, 제50조~제52조, 제52조의2, 제53조~제58조, 제58조의2~제58조의4, 제59조~제63

조에 따라 평가한 가액입니다. 이 경우 상증법 시행령 제49조(평가의 원칙등)제1항 본문 중 '평가기준일 전후 6개월(증여재산의 경우에는 3개월) 이내의 기간'은 '양도일 또는 취득일 전후 각 3월의 기간'으로 보며, '상속받거나 증여받은 경우'는 '양도하는 경우'로 봅니다.(소득세법 시행령 제167조제5항) 따라서 중소기업의 주식을 양도하는 경우 양도소득세를 계산할 때 할증평가가 제외됩니다. (← 상증법 제63조제3항의 적용에 따라)

법인세 부당행위계산 부인 규정을 적용할 때 중소기업 및 중견기업의 주식을 제외한 일반법인의 주식은 할증평가됩니다.(법인세법 시행령 제89조제2항제2호 ← 상증법 제63조제3항의 적용에 따라)

☞ 중견기업의 주식은 2023.1.1부터 제외됩니다.

제 5 장 저당권 등이 설정된 재산의 평가특례

(상증법 제66조, 시행령 제63조)

1 평가 특례의 취지

상속·증여재산의 가액은 시가평가를 원칙으로 하되 시가산정이 어려우면 보충적 평가방법을 적용하여 평가액을 산정합니다. 그러나 저당권 등이 설정된 재산에 대하여는 별도의 평가특례규정을 두어 평가를 하도록 하고 있습니다.

즉, 담보채권액을 기준으로 평가한 가액과 시가 또는 보충적 평가액(상증법 제61조부터 제65조까지 평가한 가액) 중 큰 금액을 해당 재산의 평가가액으로 합니다. (상증법 제66조)

☞ 이는 담보채권액이 통상 시가보다 높을 수는 없지만, 기준시가보다 높을 수가 있으므로 보다 시가에 근접한 가액으로 과세하려는 목적과 기준시가가 채무액보다 적은 경우에 있어서 기준시가로 평가해야 한다면 해당 평가 가액이 채무액보다 적어지는 문제(예: 실제는 수증자에게 증여이익이 발생하였음에도 평가방법상 채무액과 기준시가의 차액만큼이나 증여자에게 이익이 역증여되는 현상 발생) 등을 방지하기 위해 규정한 것입니다.

이 경우, 저당권 등이 설정된 재산의 평가특례규정에서 '담보하는 채권액'이란 채권최고액이 아니라 평가기준일 현재 남아 있는 채권액의 합계액을 말합니다.

2 저당권 등이 설정된 재산의 평가방법

Max (①, ②)
    ① 평가기준일 현재의 해당 재산의 시가 또는 보충적 평가가액(상증법 제60조 ~ 제65조)
    ② 평가기준일 현재의 해당 재산이 담보하는 채권액 등(상증법 제66조)

1) 저당권 등이 설정된 재산이란

다음의 어느 하나에 해당하는 재산은 제60조에도 불구하고 그 재산이 담보하는 채권액 등을 기준으로 대통령령으로 정하는 바에 따라 평가한 가액과 제60조에 따라 평가한 가액 중 큰 금액을 그 재산의 가액으로 합니다. (상증법 제66조제1항)

① 저당권, 「동산·채권 등의 담보에 관한 법률」에 따른 담보권 또는 질권이 설정된 재산

② 양도담보재산

③ 전세권이 등기된 재산 (임대보증금을 받고 임대한 재산을 포함합니다)

④ 위탁자의 채무이행을 담보할 목적으로 대통령령으로 정하는 신탁계약을 체결한 재산

2) 해당 재산이 담보하는 채권액 등의 범위

☞ 재산이 담보하는 채권액 (상증법 집행기준 66-63-2)

구분	평가방법
저당권(공동저당권, 근저당권 제외)이 설정된 재산	해당 재산이 담보하는 채권액
공동 저당권이 설정된 재산	해당 재산이 담보하는 채권액을 공동 저당된 재산의 평가기준일 현재의 가액으로 안분
근저당권이 설정된 재산	해당 재산이 담보하는 채권액
질권이 설정된 재산, 양도담보재산의 가액	해당 재산이 담보하는 채권액
전세권이 있는 재산	전세금(임대보증금 포함)
담보신탁이 설정된 재산	신탁계약 또는 수익증권에 따른 우선수익자인 채권자의 수익한도 금액

근저당의 채권최고액이 담보하는 채권액보다 적은 경우에는 채권최고액으로 하고, 당해 재산에 설정된 물적담보외에 기획재정부령이 정하는 신용보증기관의 보증이 있는 경우에는 담보하는 채권액에서 당해 신용보증기관이 보증한 금액을 차감한 가액으로 하며, 동일한 재산이 다수의 채권(전세금채권과 임차보증금채권을 포함합니다)의 담보로 되어 있는 경우에는 그 재산이 담보하는 채권액의 합계액으로 합니다. (상증법 제66조제1호, 시행령 제63조제2항)

① 해당 재산에 설정된 '근저당의 채권최고액'이 '담보하는 채권액'보다 적은 경우에는 채권최고액으로 합니다.

② 해당 재산에 설정된 물적 담보 외 기획재정부령이 정하는 신용보증기관(법인세법 시행령 제63조제1항 각 호 법인)의 보증이 있는 경우에는 '담보하는 채권액'에서 '해당 신용보증기관이 보증한 금액'을 뺀 가액으로 합니다.

③ 동일한 재산이 다수의 채권(전세금과 임차보증금채권을 포함)의 담보로 되어 있는 경우에는 그 재산이 담보하는 채권액의 합계액으로 합니다.

④ 해당 근저당권이 설정된 재산이 공유물로서 공유자와 공동으로 그 재산을 담보로 제공한 경우에는 해당 재산이 담보하는 채권액 중 각 공유자의 지분 비율에 상당하는 금액을 그

채권액으로 합니다.

⑤ 평가할 재산과 그 외의 재산에 동일한 공동저당권 등이 설정되어 있거나 동일한 채무를 담보하기 위하여 양도 담보된 경우 평가할 재산이 담보하는 채권액은 전체 채권액을 평가할 재산과 그 외 재산의 가액(평가기준일 현재 법에 다른 평가액을 말합니다.)으로 안분하여 계산합니다.

③ 저당권 등이 설정된 재산

상속·증여받은 재산 중 저당권 등이 설정된 재산에 해당하는 상속개시일 또는 증여일을 기준으로 판단합니다. 따라서 평가기준일 전에 설정된 저당권 등이 평가기준일 현재에는 말소되었거나, 아니면 평가기준일 후에 저당권 등이 설정된 경우에는 본 평가특례가 적용되지 아니합니다.

④ 담보유형별 평가방법

(상증법 시행령 제63조제1항·제2항)

1) 저당권이 설정된 재산 (상증법 시행령 제63조제1항제1호·제2항)

저당권(공동저당권과 근저당권은 제외)이 설정된 재산의 평가는 해당재산의 시가(또는 보충적 평가액)와 해당 재산이 담보하는 채권액과 비교하여 큰 금액으로 평가합니다.

이 경우 '저당권'이란 채무자 또는 제3자(물상 보증인)가 채무의 담보로 제공한 부동산 기타 목적물은 인도받지 아니하고 채무의 변제가 없는 경우에 우선변제를 받을 수 있는 담보 물권을 말합니다. (민법 제356조) 저당권은 당사자 사이의 저당권 설정계약을 통해 등기·등록함으로써 성립됩니다.

민법상 저당권의 목적물이 되는 재산으로는 부동산, 지상권, 전세권, 입목, 어업권, 광업권, 등기된 선박, 자동차, 항공기, 건설기계, 각종의 재단저당법에 따른 재단 등이 있습니다.

2) 공동저당권이 설정된 재산 (상증법 시행령 제63조제1항제2호·제2항)

공동저당권이 설정된 재산의 평가는 해당 재산의 시가(또는 보충적 평가액)와 평가기준일 현재 해당 재산이 담보하는 채권액과 비교하여 큰 금액으로 합니다.

공동저당권이란 동일한 채권을 담보하기 위하여 수개의 부동산에 설정된 저당권을 말하는데, 이 경우 평가할 재산이 담보되는 채권액의 계산은 해당 공동담보 재산들이 담보하는 전체 채권액에 대하여 평가할 재산과 그 외 담보재산의 가액(평가기준일 현재 상증법상 평가액을 말합니다)을 기준으로 안분하여 계산합니다.

3) 근저당권이 설정된 재산의 평가 (상증법 시행령 제63조제1항제3호·제2항)

근저당권이 설정된 재산의 평가는 해당 재산의 시가(또는 보충적 평가액)와 평가기준일 현재 해당 재산이 담보하는 채권액과 비교하여 큰 금액으로 평가합니다.(상증법 제66조)

근저당권이란 계속적인 거래관계로부터 발생되는 다수의 불특정채권을 장래의 결산기에서 일정한 한도까지 담보하려는 저당권을 말합니다. 즉 저당권이 특정의 채권을 담보하는데 비하여 근저당권은 장래의 증감 변동하는 불특정의 채권을 일정한도 내(채권최고액)까지 담보하는 차이가 있습니다. 이러한 근저당권도 등기·등록을 하여야만 성립합니다.

근저당시 해당 재산이 담보하는 채권액은 다음과 같이 계산합니다.

① '근저당권의 채권최고액'이 '담보하는 채권액'보다 적은 경우에는 채권최고액을 '담보하는 채권액'으로 합니다.

② 해당 재산에 물적담보 외에 신용보증기관의 보증이 있는 경우는 담보하는 채권액에서 해당 신용보증기관이 보증하는 금액을 차감하여 계산합니다.

③ 근저당권이 설정된 부동산과 질권이 설정된 예금·무체재산권(영업권)이 공동으로 하나의 채권을 담보로 제공된 경우에는 부동산이 담보하는 채권액의 계산은 공동으로 담보된 전체 채권액에서 예금과 무체재산권을 평가기준일 현재의 잔액으로 평가하여 각각의 그 평가금액을 공제한 금액으로 계산합니다. (재재산-257, 2008.6.4.)

④ 동일한 재산이 다수의 채권(전세금채권과 임차보증금채권 포함)의 담보로 되어 있는 경우에는 그 재산이 담보하는 채권액의 합계액으로 합니다.

4) 질권이 설정된 재산의 평가 (상증법 시행령 제63조제1항제4호·제2항)

질권이 설정된 재산의 평가는 해당 재산의 시가(또는 상증법 제61조부터 제65에 따라 평가한 가액)와 평가기준일 현재 해당 재산이 담보하는 채권액과 비교하여 큰 금액으로 평가합니다.

질권이란 채권자가 채권의 담보로 채무자 또는 제3자가 제공한 물건(재산권)을 점유하고 채무의 면제가 있을 때까지 유치함으로써 채무의 변제를 간접적으로 강제하는 동시에 변제가 없는 때에는 그 목적물로 우선 변제 받을 권리를 말합니다. 민법에서는 질권을 동산 질권과 권리 질권으로 구별하고 있으며, 부동산 질권은 인정하지 않고 있습니다.

5) 양도담보된 재산의 평가 (상증법 시행령 제63조제1항제4호·제2항)

양도담보 재산의 평가는 해당 재산의 시가(또는 상증법 제61조부터 제65조에 따라 평가한 가액)와 평가기준일 현재 해당 재산이 담보하는 채권액과 비교하여 큰 금액으로 평가합니다.

양도담보란 채권담보의 목적으로 물건의 소유권을 채권자에게 이전하고 채무자가 채무를 이행하지 않는 경우에는 그 목적물로 우선 변제를 받고, 채무자가 채무를 이행한 경우에는 목적물의 소유권을 채무자에게 이전하는 것을 말합니다.

6) 전세권이 등기된 재산의 평가 (상증법 시행령 제63조제1항제5호·제3항)

전세권이 등기된 재산의 평가는 해당재산의 시가(또는 상증법 제61조부터 제65조에 따라 평가한 가액)와 평가기준일 현재 해당 재산에 대하여 등기된 전세금(임대보증금을 받고 임대한 경우에는 임대보증금)을 비교하여 큰 금액으로 평가(해당 재산이 담보하는 채권액 등에는 등기되지 아니한 전세금채권을 포함)합니다.

전세권은 전세금을 지급하고 타인의 부동산을 그 용도에 따라 사용·수익하는 공익물권이며, 전세권은 보통 부동산소유자와 전세권 취득자 사이의 설정계약과 등기에 따라서 설정·취득됩니다.

7) 담보신탁이 설정된 재산의 평가 (상증법 시행령 제63조제1항제6호·제3항)

신탁 또는 수익증권에 따른 우선수익자인 채권자의 수익한도금액이 원칙적인 시가평가 방법에 따른 가액보다 큰 경우에는 그 수익한도금액을 평가가액으로 합니다.(상증법 시행령 제63조제1항제16호) 재산을 위탁자의 채무이행을 담보하기 위해 수탁으로 운영하는 내용으로 체결되는 신탁계약을 체결한 재산은 피담보채권 등을 기준으로 가액을 평가하는 담보신탁계약으로 합니다. (상증법제63조제4호, 시행령제63조제3항) ☞ 2019.2.12 상증법 시행령이 개정되었습니다.

시가를 산정하기 어려운 경우의 비상장주식의 평가서 작성하기

(상증법 제63조제1항제1호나목, 시행령 제54조·제55조·제55조)

「평가심의위원회 운영규정」 별지 제4호 서식 부표3 '비상장주식평가서'

비상장주식의 평가는 「평가심의위원회 운영규정」 별지 제4호 서식 부표3 '비상장주식평가서'를 이해하고, 관련 법령의 조항을 이해하는 것이 이해하기가 쉽습니다.

이 서식은 상속세 및 증여세법 제63조 제1항 제1호 나목에 따른 거래소에 상장되지 아니한 주식 및 출자지분의 평가관련 서식입니다. 서식은 평가대상 법인의 재무상태표와 손익계산서의 계정과목을 예시적으로 열거하고 있으므로 평가대상 법인의 계정과목 사용에 따라 계정과목을 추가하여 사용가능합니다.

다음은 '비상장주식 등 평가서'입니다.

비상장주식 등 평가서

(단위 : 주, 원)   (제1쪽)

1. 평가대상 비상장법인

법인명		사업자등록번호		대표자 성명	
①발행주식총수		1주당 액면가액		자본금	
평가기준일		②부동산과다보유법인 해당여부		[ ]	

2. 순자산가치로만 평가하는 경우 [v] 표시 (상속세 및 증여세법 시행령 제54조제4항 해당여부)

가. 신고기한 이내에 청산절차가 진행 중이거나, 사업자의 사망 등으로 사업의 계속이 곤란하다고 인정되는 경우 해산(합병)등기일 (. .)	[ ]
나. 사업 개시전의 법인, 사업개시 후 3년 미만의 법인, 휴업·폐업 중인 경우사업개시일 (. .), 휴·폐업일 (. .)	[ ]
다. 평가기준일이 속하는 사업연도 전 3년 내의 사업연도부터 계속하여「법인세법」상 각 사업연도에 속하거나 속하게 될 손금의 총액이 그 사업연도에 속하거나 속하게 될 익금의 총액을 초과하는 결손금이 있는 경우 (2018.2.13.삭제)	[ ]
라. 법인의 자산총액 중「소득세법」제94조제1항제4호다목1) 및 2)의 합계액이 차지하는 비율이 100분의 80 이상인 경우 → 소득세법 제94조제1항제4호라목에 해당되는 법인입니다.	[ ]
마. 법인의 자산총액 중 주식등의 가액의 합계액이 차지하는 비율이 100분의 80 이상인법인의 주식등	[ ]
바. 법인의 설립 시 정관에 존속기한이 확정된 법인으로서 평가기준일 현재 잔여 존속기한이 3년 이내인 법인의 주식등	[ ]

3. 1주당 가액의 평가

(단위 : 원)

③ 순자산가액		제2쪽 4. 순자산가액 "마"
④ 1주당 순자산가액(③ ÷ ①)		
⑤ 최근 3년간 순손익액의 가중평균액에 의한 1주당가액 또는 2이상의 신용평가전문기관(회계법인포함)이산출한1주당추정이익의평균액		제6쪽 7. 순손익액 "차"
⑥ 1주당 평가액(㉮ 평가액과 ㉯의 평가액 중 많은 금액)		
㉮ [{(④×2)+(⑤×3)} ÷ 5] *부동산과다보유법인[{(④×3)+(⑤×2)}÷5]		
㉯1주당 순자산가액(④)의 80%		
⑦ 최대주주등에 해당하는 경우 1주당 평가액·		
㉮ 최대주주등의 주식등의 1주당 평가액 (⑥×할증율)		
㉯ (⑥ + ㉮)		

작 성 방 법

※ 이 서식은 상속세 및 증여세법 제63조 제1항 제1호 나목에 따른 거래소에 상장되지 아니한 주식 및 출자지분의 평가관련 서식입니다.
1. 최대주주등의 주식등의 1주당 평가액(⑥×할증율) :「상속세 및 증여세법」제63조 제3항 및 같은 법 시행령 제53조 제4항에 따른 할증평가율을 적용하여 계산합니다. 이 경우 대통령령으로 정하는 중소기업 및 평가기준일이 속하는 사업연도 전 3년 이내의 사업연도부터 계속하여「법인세법」제14조 제2항에 따른 결손금이 있는 법인의 주식등 등 대통령령으로 정하는 주식등은 제외합니다.
 – 할증율

지분율	2019.12.31.이전	2020.1.1.이후
50% 이하 보유	20%	20%
50% 초과 보유	30%	

2. 중소기업이란「중소기업기본법」제2조에 따른 중소기업을 말합니다.

---

4. 순자산가액

가. 자산총액

① 재무상태표상의 자산가액		
② 평가차액		**제4쪽 5. 평가차액 "가"**
③ 법인세법상 유보금액		
④ 유상증자 등		
⑤ 기타(평가기준일 현재 지급받을 권리가 확정된 가액 등)		
⑥ 선급비용 등		
⑦ 증자일 전의 잉여금의 유보액		
⑧ 소계(①+②+③+④+⑤ −⑥ − ⑦)		

나. 부채총액

⑨ 재무상태표상의 부채액		
⑩ 법인세		
⑪ 농어촌특별세		
⑫ 지방소득세		
⑬ 배당금·상여금		
⑭ 퇴직급여추계액		
⑮ 기타(충당금 중 평가기준일 현재 비용으로 확정된 것 등)		
⑯ 제준비금		
⑰ 제충당금		
⑱ 기타(이연법인세대 등)		
⑲ 소계(⑨+⑩+⑪+⑫+⑬+⑭+⑮−⑯−⑰−⑱)		

다. 영업권포함전 순자산가액(⑧−⑲)

라. 영업권		**제5쪽 6. 영업권 "자"**
마. 순자산가액(다 + 라)		

1. 재무상태표의 자산가액(①) : 평가기준일 현재 재무상태표의 자산총액을 기재합니다.

2. 평가차액(②) : 재무상태표의 자산종류별로「상속세 및 증여세법」제60조부터 제66조까지의 규정에 따라 평가가액과 재무상태표상 금액과의 차액(평가차액계산명세서에서 옮겨 적음)을 기재합니다.

3.「법인세법」상의 유보금액(③) : 법인세결의서「자본금과 적립금조서(을)」의 ⑤란 기말잔액의 합계액에서 ㉠~㉢을 차감한 금액을 기재합니다.
    ㉠「보험업법」에 의한 책임준비금과 비상위험준비금을 부인한 유보액
    ㉡ 제충당금 및 제준비금을 부인한 유보액
    ㉢「상속세 및 증여세법 시행령」에 의하여 평가한 자산의 가액에 포함된 부인 유보액

4. 유상증자 등(④)에는 직전 사업연도말 현재의 재무상태표를 기준으로 하여 순자산가액을 계산하는 경우 직전 사업연도 종료일로부터 평가기준일까지 유상증자한 금액(유상감자한 경우에는 △로 차감으로 표시)을 기재하되, 유상증자 등의 내용이 반영된 평가기준일 현재 재무상태표를 기준으로 하는 경우에는 그러하지 아니합니다.

5. 기타(⑤)에는 평가기준일 현재 지급받을 권리가 확정된 금액 등을 기재합니다.

6. 선급비용(⑥) : 평가기준일 현재 비용으로 확정된 선급비용을 말합니다.

7. 증자일전의 잉여금의 유보액(⑦) : 증자일전의 잉여금의 유보액을 신입주주 또는 신입사원에게 분배하지 아니한다는 것을 조건으로 증자한 경우 신입주주 또는 신입사원의 출자지분을 평가함에 있어 분배하지 아니하기로한 잉여금에 상당하는 금액을 말합니다.

8. 소계(⑧) : [①+②+③+④+⑤] -⑥ - ⑦

9. 재무상태표상의 부채액(⑨) : 평가기준일 현재 재무상태표상의 부채총액을 기재합니다.

10. 법인세(⑩), 농어촌특별세(⑪), 지방소득세(⑫) : 부채로 계상되지 아니한 평가기준일까지 발생된 소득에 대한 법인세, 농어촌특별세 및 지방소득세로서 납부할 세액을 말합니다.

11. 배당금, 상여금(⑬) : 평가기준일 현재 주주총회에서 처분결의된 주주에 대한 배당금 및 임원에 대한 상여금을 말합니다.

12. 퇴직급여추계액(⑭) : 평가기준일 현재 재직하는 사용인(임원포함)의 전원이 퇴직할 경우 지급하여야 할 퇴직금 추계액을 기재합니다.

13. 기타(⑮) : 피상속인의 사망에 따라 상속인과 그 외의 사람에게 지급하는 것이 확정된 퇴직수당금, 공로금, 기타 이에 준하는 금액을 기재합니다.

14. 제준비금(⑯) : 비상장법인인 보험회사주식평가시 보험업법에 따른 책임준비금과 비상위험준비금으로서「법인세법 시행령」제57조제1항부터 제3항까지에 준하는 금액을 제외한 재무상태표상의 제준비금의 합계액을 기재합니다.

15. 제충당금(⑰) : 퇴직급여충당금, 단체퇴직급여충당금, 대손충당금 등 재무상태표상의 제충당금의 합계액(평가기준일 현재 비용 확정분 제외)을 기재합니다.

16. 기타(⑱) : 이연법인세대 등 기타 이에 준하는 금액을 기재합니다.

17. 소계(⑲) : [⑨ + ⑩ + ⑪ + ⑫ + ⑬ + ⑭ + ⑮] - ⑯ - ⑯ - ⑰

18. 영업권(라) : 영업권평가조서의 영업권평가액을 옮겨 기재합니다.

19. 순자산가액(마) : 이 경우 평가액이 "0"이하인 경우에는 "0"으로 기입합니다.

5. 평가차액

가. 평가차액 계산 (① - ②)				제2쪽 4. 순자산가액 "가"의 ② 기재			
자산금액				부채금액			
계정과목	상증법에 따른 평가액	재무상태표상 금액	차액	계정과목	상증법에 따른 평가액	재무상태표상 금액	차액
① 합계				② 합계			

작 성 방 법

평가기준일 또는 직전사업연도말 현재의 재무상태표상의 자산 또는 부채금액을 기준으로 하여 순자산가액을 계산 시 재무상태표상 미계상된 경우를 포함한 평가차액을 계산하는 경우에 사용합니다.

1. 계정과목란에는 평가대상 자산 또는 부채를 재무상태표에 기재된 계정명으로 기입하며 재무상태표상 미계상된 경우에는 추가로 기재합니다.

2. 평가차액은 "①"에서 "②"를 차감한 잔액을 기재합니다.

210mm×297mm[일반용지 70g/㎡(재활용품)]

6. 영업권

가. 평가기준일 이전 3년간 순손익액의 가중평균액		(①×3 + ②×2+③) /6
① 평가기준일 이전 1년이 되는 사업연도 순손익액		
② 평가기준일 이전 2년이 되는 사업연도 순손익액		
③ 평가기준일 이전 3년이 되는 사업연도 순손익액		
나. 가 × 50%		
다. 평가기준일 현재 자기자본		
라. 기획재정부령이 정하는 이자율		10%
마. 다 × 라		
바. 영업권 지속연수		5년
사. 영업권 계산액 $[\sum_{n=1}^{n} \frac{(나-마)}{[1+0.1]^n}]$ n은 평가기준일부터의 경과연수		
아.영업권 상당액에 포함된 매입한 무체재산권가액 중 평가기준일까지의 감가상각비를 공제한 금액		
자. 영업권 평가액 (사 – 아)		제2쪽 4. 순자산가액 "라" 기재

작 성 방 법

1. 순자산가액에 가산하는 영업권은「상속세 및 증여세법 시행령」 제59조제2항에 따른 평가액을 말합니다.

2. 아래의 경우에는 영업권 평가액을 순자산가액에 가산하지 않습니다.

　가.「상속세 및 증여세법 시행령」 제54조 제4항 제1호·제3호에 해당하는 경우

　나.「상속세 및 증여세법 시행령」 제54조 제4항 제2호에 해당하는 경우. 다만, 다음에 모두 해당하는 경우는 제외합니다.

　　① 개인사업자가「상속세 및 증여세법 시행령」제59조에 따른 무체재산권을 현물출자하거나「조세특례제한법 시행령」제29조제2항에 따른 사업 양도·양수의 방법에 따라 법인으로 전환하는 경우로서 그 법인이 해당 사업용 무형자산을 소유하면서 사업용으로 계속 사용하는 경우

　　② ①에 따른 개인사업자와 법인의 사업 영위기간의 합계가 3년 이상인 경우

210mm×297mm[일반용지 70g/㎡(재활용품)]

7. 순손익액

평가기준일 1년, 2년, 3년이 되는 사업연도				
① 각 사업연도 소득금액				
소득에 가산할 금액	② 국세, 지방세 과오납에 대한 환급금이자			
	③ 수입배당금 중 익금불산입액			
	④ 이월된 기부금 손금산입액			
	⑤ 이월된 업무용승용차 관련 손금산입액			
	⑥ 외화환산이익(법인세 계산시 해당 이익을 반영하지 않은 경우)			
	⑦ 그 밖에 기획재정부령으로 정하는 금액			
가. 소계(①+②+…⑦)				
소득에서 차감할 금액	⑧ 당해 사업연도의 법인세액			
	⑨ 법인세액의 감면액 또는 과세표준에 부과되는 농어촌특별세, 지방소득세액			
	⑩ 벌금, 과료, 과태료, 가산금 및 체납처분비손금 불산입액			
	⑪ 법령에 따라 의무적으로 납부하는 것이아닌 공과금 손금불산입액			
	⑫ 징벌적 목적의 손해배상금 등에 대한손금 불산입액			
	⑬ 각 세법에서 규정하는 징수불이행으로 인해 납부하였거나 납부할 세액			
	⑭ 과다경비 등의 손금불산입액			
	⑮ 기부금 손금불산입액			
	⑯ 접대비 손금불산입액			
	⑰ 업무와 관련 없는 비용 손금불산입액			
	⑱ 업무용승용차 관련 비용의 손금불산입액			
	⑲ 지급이자의 손금불산입액			
	⑳ 감가상각비 시인부족액에서 상각부인액을 손금으로 추인한 금액을 뺀 금액			
	㉑ 외화환산손실(법인세 계산시 해당 손실을 반영하지 않은 경우)			
	㉒ 그 밖에 기획재정부령으로 정하는 금액			
나. 소계(⑧+…㉒)				
다. 순손익액(가 - 나)				
라. 유상증(감)자시 반영액				
마. 순손익액(다 ± 라)				
바. 사업연도말 주식수 또는 환산주식수				
사. 주당순손익액 (마÷바)		㉓	㉔	㉕
아. 가중평균액 {(㉓×3 + ㉔×2 + ㉕) / 6}				
자. 기획재정부령이 정하는 율				
차. 최근 3년간 순손익액의 가중평균액에 의한 1주당 가액 (아÷자)				

210mm×297mm[일반용지 70g/㎡(재활용품)]

작 성 방 법

1. 각 사업연도 소득(①) : 법인세법 제14조에 따른 각 사업연도 소득금액 [법인세 과세표준 및 세액조정계산서(별지 제3호 서식)의 금액]을 말합니다.

2. 국세, 지방세 과오납에 대한 환급금이자(②) : 법인세법 제18조 제4호에 따른 국세·지방세의 과오납금에 대한 환급금 이자로서 각 사업연도 소득금액계산상 익금에 산입하지 아니한 금액을 말합니다.

3. 기관투자자, 지주회사 등의 수입배당금 중 익금불산입액(③) : 법인세법 제18조의2와 제18조의3에 따른 수입배당금 중 익금불산입액을 말합니다.

4. 이월된 기부금 손금산입액(④) : 법인세법 제24조 제5항에 따라 해당 사업연도의 손금에 산입한 금액으로서 손금에 산입하지 아니한 지정·법정기부금의 손금산입한도액 초과금액을 해당 사업연도의 다음 사업연도 개시일부터 10년 이내에 끝나는 각 사업연도에 이월하여 손금에 산입하는 그 초과금액(별지 제3호 서식 기부금 한도초과이월액 손금산입란의 금액)을 말합니다.

5. 이월된 업무용승용차 관련 손금산입액(⑤) : 법인세법 제27조의2 제3항 및 제4항에 따른 이월된 업무용승용차 관련 손금산입액을 말합니다.

6. 외화환산이익(법인세 계산시 해당 이익을 반영하지 않은 경우)(⑥) : 각 사업연도소득을 계산할 때 「법인세법 시행령」제76조에 따른 화폐성외화자산·부채 또는 통화선도 등에 대하여 해당 사업연도 종료일 현재의 같은 조 제1항에 따른 매매기준율 등으로 평가하지 않은 경우 해당 화폐성외화자산 등에 대하여 해당 사업연도 종료일 현재의 매매기준율 등으로 평가하여 발생한 이익을 말합니다.

7. 그 밖에 기획재정부령으로 정하는 금액(⑦) : 2. ~ 6. 외 기획재정부령으로 정하는 금액을 말합니다.

8. 당해 사업연도의 법인세액(⑧) : 평가대상 각 사업연도의 소득에 대하여 납부하였거나 납부하여야 할 법인세 총결정세액을 말합니다.

9. 법인세액의 감면액 또는 과세표준에 부과되는 농어촌특별세액, 지방소득세액(⑨) : 법인세액의 감면액 또는 과세표준에 부과되는 농어촌특별세 및 지방소득세의 총결정세액을 말합니다.

10. 벌금, 과료, 과태료, 가산금 및 체납처분비 손금불산입액(⑩) : 법인세법 제21조 제3호에 따른 벌금·과료·과태료·가산금 및 체납처분비로 각 사업연도 소득금액 계산시 손금에 산입하지 아니한 금액을 말합니다.

11. 법령에 따라 의무적으로 납부하는 것이 아닌 공과금 손금불산입액(⑪) : 법인세법 제21조 제4호에 규정된 법령에 따라 의무적으로 납부하는 것이 아닌 공과금으로서 각 사업연도 소득금액 계산시 손금에 산입하지 아니한 금액을 말합니다.

12. 징벌적 목적의 손해배상금 등에 대한 손금불산입액(⑫) : 법인세법 제21조의2에 따른 징벌적 목적의 손해배상금 등에 대한 손금불산입액을 말합니다.

13. 각 세법에서 규정하는 징수불이행으로 인해 납부하였거나 납부할 세액(⑬) : 법인세법 제21조 제1호 및 동법 시행령 제21조에 따라 각 세법에 규정하는 의무 불이행으로 인하여 납부하였거나 납부하여야 할 세액(가산세 포함)으로 각 사업연도 소득금액 계산상 손금에 산입하지 아니한 금액을 말합니다.

14. 과다경비 등의 손금불산입액(⑭) : 법인세법 제26조에 따라 각 사업연도 소득금액 계산시 손금에 산입하지 아니한 금액을 말합니다.

15. 기부금 손금불산입액(⑮) : 법인세법 제24조에 따른 기부금 한도초과액(별지 제3호 서식 란의 금액) 및 비지정기부금(별지 제15호 서식 소득금액조정 합계표에 계상되어 비지정기부금으로 손금불산입된 금액)을 말합니다.

16. 접대비 손금불산입액(⑯) : 법인세법 제25조에 따른 접대비 한도초과액을 말합니다.

17. 업무와 관련 없는 비용 손금불산입액(⑰) : 법인세법 제27조에 따라 법인이 각 사업연도에 지출한 비용 중 법인의 업무와 직접관련이 없다고 정부가 인정하는 금액으로 각 사업연도 소득금액 계산시 손금에 산입하지 아니한 금액을 말합니다.

18. 업무용승용차 관련 비용의 손금불산입액(⑱) : 법인세법 제27조의2에 따른 업무용승용차 관련 손금불산입액을 말합니다.

19. 지급이자의 손금불산입액(⑱) : 법인세법 제28조에 따른 지급이자 손금불산입액을 말합니다.

20. 감가상각비 시인부족액에서 상각부인액을 손금으로 추인한 금액을 뺀 금액(⑳) : 법인세법 시행령 제32조 제1항에 따른 시인부족액에서 같은 조에 따른 상각부인액을 손금으로 추인한 금액을 뺀 금액을 말합니다.

21. 외화환산손실(법인세 계산시 해당 손실을 반영하지 않은 경우)( ) : 각 사업연도소득을 계산할 때 화폐성외화자산등에 대하여 해당 사업연도 종료일 현재의 매매기준율등으로 평가하지 않은 경우 해당 화폐성외화자산등에 대해 해당 사업연도 종료일 현재의 매매기준율 등으로 평가하여 발생한 손실을 말합니다.

22. 그 밖에 기획재정부령으로 정하는 금액( ) : 8. ~ 21. 외 기획재정부령으로 정하는 금액을 말합니다.

23. 순 손익액(다) : 평가대상 기준이 되는 사업연도별로 (가)합계에서 (나)공제할 금액 합계를 차감하여 기재합니다.

24. 유상 증(감)자시 반영액(라) : 평가기준일이 속하는 사업연도 전 3년 이내에 해당 법인의 자본을 증가시키기 위하여 유상증자를 하거나 해당 법인의 자본을 감소시키기 위하여 유상감자를 한 사실이 있는 경우에는 유상증자 또는 유상감자를 한 사업연도와 그 이전 사업연도의 순손익액은 (나)의 금액에 제1호에 따른 금액을 더하고 제2호에 따른 금액을 뺀 금액으로 합니다. 이 경우 유상증자 또는 유상감자를 한 사업연도의 순손익액은 사업연도 개시일부터 유상증자 또는 유상감자를 한 날까지의 기간을 월할로 계산하며, 1개월 미만은 1개월로 하여 계산합니다.

  1. 유상증자한 주식등 1주당 납입금액 × 유상증자에 의하여 증가한 주식등 수 × 기획재정부령으로 정하는 율

  2. 유상감자시 지급한 1주당 금액 × 유상감자에 의하여 감소된 주식등 수 × 기획재정부령으로 정하는 율

25. 사업연도말 주식수 또는 환산주식수(바) : 평가대상 각 사업연도 종료일 현재의 발행주식총수를 말합니다. 다만, 평가기준일전 3년 이내에 증자나 감자를 한 사실이 있는 경우 증자 또는 감자 전의 각 사업연도 종료일 현재의 발행주식총수는 다음 산식에 의하여 환산한 주식수로 합니다.

$$\text{증자·감자전 각사업연도말 주식 수} \times \left(\frac{\text{증자·감자 직전 사업연도말 주식 수} \pm \text{증자·감자 주식 수}}{\text{증자·감자 직전 사업연도말 주식 수}} \right) = \text{환산주식수}$$

26. 주당 순손익액(사) : 해당 사업연도별로 각각 순손익액(마)을 사업연도말 주식수 또는 환산주식수(바)로 나누어 계산합니다.

27. 가중 평균액(아) :
  · 평가기준일전 1년이 되는 사업연도의 주당순손익액을 해당사업연도란 에, 2년이 되는 사업연도분은 에, 3년이 되는 사업연도 분을 에 기재하여 가중평균액을 계산합니다.
  · 「상속세 및 증여세법 시행규칙」제17조의3 제1항 각 호의 사유가 있는 경우에는 「자본시장과 금융투자업에 관한 법률」제335조의3에 따라 신용평가업 인가를 받은 신용평가 전문기관, 회계법인 또는 세무법인 중 둘 이상의 신용평가기관이「자본시장과 금융투자업에 관한 법률 시행령」제176조의5 제2항에 따라 금융위원회가 정한 1주당 추정이익을 산출하기 위한 기준에 따라 산출한 1주당 추정이익(상속세 과세표준신고 및 증여세 과세표준신고의 기한까지 신고한 경우로서 1주당 추정이익의 산정기준일과 평가서 작성일이 해당 과세표준신고의 기한 이내에 속하고, 산정기준일과 상속개시일 또는 증여일이 같은 연도에 속하는 경우에 한정한다)의 평균가액에 의할 수 있습니다.

28. 기획재정부장관이 고시하는 이자율(자) : 순손익가치환원율

29. 최근 3년간 순손익액의 가중평균액에 의한 1주당 가액(차) : (아)가중평균액을 (자)란의 이자율로 나눈 금액을 기재합니다. 이 경우 계산된 1주당 가중평균액이 "0"이하인 경우에는 "0"으로 기재합니다.

1 평가대상 비상장법인

'비상장주식 등 평가서'(평가심의위원회운영규정 별지 제4호 서식 부표3) 제1쪽 상단의 해당란을 작성하여 채웁니다.

본란에 관련되는 내용은 비상장주식평가 부분에서 이미 설명한 바 있습니다.

☞ 평가심의위원회 운영규정 별지 제4호 서식 부표3)   (제1쪽)

1. 평가대상 비상장법인

법인명		사업자등록번호		대표자 성명	
①발행주식총수		1주당 액면가액		자본금	
평가기준일			②부동산과다보유법인 해당여부	[ ]	

1) 평가기준일

비상장주식의 상속 및 증여와 관련하여 평가의 기준시점인 평가기준일은 '재산평가의 기준시점'과 동일합니다. (상증법 시행령 제49조제1항)

2) 부동산과다보유법인 (상증법 시행령 제54조제1항, 소득세법 제94조제1항4호다목 위표②란)

소득세법 제94조(양도소득의 범위)제1항4호다목에 해당하는 법인으로 해당법인의 자산총액 중 다음의 자산(소득세법 제94조제1항제1호 및 제2호의 자산)가액의 합계액이 차지하는 비율이 50%이상인 법인이 발행하는 주식을 말합니다.

① 토지 또는 건물(부속된 시설물과 구축물 포함)

② 부동산을 취득할 수 있는 권리(건물이 완성되는 때에 그 건물과 이에 딸린 토지를 취득할 수 있는 권리 포함)

③ 지상권

④ 전세권과 등기된 부동산임차권

자산총액 및 자산가액은 해당 법인의 장부가액(토지·건물은 기준시가와 장부가액 중 큰 금액)에 의하며, 다음은 자산 가액에 포함되지 아니합니다. (소득세법 시행령 제158조제4항)

① 개발비

② 사용수익기부 자산가액

③ 평가기준일부터 소급하여 1년이 되는 날부터 평가기준일까지의 기간 중 차입금 또는 증자에 따라서 증가한 현금·금융자산(상증법 제22조에 따른 금융재산) 및 대여금의 합계

❷ 순자산가치로만 평가하는 경우

상증법 시행령 제54조제4항 해당여부를 서식의 해당란에 표시를 합니다.

'비상장주식 등 평가서'(평가심의위원회운영규정 별지 제4호 서식 부표3) 제1쪽 중단에 해당여부를 표시합니다.

☞ 평가심의위원회 운영규정 별지 제4호 서식 부표3)   (제1쪽)

2. 순자산가치로만 평가하는 경우 [∨] 표시 (상속세 및 증여세법 시행령 제54조제4항 해당여부)

가. 신고기한 이내에 청산절차가 진행 중이거나, 사업자의 사망 등으로 사업의 계속이 곤란하다고 인정되는 경우 　　해산(합병)등기일 (　　.　.　)
나. 사업 개시전의 법인, 사업개시 후 3년 미만의 법인, 휴업·폐업 중인 경우사업개시일 (　　.　.　), 　　휴·폐업일 (　　.　.　)
다. 평가기준일이 속하는 사업연도 전 3년 내의 사업연도부터 계속하여「법인세법」상 각 사업연도에 속하거 　　나 속하게 될 손금의 총액이 그 사업연도에 속하거나 속하게 될 익금의 총액을 초과하는 결손금이 있는 경우 　　(2018.2.13.삭제)
라. 법인의 자산총액 중「소득세법」제94조제1항제4호다목1) 및 2)의 합계액이 차지하는 비율이 100분의 80 이상 　　인 경우 → 소득세법 제94조 제1항제4호라목에 해당하는 법인을 말합니다.
마. 법인의 자산총액 중 주식등의 가액의 합계액이 차지하는 비율이 100분의 80 이상인법인의 주식등
바. 법인의 설립 시 정관에 존속기한이 확정된 법인으로서 평가기준일 현재 잔여 존속기한이 3년 이내인 법인의 주 　　식등

☞ (법령개정조항) 다. 평가기준일이 속하는 사업연도 전 3년 내의 사업연도부터 계속하여「법인세법」상 각 사업연도에 속하거나 속하게 될 손금의 총액이 그 사업연도에 속하거나 속하게 될 익금의 총액을 초과하는 결손금이 있는 경우 (2018.2.13.삭제 조항이나, 평가가 필요한 경우가 있을 수 있음)

❸ 순자산가치의 산정

(상증법 시행령 제55조)

'비상장주식 등 평가서'(평가심의위원회운영규정 별지 제4호 서식 부표3) 제1쪽 하단에 기재합니다.

순자산가치의 산정에 대해서는 '비상장주식의 평가' 부분에서 설명한 내용으로 산정하여 기록합니다.

3. 1주당 가액의 평가		(단위 : 원)
③ 순자산가액		**제2쪽 4. 순자산가액 "마"**
④ 1주당 순자산가액(③ ÷ ①)		
⑤ 최근 3년간 순손익액의 가중평균액에 의한 1주당가액 또는 2이상의 신용평가전문기관(회계법인포함)이산출 한1주당추정이익의평균액		**제6쪽 7. 순손익액 "차"**
⑥ 1주당 평가액(㉮ 평가액과 ㉯의 평가액 중 많은 금액)		
㉮ [{(④×2)+(⑤×3)} ÷ 5] *부동산과다보유법인[{(④×3)+(⑤×2)}÷5]		
㉯1주당 순자산가액(④)의 80%		
⑦ 최대주주등에 해당하는 경우 1주당 평가액		
㉮ 최대주주등의 주식등의 1주당 평가액 (⑥×할증율)		
㉯ (⑥ + ㉮)		

☞ (3. 1주당 가액의 평가 서식) 상속세 및 증여세법 제63조 제1항 제1호 나목에 따른 거래소에 상장되지 아니한 주식 및 출자지분의 평가관련 서식입니다.

〈서식 작성요령〉

③ 순자산가액

　제2쪽 4. 순자산가액 "마"항의 내용을 옮겨 적습니다.

④ 1주당 순자산가액(③ ÷ ①)

　　1주당 '순자산가치'는 다음의 산식에 의하여 평가한 가액으로 합니다. (상증법 시행령 제54조 제2항)

1주당 가액 = ③ 당해법인의 순자산가액 ÷ ① 발행주식총수

　☞ (발행주식총수 계산) 이 책의 '제4장 주식의 평가방법 제4절 '비상장주식의 평가(p254)'의 내용을 참고 하시기 바랍니다. 특히 자기주식이 있을 경우에는 자기주식의 보유목적에 따라 발행주식총수의 산정 주식수가 달라지게 됨을 유의하여야 합니다.

⑤ 최근 3년간 순손익액의 가중평균액에 의한 1주당가액 또는 2이상의 신용평가 전문기관(회계법인포함)이 산출한 1주당 추정이익의 평균액

　☞ (순손익가치의 산정방법) 이 책의 '제4장 주식의 평가방법 제4절 '비상장주식의 평가(p254)'의 내용을 참고 하시기 바랍니다.

$$\cdot \text{1주당 가액(순손익가치)} = \frac{\text{1주당 최근 3년간의 순손익액의 가중평균액}}{\text{순손익가치환원율(10\%)}}$$

· 1주당 최근 3년간 순손익액의 가중평균액이 '0' 이하인 경우에는 '0'으로 함

· 1주당 최근 3년간의 순손익액의 가중평균액 =

$$\frac{\begin{array}{l}(\text{평가기준일 이전 1년이 되는 사업연도의 1주당 순손익액} \times 3)\\ + (\text{평가기준일 이전 2년이 되는 사업연도의 1주당 순손익액} \times 2)\\ + (\text{평가기준일 이전 3년이 되는 사업연도의 1주당 순손익액} \times 1)\end{array}}{6}$$

· 각 사업연도의 1주당 순손익액 = $\dfrac{\text{각 사업연도의 순손익액}}{\text{각 사업연도 종료일 현재 발행주식 총수}}$

⑥ 1주당 평가액 (㉮ 평가액과 ㉯의 평가액 중 많은 금액)

Max (㉮, ㉯)

㉮ 1주당 평가액 = $\dfrac{⑤ \text{ 1주당 순손익가치} \times 3 + ④ \text{ 1주당 순자산가치} \times 2}{5}$

* 부동산과다보유법인 1주당 평가액 =[{(④ 1주당 순자산가치×3)+(⑤ 1주당순손익가치×2)}÷5]

㉯ 1주당 순자산가액(④)의 80%

1주당 순자산평가액 = ④ 1주당 순자산가액 × 80%

④ 1주당 순자산가액 = ③ 당해법인의 순자산가액 ÷ ① 발행주식총수

⑦ 최대주주등에 해당하는 경우 1주당 평가액

☞ (최대주주등의 할증평가) 이 책의 '제4장 주식의 평가방법, 제5절 최대주주 등의 할증평가(p264)'의 내용을 참고하시기 바랍니다.

㉮ 최대주주등의 주식등의 1주당 평가액 (⑥ 1주당 평가액 ×할증율)

(1) 「상속세 및 증여세법」제63조 제3항 및 같은 법 시행령 제53조 제4항에 따른 할증평가율을 적용하여 계산합니다. 이 경우 대통령령으로 정하는 중소기업·중견기업 및 평가기준일이 속하는 사업연도 전 3년 이내의 사업연도부터 계속하여 「법인세법」제14조 제2항에 따른 결손금이 있는 법인의 주식등 대통령령으로 정하는 주식등은 제외합니다.

– 할증율

지분율	2019.12.31.이전	2020.1.1.이후
50% 이하 보유	20%	20%
50% 초과 보유	30%	

(2) 중소기업기본법 제2조에 따른 중소기업이 발행한 주식(2020.1.1이후 상속증여 받는 분을 평가하는 분부터)과 직전 3개년 매출액 평균이 5천억원 미만인 「중견기업법」상 중견기업이 발행한 주식(2023.1.1이후 상속증여 받는 분부터)은 할증평가에서 제외됩니다.

㉯ (⑥1주당 평가액 + ㉮최대주주등의 주식등의 1주당 평가액)

= (⑥1주당 평가액 + ⑥1주당 평가액 × 최대주주등의 할증율)

4 순자산가액의 계산

순자산가액은 '비상장주식 등 평가서'(평가심의위원회운영규정 별지 제4호 서식 부표3) 제2쪽에 의하여 산정하는 것이 편리합니다. 이하에서 각 항목을 중심으로 서술합니다.

(단위 : 원)   (제12쪽)

4. 순자산가액		
가. 자산총액		
① 재무상태표상의 자산가액		
② 평가차액		제4쪽 5. 평가차액 "가"
③ 법인세법상 유보금액		
④ 유상증자 등		
⑤ 기타(평가기준일 현재 지급받을 권리가 확정된 가액 등)		
⑥ 선급비용 등		
⑦ 증자일 전의 잉여금의 유보액		
⑧ 소계(①+②+③+④+⑤ −⑥ − ⑦)		
나. 부채총액		
⑨ 재무상태표상의 부채액		
⑩ 법인세		
⑪ 농어촌특별세		
⑫ 지방소득세		
⑬ 배당금·상여금		
⑭ 퇴직급여추계액		
⑮ 기타(충당금 중 평가기준일 현재 비용으로 확정된 것 등)		
⑯ 제준비금		
⑰ 제충당금		
⑱ 기타(이연법인세대 등)		
⑲ 소계(⑨+⑩+⑪+⑫+⑬+⑭+⑮−⑯−⑰−⑱)		
다. 영업권포함전 순자산가액(⑧−⑲)		
라. 영업권		제5쪽 6. 영업권 "자"
마. 순자산가액(다 + 라)		

☞ 평가서식에 설명된 작성방법

1. 재무상태표의 자산가액(①) : 평가기준일 현재 재무상태표의 자산총액을 기재합니다.

2. 평가차액(②) : 재무상태표의 자산종류별로 「상속세 및 증여세법」제60조부터 제66조까지의 규정에 따라 평가가액과 재무상태표상 금액과의 차액(평가차액계산명세서에서 옮겨 적음)을 기재합니다. 제4쪽 5. 평가차액 "가"

3. 「법인세법」상의 유보금액(③) : 법인세결의서「자본금과 적립금조서(을)」의 ⑤란 기말잔액의 합계액에서 ㉠~㉢을 차감한 금액을 기재합니다.

   ㉠「보험업법」에 의한 책임준비금과 비상위험준비금을 부인한 유보액

ⓒ 제충당금 및 제준비금을 부인한 유보액

ⓒ 「상속세 및 증여세법 시행령」에 의하여 평가한 자산의 가액에 포함된 부인 유보액

4. 유상증자 등(④)에는 직전 사업연도말 현재의 재무상태표를 기준으로 하여 순자산가액을 계산하는 경우 직전 사업연도 종료일로부터 평가기준일까지 유상증자한 금액(유상감자한 경우에는 △로 차감으로 표시)을 기재하되, 유상증자 등의 내용이 반영된 평가기준일 현재 재무상태표를 기준으로 하는 경우에는 그러하지 아니합니다.

5. 기타(⑤)에는 평가기준일 현재 지급받을 권리가 확정된 금액 등을 기재합니다.

6. 선급비용(⑥) : 평가기준일 현재 비용으로 확정된 선급비용을 말합니다.

7. 증자일전의 잉여금의 유보액(⑦) : 증자일전의 잉여금의 유보액을 신입주주 또는 신입사원에게 분배하지 아니한다는 것을 조건으로 증자한 경우 신입주주 또는 신입사원의 출자지분을 평가함에 있어 분배하지 아니하기로한 잉여금에 상당하는 금액을 말합니다.

8. 소계(⑧) : [①+②+③+④+⑤] −⑥ − ⑦

9. 재무상태표상의 부채액(⑨) : 평가기준일 현재 재무상태표상의 부채총액을 기재합니다.

10. 법인세(⑩), 농어촌특별세(⑪), 지방소득세(⑫) : 부채로 계상되지 아니한 평가기준일까지 발생된 소득에 대한 법인세, 농어촌특별세 및 지방소득세로서 납부할 세액을 말합니다.

11. 배당금, 상여금(⑬) : 평가기준일 현재 주주총회에서 처분결의된 주주에 대한 배당금 및 임원에 대한 상여금을 말합니다.

12. 퇴직급여추계액(⑭) : 평가기준일 현재 재직하는 사용인(임원포함)의 전원이 퇴직할 경우 지급하여야 할 퇴직금추계액을 기재합니다.

13. 기타(⑮) : 피상속인의 사망에 따라 상속인과 그 외의 사람에게 지급하는 것이 확정된 퇴직수당금, 공로금, 기타 이에 준하는 금액을 기재합니다.

14. 제준비금(⑯) : 비상장법인인 보험회사주식평가시 보험업법에 따른 책임준비금과 비상위험준비금으로서 「법인세법 시행령」 제57조제1항부터 제3항까지에 준하는 금액을 제외한 재무상태표상의 제준비금의 합계액을 기재합니다.

15. 제충당금(⑰) : 퇴직급여충당금, 단체퇴직급여충당금, 대손충당금 등 재무상태표상의 제충당금의 합계액(평가기준일 현재 비용 확정분 제외)을 기재합니다.

16. 기타(⑱) : 이연법인세대 등 기타 이에 준하는 금액을 기재합니다.

17. 소계(⑲) : [⑨ + ⑩ + ⑪ + ⑫ + ⑬ + ⑭ + ⑮] − ⑯ − ⑰ − ⑱

18. 영업권(라) : 영업권평가조서의 영업권평가액을 옮겨 기재합니다.

19. 순자산가액(마) : 이 경우 평가액이 "0" 이하인 경우에는 "0"으로 기입합니다.

4 순자산가액 가. 자산 총액 (서식 제2쪽)

1) ① 재무상태표상의 자산가액 (4. 순자산가액 ①)

평가기준일 현재의 기업회계기준에 따라 가결산된 평가대상 법인의 재무상태표상 장부가액을 말합니다.

☞ 평가에 가산하는 항목 → 서식의 ②항에서 ⑤항까지

> 자산에 가산하는 항목으로는 ② 평가차손 가·감분 ③ 법인세법상 유보금액 ④유상증자 등 ⑤ 기타 평가기준일 현재 지급받을 권리가 확정된 금액. 영업권 평가액 등의 금액이 있습니다.

2) 평가차액 (4. 순자산가액 ②)

비상장법인의 재무상태표는 기업회계기준에 따라 작성되어 있으므로, 재무상태표상 자산을 상증법의 규정에 따라 평가하여 그 차액을 가·감하여야 합니다.

'비상장주식 등 평가서'(평가심의위원회 운영규정 별지 제4호 서식 부표3) 제4쪽 서식에 의한 [5. 평가차액의 계산] 결과를 기재합니다.

5 평가 차액의 계산

비상장법인의 재무상태표는 기업회계기준에 따라 작성되어 있으므로, 재무상태표상 자산을 상증법의 규정에 따라 평가하여 그 차액을 가·감하여야 합니다.

'비상장주식 등 평가서'(평가심의위원회 운영규정 별지 제4호 서식 부표3) 제4쪽 '5.평가차액' 서식은 다음과 같습니다.

아래 평가차액의 작성요령은 아래와 같습니다.

(단위 : 원) (제4쪽)

5. 평가차액

가. 평가차액 계산 (① - ②)				제2쪽 4. 순자산가액 "가"의 ② 기재			
자산금액				부채금액			
계정과목	상증법에 따른 평가액	재무상태표상 금액	차액	계정과목	상증법에 따른 평가액	재무상태표상 금액	차액
① 합계				② 합계			

☞ 평가서식 설명 내용

　　평가기준일 또는 직전사업연도말 현재의 재무상태표상의 자산 또는 부채금액을 기준으로 하여 순자산가액을 계산시 재무상태표상 미계상된 경우를 포함한 평가차액을 계산하는 경우에 사용합니다.

　1.계정과목란에는 평가대상 자산 또는 부채를 재무상태표에 기재된 계정명으로 기입하며 재무상태표상 미계상된 경우에는 추가로 기재합니다.

　2. 평가차액은 "①"(자산금액 합계)에서 "②"(부채금액 합계)를 차감한 잔액을 기재합니다.

(1) 계정과목

계정과목에는 평가대상 자산 또는 부채를 재무상태표에 기재된 계정명을 기입하되, 재무상태표 상 미계상된 경우에는 추가로 기재합니다.

(2) 자산금액

자산가액은 상증법 제60조제2항(시가)에 따라 평가하고, 상증법 제60조제3항(상증법 제61조~제65조) 및 상증법 제66조(저당권 등 채권액)에 따라 평가한 가액이 장부가액(취득가액에서 감가상각비를 뺀 가액)보다 작은 경우로서 정당한 사유가 없는 때에는 장부가액에 따라서 평가합니다. 이 경우 정당한 사유가 있는지의 입증책임은 납세자에게 있습니다.

(3) 자산별 상증법에 따른 평가방법

계정과목 별 자산에 대해서는 다음과 같이 상증법상 평가방법으로 평가하고 그 평가가액과 재무상태표상 가액의 차액은 비상장주식 등 평가서 제4쪽 '5.평가차액' 서식 자산금액의 '평가차액' 란에 기재합니다.

① 현금 및 현금성자산, 단기투자자산

예금, 저금, 적금 등의 평가와 같이 평가기준일 현재 예입 총액과 이미 경과한 미수이자 상당액의 합계액에서 원천징수상당액을 뺀 가액으로 평가합니다.

상증법 제63조제4항에 따라 평가한 가액(예입총액 - 미수이자상당액 - 원천징수상당액)이 장부가액보다 작은 경우에는 정당한 사유가 있는 것으로 보아 그 가액으로 평가합니다. (서면4팀-133, 2004.2.25.)

② 매출채권, 단기대여금, 미수수익, 미수금, 선급금, 선급비용

매출채권 등(대손충당금을 차감하기 전의 금액) + 평가기준일까지의 미수이자 상당액 - 평가기준일 현재 비용으로 확정된 금액 등

대손충당금은 순자산가치 계산시 부채로 보지 않는 충당금이므로 재무상태표상 매출채권 등에서 차감되는 대손충당금은 해당 매출채권에서 이를 차감하지 아니합니다.

③ 상품, 제품, 원재료, 재공품 기타 이에 준하는 자산

평가기준일 현재의 재취득가액으로 평가하되, 부가가치세는 포함하지 아니합니다. 다만, 그 가액이 확인되지 아니하는 경우에는 장부가액으로 합니다.

④ 유가증권, 투자유가증권

유가증권, 투자유가증권 등의 가액은 상증법 제63조제1항에 따른 평가방법에 따라 평가하며, 이와 같이 평가한 가액과 재무상태표상 가액과의 차액을 '차액'란에 기재합니다.

기업회계기준의 지분법 회계를 적용한 투자유가증권의 평가 시 지분법평가손익이 계상되었거나 투자유가증권평가손익(자본조정)이 계상되어 있는 경우 이와 관련된 자본금과적립조서(을)상의 유보금액(지분법평가손익, 투자유가증권평가손익 등)은 고려하지 않습니다.

또한 주식평가대상인 비상장법인이 다른 법인의 최대주주 등에 해당되는 경우에는 할증평가 규정을 적용하여야 합니다.

⑤ 장기금융상품, 장기투자증권, 장기매출채권

대부금, 외상매출금, 받을어음 등의 채권가액은 원본의 가액에 평가기준일까지의 미수이자 상당액을 더하고 채권의 전부 또는 일부가 평가기준일 현재 회수 불가능한 것으로 확정된 채권의 가액을 차감하여 평가합니다.

원본의 회수기간이 5년을 초과하거나 회사정리절차 또는 화의절차의 개시 등의 사유로 당초 채권의 내용이 변경된 경우에는 각 연도에 회수할 금액(원본액 + 이자상당액)을 현재가치로 할인한 금액의 합계액으로 평가하며, 그 가액이 장부가액보다 적은 경우에는 정당한 사유가 있는 것으로 보아 그 가액으로 평가합니다.

⑥ 보증금

입회금, 보증금으로서 원본의 회수기간이 정해지지 않은 경우에는 그 회수기간을 5년으로 보아 현재가치로 평가한 가액에 따릅니다.

⑦ 토지

기업회계기준상 토지의 취득원가는 매입가액에 취득부대비용을 가산한 가액으로 하나, 상증법상 토지의 평가는 평가기준일 현재 시가에 따릅니다. 시가를 산정하기 어려운 경우에는 개별공시지가나 임대료 환산가액 중 큰 가액으로 평가하며, 저당권 채권액이 있는 경우 비교하여 큰 가액을 적용합니다.

⑧ 건물 구축물 등

재무상태표상 건물, 구축물 등의 가액은 취득가액에서 평가기준일까지의 감가상각비누계액을 차감하여 표시하나, 상증법상 건물 등의 평가액은 건물의 신축가격, 구조, 용도, 위치, 신축연도 등을 참작하여 매년 1회 이상 국세청장이 산정하여 고시하는 금액으로 합니다.

취득가액에서 차감하는 감가상각비는 법인이 납세지 관할세무서장에게 신고한 상각방법에 따라서 계산한 감가상각비 상각액을 말하는 것이며, 감가상각자산의 내용연수는 법인세법 시행령 제28조(내용연수와 상각률)제1항제1호에 따른 기준내용연수를 적용합니다.

시설물 및 구축물(토지 또는 건물과 일괄하여 평가하는 것을 제외합니다)에 대하여 그것을 다시 건축하거나 다시 취득할 경우에 소요되는 가액(이하 이 항에서 "재취득가액등"이라 합니다)에서 그것의 설치일부터 평가기준일까지의 기획재정부령으로 정하는 감가상각비상당액을 뺀 것을 말합니다. 이 경우 재취득가액등을 산정하기 어려운 경우에는 「지방세법 시행령」 제4조제1항에 따른 가액을 해당 시설물 및 구축물의 가액(「지방세법 시행령」 제6조 각 호에 규정된 특수부대설비에 대하여 「지방세법 시행령」 제4조제1항에 따라 해당 시설물 및 구축물과 별도로 평가한 가액이 있는 경우에는 이를 가산한 가액을 말합니다)으로 할 수 있습니다. (상증법 시행령 제51조제4항)

법인세법 시행령 제24조(감가상각자산의 범위)제1항제2호사목에 따른 사용수익 기부자산은 장부가액(취득가액에서 법인세법상 감가상각비를 뺀 가액을 말합니다.)으로 평가하는 것으로 상증법 제61조(부동산 등의 평가)제5항 및 상증법 시행령 제50조(부동산의 평가)제7항(임대료 환산방법에 따른 보충적 평가)은 적용되지 아니합니다.

⑨ 무체재산권

각 연도에 수입할 금액을 현재가치로 평가한 금액과 매입한 무체재산권의 평가방법 중 큰 가액으로 평가하며, 그 이전에는 매입한 경우에는 매입한 무체재산권의 평가방법으로, 매입하지 않은 경우에는 각 연도에 수입할 금액을 현재가치로 평가합니다.

☞ 2014.1.1이후부터 적용합니다.

매입한 무체재산권은 매입가액에서 평가기준일까지의 법인세법상 감가상각비를 공제한 가액으로 평가하며, 매입가액은 매입 당시 부대비용을 포함합니다.

감가상각비 = 매입가액 × (매입일 ~ 평가기준 월수 ÷ 법인세법 시행규칙 별표4의 무형고정자산 내용연수의 월수)

⑩ 개발비

개발비는 자산에서 차감할 목적으로 '평가차액' 계산 서식에 재무상태표상 금액을 기재하고 평가차액으로 반영하거나 '순자산가액' 계산서식 ⑤번란 '선급비용 등'에 기재하여 자산에서 차감합니다.

3) 법인세법상 유보금액 (4. 순자산가액 ③)

법인은 기업회계기준에 따라 산출된 당기순이익을 주주총회 등의 결의에 따라서 배당, 상여, 퇴직급여 등과 같이 사외로 유출되는 처분과 적립금의 적립, 잉여금의 차기이월 등과 같이 사내에 유보하는 처분을 함으로써 해당 사업연도의 회계업무를 종결합니다.

세법상으로는 각사업연도 소득에 대하여 그 귀속을 결정할 필요가 있으며, 결산상 당기순이익에 대해서는 상법에 따라 주주총회에서 그 귀속을 결정하므로 해당 당기순이익에 따른 세무조정을 통하여 각사업연도 소득 전체에 대한 귀속을 결정하게 됩니다.

이와 같이 기업회계상 당기순이익과 세무회계상 과세소득과의 차이를 세무조정하면서 발생한 각 세무조정사항에 대하여 그 귀속자와 소득의 종류를 확정하는 세법상 절차를 소득처분이라 하는데, 이는 크게 사외유출과 사내유보로 구분됩니다.

사외유출이란 익금산입 및 손금불산입의 세무조정액만큼 기업외부로 유출된 처분을 말하는데 사외유출 금액은 해당 귀속자의 과세소득을 구성하여 동 귀속자에게 납세의무를 부여함으로써 종결되나, 사내유보 처분된 금액은 다음 사업연도 이후의 소득금액 계산에 영향을 미치게 됩니다.

유보란 각 사업연도 소득금액에 가산(차감)하는 세무조정에 대한 소득처분으로 이에 상당하는 금액이 기업 내부에 남아(혹은 모자라) 회계상 자본보다 세무상 자본이 증가(감소)하게 되는 소득처분을 말하므로, 비상장법인의 순자산가액을 계산함에 있어 법인세법상 유보금액은 순자산가액에 가산(차감)하여야 합니다.

다만, 상증법에 따라서 평가하는 자산(토지, 건물, 구축물 등)과 관련된 유보금액 및 부채로 보지 아니하는 계정과목(제준비금, 충당금 등)과 관련된 유보금액들은 상증법상 순자산가액과는 무관한 것이므로 법인세법상 유보금액을 감안하지 않습니다.

㉮ (+)로 유보된 금액의 경우 → 순자산 증가

① 자산의 평가내용을 확인하여 상증법상 자산의 평가가 기준시가 등 장부상의 자산가액과 관련이 없는 방법으로 이루어진 경우에는 이와 관련된 유보금액(예: 건설자금이자, 재고자산평가감, 감가상각충당금 한도초과액, 예금이자, 미수수익 등)은 제외합니다.

② 이연자산(사용수익기부자산은 제외) 및 환율조정차는 자산으로 보지 않으므로 이와 관련된 유보금액도 제외합니다.

③ 대손충당금은 부채로 보지 않는 충당금이므로 순자산가액 계산시 부채에서 차감하며, 그에 따라 관련 유보금액(대손충당금 한도초과액)도 제외합니다.

④ 퇴직급여충당금 한도초과액 및 퇴직보험예치금의 신고조정

평가기준일 현재 재직하는 임원 또는 사용인 전원이 퇴직할 경우에 있어서 퇴직급여로 지급하여야 할 총 추계액을 부채에 가산하고 있으므로, 퇴직급여충당금 한도초과액 및 퇴직보험예치금의 손금가산액(△유보)은 부채에 가감할 필요가 있습니다.

(내) (-)로 유보된 금액의 경우 → 순자산 감소

① 조세특례제한법상 제 준비금은 순자산가액 계산시 부채로 보지 않으므로 손금 가산 사항으로 유보처분된 금액은 모두 제외합니다.

② 환율조정대도 부채로 보지 않으므로 유보금액 계산시 제외합니다.

4) 유상증자 등 (4. 순자산가액 ④)

유상증자 등에는 직전 사업연도말 현재의 재무상태표를 기준으로 하여 순자산가액을 계산하는 경우 직전 사업연도 종료일로부터 평가기준일까지 유상증자한 금액(유상감자한 경우에는 △로 차감으로 표시)을 기재하되, 유상증자 등의 내용이 반영된 평가기준일 현재 재무상태표를 기준으로 하는 경우에는 그러하지 아니합니다.

5) 기타자산 (4. 순자산가액 ⑤)

(가) 평가기준일 현재 지급받을 권리가 확정된 가액

이 경우 지급받을 권리가 확정된 가액은 평가대상법인의 재무상태표상에 계상되어 있지 아니한 것만이 대상이 됩니다. 예를 들어 평가대상 비상장법인이 가지는 손해배상채권은 비록 장부에는 계상되어 있지 않더라도 순자산가액에 산입할 수 있는 것입니다. (대법원89누916, 1989.9.12.)

(나) 영업권 평가액 ← (6. 영업권)

영업권 평가액을 '순자산계산' 서식 '라'번 란에 기재합니다.

별지 5쪽 서식의 '6. 영업권 평가' 내용을 참조합니다.

6) 선급비용, 이연자산 등 (4. 순자산가액 ⑥)

(가) 선급비용

선급비용중 평가기준일 현재 비용으로 확정된 분은 자산가액에서 제외합니다. 장부에서 계상되어 있는 선급비용 중 평가기준일 현재 비용으로 확정된 분(자산성이 없는 부분)에 한정하여 자산에서 차감하되, 순수한 선급비용(자산성이 있는 것)은 순자산가액에 포함됩니다.

상증법 시행규칙 제17조의2제2호 해당법인의 자산가액에서 차감하는 '선급비용'은 장부상 계상되어 있는 선급비용 중 기간경과 등으로 인하여 평가기준일 현재 비용으로 확정된 금액을 말합니다. (재삼46014-2524, 1998.12.26.)

(나) 이연자산 등 → 2002.1.1.이후 무형고정자산으로 개정

① 법인세법상 무형고정자산 중 개발비 (사용수익기부자산가액은 제외)

법인세법 시행령상 창업비와 연구개발비는 무형고정자산으로 개업비는 당기 비용으로, 사채발행비는 사채할인발행차금에 포함됩니다.

사용수익기부자산은 금전 이외의 자산을 기부한 후 그 자산을 사용하거나 그 자산으로 부터 수익을 얻은 경우 해당 자산의 장부가치로 볼 수 있으므로, 자산가액 계산시 제외하지 않습니다.

② 외화환산차

법인세법 시행령 제76조(외화자산 및 부채의 평가)에 따른 외화자산 부채의 원화기장액과 사업연도 종료일 현재의 환율에 따라서 평가한 금액과의 차액인 외화환산차는 이를 자산에 포함하지 아니합니다. 이는 비상장주식의 평가시 외화자산과 외화부채를 평가기준일 현재 기준환율 또는 재정환율에 의하여 평가한 가액을 외화자산과 외화부채의 가액으로 보기 때문입니다.

③ 이연법인세차

이연법인세차란 기업회계상으로는 아직 당기순이익에 가산되지 아니하였으나 법인세법에 따라서 사업연도 중 익금 가산되어 해당 연도의 법인세를 상대적으로 많이 납부한 부분으로서 추후 기업회계상 당기순이익에 가산되는 사업연도에는 법인세를 적게 납부할 수 있는 효과가 있으므로, 이를 재무상태표의 투자자산 중 이연법인세차의 계정과목으로 회계처리하도록 기업회계기준에서 규정하고 있으므로 비상장주식의 평가시 해당법인의 자산에서 제외합니다.

7) 증자일 전의 잉여금 유보액 (4. 순자산가액 ⑦)

증자일 전의 잉여금 유보액을 신입주주 또는 신입사원에게 분배하지 아니한다는 조건으로 증자

한 경우 신입주주 또는 신입사원의 출자지분을 평가함에 있어 '순자산가액'에는 신입사원 또는 신입주주에게 분배하지 않기로 한 잉여금에 상당하는 금액은 포함하지 아니합니다. (상증법 기본통칙 63-55-6)

4️⃣ 순자산가액 나. 부채 총액 (서식 제2쪽)

8) 재무상태표상 부채액 (4. 순자산가액 ⑨)

평가기준일 현재 재무상태표상 부채 총액을 기준으로 작성하며, 그 부채총액은 평가기준일 현재의 확정된 부채 등의 가액으로 합니다.

> ☞ 부채에 가산하는 항목 → 서식의 ⑩항에서 ⑮항 까지
>
> 부채에 가산하는 항목으로는 ⑩ 법인세 ⑪ 농어촌특별세 ⑫ 주민세 ⑬ 배당금 상여금 ⑭ 퇴직급여 추계액 ⑮ 기타금액이 있습니다.

(1) 부채별 상증법에 의한 평가방법

계정과목별 부채에 대해서는 다음과 같이 상증법상 평가방법으로 평가하고, 동 평가가액과 재무상태표상 가액과 차액은 비상장주식 등 평가서(제4쪽) '평가차액' 서식의 부채금액의 '차액'란에 기재합니다.

① 유동부채

매입채무, 미지급금, 단기차입금, 예수금, 부가가치세예수금, 선수금, 미지급법인세, 미지급비용 등은 평가기준일 현재 확정된 금액으로 평가합니다.

② 비유동부채 중 사채

사채는 평가기준일 현재 확정된 부채 등을 기준으로 산정하며, 사채할인(할증) 발행차금은 가감하지 않습니다.

③ 비유동부채 중 장기차입금, 영업보증금 등

지급기간이 5년을 초과하는 경우에는 현재가치로 할인한 금액으로 평가합니다. 조세채무에 대해서는 상증법 시행규칙 제18조의2(액면가액으로 직접 매입한 국채등의 평가)제2항이 적용되지 아니합니다.(재재산-1263. 2007.10.17) 즉 현재가치로 할인하지 아니합니다.

④ 비유동부채 중 퇴직급여충당금

퇴직급여충당금(보험예치금 등을 차감하기 전의 금액을 말함)은 부채에서 차감하고, 평가기준일 현재 재직하는 임원, 사용인 전원이 퇴직시 지급하여야 할 퇴직금 추계액을 부채에 가산합니다.

평가차액명세서가 아닌 순자산가액 계산서에 기재합니다.

(2) 평가시 유의사항

① 외화자산 및 부채의 평가

국외 재산의 가액은 평가기준일 현재 외국환거래법에 따른 기준환율 또는 재정환율에 따라서 환산한 가액을 기준으로 평가합니다. (상증법 시행령 제58조의4)

② 국외재산 평가 (상증법 시행령 제58조의3)

비상장법인이 외국법인에 출자한 주식의 평가는 내국법인의 주식과 동일한 방법으로 평가하되, 상증법 제60조부터 제65조까지의 규정을 적용하는 것이 부적당한 경우에는 해당 재산 소재국가에서 양도소득세·상속세 또는 증여세 등의 부과목적으로 평가한 가액으로 합니다. (상증법 시행령 제58조의3제1항)

그러한 평가액도 없는 경우에는 세무서장 등이 둘 이상의 국내 또는 외국의 감정기관(기획재정부령으로 정하는 신용평가 전문기관, 「공인회계사법」에 따른 회계법인 또는 「세무사법」에 따른 세무법인을 포함합니다.)에 의뢰하여 감정한 가액을 참작하여 평가합니다. (상증법 시행령 제58조의3 제2항)

③ 담보 제공된 재산의 평가

상증법 제66조(저당권 등이 설정된 재산 평가의 특례)에 따른 평가특례를 적용하여 평가합니다. (상증법 제66조, 시행령 제63조)

9) 평가기준일까지의 발생된 소득에 대한 법인세액 (4. 순자산가액 ⑩)

평가기준일까지 납부할 세액에서 재무상태표상(가 결산한 것) 미지급법인세를 차감한 금액을 말합니다.

이 경우 법인세액 등은 평가기준일 현재 납세의무가 확정된 것과 평가기준일이 속하는 사업연도 개시일부터 평가기준일까지 발생한 소득에 대한 법인세액 등을 말합니다.

10) 농어촌특별세 (4. 순자산가액 ⑪)

법인세액의 감면액에 부과되는 농어촌특별세액을 말합니다.

11) 지방소득세 (4. 순자산가액 ⑫)

법인 소득할 지방소득세액을 말합니다.

12) 배당금·상여금 (4. 순자산가액 ⑬)

평가기준일 현재 이익의 처분으로 확정된 배당금·상여금 및 기타 지급의무가 확정된 금액을 말하며, 배당금과 상여금은 평가기준일 현재 확정되었는지 여부에 따라 다음과 같이 구분됩니다.

구분	잉여금 처분 결의일	
	상속개시일 전	상속개시일 후
배당·상여금	상속세 과세가액 산입	상속세 과세가액 불산입
비상장주식 평가시 미지급 배당·상여금	부채로 인정(차감)	부채로 인정하지 않음

즉, 배당기준일 현재 생존하고 있던 주주가 주주총회에서 잉여금처분 결의가 있기 전에 사망하였는지 잉여금 처분결의일 이후에 사망하였는지 여부에 따라 부채의 인정 여부를 판단합니다.

배당기준일 현재 생존하고 있던 주주가 주주총회에서 잉여금 처분결의가 있기 전에 사망한 경우로서 상속개시 후에 주주총회에서 잉여금의 처분이 확정된 경우 그 배당금과 상여금은 상속세 과세가액에 포함하지 아니하는 것이며, 상속받은 그 비상장주식 평가시에는 동 배당금과 상여금은 상증법 시행령 제55조의 순자산가액계산시 부채에 포함하지 아니합니다. 다만, 사망 전에 처분한 주식에 대한 배당금 등이 상속개시 후에 지급되는 경우 그 배당금 등은 상속재산에 포함합니다. (상증법 기본통칙 63-55-8)

13) 퇴직급여추계액 (4. 순자산가액 ⑭)

퇴직금추계액은 평가기준일 현재 재직하는 임원 또는 사용인 전원이 퇴직할 경우에 퇴직급여로 지급되어야 할 금액을 말하며, 퇴직금추계액은 법인장부에 계상하였는지 여부에 관계없이 적용합니다. (재산46014-1654, 1997.7.4.)

따라서 새로이 퇴직급여추계액을 재무상태표에 계상하므로 기존의 퇴직급여충당금, 단체퇴직

보험금은 이중 계상을 방지하기 위하여 차감합니다.

14) 기타부채 (4. 순자산가액 ⑮)

① 충당금 중 평가기준일 현재 비용으로 확정된 것

충당금의 경우는 부채로 확정된 것이 아니기 때문에 부채에서 차감하는 것이나, 평가기준일 현재 비용으로 확정된 경우에는 해당금액을 부채에 포함합니다.

② 가수금

비상장법인의 부채 중 주주 및 임원 등으로부터 가수금 또는 주주, 임원, 종업원 단기채무의 계정과목이 있는 경우 그 부채의 변제의무를 해당 법인이 가지는 경우에는 가수금 등을 부채에 포함합니다. (재산세과46014-815, 1996.3.28.)

③ 퇴직수당, 공로금

해당 법인 종사자의 사망에 따라 그 상속인에게 지급할 것이 확정된 기타 이에 준하는 금액은 부채에 포함합니다.

④ 보증채무

보증채무는 채무로 공제하지 아니하나, 주채무자가 변제불능 상태이고 주채무자에게 구상권을 행사할 수 없는 경우에는 부채에 포함합니다.

⑤ 보험업을 영위하는 법인의 책임준비금과 비상위험준비금

보험업을 영위하는 비상장법인을 평가하는 경우에는 책임준비금과 비상위험준비금으로서 법인세법 시행령 제57조(책임준비금의 손금산입)제1항·제2항 및 제58조(비상위험준비금의 손금산입)제1항·제3항의 범위 내의 것은 부채로 인정합니다. (상증법 시행규칙 제17조의2제4호나목)

☞ 부채에서 차감하는 항목 → 서식의 ⑯항에서 ⑱항 까지

부채에서 차감하는 항목으로는 ⑯ 제 준비금, ⑰ 제 충당금, ⑱ 기타가 있습니다.

15) 제 준비금 (4. 순자산가액 ⑯)

조세특례제한법 및 기타 법률에 따른 제 준비금(중소기업투자준비금, 연구 및 인력개발준비금, 해외시장개척준비금, 수출손실준비금, 증권거래준비금 등)은 부채에서 제외합니다. 다만, 보험업을 영위하는 법인관련 준비금은 부채로 인정을 합니다.

순자산가액에서 공제하는 부채란 평가기준일 현재 평가대상법인이 지급 또는 변제하여야 할 채

무를 말하는 것이나, 이들 준비금은 세법에서 인정하고 있는 것이지만, 일정기간 경과 후에 환입하거나 또는 발생된 손금과의 상계처리 등을 예정한 것이므로, 이를 채무로서 인정할 필요가 없기 때문입니다.

16) 제 충당금 (4. 순자산가액 ⑰)

평가기준일 현재 비용으로 확정된 충당금을 제외한 제충당금(퇴직급여충당금, 단체퇴직급여충당금, 대손충당금 등)은 부채에서 뺍니다.

17) 기타 (4. 순자산가액 ⑱)

① 외화환산대

법인세법 시행령 제76조(외화자산 및 부채의 평가)에 따른 외화자산·부채의 원화기장액과 사업연도 종료일 현재의 환율에 따라서 평가한 금액과의 차액인 외화환산대는 이를 부채에 포함시키지 않습니다. 이는 평가기준일 현재 기준환율 또는 재정환율에 따라서 평가한 가액을 부채의 가액으로 하기 때문입니다.

② 이연법인세대

이연법인세대란 기업회계상 아직 비용으로 처리되지 않았으나 법인세법에 따라서 해당 사업연도 중 손금 가산되어 법인세를 상대적으로 적게 납부한 부분이며, 추후 회계상 비용 처리하는 사업연도에는 법인세를 상대적으로 많이 납부하게 되는 효과가 있으므로 이를 기업회계기준에서는 이연법인세대라는 계정과목으로 처리합니다. 이와 같은 이연법인세대는 부채에서 뺍니다.

③ 상속개시 후 잉여금의 처분이 확정된 경우

배당기준일 현재 생존하고 있던 주주가 주주총회에서 잉여금 처분결의가 있기 전 사망한 경우로서 상속개시 후 잉여금의 처분이 확정된 경우에는 해당 배당금 및 상여금은 상속세 과세가액에 포함하지 않으며, 비상장주식 평가시 부채에 포함하지 않습니다.

④ 사채할인(할증)발행차금 및 장기 미지급이자

상증법 시행령 제55조(순자산가액의 계산방법)에 따른 비상장법인의 순자산가액은 평가기준일 현재 확정된 부채 등을 기준으로 하여 계산하는 것으로서, 사채할인(할증)발생차금은 해당 법인의 부채에서 가감하지 아니하는 것이며, 전환사채 및 신주인수권부사채의 권리자가 중도에 전환권 또는 신주인수권을 행사하지 않아 만기상환할 것을 가정하여 발행회사가 채권자에게 만기에 지급하는 이자비용을 장기미지급이자로 계상한 경우 해당 장기미지급이자는 부채에 가산하지 아니합니다. (서일46014-10359, 2001.10.26.)

6 영업권 (4. 순자산가액 라)

(상증법 제59조제2항. 시행령 제59조제2항)

☞ **평가서식에 명시된 영업권 평가의 설명내용**

1. 순자산가액에 가산하는 영업권은 「상속세 및 증여세법 시행령」 제59조제2항에 따른 평가액을 말합니다.
2. 아래의 경우에는 영업권 평가액을 순자산가액에 가산하지 않습니다.

　가. 「상속세 및 증여세법 시행령」 제54조 제4항 제1호·제3호에 해당하는 경우

　나. 「상속세 및 증여세법 시행령」 제54조 제4항 제2호에 해당하는 경우. 다만, 다음에 모두 해당하는 경우는 영업권을 평가하여 순자산가액에 가산합니다.

　　① 개인사업자가 「상속세 및 증여세법 시행령」 제59조에 따른 무체재산권을 현물출자하거나 「조세특례제한법 시행령」 제29조제2항에 따른 사업 양도·양수의 방법에 따라 법인으로 전환하는 경우로서 그 법인이 해당 사업용 무형자산을 소유하면서 사업용으로 계속 사용하는 경우

　　② ①에 따른 개인사업자와 법인의 사업 영위기간의 합계가 3년 이상인 경우

영업권의 평가는 '부동산 및 기타재산의 평가방법'에서 '영업권'의 평가와 동일합니다.

영업권의 평가는 다음 산식에 의하여 계산한 초과이익금액을 평가기준일 이후의 영업권지속연수(원칙적으로 5년으로 합니다)를 고려하여 기획재정부령(시행령)으로 정하는 방법에 따라 환산한 가액에 의합니다. 다만, 매입한 무체재산권으로서 그 성질상 영업권에 포함시켜 평가되는 무체재산권의 경우에는 이를 별도로 평가하지 않되, 해당 무체재산권의 평가액이 환산한 가액보다 큰 경우에는 해당 가액을 영업권의 평가액으로 합니다. (상증법 제59조제2항 전문)

[최근 3년간(3년에 미달하는 경우에는 해당 연수로 하고, 제55조제3항제2호 각 목에 모두 해당하는 경우에는 개인사업자로서 사업을 영위한 기간을 포함합니다)의 순손익액의 가중평균액의 100분의 50에 상당하는 가액-(평가기준일 현재의 자기자본×1년만기정기예금이자율을 고려하여 기획재정부령으로 정하는 율(10%)]

$$영업권 = \sum_{n=1}^{지속연수} \frac{자기자본\ 이익률\ 초과\ 순손익액}{[1+0.1]^n} , \quad n : 평가기준일로부터\ 경과연수$$

영업권의 평가는 초과이익금액을 평가기준일 이후의 영업권 지속연수(원칙적으로 5년)를 감안한 환산가액에 따릅니다. (상증법 시행령 제59조제2항)

영업권을 매입한 경우로서 그 평가액(취득가액 - 감가상각비)이 아래 계산식에 따라 산정한 금액보다 큰 경우에는 그 평가액으로 합니다. (상증법 시행령 제59조제2항)

자기자본이익률을 초과하는 순손익액

= [최근 3년간(3년에 미달시는 해당연수)의

순손익액의 가중평균액 × $\frac{50}{100}$] − [평가기준일 현재의 자기자본 × $\frac{10}{100}$]

비상장주식의 평가에서 영업권은 '비상장주식 등 평가서 제5쪽 서식6. 영업권' 각 항목을 계산하여 영업권을 계산하는 것이 편리합니다.

이 장에서는 비상장주식의 평가서식에 따라서 작성해 봅니다.

(단위 : 원)　　　　　　　　　　　　　　　　　　　　　　　　　　　　　　　　　　　　　　　(제5쪽)

6. 영업권		
가. 평가기준일 이전 3년간 순손익액의 가중평균액		(①×3 + ②×2+③) /6
① 평가기준일 이전 1년이 되는 사업연도 순손익액		
② 평가기준일 이전 2년이 되는 사업연도 순손익액		
③ 평가기준일 이전 3년이 되는 사업연도 순손익액		
나. 가 × 50%		
다. 평가기준일 현재 자기자본		
라. 기획재정부령이 정하는 이자율		10%
마. 다 × 라		
바. 영업권 지속연수		5년
사. 영업권 계산액 $[\sum_{n=1}^{n} \frac{(나-마)}{[1+0.1]^n}]$ n은 평가기준일부터의 경과연수		
아.영업권 상당액에 포함된 매입한 무체재산권가액 중 평가기준일까지의 감가상각비를 공제한 금액		
자. 영업권 평가액 (사 - 아)		제2쪽 4. 순자산가액 "라" 기재

가) 평가기준일 이전 3년간 순손익액의 가중평균액

평가기준일 이전 3년간 순손익액의 가중평균액을 계산합니다.

가중 평균액은 다음 가중평균산식에 의하여 계산합니다.

$$3년간\ 순손익액의\ 가중평균액 = \frac{① \times 3 + ② \times 2 + ③ \times 1}{6}$$

① 평가기준일 이전 1년이 되는 사업연도의 순수익액을 계산하여 기재합니다.
② 평가기준일 이전 2년이 되는 사업연도의 순수익액을 계산하여 기재합니다.
③ 평가기준일 이전 3년이 되는 사업연도의 순수익액을 계산하여 기재합니다.

평가기준일 이전 각 사업연도가 2개 또는 1개의 사업연도 밖에 없는 경우에도 그 2개 또는 1개의 사업연도의 순손익액을 기준으로 가중 평균하여 영업권을 평가합니다. 이 경우 평가기준일이 속하는 사업연도에 사업을 개시하여 평가기준일 이전 사업연도의 순손익액이 없는 경우에는 영업권가액은 0원이 되며, 영업권 포함 전 순자산가액인 자기자본이 0 이하인 경우에도 0으로 합니다.(상증법 시행령 제59조제3항)

법인전환 사업장의 경우 최근 3년간의 순손익액 계산시 아래 (1), (2) 요건을 모두 충족하는 경우 개인사업자였던 기간을 포함하며, 3년에 미달하는 경우에는 당해 연수로 합니다.

(1) 개인기업 + 법인 영위기간을 합한 기간이 3년 이상인 경우
(2) 개인 사업 영위기간 중 소유·사업에 실제 사용한 특허권 등 무형자산을 법인에 출자하고, 해당 자산을 그 법인이 사용하는 경우

나) 가) × 50%

순손익액의 가중평균액의 100분의 50에 상당하는 가액을 계산합니다. 가)의 금액에 50%를 곱하여 산출한 금액을 기재합니다.

다) 평가기준일 현재 자기자본

평가기준일 현재 자기자본을 기재합니다.

자기자본은 상증법 시행령 제55조제1항에 따라 계산한 순자산가액을 말하며, 자산총계에서 부채총계를 공제하여 계산합니다.

자기자본을 확인할 수 없는 경우에는 (사업소득금액/자기자본이익률)과 (수입금액/자기자본회전율) 중 큰 가액으로 합니다. (상증법 시행령 제59조제7항)

라) 기획재정부령이 정하는 이자율 : 10%

마) 앞의 다)와 라)를 곱하여 계산합니다.

　다) × 라)

　다) 평가기준일 현재 자기자본　라) 기획재정부령이 정하는 이자율

바) 영업권지속연수 : 5년

　영업권의 평가는 초과이익금액을 평가기준일 이후의 영업권 지속연수(원칙적으로 5년)를 감안한 환산가액에 따릅니다. (상증법 시행령 제59조제2항)

사) 영업권 계산액

$$영업권 = \sum_{n=1}^{지속연수} \frac{자기자본 \ 이익률 \ 초과 \ 순손익액}{[1+0.1]^n}$$

　　　n : 평가기준일로부터 경과연수

　　　자기자본이익률 초과 순손익액 : 나)-마)

자기자본이익률 초과 순손익액은 앞의 나)의 금액에서 마)의 금액을 빼서 계산을 합니다.

아) 영업권 상당액에 포함된 매입한 무체재산권가액 중 평가기준일까지의 감가상각비를 공제한 금액

자) 영업권 평가액

　영업권평가액 = 사) – 아)

　사)의 금액에서 아)의 금액을 빼서 계산한 영업권 평가액을 산출하여 기재합니다.

7 순손익액의 계산

　순손익액의 계산은 법인세법 제14조(각 사업연도의 소득)에 따른 각사업연도 소득에 상증법 시행령 제56조(1주당 최근 3년간의 순손익액의 계산방법)제4항제1호에서 열거한 익금불산입액을 가산하고, 제2호에서 열거한 손금 불산입액을 차감하여 계산합니다. 이 경우 각 사업연도소득을 계산할 때 손금에 산입된 충당금 또는 준비금이 세법의 규정에 따라 일시 환입되는 경우에는 해당 금액이 환입될 연도를 기준으로 안분한 금액을 환입될 각 사업연도소득에 가산합니다. (상증법 시행령 제56조제4항)

　순손익액은 다음 서식에 따라서 산정하는 것이 편리합니다. '비상장주식 등 평가서 제6쪽 서식 7. 순손익액' 각 항목을 계산하여 순손익액을 계산합니다.

(단위 : 원)   (제6쪽)

7. 순손익액

평가기준일 1년, 2년, 3년이 되는 사업연도				
① 각 사업연도 소득금액				
소득에 가산할 금액	② 국세, 지방세 과오납에 대한 환급금이자			
	③ 수입배당금 중 익금불산입액			
	④ 이월된 기부금 손금산입액			
	⑤ 이월된 업무용승용차 관련 손금산입액			
	⑥ 외화환산이익(법인세 계산시 해당 이익을 반영하지 않은 경우)			
	⑦ 그 밖에 기획재정부령으로 정하는 금액			
가. 소계(①+②+…⑦)				
소득에서 차감할 금액	⑧ 당해 사업연도의 법인세액			
	⑨ 법인세액의 감면액 또는 과세표준에 부과되는 농어촌특별세액, 지방소득세액			
	⑩ 벌금, 과료, 과태료, 가산금 및 체납처분비손금 불산입액			
	⑪ 법령에 따라 의무적으로 납부하는 것이아닌 공과금 손금불산입액			
	⑫ 징벌적 목적의 손해배상금 등에 대한손금 불산입액			
	⑬ 각 세법에서 규정하는 징수불이행으로 인해 납부하였거나 납부할 세액			
	⑭ 과다경비 등의 손금불산입액			
	⑮ 기부금 손금불산입액			
	⑯ 접대비 손금불산입액			
	⑰ 업무와 관련 없는 비용 손금불산입액			
	⑱ 업무용승용차 관련 비용의 손금불산입액			
	⑲ 지급이자의 손금불산입액			
	⑳ 감가상각비 시인부족액에서 상각부인액을 손금으로 추인한 금액을 뺀 금액			
	㉑ 외화환산손실(법인세 계산시 해당 손실을 반영하지 않은 경우)			
	㉒ 그 밖에 기획재정부령으로 정하는 금액			
나. 소계(⑧+…㉒)				
다. 순손익액(가 - 나)				
라. 유상증(감)자시 반영액				
마. 순손익액(다 ± 라)				
바. 사업연도말 주식수 또는 환산주식수				
사. 주당순손익액 (마÷바)	㉓	㉔	㉕
아. 가중평균액 {(㉒×3 + ㉔×2 + ㉕) / 6}				
자. 기획재정부령이 정하는 율				
차. 최근 3년간 순손익액의 가중평균액에 의한 1주당 가액 (아÷자)				

☞ 평가서식에 설명된 작성방법

1. 각 사업연도 소득(①) : 법인세법 제14조에 따른 각 사업연도 소득금액 [법인세 과세표준 및 세액조정계산서(별지 제3호 서식) 의 금액]을 말합니다.

2. 국세, 지방세 과오납에 대한 환급금이자(②) : 법인세법 제18조 제4호에 따른 국세·지방세의 과오납금에 대한 환급금 이자로서 각 사업연도 소득금액계산상 익금에 산입하지 아니한 금액을 말합니다.

3. 기관투자자, 지주회사 등의 수입배당금 중 익금불산 입액(③) : 법인세법 제18조의2와 제18조의3에 따른 수입배당금 중 익금불산입액을 말합니다.

4. 이월된 기부금 손금산입액(④) : 법인세법 제24조 제5항에 따라 해당 사업연도의 손금에 산입한 금액으로서 손금에 산입하지 아니한 지정·법정기부금의 손금산입한도액 초과금액을 해당 사업연도의 다음 사업연도 개시일부터 10년 이내에 끝나는 각 사업연도에 이월하여 손금에 산입하는 그 초과금액(별지 제3호 서식 기부금 한도초과이월액 손금산입란의 금액)을 말합니다.

5. 이월된 업무용승용차 관련 손금산입액(⑤) : 법인세법 제27조의2 제3항 및 제4항에 따른 이월된 업무용승용차 관련 손금산입액을 말합니다.

6. 외화환산이익(법인세 계산시 해당 이익을 반영하지 않은 경우)(⑥) : 각 사업연도소득을 계산할 때「법인세법 시행령」제76조에 따른 화폐성외화자산·부채 또는 통화선도 등에 대하여 해당 사업연도 종료일 현재의 같은 조 제1항에 따른 매매기준율 등으로 평가하지 않은 경우 해당 화폐성외화자산 등에 대하여 해당 사업연도 종료일 현재의 매매기준율 등으로 평가하여 발생한 이익을 말합니다.

7. 그 밖에 기획재정부령으로 정하는 금액(⑦) : 2. ~ 6. 외 기획재정부령으로 정하는 금액을 말합니다.

8. 당해 사업연도의 법인세액(⑧) : 평가대상 각 사업연도의 소득에 대하여 납부하였거나 납부하여야 할 법인세 총결정세액을 말합니다.

9. 법인세액의 감면액 또는 과세표준에 부과되는 농어촌특별세, 지방소득세액(⑨) : 법인세액의 감면액 또는 과세표준에 부과되는 농어촌특별세 및 지방소득세의 총결정세액을 말합니다.

10. 벌금, 과료, 과태료, 가산금 및 체납처분비 손금불산입액(⑩) : 법인세법 제21조 제3호에 따른 벌금·과료·과태료·가산금 및 체납처분비로 각 사업연도 소득금액 계산시 손금에 산입하지 아니한 금액을 말합니다.

11. 법령에 따라 의무적으로 납부하는 것이 아닌 공과금 손금불산입액(⑪) : 법인세법 제21조 제4호에 규정된 법령에 따라 의무적으로 납부하는 것이 아닌 공과금으로서 각 사업연도 소득금액 계산시 손금에 산입하지 아니한 금액을 말합니다.

12. 징벌적 목적의 손해배상금 등에 대한 손금불산입액(⑫) : 법인세법 제21조의2에 따른 징벌적 목적의 손해배상금 등에 대한 손금불산입액을 말합니다.

13. 각 세법에서 규정하는 징수불이행으로 인해 납부하였거나 납부할 세액(⑬) : 법인세법 제21조 제1호 및 동법 시행령 제21조에 따라 각 세법에 규정하는 의무 불이행으로 인하여 납부하였거나 납부하여야 할 세액(가산세 포함)으로 각 사업연도 소득금액 계산상 손금에 산입하지 아니한 금액을 말합니다.

14. 과다경비 등의 손금불산입액(⑭) : 법인세법 제26조에 따라 각 사업연도 소득금액 계산시 손금에 산입하지 아니한 금액을 말합니다.

15. 기부금 손금불산입액(⑮) : 법인세 제24조에 따른 기부금 한도초과액(별지 제3호 서식 란의 금액) 및 비지정기부금(별지 제15호 서식 소득금액조정 합계표에 계상되어 비지정기부금으로 손금불산입된 금액)을 말합니다.

16. 접대비 손금불산입액(⑯) : 법인세법 제25조에 따른 접대비 한도초과액을 말합니다.

17. 업무와 관련 없는 비용 손금불산입액(⑰): 법인세법 제27조에 따라 법인이 각 사업연도에 지출한 비용 중 법인의 업무와 직접관련이 없다고 정부가 인정하는 금액으로 각 사업연도 소득금액 계산시 손금으로 산입하지 아니한 금액을 말합니다.

18. 업무용승용차 관련 비용의 손금불산입액(⑱) : 법인세법 제27조의2에 따른 업무용승용차 관련 손금불산입액을 말합니다.

19. 지급이자의 손금불산입액(⑲) : 법인세법 제28조에 따른 지급이자 손금불산입액을 말합니다.

20. 감가상각비 시인부족액에서 상각부인액을 손금으로 추인한 금액을 뺀 금액(⑳) : 법인세법 시행령 제32조 제1항에 따른 시인부족액에서 같은 조에 따른 상각부인액을 손금으로 추인한 금액을 뺀 금액을 말합니다.

21. 외화환산손실(법인세 계산시 해당 손실을 반영하지 않은 경우)() : 각 사업연도소득을 계산할 때 화폐성외화자산등에 대하여 해당 사업연도 종료일 현재의 매매기준율등으로 평가하지 않은 경우 해당 화폐성외화자산등에 대해 해당 사업연도 종료일 현재의 매매기준율 등으로 평가하여 발생한 손실을 말합니다.

22. 그 밖에 기획재정부령으로 정하는 금액() : 8. ~ 21. 외 기획재정부령으로 정하는 금액을 말합니다.

23. 순 손익액(가-나)(다) : 평가대상 기준이되는 사업연도별로 (가)합계에서 (나)공제할 금액 합계를 차감하여 기재합니다.

24. 유상 증(감)자시 반영액(라) : 평가기준일이 속하는 사업연도 전 3년 이내에 해당 법인의 자본을 증가시키기 위하여 유상증자를 하거나 해당 법인의 자본을 감소시키기 위하여 유상감자를 한 사실이 있는 경우에는 유상증자 또는 유상감자를 한 사업연도와 그 이전 사업연도의 순손익액은 (나)의 금액에 제1호에 따른 금액을 더하고 제2호에 따른 금액을 뺀 금액으로 합니다. 이 경우 유상증자 또는 유상감자를 한 사업연도의 순손익액은 사업연도 개시일부터 유상증자 또는 유상감자를 한 날까지의 기간에 대하여 월할로 계산하며, 1개월 미만은 1개월로 하여 계산합니다.
  1. 유상증자한 주식등 1주당 납입금액 × 유상증자에 의하여 증가한 주식등 수 × 기획재정부령으로 정하는 율
  2. 유상감자시 지급한 1주당 금액 × 유상감자에 의하여 감소된 주식등 수 × 기획재정부령으로 정하는 율

25. 사업연도말 주식수 또는 환산주식수(바) : 평가대상 각 사업연도 종료일 현재의 발행주식총수를 말합니다. 다만, 평가기준일 전 3년 이내에 증자나 감자를 한 사실이 있는 경우 증자 또는 감자 전의 각 사업연도 종료일 현재의 발행주식총수는 다음 산식에 의하여 환산한 주식수로 합니다.

$$\text{증자·감자전 각사업연도말 주 식 수} \times \left(\frac{\text{증자·감자 직전 사업연도말 주식 수} \pm \text{증자·감자 주식 수}}{\text{증자·감자 직전 사업연도말 주식 수}} \right) = \text{환산주식수}$$

26. 주당 순손익액(사) : 해당 사업연도별로 각각 순손익액(마)을 사업연도말 주식수 또는 환산주식수(바)로 나누어 계산합니다.

27. 가중 평균액(아) :
  · 평가기준일전 1년이 되는 사업연도의 주당순손익액을 해당사업연도란 에, 2년이 되는 사업연도분은 에, 3년이 되는 사업연도 분을 에 기재하여 가중평균액을 계산합니다.
  · 「상속세 및 증여세법 시행규칙」 제17조의3 제1항 각 호의 사유가 있는 경우에는「자본시장과 금융투자업에 관한 법률」제335조의3에 따라 신용평가업인가를 받은 신용평가 전문기관, 회계법인 또는 세무법인 중 둘 이상의 신용평가기관이「자본시장과 금융투자업에 관한 법률 시행령」제176조의5 제2항에 따라 금융위원회가 정한 1주당 추정이익을 산출하기 위한 기준에 따라 산출한 1주당 추정이익(상속세 과세표준신고 및 증여세 과세표준신고의 기한까지 신고한 경우로서 1주당 추정이익의 산정기준일과 평가서 작성일이 해당 과세표준신고의 기한 이내에 속하고, 산정기준일과 상속개시일 또는 증여일이 같은 연도에 속하는 경우로 한정한다)의 평균가액에 의할 수 있습니다.

28. 기획재정부장관이 고시하는 이자율(자) : 순손익가치환원율

29. 최근 3년간 순손익액의 가중평균액에 의한 1주당 가액(차) : (아)가중평균액을 (자)란의 이자율로 나눈 금액을 기재합니다. 이 경우 계산된 1주당 가중평균액이 "0" 이하인 경우에는 "0"으로 기재합니다.

(1) 각 사업연도 소득금액 (서식 7. 순손익액 ①)

기업회계상 당기순이익과 법인세법에 의하여 계산한 소득금액과는 차이가 있습니다. 기업회계상의 당기순이익에 법인세법에 의한 가·감 조정을 하여 만들어지는 것이 법인세법상 각 사업연도 소득입니다. 각 사업연도소득이란 법인세법 제14조(각 사업연도의 소득)에 따른 각사업연도의 소득금액을 말합니다.

법인세법상 각사업연도소득은 그 사업연도의 익금총액에서 손금총액을 공제한 금액으로서 이

월결손금을 공제하기 전의 금액을 말합니다. 익금이라 함은 자본 또는 출자의 납입을 제외하고 해당 법인의 순자산을 증가시키는 거래로 인하여 발행하는 수익의 금액을 말하고, 손금이라 함은 자본 또는 지분의 환급, 잉여금의 처분을 제외하고 해당법인의 순자산을 감소시키는 거래로 인하여 발생하는 손비의 금액을 말합니다.

(2) 각 사업연도 소득에 가산할 항목 (서식 7. 순손익액 가)

☞ 순손익액에 가산하는 항목 → 서식의 ②항에서 ⑥항 까지

소득에 가산하는 항목으로는 기업회계에서 법인의 수익에 해당하나 세법에서는 그 목적상 익금불산입 항목에 해당되며, ② 국세 및 지방세 과오납에 대한 환급금 이자, ③ 수입배당금 중 익금불산입한 금액, ④ 기부금 한도초과 이월액, ⑤ 업무용승용차 손금불산입액 ⑥ 화폐성 외화자산부채 평가손익액이 있습니다.

① 국세 및 지방세의 과오납금에 대한 환급금이자 (서식 7. 순손익액 ②)

법인세법 제18조제4호에 따른 국세·지방세의 과오납에 대한 환급금 이자로서 각사업연도 소득금액 계산상 익금에 산입하지 아니한 금액을 말합니다.

② 수입배당금 중 익금불산입된 금액 (서식 7. 순손익액 ③)

법인세법 제18조의2(내국법인 수입배당금액의 익금불산입)와 제18조의3(지주회사 수입배당금액의 익금불산입)에 따른 수입배당금 중 익금불산입액은 소득에 가산합니다.

㈎ 내국법인의 수입배당금 중 익금불산입한 항목

내국법인이 출자한 다른 내국법인으로부터 받는 수입배당금 중 이중과세를 방지하기 위하여 익금불산입한 금액을 소득금액에 가산합니다.

☞ 비상장법인의 순손익가치를 계산할 때 *법인세법 제18조의2와 제18조의3에 따른 수입배당금액 중 익금불산입액을 각 사업연도의 소득금액에 가산하도록 한 상증법 시행령 (2004.12.31. 대통령령 제18267호로 개정된 것) 제56조제3항제1호의 개정규정은 상증법 시행령 부칙 제2조에 따라서 2005.1.1.이후 상속이 개시되거나 증여하는 분부터 적용합니다. (서면4팀-737, 2005.5.11.)

㈏ 지주회사가 자회사로부터 받은 배당금 중 익금불산입된 금액

지주회사가 자회사로부터 받은 수입배당금에 대한 법인세 과세는 이중과세문제가 발생하므로 이를 조정하기 위하여 지주회사가 일정요건을 갖춘 자회사로부터 받은 수입배당금은 일정률에 상당하는 금액을 익금불산입하고 있으나, 비상장주식 평가 시에는 소득금액에 가산합니다.

③ 기부금 한도초과 이월액 (서식 7. 순손익액 ④)

㉮ 기부금의 손입한도초과 금액 중 이월손금산입액

☞ 2021.2.17 법인세법 시행령을 개정하면서 '법정기부금·지정기부금 명칭을 기부금으로 개정하였습니다.

법인세법 제24조(기부금의 손금불산입)제5항에 따라서 손금에 산입하지 아니한 지정기부금의 손금산입한도초과금액 및 법정기부금 손입한도초과 금액은 해당 사업연도의 다음 사업연도 개시일부터 5년 이내에 종료하는 각 사업연도에 이월하여 손금에 산입하도록 하고 있습니다. 다만, 이월된 각 사업연도에 있어 기부금이 손금산입한도액에 미달하는 경우는 그 미달금액 범위 내에서 손금산입합니다.

이와 같이 이월하여 손금산입된 그 한도초과 금액은 각 사업연도 순손익액계산시 소득에 가산합니다.

이는 기부금이 지출된 사업연도의 순손익액 계산시 기부금 한도초과액은 각 사업연도소득에서 이미 차감되었으므로 이중으로 소득금액에서 차감되는 경우를 방지하기 위함입니다.

㉯ 특례지정기부금 손금산입한도초과액의 이월 손금산입액

☞ 2011.6.30이전, 2011.7.1.이후 법정기부금에 통합되었습니다.

특례지정기부금 손금산입한도초과액의 이월 손금산입액은 손금산입된 연도의 소득에 가산합니다.

☞ 기부금이 통합되기 전의 해석입니다.
상증법 시행령 제56조(순자산가액의 계산방법)제1항제1호에 따라 1주당 최근 3년간 순손익액의 가중평균액을 계산함에 있어 구 조세특례제한법 제73조제①항 및 제②항에 따른 기부금한도초과액은 각 사업연도의 소득금액에서 차감하는 것이며, 조세특례제한법 구 제73조제4항에 따라 손금에 산입된 금액은 해당 손금 산입된 사업연도의 소득금액에 가산합니다. (서면4팀-2471, 2006.7.26.) 즉, 특례지정기부금 손금한도초과액의 이월손금산입액은 손금산입된 연도의 소득에 가산합니다.

④ 업무용승용차 (서식 7. 순손익액 ⑤)

☞ 2020.2.11. 이후 상속증여분 평가분부터 적용합니다.

법인세법 제27조의2(업무용승용차 관련비용의 손금불산입 등 특례)제3항 및 제4항은 업무용승용자 관련비용은 일정금액을 초과하는 경우에는 해당 사업연도의 손금에 산입하지 아니하고 이월하여 손금에 산입하도록 규정하고 있습니다. 이와 같이 업무용승용차 관련비용을 이월하여 손금산입한 금액은 각 사업연도 순손익액 계산시 소득에 가산합니다.

⑤ 화폐성 외화자산·부채 평가 손익 (서식 7. 순손익액 ⑥)

☞ 2019.2.12.이후 상속증여분 평가시부터 적용합니다.

화폐성외화자산·부채 또는 통화선도 등을 매매기준율등으로 평가하지 않은 경우 해당 화폐성외화자산등에 대하여 해당 사업연도 종료일 현재의 매매기준율 등으로 평가하여 발생한 이익

(3) 각 사업연도 소득에 차감할 금액 (서식 7. 순손익액 나)

☞ 순손익액에서 차감하는 항목 → 서식의 ⑧항에서 ㉒ 항 까지

소득에서 공제하는 항목으로는 기업회계에서는 법인의 손금에 해당하나 세법에서는 그 목적상 손금불산입한 항목으로서 법인세 과세소득과 영구적 차이가 발생하는 것이 해당됩니다.

⑧ 법인세 등 ⑨ 법인세액의 감면액 또는 과세표준에 부과되는 농어촌특별세액, 지방소득세액 ⑩ 벌금, 과료, 과태료, 가산금 및 체납처분비 손금불산입액, ⑪ 손금 용인되지 않는 공과금, ⑫ 징벌적 목적의 손해배상, ⑬ 각 세법에서 정한 징수불이행 납부세액, ⑭ 과다경비 손금불산입액, ⑮ 기부금 손금불산입액, ⑯ 접대비 한도초과액, ⑰ 업무와 관련없는 지출, ⑱ 업무용 승용차 관련 손금불산입액, ⑲ 지급이자 손금불산입액, ⑳ 감가상각비 시인부족액에서 상각부인액을 손금하지 않는 경우 ㉑ 화폐성외화자산·부채 평가손실(법인세 계산시 반영되지 않은 경우)

① 법인세 등 (서식 7. 순손익액 ⑧)

해당 사업연도의 법인세액(특별부가세 포함), 법인세액의 감면액 또는 과세표준에 부과되는 농어촌특별세액 및 지방소득세액은 소득에서 뺍니다.

법인세법 제57조에 따른 외국법인세액으로서 손금에 산입되지 아니한 세액도 뺍니다.

☞ 2011.1.1.이후 평가분부터 적용합니다.

이 경우, 차감할 법인세액 등은 법인세액에 따라서 각 사업연도의 소득에 대하여 납부하였거나 납부하여야 할 법인세 총결정세액을 말합니다.

법인세 경정시 총 결정세액은 법인세 산출세액에서 공제 감면세액을 차감하고, 가산세를 가산한 총결정세액으로 합니다.(재삼46014-2519, 1994.9.27.)

이월결손금이 있는 경우에는 이월결손금을 차감하기 전에 소득에 대한 법인세액 상당액을 말하며, 이에 따라 감면세액이 있는 경우에는 그 감면세액을 차감 후의 법인세액 등을 말합니다.

② 법인세액의 감면액 또는 농어촌특별세액, 지방소득세 등 (서식 7. 순손익액 ⑨)

법인세액의 감면액 또는 과세표준에 부과되는 농어촌특별세액 및 지방소득세액은 소득에서 뺍니다.

③ 벌금·과료·과태료·가산금 및 강제징수비 (서식 7. 순손익액 ⑩)

법인세법 제21조(세금과 공과금의 손금불산입)제3호에 따른 벌금·과료·과태료·가산금 및 강제징수비로서 각 사업연도 소득금액 계산 상 손금에 산입하지 아니한 금액은 순손익액 계산시 소득에서 공제합니다.

☞ 법인세법 제21조(세금과 공과금의 손금불산입) 다음 각 호의 세금과 공과금은 내국법인의 각 사업연도의 소득금액을 계산할 때 손금에 산입하지 아니한다.

3. 벌금, 과료(통고처분에 따른 벌금 또는 과료에 상당하는 금액을 포함한다), 과태료(과료와 과태금을 포함한다), 가산금 및 강제징수비

④ 손금으로 용인되지 않는 공과금(서식 7. 순손익액 ⑪)

법인세법 제21조(세금과 공과금의 손금불산입)제4호에 규정된 공과금 이외의 공과금으로서 이 사업연도 소득금액 계산상 손금에 산입하지 아니한 금액을 말합니다.

☞ 법인세법 제21조(세금과 공과금의 손금불산입) 다음 각 호의 세금과 공과금은 내국법인의 각 사업연도의 소득금액을 계산할 때 손금에 산입하지 아니한다.

4. 법령에 따라 의무적으로 납부하는 것이 아닌 공과금

☞ 국세기본법 제2조(정의) 이 법에서 사용하는 용어의 뜻은 다음과 같다.

8. "공과금"(公課金)이란 「국세징수법」에서 규정하는 강제징수의 예에 따라 징수할 수 있는 채권 중 국세, 관세, 임시수입부가세, 지방세와 이와 관계되는 강제징수비를 제외한 것을 말한다.

☞ 독점규제 및 공정거래에 관한 법률에 따라서 공정거래위원회에서 부과하는 법령에 따른 의무불이행 또는 금지, 제한 등의 위반 등에 제재로서 부과되는 과징금은 상증법에 따른 비상장주식의 순손익가치 계산시 각 사업연도 소득금액에서 차감할 벌금, 과료 등에 포함됩니다. (서면2팀-2681, 2004.12.20.)

⑤ 징벌적 목적의 손해배상금 등에 대한 손금불산입액 (서식 7. 순손익액 ⑫)

법인세법 제21조의2(징벌적 목적의 손해배상금 등에 대한 손금불산입)에 따른 목적의 손해배상금 등에 대한 손금불산입액은 순손익계산시 소득에서 뺍니다. (상증법 시행령 제56조제4항제2호나목)

☞ 2020.2.11.이후 상속·증여분 평가분부터 적용합니다.

⑥ 징수불이행 납부세액 (서식 7. 순손익액 ⑬)

법인세법 제21조(세금과 공과금의 손금불산입)제1호 및 법인세법 시행령 제21조(의무불이행의 범위)에 따라서 각 세법에 규정하는 의무불이행으로 인하여 납부하였거나 납부하여야 할 세액(가산세 포함)으로 각 사업연도 소득금액 계산상 손금이 산입되지 않은 금액은 소득에서 공제합니다.

'각 세법에서 규정하는 징수불이행으로 납부하였거나 납부할 세액'이라 함은 법인세법 제21조제1호의 규정에 의한 '각 세법에 규정하는 의무 불이행으로 인하여 납부하였거나 납부하여야 할 세액(가산세 포함)'으로 각 사업연도 소득금액 계산상 손금에 산입하지 아니한 금액을 말하며, 이 경우 의무불이행에는 법인세법 시행령 제21조의 규정에 의하여 간접국세의 징수불이행·납부불이행과 기타의 의무불이행의 경우를 포함합니다. (서면4팀-684, 2007.2.22.)

☞ 법인세법 제21조(세금과 공과금의 손금불산입) 다음 각 호의 세금과 공과금은 내국법인의 각 사업연도의 소득금액을 계산할 때 손금에 산입하지 아니한다.

1. 각 사업연도에 납부하였거나 납부할 법인세(제18조의4에 따른 익금불산입의 적용 대상이 되는 수입배당금액에 대하여 외국에 납부한 세액과 제57조에 따라 세액공제를 적용하는 경우의 외국법인세액을 포함한다) 또는 법인지방소득세와

각 세법에 규정된 의무 불이행으로 인하여 납부하였거나 납부할 세액(가산세를 포함한다) 및 부가가치세의 매입세액(부가가치세가 면제되거나 그 밖에 대통령령으로 정하는 경우의 세액은 제외한다)

☞ 법인세법 시행령 제21조(의무불이행의 범위) 법 제21조제1호의 규정에 의한 의무불이행에는 간접국세의 징수불이행·납부불이행과 기타의 의무불이행의 경우를 포함한다.

⑦ 과다경비 손금불산입액 (서식 7. 순손익액 ⑭)

법인세법 제26조(과다경비 등의 손금불산입)에 따른 인건비, 복리후생비, 여비 및 교육훈련비, 법인이 그 법인 외의 자와 동일한 조직 또는 사업 등을 공동으로 운영하거나 영위함에 따라 발생되거나 지출된 손비 등 각 사업연도소득금액 계산시 손금불산입액된 금액은 소득에서 공제합니다.

⑧ 기부금 한도초과액 (서식 7. 순손익액 ⑮)

법인세법 제24조(기부금의 손금불산입)에 따른 기부금 한도초과액 및 비지정기부금(소득금액조정합계표에 계산되어 비지정기부금으로 손금불산입된 금액)은 소득에서 공제합니다.

⑨ 접대비 한도초과액 (서식 7. 순손익액 ⑯)

법인세법 제25조(접대비의 손금불산입)에 따른 접대비 한도초과액과 조세특례제한법 제136조(접대비의 손금불산입 특례)에 따른 접대비 한도초과액은 소득에서 공제합니다.

⑩ 업무와 관련 없는 지출 (서식 7. 순손익액 ⑰)

법인세법 제27조(업무와 관련 없는 비용의 손금불산입)에 따라서 법인이 각 사업연도에 지출한 경비 중 법인의 업무와 직접 관련이 없다고 인정되는 다음의 자산을 취득·관리함으로써 발생되는 유지비, 수선비 및 이에 관련되는 비용은 각 사업연도소득금액 계산상 손금에 산입되지 아니하나, 순손익액 계산에 있어서는 소득에서 공제합니다. (법인세법 제27조, 시행령 제49조, 제50조)

㉮ 업무무관 부동산 : 업무에 직접 사용하지 않는 부동산 (법인세법 시행령 제49조제1항제1호가목)

㉯ 업무무관 동산 : 서화·골동품 및 업무에 직접 사용하지 않는 자동차·선박 및 항공기 (법인세법 시행령 제49조제1항제2호)

㉰ 해당 법인이 직접 사용하지 아니하고 다른 주주 등이 주로 사용하고 있는 장소·건축물·물건 등의 유지 관리비 및 사용료 (법인세법 시행령 제50조제1항제1호)

㉱ 주주, 출자자인 임원 또는 그 친족이 사용하고 있는 사택의 유지 관리비 등 (법인세법 시행령 제50조제1항제2호)

㉲ 업무와 관련이 없는 자산을 취득하기 위하여 지출한 자금의 차입과 관련한 비용 (법인세법 시행령 제50조제1항제3호)

☞ 법인세법 제27조(업무와 관련 없는 비용의 손금불산입) 내국법인이 지출한 비용 중 다음 각 호의 금액은 각 사업연도의

소득금액을 계산할 때 손금에 산입하지 아니한다.

1. 해당 법인의 업무와 직접 관련이 없다고 인정되는 자산으로서 대통령령으로 정하는 자산을 취득·관리함으로써 생기는 비용 등 대통령령으로 정하는 금액
2. 제1호 외에 해당 법인의 업무와 직접 관련이 없다고 인정되는 지출금액으로서 대통령령으로 정하는 금액

⑪ 업무용 승용차 관련 손금불산입액 (서식 7. 순손익액 ⑱)

법인세법 제27조의2에 따른 업무용승용차 관련 손금불산입액은 순손익계산시 소득에서 공제합니다. (상증법 시행령 제56조제4항제2호나목)

　☞ 2020.2.11.이후 상속·증여분 평가분부터 적용합니다.

⑫ 지급이자 손금불산입액 (서식 7. 순손익액 ⑲)

법인세법 제28조(지급이자의 손금불산입)에 따른 지급이자로서 각 사업연도 소득금액 계산상 손금에 산입하지 아니한 아래의 금액은 소득에서 공제합니다. (법인세법 제28조 각 항 각 호)

　㉮ 채권자가 불분명한 사채의 이자

　㉯ 채권, 증권의 이자, 할인액 또는 차익 중 그 지급받은 자가 불분명한 채권, 증권의 이자, 할인액 또는 차액

　㉰ 건설자금에 충당하는 차입금의 이자

　㉱ 업무무관자산 등 관련된 지급이자 등

　㉲ 국제조세조정에 관한 법률 제22조(출자금액 대비 과다차입금 지급이자의 손금불산입)에 따라 배당으로 간주된 이자 (국세조세조정에 관한 법률 제22조제2항)

☞ 국제조세조정에 관한 법률 제14조(현, 제22조)에 따라 배당으로 간주된 이자의 손금불산입금액은 순손익계산시 소득에서 뺍니다. (법규과 - 640, 2014.6.24)

☞ 국제조세조정에 관한 법률 제22조(출자금액 대비 과다차입금 지급이자의 손금불산입)
① 이 절에서 "국외지배주주"란 내국법인이나 외국법인의 국내사업장을 실질적으로 지배하는 다음 각 호의 구분에 따른 자를 말하며 그 세부 기준은 대통령령으로 정한다.
② 내국법인(외국법인의 국내사업장을 포함한다. 이하 이 절에서 같다)의 차입금 중 다음 각 호의 금액을 합한 금액이 해당 국외지배주주가 출자한 출자금액의 2배를 초과하는 경우에는 그 초과분에 대한 지급이자 및 할인료(이하 이 절에서 "이자등"이라 한다)는 그 내국법인의 손금(損金)에 산입하지 아니하며 대통령령으로 정하는 바에 따라 「법인세법」 제67조에 따른 배당 또는 기타사외유출로 처분된 것으로 본다. 이 경우 차입금의 범위와 출자금액 및 손금에 산입하지 아니하는 금액의 산정방법은 대통령령으로 정한다.
1. 국외지배주주로부터 차입한 금액
2. 국외지배주주의 「국세기본법」 제2조제20호가목 또는 나목에 따른 특수관계인으로부터 차입한 금액
3. 국외지배주주의 지급보증(담보의 제공 등 실질적으로 지급을 보증하는 경우를 포함한다)에 의하여 제3자로부터 차입한 금액

⑬ 감가상각비 시인부족액에서 상각부인액을 손금으로 추인한 금액을 뺀 금액 (서식 7. 순손익액 ⑳)

감가상각비 시인부족액은 공제합니다. 이는 기업의 실질가치를 평가하기 위해 실제 계상여부에 관계없이 세법상 감가상각비를 반영하도록 명확히 한 것입니다. (상증법 시행령 제56조제4항제2호라목) ☞ 2014.2.21.이후 평가분부터 적용합니다.

⑭ 화폐성 외화자산 부채 평가 손익 (서식 7. 순손익액 ㉑)

화폐성외화자산·부채 또는 통화선도 등을 매매기준율등으로 평가하지 않은 경우, 해당 화폐성자산등에 대하여 해당 사업연도 종료일 현재의 매매기준율등으로 평가하여 발생한 이익은 소득에서 제외합니다.(상증법 시행령 제56조제4항제1호라목·제2호마목) ☞ 2019.2.12.이후 상속·증여시부터 적용합니다.

(4) 총 발행주식수의 계산 (서식 7. 순손익액 바.)

주당 최근 3년간의 순손익액의 가중평균액을 계산함에 있어 각 사업연도의 주식수는 사업연도 종료일 현재의 발행주식 총수에 따릅니다. 주식의 소각 또는 자본의 감소를 위하여 취득한 자기주식은 발행주식총수에서 제외하며, 일시적으로 보유한 후 처분할 자기주식은 발행주식총수에 포함합니다. (제도46014-10291, 2001.3.28.)

평가기준일이 속하는 사업연도 전 3년 이내에 증자 또는 감자를 한 사실이 있는 경우에는 증자 또는 감자 전의 각 사업연도 종료일 현재의 발행주식 총수는 환산한 주식수에 따릅니다.

㈎ 환산주식수의 계산

① 증자의 경우 환산주식수

☞ 무상증자는 2001.1.1.이후부터, 유상증자는 2011.7.25. 이후 평가분부터 적용합니다.

$$\text{증자 전 각사업연도말 주식수} \times \frac{\text{증자 직전 사업연도말 주식수} + \text{증자 주식수}}{\text{증자 직전 사업연도말 주식수}}$$

② 감자의 경우 환산주식수

☞ 무상증자는 2001.1.1.이후부터, 유상증자는 2011.7.25. 이후 평가분부터 적용합니다.

$$\text{감자 전 각사업연도말 주식수} \times \frac{\text{감자 직전 사업연도말 주식수} - \text{감자 주식수}}{\text{감자 직전 사업연도말 주식수}}$$

* 주식배당이 있는 경우도 무상증자와 같이 주식수를 환산합니다.

평가기준일이 속하는 사업연도 전 3년 이내에 유상증자 및 유상감자가 있는 경우 각 사업연도 종료일 현재 총 발행주식수를 환산하여 적용하고, 이 경우 유상증자·감자에 따른 희석효과를 각 사업연도 순손익액에 반영하도록 개정하였습니다.

☞ 2011.7.25. 이후 평가분부터 적용합니다.

또한 최근 3년간 해당 법인의 1주당 액면가액을 변경함으로써 총 발행주식수가 달라진 경우에는 최종 사업연도의 총 발행주식수를 기준으로 하여 1주당 순손익액을 계산합니다.

이 경우, 평가기준일이 속하는 사업연도 전 3년 이내에 '무상증자 또는 무상감자를 한 사실이 있는 경우'란 평가기준일이 속하는 사업연도 중에 무상증자 또는 무상감자를 하여 평가기준일 현재의 주식수가 증가하거나 감소한 경우도 포함됩니다. (재정경제부 재산46014-44, 2022.2.22., 재산세과-172, 2012.5.8.)

(나) 환산에 따른 희석효과 순손익액 반영

1주당 순손익가치 계산시 유상증자·감자의 경우 주식수 환산은 앞의 ㈎와 같이 무상증자·감자의 환산주식수 계산과 동일한 방법으로 환산하고, 순손익액 계산은 자본금의 변동이 없는 무상증자·감자와 달리 유상증자·감자에 따른 자본금의 추가 납입 등이 발생하므로 각 사업연도 순손익액에 유상증자·감자에 따른 효과를 반영합니다.

순손익액 계산시 유상증자·감자 효과 반영 방법

= 각 사업연도 순손익액 ± (유상증자·감자금액 × 순손익가치환원율 10%)

사업연도 중에 유상증·감자가 있는 경우에는 유상증·감자전까지의 기간만 반영하도록 월할 계산합니다.

(5) 1주당 추정이익에 따른 순손익가치의 계산 (서식 7. 순손익액 사.)

(1주당 최근 3년간의 순손익액의 계산방법)

최근 3년간의 순손익액이 비정상적으로 증가하는 등 '기획재정부령으로 정하는 경우'(상증법 시행규칙 제17조의3제1항)에 해당하고, 2 이상의 신용평가회사, 「공인회계사법」에 따른 회계법인 또는 「세무사법」에 따른 세무법인(2011.1.1.부터)이 산출한 1주당 추정이익의 평균가액을 신고기한까지 신고하는 등의 다음 네 가지 요건을 모두 갖춘 경우에는 그 1주당 추정이익의 평균가액으로 순손익가치를 산정할 수 있습니다. (상증법 시행령 제56조제2항)

☞ 순손익가치의 산정 방법에 대해서는 앞의 '비상상주식 평가(p261)'에 설명된 내용을 먼저 살펴보시기 바랍니다.

(가) 1주당 평균가액 적용요건(모두 충족해야 합니다.)(상증법 시행령 제56조제2항 각 호)

① 일시적이고 우발적인 사건으로 해당 법인의 최근 3년간 순손익액이 증가하는 등 기획

재정부령으로 정하는 경우에 해당할 것

② 상속세 과세표준 신고기한 및 증여세 과세표준 신고기한까지 1주당 추정이익의 평균가액을 신고할 것

③ 1주당 추정이익의 산정기준일과 평가서작성일이 해당 과세표준 신고기한 이내일 것

④ 1주당 추정이익의 산정기준일과 상속개시일 또는 증여일이 같은 연도에 속할 것

(나) 위 ①의 기획재정부령이 정하는 경우 (상증법 시행규칙 제17조의3제1항)

① 기업회계기준의 자산수증이익, 채무면제이익, 보험차익 및 재해손실(이하 "자산수증이익등"이라 합니다)의 합계액에 대한 최근 3년간 가중평균액이 법인세 차감전 손익에서 자산수증이익등을 뺀 금액에 대한 최근 3년간 가중평균액의 50퍼센트를 초과하는 경우

② 평가기준일전 3년이 되는 날이 속하는 사업연도 개시일부터 평가기준일까지의 기간 중 합병 또는 분할을 하였거나 주요 업종이 바뀐 경우

③ 상증법 제38조(합병에 따른 이익의 증여)의 규정에 의한 증여받은 이익을 산정하기 위하여 합병당사법인의 주식가액을 산정하는 경우

④ 최근 3개 사업연도 중 1년 이상 휴업한 사실이 있는 경우

⑤ 기업회계기준상 유가증권·유형자산의 처분손익과 자산수증이익등의 합계액에 대한 최근 3년간 가중평균액이 법인세 차감전 손익에 대한 최근 3년간 가중평균액의 50퍼센트를 초과하는 경우

⑥ 주요 업종(당해 법인이 영위하는 사업중 직접 사용하는 유형고정자산의 가액이 가장 큰 업종을 말합니다)에 있어서 정상적인 매출발생기간이 3년 미만인 경우

⑦ ①부터 ⑥호까지와 유사한 경우로서 기획재정부장관이 정하여 고시하는 사유에 해당하는 경우

제 **3** 편

상속세편

상속세 세액계산 흐름도

1. 피상속인이 거주자인 경우

(자료 : 국세청)

항목	가감	세액 내용 및 산출 방법
• 총상속재산가액		– 상속재산가액(본래의 상속재산 + 간주상속재산) + 추정상속재산 * 상속재산가액은 국내외 모든 재산임
• 비과세가액 및 과세 가액 불산입액	−	– (비과세) 금양임야, 문화유산 등 – (과세가액 불산입재산) 공익법인 등에 출연한 재산 등
• 공과금·장례비·채무	−	
• 사전 증여재산	+	– 합산대상 사전증여재산 (상속인 10년, 기타 5년) * 단, 10%(20%) 특례세율 적용되는 증여재산인 창업자금, 가업승계자산은 기한 없이 합산
• 상속세 과세가액	=	
• 상속공제	−	– (기초공제 + 그 밖의 인적공제)와 일괄공제(5억)중 큰 금액 – 가업·영농상속공제 – 배우자공제 – 금융재산 상속공제 – 재해손실공제 – 동거주택 상속공제 * 단, 위 합계 중 공제액을 종합 한도 내 금액만 공제 가능
• 감정평가수수료	−	– 부동산 감정평가업자의 수수료는 5백만원 한도 등
• 상속세 과세표준	=	
• 세율	×	
• 산출세액	=	– (상속세 과세표준 × 세율) – 누진공제액
• 세대생략 할증세액	+	– 상속인이나 수유자가 피상속인의 자녀가 아닌 직계비속이면 할증함 단, 직계비속의 사망으로 최근친 직계비속에 상속하는 경우에는 제외
• 세액공제	−	– 문화유산자료 징수유예, 증여세액공제, 외국납부세액공제, 단기재상속세액공제, 신고세액공제
• 연부연납·분납·물납	−	
• 자진납부할 세액	=	

2. 피상속인이 비거주자인 경우

항목	가감	세액 내용 및 산출 방법
• 총상속재산가액		– 상속재산가액(국내소재 상속재산 + 국내소재 간주상속재산) + 상속개시전 처분재산 등 산입액
• 비과세가액 및 과세 가액 불산입액	–	– (비과세) 금양임야, 문화유산 등 – (과세가액 불산입재산) 공익법인 등에 출연한 재산 등
• 공과금·장례비·채무	–	– 해당 상속재산의 공과금 – 해당 상속재산을 목적으로 하는 전세권·저당권·임차권 등 담보된 채무 – 사망 당시 국내사업장의 확인된 사업상 공과금·채무
• 사전 증여재산	+	– 합산대상 사전증여재산 (상속인 10년, 기타 5년) * 단, 10%(20%) 특례세율 적용되는 증여재산인 창업자금, 가업승계자산은 기한 없이 합산
• 상속세 과세가액	=	
• 상속공제	–	– 기초공제 : 2억원 – 공제적용 한도액 적용
• 감정평가수수료	–	– 부동산 감정평가업자의 수수료는 5백만원 한도 등
• 상속세 과세표준	=	
• 세율	×	과세표준 / 세율 / 누진공제액 표 (아래 참조)
• 산출세액	=	– (상속세 과세표준 × 세율) – 누진공제액
• 세대생략 할증세액	+	– 상인이나 수유자가 피상속인의 자녀가 아닌 직계비속이면 할증함 단, 직계비속의 사망으로 최근친 직계비속에 상속하는 경우에는 제외
• 세액공제	–	– 문화유산자료 징수유예, 증여세액공제, 단기재상속세액공제, 신고세액공제
• 연부연납·분납·물납	–	
• 자진납부할 세액	=	

세율 표:

과세표준	1억원 이하	5억원 이하	10억원 이하	30억원 이하	30억원 초과
세율	10%	20%	30%	40%	50%
누진공제액	없음	1천만원	6천만원	1억 6천만원	4억 6천만원

상속공제액의 종류

☞ 공제 가능한 상속공제액 = Min(아래 ①~⑦의 합계액, ⑧공제적용 종합한도액)

    단, 피상속인이 비거주자인 경우 상속공제액 = Min(기초공제 2억원, ⑧공제적용 종합한도액)

구 분	상속공제

① 기초공제 (상증법 제18조)
    (2억원) +
    (가업·영농 상속공제액)
	• 기초공제액 : 2억원
	• 가업상속공제액 : 가업상속재산가액(최대 600억원 한도)
	• 영농상속공제액 : 영농상속재산가액(공제한도 : 20억원)

② 배우자공제 (상증법 제19조)
 	
  * 신고기한 익일부터 9월까지 배우자상속
    재산을 분할 등기등을 해야 공제 가능
  * 최소 5억원은 공제됨
	• 배우자 공제액 = Max [Min (①, ②), 5억원]
	  ① 배우자가 실제 상속받은 가액
	    * 배우자 해당분 = (본래·간주상속재산 – 비과세재산 – 채무·공과금)
	  ② 공제한도액 : Min(ⓐ, ⓑ)
	    ⓐ (상속재산가액 × 배우자 법정상속분) – (합산대상 증여재산중
	        배우자가 증여받은 재산의 과세표준)
	    ⓑ 30억원
	      * 상속재산가액 = (본래·간주·추정상속재산)–(상속인이 아닌 수유자에게
	        유증·사인증여한 재산) + (상속인이 증여받은 합산대상 증여재산) –
	        (비과세·과세가액 불산입 재산 + 공과금·채무)

③ 그 밖의 인적공제 (상증법 제20조)
  • 자녀공제
  • 미성년자공제
  • 연로자공제
  • 장애인공제
	• 자녀수(태아 포함) × 1인당 5천만원
	  * 미성년자와 중복공제 가능
	• 미성년자수(태아 포함) × 1천만원 × 19세까지의 잔여연수
	  (자녀공제와 중복공제 가능)
	  * 상속인(배우자제외) 및 동거가족 중 미성년자에 한함
	• 연로자수 × 1인당 5천만원
	  * 상속인(배우자 제외) 및 동거가족 중 65세 이상자에 한함
	• 장애인수 × 1인당 1천만원 × 기대여명 연수
	  * 상속인(배우자 포함) 및 동거가족 중 장애인
	  * 자녀·미성년자·연로자·배우자공제와 중복공제 가능

④ 일괄공제 (상증법 제21조)	• Max [5억원, (기초공제 2억원 + 그 밖의 인적공제)]
	  * 상속인이 배우자 단독인 경우 : 일괄공제 적용 안 됨
	  * 신고하지 않은 경우 : 5억원만 적용

⑤ 금융재산상속공제 (상증법 제22조)
  * 상속재산만 적용 가능
	• 순금융재산가액(금융재산–금융채무)이
	  * 2천만원 초과시 : Min [Max(2천만원, 순금융재산가액 × 20%), 2억원]
	  * 2천만원 이하시 : 순금융재산가액 전액
	• * 신고기한 내 미신고한 차명 금융재산은 공제배제

⑥ 재해손실공제 (상증법 제23조)	• 신고기한 이내에 재난으로 멸실·훼손된 경우 그 손실가액을 공제
⑦ 동거주택상속공제 (상증법 제23조의2)	• 주택가액(부수토지 포함)의 100%(6억원 한도)

⑧ 공제적용 종합한도액 (상증법 제24조)
  = 상속세 과세가액 – [상속인이 아닌 자에게 유증·사인증여한 재산 + 상속인의 상속포기로 후순위 상속인이
    받은 상속재산 + 상속재산에 가산된 증여재산가액(과세가액 5억원 초과시 적용, 증여재산공제액·재해손실공제액
    차감)]

상속 관련 처리기관 및 취급사무

기관별	취급사무
각 세무관서	• 상속세 신고납부
가정법원 (총무과)	• 재산분할 청구 • 한정승인·상속포기 청구
등기소	• 상속으로 인한 소유권 이전 등기 (등기원인 : 상속, 협의분할, 조정분할, 심판분할, 유증)
시·군·구	• 취득세 신고 납부(상속개시일이 속하는 달의 말일부터 6월) • 자동차이전등록

시구, 읍면동	• 상속재산 조회 : 안심상속 원스톱 서비스 시행
	  – 정부24(www.gov.kr) 또는 시구, 읍면동에서 신청
	  – 통합조회대상 : 금융재산(상조회사 가입유무 포함), 토지 내역, 자동차 내역,
	    국민연금 가입유무, 국세(체납, 고지, 환급세액), 지방세(체납, 결손, 고지세액,
	    환급세액)

국민연금공단	• 유족연금 지급청구　　• 미지급 급여청구 • 반환일시금 지급청구　• 사망일시금 지급청구
국민건강보험공단	• 건강보험 해지신청
기타	• 예금, 보험, 카드 해지 • 인터넷, 휴대폰 해지 • 기타

상속세과세표준신고 및 자진납부계산서

[   ] 기한 내 신고, [   ] 수정신고, [   ] 기한 후 신고

관리번호	-

※ 뒤쪽의 작성방법을 읽고 작성하시기 바랍니다. 　　　　　　　　　　　　　　　　　　　　　　앞쪽

신고인	① 성　　명		② 주민등록번호		③ 전자우편 주소	
	④ 주　　소				⑤ 피상속인과의 관계	피상속인의 (　　　　)
	⑥ 전화번호	(자택)	(휴대전화)		사후관리위반신고	
피상속인	⑦ 성　　명		⑧ 주민등록번호		⑨ 거 주 구 분	[ ] 거주자 [ ] 비거주자
	⑩ 주　　소					
	⑪ 상속원인	[ ] 사망 [ ] 실종 [ ] 인정사망 [ ] 기타			⑫ 상속개시일	
세무대리인	⑬ 성　　명		⑭ 사업자등록번호		⑮ 관리번호	
	⑯ 전화번호	(사무실)		(휴대전화)		

구　분	금　액	구　분		금　액
⑰ 상속세 과세가액		영리법인 면제	유증 등 재산가액	
⑱ 상속공제액			면제세액 (「상속세 및 증여세법」 제3조의2)	
⑲ 감정평가수수료			㉟ 면제분 납부세액(합계액)	
⑳ 과 세 표 준 (　-　-　)		㊱ 공제·면제 후 납부할 세액 (㉔ + ㉕ - ㉖ - ㉗ - ㉟)		
		㊲ 가업상속 납부유예 세액		
㉑ 세율		㊳ 신 고 불 성 실 가 산 세		
		㊴ 납 부 지 연 가 산 세		
㉒ 산출세액		㊵ 납 부 할 세 액(합계액) (㊱ - ㊲ + ㊳ + ㊴)		
㉓ 세대생략가산액 (「상속세 및 증여세법」 제27조)		납부방법	납부·신청 일자	
㉔ 산 출 세 액 (㉒ + ㉓)		㊵ 연부연납		
㉕ 이 자 상 당 액		㊶ 물납		
㉖ 문화유산 등 징수유예세액		현금	㊸ 분납	
계 (㉘ + ㉛ + ㉜ + ㉝ + ㉞)			㊹ 신고납부	

세액공제	㉘ 증여세액공제	소　계 (㉙ + ㉚)	
		㉙ 「상속세 및 증여세법」 제28조	
		㉚ 「조세특례제한법」 제30조의5 및 제30조의6	
	㉛ 외국납부세액공제 (「상속세 및 증여세법」 제29조)		
	㉜ 단기세액 공제 (「상속세 및 증여세법」 제30조)		
	㉝ 신고세액공제 (「상속세 및 증여세법」 제69조)		
	㉞ 그 밖의 공제		

「상속세 및 증여세법」 제67조 및 같은 법 시행령 제64조제1항에 따라 상속세의 과세가액 및 과세표준을 신고하며, 위 내용을 충분히 검토하였고 신고인이 알고 있는 사실을 그대로 적었음을 확인합니다.

　　　　　　　　　　　　　　　　　　　년　　월　　일

신고인　　　　　　　　　　　　　　　(서명 또는 인)

세무대리인은 조세전문자격자로서 위 신고서를 성실하고 공정하게 작성하였음을 확인합니다.

세무대리인　　　　　　　　　　　　　(서명 또는 인)

　　　　　　　세무서장 귀하

신고인 제출서류	1. 상속세 과세가액계산명세서(부표 1) 1부 2. 상속인별 상속재산 및 평가명세서(부표 2) 1부 3. 채무 · 공과금 · 장례비용 및 상속공제명세서(부표 3) 1부 4. 상속개시 전 1(2)년 이내 재산처분 · 채무부담 내역 및 사용처소명명세서(부표 4) 1부 5. 영리법인 상속세 면제 및 납부 명세서(부표 5) 1부
담당공무원 확인사항	1. 주민등록표등본 2. 피상속인 및 상속인의 관계를 알 수 있는 가족관계등록부

행정정보 공동이용 동의서

본인은 이 건 업무처리와 관련하여 담당 공무원이 「전자정부법」 제36조제1항에 따른 행정정보의 공동이용을 통하여 위의 담당 공무원 확인 사항을 확인하는 것에 동의합니다. ＊ 동의하지 않는 경우에는 신청인이 직접 관련 서류를 제출하여야 합니다.

신고인　　　　　　　　　　　　　　　(서명 또는 인)

210mm×297mm[백상지 80g/㎡]

작성방법

1. "② 주민등록번호" 및 "③ 주민등록번호"란: 외국인은 외국인등록번호(외국인등록번호가 없는 경우 여권번호)를 적습니다.

2. "⑨ 거주구분"란: 거주자와 비거주자 중 ✓ 표시합니다.

   * "거주자" 및 "비거주자": 「상속세 및 증여세법」 제2조제8호의 구분에 따릅니다.

3. "⑤ 피상속인과의 관계"란 : 상속인을 기준으로 작성합니다. 예를 들면, 아버지가 사망하여 아들이 상속받는 경우에는 '자'로 적습니다.

4. "⑪ 상속원인"란 : 사망, 실종, 인정사망, 기타 중 ✓ 표시합니다.

5. "⑫ 상속개시일"란 : "⑪ 상속원인"이 실종인 경우에는 실종선고일, 그 외의 경우에는 사망일을 적습니다.

6. "⑬ 성명"부터 "⑯ 전화번호"란까지: 세무대리인이 기장한 경우 작성합니다.

7. "⑰ 상속세 과세가액"란 : 상속세 과세가액계산명세서(별지 제9호서식 부표 1)의 "상속세 과세가액"란의 금액을 옮겨 적습니다.

8. "⑱ 상속공제액"란 : 채무ㆍ공과금ㆍ장례비용 및 상속공제명세서(별지 제9호서식 부표 3)의 "상속공제금액합계"란의 금액을 옮겨 적습니다.

9. "㉑ 세율", "㉒ 산출세액"란 : 상속세 세율표에 따라 세율을 적고 과세표준에 세율을 곱한 금액에서 누진공제액을 빼서 산출세액을 계산합니다. * 산출세액 = (과세표준 × 세율) – 누진공제액

〈상속세 세율표〉

과세표준	세율	누진공제액
1억원 이하	10%	0
1억원 초과 5억원 이하	20%	1,000만원
5억원 초과 10억원 이하	30%	6,000만원
10억원 초과 30억원 이하	40%	16,000만원
30억원 초과	50%	46,000만원

10. "㉓ 세대생략가산액"란 : 「상속세 및 증여세법」 제27조에 따라 계산한 금액을 적습니다.

11. "㉕ 이자상당액"란 : 「상속세 및 증여세법」 제18조의2제9항 및 제18조의3제7항에 따라 계산한 금액을 적습니다.

12. "㉘ 증여세액공제"란 : 「상속세 및 증여세법」 제28조, 「조세특례제한법」 제30조의5 및 제30조의6에 따른 증여세액공제액을 구분하여 각각 적습니다.

13. "㉟ 면제분 납부세액"란 : 상속세 납부의무를 면제받은 영리법인의 상속인 및 직계비속이 납부할 상속세액을 적습니다.

   – "유증 등 재산가액"란 : 영리법인이 유증받은 재산의 가액을 적습니다.

   – "면제세액"란 : 「상속세 및 증여세법」 제3조의2에 따라 그 영리법인이 유증받은 가액에 대하여 면제받은 상속세액을 적습니다.

14. "㊲ 가업상속 납부유예 세액"은 「상속세 및 증여세법」 제72조의2에 따라 「가업상속 납부유예 신청서 (별지 제12호의2서식)」를 제출한 경우 해당 금액을 적습니다.

15. "⑱ 신고불성실가산세"란 및 "㊴ 납부지연가산세"란 : 「국세기본법」 제47조, 제47조의2부터 제47조의5까지 및 제48조에 따라 부담할 가산세를 각각 적습니다.

16. "㊶ 연부연납"란 : 「상속세 및 증여세법」 제71조에 따라 납부세액이 2천만원을 초과하는 경우에 한정하여 연부연납을 신청할 수 있으며 연부연납 신청세액과 신청일자를 적습니다. 이 경우 상속세(증여세) 연부연납 허가신청서 (별지 제11호서식)를 제출하여야 합니다.

17. "㊷ 물납"란 : 「상속세 및 증여세법」 제73조 및 제73조의2에 따라 물납을 신청하는 경우 물납 신청세액과 신청일자를 적습니다. 이 경우 상속세 물납(변경,철회)신청서(별지 제13호서식) 또는 문화유산 등 물납(철회)신청서(별지 제14호의2서식)를 제출하여야 합니다.

18. "㊸ 분납"란 : 「상속세 및 증여세법」 제70조제2항에 따라 납부할 금액이 1천만원을 초과하는 경우 다음 구분에 따른 금액과 납부(예정)일자를 적습니다. 다만, 「상속세 및 증여세법」 제71조에 따라 연부연납을 허가받은 경우에는 분납을 신청할 수 없습니다.

   가. 납부할 세액이 2천만원 이하인 때 : 1천만원을 초과하는 금액

   나. 납부할 세액이 2천만원을 초과하는 때 : 그 세액의 100분의 50 이하의 금액

19. "㊹ 신고납부"란 : 「상속세 및 증여세법」 제67조에 따라 상속세과세표준신고를 할 때 납부할 세액을 적습니다.

210mm×297mm[백상지 80g/㎡]

■ 상속세 및 증여세법 시행규칙 [별지 제9호서식 부표 1] <개정 2024. 3. 22.>

관리번호	-

상속세 과세가액계산명세서

앞쪽

※ 뒤쪽의 작성방법을 읽고 작성하시기 바랍니다.

가. 상속받은 총재산명세

① 재산구분 코드	② 재산종류 코드	국외재산 여부	③ 소재지 · 법인명 등 국외재산 국가명	④ 사업자등록번호 (계좌번호,지분)	⑤ 수량(면적)	⑥ 단가	⑦ 평가가액	⑧ 평가기준코드
		[ ]여[ ]부						
		[ ]여[ ]부						
		[ ]여[ ]부						
		[ ]여[ ]부						
		[ ]여[ ]부						
⑨ 계								

나. 상속세 과세가액 계산

총상속재산 가 액	⑩ 상 속 재 산 가 액	
	⑪ 상속개시 전 처분재산등 산입액(「상속세 및 증여세법」 제15조)	
	⑫ 합 계	
비과세 재산가액 (「상속세 및 증여세법」 제12조)	⑬ 계	
	⑭ 금양(禁養)임야등 가액(「민법」 제1008조의3)	
	⑮ 공고단체 유증 재산가액	
	⑯ 기 타	
과세가액 불산입액 (「상속세 및 증여세법」)	⑰ 계	
	⑱ 공익법인 출연재산가액(「상속세 및 증여세법」 제16조)	
	⑲ 공익신탁 재산가액(「상속세 및 증여세법」 제17조)	
	⑳ 기 타	
공제금액 (「상속세 및 증여세법」 제14조)	㉑ 계	
	㉒ 공 과 금	
	㉓ 장 례 비 용	
	㉔ 채 무	
가산하는 증여재산가액	㉕ 계(㉖ + ㉗ 또는 ㉖ + ㉘)	
	㉖ 「상속세 및 증여세법」 제13조	
	㉗ 「조세특례제한법」 제30조의5	
	㉘ 「조세특례제한법」 제30조의6	

상속세 과세 가 액 [⑫ - (⑬ + ⑰ + ㉑) + ㉕]

210mm×297mm[백상지 80g/㎡]

작성방법

1. "재산구분코드"란 : 이래의 재산구분에 해당하는 코드를 적습니다.

재산구분	상속재산 (상속인)	상속재산 (상속인 외)	상속개시전 처분재산	증여재산기산 (상속인)	증여재산기산 (상속인 외)	증여재산기산 (창업자금)	증여재산기산 (가업승계)	비과세재산 (금양임야)	비과세재산 (공공단체 유증)
코드	A11	A12	A13	A21	A22	A23	A24	B11	B12

2. "재산종류코드"란 : 이래의 재산구분에 해당하는 코드를 적습니다.

재산구분	현금	토지Ⅰ (순수토지)	토지Ⅱ [일반건물(07)의 부수 토지]	개별주택 (부수토지 포함)	공동주택 (부수토지 포함)	오피스텔· 상업용건물 (부수토지 포함)	일반건물* (부수토지 제외)	부동산을 취득할 수 있는 권리	유가증권 (상장)
코드	01	02	03	04	05	06	07	08	09

 * 일반건물은 재산종류코드 04~06을 제외한 건물을 말함

3. "③ 소재지 · 법인명 등"란 : 재산의 소재지 또는 법인명 등을 적습니다. 국외자산의 경우 국외자산여부에 ✔ 표시하고 해당 국가명을 별도 기재하고 소재지 · 법인명 등은 한글 또는 영문으로 적습니다. 소재지를 기재할 경우 · 해당 물건의 소재지만(예시 : 세종특별자치시 국세청로 8~14)을 적고, 주택(공동, 개별주택)의 경우 동, 호수를 같이 적습니다.

  가. 소재지를 기재할 경우 · 해당 물건의 소재지만(예시 : 세종특별자치시 국세청로 8~14)을 적고, 주택(공동, 개별주택)의 경우 동, 호수를 같이 적습니다.

  나. 법인명 등을 기재할 경우 · 유가증권인 경우 해당 주식을 발행한 법인의 사업자등록번호를, 금융재산인 경우에는 관련 계좌번호를 부동산인 경우에는 피상속인의 보유지분율을 각각 적습니다. 그 외의 경우에는 재산명(예시 : □□생명 △△보험 / 유가증권인 경우 ㈜○○건설)을 적습니다.

4. "④ 사업자등록번호(개좌번호, 지번)"란 : "② 재산종류"가 유가증권인 경우에는 해당 주식을 발행한 법인의 사업자등록번호를, 금융재산인 경우에는 관련 계좌번호를, 부동산인 경우에는 지번을 적습니다.

5. "⑧ 평가기준코드"란 : 이래의 평가기준에 해당하는 코드를 적습니다.

평가기준	해당 재산의 매매가래가액 _(상속세 및 증여세법, 제60조)	해당 재산의 감정가액 _(상속세 및 증여세법, 제60조)	해당 재산의 수용보상가액 _(상속세 및 증여세법, 제60조)	해당 재산의 경매공매가액 _(상속세 및 증여세법, 제60조)	유사재산의 매매사례가액 등 _(상속세 및 증여세법, 제60조)	현금 등 기액 _(상속세 및 증여세법, 제60조)
코드	01	02	03	04	05	06

6. "⑩ 상속재산가액"란에는 본래의 상속재산가액에「상속세 및 증여세법」제8조부터 제10조까지의 상속재산을 합산한 금액[⑳「상속세 및 증여세법」제13조, ㉗「조세특례제한법」제30조의5, ㉘「조세특례제한법」제30조의6에 따라 가산하는 증여재산가액은 포함하지 않습니다]다음을 적습니다.

7. "⑪ 상속개시 전 처분재산등 산입액"란에는 상속개시 전 1(2)년 이내 처분재산 · 채무부담내역 및 사용처소명명세서(별지 제9호서식 부표 4)의 "다. 추정상속재산가액에 합계액"란의 금액을 적습니다.

8. "⑳ 공과금"란부터 ㉔ 채무"란까지는 채무 · 공과금 · 장례비용 및 상속공제명세서(별지 제9호서식 부표 3)의 각 해당금액을 적습니다.

9. "㉗「조세특례제한법」제30조의5, ㉘「조세특례제한법」제30조의6"란에는 증여 당시의 창업자금, 가업승계 주식등 증여재산 평가가액을 적습니다.

■ 상속세 및 증여세법 시행규칙 [별지 제9호서식 부표 2] 〈개정 2024. 3. 22.〉

관리번호	-

상속인별 상속재산 및 평가명세서

(앞쪽)

※ 뒤쪽의 작성방법을 읽고 작성하시기 바랍니다.

가. 상속인 상속현황

① 피상속인과의 관계	② 성명	③ 주민등록번호	④ 주소	⑤ 법정상속 지분율	⑥ 법정상속 재산가액	⑦ 실제상속 지분율	⑧ 실제상속 재산가액

나. 상속인별 상속재산명세

⑨ 재산구분 코드	⑩ 재산종류 코드	국외자산 여부	국외재산 국가명	⑪ 소재지·법인명 등	⑫ 사업자등록번호 (계좌번호, 지번)	⑬ 수량 (면적)	⑭ 단가	⑮ 평가가액	⑯ 평가 기준코드
		[ ]여[ ]부							
		[ ]여[ ]부							
		[ ]여[ ]부							
		[ ]여[ ]부							
		[ ]여[ ]부							

계	⑰ 상속재산가액								
	⑱ 상속개시 전 처분재산등 산입액	⑲ 금양(禁養)임야 등 가액(「민법」 제1008조의3)							
		⑳ 공공단체 유증 재산가액							
	비과세 재산가액	㉑ 기		타					
		㉒ 공익법인 출연재산가액							
	과세가액 불산입액	㉓ 공익신탁 재산가액							
		㉔ 기		타					
		㉕ 「상속세 및 증여세법」 제13조							
	가산하는 증여재산 가액	㉖ 「조세특례제한법」 제30조의5							
		㉗ 「조세특례제한법」 제30조의6							
	㉘ 합계								

210mm×297mm[백상지 80g/㎡]

작성방법

1. "피상속인과의 관계"란: 상속인을 기준으로 작성합니다. (예시: 이하에서 사망하여 이들이 상속받는 경우 "자"로 표기합니다.)

2. "법정상속지분율"란: 해당 상속인의 지분율 총 상속지분으로 나누는 비율(해당 상속인 지분 ÷ 총상속지분)을 적습니다.

3. "법정상속재산가액"란: 상속세 과세가액계산명세서(별지 제9호서식 부표 1)의 "⑫ 증여재산가액"에서 증여재산가액 중 합계액"에서 상속인이 아닌 수유자가 유증 등을 받은 재산가액과 같은 서식의 "공과금" 및 "채무"의 그 금액을 차감한 금액에 대해 법정상속지분율을 곱하여 계산한 금액을 적습니다.

4. "실제상속지분율"란: 해당 상속인이 협의분할에 의하여 취득한 재산가액("⑧ 실제상속재산가액"란의 금액)을 총상속재산가액으로 나눈 비율을 적습니다.

5. "실제상속재산가액"란: 상속인간의 협의분할에 의하여 해당 상속인이 실제 취득한 금액을 적고 협의분할서를 첨부해야 합니다.

6. "재산구분코드"란: 아래의 재산구분에 해당하는 코드를 적습니다.

재산구분	상속재산 (상속인 외)	상속재산 (상속인 외)	상속개시전 처분재산	증여재산가산 (상속인)	증여재산가산 (상속인 외)	증여재산가산 (창업자금)	증여재산가산 (가업승계)	비과세재산 (금양임야)	비과세재산 (공공단체 유증)
코드	A11	A12	A13	A21	A22	A23	A24	B11	B12

7. "재산종류코드"란: 아래의 재산구분에 해당하는 코드를 적습니다.

재산구분	현금	토지Ⅰ (순수토지)	토지Ⅱ [일반건물(07)의 부수 토지]	개별주택 (부수토지 포함)	공동주택 (부수토지 포함)	오피스텔· 상업용건물 (부수토지 포함)	일반건물* (부수토지 제외)	부동산을 취득할 수 있는 권리	유가증권 (상장)
코드	01	02	03	04	05	06	07	08	09

* 일반건물용 재산종류코드 04-06을 제외한 건물을 말함

8. "⑪ 소재지 · 법인명 등"란: 재산의 소재지 또는 법인명 등을 적습니다. 국외자산의 경우 국외자산여부에 √ 표시하고 해당 국가명을 별도로 적으며, 소재지 · 법인명 등은 현금 또는 예금으로 적습니다. 부득이한 경우 해당 국가의 언어로 적습니다.

가. 소재지를 적을 경우: 해당 물건의 소재지번(예시: 세종특별자치시 국세청로 8-14)을 적습니다.

나. 법인명 등을 적을 경우: 유가증권인 경우에는 해당 주식을 발행한 법인의 법인명을 적습니다. 그 외의 경우에는 재산명[예시 : 보험금인 경우 □□생명 △△보험 / 유가증권인 경우 ㈜○○건설]을 적습니다.

9. "사업자등록번호(계좌번호, 지분)"란: 재산종류가 유가증권인 경우에는 해당 주식을 발행한 법인의 사업자등록번호를, 금융재산인 경우에는 관련 계좌번호를, 부동산인 경우에는 해당 상속인의 실제 상속지분[예시: 피상속인이 보유한 50% 지분을 상속인 5명이 각각 5분의1씩 상속받은 경우 10%로 적음]을 각각 적습니다.

10. "평가기준코드"란: 아래의 평가기준에 해당하는 코드를 적습니다.

평가기준	해당 재산의 매매거래가격 (상속세 및 증여세법, 제60조)	해당 재산의 감정가격 (상속세 및 증여세법, 제60조)	해당 재산의 수용보상가격 (상속세 및 증여세법, 제60조)	해당 재산의 경매매가격 (상속세 및 증여세법, 제60조)	유사재산의 매매사례가격 등 (상속세 및 증여세법, 제60조)	현금 등 기액 (상속세 및 증여세법, 제60조)
코드	01	02	03	04	05	06

210mm×297mm[백상지 80g/㎡]

관리번호	-	채무 · 공과금 · 장례비용 및 상속공제명세서

가. 채무

① 채무종류	② 차입기간		채권자			⑥ 금 액
	발생 연월일	종료(예정) 연월일	③ 성 명 (상 호)	④ 주민등록번호 (사업자등록번호)	⑤ 주소(소재지)	
⑦ 계						

나. 공과금

⑧ 공과금종류코드	⑨ 연도별	⑩ 분기별	⑪ 금 액
⑫ 계			

다. 장례비용

지급처		⑮ 지급내역	⑯ 금액
⑬ 주민등록번호 (사업자등록번호)	⑭ 성명(상호)		
⑰ 계			

라. 상속공제

기초공제 및 그 밖의 인적공제	⑱ 기초공제	
	⑲ 자녀공제	
	⑳ 미성년자공제	
	㉑ 연로자공제	
	㉒ 장애인공제	
㉓ 일괄공제		
추가상속공제	㉔ 가업상속공제	
	㉕ 영농상속공제	
㉖ 배우자상속공제		
㉗ 금융재산상속공제		
㉘ 재해손실공제		
㉙ 동거주택상속공제		
㉚ 공제적용한도액		
㉛ 상속공제금액합계		

신청(신고)인 제출서류	1. 채무부담 및 공과금 · 장례비 · 감정평가수수료 지급 입증서류

작성방법

1. 채무와 공과금은 상속개시 당시의 현황에 따라 적습니다.
2. " 채무종류"란 : 금융채무, 개인사채, 상가 임대보증금 등 채무의 종류를 적습니다.
3. " 공과금종류코드"란 : 아래의 공과금종류구분에 해당하는 코드를 적습니다.

공과금종류	국세	지방세	공공요금	과태료/범칙금	회비	기타
코드	01	02	03	04	05	06

4. "배우자상속공제"란 : 배우자상속공제명세서(별지 제9호서식 부표 3의2)의 " 배우자 상속공제 금액"란의 금액을 옮겨 적습니다.

210mm×297mm[백상지 80g/㎡]

배우자 상속공제 명세서

관리번호	–

가. 배우자가 실제 상속받은 금액

① 배우자가 상속받은 상속재산가액	
② 배우자가 승계하기로 한 채무 · 공과금	
③ 배우자가 상속받은 비과세 재산가액	
④ 배우자가 실제 상속받은 금액(①-②-③)	

나. 배우자 상속공제 한도액

상속재산의 액 (「상속세및증여세 법 시행령」 제17조)	⑤ 총 상속재산가액	
	⑥ 비과세되는 상속재산	
	⑦ 공과금 및 채무	
	⑧ 과세가액 불산입 재산	
	⑨ 상속재산의 가액(⑤-⑥-⑦-⑧)	
⑩ 상속재산 중 상속인이 아닌 수유자가 유증 등을 받은 재산의 가액		
⑪ 상속개시일 전 10년 이내에 피상속인이 상속인에게 증여한 재산가액		
⑫ 배우자의 법정상속분		
⑬ 상속 재산에 가산한 증여재산 중 배우자가 사전 증여받은 재산에 대한 과세표준(「상속세및증여세법」 제55조 제1항)		
⑭ 배우자상속공제 한도액[{(⑨-⑩+⑪)×⑫}-⑬] (다만, 30억원을 초과하는 경우는 30억원)		
⑮ 배우자 상속공제 금액(④와 ⑭ 중 적은금액) (다만, 배우자가 실제 상속 받은 금액이 없거나 실제 상속받은 금액이 5억원 미만인 경우는 5억원)		
신청(신고)인 제출서류	협의분할서, 기타 분할사실을 입증할 수 있는 서류	

작성방법

1. "⑤ 총 상속재산가액"란은 상속세과세가액계산명세서(별지 제9호서식 부표 1)의 "⑫ 총상속재산가액 합계"란의 금액을 옮겨 적습니다.
2. "⑥ 비과세되는 상속재산"란은 상속세과세가액계산명세서(별지 제9호서식 부표 1)의 "⑬ 비과세재산가액 합계"란의 금액을 옮겨 적습니다.
3. "⑦ 공과금 및 채무"란은 상속세과세가액계산명세서(별지 제9호서식 부표 1)의 "㉑ 공제금액 합계"란의 금액을 옮겨 적습니다.
4. "⑧ 과세가액 불산입재산"란은 상속세과세가액계산명세서(별지 제9호서식 부표 1)의 "⑰ 과세가액 불산입액 합계"란의 금액을 옮겨 적습니다.
5. "⑫ 배우자의 법정상속분"란은 「민법」 제1009조에 따른 배우자의 법정상속분을 적습니다. (공동상속인 중 상속을 포기한 사람이 있는 경우에는 그 사람이 포기하지 아니한 경우의 배우자 법정상속분을 말함)

210mm×297mm[백상지 80g/㎡]

[별지 제9호서식 부표 4(갑)] 〈개정 2020. 3. 13.〉

상속개시전 1(2)년 이내 처분재산·채무부담내역 및 사용처소명명세서 (갑)

가. 처분재산(인출금액) 명세

① 재산 구분	② 처분(인출) 금액 합계	③ 금액 1년 이내 2억 이상 여부 (2년 이내 5억 이상)	④ 소명금액 합계	⑤ 미소명금액 합계	⑥ 차감기액 [(②)×20%, 2억원] 중 작은 금액	⑦ 상속추정여부 (⑤ 〉 ⑥)	⑧ 추정상속 재산가액 (⑤ - ⑥)
01.현금·예금 및 유가증권		[ ]여 [ ]부				[ ]여 [ ]부	
02.부동산 및 부동산에 관한 권리		[ ]여 [ ]부				[ ]여 [ ]부	
03.기타재산 (위 재산 제외)		[ ]여 [ ]부				[ ]여 [ ]부	
⑨ 계							

나. 부담채무 명세

⑩ 재산 구분	⑪ 차입금액 합계	⑫ 금액 1년 이내 2억 이상 여부 (2년 이내 5억 이상)	⑬ 소명금액 합계	⑭ 미소명금액 합계	⑮ 차감가액 [(⑪)×20%, 2억원] 중 작은 금액	⑯ 상속추정여부 (⑭ 〉 ⑮)	⑰ 상속추정재산가액 (⑭ - ⑮)
부담채무 I (국가, 지자체, 금융기관 으로부터 차입)		[ ]여 [ ]부				[ ]여 [ ]부	
부담채무 II (국가, 지자체, 금융기관이 아닌 자로부터 차입)		[ ]여 [ ]부				[ ]여 [ ]부	
⑱ 계							

다. 추정상속재산가액 합계액(⑨ + ⑱) : 원

작성방법

1. "⑫ 처분(인출) 금액 합계", "④ 소명금액 합계", "⑤ 미소명금액 합계" 란은 상속개시전 1(2)년 이내 처분재산·채무부담내역 및 사용처소명명세서(을)[별지 제9호서식 부표 4(을)]의 "가. 처분재산 및 인출내역 사용명세내역" 합계금액을 각각 옮겨 적습니다.

2. "⑪ 차입 금액 합계", "⑬ 소명금액 합계", "⑭ 미소명금액 합계" 란은 상속개시전 1(2)년 이내 처분재산·채무부담내역 및 사용처소명명세서(을)[별지 제9호서식 부표 4(을)]의 "부담채무 상세내역" 합계금액을 각각 옮겨 적습니다.

210mm×297mm[백상지 80g/㎡]

[별지 제9호서식 부표 4(을)] <개정 2020. 3. 13.>

상속개시전 1(2)년 이내 처분재산·채무부담내역 및 사용처소명명세서 (을)

가. 처분재산 및 인출내역 사용명세내역

① 재산종류코드	② 재산 소재지 (계좌번호, 사업자번호 등)	③ 처분일 (인출일)	④ 처분금액 (인출금액)	사용처							⑩ 미소명금액 (④-⑦)
				⑤ 사용용도	⑥ 사용일자	⑦ 사용처 소명금액	⑧ 소명증빙	⑨ 거래상대방			
								성명(상호)	주민등록번호(사업자번호)	관계	

나. 부담채무 상세내역

⑪ 금융기관등 차입여부	⑫ 채권자		⑬ 차입일	⑭ 상환(예정)일	⑮ 약정이자율	⑯ 차입금액	사용처					미소명금액 (⑯-⑲)
	성명(상호)	주민등록번호(사업자번호)					⑰ 사용용도	⑱ 사용일자	⑲ 사용처 소명금액	⑳ 소명증빙	㉑ 소명증빙	
											성명(상호) / 주민등록번호(사업자번호) / 관계	
[ ]여 [ ]부												
[ ]여 [ ]부												
[ ]여 [ ]부												
[ ]여 [ ]부												
[ ]여 [ ]부												
[ ]여 [ ]부												
[ ]여 [ ]부												
[ ]여 [ ]부												
[ ]여 [ ]부												
[ ]여 [ ]부												

신고인 제출서류	사용처를 확인할 수 있는 증명서류

(뒤쪽)

210mm×297mm[백상지 80g/㎡]

작성방법

1. "① 재산종류코드"란 : 이래의 재산구분에 해당하는 코드를 적습니다.

재산구분	현금·예금 및 유가증권	부동산 및 부동산을 취득할 수 있는 권리
코드	01	02

2. "② 재산소재지"란은 처분재산(인출내역)이 부동산인 경우 해당 부동산 소재지, 금융재산인 경우 계좌번호, 유가증권인 경우 사업자번호를 각각 적고, 그 외 기타재산의 경우에는 처분재산 상 상세내역을 적습니다.

3. "⑧ 소명량" 또는 "⑳ 소명량"란은 사용처를 실제 입증할 수 있는 계약서, 확인서, 금융증빙 등을 적습니다.

4. "⑨ 거래상대방" 또는 "거래상대방"란 중 "관계"는 피상속인과 거래상대방의 관계를 적습니다. (예시 : 형제자매, 특수관계법인, 무관계 등)

5. "⑪ 금융기관 차입여부"란은 피상속인이 국가, 지방자치단체, 금융기관으로부터 채무를 차입하였는지에 여부에 따라 ✔ 표시하고, "여"에 해당하는 경우 부담채무 합계금액이 상속개시일 전 1년 이내에 2억원 이상(2년 이내 5억 이상)에 해당할 때 사용처를 작성합니다. "부"에 해당하는 경우 채무기간 및 채무금액에 관계없이 채권자 등 관련 내용을 작성합니다.

210mm×297mm[백상지 80g/㎡]

영리법인 상속세 면제 및 납부 명세서

가. 상속세 면제대상 영리법인

① 법인명	② 사업자등록번호	③ 사업장 소재지

④영리법인이 받았거나 받을 상속 재산가액 (유증 등 재산가액)	⑤영리법인에게 면제된 상속세액 (면제세액)	⑥ (④ ×10%)

나. 상속세 납부 대상자

⑦ 구분	⑧ 성명	⑨ 주민등록번호	⑩ 지분율	⑪ 면제분 납부세액 [(⑤-⑥)×⑩]
계				

작성방법

1. 이 명세서는 상속세 면제대상 영리법인별로 작성합니다.
2. "④ 영리법인이 받았거나 받을 상속 재산가액"란은 특별연고자에 대한 분여 및 유증에 따라 영리법인이 취득한 재산의 가액을 적습니다.
3. "⑤ 영리법인에게 면제된 상속세액(면제세액)"란은 ④금액을 기준으로 「상속세 및 증여세법 시행령」 제3조 제1항에 따른 비율에 따라 계산된 세액을 적습니다.
4. "⑦ 구분"란은 상속인 또는 상속인의 직계비속으로 구분하여 적습니다.
5. "⑩ 지분율"란은 상속인 또는 그 직계비속이 보유하고 있는 해당 영리법인의 주식 또는 출자 비율을 적습니다.
6. "⑪ 면제분 납부세액"란은 아래 계산식에 따라 계산한 금액을 적습니다.

   [{영리법인에게 면제된 상속세액(⑤) - {영리법인이 유증 등 취득한 상속재산가액(④) × 10%}] × 상속인과 그 직계비속이 보유하고 있는 영리법인의 주식등의 비율(⑩)

210mm×297mm[백상지 80g/㎡]

가업(영농)상속공제 사후관리추징사유 신고 및 자진납부 계산서

(앞쪽)

신 고 인	① 성 명		②주민등록번호		피상속인과의 관계	
	③ 주 소				전자우편주소	
피상속인	④ 성 명		⑤ 주민등록번호			
	⑥ 주 소					
⑦ 상속공제의 종류			⑧ 상속일			

1.「소득세법」을 적용받는 가업상속 및 영농상속 재산명세

⑨ 종류	⑩ 소재지	⑪ 수량 (면적,톤수)	⑫ 단 가	⑬ 가 액
계				

2.「법인세법」을 적용받는 가업상속 및 영농상속 재산명세

⑭ 상호	⑮ 사업자등록번호	⑯ 주식수	⑰ 1주당 가액 등	⑱ 가 액
계				

⑲ 사후관리 위반유형코드	

3.사후관리 위반으로 상속세가 부과되는 금액

가업상속공제		가업상속공제	
⑳ 가업상속 공제금액		㉓ 영농상속 공제금액	
㉑ 추징율		㉔ 영농상속받은 재산 중 처분재산가액	
㉒ 금액(⑳×㉑)		㉕ 영농상속받은 재산가액	
		㉖ 금액(㉓×(㉔/㉕))	

4. 사후관리 위반에 따라 결정한 상속세액

가업상속공제		영농상속공제	
㉗ 상속세액		㉘ 상속세액	

5. 이자상당액

가업상속공제		영농상속공제	
㉙ 일수		㉜ 일수	
㉚ 이자율		㉝ 이자율	
㉛ 이자상당액 (㉗×㉙×㉚/365)		㉞ 이자상당액 (㉘×㉜×㉝/365)	

6. 납부할 세액

가업상속공제		영농상속공제	
㉟ 납부할 세액(㉗+㉛)		㊱ 납부할 세액(㉘+㉞)	

「상속세 및 증여세법」 제18조의2(제18조의3) 및 같은 법 시행령 제15조제23항(제16조제12항)에 따라 가업(영농) 상속공제 사후관리추징사유 신고 및 자진납부 계산서를 제출합니다.

년 월 일

신 고 인　　　　　　　(서명 또는 인)
세무대리인　　　　　　(서명 또는 인)
(관리번호:　　　　　☎　　　　　)

세무서장 귀하

210mm×297mm[백상지 80g/㎡]

작성방법

1. "1. 「소득세법」을 적용받는 가업상속 및 영농상속 재산명세"과 "2. 「법인세법」을 적용받는 가업상속 및 영농상속 재산명세"에는 「상속세 및 증여세법 시행령」 제15조 및 제16조의 요건을 모두 충족하여 가업 및 영농 상속공제를 적용받은 상속재산을 적습니다.

2. "⑲ 사후관리 위반유형코드"는 아래와 같습니다.

사후관리 위반유형	코드
「상속세 및 증여세법」 제18조의2제5항제1호에 해당	01
「상속세 및 증여세법」 제18조의2제5항제2호에 해당	02
「상속세 및 증여세법」 제18조의2제5항제3호에 해당	03
「상속세 및 증여세법」 제18조의2제5항제4호가목에 해당	04
「상속세 및 증여세법」 제18조의2제5항제4호나목에 해당	05
「상속세 및 증여세법」 제18조의2제8항제2호에 해당	06
「상속세 및 증여세법」 제18조의3제4항제1호에 해당	07
「상속세 및 증여세법」 제18조의3제4항제2호에 해당	08
「상속세 및 증여세법」 제18조의3제6항제2호에 해당	09

3. " 추징율"은 「상속세 및 증여세법 시행령」 제15조제15항에 따른 추징율(100%)을 적습니다.

4. " 및 상속세"란에는 「상속세 및 증여세법」 제18조의2제5항 각 호 외의 부분 전단 또는 제18조의3제4항 각 호 외의 부분 전단에 따라 결정한 상속세액을 적습니다.

5. " 및 일수"란에는 당초 상속받은 가업상속재산에 대한 상속세 과세표준 신고기한의 다음날부터 「상속세 및 증여세법」제18조의2제5항 각 호, 같은 조 제8항제2호, 제18조의3제4항 각 호 또는 같은 조 제6항제2호의 사유가 발생한 날까지의 기간을 적습니다.

6. " 및 이자율"란에는 상속세의 부과 당시의 「국세기본법 시행령」 제43조의3제2항에 따른 이자율을 365로 나눈 율을 적습니다.

210mm×297mm[백상지 80g/㎡]

가업상속 납부유예 사후관리추징사유 신고 및 자진납부 계산서

(앞쪽)

신 고 인	① 성 명		②주민등록번호		피상속인과의 관계	
	③ 주 소				전자우편주소	
피상속인	④ 성 명			⑤ 주민등록번호		
	⑥ 주 소					
⑦ 상속일						

1.「소득세법」을 적용받는 가업상속 재산명세

⑧ 종류	⑨ 소재지	⑩ 수량 (면적,톤수)	⑪ 단 가	⑫ 가 액
계				

2.「법인세법」을 적용받는 가업상속 재산명세

⑬ 상호	⑭ 사업자등록번호	⑮ 주식수	⑯ 1주당 가액 등	⑰ 가 액
계				

⑱ 추징사유 유형 코드	

3. 사후관리 위반에 따라 납부할 상속세액

⑲ 가업상속 납부유예 받은 상속세	
⑳ 처분비율(또는 감소한 지분율 ÷ 상속개시일 현재 지분율)	
㉑ 추징되는 상속세(⑲ × ⑳)	

4. 이자상당액

㉒ 일수	
㉓ 이자율	
㉔ 이자상당액(㉑ × ㉒ × ㉓)	

5. 납부할 세액

㉕ 납부할 세액(㉑+㉔)	

「상속세 및 증여세법」 제72조의2제4항 및 같은 법 시행령 제69조의3제8항에 따라 가업상속 납부유예 사후관리추징사유 신고 및 자진납부 계산서를 제출합니다.

년 월 일

신 고 인   (서명 또는 인)
세무대리인   (서명 또는 인)
(관리번호: ☎   )

세무서장 귀하

6. 재차 납부유예를 신청하는 상속세 　(5. 납부할 세액)	

「상속세 및 증여세법」 제72조의2제6항에 따라 납부유예를 신청합니다.

년 월 일

신 고 인   (서명 또는 인)
세무대리인   (서명 또는 인)
(관리번호: ☎   )

세무서장 귀하

210mm×297mm[백상지 80g/㎡]

작성방법

1. "1. 「소득세법」을 적용받는 가업상속 재산명세"와 "2. 「법인세법」을 적용받는 가업상속 재산명세"에는 「상속세 및 증여세법」
   제18조의2제1항에 따른 가업(중소기업) 상속에 대하여 가업상속공제를 받지 않고 「상속세 및 증여세법」 제72조의2에 따라
   상속세 납부유예를 신청한 상속재산을 적습니다.

2. "⑱ 추징사유 유형 코드"는 아래와 같습니다.

추징사유 유형	코드
「상속세 및 증여세법」 제72조의2제3항제1호에 해당	01
「상속세 및 증여세법」 제72조의2제3항제2호에 해당	02
「상속세 및 증여세법」 제72조의2제3항제3호에 해당	03
「상속세 및 증여세법」 제72조의2제3항제4호에 해당	04
「상속세 및 증여세법」 제72조의2제3항제5호에 해당	05

3. "⑲ 가업상속 납부유예 받은 상속세"란에는 「상속세 및 증여세법」 제72조의2에 따라 납부유예 받은 상속세를 적습니다.

4. "㉒ 일수"란에는 당초 상속받은 가업상속재산에 대한 상속세 과세표준 신고기한의 다음날부터 「상속세 및 증여세법」 제72조
   의2제3항 각 호 또는 같은 조 제5항 각 호의 사유가 발생한 날까지의 기간을 적습니다.

5. "㉓ 이자율"란에는 상속세의 부과 당시의 「국세기본법 시행령」 제43조의3제2항에 따른 이자율을 365로 나눈 율(「상속세 및
   증여세법」 제72조의2제6항에 따라 납부유예 허가를 받은 경우에는 해당 율에 100분의 50을 곱한 율)을 적습니다.

6. "6. 재차 납부유예를 신청하는 상속세"는 아래와 같이 「상속세 및 증여세법」 제72조의2제6항 각 호에 해당하는 경우 신청할
   수 있습니다.

   가. 주식등을 상속받은 상속인이 「조세특례제한법」 제30조의6에 따른 과세특례를 적용받거나 같은 법 제30조의7에 따른 납
      부유예 허가를 받은 경우

   나. 상속인이 사망하여 다시 상속을 받은 상속인이 상속받은 가업에 대하여 가업상속공제를 받거나 납부유예 허가를 받은 경우

210mm×297mm[백상지 80g/㎡]

제1장 민법상 상속제도의 이해

제1절 「상속세 및 증여세법」과 「민법」

1 상속에 관한 민법 이해의 필요성

「상속세 및 증여세법」을 살펴보면 다양한 민법 용어들이 있습니다. 상속, 유증, 상속인, 상속개시, 실종선고, 상속분, 상속포기, 특별연고자, 상속재산 등 어려운 민법 용어들이 있습니다. 「민법」의 상속제도에 대한 이해 없이는 상속세와 관련된 법령을 이해하기가 어렵습니다. 따라서 상속세 및 증여세법을 이해하기 위해서는 민법의 상속 제도를 먼저 알아야 합니다.

상속세법 관련 법령을 정확히 이해하고, 이를 해석·적용하기 위하여 민법 중 상속에 관한 법령에 규정된 내용을 먼저 살펴봅니다.

2 상속에 관한 민법의 내용

상속에 관한 내용은 민법 제5편(상속편)에 나옵니다. 민법 제5편의 상속에 관한 규정은 민법 제997조부터 1118조에 수록되어 있습니다. 제5편 상속편을 살펴보면 다음과 같습니다.

〈 민법 제5편 상속규정의 구조 (민법 제997조 ~ 제1118조) 〉

제1장 상속 (제997조 ~ 제1059조)

　　제1절 총칙(제997조 ~ 제999조)

　　제2절 상속인(제1000조 ~ 제1004조)

　　제3절 상속의 효력(제1005조 ~ 제1018조) : 일반적 효력, 상속분, 상속재산의 분할

　　제4절 상속의 승인 및 포기(제1019조~제1044조) : 총칙, 단순승인, 한정승인, 포기

　　제5절 재산의 분리(제1045조 ~ 제1052조)

　　제6절 상속인의 부존재(제1053조 ~제1059조)

제2장 유언(제1060조 ~제1111조) : 총칙, 유언의 방식, 유언의 효력, 유언의 집행, 유언의 철회

제3장 유류분(제1112조 ~ 제1118조)

☞ 「**상속세 및 증여세법**」**상 용어의 개념 및 정의**

- (상속) 민법에 따른 상속, 특별연고자의 상속재산의 분여, 유증, 사인증여, 유언대용신탁, 수익자연속신탁을 포함합니다.
- (사인증여) 민법상 증여자의 사망으로 인하여 효력이 발생하는 증여를 말합니다. 상증법상 사인증여에는 '증여채무의 이행 중에 증여자가 사망한 경우의 그 증여'도 포함합니다.
- (상속개시일) 사망일, 인정사망일 또는 실종선고일을 말합니다.
- (상속재산) 상속으로 인한 재산 + 유증·사인증여재산

1 상속

상속이란 자연인이 사망하였을 때 사망과 동시에 그와 일정한 친족의 신분 관계에 있는 사람에게 그 사망자의 재산적 권리나 의무가 포괄적으로 당연히 승계되는 법률적 효과가 발생하는 것을 말합니다.

상속인은 자연인의 사망에서 일어나므로 회사 등 법인이나 단체가 사망한다거나 상속을 할 수는 없습니다.

2 상속의 효과

- 상속 개시된 때부터 피상속인의 재산(소극적 재산 포함)에 관한 포괄적 권리의무를 승계(피상속인의 일신에 전속한 것은 제외)
- 사망 전에 당사자의 의사표시가 필요 없고, 부동산의 등기 등과 같은 대항요건을 위한 별도 행위 필요 없음

상속인은 상속 개시된 때로부터 피상속인의 재산에 관한 포괄적 권리의무를 승계합니다. 그러나 피상속인의 일신에 전속한 것은 그러하지 아니합니다. (민법 제1005조)

상속의 효력은 사망 순간에 사망자의 재산상의 권리·의무 또는 지위가 당연히 이전되는 것이므로, 상속을 위하여 사망하기 전에 당사자의 특별한 의사표시가 필요 없습니다. 또한 부동산의 등기나 동산의 인도 등과 같은 대항요건을 갖추기 위한 별도의 행위가 필요 없이 법률에 따라 승계됩니다. 상속은 법률에 따른 재산의 이전·변동이므로, 의사표시가 반드시 필요한 유증이나 사인증여와는 구별됩니다.

☞ 우리나라의 상속법제는 법적 안정성이라는 공익을 도보하기 위하여 포괄·당연승계주의를 채택하는 한편, 상속의 포기·한정승인제도를 두어 상속인으로 하여금 그의 의사에 따라 상속의 효과를 귀속시키거나 거절할 수 있는 자유를 주고 있으며, 상속인과 피상속인의 채권자 및 상속인의 채권자 등의 이해관계를 조절할 수 있는 다양한 제도적 장치를 마련하고 있으므로 민법 제1005조는 헌법에 위배된다고 할 수 없습니다. (헌재2003헌가13, 2004.10.28.)

상속은 포괄적인 권리·의무의 승계이므로 상속인이 사망 사실을 알고 있는 상황과 관계없이 사망자의 권리와 의무가 모든 상속인에게 자동 승계됩니다. 따라서 이는 매매나 증여 등이 특정인과

특정된 재산을 지정하여 개별적인 의사표시를 거쳐 이전시키는 것과는 다르다는 것을 알 수 있습니다.

공동상속의 경우에는 피상속인의 사망 순간에 공동상속인이 일단 공동으로 상속재산을 승계하게 됩니다. 상속인이 여러 명인 경우 상속재산은 공유로 합니다.(민법 제1006조) 공동상속인들은 각자의 상속분에 따라 피상속인의 재산을 승계합니다. 따라서 공동상속인은 상속재산에 대하여 각자 개인의 상속분에 따라 물권적 지분을 가지고 그 지분을 자유로이 양도할 수 있고 지분에 저당권·용역물권 등을 설정할 수 있으며, 상속재산을 분할 시점까지는 공유하게 됩니다.

피상속인의 일신에 전속한 것은 상속되지 아니합니다. 일신전속권이란 피상속인에게만 귀속되고 상속인에게 귀속할 수 없는 성질을 가진 권리와 의무를 말합니다. 예를 들면 인격권으로서의 성격권, 교수계약에 따른 권리, 부양의 권리와 의무 등이 있습니다.

사망으로 인한 재산상속의 형태에는 의사표시가 필요 없이 법률상 당연히 이전되는 상속 이외에도 의사표시가 필요한 유증 및 사인증여가 있습니다.

「상속세 및 증여세법」(이하 '상증법'이라 합니다)에서는 유증·사인증여도 사망으로 인하여 상속인들에게 재산이 무상 이전된다는 점에서 상속과 동일하므로 상속세 과세대상으로 규정하고 있습니다.

1 유증

1) 유증의 개념

유증이란 유언으로 재산을 타인에게 증여하는 상대방 없는 단독행위를 말합니다. 이때 유언자를 유증자라 하고, 유증의 이익을 받는 사람을 수증자(상증법에서는 수유자)라고 합니다.

증여와 유증이 모두 재산의 무상이전 행위임에서는 같으나, 증여는 생전행위(살아있을 때 하는 행위)이고, 계약(당사자 간의 합의에 따라 효력과 이행의무가 발생)인데 반하여, 유증은 사인행위(유언자의 사망을 원인으로 사후에 효력과 이행의무가 발생)이고, 유언자의 단독행위(유증의 의사표시가 수증자에게 도달할 필요가 없습니다)라는 점에서 차이가 있습니다.

상속과 유증은 사후 재산의 무상이전이라는 점에서는 동일하지만, 유증은 의사표시가 필요하고, 상속은 의사표시에 의하지 않고 사망이라는 자연적 사실에 재산의 무상이전이라는 법률효과를 부여한 법률요건이라는 점이 다릅니다.

유증은 유언자의 의사를 존중하여 재산 처분의 자유를 인정하지만, 그 자유는 무제한적인 것이 아니라, 나중에 유류분제도로 제한을 받을 수 있고, 유언은 민법에서 정한 방식(자필증서, 녹음, 공정증서, 비밀증서, 구수증서. 5종)에 의해서만 그 효력이 인정됩니다.(민법 제1060조, 제1065조) 날인이 없는 유언장은 자필증서에 의한 유언으로서의 효력이 없습니다.(대법2006다25103, 2006.9.8.)

2) 유증의 종류

(1) 포괄적 유증

상속재산의 전부나 일정한 비율을 정하여 유증하는 것을 포괄적 유증이라 하고, 유증 받는 자를 포괄적 수증자라고 합니다. 포괄적 수증자는 상속인과 동일한 권리·의무가 있습니다.(민법 제1078조) 포괄적 수증자는 상속인과 같이 유증 사실을 알든 모르든 유증 목적인 상속재산(채무포함)을 법률상 당연히 승계·취득합니다. 이 점에서 상속과 포괄적 유증은 완전히 동일하다고 할 수 있습니다.

(2) 특정 유증

상속재산 중 특정한 재산을 지정하여 유증하는 것이 특정 유증입니다. 특정 유증의 수증자는 유언자의 사망 후 언제든지 유증을 승인하거나 포기할 수 있습니다. 그 포기의 효력은 유언자의 사망시로 소급합니다.

특정 유증자의 수증자는 증여계약의 수증자와 동일한 지위에 서게 됩니다. 이 점에서 특정 유증과 사인증여는 매우 유사합니다.

한편, 특정 유증의 목적물은 상속재산으로서 일단 상속인에게 포괄 승계되고, 특정 유증의 수증자는 상속인(유증 의무자)에게 유증의 이행을 청구할 수 있는 채권적 효력만 있을 뿐입니다. 이 청구권은 상속개시의 시점부터 10년이 지나면 소멸시효가 완성되어 소멸됩니다.

☞ 상속인(유증 의무자) : 유증의 수증자가 상속인이 되는 경우가 있습니다. 이때는 상속인은 수증의 의무자로서 특정 유증 수증자에게 상속(유증)받은 재산을 인도해야할 의무가 존재하게 됩니다.

(3) 부담부 유증

유증자가 유언으로 수증자에게 이익을 주면서 동시에 일정한 의무의 이행을 부담시키는 유증을 부담있는 유증(민법 제1088조)이라고 하며, 이를 부담부 유증이라고 말합니다. 부담부 유증에서의 부담은 유증의 대가나 반대급부가 아니며, 부담부 유증에 따라 수유자는 재산을 취득함과 동시에 부담을 이행할 의무를 함께 가지게 된다는 말입니다.

2 사인증여

1) 사인증여의 개념

사인증여란 증여자의 사망으로 인하여 효력이 생기는 증여입니다.

사인증여나 유증은 증여자·유증자의 사망으로 인하여 효력이 발생하는 사인행위로서 재산의 무상이전인 점은 같으나, 사인증여는 증여자와 수증자 사이의 계약이고, 유증은 유언자의 단독행위라는 점에서 서로 다릅니다.

사인증여는 증여자(재산을 주는 사람)와 수증자(재산을 받는 사람) 사이의 '계약'이고, 단지 그 효과가 증여자의 사망시점에 발생한다는 점에서 유증과 비슷합니다. 민법 상속편 중 유증에 관한 규정이 준용됩니다. (민법 제562조)

2) 사인증여의 법적 성질

① 수증자의 승낙의사를 요건으로 하는 낙성계약(諾成契約)입니다.

② 특정방식을 요하지 않는 불요식 행위입니다.

③ 사인증여의 수증자는 증여자의 사망시 상속인(유증 의무자)에 대해 사인증여 계약에 따른 의무 이행을 청구할 수 있을 뿐이므로, 상속인과 동일한 권리와 의무를 갖지는 못합니다.

상속개시의 원인과 시기

상속은 사망으로 인하여 개시됩니다.(민법 제997조) 상속개시 원인은 사망이며, 상속개시의 시기는 사망한 때가 됩니다.

상속개시의 원인에는 사망 외에 사망으로 간주되는 인정사망, 실종신고, 부재신고가 있습니다.

민법에서 상속개시의 시기는 상속인의 자격·범위·순위·능력을 결정하는 기준이 되고, 상속 및 유언의 효력 발생시기, 상속재산 및 유류분 산정 기준시점 등이 됩니다. 상증법에서도 상속개시 시기는 납세의무의 성립 여부, 신고기한의 결정, 재산평가의 기준일, 국세 부과제척기간, 개정 법령의 시행시기 등에서 중요한 적용 기준입니다.

☞ 상속개시의 원인

상속개시의 원인	용어의 이해	근거 법률
자연사망	다수설에 의하면 생리적으로 호흡과 심장의 고동이 영구적으로 정지하는 상태	민법 제997조
인정사망	수해, 화재, 폭발, 침몰, 등 재난으로 인하여 사망의 확증은 없지만 사망한 것이 거의 확실하다고 인정하는 경우 그것을 조사한 관공서가 통보한 사망보고서에 의하여 사망지의 시·읍·면의 장이 가족관계등록부에 사망한 것으로 기재하여 사망한 것으로 추정하는 제도	가족관계의 등록에 관한 법률 제87조
실종선고	부재자의 생사가 분명하지 아니한 상태에서 사망의 개연성이 상당히 크지만 사망의 확증이 없는 경우 이해관계인이나 검사의 청구에 의해 가정법원이 내리는 선고	민법 제28조
부재선고	가족관계등록부에 군사분계선 이북지역 거주로 표시된 자(잔류자)에 의하여 가족이나 검사의 청구에 의하여 1개월 이상 공시최고를 거쳐 잔류자의 등록기준지의 가정법원에서 부재선고시 민법상 상속 및 혼인규정에 관하여는 실종 신고로 간주 → 잔류자가 이북에 생존한 경우에도 사망자로 간주됨	부재선고에 관한 특별조치법 제4조
동시사망	2 이상이 동일한 위난으로 사망한 경우 동시에 사망한 것으로 추정 → 사망자 상호간에는 상속이 개시되지 않음	민법 제30조

(자료 : 국세청 책자)

1 자연사망

자연사망의 경우 상속개시 시점은 '사실상 사망한 때'입니다. 사람의 사망 시점이 언제인가에 관하여는 맥박(심장)정지설, 호흡정지설, 뇌사설이 대립하고 있으나, 다수설은 맥박(심장)정지설입니다.

사망 시점은 보통 의사의 진단으로 확정됩니다. 자연인이 사망한 때에는 동거친족 등이 그 사망 사실을 안 날로부터 1개월 안에 의사·진단서 등을 첨부하여 사망신고(가족관계의 등록 등에 관한 법률 제85조) 하면, 담당공무원이 사망신고서에 첨부된 사망진단서, 사체검안서(사고사의 경우), 공무원이 작성한 사망증명서 등을 보고 망인의 '사망 연월일시분'을 가족관계등록부에 기재합니다.(가족관계의 등록 등에 관한 법률 제84조)

이와 같이 공부에 기재된 '사망 연월일시분'은 '사망의 시점(상속개시의 시점)'으로 추정되어 상속세 부과에 중요한 근거 자료가 됩니다.

2 인정사망

사체가 발견되면 사망한 사실을 쉽게 확인할 수 있지만, 화재, 수해 등 재해로 사망하는 경우에는 사체가 발견되지 아니하여 진단서나 검안서를 작성할 수 없는 경우가 발생합니다. 이 경우 경찰관 등 공무원의 사망보고서에 의해 시·읍·면의 장은 가족관계등록부에 사망사실을 기재하게 되는데 이것을 인정사망이라고 합니다. (가족관계의 등록 등에 관한 법률 제87조)

인정사망의 상속개시 시점은 사망보고서·가족관계등록부에 기록된 사망의 일·시입니다. 다만, 인정사망은 사망을 추정하는 효력만을 가지고 있으므로 나중에 사체가 발견되어 '추정 사망 시점'이 새롭게 나타난 경우에는 사망신고를 다시 할 수 있는데, 이 경우 당초 기재된 인정사망 내용은 그 효력을 잃고 다시 신고한 '추정사망시'가 '사망시'로 새롭게 추정됩니다.

인정사망 시점의 추정적 효력은 법률상 사망으로 의제되는 실종선고와는 다른 점입니다.

3 실종선고 및 부재선고

1) 실종선고의 개념

부재자의 생사불명의 상태가 일정기간 계속되어 사망했을 것이라는 추측이 강한 경우 이해관계인(상속인, 배우자, 채권자, 법정대리인, 재산관리인등)이나 검사의 청구에 따라 가정법원이 행하는 선고입니다. (민법 제27조·제28조, 가족관계의 등록 등에 관한 법률 제92조)

민법상 실종선고에 따른 상속개시 시점은 실종기간이 만료된 때입니다. 보통 실종은 실종일(최후소식일)부터 5년, 특별실종은 위난발생일부터 1년이 경과해야 선고할 수 있습니다.

상증법상 피상속인의 실종선고로 인하여 상속이 개시되는 경우 상속개시일은 실종선고일이 됩니다. (상증법 제2조제2호)

☞ **상속세 및 증여세법 제2조(정의)**

> 2. "상속개시일"이란 피상속인이 사망한 날을 말한다. 다만, 피상속인의 실종선고로 인하여 상속이 개시되는 경우에는 실종선고일을 말한다.

2) 부재선고

가족관계등록부의 군사분계선 이북지역의 거주자로 표시된 잔류자에 대해서는 가족·검사의 청구에 따라 잔류자의 등록기준지 관할 가정법원이 부재선고를 할 수 있습니다. 이 경우 선고를 받은 사람은 가족관계등록부를 폐쇄하고, 상속·혼인에 대하여는 실종선고를 받은 것으로 보게 됩니다. (부재선고에 관한 특별조치법 제4조) 부재기간이 따로 없기 때문에 부재선고 심판이 확정된 때를 사망의 시기로 보게 됩니다.

4 동시사망

2인 이상이 동일한 위난으로 사망하게 된 경우, 그들은 동시에 사망한 것으로 추정합니다. (민법 제30조) 지진·홍수 등과 같이 동일한 사고로 여러 사람이 사망한 경우 각 사람의 사망시점이 불분명하고 서로 달라 상속개시의 시점이 문제가 될 수 있습니다. 민법에서는 동시에 사망한 것으로 추정하고 있는데, 추정 규정이므로 사망일시가 명백하면 번복될 수 있다는 의미입니다.

동시사망의 경우 사망자 상호 간에는 상속이 개시되지 아니하므로, 동시사망자들이 친자간이라도 상속은 개시되지 아니합니다. 그러나 대습상속은 개시됩니다.(대법원99다13157, 2001.3.9.) 예를 들어 할아버지와 아버지가 동일한 사고로 사망한 경우 아버지는 할아버지의 재산을 상속받을 수 없지만, 그 손자는 아버지를 대습하여 할아버지의 재산을 상속받을 수 있습니다.

5 상속개시의 시기

상속개시의 시기는 상속개시의 원인이 발생한 때입니다. 즉 피상속인이 사망한 순간이 상속개시 시기이며, 사망과 동시에 당연히 상속이 개시되므로 상속인이 이를 알았는지에 관계없이 상속이 개시됩니다.

그러나 상속인이 이를 모르고 있는 사이에 시효가 진행되어 상속회복청구권 등이 소멸된다면 불합리하여 민법에서는 기간의 계산에 관하여 상속인이 '상속의 침해'를 안 날 또는 '유증한 사실'을 안 날부터 기간을 계산하도록 특례를 두고 있습니다. (민법 제999조~제1117조)

☞ 사망원인별 상속개시의 시기

구분	상속개시의 시기
사망일	실제로 사망한 사실이 발생된 시점. 보통 의사의 사망진단서 또는 검안서에 의거 가족관계등록부에 기재한 사망 연·월·일·시·분(다만 등록부의 기재내용은 추정적 효력만 있어 번복 가능)
실종선고	실종기간 만료일(상증법은 실종선고일)
인정사망	관공서의 사망보고서에 의하여 가족관계등록부에 기재된 사망 연·월·일·시(단 등록부의 기재내용은 추정적 효력만 있어 번복 가능)
동시사망	2 이상이 동일한 위난으로 사망한 사실은 확인되었으나, 사망시점의 선후가 불분명한 경우 사망일자가 같은 것으로 추정(민법 제30조)

(자료 : 국세청 책자)

6 가족관계등록부의 기재내용

사망일자 등 가족관계등록부 등의 기록사항에 관하여 발급할 수 있는 증명서는 가족관계증명서, 기본증명서, 혼인관계증명서, 입양관계증명서, 친양자입양관계증명서 등 다섯 종류입니다.(가족관계 등록 등에 관한 법률 제15조) 증명서의 내용과 그 기록사항은 아래 표와 같습니다.

☞ 증명서의 종류와 그 기록사항

증명서	기록사항
가족관계증명서	(1) 본인의 등록기준지·성명·성별·본·출생연월일 및 주민등록번호 (2) 부모의 성명·성별·본·출생연월일 및 주민등록번호 (입양의 경우 양부모를 부모로 기록합니다. 다만, 단독입양한 양부가 친생모와 혼인관계에 있는 때에는 양부와 친생모를, 단독입양한 양모가 친생부와 혼인관계에 있는 때에는 양모와 친생부를 각각 부모로 기록합니다.) (3) 배우자, 생존한 현재의 혼인 중의 자녀와 성명·성별·본·출생연월일 및 주민등록번호
기본증명서	(1) 본인의 등록기준지·성명·성별·본·출생연월일 및 주민등록번호 (2) 본인의 출생, 사망, 국적상실에 관한 사항
혼인관계증명서	(1) 본인의 등록기준지·성명·성별·본·출생연월일 및 주민등록번호 (2) 배우자의 성명·성별·본·출생연월일 및 주민등록번호 (3) 현재의 혼인에 관한 사항
입양관계증명서	(1) 본인의 등록기준지·성명·성별·본·출생연월일 및 주민등록번호 (2) 친생부모·양부모 또는 양자의 성명·성별·본·출생연월일 및 주민등록번호 (3) 현재의 입양에 관한 사항
친양자입양관계 증명서	(1) 본인의 등록기준지·성명·성별·본·출생연월일 및 주민등록번호 (2) 친생부모·양부모 또는 친양자의 성명·성별·본·출생연월일 및 주민등록번호 (3) 현재의 친양자 입양에 관한 사항

☞ 법령의 서술 대신 별도의 표로 정리하였습니다.

상속분이란 상속재산 전체에 대하여 수인의 공동상속인이 각각 승계할 관념적·분량적인 몫의 비율을 말합니다. 상속분은 상속재산의 1/2, 1/3과 같이 상속재산의 전체 가액에 대한 계수적 비율로 표시됩니다.

민법상 상속분은 피상속인의 의사에 따라 정해지는 지정상속분과 법률의 규정에 따라 정해지는 법정상속분으로 구분합니다.

1 지정상속분

피상속인은 유언에 의하여 공동상속인의 상속분을 지정할 수 있습니다. 유언에 의하여 피상속인은 법정상속분에 우선하여 유증받은 자로 하여금 상속재산을 취득하게 할 수 있습니다.

그러나 피상속인의 유언이 지나쳐 수인의 상속인 중 특정인에게만 상속재산의 전부를 상속하게 한 경우에는 사회적으로 바람직하지 아니한 것이므로 민법에서는 유류분 제도를 두어 유증을 받지 못한 상속인이라도 최소한도로 상속을 받을 수 있는 상속분을 보호하고 있습니다.

만약 피상속인이 유류분에 반하는 상속분을 지정을 하였을 경우에는 침해를 받은 유류분 권리자는 반환을 청구할 수 있습니다.(민법 제1115조) 유류분은 피상속인의 상속개시에 있어서 가진 재산의 가액에 증여재산을 가산하고 채무의 전액을 공제하여 이를 산정합니다.(민법 제1113조)

2 법정상속분

피상속인이 공동상속인의 상속분을 지정하지 아니한 경우에는 민법에서 규정한 법정상속분에 따라 상속재산을 분할하게 됩니다.

1) 상속의 순위

민법에서는 상속이 개시된 경우 피상속인의 유산에 대하여 직계비속·직계존속·형제자매·4촌 이내의 방계혈족 및 배우자에게 상속권을 부여하고 있습니다. 상속개시 당시 태아가 있는 경우에는 태아도 상속 순위에 관하여는 출생한 것으로 봅니다.

상속은 다음의 순위로 상속인이 됩니다. (민법 제1000조·제10003조)

☞ 상속인의 순위 (민법제1000조)

순위	상속인	상속인의 승계 사유
1순위	직계비속과 배우자	항상 상속인이 됨
2순위	직계존속과 배우자	1 순위가 없는 경우
3순위	형제자매	1, 2 순위가 없는 경우
4순위	4촌이내의 방계혈족	1, 2, 3 순위가 없는 경우

· 직계비속이 촌수가 다르면 촌수가 가까운 직계비속이 먼저 상속인이 됩니다.
· 피상속인의 배우자는 직계비속과 같은 순위의 공동상속인이 되고, 직계비속이 없으면 직계존속과 같은 순위로 공동상속인이 됩니다.

피상속인의 배우자는 직계비속과 같은 순위로 공동상속인이 되고, 직계비속이 없으면 직계존속과 같은 순위로 공동상속인이 됩니다. 직계비속과 직계존속이 없는 경우에는 단독 상속인이 됩니다.

(1) 제1순위 : 직계비속

제1순위 상속인은 직계비속입니다. 직계비속이 여러 명 있는 경우 촌수가 같으면 그 직계비속들은 같은 순위의 상속인이 되고, 촌수가 다르면 촌수가 가까운 직계비속이 우선순위 상속인이 됩니다.

☞ (직계비속) 자연혈족·법정혈족, 기혼·미혼, 남·여, 장남·차남, 동거·별거 등을 구분하지 않습니다. 민법은 혈족상속 원칙이며, 계모 사망시 계자(전처 자녀)의 상속권이 인정되지 않습니다.(2007헌마1424, 2009.11.26.)

상속개시 전에 상속인이 될 직계비속이 사망한 경우에는 그 사망자의 직계비속과 배우자가 사망자의 상속분을 대습상속하고, 이 역시 직계비속의 촌수가 다르면 가까운 직계비속이 대습상속인이 됩니다. 동 순위 대습상속인이 여러 명일 때는 공동상속이 되며, 직계비속 모두가 사망한 경우에는 사망자의 배우자가 단독으로 대습상속하게 됩니다.

직계비속에는 법정혈족(양자), 인지된 혼인 외 출생자도 포함하며, 상속순위에 있어서는 혼인 등 출생자·인지된 혼인 외 출생자, 남자·여자, 기혼·미혼, 동거·별거, 장남·차남, 기혼·미혼 등에 의하여 순위의 차이가 발생하지 않습니다.

☞ (양자와 친양자) 양자는 친가와 양가의 상속권을, 친양자는 양가의 상속권만을 가집니다.

(2) 제2순위 : 직계존속

제1순위의 직계비속이 없을 때에는 제2순위 직계존속이 상속인이 됩니다. 직계존속이 여러 명인 경우 그 직계존속의 촌수가 같으면 같은 순위의 상속인이 되고, 촌수가 다르면 최근친이 먼저 상속인이 됩니다.

직계존속에는 부계, 모계 또는 양가, 생가를 불문하므로 친생부모와 양부모가 있을 때 함께 동순위의 상속인이 됩니다. 다만 친양자 제도 도입(2008.1.1. 이후 시행되었습니다)으로 생부모와의 친족관계가 완전히 단절되는 친양자가 사망한 경우에는 생가의 직계존속은 친족관계가 없어 상속인이 될 수 없습니다.

직계존속에 대하여는 대습상속이 인정되지 아니합니다.

(3) 제3순위 : 형제자매

피상속인이 직계비속, 직계존속, 배우자가 없을 때에는 형제자매가 상속인이 됩니다. 형제자매는 남녀의 차별, 기혼·미혼의 차별, 자연혈족과 법정혈족의 차별, 동복과 이복의 차별을 묻지 않으며, 형제자매의 수가 여러 명일 때에는 같은 순위로 상속인이 됩니다.

형제자매의 직계비속에게는 대습상속을 인정합니다. 상속개시 당시 형제자매가 사망하거나 결격으로 상속을 할 수 없게 되면, 그의 직계비속(예, 조카, 질녀)과 배우자가 사망자를 대신하여 대습상속하게 됩니다.

(4) 제4순위 : 4촌 이내의 방계혈족

피상속인의 직계비속, 직계존속, 배우자 및 형제자매가 없는 경우에만 상속인이 됩니다. 3촌 이내 방계혈족에는 백부, 숙부, 고모, 외숙부와 이모 및 조카가 있고, 4촌이 되는 방계혈족으로는 종형제자매, 고종형제자매, 외종형제자매, 이종형제자매 등이 있습니다.

☞ (방계혈족) 자기의 형제자매와 그 형제자매의 직계비속이거나 직계존속의 형제자매와 그 형제자매의 직계비속

(5) 배우자

사망자의 배우자는 혈족이 아닌 상속인입니다. 배우자란 혼인신고를 한 법률상의 배우자를 말하므로 사실혼 배우자는 상속권이 인정되지 아니합니다.

☞ 사실혼 배우자에게 상속권을 인정하지 않는 민법 제1003조는 합헌(헌재2013헌바118, 2014.8.28.)이란 판결이 있었습니다.
• 사실혼 배우자는 법정상속인에는 해당되지 않지만, 피상속인의 생전유언이 있거나, 특별연고자에 해당되는 경우에는 피상속인으로부터 상속을 받아 상속세 납세의무자는 될 수 있습니다.

피상속인의 배우자는 직계비속과 같은 순위로 공동상속인이 되고, 직계존속이 있는 경우에는 직계존속과 같은 순위로 공동상속인이 됩니다. 1·2순위인 직계비속과 직계존속인 상속인이 없는 때에는 단독상속인이 됩니다. (민법 제1003조)

상속개시 전에 상속인이 될 자가 사망 또는 결격인 경우에는 그의 배우자가 사망 또는 결격된 자의 직계비속과 같은 순위로 대습상속인이 되고, 그의 직계비속이 없는 때에는 배우자가 단독으로 대습상속인이 됩니다.

2) 법정상속분

법정상속분이란 피상속인의 상속분에 대한 지장이 없는 경우 민법의 규정에 따라 결정되는 상속분을 말합니다. 상속분이란 상속재산 전체에 대하여 수인의 공동상속인이 각각 승계할 관념적·분량적인 몫의 비율(계수적 비율)을 말합니다.

법정상속분은 아래와 같습니다. (민법 제1009조)
① 동순위의 상속인이 수인인 때에는 그 상속분은 균분으로 합니다.
② 피상속인의 배우자의 상속분은 직계비속과 공동으로 상속하는 때에는 직계비속의 상속분의 5할을 가산하고, 직계존속과 공동으로 상속하는 때에는 직계존속의 상속분의 5할을 가산합니다.

3) 특별수익자의 상속분

공동상속인 중에 '피상속인으로부터 재산의 증여 또는 유증을 받은 자(특별수익자)'가 있는 경우에 그 수증재산이 자기의 상속분에 달하지 못한 때에는 그 부족한 부분의 한도에서 상속분이 있습니다. (민법 제1008조)

☞ (특별수익자) 상속재산의 분할에 다시 참여한다면 생전의 증여분(또는 유증)과 사후의 재산분할로 이중의 이익을 얻게 되므로 상속인들 사이의 공평을 기하기 위하여 특별수익자의 수증재산이 자기의 상속분에 달하지 못한 때에는 그 부족한 부분 한도에서 상속분이 있도록 규정하고, 수증재산이 상속분을 초과하는 경우에는 그 초과부분을 반환하도록 하고 있습니다.

3 대습상속분

상속인이 될 직계비속 또는 형제자매가 상속개시 전에 사망하거나 결격자가 된 경우 사망하거나 결격된 자의 그 직계비속과 배우자가 사망하거나 결격된 자의 순위에 갈음하여 상속인이 됩니다. (민법 제1001조·제1003조)

또한, 사망하거나 결격된 자에 갈음하여 상속인이 된 자(대습상속인)의 상속분은 피대습 상속인의 상속분에 따릅니다. 이 경우 피대습 상속인의 직계비속이 여러 명인 때의 그 상속분은 피대습 상속인의 상속분의 한도에서 법정상속분에 따라 정합니다. (민법 제1009조·제1010조)

4 기여분

기여자의 상속분은 상속개시 당시 피상속인 재산가액에서 기여자의 기여분을 공제한 것을 상속재산으로 보고 산정한 법정(대습)상속분의 기여분을 가산하여 계산합니다.

공동상속인 중에 상당한 기간 동거 · 간호 그 밖의 방법으로 피상속인을 특별히 부양하거나 피상속인의 재산의 유지 또는 증가에 특별히 기여한 자가 있을 때에는 상속개시 당시의 피상속인의 재산가액에서 공동상속인의 협의로 정한 그 자의 기여분을 공제한 것을 상속재산으로 보고 민법 제1009조(법정상속분) 및 제1010조(대습상속분)에 의하여 산정한 상속분에 기여분을 가산하여 상속분으로 합니다. (민법 제1008조의2제1항)

☞ (판례) 기여자는 공동상속인 중에 상당한 기간 동거·간호 그 밖의 방법으로 피상속인을 특별히 부양하거나 피상속인의 재산의 유지 또는 증가에 특별히 기여한 자를 말합니다. 기여분을 인정하기 위해서는 공동상속인 간의 공평을 위하여 상속분을 조정하여야 할 필요가 있을 만큼 피상속인을 특별히 부양하였다거나 피상속인의 상속재산 유지 또는 증가에 특별히 기여하였다는 사실이 인정되어야 합니다. (대법원2012스156, 2004.11.25.)

기여분은 공동상속인의 합의에 따라 결정되나, 공동상속인이 기여분에 관하여 합의가 되지 아니하거나 합의할 수 없는 때에는 가정법원은 기여자의 청구에 따라 기여분을 결정하게 됩니다.(민법 제1008조의2제2항) 다만, 기여분은 상속이 개시된 때의 피상속인의 재산가액에서 유증의 가액을 공제한 가액을 넘지 못합니다.(민법 제1008조의2제3항) 이러한 제한을 두는 이유는 기여분보다는 유증을 우선시하기 위한 것입니다.

☞ 유류분과 기여분은 같이 청구할 수 없습니다. 유류분 제도와 기여분 제도는 취지가 달라, 유류분을 산정함에 있어 기여분을 공제할 수 없고, 기여분으로 유류분에 부족이 생겼다고 하여 기여분에 대하여 반환을 청구할 수 없습니다. (대법원2013다60753, 2015.10.29.)

5 협의에 따른 분할

피상속인의 유언에 따른 상속의 경우를 제외하고는 공동상속인은 언제든지 협의에 의하여 상속 재산을 분할할 수 있으며, 협의에는 공동상속인 전원이 참가하여야 합니다. 상속재산의 분할은 상속 개시된 때에 소급하여 그 효력이 있습니다. (민법 제1013조)

다만, 상증법에서는 상속개시 후 상속재산에 대하여 등기·등록·명의개서 등에 따라 각 상속인의 상속분이 확정되어 등기등이 된 후 그 상속재산에 대하여 공동상속인 사이의 협의에 따른 분할에 의하여 특정 상속인이 당초 상속분을 초과하여 취득하는 재산가액은 해당 분할에 의하여 상속분이 감소된 상속인으로부터 증여받은 것으로 봅니다. (상증법 제4조제3항)

☞ (판례) 금전채권과 같이 급부의 내용이 가분인 채권은 공동상속하는 경우 상속개시와 동시에 법정상속분에 따라 공동상속인들에게 분할되어 귀속되므로 상속재산분할 대상이 될 수 없는 것이 원칙이나, 특별한 사정(공동상속인 중 초과특별수익자)이 있는 때에는 예외적 재산분할의 대상이 될 수 있습니다. (대법2014스122, 2016.5.4.)

6 유류분

유류분 제도는 피상속인의 재산처분의 자유에 대한 일정한 비율의 제한을 가하여 그 비율액만큼 상속인에게 승계될 수 있도록 보상하는 제도로서 유류분은 피상속인의 증여나 유증에 의해서도 침해되지 않는 상속재산의 일정부분을 말합니다.

피상속인이 유류분을 침해하는 유증이나 증여를 하는 경우에는 그 유류분 관리자는 자기가 침해당한 유류분에 대해 반환을 청구할 수 있습니다. (민법 제1115조제1항)

유류분 권리자는 피상속인의 직계비속·배우자·직계존속 및 형제자매이며, 태아도 살아서 출생하면, 직계비속으로 유류분을 가집니다.

유류분의 비율은 다음과 같습니다. (민법 제1112조)
① 피상속인의 배우자 또는 직계비속 : 법정상속분의 2분의 1
② 피상속인의 직계존속 또는 형제자매 : 법정상속분의 3분의 1

유류분의 산정은 다음과 같이 합니다. (민법 제1113조)
① 유류분은 피상속인의 상속개시시에 있어서 가진 재산의 가액에 증여재산의 가액을 가산하고 채무의 전액을 공제하여 이를 산정합니다.

② 조건부의 권리 또는 존속기간이 불확정한 권리는 가정법원이 선임한 감정인의 평가에 의하여 그 가격을 정합니다.

> ☞ (판례) 유류분의 반환의무자는 통상적으로 증여 또는 유증대상 재산 그 자체를 반환하면 될 것이나 원물반환이 불가능한 경우에는 그 가액 상당액을 반환할 수밖에 없으며, 유류분 반환범위는 상속개시 당시 피상속인의 순재산과 문제된 증여재산을 합한 재산을 평가하여 그 재산액에 유류분청구권자의 유류분비율을 곱하여 얻은 유류분을 기준으로 것인바, 유류분을 산정함에 있어 반환의무자가 증여받은 재산의 시가는 상속개시 당시를 기준으로 산정하여야 하고, 해당 반환의무자에 대하여 반환하여야 할 재산의 범위를 확정한 다음 그 원물반환이 불가능하여 가액반환을 명하는 경우 그 가액은 사실상 변론 종결 시를 기준으로 산정하여야 합니다. (대법원2004다51887, 2005.6.23.)

유류분 반환에 따라 증여세 등이 발생할 수 있습니다.

7 특별연고자의 재산분여

상속인의 존부가 분명하지 아니한 때에는 법원은 피상속인의 친족 기타 이해관계인 또는 검사의 청구에 의하여 상속재산관리인을 선임하고 지체 없이 이를 공고(민법 제1053조, 상속인 없는 재산의 관리인 선임공고)하여야 합니다.

상속인 없는 재산의 관리인 선임공고가 있은 날로부터 3개월 내에 상속인의 존부를 알 수 없는 때에는 관리인은 지체 없이 일반상속채권자와 유증 받은 자에 대하여 일정한 기간(2개월 이상) 내에 그 채권 또는 수증을 신고할 것을 공고를 하여야 합니다. (민법 제1056조, 상속인 없는 재산의 청산공고)

상속인 없는 재산의 청산공고 기간이 경과하여도 상속인의 존부를 알 수 없는 때에는 법원은 관리인의 청구에 의하여 상속인이 있으면 일정기간(1년 이상) 내에 그 권리를 주장할 것을 공고하여야 합니다. (민법 제1057조, 상속인의 수색공고)

이와 같이 상속인 수색공고 기간 내에 상속권을 주장하는 자가 없는 때에는 가정법원은 피상속인과 특별한 연고가 있던 자의 청구에 의하여 상속재산의 전부 또는 일부를 분여할 수 있습니다. 재산분여 청구는 상속인 수색공고 기간 만료 후 2개월 이내에 하여야 합니다. (민법제1057조의2제2항, 특별연고자에 대한 분여)

피상속인의 특별한 연고가 있는 자는 다음과 같습니다. (민법제1057조의2제1항)

① 피상속인과 생계를 같이 하고 있는 자

② 피상속인을 요양간호한 자

③ 기타 피상속인과 특별한 연고가 있는 자

 (사실혼관계 배우자, 사실상 양자, 장기간 피상속인의 요양간호 종사자)

특별연고자도 상속세 납세의무자입니다.

8 국가

상속인 수색공고를 하여도 법률상 상속인이 없고, 상속인 수색공고기간 만료 후 2월 이내에 특별연고자에 대한 재산분여를 청구하는 자가 없을 때에는 상속인이 없는 상속재산으로서 국가에 귀속됩니다. (민법 제1058조, 국가에 귀속하는 상속재산 이전에 관한 법률 제1조)

상속의 승인 및 포기

상속이 개시되면 피상속인의 재산상의 모든 권리·의무는 상속인의 의사와는 관계없이 법률상 당연히 상속인에게 포괄적으로 승계됩니다.

그러나 피상속인의 상속재산이 적극 재산보다 채무가 많은 경우에 상속인의 의사를 무시하고 법률상 당연히 상속인에게 포괄 승계시키는 것은 상속인에게 부담이 되므로 이를 보호할 필요가 있습니다. 민법에서는 이러한 경우에 상속인을 보호하기 위하여 상속포기 또는 한정승인 제도를 두고 있습니다.

상증법에서는 상속인들이 상속을 승인하였는지, 포기하였는지 여부에 따라 상속세 납세의무자 가 달라질 수 있습니다.

1 단순승인

단순승인은 상속인이 피상속인의 권리·의무를 제한 없이 승계하는 행태입니다. 상속인 단순승 인을 하면 상속인은 상속채무에 대하여 무한책임을 지게 되므로 피상속인의 채무를 상속받은 재 산으로 변제할 수 없는 때에는 상속인 자기의 고유재산으로 변제하여야 하고, 피상속인의 채권자 는 상속인의 고유재산에 대하여도 강제집행을 할 수 있게 됩니다.

민법에서는 단순승인을 본래의 형태로 보고, 상속인이 상속개시 있음을 안 날로부터 3월내에 한정승인 또는 포기를 하지 아니하면, 상속인이 단순승인한 것으로 보고 있습니다. (민법 제1026조)

다음 각 호의 사유가 있는 경우에는 상속인이 단순승인을 한 것으로 봅니다. (민법 제1026조, 법정 단순승인)

① 상속인이 상속재산에 대한 처분행위를 한 때
② 상속인이 상속개시 있음을 안 날로부터 3월 이내에(민법 제1019조제1항) 한정승인 또는 포기를 하지 아니한 때
③ 상속인이 한정승인 또는 포기를 한 후에 상속재산을 은닉하거나 부정소비하거나 고의로 재 산목록에 기입하지 아니한 때

2 한정승인

한정승인은 상속인이 상속으로 인하여 얻은 재산의 한도 내에서 피상속인의 채무와 유증을 변제할 조건으로 상속을 승인하는 것입니다. (민법 제1028조) 피상속인의 채무가 적극재산보다 많은 경우에 상속인의 의사를 듣지 아니하고, 그 채무의 전부를 승계시키는 것은 상속인에게 부담이 되기 때문에 상속인을 보호할 목적으로 한정승인 제도를 두고 있습니다.

상속인이 한정승인을 하는 경우에는 상속재산 목록을 첨부하여 상속개시자의 가정법원에 한정승인 신고를 하여야 합니다. (민법 제1030조)

☞ **민법의 한정승인 절차**
제1028조(한정승인의 효과) 상속인은 상속으로 인하여 취득할 재산의 한도에서 피상속인의 채무와 유증을 변제할 것을 조건으로 상속을 승인할 수 있다.
제1029조(공동상속인의 한정승인) 상속인이 수인인 때에는 각 상속인은 그 상속분에 응하여 취득할 재산의 한도에서 그 상속분에 의한 피상속인의 채무와 유증을 변제할 것을 조건으로 상속을 승인할 수 있다.
제1030조(한정승인의 방식) ①상속인이 한정승인을 할 때에는 제1019조제1항·제3항 또는 제4항의 기간 내에 상속재산의 목록을 첨부하여 법원에 한정승인의 신고를 하여야 한다.
② 제1019조제3항 또는 제4항에 따라 한정승인을 한 경우 상속재산 중 이미 처분한 재산이 있는 때에는 그 목록과 가액을 함께 제출하여야 한다.
제1031조(한정승인과 재산상 권리의무의 불소멸) 상속인이 한정승인을 한 때에는 피상속인에 대한 상속인의 재산상 권리의무는 소멸하지 아니한다.

상속인은 상속재산을 초과하는 사실을 중대한 과실없이 상속개시 있음을 안 날로부터 3개월 이내에 알지 못하고, 단순승인을 한 경우에는 그 사실을 안 날부터 3개월 내에 한정승인을 할 수 있습니다. (민법 제1019조)

한정승인을 한 상속인은 상속으로 인하여 취득한 재산의 한도 내에서만 피상속인의 채무와 유증의 변제를 하면 되고, 자기의 고유재산으로 변제할 필요는 없습니다.

3 상속의 포기

상속의 포기란 상속의 개시로 인하여 일단 발생한 상속인으로서의 효력인 피상속인의 재산에 대한 모든 권리·의무의 승계를 부인하고 처음부터 상속인이 아니었던 효력을 생기게 하려는 단독의 의사표시입니다.

상속을 포기하려는 자는 상속개시가 있음을 안 날로부터 3개월 내에 가정법원에 포기의 신고를

해야 하며, 공동상속의 경우에도 각 상속인은 단독으로 포기를 할 수 있습니다. (민법 1019조)

☞ **민법 제1019조(승인, 포기의 기간)**
① 상속인은 상속개시있음을 안 날로부터 3월내에 단순승인이나 한정승인 또는 포기를 할 수 있다. 그러나 그 기간은 이해관계인 또는 검사의 청구에 의하여 가정법원이 이를 연장할 수 있다.
② 상속인은 제1항의 승인 또는 포기를 하기 전에 상속재산을 조사할 수 있다.
③ 제1항에도 불구하고 상속인은 상속채무가 상속재산을 초과하는 사실(이하 이 조에서 "상속채무 초과사실"이라 한다)을 중대한 과실 없이 제1항의 기간 내에 알지 못하고 단순승인(제1026조제1호 및 제2호에 따라 단순승인한 것으로 보는 경우를 포함한다. 이하 이 조에서 같다)을 한 경우에는 그 사실을 안 날부터 3개월 내에 한정승인을 할 수 있다.

상속의 포기를 한 때에는 초기의 소급효과가 발생하여 포기자는 처음부터 상속인이 아니었던 것으로 되고, 포기한 상속분은 다른 상속인의 상속분의 비율로 그 상속인에게 귀속됩니다.

☞ (판례) 공동상속인인 피상속인의 배우자와 자녀 중 자녀 일부만 상속을 포기한 경우에는 민법 제1043조에 따라 그 상속포기자인 자녀의 상속분이 배우자와 상속을 포기하지 않은 다른 자녀에게 귀속되는 것과 동일하게 자녀 전부가 상속을 포기한 경우에는 상속을 포기한 자녀의 상속분은 남아 있는 다른 상속인인 배우자에게 귀속되어, 배우자가 단독상속인이 됩니다. (대법원2020그42, 2023.3.23. 전원합의체 결정) ← 이전 판례(대법원 2013다48852, 2015.5.14)에서는 공동상속인인 피상속인의 배우자와 자녀 중 자녀 전부가 상속을 포기하면, 배우자의 피상속인의 손자녀 또는 직계존이 공동상속인이 된다고 판시하였으나 판례가 변경되었습니다.

민법상 한정승인이나 상속포기제도에도 불구하고 상증법에서는 상속포기한 상속인이라도 상속개시 전 10년 이내에 피상속인으로부터 증여받은 재산이 있거나 사용처 불분명으로 추정상속재산이 있는 경우에는 사전증여재산 또는 추정상속재산의 한도 내에서 상속세 납부의무 및 연대납세의무가 있습니다. (상증법 제3조의2)

4 승인 또는 포기의 취소금지

상속의 승인이나 포기를 한 경우에는 승인 또는 포기의 기간(상속개시 있음을 안 날로부터 3월) 내에도 이를 취소할 수 없습니다.(민법 제1024조) 이는 취소를 인정하면 이해관계인의 신뢰를 배반하게 되어, 그들에게 큰 피해를 줄 수 있게 되기 때문입니다.

다만, 미성년자가 법정대리인의 동의 없이 한 경우, 피한정후견인(종전 한정치산자)이 한정후견인의 동의 없이 한 경우, 피성년후견인(종전 금치산자)이 한 경우, 사기·강박에 따른 경우, 착오로 인한 경우에는 취소권자가 그 승인 또는 포기를 취소할 수 있습니다.(민법 제10조·제13조)

☞ 민법 제1020조(제한능력자의 승인·포기의 기간) 상속인이 제한능력자인 경우에는 제1019조제1항의 기간은 그의 친권자 또는 후견인이 상속이 개시된 것을 안 날부터 기산(起算)한다.

제 2 장 상속세의 이해

제 1 절 | 상속세의 의의

(상증법 제1조)

「상속세 및 증여세법」은 상속세 및 증여세 납세의무 성립에 필요한 과세요건과 신고·납부절차를 규정함으로써 상속세 및 증여세의 공정한 과세, 납세의무의 적정한 이행 확보 및 재정수입의 원활한 조달에 이바지함을 목적으로 합니다. (상증법 제1조)

상속세는 자연인의 사망으로 인하여 그의 유산이 민법에 따른 상속, 특별연고자의 상속재산 분여, 유증, 사인증여, 유언대용신탁, 수익자연속신탁의 형태로 무상이전되는 경우 유산을 물려받은 상속인, 또는 수유자에게 부과되는 세금입니다.

상속세는 부의 무상이전으로 이득을 얻는 자에게 부과되는 세금이므로, 특정인에게 불로소득으로 인한 부의 집중 현상을 억제하여 모든 사람의 경제적 출발점을 비슷하게 하는 기회균등의 효과를 지니고, 소득 재분배 기능을 통하여 소득세의 기능을 보완 강화시키는 사회 정책적인 의미를 지니고 있습니다.

또한 상속세는 소득세·법인세 등의 기간과세와 달리 재산이전에 대한 시점과세를 하며, 과세관청의 부과결정에 따라 납세의무를 확정합니다.

1 상속세의 특징

상속세는 다음과 같은 특징을 가지고 있습니다. (자료 : 국세청)

① 무상으로 이전받은 재산, 즉 불로소득에 관한 세금입니다.

② 초과·누진세율로 세부담을 하게 되므로 부의 크기에 상응한 소득재분배 기능을 가집니다.

③ 생전에 탈루되거나 비과세·감면 등으로 소득세 과세가 안 된 부분, 사망일까지의 재산 보유 과정에서 얻은 자본이득 등이 사망시점에서 상속세로 부과됨에 따라 소득세 기능을 보완하거나 강화시킵니다.

④ 부의 집중현상을 직접 조정하는 효과가 있어 경제적 기회균등 효과를 제고합니다.

⑤ 상속세를 피하기 위해 생전에 부의 집중을 분산하려는 자산 유동화 효과가 있습니다.

2 상속세의 과세체계

우리나라의 상속세는 유산세 과세방식을, 증여세는 유산취득세 과세방식을 채택하고 있습니다.

1) 유산세 과세방식

유산세 과세방식이란 피상속인이 남긴 유산 자체를 대상으로 하는 과세방식입니다. 즉 피상속인이 남긴 유산 총액을 과세물건으로 하여 그 금액에 따라 누진세율로 과세하는 방식으로 무상이전을 한 자(피상속인)를 기준으로 과세하는 방법을 말합니다.

☞ 유산세 과세방식은 주로 영미법계 국가(미국, 영국 등)에서 채택하고 있습니다.

2) 유산취득세 과세방식

유산취득세 과세방식이란 유산을 취득한 자를 기준으로 유산 취득자 각자가 취득한 유산가액을 과세대상으로 하여 과세하는 방식입니다.

따라서 상속인 등이 여러 명일 경우는 먼저 상속재산을 상속분에 따라 각 상속인에게 분할하고 이와 같이 분할된 각자의 몫을 과세대상으로 하여 그 금액에 누진세율을 적용하는 방식입니다.

☞ 주로 대륙법계 국가(독일, 일본 등)에서 채택하고 있습니다.

3) 우리나라의 상속세 과세체계

우리나라의 상속세는 상속인의 수나 유산의 배분내용에 관계없이 피상속인이 남긴 유산총액을 과세대상으로 하여 누진구조의 세율을 적용, 과세하는 유산세 과세방식을 채택하고 있습니다.

상증법 제2조 「상속재산의 정의」를 「피상속인에게 귀속되는 모든 재산」으로 규정하고, 상속재산의 가액에서 차감하는 공과금 또한 피상속인을 기준으로 산정하여 차감하도록 규정하고 있습니다.

다만, 납부할 상속세는 상속인이나 수유자가 상속재산 중 각각 상속받았거나 받을 재산의 점유비율에 따라 납부의무를 부여하고(상증법 제3조의2) 있습니다. 이는 우리나라 상속세법이 유산세 과세방식을 중심으로 일부 유산취득세 과세방식을 가미하고 있다고 말할 수 있습니다.

☞ 유산세 과세 방식과 유산취득세 과세 방식의 비교

구분	유산세 과세방식	유산취득세 과세방식
과세방법	• 피상속인이 물려준 유산총액을 대상으로 누진세율을 적용하여 세액계산 　– 담세력을 무상이전자(피상속인) 기준으로 측정	• 상속재산을 각 상속인의 지분대로 분할한 후 그 분할된 각 지분금액에 누진세율을 적용, 세액계산 　– 담세력을 무상취득자(상속인) 기준으로 계산
장·단점	• 상속재산을 1인에게 이전하거나 다수인에게 분산 이전하거나에 관계없이 조세총액이 동일 　– 세수가 상대적으로 큼 　– 조세행정이 용이 • 각 상속인이 실제 얻은 재산의 다소에 관계없이 모두 같은 한계세율이 적용하는 불합리 발생 　– 상대적으로 적은 재산을 받은 상속인의 세부담이 가중	• 상속재산이 다수인에게 분산 이전될수록 상속세 부담액이 적음 　– 세수가 상대적으로 적음 　– 조세행정이 복잡함 • 상속인 각자가 취득한 재산가액에 상응한 한계세율 적용 가능 • 부의 분산 유인 효과를 가지나 우선의 거짓 위장 분할이 가속화되어 변칙 상속 우려
채택국가	미국, 영국, 한국	독일, 일본

(자료 : 국세청)

상속세 과세대상

(상증법 제2조)

상속세 과세대상 재산은 상속으로 인하여 상속개시 되는 경우 상속개시일 현재 피상속인의 귀속재산으로 하며, 유증·사인증여·특별연고자 상속재산 분여, 유언대용신탁, 수익자연속신탁으로 인하여 상속받은 재산을 포함합니다. (상증법 집행기준 3-0-1 상속세 과세대상)

- (피상속인이 거주자인 경우) 상속개시일 현재 국내·국외에 있는 모든 상속재산
- (피상속인이 비거주자인 경우) 상속개시일 현재 국내에 있는 모든 상속재산

1 상속의 범위

상증법에서는 상속의 범위를 다음과 같이 정하고 있습니다. (상증법 제2조제1호 각 목)

(가) 민법 제5편(상속)에 따른 상속

(나) 민법 제1057조의2(특별연고자에 대한 분여)에 따른 피상속인과 특별한 연고가 있던 자(이하 '특별연고자')에 대한 상속재산의 분여

(다) 유증

(라) 민법 제562조(사인증여)에 따른 증여자의 사망으로 인하여 효력이 생길 증여

(마) 신탁법 제59조(유언대용신탁)에 따른 유언대용신탁 (2021.1.1.이후 상속분부터 적용합니다.)

(바) 신탁법 제60조(수익자연속신탁)에 따른 수익자연속신탁 (2021.1.1.이후 상속분부터 적용합니다.)

상증법에서는 '민법에 따른 상속과 특별연고자로 상속재산을 취득한 자'를 '상속인'이라고 하고, '유증받은 자, 사인증여에 의하여 재산을 취득한 자, 유언대용신탁, 수익자연속신탁에 의하여 재산을 취득한 자'를 '수유자'라고 합니다.

☞ **신탁법 제59조(유언대용신탁)**
① 다음 각 호의 어느 하나에 해당하는 신탁의 경우에는 위탁자가 수익자를 변경할 권리를 갖는다. 다만, 신탁행위를 달리 정한 경우에는 그에 따른다.
1. 수익자가 될 자로 지정된 자가 위탁자의 사망 시에 수익권을 취득하는 신탁
2. 수익자가 위탁자의 사망 이후에 신탁재산에 기한 급부를 받는 신탁
② 제1항제2호의 수익자는 위탁자가 사망할 때까지 수익자로서의 권리를 행사하지 못한다. 다만, 신탁행위로 달리 정한 경우에는 그에 따른다.

☞ 신탁법 제60조(수익자연속신탁) 신탁행위로 수익자가 사망한 경우 그 수익자가 갖는 수익권이 소멸하고 타인이 새로 수익권을 취득하도록 하는 뜻을 정할 수 있다. 이 경우 수익자의 사망에 의하여 차례로 타인이 수익권을 취득하는 경우를 포함한다.

☞ **상증법 기본통칙 2-0…1 (상속재산의 범위)**

「상속세 및 증여세법」(이하 '법'이라 한다) 제2조 제3호를 적용함에 있어 적용상 다음 사항을 유의한다.

1. 상속재산에는 물권, 채권 및 무체재산권 뿐만 아니라 신탁수익권 등이 포함된다.
2. 상속재산에는 법률상 근거에 관계없이 경제적 가치가 있는 것, 예를 들면 영업권과 같은 것이 포함된다.
3. 질권, 저당권 또는 지역권과 같은 종된 권리는 주된 권리의 가치를 담보하고 또는 증가시키는 것으로서 독립하여 상속재산을 구성하지 아니한다.
4. 피상속인에게 귀속되는 소득이 있는 경우에는 그 소득의 실질내용에 따라 상속재산인지의 여부를 결정한다. 따라서 상속개시일 현재 인정상여 등과 같이 실질적으로 재산이 없는 경우에는 상속재산에 포함하지 아니하며 현금채권인 배당금, 무상주를 받을 권리 등 실질적으로 재산이 있을 경우에는 상속재산에 포함한다.

☞ **무상이전 원인별 과세 구분과 개념**

세법상 취급	상증법상 대상항목	과세 개념
상속세 과세	상속	민법 규정에 따라 사망 또는 실종선고를 받은 자(피상속인)의 권리·의무를 일정한 자(상속인)에게 포괄적으로 승계시키는 것
	특별연고자 상속재산 분여	피상속인과 생계를 같이 하고 있던 자. 피상속인의 요양간호를 한 자 및 그 밖에 피상속인과 특별한 연고가 있던 자('특별연고자')에 대한 상속재산의 분여
	유증	유언자의 유언(상대방 없는 단독행위)에 의하여 유산의 전부 또는 일부를 무상으로 타인(수유자)에게 증여하는 사인 법률행위
	사인 증여	증여자의 생전에 당사자 합의에 의하여 증여계약이 체결되어 증여자의 사망을 정지조건으로 효력이 발생하는 증여(민법 제562조)
	유언대용신탁	수익자가 될 자로 지정된 자가 위탁자의 사망 시에 수익권을 취득하는 신탁(신탁법 제59조)
	수익자연속신탁	신탁행위로 수익자가 사망한 경우 그 수익자가 갖는 수익권이 소멸하고 타인이 새로 수익권을 취득하는 신탁(신탁법 제60조)
증여세 과세	증여	그 행위 또는 거래의 명칭·형식·목적 등과 관계없이 직접 또는 간접적인 방법으로 타인에게 무상으로 유형·무형의 재산 또는 이익을 이전(현저히 낮은 대가를 받고 이전하는 경우를 포함)하거나 타인의 재산가치를 증가시키는 것(상증법 제2조)

(자료 : 국세청)

2 상속세 과세범위와 상속개시일

☞ 거주자 또는 비거주자의 상속세 적용 차이 (참고: 상증법 집행기준 3-0-2)

피상속인	거주자	비거주자
1. 과세관할(납세지)	피상속인의 주소지 관할서	주된 상속재산 소재지 관할서
2. 상속세 신고기한	상속개시일이 속하는 달의 말일부터 6개월 이내. 단, 상속인 전원이 외국에 주소를 둔 경우는 9개월 이내	상속개시일이 속하는 달의 말일부터 9개월 이내
3. 상속세 과세범위	국내·국외 소재 모든 상속재산(무제한 납세의무)	국내에 소재한 모든 상속재산(제한 납세의무)
4. 과세가액 차감항목 - 공과금 - 장례비 - 채무	 - 공제 가능 - 공제 가능 - 공제 가능	- 해당 상속재산에 대한 공과금 공제 - 공제안됨 - 해당상속재산을 목적으로 하는 전세권·임차권·저당권 등으로 담보된 채무는 공제 - 사망 당시 국내 사업장의 확인된 사업상 공과금·채무 공제
5. 과세표준 계산 - 기초, 배우자, 그밖의 인적공제, 일괄공제, 가업상속, 영농상속 - 금융재산·동거주택·재해손실공제 - 감정평가수수료 - 공제적용 한도액	(상속세 과세가액) - (모든 상속공제 + 감정평가수수료) - 공제가능 - 공제 가능 - 공제 가능 - 적용	(상속세 과세가액) - (기초공제 2억 + 감정평가수수료) - 기초공제 2억원만 공제 가능 - 공제 안 됨 - 공제 가능 - 적용
6. 세액공제 - 증여세액공제 - 외국납부세액 - 단기재산상속공제 - 신고세액공제 - 문화유산 등 징수유예	 - 공제 가능 - 공제 가능 - 공제 가능 - 공제 가능 - 공제 가능	 - 공제 가능 - 공제 가능 - 공제 가능 - 공제 가능 - 공제 가능
7. 연부연납, 물납	가능	가능

(자료: 국세청 책자)

1) 상속세 과세대상

(1) 피상속인의 거주자 여부에 따른 과세대상

피상속인이 상속개시일 현재 거주자 또는 비거주자인지 여부에 따라 상속세 과세대상 범위가 다음과 같이 달라집니다.

- 피상속인이 거주자인 경우 : 상속개시일 현재 피상속인 소유의 국내·국외에 있는 모든 상속재산
- 피상속인이 비거주자인 경우 : 상속개시일 현재 피상속인 소유의 국내에 있는 모든 상속재산

(2) 거주자와 비거주자의 판단

피상속인이 상속개시일 현재 거주자 또는 비거주자인지 여부에 따라 상속세 과세 범위나 세액 계산 시 상속공제액 등이 달라지므로 이에 대한 판정은 매우 중요합니다.

거주자란 국내에 주소를 두거나 183일 이상 거소를 둔 사람을 말하고, 비거주자는 거주자가 아닌 사람을 말합니다. (상증법 제2조제8호, 시행령 제2조)

주소는 국내에서 생계를 같이하는 가족 및 국내에 소재하는 재산의 유무 등 생활관계의 객관적 사실을 종합하여 판정하되, 그 객관적 사실의 판정은 원칙적으로 주민등록법에 따른 주민등록지를 기준으로 합니다. 거소란 주소지 외의 장소 중 상당기간에 걸쳐 거주하는 장소로서 주소와 같이 밀접한 일반적 생활관계가 형성되지 아니하는 장소를 말합니다.

주소와 거소에 관해서는 소득세법 시행령 제2조(주소와 거소의 판정), 제4조(거주기간의 계산)제1항·제2항 및 제4항에 따릅니다.

거주자와 비거자의 판정에 대해서는 소득세법 시행령 제2조(주소와 거소의 판정), 제4조(거주기간의 계산)제1항·제2항 및 제3항에 따르며, 거주자와 비거주자의 판정에 대해서는 소득세법 제2조의2(거주자 또는 비거주자가 되는 시기) 및 제3조(해외현지법인등의 임직원 등에 대한 거주자 판정)에 따르고, 비거주자가 국내에 영주를 목적으로 귀국하여 국내에서 사망한 경우는 거주자로 봅니다. (상증법 시행령 제2조제2항)

☞ 소득세법 시행령 거주자와 비거주자 관련 법 조문

제2조(주소와 거소의 판정) ①「소득세법」(이하 "법"이라 한다) 제1조의2에 따른 주소는 국내에서 생계를 같이 하는 가족 및 국내에 소재하는 자산의 유무등 생활관계의 객관적 사실에 따라 판정한다.

② 법 제1조의2에 따른 거소는 주소지 외의 장소 중 상당기간에 걸쳐 거주하는 장소로서 주소와 같이 밀접한 일반적 생활관계가 형성되지 아니한 장소로 한다.

③ 국내에 거주하는 개인이 다음 각 호의 어느 하나에 해당하는 경우에는 국내에 주소를 가진 것으로 본다.

　1. 계속하여 183일 이상 국내에 거주할 것을 통상 필요로 하는 직업을 가진 때

　2. 국내에 생계를 같이하는 가족이 있고, 그 직업 및 자산상태에 비추어 계속하여 183일 이상 국내에 거주할 것으로 인정되는 때

④ 국외에 거주 또는 근무하는 자가 외국국적을 가졌거나 외국법령에 의하여 그 외국의 영주권을 얻은 자로서 국내에 생계를 같이하는 가족이 없고 그 직업 및 자산상태에 비추어 다시 입국하여 주로 국내에 거주하리라고 인정되지 아니하는 때에는 국내에 주소가 없는 것으로 본다.

⑤ 외국을 항행하는 선박 또는 항공기의 승무원의 경우 그 승무원과 생계를 같이하는 가족이 거주하는 장소 또는 그 승무원이 근무기간외의 기간중 통상 체재하는 장소가 국내에 있는 때에는 당해 승무원의 주소는 국내에 있는 것으로 보고, 그 장소가 국외에 있는 때에는 당해 승무원의 주소가 국외에 있는 것으로 본다.

제2조의2(거주자 또는 비거주자가 되는 시기)

　① 비거주자가 거주자로 되는 시기는 다음 각 호의 시기로 한다.

1. 국내에 주소를 둔 날

2. 제2조제3항 및 제5항에 따라 국내에 주소를 가지거나 국내에 주소가 있는 것으로 보는 사유가 발생한 날

3. 국내에 거소를 둔 기간이 183일이 되는 날

② 거주자가 비거주자로 되는 시기는 다음 각 호의 시기로 한다.

1. 거주자가 주소 또는 거소의 국외 이전을 위하여 출국하는 날의 다음 날

2. 제2조제4항 및 제5항에 따라 국내에 주소가 없거나 국외에 주소가 있는 것으로 보는 사유가 발생한 날의 다음 날

제3조(해외현지법인등의 임직원 등에 대한 거주자 판정) 거주자나 내국법인의 국외사업장 또는 해외현지법인(내국법인이 발행 주식총수 또는 출자지분의 100분의 100을 직접 또는 간접 출자한 경우에 한정한다) 등에 파견된 임원 또는 직원이나 국외에서 근무하는 공무원은 거주자로 본다.

제4조(거주기간의 계산) ① 국내에 거소를 둔 기간은 입국하는 날의 다음날부터 출국하는 날까지로 한다.

② 국내에 거소를 두고 있던 개인이 출국 후 다시 입국한 경우에 생계를 같이하는 가족의 거주지나 자산소재지등에 비추어 그 출국목적이 관광, 질병의 치료 등으로서 명백하게 일시적인 것으로 인정되는 때에는 그 출국한 기간도 국내에 거소를 둔 기간으로 본다.

③ 국내에 거소를 둔 기간이 1과세기간 동안 183일 이상인 경우에는 국내에 183일 이상 거소를 둔 것으로 본다.

④ 「재외동포의 출입국과 법적 지위에 관한 법률」 제2조에 따른 재외동포가 입국한 경우 생계를 같이 하는 가족의 거주지나 자산소재지등에 비추어 그 입국목적이 관광, 질병의 치료 등 기획재정부령으로 정하는 사유에 해당하여 그 입국한 기간이 명백하게 일시적인 것으로 기획재정부령으로 정하는 방법에 따라 인정되는 때에는 해당 기간은 국내에 거소를 둔 기간으로 보지 아니한다.

2) 상속개시일

'상속개시일'이란 피상속인이 사망한 날을 말합니다. (상증법 제2조)

상속개시일의 시기는 상속개시의 원인이 발생한 때입니다. 즉 피상속인이 사망한 순간이 상속개시의 시기(상속개시일)입니다.

① 자연적 사망 : 실제로 사망한 사실이 발생하는 시점(추정 효력)

② 인정사망 : 가족관계등록부에 기재된 사망의 연, 월, 일, 시(추정 효력)

③ 실종선고 : 실종선고일(간주 효력)

④ 부재선고 : 선고일(간주 효력)

⑤ 동시사망 : 2인 이상이 동일 위난으로 사망시, 동시사망으로 추정(추정효력)

민법에서 실종신고로 인한 사망으로 보는 시점은 실종기간 만료일입니다.(민법 제28조) 보통 실종은 실종일(최후 소식일)로부터 5년, 특별실종(선박, 항공기, 사고 등)은 위난발생일로부터 1년을 말합니다.

상증법에서는 민법 규정을 따를 경우 국세부과제척기간(15년 등)이 경과되어 상속세 과세가 불가능한 사례가 발생하기 때문에 민법과 다르게 실종선고일을 사망일(상속개시일)로 봅니다. (상증법 제2조제2호)

| 제 3 절 | 상속세 납부의무 |

(상증법 제3조의2)

상속인이나 수유자는 부과된 상속세에 대하여 상속재산(합산대상 증여재산과 추정 상속재산 포함) 중 각자가 받았거나 받을 재산을 기준으로 계산한 점유비율에 따라 상속세를 납부할 의무가 있습니다. (상증법 제3조의2제1항)

특별연고자 및 수유자가 영리법인일 경우에는 그 영리법인이 납부할 상속세를 면제하되 그 영리법인의 주주 또는 출자자 중 상속인과 그 직계비속이 있는 경우에는 그의 지분상당액을 그 상속인 및 직계비속이 상속세를 납부할 의무가 있습니다. (상증법 제3조의2제2항)

이 경우 부과된 상속세는 상속인 또는 수유자 각자가 받았거나 받을 재산(자산 총액 - 부채총액 - 상속세액)을 한도로 연대하여 납부할 의무를 집니다. (상증법 제3조의2제3항)

1 상속세 납부의무자 구분

상속세 납세의무자는 상속인과 수유자로 상속인과 수유자의 범위는 다음과 같습니다. (상증법 제3조의2)

〈상속인〉

① 상속으로 인하여 재산을 취득한 상속인

  민법상 상속순위에 따른 상속인, 대습상속인, 피상속인의 배우자, 결격 상속인

② 상속 포기한 상속인

③ 민법상 특별연고자

〈수유자〉

④ 유증·사인증여를 받은 자

⑤ 증여 채무의 이행 중에 증여자가 사망한 경우의 그 증여재산을 취득한 자

⑥ 유언대용신탁 및 수익자연속신탁에 의하여 신탁의 수익권을 취득한 자

〈특례〉

⑦ 영리법인에 유증 등을 하는 경우로서 상속인과 그 직계비속이 영리법인의 주주인 경우 그 상속인 및 직계비속

상속인의 범위는 민법 규정에 따른 선순위 상속인에 한정되므로 상속재산의 전부 또는 일부를 받은 자로서 선순위 상속인이 있는 경우 후순위 상속인은 상속인이 아닌 자에 해당됩니다. (상증법 집행기준 13-0-3)

1) 자연인

원칙적으로 자연인(태아 포함)인 상속인 또는 수유자는 상속세 납세의무가 있습니다.

☞ 사전증여만 받은 손자가 상속세 납세의무자인지 여부
사전 증여재산만 있고 상속받은 재산이 없는 상속인 외의 자는 상속세 납부의무가 없습니다. (재산세과-149, 2010.3.10.)

(1) 태아

태아는 민법상 상속에 있어서는 이미 출생한 것으로 보고 있어 태아는 자연인이 아니면서도 이미 출생한 자연인과 같은 상속의 권리·의무를 취득하여 상속세 납세의무자가 될 수 있습니다. 다만 사망한 상태로 출산되면 상속 능력을 잃습니다.

☞ **민법 제1000조(상속의 순위)**
① 상속에 있어서는 다음 순위로 상속인이 된다.
1. 피상속인의 직계비속
2. 피상속인의 직계존속
3. 피상속인의 형제자매
4. 피상속인의 4촌 이내의 방계혈족
② 전항의 경우에 동순위의 상속인이 수인인 때에는 최근친을 선순위로 하고 동친등의 상속인이 수인인 때에는 공동상속인이 된다.
③ 태아는 상속순위에 관하여는 이미 출생한 것으로 본다.

(2) 상속포기를 한 상속인, 결격 상속인

민법상 상속 포기의 경우에는 상속 개시된 때에 소급하여 그 효력이 있으므로, 상속포기를 한 자는 당연히 상속세 납부의무가 없는 것입니다. 따라서 상속개시 전 재산을 증여받은 자가 상속을 포기하게 되면 상속재산 합산과세를 통한 납세의무를 면하게 될 수 있어 생전의 증여로 상속세를 회피할 우려가 있습니다.

따라서 상증법에서는 상속포기한 상속인이라 하더라도 상속개시 전 10년 이내에 피상속인으로부터 증여받은 재산이 있거나 사용처 불분명으로 추정상속재산이 있는 경우에는 상속세 납부의무

및 연대납부의무를 부여하였습니다. (상증법 제3조의2)

결격 상속인도 위와 같은 이유로 상속세 납부의무가 발생합니다.

(3) 특별연고자 분여에 대한 상속세 과세

민법에 따르면 상속권을 주장하는 자가 없는 때에는 피상속인과 생계를 같이하고 있던 자, 피상속인의 요양간호를 한 자, 기타 피상속인과 특별한 연고가 있던 자 등의 청구에 따라 상속재산의 전부 또는 일부를 분여할 수 있습니다.

이와 같이 민법규정에 따라 특별연고자에게 상속재산의 일부가 귀속되는 경우 그 특별연고자는 민법상 상속인은 아니지만 상속세 납부의무가 있습니다.

2) 자연인 외의 법인 등

(1) 영리법인

특별연고자 또는 수유자가 영리법인인 경우로서 영리법인 자체는 자산수증이익으로 법인세를 납부하게 되므로 상속세에 대한 납세의무는 없지만, 그 영리법인의 주주 또는 출자자(이하 "주주등"이라 합니다) 중 상속인과 그 직계비속이 있는 경우에는 대통령령으로 정하는 바에 따라 계산한 지분상당액을 그 상속인 및 직계비속이 납부할 의무가 있습니다. (상증법 제3의2제2항)

☞ 2014.1.1. 이후부터 적용사항입니다.

이는 영리법인을 이용한 변칙상속에 대한 과세를 강화하기 위해 마련된 조문입니다. 위의 경우를 제외하고는 특별연고자 또는 수유자가 영리법인인 경우에는 그 영리법인이 납부할 상속세를 면제합니다.

(2) 비영리법인 또는 법인격 없는 사단·재단 기타 단체

비영리법인이 상속재산을 유증받은 경우에는 그 유증받은 재산의 범위 내에서 상속세 납세의무가 있습니다.(상증법 제3조의2제1항) 법인격 없는 단체도 비영리법인으로 보기 때문에 상속세 납세의무자가 됩니다.(상증법 제4조의2제8항)

이 경우 해당 비영리법인이나 단체가 상증법 시행령 제12조에 따른 공익법인 등(종교·자선·학술 또는 그 밖의 공익목적의 사업을 영위하는 자를 말합니다)에 해당되면 그 공익법인 등이 유증받은 상속재산의 가액에 대해서는 상속세 과세가액에서 제외하도록 하고 있어 상속세가 과세되지 아니합니다.

2 상속세 납부의무

· 각자가 받았거나 받을 재산을 기준으로 계산한 비율에 따라 상속세를 납부할 의무가 있으며, 각자가 받았거나 받을 재산 (= 자산총액 - 부채총액 - 상속세액)을 한도로 연대납세의무가 있습니다.

1) 상속인 또는 수유자

상속인 또는 수유자는 부과된 상속세에 대하여 상속재산(합산대상증여재산과 추정상속재산을 포함합니다) 중 각자가 받았거나 받을 재산을 기준으로 계산한 점유비율에 따라 상속세를 납부할 의무가 있습니다. (상증법 집행기준 3의2-0-1)

상속인 또는 수유자별 상속세 납세의무 비율은 상속인 또는 수유자별 과세표준이 전체 상속세에서 차지하는 비율로 산정하게 됩니다. (상증법 시행령 제3조제1항)

상속인별 상속세 납부의무 비율을 수식화해 보면 다음과 같습니다.

$$\text{상속인별 상속세 납부의무 비율} = \frac{\text{가산한 상속인별 증여재산 과세표준} + (\text{상속세 과세표준} - \text{가산한 증여재산 과세표준}) \times \dfrac{\text{상속인별 상속세 과세가액상당액} - \text{가산한 상속인별 증여재산가액}}{\text{상속세 과세가액} - \text{가산한 증여재산가액}}}{(\text{상속세 과세표준}) - (\text{상속인 및 수유자가 아닌 자에게 상속개시일 전 5년 이내에 증여한 재산 과세표준})}$$

상속인별 납부할 상속세액은 배분할 상속세액(상속세 산출세액 - 상속인 또는 수유자가 아닌 자의 증여세액 공제액)에 위 상속인별 상속세 납부의무비율을 곱하여 계산합니다.

2) 영리법인의 주주등

특별연고자 또는 수유자가 영리법인인 경우로서 그 영리법인의 주주 또는 출자자 중 상속인과 그 직계비속이 있는 경우에는 그의 지분상당액을 그 상속인과 그 직계비속이 납부할 의무가 있습니다. (상증법 제3조의2제2항, 시행령 제3조제2항)

지분상당액 = {영리법인이 받았거나 받을 상속재산에 대한 상속세 상당액 -

(영리법인이 받았거나 받을 상속재산 × 10%)} × 상속인·그 직계비속의 주식지분율

위와 같이 상속세를 과세 받은 주식 등을 양도할 때는 해당 상속재산가액을 그 주식 등의 취득가액에 가산하는 방법으로 양도차익에서 조정합니다. (소득세법 시행령 제163조제10항)

3) 추정상속인·유언집행자 또는 상속재산관리인

세무서장이나 지방국세청장은 상속세를 부과할 때 납세관리인이 있는 경우를 제외하고 상속인이 확정되지 아니하였거나 상속인이 상속재산에 대하여 처분의 권한이 없는 경우에는 특별한 규정이 없는 한 추정상속인, 유언집행자 또는 상속재산관리인에게 상속세를 부과하고 납부의무를 지울 수 있습니다. (국세기본법 제82조제5항)

- ☞ (추정상속인) 현 상태로 상속이 개시된다고 가정할 경우 상속인이 될 자를 말합니다.
- ☞ (유언자) 유언으로 유언집행자를 지정할 수 있고(민법 제1093조), 지정된 유언집행자가 없는 때에는 상속인이 유언집행자가 됩니다.(민법 제1095조), 유언집행자가 없거나 사망 등의 사유로 인하여 없게 된 때에는 법원은 이해관계인 청구에 의하여 유언집행자를 선임하여야 합니다. (민법 제1096조)
- ☞ (상속재산관리인을 선임 및 공고) 상속인이 수인인 경우나 상속인의 존부가 분명하지 아니한 때 혹은 법원이 상속재산을 분리한 경우 그 재산관리를 위해 법원은 피상속인의 친족, 이해관계인 또는 검사의 청구에 의하여 상속재산관리인을 선임하고 공고해야 합니다. (민법 제1023조, 제1053조)

4) 연대납세의무

상속인 또는 수유자(사인증여의 수증자 포함)는 상속재산 중 각자가 받았거나 받을 재산 (= 자산총액 - 부채총액 - 상속세액)을 한도로 연대하여 납부할 의무를 집니다. 이 경우 상속으로 인하여 얻은 자산에 사전증여재산이 포함되며, 차감하는 상속세액에 사전증여에 따른 증여세가 포함됩니다. (상증법 제3조의2, 시행령 제3조제1항)

☞ **상속세 납부의무자 구분** (상증법 제3조의2)

납부의무자	범위
상속인	법정상속인(민법 제1000조), 대습상속인(민법 제1001조) 피상속인의 배우자(민법 제1003조), 결격상속인(민법 제1004조), 상속포기자(민법 제1019조), 특별연고자(민법 제1057조의2)
수유자	유증을 받는 자, 사인증여로 재산을 취득(증여채무의 이행 중에 증여자가 사망한 경우의 그 증여재산을 포함)한 자, 유언대용신탁 및 수익자연속신탁에 의하여 신탁의 수익권을 취득한 자)
영리법인의 주주인 상속인과 그 직계비속	특별연고자 및 수유자가 영리법인 경우 영리법인의 주주등인 상속인과 그 직계비속
추정상속인, 유언 집행자, 상속재산관리인	상속인이 확정되지 아니하였거나 상속인이 상속재산에 대하여 처분의 권한이 없고 특별한 규정이 없는 경우

(자료 : 국세청 책자)

☞ **상속세 납세의무자** (상증법 집행기준 3의2-0-2)

구분		내용
법정 상속인	법정상속인	① 상속순위 　1. 피상속인의 직계비속　2. 피상속인의 직계존속 　3. 피상속인의 형제자매　4. 피상속인의 4촌 이내의 방계혈족 ② 동순위의 상속인이 수인인 때에는 최근친을 선순위로 하고 동친 등의 상속인이 수인인 때에는 공동상속인이 됩니다.
	배우자	배우자는 피상속인의 직계비속과 직계존속의 상속인이 있는 경우에는 그 상속인과 동순위로 공동상속인이 됩니다.
	상속결격자 또는 상속포기자	상속개시일 전 10년 이내에 피상속인으로부터 증여받은 재산이 상속재산에 가산되었거나 추정상속재산이 있는 경우에는 상속세 납세의무자인 상속인에 포함됩니다.
	대습상속인	상속인이 될 직계비속 또는 형제자매가 상속개시 전에 사망하거나 결격자가 된 경우에 그 직계비속 또는 배우자가 있는 때에는 그 직계비속 또는 배우자가 사망하거나 결격된 자의 순위에 갈음하여 상속인이 됩니다.
	특별연고자	특별연고자란 상속권을 주장하는 상속인이 없을 경우 피상속인과 생계를 같이 하고 있던 자, 요양간호를 한 자, 기타 특별한 연고가 있던 자로서 청구에 의해 상속재산의 전부 또는 일부를 받는 자를 말합니다.
수유자		유증 또는 사인증여로 재산을 취득하는 자로서 상속인이 아닌 자

납세지(과세관할)

(상증법 제5조·제6조, 시행령 제2조)

납세지란 납세의무자가 세법 등 다른 의무를 이행하고 권리를 행사하는데 기준이 되는 장소를 말합니다. 이는 관할세무서를 정하는 기준이 됩니다.

과세표준신고서는 신고 당시 그 국세의 납세지를 관할하는 세무서장에게 제출하여야 합니다. 이 경우 과세표준신고서가 관할이 아닌 세무서장에게 제출된 경우에도 그 신고의 효력에는 영향이 없습니다.

국세의 과세표준과 세액의 결정 또는 경정결정분은 그 처분당시(즉, 결정·경정하는 때)의 그 국세의 납세지를 관할하는 세무서장이 행합니다. 이 경우 납세지 관할세무서장 이외의 세무서장이 행한 결정 또는 경정결정처분은 그 효력이 없습니다. 다만 세법 또는 다른 법령 등에 따라 권한 있는 세무서장이 결정 또는 경정 결정하는 경우에는 그러하지 아니합니다.

- 상속개시지가 국내인 경우
  - (주소가 있는 경우) 피상속인 주소지를 관할하는 세무서장 등
  - (주소지가 불분명시) 피상속인 거소지를 관할하는 세무서장 등
- 상속개시지가 국외인 경우
  - (국내에 있는 재산의 소재지) 관할하는 세무서장 등
  - (상속재산이 2이상의 세무서장 등의 관할구역 안에 있을 경우) 주된 재산의 소재지를 관할하는 세무서장 등

1 피상속인이 거주자인 경우

상속세는 상속개시지를 관할하는 세무서장(국세청장이 중요하다고 인정하는 경우에는 관할 지방국세청장)이 과세합니다.(상증법 제6조제1항, 과세 관할) 여기에서 '상속개시지'란 피상속인의 주소지를 말하나, 주소지가 없거나 분명하지 않은 경우에는 거소지로 합니다.

거소란 주소지 외의 장소 상당기간에 걸쳐 거주하는 장소로서 주소와 같이 밀접한 생활관계가 형성되지 아니한 장소를 말합니다. (소득세법 시행령 제2조)

☞ 「상속세 및 증여세법 시행령」제2조(주소와 거소의 정의 등)

　① 「상속세 및 증여세법」(이하 "법"이라 한다) 제2조제8호에 따른 주소와 거소에 대해서는 「소득세법 시행령」 제2조, 제4조
　　제1항·제2항 및 제4항에 따른다.

　② 법 제2조제8호에 따른 거주자와 비거주자의 판정에 대해서는 「소득세법 시행령」 제2조의2 및 제3조에 따르며, 비거주자
　　가 국내에 영주를 목적으로 귀국하여 국내에서 사망한 경우에는 거주자로 본다.

2 피상속인이 비거주자인 경우

상속개시지가 국외인 경우에는 상속재산 소재지를 관할하는 세무서장 등이 과세하고, 상속재산
이 둘 이상의 세무서장 등의 관할구역에 있을 경우에는 주된 재산의 소재지를 관할하는 세무서장
등이 과세합니다. (상증법 제6조제1항)

이 경우 '주된 재산의 소재지'란 과세관할별로 계산한 상속재산가액의 합계액이 가장 큰 곳을
말합니다.

3 상속·증여재산의 소재지

피상속인이 비거주자이면 피상속인의 재산이 국내에 있는 경우에만 상속세 납세의무가 있습니
다. 상속개시지가 국외인 때에는 국내에 있는 재산의 소재지를 관할하는 세무서장 등이 상속세를
과세하고, 증여세에 있어서도 증여자와 수증자가 모두 비거주자이면 증여재산 소재지 관할세무서
장 등이 증여세를 과세합니다.

따라서 상속재산 또는 증여재산이 국내에 있는지 없는지는 납세의무의 유무를 결정하는 기준이
되고, 관할세무서의 결정기준도 됩니다. 상증법에서는 상속개시 또는 증여 당시의 현황에 따라 상
속·증여재산의 소재지를 다음과 같이 정하고 있습니다. (상증법 제5조제1항)

　① 부동산 또는 부동산에 관한 권리 : 부동산 소재지

　② 광업권 또는 조광권 : 광구의 소재지

　③ 어업권, 양식업권 또는 입어권 : 어장에 가장 가까운 연안

　④ 선박 : 선박의 소재지

　⑤ 항공기 : 항공기의 정치장의 소재지

⑥ 주식·출자지분 또는 사채 : 그 주식 등을 발행한 법인 또는 그 출자가 되어 있는 법인의 본점 또는 주된 사무소의 소재지. 다만 외국법인이 국내에서 발행한 주식 등은 그 거래를 취급하는 금융회사 영업장의 소재지

⑦ 금전신탁(자본시장과 금융투자업에 관한 법률을 적용받는 신탁업을 경영하는 자) : 그 신탁재산을 인수한 영업장의 소재지. 다만, 금전신탁 외의 신탁재산에 대해서는 신탁한 재산의 소재지

⑧ 금융재산(⑥, ⑦ 제외) : 그 재산을 취급하는 금융회사 영업장의 소재지

⑨ 금전채권 : 채무자의 주소지, 다만, ⑥부터 ⑧에 해당하는 경우는 제외

⑩ 위 ① ~ ⑨를 제외한 유형재산 또는 동산 : 그 유형재산의 소재지 또는 동산이 현재 있는 장소

⑪ 특허권·상표권 등 등록이 필요한 권리 : 그 권리를 등록한 기관의 소재지

⑫ 저작권(출판권·저작인접권 포함) : 저작물의 목적물이 발행되었을 경우 그 발행 장소

⑬ ① ~ ⑫를 제외한 그 밖의 영업장이 가진 자의 그 영업에 관한 권리 : 그 영업장의 소재지

⑭ 그 밖의 재산 : 그 재산의 권리자의 주소 (상증법 제5조제2항)

위의 재산의 소재지의 판정은 상속개시 또는 증여 당시의 현황에 따릅니다. (상증법 제5조제3항)

상속세 및 증여세의 부과제척기간

(국세기본법 제26조의2)

국세부과의 제척기간은 국세부과권을 행사할 수 있는 법정기간으로 그 부과제척기간이 경과하면 정부의 부과권이 소멸되어 일정한 특례를 제외하고 과세표준이나 세액을 변경하는 어떠한 결정이나 경정도 할 수 없습니다. (국세기본법 제26조의2)

국세부과제척기간은 일반적으로 국세징수권(확정된 조세채권의 납부이행을 청구할 수 있는 권리)의 소멸시효와는 달리 중단이나 정지가 없이 진행됩니다. 부과제척기간이 경과한 후에는 상속·증여세의 부과권이 소멸됩니다.

1 일반적인 경우 (신고분)

법정신고기한의 다음 날부터 10년입니다. 법정신고기한은 거주자는 상속개시일이 속하는 달의 말일부터 6개월 이내, 비거주자인 경우 9개월 이내입니다. (국세기본법 제26조의2제4항)

2 무신고 또는 부정행위로 세금을 포탈한 경우

다음 어느 하나에 해당하는 경우 부과제척기간은 부과할 수 있는 날부터 15년간입니다. (국세기본법 제26조의2제5항)

① 납세자가 사기나 그 밖의 부정한 행위로 상속세·증여세를 포탈하거나 환급·공제받는 경우

 * 부정한 행위 : 조세범처벌법 제3조제6항 각 호의 어느 하나에 해당하는 행위. 사기 기타 그밖의 부정한 행위 규정은 그 부정행위를 한 부분만 적용합니다.(기획재정부 조세법령운용과-1402, 2017.12.9.)

② 상속세·증여세 신고를 하지 않은 경우

③ 상속세·증여세 신고서를 제출한 자가 아래의 거짓신고 또는 누락신고한 경우(거짓신고 또는 누락신고한 부분만 해당) (국세기본법 시행령 제12조의2제2항)

　⑦ 상속재산가액 또는 증여재산가액에서 가공의 채무를 빼고 신고한 경우

　⑭ 권리의 이전이나 그 행사에 등기, 등록, 명의개서 등이 필요한 재산을 상속인 또는 수증자의 명의로 등기 등을 하지 아니한 경우로서 그 재산을 상속재산 또는 증여재산의 신고

에서 누락한 경우

㉮ 예금, 주식, 채권, 보험금, 그 밖의 금융재산을 상속재산 또는 증여재산의 신고에서 누락한 경우

3 상속인 등이 부정한 방법으로 취득한 경우

납세자가 부정행위로 상속세·증여세를 포탈하는 경우로서 다음의 어느 하나에 해당하는 경우에는 일반적인 부과제척기간 10년 또는 15년이 경과된 경우에도 해당 재산의 상속 또는 증여가 있음을 안 날부터 1년 이내에 상속세 및 증여세를 부과할 수 있습니다. 다만 상속인이나 증여자 및 수증자가 사망한 경우와 포탈세액 산출의 기준이 되는 재산가액(다음의 어느 하나에 해당하는 재산의 가액을 합친 것을 말합니다.)이 50억원 이하인 경우에는 그러하지 아니합니다. (국세기본법 제26조의2 제6항) ☞ 1997.1.1.이후 상속분부터 적용합니다.

① 제3자 명의로 된 피상속인·증여자의 재산을 상속인·수증자가 취득한 경우

② 계약이행기간 중 상속이 개시되어 피상속인이 생략되고 상속인이 직접 취득

③ 국외 소재 상속·증여재산을 상속인·수증자가 취득

④ 등기·등록·명의개서가 필요하지 아니한 유가증권, 서화, 골동품 등을 상속인·수증자가 취득

⑤ 수증자의 명의로 되어 있는 증여자의 금융자산을 수증자가 보유, 사용·수익한 경우
     ☞ 2013.1.1.이후부터 적용됩니다.

⑥ 비거주자인 피상속인의 국내재산을 상속인이 취득한 경우 ☞ 2017.1.10이후부터 적용됩니다.

⑦ 상증법 제45조의2에 따른 명의신탁재산 증여의제에 해당하는 경우
     ☞ 2020.1.1.이후부터 적용됩니다.

⑧ 상속·증여재산인 가상자산을 가상자산사업자를 통하지 아니하고 상속인이나 수증자가 취득한 경우 ☞ 2023.1.1.이후부터 적용됩니다.

4 판결 등에 따른 제척기간 특례

이의신청·심사청구(감사원 포함)·심판청구·소송에 대한 결정과 판결이 있는 경우에는 그 결정 또는 판결이 있는 확정된 날부터 1년 이내에 결정·판결에 따라 경정결정이나 그 밖에 필요한 처분을 할 수 있습니다. (국세기본법 제26조의2제6항)

제3장 상속세 과세대상 재산

제1절 총상속재산

(상증법 제1조)

상속세 과세대상 재산은 피상속인에게 귀속되는 재산으로서 금전으로 환산할 수 있는 경제적 가치가 있는 물건과 재산적 가치가 있는 법률상·사실상의 권리를 말하는 것으로서 본래의 상속재산과 간주상속재산, 추정상속재산으로 구분합니다.

☞ 총상속재산의 범위

구분	범위	세부 내용
총상속재산	본래의 상속재산	• 상속·유증·사인증여를 원인으로 승계되는 상속개시 당시 피상속인의 현존재산
	간주상속재산	• 보험금 • 신탁재산 • 퇴직금 등
	추정상속재산	• 상속개시 전 처분재산 중 사용처 불분명 금액 • 상속개시 전 부담채무 중 사용처 불분명 금액

(자료 : 국세청 책자)

본래의 상속재산

- **(본래의 상속재산)** 상속·유증·사인증여를 원인으로 승계되는 상속개시 당시 피상속인의 현존재산

본래의 상속재산의 범위는 다음과 같습니다.

금전으로 환산할 수 있는 경제적 가치가 있는 모든 물건과 재산적 가치가 있는 법률상 사실상의 모든 권리를 포함하고, 피상속인의 일신에 전속하는 것으로 피상속인의 사망으로 인하여 소멸되는 것은 제외합니다. (상증법 집행기준 2-0-3)

상속은 민법 제5편에 따른 상속·유증, 사인증여(증여채무 이행 중에 증여자가 사망한 경우의 해당 증여를 포함), 민법상 특별연고자의 상속재산분여를 말합니다.

☞ **상속재산에 포함되는 경우 (상증법 집행기준 2-0-4)**
① 물권, 채권, 영업권 및 무체재산권 뿐만 아니라 신탁수익권, 전화가입권 등 법률상 근거에 불구하고 경제적 가치가 있는 것
② 상속개시일 현재 배당금, 무상주를 받을 권리
③ 상속개시 전 피상속인이 부동산 양도계약을 체결하고 잔금을 영수하기 전에 사망한 경우에는 양도대금 전액에서 상속개시 전에 영수한 계약금과 중도금을 차감한 잔액
④ 상속개시 전 피상속인이 부동산 양수계약을 체결하고 잔금을 지급하기 전에 사망한 경우에는 이미 지급한 계약금과 중도금
⑤ 상속개시일 현재 피상속인이 명의신탁한 사실이 명백히 확인되는 재산
⑥ 피상속인이 생전에 토지거래계약에 관한 허가구역에 있는 토지를 허가받지 아니하고 매매계약을 체결하여 매매대금의 잔금까지 수령한 경우 당해 토지
⑦ 피상속인이 타인과 함께 합유 등기한 부동산은 그 부동산가액 중 피상속인의 몫에 상당하는 가액
⑧ 부친이 사망한 후에 부친 소유의 부동산을 자녀의 명의로 증여 등기한 경우 당해 재산

☞ **상속재산에 포함되지 않는 경우 (상증법 집행기준 2-0-5)**
① 질권, 저당권 또는 지역권과 같은 종된 권리
② 피상속인이 상속개시일 현재 명의수탁하고 있는 재산임이 명백히 확인되는 경우 당해 재산
③ 배당기준일 현재 생존하고 있던 주주가 주주총회의 잉여금 처분결의 전에 사망한 경우로서 상속개시 후에 잉여금의 처분이 확정된 경우 당해 배당금
④ 상속개시일 현재 피상속인에게 귀속되는 채권 중 전부 또는 일부가 상속개시일 현재 회수 불가능한 것으로 인정되는 경우 그 가액
⑤ 상속개시일 현재 피상속인 명의로 소유하고 있는 부동산이 상속개시 전에 이미 제3자에게 처분된 사실이 객관적으로 확인되는 부동산
⑥ 피상속인에게 귀속되는 소득 중 상속개시일 현재 인정상여 등과 같이 실질적 재산이 아닌 경우

(상증법 제8조·제9조·제10조)

• (간주상속재산) 보험금, 신탁재산, 퇴직금 등

간주상속재산에는 보험계약에 의해 취득되는 '보험금', '신탁계약에 의하여 취득되는 신탁재산' 및 '퇴직금 등'이 있습니다.

간주상속재산은 피상속인이 사망을 원인으로 실질상 상속인에게 귀속되므로 민법상 상속재산에 해당되지 않지만, 간주상속재산이 상속, 유증 또는 사인증여를 원인으로 취득하는 본래적 의미의 상속재산은 아니라하더라도, 그 재산 취득사실의 결과로서 상속·유증 등으로 취득하는 경우와 동일한 경제적 이익이 발생하기 때문에 조세 회피방지, 실질과세, 과세형평을 위해서 상속재산으로 보아 상속세를 과세하고 있습니다.

1 보험금 (상증법 제8조)

• (보험금) 피상속인의 사망으로 인하여 받는 생명보험 또는 손해보험의 보험금으로서 피상속인이 보험계약자(보험계약자가 아닌 피상속인 외의 자이나, 피상속인이 실질적으로 보험료를 납부하였을 때에는 피상속인을 보험계약자로 봄)인 보험계약에 의하여 받는 것
• (상속재산으로 보는 보험금) = 보험금 × 피상속인이 부담한 보험료 / 사망까지 불입된 보험료의 합계

피상속인으로부터 상속, 유증 또는 사인증여로 취득하는 것 외에 상속인은 보험계약에 의해 보험회사로부터 경제적 이익을 무상으로 취득하는 경우가 있습니다.

피상속인이 생명보험 또는 손해보험을 가입하고 보험료를 납부하고 사망한 경우, 보험수익자인 상속인은 상속인의 고유재산(보험금지급청구권)으로 보험금을 수령합니다. 이는 피상속인이 상속인에게 경제적 이득을 무상 이전하는 결과가 되므로, 실질과세원칙상 해당 보험금을 상속재산으로 간주합니다. (상증법 제8조)

☞ (판례) 피상속인의 사망으로 지급되는 생명보험의 보험금을 상속재산으로 의제한 것은 실질적 조세법률주의에 위배되거나 납세의무자의 재산권을 침해한다고 볼 수 없습니다. (헌재2007헌바137, 2009.11.26.)

1) 상속재산으로 보는 보험금 요건 (①+②+③ 요건 모두 충족)

(상증법 제8조제1항)

① 생명보험 또는 손해보험의 보험금

보험금에는 소득세법 시행령 제25조제2항제2호의 수산업협동조합중앙회 및 조합, 신용협동조합중앙회 및 조합, 새마을금고연합회 및 금고 등이 취급하는 생명공제계약 또는 손해공제계약과 같은 항 제3호의 우체국이 취급하는 우체국보험계약에 따라 지급되는 공제금 등을 포함합니다. (상증법 기본통칙 8-0-1)

② 피상속인의 사망으로 인하여 받는 것

③ 피상속인이 보험계약자가 된 보험계약에 의하여 지급받는 것

이 경우 보험계약자가 피상속인이 아닌 경우에도 피상속인이 현실적으로 보험료를 납부하였을 때에는 피상속인은 보험계약자로 봅니다. (상증법 제8조제2항)

2) 상속재산으로 보는 보험금 계산 (상증법 시행령 제4조)

상속재산으로 보는 보험의 계산 산식은 다음과 같습니다. (상증법 시행령 제4조제1항 산식)

$$\text{지급받은 보험금의 총합계액} \times \frac{\text{피상속인이 부담한 보험료의 금액}}{\text{해당 보험계약에 따라 피상속인의 사망 시까지 불입된 보험료의 총합계액}}$$

'피상속인이 부담한 보험료'는 보험증권에 기재된 보험료의 금액에 의하여 계산하고 보험계약에 의하여 피상속인이 지급받는 배당금등으로서 당해 보험료에 충당한 것이 있을 경우에는 그 충당된 부분의 배당금등의 상당액은 피상속인이 부담한 보험료에 포함합니다. (상증법 시행령 제4조제2항)

2 신탁재산 (상증법 제9조)

상증법에서는 신탁법에 따른 신탁으로 한정하지 않고, '피상속인이 신탁한 재산은 상속재산으로 본다'(상증세법 제9조제1항) 라고 포괄적으로 규정하고 있습니다. 신탁재산의 과세범위는 다음과 같습니다.(상증법 제9조 각 항)

① (피상속인이 신탁한 재산) 타인이 신탁의 이익을 받을 권리를 소유하고 있는 경우에는 그 이익에 상당하는 가액은 상속재산으로 보지 않습니다.

② (피상속인이 신탁으로 인하여 타인으로부터 신탁의 이익을 받을 권리를 소유) 그 이익에 상당하는 가액을 상속재산에 포함합니다.

③ (수익자연속신탁의 수익자가 사망함으로써 타인이 새로 신탁의 수익권을 취득하는 경우) 타인이 취득한 신탁의 이익을 받을 권리의 가액은 사망한 수익자의 상속재산에 포함합니다.

신탁법에 따라 위탁자가 수탁자의 재산 신탁계약을 체결하여 위탁자의 재산권을 수탁자의 명의로 신탁이전하고, 수탁자로 하여금 지정된 수익자를 위하여 그 재산권이나 그 이익을 관리·처분할 수 있습니다. 이 경우 수탁자는 그 재산에 대한 명목상 소유자에 불과하고, 신탁재산의 실질적인 소유자는 위탁자이므로 피상속인이 신탁하는 재산이나 피상속인이 신탁이익을 받을 권리를 소유한 경우에는 그 재산을 상속재산으로 봅니다. (상증법 제9조)

1) 상속재산으로 보는 신탁재산의 범위 (상증법 제9조)

① 피상속인이 신탁한 재산 : 신탁재산가액 (상증법 제9조제1항)

이 경우 타인이 신탁이익을 받을 권리를 소유하고 있는 경우에는 그 이익에 상당하는 가액은 증여세 과세대상이므로 제외합니다.

② 피상속인이 신탁이익의 수익자인 경우 : 그 신탁이익을 받을 권리의 가액 (상증법 제9조제2항)

③ 수익자연속신탁의 수익자가 사망함으로써 타인이 새로 신탁의 수익권을 취득하는 경우 : 그 타인이 취득한 신탁의 이익을 받을 권리의 가액(사망한 수익자의 상속재산에 포함합니다) (상증법 제9조제2항)

2) '신탁의 이익을 받을 권리' 소유시기의 판정기준

신탁의 이익을 받을 권리의 소유 여부는 '원본 또는 수익이 수익자에게 실제 지급되는 때'를 기준으로 판정합니다. (상증법 제5조·제33조, 시행령 제9조·제25조)

> ☞ **상증법 제33조(신탁이익의 증여)**
> ① 신탁계약에 의하여 위탁자가 타인을 신탁의 이익의 전부 또는 일부를 받을 수익자(受益者)로 지정한 경우로서 다음 각 호의 어느 하나에 해당하는 경우에는 원본(元本) 또는 수익(收益)이 수익자에게 실제 지급되는 날 등 대통령령으로 정하는 날을 증여일로 하여 해당 신탁의 이익을 받을 권리의 가액을 수익자의 증여재산가액으로 한다.
> 1. 원본을 받을 권리를 소유하게 한 경우에는 수익자가 그 원본을 받은 경우
> 2. 수익을 받을 권리를 소유하게 한 경우에는 수익자가 그 수익을 받은 경우

다만, 다음과 같은 경우에는 그 소유시기를 구분하여 판정하여야 합니다. (상증법 시행령 제25조)

☞ '신탁의 이익을 받을 권리' 소유시기의 판정기준 (상증법 시행령 제25조)

구분	소유시기
① 수익자가 이익을 받기 전에 위탁자가 사망시	위탁자의 사망일
② 신탁계약상 지급 약정일까지 원본(수익)이 수익자에게 지급이 되지 아니한 경우	원본(수익)의 지급약정일
③ 원본(수익)을 수회로 분할하여 지급	해당 원본(수익)의 최초 분할 지급일
④ 신탁계약 체결일에 원본(수익)의 이익이 확정되지 않고 분할하여 지급	해당 원본(수익)의 실제 분할 지급일
⑤ 위탁자가 신탁재산을 실질적으로 지배·통제하는 경우(신탁계약 해지권, 수익자 지정·변경권, 신탁종료후 잔여재산 귀속권을 위탁자가 보유)	해당 원본(수익)의 실제 분할 지급일

3) 명의신탁

명의신탁은 실체적인 거래관계(증여계약 등) 없이 매매 등의 형식을 빌려 목적 재산의 명의만을 다른 사람의 명의로 이전하여 두는 것을 말합니다. 피상속인이 타인 명의로 해둔 명의신탁재산은 명의신탁에 따른 증여세 부과와 관계없이 상속재산에 포함합니다.

3 퇴직금 (상증법 제10조)

• 피상속인의 사망으로 인하여 피상속인에게 지급될 퇴직금·퇴직수당·공로금·연금 또는 이와 유사한 것(다만, 법령에 열거된 유족보상금 등은 제외)

피상속인에게 지급될 퇴직금 등이 피상속인의 사망으로 인하여 상속인 등 유족에게 지급되는 경우 그 금액은 상속재산에 포함합니다. 다만, 업무상 사망으로 인하여 근로기준법 등에 따라 지급되는 유족보상금 등은 상속재산으로 보지 아니합니다. (상증법 제10조)

☞ 상속재산으로 보는 퇴직금은 퇴직소득세를 뺀 금액(재산상속46014-508, 2000.4.25.)이며, 이 경우 퇴직소득세는 공과금이 아닙니다.

1) 상속재산으로 보는 퇴직금 등

상속재산으로 보는 퇴직금 등에서 '퇴직금·퇴직수당·공로금·연금 또는 그 밖의 이와 유사한 것' 이란 퇴직급여지급규정 등에 따라 지급받는 금품과 피상속인이 근무하고 있는 사업과 유사한 사업에 있어 피상속인과 같은 지위에 있는 자가 받거나 받을 수 있다고 인정되는 금액을 감안하여 피상속인의 지위·공로 등에 따라 지급되는 금품을 말합니다.

2) 상속재산에 포함되지 않는 유족연금, 유족일시금 등

다음에 해당하는 경우에는 상속재산으로 보지 아니합니다. (상증법 제10조 각 호)

① 「국민연금법」에 따라 지급되는 유족연금 또는 사망으로 인하여 지급되는 반환일시금

② 「공무원연금법」, 「공무원 재해보상법」 또는 「사립학교교직원 연금법」에 따라 지급되는 퇴직유족연금, 장해유족연금, 순직유족연금, 직무상유족연금, 위험직무순직유족연금, 퇴직유족연금부가금, 퇴직유족연금일시금, 퇴직유족일시금, 순직유족보상금, 직무상유족보상금 또는 위험직무순직유족보상금

③ 「군인연금법」에 따라 지급되는 유족연금·유족연금부가금·유족연금일시금·유족일시금 또는 재해보상금

④ 「산업재해보상법」에 따라 지급되는 유족보상연금·유족보상일시금·유족특별급여 또는 진폐유족연금

⑤ 근로자의 업무상 사망으로 인하여 「근로기준법」 등을 준용하여 사업자가 그 근로자의 유족에게 지급하는 유족보상금 또는 재해보상금과 그 밖에 이와 유사한 것

⑥ 「전직대통령예우에 관한 법률」 또는 「별정우체국법」에 따라 지급되는 유족연금·유족연금일시금 및 유족일시금

☞ (상속인이 퇴직금을 수령할 권리를 포기한 경우) 피상속인에게 지급될 퇴직금을 수령할 권리가 있는 상속인이 그 권리를 포기한 경우, 상속인이 해당 퇴직금을 상속받아 퇴직금 지급의무자에게 증여한 것으로 봅니다. (제도46014-12214, 2001.7.18.)

제4절 추정 상속재산

(상증법 제15조, 시행령 제11조)

상속이 개시되기 전에 피상속인이 재산을 처분하거나 예금을 인출 또는 채무를 부담한 경우, 그 처분대금이나 인출된 예금, 대출금 등을 과세자료의 노출이 쉽지 않은 현금 등의 재산으로 전환시켜 신고시 누락하는 방법으로 상속세·증여세를 회피할 가능성이 높습니다.

사망 전 재산처분 등을 통해 현금화하여 상속세 부담을 회피하는 변칙 상속행위를 방지하기 위하여, 피상속인이 상속개시 전 일정한 기간 내에 소유재산을 처분(예금 인출 포함)하거나 채무를 부담한 경우로서 그 금액이 법령에서 정한 일정금액 이상인 경우에는 해당 처분(인출)가액이나 채무부담액에 대하여 상속인에게 그 사용처를 입증하도록 입증의무를 지우고 있습니다.

사용처 소명 결과 상속인이 그 사용처를 입증하지 못한 금액이 일정기준에 해당되면, 미 입증금액을 기준으로 계산한 일정한 금액을 상속인이 현금으로 상속받은 것으로 추정하여 상속세 과세가액에 산입합니다. (상증법 제15조)

☞ (심판례) 이 경우 상속개시 전 처분재산 등의 사용처가 불분명하여 상속세 과세가액에 산입된 추정상속재산의 가액은 상속인 각자가 법정상속지분으로 상속받는 것으로 보아 납부할 세액을 계산(서면4팀-658, 2005.4.29.)하며, 상속인이 상속 포기를 하였다 하더라도 사용처가 미입증된 금액은 상속받은 재산으로 보아 상속세를 과세할 수 있습니다. (국심2003중302, 2003.5.21.)

1 상속개시일 전 처분·인출된 재산의 상속추정

1) 처분재산 또는 인출금액의 사용처 규명대상

다음 중 어느 하나에 해당하는 경우에는 피상속인이 재산을 처분하여 받은 그 처분대금 또는 피상속인의 재산에서 인출한 그 금액에 대하여 상속인이 구체적인 사용처를 규명해야 합니다. (상증법 제15조제1항, 상증법 시행령 제11조)

① 상속개시일 전 1년 이내에 재산종류별로 계산하여 피상속인이 재산을 처분하여 받거나 피상속인의 재산에서 인출한 금액이 2억원 이상인 경우

② 상속개시일 전 2년 이내에 재산종류별로 계산하여 피상속인이 재산을 처분하여 받거나 피상속인의 재산에서 인출한 금액이 5억원 이상인 경우

2) 상속개시일 전 1년(2년) 이내 기간 계산

민법에 따라 기간을 일, 주, 월 또는 연으로 정한 때에는 초일은 산입하지 아니하고 기간의 만료일을 계산합니다. (재삼46014-1691. 1996.7.13.)

3) 재산종류별로 일정기간 내 2억원 이상 또는 5억원 이상 계산

상속개시일 전 1년 이내에 2억원 이상 또는 상속개시일 전 2년 이내에 5억원 이상인 경우가 사용처 규명대상인 바, 해당 2억원 이상 또는 5억원 이상에 해당하는지는 아래와 같이 재산 종류별로 구분하여 판단합니다. (상증법 시행령 제11조제5항)

① 현금·예금 및 유가증권

② 부동산 및 부동산에 관한 권리

③ ① 및 ② 외의 기타재산

☞ 따라서 ①+②+③의 합계액이 상속개시일 전 1년 이내에 3억원에 해당되더라도 ①이 1억원, ②가 1억원, ③이 1억원으로 구성된 경우라면, 각각 재산종류별 가액이 2억원에 미달하여 모두 사용처 규명대상에 해당되지 않습니다. 그러나 ①이 3억원이고 ②와 ③이 각각 0원이라면, ①은 2억원 이상이므로 사용처 소명대상에 해당됩니다.

4) 재산 처분가액과 예금 인출금액의 계산방법

재산의 처분금액 및 인출금액은 다음 구분에 따라 계산하고, 그 금액을 재산종류별로 구분하여 각각 합산한 금액으로 합니다. (상증법 시행령 제11조제1항)

① 피상속인이 처분한 재산가액 : 재산의 처분가액 중 상속개시일 전 1년 또는 2년 이내에 실제 수입한 금액을 기준으로 판단합니다. (상증법 시행령 제11조제1항제1호)

② 피상속인이 인출한 금전 등 가액 : 상속재산 중 상속개시일 전 1년 또는 2년 이내에 실제 인출한 금전 등을 기준으로 판단합니다. 이 경우 해당 금전 등이 금융기관을 통하여 계속 반복적으로 금융거래를 하는 사실 및 그 거래가액을 확인할 수 있는 문서(통장 또는 위탁자계좌 등)를 통하여 예입된 경우에 있어서 실제 인출한 금전 등 가액은 아래와 같이 계산(통장 또는 위탁자 계좌 전체를 기준)합니다. (상증법 시행령 제11조제1항제2호, 시행규칙 제2조의3)

실제 인출한 금전등 가액(순인출금) = (상속개시일 전 1년 또는 2년 이내에 인출한 금전의 합계액) – (해당 기간 중 예입된 금전 등의 합계액 – 그 예입된 금전 등이 해당 통장 또는 위탁자계좌 등에서 인출한 금전이 아닌 것)

2 상속개시일 전 피상속인 부담채무의 상속추정

1) 상속인이 변제할 의무가 있는 채무

상속인이 변제할 의무가 있는 채무로서 피상속인이 부담한 채무를 합친 금액이 상속개시일 전 1년 이내에 2억원 이상인 경우와 상속개시일 전 2년 이내에 5억원 이상인 경우에 한하여 사용처 소명대상이 됩니다. (상증법 제15조제1항, 상증법 시행령 제11조제2항)

☞ 상속개시일 전 1년(2년) 이내에 부담한 채무가 2억원(5억원) 이상인지 여부는 피상속인이 부담한 채무의 합계액을 기준으로 판단하며, 채무에는 미지급이거나 미지급 리스료 등은 포함하지 아니합니다. (서면4팀-1608, 2004.10.11.)

2) 상속인이 변제할 의무가 없는 채무

피상속인이 국가·지방자치단체 및 금융기관이 아닌 자에 대하여 부담한 채무인 경우로서 채무부담계약서, 채권자확인서, 담보설정 및 이자지급에 관한 증빙 등에 따른 사용처를 규명한 결과 상속인이 변제할 의무가 없는 것으로 추정되는 경우에는 기간 또는 금액에 관계없이 상속세 과세가액에 산입합니다. (상증법 제10조, 상증법 시행령 제11조제3항)

☞ **상증법 기본통칙 14-0…3 (채무의 범위)**
① 법 제14조 제1항 제3호에 따른 "채무"라 함은 명칭여하에 관계없이 상속개시당시 피상속인이 부담하여야 할 확정된 채무로서 공과금 외의 모든 부채를 말한다.
② 상속개시일 현재 소비대차에 따른 피상속인의 채무에 대한 미지급이자는 법 제14조 제1항 제3호에 따른 채무에 해당한다. 다만, 「법인세법」 제52조에 따른 부당행위계산의 부인으로 계상한 인정이자 과세대상(법인세의 과세표준과 세액의 신고시 계상한 것을 포함한다)은 포함하지 아니한다
③ 피상속인이 부담하고 있는 보증채무 중 주채무자가 변제불능의 상태로서 상속인이 주채무자에게 구상권을 행사할 수 없다고 인정되는 부분에 상당하는 금액은 채무로서 공제한다.
④ 피상속인이 연대채무자인 경우 상속재산에서 공제할 채무액은 피상속인의 부담분에 상당하는 금액에 한정하여 공제할 수 있다. 다만, 연대채무자가 변제불능의 상태가 되어 피상속인이 변제불능자의 부담분까지 부담하게 된 경우로서 당해 부담분에 대하여 상속인이 구상권행사에 의해 변제받을 수 없다고 인정되는 경우에는 채무로서 공제할 수 있다.
⑤ 사실상 임대차계약이 체결된 토지·건물에 있어서 부채로 공제되는 임대보증금의 귀속은 다음 각 호에 따른다.
　　1. 토지·건물의 소유자가 같은 경우에는 토지·건물 각각에 대한 임대보증금은 전체 임대보증금을 토지·건물의 평가액(법 제61조 제5항에 따른 평가액을 말한다)으로 안분계산한다.
　　2. 토지·건물의 소유자가 다른 경우에는 실지 임대차계약내용에 따라 임대보증금의 귀속을 판정하며 건물의 소유자만이 임대차계약을 체결한 경우에 있어서 그 임대보증금은 건물의 소유자에게 귀속되는 것으로 한다.

3 용도가 객관적으로 명백하지 아니한 경우

피상속인이 재산을 처분하거나 채무를 부담한 경우로서 그 사용 용도가 객관적으로 명백하지 아니한 경우란 다음의 어느 하나에 해당하는 경우를 말합니다. (상증법 시행령 제11조제2항)

① 피상속인이 재산을 처분하여 받은 금액이나 피상속인의 재산에서 인출한 금전 등 또는 채무를 부담하고 받은 금액을 지출한 거래상대방(이하 '거래상대방')이 거래 증빙의 불비 등으로 확인이 되지 아니하는 경우

② 거래상대방이 금전 등의 수수사실을 부인하거나 거래상대방의 재산상태 등으로 보아 금전 등의 수수사실이 인정되지 아니하는 경우

③ 거래상대방이 피상속인과 특수관계인으로서 사회통념상 지출사실이 인정되지 아니하는 경우

④ 피상속인이 재산을 처분하거나 채무를 부담하고 받은 금전 등으로 취득한 다른 재산이 확인되지 아니하는 경우

⑤ 피상속인의 연령·직업·경력·소득 및 재산상태 등으로 보아 지출사실이 인정되지 아니하는 경우

4 추정 상속재산가액과 상속추정의 배제

☞ 추정상속재산가액의 범위

구분	입증금액	추정상속금액
① 상속개시일 전 1(2)년 이내에 재산종류별로 계산하여 피상속인 재산을 처분하거나 인출한 금액이 2(5)억원 이상인 경우로 용도가 명확하지 않은 경우	처분 등 금액 - Min (처분 등 재산 × 20%, 2억원)	미입증 금액 - Min (처분 등 재산 × 20%, 2억원)
②-1 (상속인이 변제할 의무가 있는 채무) 피상속인이 부담한 채무를 합친 금액이 상속개시일 전 1(2)년 이내에 2(5)억 이상인 경우로 용도가 명확하지 않은 경우		
②-2 (국가 지자체·금융회사등 아닌 자로부터 부담한 채무로서 상속인이 변제할 의무가 없는 경우)	입증여부 무관	관련 채무액 전액 (기한, 금액에 관계없음)

(자료 : 국세청)

1) 상속추정 요건과 추정 상속재산가액의 계산

피상속재산의 재산처분금액 또는 채무액중 사용처가 객관적으로 명백하게 입증되지 아니한 금액이 다음과 같은 경우에는 상속받은 것으로 추정합니다. (상증법 시행령 제11조제4항)

(1) 재산을 처분하고 받은 금액 또는 인출한 금전 등의 상속추정

① 상속추정 요건

사용처가 미입증된 금액 ≥ Min (일정기간내의 재산종류별 재산 처분·인출금액 × 20%, 2억원)

② 추정상속재산가액

사용처가 미입증된 금액 − Min (일정기간내의 재산종류별 재산 처분·인출금액 × 20%, 2억원)

(2)-1 상속인이 변제할 의무가 있는 채무

① 상속추정 요건

사용처가 미입증된 금액 ≥ Min (일정기간내의 채무부담액 × 20%, 2억원)

② 추정상속재산가액

사용처가 미입증된 금액 − Min (일정기간내의 채무부담액 × 20%, 2억원)

(2)-2 국가·지방자치단체·금융회사외의 채무로 상속인이 변제할 의무가 없는 경우

① 상속추정 요건 : 채무부담계약서, 채권자확인서, 담보설정 및 이자지급에 관한 증빙 등에 의하여 상속인이 실제로 부담하는 사실이 확인되지 아니하는 경우를 말합니다.

② 추정 상속재산가액 : 사용처가 미입증된 금액 전체

상속인이 변제할 의무가 없는 경우에는 채무 금액 전체를 상속세 과세가액에 산입하는 것에 유의(2억원을 차감하는 것이 아닙니다)하여야 합니다.

☞ 추정 제도의 비교

구분	배우자 등에 대한 양도시 증여추정	재산취득자금의 증여추정	상속개시 전 처분재산의 상속추정
입증 금액	양도금액 전체	취득금액 등 − Min (취득재산 등 20%, 2억원)	처분금액 − Min (처분재산 20%, 2억원)
추정 금액	미입증 금액 (차감없음)	미입증 금액 (차감없음)	미입증 금액 − Min (처분재산 20%, 2억원) * 변제의무 없는 채무액 전체 (차감없음)

(자료 : 국세청 책자)

2) 상속추정의 배제

피상속인의 재산처분금액 또는 부당채무액 중 사용처가 객관적으로 명백하게 입증되지 아니한 금액이 다음과 같은 경우에는 해당 사용처 미입증금액을 상속재산으로 추정하지 아니합니다. 이때 상속개시 전 처분재산에 대한 사용처 소명대상여부 및 80% 이상 소명여부는 재산종류별 또는 채무별로 각각 판단합니다. (대법원 2001두3570, 2002.7.12., 재산상속46014-57, 2003.3.6.)

☞ (재산종류별 추정 배제) 다음과 같은 재산종류별로 추정배제 판단합니다. (상증법 시행령 제11조제5항)
   1. 현금·예금·유가증권   2. 부동산 및 부동산에 관한 권리   3. 1·2외 기타재산

(1) 피상속인의 재산처분 또는 인출금액의 상속추정 배제

① 추정배제 요건

사용처가 미입증된 금액 〈 Min (일정기간내의 재산종류별 재산 처분·인출금액 × 20%, 2억원)

(2) 상속인이 변제할 의무가 있는 채무의 상속추정 배제

② 추정배제 요건

사용처가 미입증된 금액 〈 Min (일정기간내의 채무부담액 × 20%, 2억원)

제 4 장 | 비과세·과세가액 불산입 재산과 상속재산에서 차감하는 공과금 등

상증법에서는 전사자 등에 대해 상속세를 비과세하고 있으며, 상속세 과세대상에 속하지만, 사회정책적인 목적이나 공익의 목적을 달성하기 위하여 일부의 재산에 대해서는 상속세를 비과세하거나 상속세 과세가액에서 불산입하는 제도를 두고 있습니다.

☞ 상속재산의 비과세 등

구분	내용
비과세	• 전사자 등에 대한 상속세 비과세 (모든 상속재산) • 비과세 상속재산 (열거)
과세가액 불산입	• 공익법인에 공익목적 출연재산 과세가액 불산입 • 공익신탁재산 과세가액 불산입
공과금 등	• 공과금 • 장례비용 • 채무

비과세 상속재산

(상증법 제11조·제12조)

상속세 비과세에는 피상속인의 사망원인에 따라 피상속인이 소유하고 있었던 모든 재산에 원천적으로 상속세를 과세하지 않는 것(상증법 제11조)과 법령에서 정한 일정한 비과세 요건을 갖춘 경우에만 비과세되는 상속재산(상증법 제12조)이 있습니다.

- 상속세 비과세 : 전사자 등에 대해 상속세 전액 비과세
- 비과세 상속재산 : 금양임야 등 열거된 재산

1 전사자 등에 대한 상속세 비과세

(상증법 제11조)

전사나 그밖에 이에 준하는 사망 또는 전쟁이나 그 밖에 이에 준하는 공무의 수행 중 입은 부상 또는 질병으로 인한 사망인 경우에는 상속세를 전액 비과세합니다. (상증법 제11조)

'전쟁이나 그밖에 이에 준하는 공무'란 사변 또는 이에 준하는 비상사태로 토벌 또는 경비 등 작전업무를 수행하는 것을 말하며, '전사에 준하는 사망'이란 '전쟁 기타 이에 준하는 공무'로 인하여 사망한 것을 말합니다.

☞ 전사 등에 해당하는지 여부는 전쟁 기타 이에 준하는 공무의 수행 중 입은 부상 또는 질병이 사망의 직접적인 원인이 될 경우에만 동 규정을 적용하는 것이 타당하다 할 것이므로 부상 또는 질병의 정도가 투병기간, 의사가 발급하는 사망진단서상 사망원인 등 구체적인 사실에 따라 판단합니다. (서면4팀-2462, 2006.7.26. 조심 2009서3928, 2009.12.31.)

2 비과세 되는 상속재산

(상증법 제12조)

아래에 해당하는 재산에 대해서는 상속세를 부과하지 아니합니다. (상증법 제12조)

1) 피상속인이 국가 등에 유증등을 한 재산의 비과세 (상증법 제12조제1호, 시행령 제8조)

☞ 유증등에는 유증 및 사망으로 인하여 효력이 발생하는 증여를 포함합니다.

① 피상속인이 국가·지방자치단체 또는 지방자치단체조합, 공공도서관·공공박물관에 유증등을 한 재산 (상증법 제12조제1호, 시행령 제8조제1항)

② 피상속인이 「근로복지기금법」에 따른 사내복지기금, 우리사주조합, 공동근로복지기금 및 근로복지진흥기금에 유증등을 한 재산 (상증법 제12조제5호, 시행령 제8조제4항)

③ 피상속인이 「정당법」에 따른 정당에 유증등을 한 재산 (상증법 제12조제4호)

④ 거주자가 「정치자금법」에 따라 정당(정치자금법에 따른 후원회 및 선거관리위원회를 포함)에 기부한 정치자금에 대해서는 상속세 및 증여세를 부과하지 아니합니다. (조세특례제한법 제76조제2항)

그러나 동 정치자금 외의 정치자금에 대하여는 상증법 및 다른 세법 규정에도 불구하고 기부받은 자(정당 또는 정치인 등)가 몰수·추징여부와 관계없이 상속 또는 증여받은 것으로 보아 상속세 또는 증여세를 부과합니다. (조세특례제한법 제76조제3항)

2) 이재구호금품, 치료비, 불우이웃돕기 한 재산의 비과세 (상증법 제12조제6호, 시행령 제8조제5항)

사회통념상 인정되는 이재구호금품, 치료비, 불우한 자를 돕기 위하여 유증한 재산으로서 상속개시 전에 피상속인이 증여하였거나 유증·사인증여에 의하여 지급하여야 할 것으로 확정된 것

3) 상속인이 신고기한 내에 국가 등에 증여한 재산 (상증법 제12조제7호)

상속재산 중 상속인이 상속세 신고기한까지 국가·지방자치단체 또는 지방자치단체조합, 공공도서관·공공박물관에 증여한 재산

4) 금양임야 등의 비과세 (상증법 제12조제3호, 시행령 제8조제3항)

민법 제1008조의3에 규정된 재산 중 제사를 주재하는 상속인(다수의 상속인이 공동으로 제사를 주재 시 그 공동주재 상속인 전체)를 기준으로 다음 각 호에 해당하는 재산

(1) 금양임야와 묘토 (2억원 한도)

피상속인이 제사를 주관하고 있던 선조의 분묘에 속한 9,900㎡(1정보) 이내의 금양임야와 그 분묘에 속한 1,980㎡(600평) 이내의 묘토인 농지를 말합니다.

해당 금양임야와 묘토 합계액 2억원 한도로 비과세합니다.

비과세액 = Min((해당 금양임야 + 묘토)합계액, 2억원)

- ☞ (판례) 금양임야란 그 안에 분묘를 설치하고 이를 수호하기 위하여 벌목을 금지하고 나무를 기르는 임야를 의미합니다. (대법원 2006스140, 2008.10.27.)
- ☞ (판례) 상속개시 후에 금양임야와 묘토로 사용하기로 한 재산은 상속세 비과세대상이 아닙니다. (대법원97누15753, 1997.12.26.)

분묘에 속한 1정보 이내의 금양임야와 600평 이내의 묘토인 농지, 족보와 제구의 소유권은 제사를 주재하는 자가 이를 승계합니다. (민법 제1008조의3)

금양임야는 그 소유권이 제사 주재자인 상대방에게 귀속될 뿐 분할대상인 상속재산에 해당하지 않습니다. (대법원2011스145, 2012.9.13.)

실제로 여러 명이 공동으로 제사를 주재하는 경우 비과세되는 재산은 공동으로 제사를 주재하는 자 전부가 상속받는 금양임야 또는 묘토인 농지의 합계면적에 대하여 상증법 시행령 제8조제3항 각호에 따른 면적을 한도로 합니다.

(2) 족보와 제구(1천만원 한도)

1천만원을 한도로 합니다.

- ☞ 2013.2.15.이후부터 적용합니다. 2013.2.14.이전에는 한도가 없었습니다.

〈참고〉

※ 문화유산보호법에 따른 보호구역에 있는 토지 → 2023.1.1.이후 비과세에서 제외(조문 삭제)

- ☞ 상증법 제12조(비과세되는 상속재산) 다음 각 호에 규정된 재산에 대해서는 상속세를 부과하지 아니한다.
  - 2.「문화유산보호법」에 따른 국가지정문화유산 및 시·도지정문화유산와 같은 법에 따른 보호구역에 있는 토지로서 대통령령으로 정하는 토지 (2023.1.1. 삭제)

공익목적 출연재산의 상속세 과세가액의 불산입

(상증법 제16조)

문화, 예술, 환경, 교육, 장학 등 공익사업은 국가 또는 지방자치단체 등에서 육성하여야 할 사업으로 공익법인 등이 이를 대신 수행하고 있음을 고려하여, 공익법인 등에 출연하는 재산은 상속세의 과세가액에 불산입 합니다.

이와 동시에 공익법인 등에 대한 상속세 면제제도를 악용하는 사례를 방지하기 위한 제도 또한 마련하고 있습니다. 상속세를 면제받은 후에 그 출연재산을 출연자가 사용·수익하는 등 편법적인 상속행위를 규제하고자 사후관리규정을 두고 있으며, 이를 위반 시에는 상속·증여세를 추징 또는 가산세를 부과합니다.

1 공익법인 등의 출연재산에 대한 상속세 과세가액 불산입

(상증법 제16조)

1) 피상속인이 출연한 재산의 과세가액 불산입 요건

상속재산 중 피상속인이 종교·자선·학술 또는 그 밖의 공익을 목적으로 하는 사업을 영위하는 공익법인 등에게 출연한 재산의 가액에 대해서는 상속세 과세표준 신고기한 이내에 출연한 경우에 한하여 상속세 과세가액에 산입하지 아니합니다.

다만, 부득이한 사유가 있는 경우에는 그 사유가 없어진 날이 속하는 달의 말일부터 6개월 이내에 출연하여야 합니다.

2) 상속인이 출연한 재산의 과세가액 불산입 요건

피상속인의 유언·사인증여 없이 상속인이 상속재산을 공익법인 등에 출연하는 경우에는 다음의 요건을 모두 갖추어야 과세가액 불산입 적용을 할 수 있습니다.

① 상속인의 의사[상속인이 2인 이상인 경우에는 상속인들의 합의('전원합의'를 의미)에 따른 합의로 합니

대에 따라 상속받은 재산을 상속세 과세표준 신고기한 이내에 출연해야 합니다. 다만, 부득이한 사유가 있는 경우에는 그 사유가 종료된 날이 속하는 달의 말일부터 6개월 이내에 출연해야 합니다.

☞ 상속인들의 합의 : 상속인들의 전원합의를 의미합니다. (서면-2015-법령해석과-3699, 2016.11.16.)

② 상속인이 출연한 공익법인 등의 이사현원(5인에 미달하는 경우에는 5인으로 봅니다.)의 5분의 1을 초과하여 이사가 되지 아니하여야 하며, 이사의 선임 등 공익법인 등의 사업운영에 관한 중요사항을 결정할 권한을 가지지 아니하여야 합니다. 이때 이사에는 이사회의 의결권을 갖지 아니하는 감사는 포함하지 아니합니다.

또한 상속개시 당시에는 상속인들이 공익법인 등의 이사에 해당되었으나, 이사에서 물러난 후 상속세 신고기한 내에 상속재산을 해당 공익법인 등에 출연하는 경우에도 출연된 재산가액은 이를 상속세 과세가액에 산입하지 아니합니다.

따라서 상속인이 이사 현원의 5분의1을 초과하여 공익법인 등의 이사가 되거나 공익법인 등의 사업운영에 관한 중요한 사항을 결정할 권한을 가지게 되면 해당 출연재산에 대해서는 상속세가 부과됩니다.

3) 공익법인등의 범위 (상증법 시행령 제12조)

공익법인등이란 종교·자선·학술 또는 그 밖에 공익을 목적으로 아래의 어느 하나에 해당하는 사업을 영위하는 자를 말합니다.

① 종교의 보급 기타 교화에 현저히 기여하는 사업

☞ 주무관청의 허가 여부에 관계없이 공익사업에 해당됩니다. (재산 46014-2483, 1995.11.1.)

② 「초·중등교육법」 및 「고등교육법」에 따른 학교, 「유아교육법」에 따른 유치원을 설립·경영하는 사업

☞ 초·중등교육법에 따른 학교는 초·중·고등학교 등을 말하고, 고등교육법에 따른 학교는 대학, 산업대학, 교육대학, 전문대학, 방송대 등을 말합니다.

③ 「사회복지사업법」에 따른 사회복지법인이 운영하는 사업

④ 「의료법」에 따른 의료법인이 운영하는 사업

⑤ 법인세법 제24조제2항제1호에 해당하는 기부금을 받은 자가 해당 기부금으로 운영하는 사업

⑥ 법인세법 시행령 제39조제1항제1호 각 목에 따른 공익법인등 및 소득세법 시행령 제80조제1항제5호에 따른 공익단체가 운영하는 고유목적사업. 다만, 회원의 친목 또는 이익을 증진시키거나 영리를 목적으로 대가를 수수하는 등 공익목적이 있다고 보기 어려운 고유목적사업은 제외합니다.

> ☞ (공익법인등) 지정기부금단체를 공익법인등으로, 지정기부금대상민간단체를 공익단체로 개정하였습니다.

⑦ 법인세법 시행령 제39조제1항제2호다목에 해당하는 기부금을 받은 자가 해당 기부금으로 운영하는 사업. 다만 회원의 친목 또는 이익을 증진시키거나 영리를 목적으로 대가를 수수하는 등 공익성이 있다고 보기 어려운 고유목적사업은 제외합니다.

4) 공익법인등에의 출연시기 및 출연시한

재산의 출연은 상속개시 후 일정기간 내에 출연을 이행하여야만 합니다.

(1) 출연시기

공익법인 등에 출연재산의 출연시기는 동 공익법인 등이 출연재산을 취득하는 때를 말합니다. 구체적으로 '출연재산을 취득하는 때'란 부동산, 선박, 자동차, 항공기와 같이 권리의 이전과 그 행사에 등기·등록을 요하는 재산은 등기·등록에 의하여 그 소유권이 공익법인 등의 명의로 이전된 때를 말하고, 동산의 경우에는 공익법인 등이 출연대상 물건을 인도받은 때를 말합니다. (상증법 기본통칙 16-13…2)

(2) 출연시한

상속세 과세표준 신고기한 이내에 그 출연을 이행하여야 합니다. (상증법 시행령 제14조제2항)

아래와 같이 부득이한 사유가 있는 경우에는 그 사유가 속하는 날이 종료된 달의 말일부터 6개월 이내에 출연해야 합니다. (상증법 제16조제1항, 시행령 제13조제1항 각 호)

① 재산의 출연에 있어서 법령상 또는 행정상의 이유로 출연재산의 소유권의 이전이 지연되는 경우

② 상속받은 재산을 출연하여 공익법인 등을 설립하는 경우로서 법령상 또는 행정상의 사유로 공익법인 등의 설립허가 등이 지연되는 경우

> ☞ (부득이한 사유의 범위) 부득이한 사유는 공익법인등에 재산을 출연하고자 하였으나 자신의 책임으로 돌릴 수 없는 법령상 또는 행정상의 장애사유 등이 있어 그 출연이 지연되는 사유를 의미하고, 상속인이 상속재산의 존재 자체를 알 수 없어 출연기한 내에 출연하지 못하였다는 사정만으로는 이에 해당된다고 볼 수 없습니다. (대법원2012두22706, 2014.10.15)

5) 내국법인의 의결권 있는 주식 10%(5%, 20%) 초과 출연시 과세가액 산입

(1) 과세가액 산입요건

내국법인의 의결권 있는 주식 또는 출자지분(이하 이 조에서 "주식등"이라 합니다)을 공익법인등에 출연하는 경우로서 출연하는 주식등과 아래 ①의 주식등을 합한 것이 그 내국법인의 의결권 있는 발행주식총수 또는 출자총액(자기주식과 자기출자지분은 제외합니다. 이하 이 조에서 "발행주식총수등"이라 합니다)의 아래 ②에 따른 비율을 초과하는 경우에는 그 초과하는 가액을 상속세 과세가액에 산입합니다. (상증법 제16조제2항)

① 주식등 : 다음 각 목의 주식등

(가) 출연자가 출연할 당시 해당 공익법인등이 보유하고 있는 동일한 내국법인의 주식등

(나) 출연자 및 그의 특수관계인이 해당 공익법인등 외의 다른 공익법인등에 출연한 동일한 내국법인의 주식등

(다) 상속인 및 그의 특수관계인이 재산을 출연한 다른 공익법인등이 보유하고 있는 동일한 내국법인의 주식등

② 비율 : 100분의 10. 다만, 다음 각 목의 어느 하나에 해당하는 경우에는 다음 각 목의 구분에 따른 비율

(가) 다음의 요건을 모두 갖춘 공익법인등(나목 또는 다목에 해당하는 공익법인등은 제외합니다)에 출연하는 경우: 100분의 20

(1) 출연받은 주식등의 의결권을 행사하지 아니할 것

(2) 자선 · 장학 또는 사회복지를 목적으로 할 것

(나) 「독점규제 및 공정거래에 관한 법률」 제31조에 따른 상호출자제한기업집단(이하 "상호출자제한기업집단"이라 한다)과 특수관계에 있는 공익법인등: 100분의 5

(다) 상증법 제48조 제11항각 호의 요건을 충족하지 못하는 공익법인등: 100분의 5

☞ 공익법인 등에 주식을 출연하여 상속세 등의 증여세를 면제받은 다음, 해당공익법인 등을 통하여 계열회사를 지배함으로써 공익법인 등을 지주회사화하는 것을 방지하기 위한 제도입니다.

(2) 초과출연시 과세가액 산입 예외사유

과세가액 산입요건에도 불구하고 다음 각 호의 어느 하나에 해당하는 경우에는 그 내국법인의 발행주식총수등의 앞 (1)의 ②에 따른 비율을 초과하는 경우에도 그 초과하는 가액을 상속세 과세가액에 산입하지 아니합니다. (상증법 제16조제3항)

① 상호출자제한기업집단에 속하지 아니하는 성실공익법인 등에 해당 공익법인 등의 출연자와 특수관계가 없는 내국법인의 주식 등을 출연하는 경우로서 주무관청이 공익목적사업을 효율적으로 수행하기 위하여 필요하다고 인정하는 경우

② 상호출자제한기업집단과 특수관계에 있지 아니한 공익법인등으로서 상증법 제48조(공익법인등이 출연받은 재산에 대한 과세가액 불산입등)제11항 각 호의 요건을 충족하는 공익법인등(공익법인등이 설립된 날부터 3개월 이내에 주식등을 출연받고, 설립된 사업연도가 끝난 날부터 2년 이내에 해당 요건을 충족하는 경우를 포함합니다)에 발행주식총수등의 제2항제2호 각 목에 따른 비율을 초과하여 출연하는 경우로서 해당 공익법인등이 초과보유일부터 3년 이내에 초과하여 출연받은 부분을 매각(주식등의 출연자 또는 그의 특수관계인에게 매각하는 경우는 제외합니다)하는 경우

③ 공익법인의 설립·운영에 관한 법령 등에 따라 내국법인의 주식등을 출연한 경우

(3) 초과출연여부 판단기준

내국법인의 의결권 있는 주식 또는 출자지분의 10%(5%, 20%)초과여부는 아래주식을 모두 합하여 판단합니다. (상증법 제16조제2항)

① 출연하는 내국법인의 주식등
② 출연자가 출연할 당시 해당공익법인등이 보유하고 있는 동일한 내국법인의 주식등
③ 출연자 및 그의 특수관계인이 해당 공익법인등 외의 다른 공익법인등에 출연한 동일한 내국법인의 주식등
④ 상속인 및 그의 특수관계인이 재산을 출연한 다른 공익법인등이 보유하고 있는 동일한 내국법인의 주식등

☞ 출연 또는 출연재산으로 주식등 취득시 지분율 한도

적용대상	한도
공익법인등 (사후관리 위반시 5% 한도)	10%
의결권 미행사를 정관에 규정한 자산·장학·사회복지 목적 법인등	20%
상호출자제한 기업집단과 특수관계인 공익법인등	5%
출연자와 특수관계 없는 내국법인 주식으로 주무관청 승인받음	한도없음
10% 초과출연분 3년 이내 특수관계 없는 자에게 매각	한도없음
공익법인의 설립 운영에 관한 법률 및 그 밖의 법령에 따라 취득하는 경우	한도없음
요건을 갖춘 산학협력단이 취득하는 경우	한도없음

6) 상속인 등이 출연재산을 사용 수익한 경우

상속세 과세가액에 불산입한 출연재산 및 그 재산에서 생기는 이익의 전부 또는 일부가 상속인 및 그의 특수관계인에게 귀속되는 경우에는 그 재산이나 이익에 대한 상속개시일 현재 평가가액을 상속인 및 그와 특수관계에 있는 자가 상속받은 것으로 보아 해당 상속세 과세가액에 산입하여 즉시 상속세를 부과합니다. (상증법 제16조제4항제1호)

2 공익신탁재산의 상속세 과세가액 불산입

상속재산 중 피상속인이나 상속인이 「공익신탁법」에 따른 공익신탁으로서 종교·자선·학술 또는 그 밖의 공익을 목적으로 하는 신탁을 통하여 공익법인등에 출연하는 재산의 가액은 상속세 과세가액에 산입하지 아니합니다. (상증법 제17조제1항)

☞ (공익신탁) 공익사업을 목적으로 하는 「신탁법」에 따른 신탁으로서 제3조에 따라 법무부장관의 인가를 받은 신탁을 말합니다. (공익신탁법 제2조제2호)

① 해당 공익신탁은 다음 각호의 요건을 갖추어야 합니다. (상증법 시행령 제14조제1항)
   (1) 공익신탁의 수익자가 제12조에 규정된 공익법인등이거나 그 공익법인등의 수혜자일 것
   (2) 공익신탁의 만기일까지 신탁계약이 중도해지되거나 취소되지 아니할 것
   (3) 공익신탁의 중도해지 또는 종료시 잔여신탁재산이 국가·지방자치단체 및 다른 공익신탁에 귀속될 것
② 상속세 과세가액에 산입하지 아니하는 재산은 상속세과세표준 신고기한까지 신탁을 이행하여야 합니다. 다만, 법령상 또는 행정상의 사유로 신탁 이행이 늦어지면 그 사유가 끝나는 날이 속하는 달의 말일부터 6개월 이내에 신탁을 이행하여야 합니다. (상증법 시행령 제14조제2항)

3 우리 사주에 대한 상속세 과세가액 불산입 특례

(조세특례제한법 제93조, 2007.12.31. 삭제 조항)

이 조항은 조세특례제한법 제93조(우리사주에 대한 상속세 과세가액불산입특례)와 관련되는 사항이었으나, 2007.12.31 삭제된 법령 조문입니다. 다만, 2000.12.31까지 우리사주조합원이 주식을 취득한 경우가 있을 수 있습니다.

우리사주조합원이 그 조합을 통하여 취득한 주식의 가액은 상속세 과세가액에 산입되지 아니합니다.(조세특례제한법 제93조, 2007.12.31. 삭제) 이때 취득한 주식은 2000.12.31.까지 취득한 것으로서 액면가액의 합계액이 500만원 이하에 상당하는 주식에 한합니다.

☞ 만약, 우리사주조합원이 그 조합을 통하여 취득한 주식의 가액이 500만원을 초과하면, 해당 주식의 액면가액을 기준하여 500만원에 상당하는 가액을 상속세 과세가액에 산입하지 아니합니다. (재산01254-300, 1990.1.30.)

우리사주조합을 통하지 않고 법인으로부터 직접 상여금 또는 퇴직금을 주식으로 지급받은 경우에는 상속세 과세가액 불산입 대상이 아닙니다.

상속재산가액에서 차감하는 공과금 등

(상증법 제14조, 시행령 제9조)

거주자의 사망으로 인하여 상속이 개시되는 경우에는 상속개시일 현재 피상속인이나 상속재산에 관련된 공과금, 장례비용, 채무 등은 상속재산의 가액에서 뺍니다. 다만, 상속개시일 전 10년 이내에 피상속인이 상속인에게 진 증여채무와 상속개시일 전 5년 이내에 피상속인이 상속인이 아닌 자에게 진 증여채무는 제외합니다. (상증법 제14조제1항)

☞ 상속세 및 증여세법 제14조 (상속재산의 가액에서 빼는 공과금 등)

거주자	공과금	• 상속개시일 현재 피상속인이 납부할 의무가 있는 것으로서 상속인에게 승계된 조세·공공요금 기타 이와 유사한 것(한도 없음)
	장례 비용	• 장례비용 총한도액 15백만원 (①+②) ① 상속개시일부터 장례일까지 직접 소요된 장례비용(500만원 미만인 경우 500만원, 1천만원을 초과하는 경우 1천만원) ② 봉안시설(자연장지 포함) 사용비용(공제한도액 : 5백만원)
	채무	• 상속개시 당시 피상속인이 부담하여야할 확정된 채무로서 공과금 이외의 모든 부채(한도없음) • 피상속인이 상속개시 전 10년 이내에 상속인에게 진 증여채무와 상속개시 전 5년 이내에 상속인이 아닌 자에게 진 증여채무는 공제불가
	공과금, 장례비용, 채무의 합계액이 상속재산가액을 초과하는 경우 초과액은 없는 것으로 봄	
비거주자	• 해당 상속재산에 관한 공과금 • 해당 상속재산을 목적으로 하는 유치권·질권·전세권·임차권(사실상 임대차계약이 체결된 경우를 포함)·양도담보권 또는 저당권으로 담보된 채무 • 피상속인의 사망 당시 국내에 사업장이 있는 경우로서 비치·기장한 장부에 의하여 확인되는 사업장의 공과금 및 채무	

(자료 : 국세청)

1 공과금

1) 피상속인이 거주자인 경우

공과금이라 함은 상속개시일 현재 피상속인이 납부할 의무가 있는 것으로서 상속인에게 승계된 조세 · 공공요금 기타 이와 유사한 것을 말합니다. (상증법 시행령 제9조제1항, 시행규칙 제2조의2)

공과금이란 상속개시일 현재 피상속인이 납부할 의무가 있는 것으로서 상속인이 승계된 아래에 해당하는 것을 상속재산가액에서 차감합니다. (상증법 집행기준 14-9-1)

① 국세, 관세, 임시수입부가세, 지방세

② 공공요금

③ 공과금 : 국세징수법의 체납처분의 예에 따라 징수할 수 있는 조세 및 공공요금 외의 것 (상증법 시행규칙 제2조의2)

④ 피상속인이 당초 조세를 감면·비과세 받은 후 감면·비과세 요건을 충족하지 못해 조세가 경정·결정된 경우에 해당 경정·결정된 조세

⑤ 피상속인 사망 후에 피상속인이 대표이사로 재직하던 법인의 소득금액이 조사·결정됨에 따라 피상속인에게 상여로 처분된 소득에 대한 종합소득세·지방소득세 등

⑥ 상속개시일 이후 상속인의 귀책사유로 납부 또는 납부할 가산세, 가산금, 체납처분비, 벌금, 과료, 과태료 등은 공과금 등에 포함하지 아니합니다.

2) 피상속인이 비거주자인 경우

상속세가 부과되는 해당 상속재산에 대한 공과금과 피상속인의 사망 당시 국내에 사업장이 있는 경우로서 그 사업장에 갖춰 두고 기록한 장부에 의하여 확인되는 사업장의 공과금을 공제합니다. (상증법 제14조제2항)

2 장례비용

장례비용은 비록 상속개시 당시에 존재하는 채무는 아니나 상속개시에 수반하는 필연적인 비용으로 상속세의 담세력을 감소시킨다는 점에서 이를 상속재산가액에서 공제하는 것입니다. (대법원 97누669, 1997.11.14.)

☞ 장례비용 총한도액 : 15백만원 (① + ②)
　① 상속개시일부터 장례일까지 직접 소요된 장례비용(500만원 미만인 경우 500만원, 1천만원을 초과하는 경우 1천만원)
　② 봉안시설(자연장지 포함) 사용비용(공제한도액 : 5백만원)

1) 장례비용의 범위

'장례비용'에는 시신의 발굴 및 안치에 직접 소요되는 비용과 묘지구입비(공원묘지 사용료를 포함), 비석, 상석 등 장례에 직접 소요된 제반비용이 포함됩니다. (상증법 시행령 제9조제2항)

2) 공제금액 (최소 5백만원, 최대 15백만원 한도)

장례비용은 다음 각 호의 구분에 따른 금액을 합한 금액으로 합니다. (상증법 시행령 제9조제2항)

① 피상속인의 사망일부터 장례일까지 장례에 직접 소요된 금액

(봉안시설의 사용에 소요된 금액을 제외)

• 증빙에 따른 장례비가 5백만원 미만시 : 무조건 5백만원을 공제

(5백만원까지는 증빙이 없어도 공제)

• 증빙에 따른 장례비가 5백만원 이상 : Min (증빙에 따른 장례비용, 1천만원)

② 봉안시설 및 자연장지의 사용에 소요된 금액

Min (증빙에 따른 봉안시설 및 자연장지비용, 5백만원)

3 채무

거주자의 사망으로 인하여 상속이 개시되는 경우에는 상속개시일 현재 피상속인이나 상속재산에 관련된 채무는 상속재산의 가액에서 뺍니다. 그러나 상속개시일 전 10년 이내에 피상속인이 상속인에게 진 증여채무와 상속개시일 전 5년 이내에 피상속인이 상속인이 아닌 자에게 진 증여채무는 제외합니다. (상증법 제14조제1항제3호)

☞ 상속인은 사망과 당시 피상속인의 적극적 재산뿐만 아니라 소극적 재산(부채)에 대하여도 포괄적으로 승계받는 것이므로, 상속세 과세가액을 계산할 때 상속이나 유증 등에 따라 취득한 재산의 가액에서 승계받은 채무를 공제합니다. '채무'는 명칭여하에 관계없이 상속개시 당시 피상속인이 부담하여야 할 확정된 채무로서 공과금 외의 모든 부채를 말하는 것이므로, 그 채무금액의 크기에 관계없이 채무라는 사실만 입증되면 공제대상이라 할 수 있습니다.

채무는 그 금액의 크기와 관계없이 공제가 가능하므로 가공 또는 변칙적인 수단에 의해 상속세를 회피할 가능성이 많고, 사실관계의 판단에 있어서도 과세관청과 납세자와의 분쟁의 발생소지가 가장 많은 공제 항목 중 하나입니다. 세법에서는 공제 가능한 채무의 입증방법 및 범위 등을 엄격히 규정하여 가공채무의 발생을 방지하고 있습니다.

1) 공제가능한 채무의 입증방법

상속재산의 가액에서 차감하는 채무의 금액은 상속개시 당시 피상속인의 채무로서 상속인으로서 실제 부담하는 사실이 다음 중 어느 하나의 방법에 따라 증명되는 채무를 말합니다. (상증법 제14조제4항, 시행령 제10조)

① 상증법 제14조제4항(제14조제1항과2항에 따라 상속재산의 가액에서 빼는 채무의 금액)에서 '대통령령으로 정하는 방법에 따라 증명된 것'이란 상속개시 당시 피상속인의 채무로서 상속인이 실제로 부담하는 사실이 다음 각 호의 어느 하나에 따라 증명되는 것을 말합니다.

   (1) 국가·지방자치단체 및 금융회사등에 대한 채무는 해당 기관에 대한 채무임을 확인할 수 있는 서류

   (2) 제1호외의 자에 대한 채무는 채무부담계약서, 채권자확인서, 담보설정 및 이자지급에 관한 증빙등에 의하여 그 사실을 확인할 수 있는 서류

② 금융회사등은 「금융실명거래 및 비밀보장에 관한 법률」제2조(정의)제1호에 따른 금융회사등을 말합니다.

2) 증여채무

증여채무를 악용하여 상속세의 누진효과를 회피할 우려가 있어 증여채무 중에서 상속개시 전 10년 이내에 피상속인이 상속인에게 진 증여채무와 상속개시 전 5년 이내에 상속인 이외의 자에게 진 증여채무에 대해서는 채무 공제를 적용받을 수 없습니다. (상증법 제14조제1항제3호)

☞ 상속개시 전 일정기간(10년, 5년) 이내에 피상속인이 부담한 증여채무는 객관적 확인여부에 불구하고 채무로 공제가 불가하며, 일정기간 이전에 피상속인이 부담한 증여채무는 그 증여채무를 진 사실이 서면 등에 의해 객관적으로 확인되는 경우에만 채무로 인정받아 공제할 수 있습니다. (서면4팀-3099, 2016. 9.11)

증여계약 후 증여채무의 이행 중에 증여자가 사망한 경우 상속재산 포함 및 채무 공제여부는 다음과 같습니다. (상증법 제14조제3항)

① 상속개시일 전 10년 이내에 피상속인이 상속인과 증여계약(상속인이 아닌 자의 경우 상속개시일 전 5년 이내)하고 사망한 경우
상증법상 상속재산(상증법상 사인증여)으로 상속세 과세대상으로 포함되며, 당해 증여채무는 상속재산가액에서 차감하지 않습니다. 이 경우 수유자에게는 증여세가 부과되지 않습니다.

② 상속개시일부터 10년 전에 피상속인이 상속인과 증여계약(상속인이 아닌 자의 경우 상속개시일부터 5년 전)하고 사망한 경우
상증법상 상속재산으로 상속세 과세대상에 포함되나, 증여채무는 상속재산가액에서 차감합니다. 이 경우 수증자에게는 증여세가 부과됩니다.

☞ 증여채무 공제 여부

구분	상속재산	채무	상속세 납부의무	증여세
①	○ (사인증여)	×	수유자	×
②	○ (민법 상속)	○	상속인	○

3) 피상속인이 비거주자인 경우

피상속인이 비거주자인 경우 아래 채무를 공제합니다. (상증법 제14조제2항)

① 국내에 있는 해당상속재산을 목적으로 유치권, 질권, 전세권, 임차권(사실상 임대차계약이 체결된 경우를 포함). 양도담보권·저당권 또는 동산·채권 등의 담보에 관한 법률에 따른 담보권으로 담보된 채무 (상증법 제14조제2항제2호)

② 피상속인의 사망 당시 국내에 사업장이 있는 경우로서 그 사업장에 비치하고 기록한 장부에 따라 확인되는 사업상의 채무 (상증법 제14조제2항제3호)

제 5 장 상속세 과세가액

(상증법 제3절, 상증법 제13조)

상속세 과세가액은 상속세 과세대상이 되는 상속재산의 가액을 말합니다.

상속세 과세가액은 먼저 피상속인을 기준으로 한 총상속재산가액을 산정한 다음 이 금액에서 비과세 및 과세가액 불산입재산의 가액과 공과금, 장례비, 채무를 차례로 공제하고, 여기에 상속개시 전 일정기간 내의 피상속인이 상속인이나 상속인이 아닌 자에게 증여한 재산가액을 가산하여 계산합니다.

① 피상속인이 거주자인 경우

상속세 과세가액 = 국내외 소재 총상속재산(본래상속재산 + 간주상속재산 + 추정상속재산)

(−) 비과세 상속재산, 과세가액 불산입재산

(−) 공과금, 장례비, 채무(상속재산가액을 초과하는 경우 '0'으로 함)

(+) 상속개시 전 10년(5년) 이내에 증여한 재산

② 피상속인이 비거주자인 경우

상속세 과세가액 = 국내 소재 총상속재산

(−) 비과세 상속재산, 공익목적의 출연재산 등 과세가액 불산입금액

(−) 해당 상속재산 및 국내사업장 관련된 공과금 및 채무

(+) 상속개시 전 10년(5년) 이내의 증여한 국내 소재한 재산

(상증법 제13조)

☞ 상속세 과세가액 (서식 : 국세청)

Ⅰ. 총상속재산가액 (상증법 제7조~제10조, 제15조)	• 본래의 상속재산 (상속·유증·사인증여) • 간주 상속재산 (보험금, 신탁재산, 퇴직금 등) • 추정 상속재산 (상속개시 전 1년(2년)내 처분·인출·채무부담액 중 용도불분명한 재산가액)
(-) 비과세 상속재산 (상증법 제11조 ~ 제12조)	• 전사자 등 비과세 • 국가 등에 유증 등 재산, 금양임야 등
(-) 과세가액 불산입재산 (상증법 제16조 ~ 제17조)	• 공익법인 등에 출연한 재산 • 공익신탁으로 공익법인 등에 출연한 재산
(-) 공제금액 (상증법 제14조)	• 공과금, 장례비, 채무 (상속재산가액을 초과하는 경우 '0'으로 함)
(+) 합산대상 증여재산가액 (상증법 제13조)	• 상속개시 전 10년 이내에 피상속인이 상속인에게 증여한 재산가액 • 상속개시 전 5년 이내에 피상속인이 상속인이 아닌 자에게 증여한 재산가액
Ⅱ. 상속세 과세가액	

☞ 공과금, 장례비용, 채무의 합계액이 상속재산가액을 초과하는 경우 그 초과액은 없는 것으로 봅니다.
(2013.1.1. 상속개시 분부터 적용합니다)

1 총상속재산가액 및 비과세·과세가액 불산입·공제금액

상속재산가액의 평가는 상증법 제60조부터 제66조까지에 따라 평가한 가액으로 계산하고, 비과세, 과세가액 불산입, 공과금 등 공제금액은 앞 장에서 설명한 내용에 따릅니다.

과세가액을 산정하기 위한 상속재산의 평가는 상증법 제60조부터 제66조까지 법령을 상속증여재산의 평가에서 별도로 설명합니다.

2 합산대상 증여재산가액

상속개시일 전 10년 이내에 피상속인이 상속인에게 증여한 재산가액과 상속개시일 전 5년 이내에 피상속인이 상속인이 아닌 자에게 증여한 재산가액은 상속재산의 재산가액에 가산합니다.
(상증법 제13조제1항)

증여시점에서 이미 납부한 증여세 상당액에 대해서는 상속세 산출세액에서 차감함으로써 증여세와 상속세의 이중과세를 방지합니다.

☞ (판례) 상속세 과세가액 산정시 피상속인의 생전에 일정기간 내에 증여된 재산을 합산하는 이유는 생전 증여재산의 가액을 상속세 과세가액에 포함시켜 조세부담에 있어서의 상속세와 증여세의 과세형평을 유지하고, 피상속인이 사망을 예상할 수 있는 단계에서 장차 상속세의 과세대상이 될 재산을 상속개시 전에 상속과 다름없는 형태로 분할·이전하여 누진세율에 따른 상속세 부담을 회피하려는 부당한 상속세 회피행위를 방지하기 위한 것입니다. (헌재2015헌가4, 2006.7.27.)

1) 합산대상 증여재산의 범위

상속세 과세가액은 상속재산의 가액에서 상증법 제14조(상속재산의 가액에서 빼는 공과금 등)에 따른 것을 뺀 후, 다음 각 호의 재산가액을 가산한 금액으로 합니다. 이 경우 상증법 제14조에 따른 금액이 상속재산의 가액을 초과하는 경우 그 초과액은 없는 것으로 봅니다. (상증법 제13조제1항)

① 상속개시일 전 10년 이내에 피상속인이 상속인에게 증여한 재산가액 (상증법 제13조제1항제1호)

② 상속개시일 전 5년 이내에 피상속인이 상속인이 아닌 자에게 증여한 재산가액

　(상증법 제13조제1항제2호)

다만, 조세특례제한법 제30조의5(창업자금에 대한 증여세 과세특례), 조세특례제한법제30조의6(가업의 승계에 대한 증여세 과세특례)이 적용되는 증여재산은 합산기간에 관계없이 상속재산가액에 가산하여 정상세율로 정산합니다.

(1) 수증받은 상속인과 상속인 외의 자의 구분방법

수증자가 상속인인지, 상속인이 아닌지에 따라서 가산하는 증여재산의 합산대상 기간이 각각 달라지게 됩니다.

㈎ 상속인여부 판단시점

상속세 과세가액에 합산하는 증여재산의 합산기간과 관련하여 상속인과 상속인외의 자에 대한 구분은 상속개시일 현재를 기준으로 판단합니다. (조심2017서3396, 2018.1.31. 대법원2016두54275, 2018.12.13.)

☞ "상속개시일"이란 피상속인이 사망한 날을 말합니다. 다만, 피상속인의 실종선고로 인하여 상속이 개시되는 경우에는 실종선고일을 말합니다 .(상증법 제2조제2호)

㈏ 상속인과 상속인이 아닌 자의 구분

증여재산을 합산할 때 상속인의 범위는 민법에 따른 선순위 상속인에 한정됩니다. 따라서 상속

재산의 전부 또는 일부를 받은 자로서 민법 제1000조부터 제1003조까지에 따른 선순위 상속인이 있는 경우 후순위 상속인은 상속인이 아닌 자에 해당합니다.

예를 들어 피상속인이 직계비속과 형제자매에게 증여한 재산이 있다면 민법 제1000조에 따른 제1순위 상속인인 피상속인의 직계비속의 증여 분은 이들을 상속인으로 보아 상속개시 전 10년 이내 증여재산을 가산하고, 형제자매는 상속인 외의 자로 보기 때문에 5년 이내 증여받은 재산만 상속재산에 가산합니다.

㈐ 상속포기자

상속인은 상속이 개시될 당시에 상속인의 지위에 있었던 자를 가리키는 것으로서, 상속이 개시된 후에 상속을 포기한 자도 상속인에 해당합니다. (대법원93누8092, 1993.9.28.)

(2) 증여재산의 합산기간 계산

기간계산 방법에 대하여 상증법에 정한 바가 없어 국세기본법 제4조(기간의 계산)에 따라 기산일 초일은 불산입하고, 만료일을 포함한 기간 내에 이루어진 증여재산을 말합니다. (☞ 국세기본법 제4조에서 기간의 계산은 민법을 따릅니다.)

> ☞ 민법 제157조(기간의 기산점) 기간을 일, 주, 월 또는 연으로 정한 때에는 기간의 초일은 산입하지 아니한다. 그러나 그 기간이 오전 영시로부터 시작하는 때에는 그러하지 아니하다.
> ☞ (기간의 계산 예시) 예를 들어 상속개시일이 2012.1.3.인 경우 소급하여 10년이 되는 날은 2002.1.3.부터 2012.1.3. 사망시간 전까지 이루어진 증여재산을 말합니다.(재삼46014-2600, 1995.10.2.)

(3) 가산하는 증여재산의 합산가액

㈎ 가산하는 가액은 당초 증여당시의 평가가액으로 함

상속재산의 가액에 가산하는 증여재산의 가액은 상속개시일이 아닌 증여일 현재의 시가에 따라 평가합니다. 그러나 시가가 없는 경우에는 증여일 현재의 상증법 제61조부터 제65조 까지의 가액으로 합니다.

상속세 과세가액에 가산하는 증여재산에 대하여 증여세가 부과되지 아니한 경우에는 해당 증여재산에 대한 증여세를 먼저 과세하고, 그 증여재산가액을 상속세 과세가액에 가산하여 상속세를 부과합니다. (상증법 기본통칙 13-0-3)

㈏ 부담부 증여재산은 채무를 공제한 가액을 가산

증여자의 채무가 담보된 부동산을 증여받으면서 그 채무를 수증자가 부담하기로 약정하여 인수한 경우에는 그 증여재산가액에서 인수한 채무액을 공제한 가액을 증여세 과세가액으로 하므로 부담부 증여재산을 상속재산에 가산하는 경우에는 채무를 공제한 증여세 과세가액을 합산합니다. (재삼46014-237, 1999.2.3. 서면4팀-2637, 2005.12.27.)

그러나 배우자간 또는 직계존비속간의 부담부 증여 가액(상증법 제44조에 따라 배우자 또는 직계존비속에게 재산을 양도하여 증여로 추정하는 경우를 포함합니다)으로 수증자가 채무를 인수하지 않은 것으로 추정되는 경우에는 채무가액의 공제 없이 모두 가산합니다.

㈐ 제3자 채무가 담보된 재산을 증여하는 경우 전체가액을 합산

제3자의 채무 담보를 위해 제공된 재산을 증여받은 경우에는 부담부 증여가 아니므로 증여가액은 증여 당시의 그 재산가액 전액으로 합니다. (재일 01254-121, 1987.1.17.)

이 경우 수증자가 해당 재산에 담보된 채무를 변제한 때에는 그 채무상당액을 수증자가 채무자에게 증여한 것으로 봅니다. 다만, 담보된 채무를 수증자가 채무자를 대위하여 변제하고 채무자에게 구상권을 행사하는 경우에는 증여로 보지 아니합니다. (상증법 기본통칙 47-36-6)

㈑ 영리법인이 증여받아 주식가치가 상승하여 주주에게 증여세가 과세된 경우 상속세 과세가액 가산여부

피상속인과 특수관계에 있는 자가 출자한 영리법인에 부동산을 증여하여 해당영리법인의 주식가치가 증가한 것에 대하여 해당 법인의 주주에게 증여세가 과세된 경우 해당 증여재산(주식가치 증가분)은 상속세 과세가액에 가산하는 대상에 해당됩니다. (기획재정부 재산세제과-899, 2011.10.24.)

2) 상속세 과세가액에 합산하지 않는 증여재산

상증법 제46조(비과세되는 증여재산), 제48조(공익법인등이 출연받은 재산에 대한 과세가액 불산입등)제1항, 제52조(공익신탁재산에 대한 증여세 과세가액 불산입) 및 제52조의2(장애인이 증여받은 재산의 과세가액 불산입)제1항에 따른 재산의 가액과 제47조(증여세 과세가액)제1항에 따른 합산배제증여재산의 가액은 상속세 과세가액에 가산하는 증여재산가액에 포함하지 아니합니다. (상증법 제13조제3항)

☞ 상증법 제47조(증여세 과세가액) ① 증여세 과세가액은 증여일 현재 이 법에 따른 증여재산가액을 합친 금액[제31조제1항제3호, 제40조제1항제2호ㆍ제3호, 제41조의3, 제41조의5, 제42조의3, 제45조 및 제45조의2부터 제45조의4까지의 규정에 따른 증여재산(이하 "합산배제증여재산"이라 한다)의 가액은 제외한다]에서 그 증여재산에 담보된 채무(그 증여재산에 관련된 채무 등 대통령령으로 정하는 채무를 포함한다)로서 수증자가 인수한 금액을 뺀 금액으로 한다.

상속세 과세가액에 합산하지 않는 증여재산을 세법령별로 정리하면 다음과 같습니다.

☞ 상속세 과세가액에 합산하지 않는 증여재산

구분	재산종류
비과세	상증법 제46조 (비과세 되는 증여재산)
과세가액 불산입재산	상증법 제48조 (공익법인 등에 출연한 재산)제1항 상증법 제52조 (공익신탁한 재산) 상증법 제52조의 2 (장애인이 증여받은 재산)제1항
합산배제 증여재산	상증법 제31조 (재산 취득 후 재산의 가치가 증가하는 경우)제1항제3호 상증법 제40조 (전환사채 등의 주식전환에 따른 이익의 증여)제1항제2호,제3호 상증법 제41조의3(주식등의 상장 등에 따른 이익의 증여) 상증법 제41조의5(합병에 따른 상장 등 이익의 증여) 상증법 제42조의3(재산 취득 후 재산가치 증가에 따른 이익의 증여) 상증법 제45조(재산 취득자금 등의 증여 추정) 상증법 제45조의2(명의신탁재산의 증여의제) 상증법 제45조의3(특수관계법인과의 거래를 통한 증여의제) 상증법 제45조의4(특수관계법인으로부터 제공받은 사업기회로 발생한 이익의 증여의제)
증여세 감면 등	조세특례제한법 제71조(영농자녀가 증여받는 농지 등)제5항
기타	증여자인 피상속인보다 수증자인 상속인이 먼저 사망한 경우 그 상속인이 증여받은 재산 (재산상속46014-473, 2000.4.17.)
	증여자가 증여재산을 반환받고 사망한 경우 해당 증여재산이 상속재산에 포함된 경우 그 사전증여재산 (재산46014-284, 2000.10.5.)

(자료 : 국세청 책자)

피상속인이 비거주자인 경우

(상증법 제13조제2항, 상증법 제14조제2항)

피상속인의 상속개시 당시 주소나 거소 등이 국외에 있어 비거주자로 판정되는 경우에는 국내에 소재하는 상속재산에 대해서만 상속세가 과세됩니다. (상증법 제13조제2항)

이 경우 비거주자인 피상속인이 상속개시일 전 10년 이내에 상속인에게 증여한 재산가액과 상속개시일 전 5년 이내에 상속인이 아닌 자에게 증여한 재산가액 중 국내에 있는 재산을 증여한 경우에만 이를 가산합니다. (상증법 제13조제2항)

상속재산가액에서 차감하는 공과금과 채무는 아래와 같습니다. (상증법 제14조제2항)

① 국내에 소재하는 해당 상속재산에 대한 공과금

② 국내에 소재하는 해당 상속재산을 목적으로 하는 유치권, 질권, 전세권, 임차권(사실상 임대차계약이 체결된 경우를 포함합니다). 양도담보권·저당권 또는 「동산·채권 등의 담보에 관한 법률」에 따른 담보권으로 담보된 채무

③ 피상속인의 사망 당시 국내에 사업장이 있는 경우로서 그 사업장에 갖춰 두고 기록한 장부에 의하여 확인되는 사업상의 공과금 및 채무

제 6 장 상속세 과세표준과 상속공제

상속세 과세표준과 상속공제

1 상속세의 과세표준

구분	거주자	비거주자
과세표준	상속세 과세가액 · 상속공제 · 상속재산의 감정평가수수료	
상속공제	Min(공제의 합계, 공제적용 한도액)	Min(기초공제 2억원, 공제적용 한도액)

2 상속공제 (요약) ☞ 세부적으로 정리된 표는 해당 항목별로 별도로 있음

구분	상속공제
① 기초공제	• 기초공제액 : 2억원 • 가업상속공제액 : 가업상속재산가액(최대 600억원 한도) • 영농상속공제액 : 영농상속재산가액(30억원 한도)
② 배우자공제 · 신고기한 익일부터 9개월까지 분할등기 등을 해야 공제 가능 · 최소 5억원은 무신고한 경우에도 공제됨	• 배우자 공제액 = Max [Min(①, ②), 5억원] 　① 배우자가 실제 상속받은 가액 　② 공제한도액 : Min(ⓐ, ⓑ) 　　ⓐ (상속재산가액 × 배우자법정상속분) − (합산대상 증여재산 중 배우자가 증여받은 재산의 과세표준) 　　ⓑ 30억원
③ 그 밖의 인적공제 · 중복공제 가능(자녀·미성년자·연로자·배우자공제)	• 자녀공제 : 자녀수(태아 포함) × 1인당 5천만원 • 미성년자 공제 : 미성년자수(태아 포함) × 1천만원 × 19세까지의 잔여연수 • 연로자 공제 : 1인당 5천만원 • 장애인 공제 : 장애인수 × 1인당 1천만원 × 기대여명 연수 　☞ 자녀·미성년자·연로자·배우자 공제와 중복공제 가능
④ 일괄공제	• Max [5억원, (기초공제 2억원 + 그밖의 인적공제)] 　− 상속인이 배우자 단독인 경우 : 일괄공제 적용안됨 　− 무신고한 경우 : 일괄공제(5억원) 적용
⑤ 금융재산상속공제	• 순금융재산가액(금융재산 · 금융채무)이 　− 2천만원 초과시 : Min [Max(2천만원, 순금융재산가액 × 20%), 2억원] 　− 2천만원 이하시 : 순금융재산가액 전액
⑥ 재해손실공제	• 신고기한 내 화재·자연재해 등으로 멸실·훼손시 그 손실가액
⑦ 동거주택상속공제	• 주택가액(부수토지 포함)의 100% (단, 6억원 한도)
⑧ 공제적용 종합한도액	= 상속세 과세가액 − [상속인이 아닌 자에게 유증·사인증여한 재산 + 상속인의 상속포기로 후순위 상속인이 받은 상속재산 + 상속재산에 가산된 증여재산가액(과세가액 5억원 초과시 적용, 증여재산공제액·재해손실공제액 차감)]

(서식 및 자료 : 국세청)

| 제 1 절 | 상속세의 과세표준 계산 |

(상증법 제25조)

상속세의 과세표준은 상속세의 세율을 적용하여 세액을 산출하기 위한 기초가 되는 금액이며, 상속세의 과세표준은 상속개시 당시 피상속인이 거주자(무제한 납세의무자)인지, 비거주자(제한 납세의무자)인지에 따라 그 계산방법을 달리하고 있습니다.

거주자의 사망으로 상속이 개시된 경우에만 인적공제를 하도록 규정한 것은 합리적인 근거에 의한 것으로 그 목적이 정당하고 입법취지의 상속재산의 기본 이념에 비추어 볼 때에 국내에 거소를 두지 아니한 피상속인의 상속인에 대한 재산권과 평등권을 침해하는 것이라고 볼 수 없습니다. (헌재 2001헌바25, 2001.12.20.)

피상속인이 비거주자인 경우에는 기초공제 2억원을 제외한 나머지의 공제(배우자 공제, 그 밖의 인적공제, 일괄공제, 가업·영농상속공제, 금융재산공제, 동거주택 상속공제, 재해손실공제)의 공제혜택을 적용받을 수 없습니다.

1 상속재산의 감정평가수수료

상속세를 신고·납부하기 위하여 상속재산을 감정기관이 평가함에 따라 수수료를 지급한 경우 해당 수수료를 납세협력비용으로 보아 이를 과세표준에서 공제하여 납세자의 조세 부담을 덜어주고 있습니다. (상증법 제25조, 시행령 제20조의3)

1) 공제대상 감정평가수수료 (상증법 시행령 제20조의3제3항)

① 부동산에 대한 감정평가업자의 평가수수료 : 5백만원 한도 ☞ 2006.2.9. 신청분부터 적용합니다.

② 비상장주식에 대한 신용평가전문기관의 평가수수료 : 평가대상 법인의 수 및 평가를 의뢰한 신용평가전문기관의 수별로 각각 1천만원 한도 ☞ 2004.1.1.이후부터 적용합니다.

☞ 신용평가기관은 「신용정보의 이용 및 보호에 관한 법률」 제4조에 따라 신용평가업무에 대한 허가를 받은 신용평가회사를 말합니다.

③ 서화·골동품 등 유형재산에 대한 전문가 감정수수료 : 5백만원 한도

☞ 2014.2.2. 이후 감정평가분부터 적용합니다.

2) 서류의 제출 (상증법 시행령 제20조의3제4항)

감정평가수수료를 공제받고자 하는 자는 해당 수수료의 지급사실을 입증할 수 있는 서류를 상속세 과세표준 신고와 함께 납세지 관할 세무서장에게 제출하여야 합니다. (상증법 시행령 제20조의3 제4항)

2 상속세 과세최저한

상속세 과세표준이 50만원 미만인 때에는 상속세를 부과하지 아니합니다. (상증법 제25조제2항)

| | 제 2 절 | 상속공제 |

(상증법 제18조 ~ 제24조)

□ 상속공제 〈요약〉

☞ 공제가능한 상속공제액 = Min(① ~⑦ 합계액, ⑧ 공제 적용 종합한도액)

구분	상속공제
① 기초공제(법 제18조) · (2억원) + (가업·영농 상속공제액)	• 기초공제액 : 2억원 • 가업상속공제액 : 가업상속재산가액(최대 600억원 한도) • 영농상속공제액 : 영농상속재산가액(30억원 한도)
② 그 밖의 인적공제(법 제20조) · 자녀공제 · 미성년자공제 · 연로자공제 · 장애인공제	• 자녀공제 : 자녀수(태아 포함) × 1인당 5천만원 　– 자녀·미성년자·연로자·배우자공제와 중복공제 가능 • 미성년자 공제 : 미성년자수(태아 포함) × 1천만원 × 19세까지의 잔여연수 　– 상속인(배우자 제외) 및 동거가족 중 미성년자에 한함 (자녀공제와 중복공제 가능) • 연로자 공제 : 1인당 5천만원 　– 상속인(배우자 제외) 및 동거가족 중 65세 이상자에 한함 • 장애인 공제 : 장애인수 × 1인당 1천만원 × 기대여명 연수 　– 상속인(배우자 포함) 및 동거가족 중 장애인
③ 일괄공제 (법 제21조)	• Max [5억원, (기초공제 2억원 + 그 밖의 인적공제)] 　– 상속인이 배우자 단독인 경우 : 일괄공제 적용안됨 　– 2020년도부터 기한후 신고시에도 일괄공제 선택 가능 　– 무신고한 경우 : 일괄공제(5억원) 적용
④ 배우자공제 (법 제19조) · 신고기한 익일부터 9 개월까지 분할등기 등 을 해야 공제 가능 · 최소 5억원은 공제됨	• 배우자 공제액 = Max [Min(①, ②), 5억원] 　① 배우자가 실제 상속받은 가액 　　– 배우자 해당분(= 본래·간주상속재산 – 비과세 재산 – 채무·공과금) 　② 공제한도액 : Min(ⓐ, ⓑ) 　　ⓐ (상속재산가액 × 배우자법정상속분) – (합산대상 증여재산 중 배우자가 증여받은 재산 　　　의 과세표준) 　　ⓑ 30억원 　　　– 상속재산가액 = (본래·간주·추정상속재산)–(상속인이 아닌 수유자에게 유증·사인증 　　　여한 재산) + (상속인이 증여받은 합산대상 증여재산)–(비과세·과세가액 불산입 재산 　　　+ 공과금·채무)
⑤ 금융재산상속공제 (법 제22조) ＊상속재산만 적용가능	• 순금융재산가액(금융재산· 금융채무)이 　– 2천만원 초과시 : Min [Max(2천만원, 순금융재산가액 × 20%), 2억원] 　– 2천만원 이하시 : 순금융재산가액 전액 　– 신고기한 내 미신고한 차명 금융재산은 공제배제
⑥ 재해손실공제 (법 제23조)	• 신고기한 내 화재·자연재해 등으로 멸실·훼손시 그 손실가액
⑦ 동거주택상속공제 (법 제23조의2)	• 주택가액(부수토지 포함)의 100% (6억원 한도)
⑧ 공제적용 종합한도액 (법 제24조)	= 상속세 과세가액 – [상속인이 아닌 자에게 유증·사인증여한 재산 + 상속인의 상속포기로 후 순위 상속인이 받은 상속재산 + 상속재산에 가산된 증여재산가액(과세가액 5억원 초과시 적 용, 증여재산공제액·재해손실공제액 차감)]

(서식 및 자료 : 국세청)

상속인의 인적상황과 상속재산의 물적상황을 고려하여 다음과 같은 다양한 상속공제제도를 두고 있으며, 상속세 과세가액에서 공제되는 상속공제 금액은 공제한도액의 범위 내에서만 인정됩니다.

피상속인이 비거주자인 경우 상속공제가 없었으나, 2001.1.1.이후 상속개시 분부터는 기초공제 2억원을 공제하고 있습니다.

1 기초공제

거주자나 비거주자의 사망으로 상속이 개시되는 경우에는 상속세 과세가액에서 2억원을 공제합니다. 이를 기초공제라고 합니다. 피상속인이 비거주자인 경우에는 기초공제 2억원은 공제되지만, 다른 상속공제는 적용받을 수 없습니다. (상증법 제18조)

2 가업상속공제

상속개시일에 따라 가업상속공제 요건, 공제금액 계산 및 공제한도 등에 차이가 있으므로 주의해야 합니다. (상증법 제18조의2제1항) ☞ 2023.1.1. 가업상속공제금액이 300억원~600억원 한도로 변경되었습니다.

1) 가업상속공제 금액 (상증법 제18조의2제1항)

'거주자의 사망으로 상속이 개시되는 경우로서 가업의 상속'(이하 "가업상속"이라 합니다)에 해당하는 경우에는 가업상속 재산가액에 상당하는 금액을 상속세 과세가액에서 공제합니다. 이 경우 공제하는 금액은 다음 각 호의 구분에 따른 금액을 한도로 합니다. (상증법 제18조의2제1항)

① 피상속인이 10년 이상 20년 미만 계속하여 경영한 경우: 300억원
② 피상속인이 20년 이상 30년 미만 계속하여 경영한 경우: 400억원
③ 피상속인이 30년 이상 계속하여 경영한 경우: 600억원

'거주자의 사망으로 상속이 개시되는 경우로서 가업'은 대통령령으로 정하는 중소기업 또는 대통령령으로 정하는 중견기업(상속이 개시되는 소득세 과세기간 또는 법인세 사업연도의 직전 3개 소득세 과세기간 또는 법인세 사업연도의 매출액 평균금액이 5천억원 이상인 기업은 제외합니다)으로서 피상속인이 10년 이상 계속하여 경영한 기업을 말합니다. (상증법 제18조의2제1항)

☞ 가업상속공제요건 (자료 : 국세청)

구분	요건	내 용
기업	계속 경영기업	• 피상속인이 10년 이상 계속하여 경영한 기업

	중소기업	• 상속개시일이 속하는 과세기간 또는 사업연도의 직전 과세기간 또는 사업연도별 현재 다음 요건을 모두 갖춘 기업
		  – 상증법 시행령 별표에 따른 업종을 주된 사업으로 영위
		  – 조세특례제한법 시행령 제2조제1항제1호,제3호 요건(중소기업기본법 상 매출액, 독립성 기준)을 충족
		  – 자산총액 5천억원 미만

	중견기업	• 상속개시일이 속하는 과세기간 또는 법인세 사업연도의 직전 소득세 과세기간 또는 법인세 사업연도 말 현재 아래 요건을 모두 갖춘 기업
		  – 상증법 시행령 별표에 따른 업종을 주된 사업으로 영위
		  – 조특법 시행령 제9조제3항제1호,제3호 요건(중견기업 성장촉진 및 경쟁력 강화에 관한 특별법 시행령 제2조제2항/독립성 기준)을 충족
		  – 상속개시일의 직전 3개 소득세 과세기간 또는 법인세 사업연도의 매출액의 평균 금액이 5천억원 미만
		  * 매출액 : 기업회계기준에 따라 작성한 손익계산서상의 매출액

피상속인	주식 보유 기준	• 피상속인을 포함한 최대주주등 지분 40%(상장법인은 20%) 이상을 10년 이상 계속하여 보유
	대표이사 재직요건 (3가지 중 1가지 충족)	• 가업영위기간의 50% 이상 재직
		• 10년 이상의 기간 (상속인이 피상속인의 대표이사등의 직을 승계하여 승계한 날부터 상속개시일까지 계속 재직한 경우)
		• 상속개시일부터 소급하여 10년 중 5년 이상의 기간
상속인	연령	• 18세 이상
	가업종사	• 상속개시일 전 2년 이상 가업에 종사 (예외) 피상속인이 65세 이전에 사망, 피상속인 천재지변 및 인재 등으로 사망 * 상속개시일 2년 전부터 가업에 종사한 경우로서 병역·질병 등의 사유로 가업에 종사하지 못한 기간은 가업에 종사한 기간으로 봄
	취임기준	• 신고기한까지 임원 취임 및 신고기한부터 2년 이내에 대표이사 취임
	납부능력	• 가업이 중견기업에 해당하는 경우, 가업상속재산 외에 상속재산의 가액이 해당 상속인이 상속세로 납부할 금액에 2배를 초과하지 않을 것 ('19.1.1부터 시행)
	배우자	• 배우자 요건 충족 시 상속인 요건 충족으로 봄

※ 승계대상 기업요건, 피상속인 요건, 상속인 요건을 모두 충족해야 합니다.

(1) 가업상속재산 (상증법 시행령 제15조제5항)

① 「소득세법」을 적용받는 기업

상속재산 중 가업에 직접 사용하는 토지, 건축물, 기계장치 등 사업용자산에서 해당 재산에 담보된 채무가액을 차감한 가액을 말합니다. (상증법 시행령 제15조제5항제1호)

  ☞ 2017.2.7. 이후부터 적용합니다.

② 「법인세법」을 적용받는 기업

가업해당 주식 등의 가액에 그 법인의 총자산가액 중 상속개시일 현재 사업무관자산을 제외한 자산가액이 그 법인의 총자산가액에서 차지하는 비율을 곱하여 계산한 금액에 해당하는 것을 말합니다. (상증법 시행령 제15조제5항제2호) ☞ 2012.2. 이후부터 적용합니다.

$$가업상속재산(법인기업) = 가업법인 주식가액 \times \frac{(총자산가액 - 사업무관자산가액)}{총자산가액}$$

> * 사업용자산가액, 총자산가액, 사업무관자산가액은 기업회계기준으로 평가한 가액이 아니라, 상증법 제60조에서 제66조에 따라 평가한 가액을 말합니다.

(2) 사업무관자산

상속개시일 현재 다음 각 목의 어느 하나에 해당하는 자산은 사업무관자산에 해당합니다. (상증법 시행령 제15조제5항제2호)

① 법인세법 제55조의2(토지 등 양도소득에 대한 과세특례)에 해당하는 자산(비사업용 토지 등)

② 법인세법 시행령 제49조(업무와 관련이 없는 자산의 범위 등)에 해당하는 자산 및 타인에게 임대하고 있는 부동산(지상권 및 부동산임차권 등 부동산에 관한 권리를 포함합니다)

③ 법인세법 제61조(대손충당금의 손금산입)제1항제2호에 해당하는 자산(금전소비대차계약 등에 의하여 타인에게 대여한 금액)

④ 과다보유현금. 상속개시일 직전 5개 사업연도 말 현금(요구불예금 및 취득일부터 만기가 3개월 이내인 금융상품을 포함합니다) 보유액의 100분의 150을 초과하는 것을 말합니다.

⑤ 법인의 영업활동과 직접 관련이 없이 보유하고 있는 주식, 채권 및 금융상품(앞의 ④에 해당하는 것은 제외합니다)

> ☞ 모회사가 보유하고 있는 자회사의 주식은 기업회계기준에 따라 지분법적용투자주식인 투자주식에 해당하는 것이고, 투자자산은 기업 본연의 영업활동을 위한 직접적인 자산에 해당하지 않는 것이므로 가업상속재산에서 제외되는 사업무관자산에 해당합니다.(재산세제과-312, 2015.4.16.)
> ☞ 동일 상속재산에 대하여 가업상속공제와 배우자상속공제는 중복 적용 가능하며(기획재정부 재산세제과-254, 2018.3.22), 가업상속공제와 영농상속공제의 경우에는 동시에 적용할 수 없습니다. (상증법 제18조의4)

(3) 2 이상의 가업상속시 상속공제금액 계산

피상속인이 둘 이상의 독립된 기업을 영위한 경우에는 해당 기업 중 계속하여 경영이 긴 기업의 계속 경영기간에 대한 공제한도를 적용하여, 상속세 과세가액에서 피상속인이 경영한 기간이 긴 기업의 가업상속 재산가액부터 순차적으로 공제합니다.(상증법 시행규칙 제5조)

(4) 가업승계 주식을 수증받은 후 가업상속공제를 하는 경우

거주자가 2012.2.1. 이전 조세특례제한법 제30조의6에 따른 가업승계 증여세 과세특례대상 주식을 증여받아 증여세 과세특례를 적용받고, 2012.2.2.이후 상속이 개시되어 가업상속공제를 적용하는 경우, 가업상속재산가액은 증여세 과세특례를 적용받은 주식의 가액에 그 법인의 총자산가액 중 상속개시일 현재 사업무관자산을 제외한 자산가액이 그 법인의 총 자산가액에 차지하는 비율을 곱하여 계산한 금액으로 합니다. (서면법규과-173, 2014.2.26.)

2) 가업상속공제의 요건
(상증법 제18조의2제1항, 시행령 제15조)

(1) 가업의 요건

피상속인이 10년 이상 계속하여 경영한 기업으로 요건을 충족한 중소기업 또는 중견기업을 말합니다. (상증법 제18조의2제1항)

'계속하여 경영한 가업'의 판정 시 피상속인이 사업장을 이전하여 동일 업종의 사업을 계속하여 영위하는 경우에는 종전 사업장에서의 사업기간을 포함하여 계산합니다. (상증법 시행령 제15조제8항제1호라목)

개인사업자로서 영위하던 가업을 동일한 업종의 법인으로 전환하여 피상속인이 법인 설립일 이후 계속하여 해당 법인의 최대주주 등에 해당하는 경우에는 개인사업자로서 가업을 영위한 기간을 포함하여 계산합니다. (상증법 시행령 제15조제8항제1호라목)

가업의 영위기간은 한국표준산업분류 상 동일한 대분류 내의 다른 업종으로 주된 사업을 변경하여 영위한 기간을 합산합니다. (상증법 시행령 제15조제11항제2호나목) ☞ 2022.2.15. 이후 상속분부터 적용합니다.

(가) 중소기업

상속개시일이 속하는 과세기간 또는 사업연도의 직전 과세기간 또는 사업연도말 아래 요건을 모두 갖춘 기업을 말합니다. (상증법 시행령 제15조제1항)
① 상증법 시행령 별표에 따른 업종을 주된 사업으로 영위
② 조세특례제한법 시행령 제2조(중소기업의 범위)제1항제1호, 제3호 요건(중소기업기본법상 매출액, 독립성 기준)을 충족
③ 자산총액 5천억원 미만

(나) 중견기업

상속개시일이 속하는 과세기간 또는 사업연도 직전 과세기간 또는 사업연도별 아래요건을 모두 갖춘 기업을 말합니다. (상증법 시행령 제15조제2항)

① 상증법 시행령 별표에 따른 업종을 주된 사업으로 영위

② 조세특례제한법 시행령 제9조(연구 및 인력개발비에 대한 세액공제)제2항제1호 및 제3호 요건(중견기업법상 독립성 기준)을 충족

③ 상속개시일 직전 3개 과세기간 또는 사업연도의 매출액의 평균금액이 5천억원 미만

매출액은 1년 미만의 경우 1년으로 환산한 매출액을 말하고, 기업회계기준에 따라 작성한 손익계산서의 매출액을 기준으로 합니다. 다만, 창업·분할·합병의 경우 그 동기일의 다음 날(창업의 경우에는 창업일)이 속하는 소득세 과세기간 또는 법인세 사업연도의 매출액을 연간 매출액으로 환산한 금액을 말합니다.

□ 상속세 및 증여세법 시행령 [별표] 〈개정 2023. 2. 28.〉

가업상속공제를 적용받는 중소·중견기업의 해당업종 (시행령 제15조제1항 및 제2항 관련)

〈1〉 한국표준산업분류에 따른 업종

표준산업분류상 구분	가업 해당 업종
가. 농업, 임업 및 어업(01 ~ 03)	작물재배업(011) 중 종자 및 묘목생산업(01123)을 영위하는 기업으로서 다음의 계산식에 따라 계산한 비율이 100분의 50 미만인 경우 [제15조제7항에 따른 가업용 자산 중 토지(「공간정보의 구축 및 관리 등에 관한 법률」에 따라 지적공부에 등록해야 할 지목에 해당하는 것을 말한다) 및 건물(건물에 부속된 시설물과 구축물을 포함한다)의 자산의 가액] ÷ (제15조제7항에 따른 가업용 자산의 가액)
나. 광업(05 ~ 08)	광업 전체
다. 제조업(10 ~ 33)	제조업 전체. 이 경우 자기가 제품을 직접 제조하지 않고 제조업체(사업장이 국내 또는 「개성공업지구 지원에 관한 법률」 제2조제1호에 따른 개성공업지구에 소재하는 업체에 한정한다)에 의뢰하여 제조하는 사업으로서 그 사업이 다음의 요건을 모두 충족하는 경우를 포함한다. 1) 생산할 제품을 직접 기획(고안·디자인 및 견본제작 등을 말한다)할 것 2) 해당 제품을 자기명의로 제조할 것 3) 해당 제품을 인수하여 자기책임하에 직접 판매할 것
라. 하수 및 폐기물 처리, 원료 재생, 환경정화 및 복원업 (37 ~ 39)	하수·폐기물 처리(재활용을 포함한다), 원료 재생, 환경정화 및 복원업 전체
마. 건설업(41 ~ 42)	건설업 전체
바. 도매 및 소매업(45 ~ 47)	도매 및 소매업 전체
사. 운수업(49 ~ 52)	여객운송업[육상운송 및 파이프라인 운송업(49), 수상 운송업(50), 항공 운송업(51) 중 여객을 운송하는 경우]
아. 숙박 및 음식점업(55 ~ 56)	음식점 및 주점업(56) 중 음식점업(561)
자.정보통신업(58 ~ 63)	출판업(58)
	영상·오디오 기록물제작 및 배급업(59). 다만, 비디오물 감상실 운영업(59142)은 제외한다.
	방송업(60)
	우편 및 통신업(61) 중 전기통신업(612)
	컴퓨터 프로그래밍, 시스템 통합 및 관리업(62)
	정보서비스업(63)
차. 전문, 과학 및 기술서비스업 (70 ~ 73)	연구개발업(70)
	전문서비스업(71) 중 광고업(713), 시장조사 및 여론조사업(714)
	건축기술, 엔지니어링 및 기타 과학기술 서비스업(72) 중 기타 과학기술 서비스업(729)
	기타 전문, 과학 및 기술 서비스업(73) 중 전문디자인업(732)
카. 사업시설관리 및 사업지원 서비스업(74 ~ 75)	사업시설 관리 및 조경 서비스업(74) 중 건물 및 산업설비 청소업(7421), 소독, 구충 및 방제 서비스업(7422)
	사업지원 서비스업(75) 중 고용알선 및 인력 공급업(751, 농업노동자 공급업을 포함한다), 경비 및 경호 서비스업(7531), 보안시스템 서비스업(7532), 콜센터 및 텔레마케팅 서비스업(75991), 전시, 컨벤션 및 행사 대행업(75992), 포장 및 충전업(75994)

타. 임대업 : 부동산 제외(76)	무형재산권 임대업(764, 「지식재산 기본법」 제3조제1호에 따른 지식재산을 임대하는 경우로 한정한다)
파. 교육서비스업(85)	교육 서비스업(85) 중 유아 교육기관(8511), 사회교육시설(8564), 직원훈련기관(8565), 기타 기술 및 직업훈련학원(85669)
하. 사회복지 서비스업(87)	사회복지서비스업 전체
거. 예술, 스포츠 및 여가관련 서비스업(90 ~ 91)	창작, 예술 및 여가관련 서비스업(90) 중 창작 및 예술관련 서비스업(901), 도서관, 사적지 및 유사 여가관련 서비스업(902). 다만, 독서실 운영업(90212)은 제외한다.
너. 협회 및 단체, 수리 및 기타 개인 서비스업(94 ~ 96)	기타 개인 서비스업(96) 중 개인 간병인 및 유사 서비스업(96993)

〈2〉 개별법률의 규정에 따른 업종

가업 해당 업종
가. 「조세특례제한법」 제7조제1항제1호커목에 따른 직업기술 분야 학원
나. 「조세특례제한법 시행령」 제5조제9항에 따른 엔지니어링사업
다. 「조세특례제한법 시행령」 제5조제7항에 따른 물류산업
라. 「조세특례제한법 시행령」 제6조제1항에 따른 수탁생산업
마. 「조세특례제한법 시행령」 제54조제1항에 따른 자동차정비공장을 운영하는 사업
바. 「해운법」에 따른 선박관리업
사. 「의료법」에 따른 의료기관을 운영하는 사업
아. 「관광진흥법」에 따른 관광사업(카지노업, 관광유흥음식점업 및 외국인전용 유흥음식점업은 제외한다)
자. 「노인복지법」에 따른 노인복지시설을 운영하는 사업
차. 법률 제15881호 노인장기요양보험법 부칙 제4조에 따라 재가장기요양기관을 운영하는 사업
카. 「전시산업발전법」에 따른 전시산업
타. 「에너지이용 합리화법」 제25조에 따른 에너지절약전문기업이 하는 사업
파. 「국민 평생 직업능력 개발법」에 따른 직업능력개발훈련시설을 운영하는 사업
하. 「도시가스사업법」 제2조제4호에 따른 일반도시가스사업
거. 「연구산업진흥법」 제2조제1호나목의 산업
너. 「민간임대주택에 관한 특별법」에 따른 주택임대관리업
더. 「신에너지 및 재생에너지 개발·이용·보급 촉진법」에 따른 신·재생에너지 발전사업

(2) 피상속인 요건 (모두 충족)

법인 가업은 피상속인이 다음 ① 및 ②에 해당하는 중소기업 등을 영위하는 법인의 최대주주 등인 경우로서 그와 특수관계인의 주식 등을 합하여 해당 법인의 발행주식 총수 등의 40%(상장법인은 20%) 이상을 계속하여 보유하는 경우에 한정합니다. (상증법 제18조의2제1항)

① 피상속인이 현재 거주자일 것 (상증법 제18조의2제1항)

② 법인 가업은 최대주주등으로서 지분율 40%(상장법인은 20%) 이상 10년 이상 계속 보유하는 경우에 한정합니다. (상증법 시행령 제15조제3항제1호가목)

☞ (판례) 부모가 법인의 형태로 기업을 경영하는 경우 장기간 최대주주 등으로서 그 특수관계자의 주식 등을 합하여 당해 법인을 지배할 수 있을 정도로 주식 등의 지분을 보유함과 아울러 법인의 대표기관인 지위를 갖고 있었고, 상속인이나 수증자가 이를 그대로 유지한다면 개인이 가업을 승계한 경우와 크게 다를 바가 없다고 보아 일정한 요건 아래 상속세와 증여세의 과세특례를 부여하고 있습니다. (대법원 2013두17206, 2014.3.13.)

☞ 이 경우 최대주주 지분율 판정 시 자기주식은 발행주식총수에서 제외되는 것이며,(상속증여세과-154, 2014.5.23.) 가업상속공제의 피상속인 등의 지분율 판정시 의결권 없는 우선주는 제외합니다. (법규과-1088. 2014.10.14.)

☞ 가업을 경영하는 자가 가업을 경영하지 아니한 배우자로부터 증여받아 10년이 경과하지 아니한 주식에 대해서는 가업상속공제를 적용하지 아니하며,(재산세제과-385, 2014.5.14.) 가업을 10년 이상 경영한 배우자 또는 자녀로부터 증여받아 10년이 경과하지 아니한 주식에 대하여는 상증법 제18조제2항에 따른 가업상속공제가 적용되지 아니합니다. (서면-2015-법령해석재산-1443, 2015.10.1.)

③ 가업기간 중 10년 이상(상속인이 피상속인의 대표이사 등의 직을 승계하여 승계한 날부터 상속개시일까지 계속 재직한 경우를 말합니다) 또는 전체 사업영위기간의 50% 이상 또는 상속개시일로부터 소급하여 10년 중 총 5년 이상을 대표이사로 재직하여야 합니다.

가업 중 다음의 어느 하나에 해당하는 기간을 대표이사(개인사업자인 경우 대표자, 이하 '대표이사 등'이라 말합니다)로 재직하여야 합니다. (상증법 제18조의2제1항 각 호 외의 부분 전단, 상증법 시행령 제15조제3항제1호나목) ☞ 2014.1.1이후 상속분부터 적용합니다.

⑴ 100분의 50 이상의 기간

⑵ 10년 이상의 기간. 이 기간은 상속인이 피상속인의 대표이사등의 직을 승계하여 승계한 날부터 상속개시일까지 계속 재직한 경우로 한정합니다.

⑶ 상속개시일부터 소급하여 10년 중 5년 이상의 기간

상속인이 피상속인의 대표이사 등의 직을 승계하여 승계한 날부터 상속개시일까지 계속 재직한 경우에는 피상속인이 10년 이상 계속하여 경영('상속개시일로부터 소급하여 10년 이상 계속 경영'의 의미는 아닙니다)한 기업이면 가업상속공제가 적용됩니다.

④ 피상속인은 최대주주 1명으로 제한 ☞ 2011.1.1. 이후 상속분부터 적용합니다.

가업상속은 피상속인 및 상속인이 앞의 요건을 모두 갖춘 경우에만 적용됩니다. 이 경우 가업상속이 이루어진 후에 가업상속 당시 최대주주 또는 최대출자자에 해당하는 자(가업상속을 받은 상속인은 제외합니다)의 사망으로 상속이 개시되는 경우는 적용하지 아니합니다. (상증법 제18조의2제1항 각호 외의 부분 전단, 상증법 시행령 제15조제3항 후단)

(3) 상속인 요건 ☞ 2014.2.21.이후 상속분부터 적용합니다.

상속인이 다음의 요건을 모두 갖춘 경우에 적용합니다. 상속인의 배우자(사위나 며느리 등)가 ① ~ ③의 요건을 갖춘 경우에는 상속인이 그 요건을 갖춘 것으로 봅니다.(상증법 시행령 제15조제3항제2호)

① 상속개시일 현재 18세 이상일 것

② 상속개시일 현재 2년 이상 직접 가업에 종사할 것

☞ 2022.2.15. 이후 사업이 개시되는 분부터 상속개시일 전에 가업 영위기간 중 2년 이상 직접 가업에 종사하여야 합니다.

다만, 피상속인이 65세(2016.2.4. 이전에는 60세) 이전에 사망하였거나, 천재지변, 인재 등 부득이한 사유로 사망한 경우에는 '2년 이상 직접 가업 종사' 요건을 갖추지 않아도 됩니다.

또한 상속개시일 2년 전부터 가업에 종사한 경우로서 상속개시일부터 소급하여 2년에 해당하는 날부터 상속개시일까지의 기간 중 법률에 따라 병역의무의 이행, 질병의 요양, 취학상 형편 등의 사유로 가업에 종사하지 못한 기간이 있는 경우에는 그 기간은 가업에 종사한 기간으로 봅니다.

③ 상속세 과세표준 신고기한까지 임원으로 취임하고, 상속세 신고기한부터 2년 이내에 대표이사로 취임한 경우

☞ 2014.2.21. 이후 유류분 반환청구에 따라 다른 상속인이 받았거나 받을 상속재산은 제외합니다. 이는 안정적으로 가업을 승계·유지 발전시키려면 상속인 1인이 상속하는 것이 바람직하나, 유류분 반환청구의 경우 공동상속이 불가피하므로 예외적으로 가업상속공제를 허용한 것입니다.

☞ 상속인 1명이 해당 사업의 전부를 상속받는 경우(2016.2.5.폐지), 2016.2.5.이후 상속인 1명이 가업의 전부를 상속받아야 하는 요건이 폐지됨으로써 공동상속이 허용되었습니다.

(4) 납부요건 ☞ 2019.1.1.이후 상속분부터 적용합니다.

가업이 중견기업에 해당하는 경우 가업을 상속받거나 받을 상속인의 가업상속재산 외에 받거나 받을 상속재산의 가액이 해당 상속인이 상속세로 납부할 금액의 2배를 초과하면 해당 상속인이 받거나 받을 가업상속재산에 대해서는 가업상속공제를 허용하지 아니하며, 세부적인 판단기준은 다음과 같습니다. (상증법 제18조의2제2항)

① 상속인의 가업 상속재산 외에 받거나 받을 상속재산의 가액 (= ㉠-㉡-㉢) (상증법 시행령 제15조제6항)

○ 가업상속인이 받거나 받을 상속재산(상증법 제13조에 따라 상속재산에 가산하는 증여재산 중 가업상속인이 받은 증여재산 포함)

○ 해당 가업상속인이 부담하는 채무로서 상증법 시행령 제10조(채무의 입증방법등)제1항에 따라 증명되는 채무

○ 해당 가업상속인이 받거나 받을 가업상속 재산가액

② 해당 상속인이 상속세로 납부할 금액의 2배 초과 (상증법 시행령 제15조제7항)

가업상속인이 가업상속공제를 받지 아니하였을 경우 해당 가업상속인이 납부할 의무가 있는 상속세액에 100분의 200을 곱한 금액

☞ 탈세·회계부정행위 시기에 따른 가업상속공제 방법

탈세·회계부정행위 시기	형 확정시기	결과
공제 전 행위	가업상속공제 전	공제배제
	가업상속공제 후	추징
사후관리기간 중 행위	사후관리기간 중	추징
	사후관리기간 이후	추징

(5) 조세포탈 또는 회계부정 행위 시 공제 배제

피상속인 또는 상속인이 가업의 경영과 관련하여 상속개시일 전 10년 이내 또는 상속개시일부터 5년 이내의 기간 중 조세포탈 또는 회계부정행위(조세범 처벌법 제3조제1항 또는 주식회사 등의 외부감사에 관한 법률 제39조제1항에 따른 죄를 범하는 것을 말합니다)로 징역형 또는 벌금형을 선고받고 그 형이 확정된 경우 다음과 같이 가업상속공제를 배제 또는 추징합니다. (상증법 제18조의2제8항)

① 상증법 제76조(결정·경정)에 따른 과세표준과 세율의 결정이 있기 전에 피상속인 또는 상속인에 대한 형이 확정된 경우 : 가업상속공제를 배제(공제 적용 전)

② 가업상속공제를 받은 후에 상속인에 대한 형이 확정된 경우 ; 공제받은 금액을 상속개시당시의 상속세 과세가액에 산입하여 대통령령으로 정하는 이자상당액을 포함하여 상속세를 부과합니다. (공제 적용 후)

③ 가업상속공제가 배제되는 벌금형의 범위 (상증법 시행령 제15조제19항)

⑴ (조세포탈) 탈세액이 3억원 이상이고 포탈세액 등이 납부하여야 할 세액의 30% 이상인 경우 또는 포탈세액이 5억원 이상인 경우

⑵ (회계부정) 재무제표상 변경금액이 자산총액의 5%이상인 경우

(6) 가업상속공제 신청 (상증법 시행규칙 제1호 서식 : 가업상속공제신고서, 서식은 생략)

가업상속공제를 받고자 하는 자는 가업상속재산명세서 및 아래와 같은 가업상속 사실을 입증할 수 있는 서류를 상속세 과세표준 신고와 함께 납세지 관할 세무서장에게 제출하여야 합니다. (상증법 시행령 제15조제22항)

> ① 법인 가업인 경우 최대주주 또는 최대출자자에 해당하는 자임을 입증하는 서류 및 주식평 가내역과 사업무관자산 가액을 확인할 수 있는 입증 서류
> ② 기타 상속인이 해당 가업에 직접 종사한 사실을 입증할 수 있는 서류

3) 가업상속공제의 사후관리

- (사후관리기간) 5년
- (가업종사) 해당상속인이 가업에 종사
- (지분유지) 상속인의 지분이 감소하지 않아야 함
- (자산유지) 자산의 40%이상 처분 제한
- (고용확대의무) 상속 후 5년간 정규직 근로자 수의 전체 평균이 상속개시일이 속하는 과세기간(사업연도) 직전 2개 과세기간 (사업연도)의 정규직 근로자의 수 평균의 90%이상 + 상속개시일부터 5년간 총급여액의 전체 평균이 상속개시 일이 속하는 과세기간(사업연도)의 직전 2개 과세기간(사업연도)의 총급여액 평균의 90%이상

사후관리 위반시에는 사유가 발생한 날이 속하는 달의 말일부터 6개월 이내 신고·납부하여야 합니다. (상증법 제18조의2제9항) ☞ 2018.1.1. 이후부터 적용됩니다.

납세지 관할세무서장은 가업상속공제의 적정 여부와 사후관리 하여야 할 사항에 대하여 매년 관리하고 위반사항 발생 시 당초 공제한 금액을 상속개시 당시의 상속세 과세가액에 산입하여 상 속세를 부과하여야 합니다. (상증법 시행령 제15조제24항) ☞ 2023.2.28 신설되었습니다.

> ☞ (개정규정의 적용) 2020.1.1. 이후 사후관리기간이 10년에서 7년으로 단축되었으며, 이 경우 2019.12.31.이전에 상속받은 경우에는 7년으로 적용되지 않습니다. 2023.1.1. 이후 사후관리기간이 7년에서 5년으로 단축되었으며, 2023.1.1현재 사후 관리 중인 경우에도 개정 규정이 적용됩니다.(상증법 제18조의2제5항)

상증법 부칙 〈제19195호, 2022.12.31〉 제7조의 가업상속공제에 관한 경과조치에 따라 다음의 요건을 모두 충족하는 상속인('사후관리를 받고 있는 상속인') 및 2022.12.31전에 상속이 개시된 경우로 서 2023.1.1이후 가업상속공제를 받는 상속인에 대해서도 개정된 사후관리규정을 적용합니다. 다 만, 2022.12.31전에 종전의 제18조제6항제1호가목(가업용자산 처분유지 위반)에만 해당하여 가업용 자산의 처분비율을 고려하여 상속세 및 이자상당액을 부과받은 상속인에 대해서는 ① 및 ②의 요건 을 충족하는 경우 개정된 사후관리규정을 적용합니다. (상증법 부칙 〈법률제19195호, 2022.12.31〉 제7조)

① 2022.12.31.전에 종전의 제18조제2항제1호에 따른 가업상속공제를 받았을 것

② 2023.1.1 당시 종전의 제18조제6항 각 호 외의 부분 전단(7년의 사후관리기간 동안 사후관리 규정 위반 등), 같은 항 제1호마목(고용유지요건) 및 같은 조 제9항 각 호 외의 부분(조세포탈 또는 회계부정에 따른 징역형 또는 벌금형을 선고받고 그 형이 확정된 경우)에 따른 사후관리 기간이 경과하지 아니하였을 것

③ 2022.12.31 당시 종전의 제18조제6항(가업상속공제 후 고용유지요건 등 사후관리요건 위반 등) 및 같은 조 제9항제2호(가업상속공제 후 상속인에 대한 조세포탈 또는 회계부정에 따른 형이 확정되어 가업상속공제가 배제)에 따른 상속세 및 이자상당액이 부과되지 아니하였을 것

다만, 위의 내용에도 불구하고 종전의 제18조제6항마목(종전의 고용유지 요건)을 적용하는 것이 제18조의2제5항제4호의 개정규정(개정된 고용유지 요건)을 적용하는 것보다 사후관리를 받고 있는 상속인에게 유리한 경우에는 종전의 제18조제6항제1호마목(종전의 고용유지 요건)을 적용합니다.

☞ 2020년 개정과 관련하여 종전 상속인의 적용 여부

구분		2019.12.31. 이전 상속	2020.1.1. 이후 상속 (2023.1.1이후 상속)
사후관리기간		적용배제(10년 적용)	7년 (5년)
조세포탈 회계부정시 공제 부인		적용배제	적용
가업종사(업종변경 완화)		적용	적용
자산유지(처분사유 확대)		적용	적용
고용유지	① 총급여액(기준 신설)	적용(매년 기준으로 2020.1.1.이후부터)	적용
	② 중견기업	적용	적용
	③ 정규직 근로자의 범위 (통계청 → 상증법)	선택가능 (선택시 매년 또는 전체사업기간 적용)	상증법
추징시 기간별 추징률 표		종전 규정 적용(5단계)	2단계(2020.2.11.이후상속)

(자료 : 국세청 책자, 서식 변형)

(1) 사후관리

가업상속공제를 받은 상속인이 상속개시일부터 5년 이내에 정당한 사유 없이 다음 각 호의 어느 하나에 해당하면, 사후관리 위반이 됩니다. (상증법 제18조의2제5항, 시행령 제15조제8항) 납세지 관할 세무서장은 상속인이 사후관리 위반 여부(상증법 제18조의2제5항 각 호 및 같은 조 제8항제2호)에 해당하는지를 매년 확인·관리해야 합니다. (상증법 시행령 제15조제24항)

① 해당 가업용 자산의 40% 이상을 처분한 경우 (상증법 제18조의2제5항제1호)

'가업용 자산'이란 소득세법을 적용받는 가업의 경우 가업에 직접 사용하는 가업상속재산을 말하며, 법인세법을 적용받는 가업의 경우 가업에 해당하는 법인의 사업에 직접 사용되는 사업용 고정자산(사업무관자산은 제외)을 말합니다. (상증법 시행령 제15조제9항)

가업용 자산의 처분 비율
= [가업용자산 중 처분(사업에 사용하지 아니하고 임대하는 경우 포함)한 자산의 상속개시일 현재의 가액] /
　(상속개시일 현재 가업용 자산의 가액) × 100%

② 해당 상속인이 가업에 종사하지 아니하게 된 경우 (상증법 제18조의2제5항제2호)

해당상속인이 가업에 종사하지 아니하게 된 경우에는 상속인이 대표이사 등으로 종사하지 아니하는 경우, 가업의 주된 업종을 변경하는 경우 및 해당 가업을 1년 이상 휴업(실적이 없는 경우를 포함합니다)하거나 폐업하는 경우를 포함합니다.

2024.2.29.이후 대분류 내에서 주된 업종 변경을 허용(별표에 따른 업종으로 변경하는 경우로 한정합니다)하며, 이외의 업종으로 변경하는 경우에는 평가심의위원회 심의를 거쳐 업종 변경을 승인하는 경우에 허용합니다. (상증법 시행령 제15조제3항제1호나목, 제11항제2호)

☞ 2020.2.21.이후 중분류 내에서 주된 업종 변경을 허용하였으며, 평가심의위원회 심의를 거쳐 중분류 이외 업종 변경도 허용하였습니다. 이 경우 개정 이전에 공제받은 경우에도 적용합니다.

③ 주식 등 상속받은 상속인의 지분이 감소한 경우 (상증법 제18조의2제5항제3호)

'상속인의 지분이 감소된 경우'에는 상속인이 상속받은 주식 등을 처분하는 경우, 해당 법인이 유상증자할 때 상속인의 실권 등으로 지분율이 감소되는 경우 및 상속인의 특수관계인이 주식 등을 처분하거나 유상증자할 때 실권 등으로 상속인의 최대주주 등에 해당되지 아니하게 된 경우를 포함합니다.

다만, 2009.1.1.이후 상속개시분부터 상증법 제73조(물납)에 따라 상속받은 주식 등의 물납으로 인하여 지분이 감소되는 경우는 제외합니다. 이 경우에도 상속인은 상증법 제22조(금융재산 상속공제)제2항에 따른 최대주주 또는 최대출자자에 해당하여야 합니다.

④ 5년간 고용인원 또는 총 급여액이 감소된 경우 (㉠, ㉡ 모두 충족시)

㉠ 상속개시일부터 5년간 정규직 근로자 수의 전체 평균이 상속개시일이 속하는 과세기간(사업연도)의 직전 2개 과세기간(사업연도)의 정규직근로자 수 평균의 100분의 90에 미달하는 경우(매년 판단)

ⓛ 상속개시일로부터 5년간 총급여액의 전체 평균이 상속개시일이 속하는 과세기간(사업연도)의 직전 2개 과세기간(사업연도)의 총급여액 평균의 100분의 90에 미달하는 경우

정규직 근로자란 근로기준법에 따라 계약을 체결한 근로자 중 근로계약기간이 1년 미만인 근로자와 단시간근로자, 근로소득 원천징수 미확인자를 제외한 사람을 말하며, 기고용인원이란 상속이 개시된 사업연도의 직전 2개 사업연도의 정규직근로자 수의 평균을 말합니다. 정규직근로자 수의 평균은 각 사업연도의 매월 말일 현재 정규직 근로자 수를 합하여 해당 사업연도의 월수로 나누어 계산합니다. (상증법 시행령 제15조제13항) ☞ 2020.1.1. 이후부터 적용합니다.

☞ 2019.12.31이전 정규직 근로자란 통계법 제17조에 따라 통계청장이 지정하여 고시하는 경제활동인구조사의 정규직 근로자를 말합니다.

각 사업연도의 대통령령으로 정하는 총급여액이란 정규직근로자에게 지급한 소득세법상 급여액과 상여액의 합계액을 말하며, 최대주주 및 친족 등(조세특례제한법 시행령 제26조의4제2항제3호에 해당하는 사람)에게 지급한 임금은 제외하되, 기준고용인원 산정기간에 해당 인원만 있는 경우에는 포함합니다. (상증법 시행령 제15조제14항) ☞ 2023.1.1. 이후부터 적용합니다.(2023. 2. 28. 개정되었습니다)

☞ 2022.12.31이전에는 매년 정규직 근로자 수 또는 총급여액이 100분의 80이상, 7년간 매년 정규직 근로자 수 또는 총급여액이 100분의 100이상에 해당하여야 합니다.

가업에 해당하는 법인이 분할하거나 다른 법인을 합병하는 경우, 정규직 근로자 수 및 총급여액은(상증법 제18조의2제5항제4호를 적용할 때) 다음에 따라 계산합니다. (상증법 시행령 제15조제18항)

☞ 2023.2.28. 시행령이 개정되었습니다.

⑴ 분할에 따라 가업에 해당하는 법인의 정규직 근로자의 일부가 다른 법인으로 승계되어 근무하는 경우 그 정규직 근로자는 분할 후에도 가업에 해당하는 법인의 정규직 근로자로 봅니다.

⑵ 합병에 따라 다른 법인의 정규직 근로자가 가업에 해당하는 법인에 승계되어 근무하는 경우 그 정규직 근로자는 상속이 개시되기 전부터 가업에 해당하는 법인의 정규직 근로자였던 것으로 봅니다.

⑤ 앞의 ④항의 개정규정은 2023.1.1. 이후 상속부터 적용하며, 2022.12.31. 이전 가업상속공제를 받은 상속인 중 다음의 요건을 모두 충족하는 상속인은 개정규정을 적용받을 수 있습니다.

이 경우 종전의 고용유지 의무 요건 중 7년간 정규직 근로자 수 또는 총급여액 요건을 적용하는 것이 개정 규정을 적용하는 것보다 사후관리를 받고 있는 상속인에게 유리한 경우에는 종전의 고용유지 요건 규정을 적용합니다. (상증법 부칙 〈법률제19195호, 2022.12.31〉 제7조)

㉠ 2023.1.1. 전에 가업상속공제를 받았을 것

㉡ 2023.1.1. 당시 종전규정에 의한 사후관리기간이 경과하지 아니하였을 것

㉢ 2023.1.1. 전에 상속세 및 이자상당액이 부과되지 않았을 것

☞ 법령개정에 따른 연도별 고용유지 요건

구분	고용유지 요건		
	2019.12.31. 이전	2020.1.1. 이후	2023.1.1. 이후
중견기업	10년후 평균 1.2배 이상(10년 후 판단) + 각 사업연도 말 정규직 근로자 평균인원이 기준연도의 80%이상(매년 판단)	7년간 평균이 기준고용인원 이상 또는 7년간 평균이 기준 총급여액 이상(7년 후 판단) + 각 사업연도 말 기준고용인원의 80% 이상 또는 각 사업연도 말 기준총급여액의 80%이상	5년간 정규직 근로자 수의 전체 평균이 기준사업연도의 정규직 근로자 수의 평균의 90%이상 + 5년간 총급여액의 전체 평균이 기준사업연도의 총급여액의 평균의 90%이상
중소기업	10년후 평균 1.0배 이상(10년 후 판단) + 각 사업연도 말 정규직 근로자 평균인원이 기준연도의 80%이상(매년 판단)		
* 기준연도	상속개시 전 2개 사업연도 평균	상속개시 전 2개 사업연도 평균 고용인원, 총급여액의 평균	상속개시일이 속하는 과세기간(사업연도)의 직전 2개 과세기간(사업연도)

(자료: 국세청 책자)

(2) 사후관리 추징세액의 계산 및 신고

가업상속공제를 받은 상속인이 상속개시일부터 5년 이내에 정당한 사유(상증법 시행령 제15조제8항 해당 사유) 없이 사후관리를 위반하는 경우에는 공제받은 금액에 해당일까지의 기간을 고려하여 100분의 100(가업용 자산을 100분의 40이상을 처분한 경우에는 가업용 자산의 처분 비율을 추가로 곱한 금액을 말합니다. 상증법 시행령 제15조제15항)을 곱하여 계산한 금액을 상속개시 당시의 상속세 과세가액에 산입하여 상속세를 부과합니다. 이 경우 다음 이자상당액을 그 부과하는 상속세에 가산합니다. (상증법 제18조의2제5항)

'이자상당액'은 다음 ①의 금액에 ②의 기간과 ③의 율을 곱하여 계산한 금액을 말합니다. (상증법 법 제18조의2제5항 각 호 외의 부분 후단, 시행령 제15조제16항) ☞ 2023. 2. 28. 개정되었습니다.

① 상증법 제18조의2제5항 각 호 외의 부분 전단에 따라 결정한 상속세액

② 당초 상속받은 가업상속재산에 대한 상속세 과세표준 신고기한의 다음날부터 사후관리 위반사유(상증법 제18조의2제5항 각 호)가 발생한 날까지의 기간

③ 상증법 제18조의2제5항 각 호 외의 부분 전단에 따른 상속세의 부과 당시의 「국세기본법 시행령」 제43조의3제2항 본문에 따른 이자율을 365로 나눈 율

위의 이자율을 수식으로 표현하면 다음과 같습니다.

결정한 상속세액 × 신고기한의 다음날부터 해당사유 발생일까지 일수 ×

상속세 부과당시 국세환급가산금 이자율(현재 연 3.5%) / 365

사후관리 위반시에는 사유가 발생한 달의 말일부터 6개월 이내에 신고·납부하여야 합니다. 다만, 신고·납부 전에 세무서장 등이 먼저 부과하는 경우는 제외합니다. (상증법 제18조의2제9항 → 법 제5항 또는 제8항제2호에 해당하는 경우) ☞ 2018.1.1. 이후부터 적용합니다.

(3) 가업상속공제가 적용된 자산의 양도에 따른 양도소득세 등 이월과세

가업상속공제가 적용된 자산의 양도에 따른 양도소득세 등 이월과세로 증가된 부분은 상속세 추징세액에서 공제합니다. (상증법 제18조의2제10항, 시행령 제15조제21항) ☞ 2014.1.1. 이후 적용합니다.

이월과세 적용으로 증가된 양도소득세상당액은 다음 계산식에 따라 계산합니다. (상증령 제15조 제21항)

양도소득세 상당액 = (㉠ - ㉡) × 사후관리 위반시 적용된 해당 기간별 추징률

㉠ 이월과세 적용 양도소득세액(취득시기, 가액 : 피상속인 기준) (소득세법 제97조의2제4항)

- 이월과세적용 자산의 취득가액 ① + ②

  ① 피상속인의 취득가액(제97조 제1항제1호에 따른 금액) × 해당 자산가액 중 가업상속공제가 적용된 비율(가업상속공제적용률[주])

  ② 상속개시일 현재 해당자산가액 ×(1 - 가업상속공제 적용률[주])

  * 가업상속공제 적용률 = $\dfrac{\text{가업상속공제액}}{\text{총가업상속재산가액}}$

㉡ 이월과세 미적용 양도소득세액(취득시기, 가액 : 상속인 기준) (소득세법 제97조)

☞ **계산방법 연도별 개정내용**

2013.12.31. 이전	2014.1.1. 이후	2017.1.1. 이후	2019.1.1. 이후	2023.1.1. 이후
위반기간에 관계없음	위반기간에 따라 추징률 차등 적용	이자상당액 부과	자산처분비율에 따라 차등 적용	기간별 추징률 삭제

☞ **기간별 추징율 표**

2019.12.31. 이전			2020.1.10이후	
경과기간	추징세액 적용률		경과기간	추징세액 적용률
7년 미만	100%		5년 미만	100%
7년 이상 8년 미만	90%	→	5년 이상 7년 미만	80%
8년 이상 9년 미만	80%			
9년 이상 10년 미만	70%		2023.1.1.이후	
10년 이상	0%		삭제	

☞ **가업상속재산에 대한 양도소득세 이월과세 도입** (소득세법 제97조의2, 상증령 제15조제21항)

- (도입취지) 상속인이 가업상속공제를 적용받은 재산을 추후 양도하는 경우 피상속인 보유기간중 발생한 재산가치 상승분(자본이득)에 대해서는 양도소득세가 과세되지 않는 문제가 있어 이월과세 도입

    * 양도소득세 계산 시 취득가액은 상속개시 당시 시가로 계산

부(피상속인) 주식 취득시	부(피상속인) 사망시	자(상속인) 주식양도시
1억	100억원 ※ 가업상속공제 70억원*)	150억원 ※ 주식양도차익 50억원*)**

  * 가업상속공제 70억원은 상속세 과세가액에서 차감되고
  ** 50억원(150억원 - 100억원)에 대해서만 주식 양도세를 부담

- (적용방법)

    가업상속공제를 적용받아 상속세가 과세되지 않은 재산에 대해서는 피상속인의 당초 취득가액을 기준으로 양도차익을 계산하여 피상속인의 자본이득에 대해 과세

    – 적용대상 : 가업상속공제가 적용된 토지

    – 취득가액 : 피상속인의 취득가액

- (적용예시)

    가업상속공제를 적용받은 재산분에 대해서는 피상속인의 취득당시 취득가액으로 가업상속공제를 적용받지 않은 재산분에 대해서는 상속개시일 현재 시가 등(상증법에 의해 평가한 가액)을 취득가액으로 하여 양도차익을 계산

피상속인 취득가액(10억원)	상속개시일 시가 (100억원)	상속인 양도가액(120억원)
[양도차익 구성]	← 피상속인분 양도차익 → 90억원(100-10)	← 상속인분 양도차익 → 20억원(120-100)

  · 가업상속공제분은 가업상속재산가액의 100%(100억원)으로 가정하면, 100억원에 대한 이월과세 적용시 양도차익 110억원(① + ②)

    ① 피상속인 보유기간 중 양도차익 : 90억원 × 100% = 90억원

    ② 상속인 보유기간 중 양도차익 : 20억원

- (적용시기) 2014.1.1.이후 가업상속공제를 받는 분부터 적용

☞ **사후관리 위반에 따른 계산방법은 법령개정연도 요건에 따라 적용하여야 합니다.**

(2014.1.1.이후) 개시하는 사업연도분부터는 위반 기간에 따라 추징세액을 차등적용합니다. 이때 경과기간은 사후관리기산일(상속개시일 또는 상속이 개시된 사업연도 말일)부터 위반일까지의 기간입니다.

(2017.1.1.이후) 개시하는 과세기간 또는 사업연도분부터 사후관리 위반시 이자상당액을 부과합니다.

(2018.1.1.이후부터) 사후관리 위반 시 사유가 발생한 날이 속하는 달의 말일부터 6개월 이내 신고·납부하여야 합니다. 다만, 신고·납부 이전에 세무서장 등이 먼저 부과하는 경우는 제외합니다.

결정한 상속세액*) × 신고기한의 다음날부터 해당사유 발생일까지 일수 × 상속세 부과당시 국세환급가산금 이자율(현재 연2.9%) / 365

  * (사후관리 위반한 가업상속공제금액 × 기간별 추징률)을 상속개시 당시의 상속세 과세가액에 산입하여 결정한 상속세액

(2019.1.1. 이후) 가업용 자산을 처분하는 경우에는 자산처분비율에 따라 기간별추징율을 곱한 율을 적용하며,

(2020.1.1. 이후) 수회에 걸쳐 자산을 처분하는 경우 각 처분가액을 기준으로 산정합니다. 즉 종전자산에 처분한 자산의 가액을 제외하고 산정합니다.

(2013.12.31. 이전에는) 사후관리 요건을 위반하는 경우에는 가업상속공제 전액을 상속세 과세가액에 산입하였습니다.
(2023.1.1. 이후에는) 사후관리기간이 5년으로 단축되면서 기간별 추징율을 삭제하였습니다.

☞ 2022.12.31. 이전 고용유지 위반 시 추징세액 적용률은 상속이 개시된 사업연도의 말일부터 각 사업연도의 말일까지 각각
  누적하여 계산한 정규직근로자 수의 전체 평균이 기준고용인원의 100분의 100이상을 충족간 기간 중 가장 긴 기간을 경과
  기간으로 보아 적용률을 적용합니다.

(4) 사후관리 위반으로 보지 않는 정당한 사유 (상증법 제18조의2, 시행령 제15조제8항)

사후관리 위반으로 보지 않는 '정당한 사유'란 다음의 사유를 말합니다. 정당한 사유에 해당되면 사후관리 위반이 아니므로, 상속세 추징대상이 되지 아니합니다.

① 해당 가업용 자산이 40%이상을 처분한 경우를 적용할 때 다음의 어느 하나에 해당하는 경우 (상증법 시행령 제15조제8항제1호)

 ㉮ '가업용 자산'이 공익사업을 위한 토지 등의 취득 및 보상에 관한 법률, 그 밖의 법률에 따라 수용 또는 협의 매수되거나 국가 또는 지방자치단체에 양도되거나 시설의 개체, 사업장 이전 등으로 처분되는 경우. 다만 처분자산과 같은 종류의 재산을 대체 취득하여 가업에 계속 사용하는 경우에 한정합니다.

 ㉯ 가업용 자산을 국가 또는 지방자치단체에 증여하는 경우

 ㉰ 가업 상속받은 상속인이 사망한 경우

 ㉱ 합병·분할, 통합, 개인사업의 법인전환 등 조직변경으로 인하여 자산의 소유권이 이전되는 경우. 다만, 조직변경 이전의 업종과 같은 업종을 영위하는 경우로서 이전된 가업용 자산을 그 사업에 계속 사용하는 경우에 한정합니다.

 ㉲ 내용연수가 지난 가업용 자산을 처분하는 경우

 ㉳ 가업의 주된 업종 변경과 관련하여 자산을 처분하는 경우로서 변경된 업종을 가업으로 영위하기 위하여 자산을 대체 취득하여 가업에 계속 사용하는 경우

 ㉴ 가업용 자산의 처분금액을 조세특례제한법 제10조(연구·인력개발비에 대한 세액공제)에 따른 연구인력개발비로 사용하는 경우

  ☞ 위의 바)항과 사)항의 개정규정은 2020.2.11. 전 사후관리를 받고 있는 상속인에 대하여도 적용합니다.

② 해당 상속인이 가업에 종사하지 아니하게 된 경우를 적용할 때 다음의 어느 하나에 해당하는 경우 (상증법 시행령 제15조제8항제2호)

 ㉮ 가업 상속받은 상속인이 사망한 경우

 ㉯ 가업상속재산을 국가 또는 지방자치단체에 증여하는 경우

㈐ 상속인이 법률의 규정에 따른 병역의무의 이행, 질병의 요양, 취학상의 형편 등으로 가업에 종사할 수 없는 사유가 있는 경우. 다만, 그 부득이한 사유가 종료된 후 가업에 종사하지 아니하거나 가업 상속받은 재산을 처분하는 경우를 제외합니다. (상증법 시행규칙 제6조)

③ 주식 등을 상속받은 상속인의 지분이 감소된 경우를 적용할 때 다음의 어느 하나에 해당하는 경우 (상증법 시행령 제15조제8항제3호)

㈎ 합병·분할 등 조직변경에 따라 주식등을 처분하는 경우. 다만, 처분 후에도 상속인이 합병법인 또는 분할신설법인 등 조직변경에 따른 법인의 최대주주등에 해당하는 경우에 한합니다.

㈏ 해당 법인의 사업확장 등에 따라 유상증자할 때 상속인의 특수관계인 외의 자에게 주식등을 배정함에 따라 상속인의 지분율이 낮아지는 경우. 다만, 상속인이 최대주주등에 해당하는 경우에 한합니다.

㈐ 상속인이 사망한 경우. 다만, 사망한 자의 상속인이 원래 상속인의 지위를 승계하여 가업에 종사하는 경우에 한합니다.

㈑ 주식등을 국가 또는 지방자치단체에 증여하는 경우

㈒ 「자본시장과 금융투자업에 관한 법률」 제390조(상장규정)제1항에 따른 상장규정의 상장요건을 갖추기 위하여 지분을 감소시킨 경우. 다만, 상속인이 최대주주등에 해당하는 경우에 한정합니다. ☞ 2014.1.1.이후 개시하는 사업연도 또는 과세기간부터 적용합니다.
상장요건이란 소액주주 수가 1천명(코스닥 500명)이상이고, 지분율 합계는 25% 이상인 경우를 말합니다.

㈓ 주주 또는 출자자의 주식 및 출자지분의 비율에 따라서 무상으로 균등하게 감자하는 경우 ☞ 2019.2.12. 이후 감자하는 분부터 적용합니다.

㈔ 「채무자 회생 및 파산에 관한 법률」에 따른 법원의 결정에 따라 무상으로 감자하거나 채무를 출자전환하는 경우 ☞ 2019.2.12. 이후 감자 또는 출자전환하는 분부터 적용합니다.

㈕ 상속받은 주식 등을 상증법 제73조에 따라 물납하여 그 지분이 감소한 경우로서 물납 후에도 상속인이 최대주주나 최대출자자에 해당하는 경우 (상증법 제18조의2제3호)

(5) 기회발전특구 (상증법 시행령 제15조제25항)

가업상속받은 기업이 다음의 요건을 모두 갖춘 경우에는 상속인의 취임·종사요건(상증법 시행령

제15조제3항제2호라목 및 제11항제1호)를 적용하지 않으며, 업종에 대한 사후관리 적용시 (상증법 시행령 제11항제2호)에도 불구하고 한국표준산업분류에 따른 구분에 관계 없이 별표에 따른 업종으로 변경할 수 있습니다. 이 경우 둘 이상의 독립된 기업을 가업상속받은 경우에는 개별 기업별로 적용 여부를 판단합니다. (상증법 시행령 제15조제25항) ☞ 2024.2.29. 신설되었습니다.

① 다음의 어느 하나에 해당하는 경우

㉮ 본점 또는 주사무소를 「조세특례제한법」 제99조의4제1항제1호가목1)부터 5)까지 외의 부분에 따른 기회발전특구로 이전한 경우

㉯ 본사가기회발전특구에 소재하는 경우

② 기회발전특구에 소재하는 본사 및 그 밖의 사업장에서 해당 기업의 업무에 종사하는 상시 근무인원(「조세특례제한법 시행령」 제60조의2 제7항에 따른 상시 근무인원을 말합니다)의 연평균 인원(매월 말 현재의 인원을 합하고 이를 해당 개월 수로 나누어 계산한 인원을 말합니다)이 해당 기업의 업무에 종사하는 전체 상시 근무인원의 연평균 인원의 100분의 50 이상인 경우

기회발전특구는 「지방자치분권 및 지역균형발전에 관한 특별법」제2조제13호에 따른 기회발전특구를 말합니다. 다만,「지방자치분권 및 지역균형발전에 관한 특별법」제2조제12호에 따른 인구감소지역, 「접경지역 지원 특별법」 제2조제1호에 따른 접경지역이 아닌 수도권과밀억제권역 안의 기회발전특구는 해당되지 않는 것으로 보아야 합니다.

☞ **지방자치분권 및 지역균형발전에 관한 특별법**(약칭: 지방분권균형발전법)

[시행 2023. 7. 10.] [법률 제19514호, 2023. 7. 4., 타법개정]

제2조(정의)이 법에서 사용하는 용어의 뜻은 다음과 같다.

13. "기회발전특구"란 개인 또는 법인의 대규모 투자를 유치하기 위하여 관계 중앙행정기관과 지방자치단체의 지원이 필요한 곳으로 제23조에 따라 지정·고시되는 지역을 말한다.

제23조(기회발전특구의 지정 및 지원) ① 수도권이 아닌 지역의 시·도지사는 관할 행정구역의 일부를 기회발전특구로 지정받으려는 경우 산업통상자원부장관에게 기회발전특구의 지정을 신청하여야 한다. 다만, 수도권 내 인구감소지역 또는 「접경지역 지원 특별법」 제2조 제1호에 따른 접경지역으로서 지방시대위원회가 정하는 지역의 시·도지사는 기회발전특구의 지정을 신청할 수 있다.

② 산업통상자원부장관은 제1항에 따른 지정 신청을 받은 경우 지방시대위원회의 심의·의결을 거쳐 기회발전특구를 지정한다. 이 경우 지방시대위원회는 기업의 투자계획, 집적 가능성 등대통령령으로 정하는 사항을 고려하여야 한다.

③ 산업통상자원부장관은 기회발전특구 지정 목적의 달성이 불가능하거나 지정 내용의 변경이 불가피한 경우에는 지방시대위원회의 심의·의결을 거쳐 기회발전특구의 지정을 변경하거나 해제할 수 있다.

④ 국가와 지방자치단체는 기회발전특구에 투자하는 개인 또는 법인에 대하여 행정적·재정적 지원을 할 수 있다.

⑤ 국가와 지방자치단체는 기회발전특구에 투자하는 개인 또는 법인에 대하여「조세특례제한법」, 「지방세특례제한법」, 그 밖의 조세 관계 법률에서 정하는 바에 따라 국세 또는 지방세를 감면할 수 있다.

⑥ 제1항부터 제5항까지에서 규정한 사항 외에 기회발전특구의 지정 신청, 지정, 지정 변경·해제의 절차·방식 등에 관하여 필요한 사항은 대통령령으로 정한다.

☞ **조세특례제한법 제60조의2**(수도권 밖으로 본사를 이전하는 법인에 대한 세액감면 등) ← 상시근무인원

⑦ 제6항을 적용할 때 상시 근무인원은「근로기준법」제2조 제1항 제2호에 따른 사용자 중 상시 근무하는 자 및 같은 법에 따라 근로계약을 체결한 내국인 근로자로 한다. 다음 각 호의 어느 하나에 해당하는 사람은 제외한다.

1. 근로계약기간이 1년 미만인 근로자(근로계약의 연속된 갱신으로 인하여 그 근로계약의 총 기간이 1년 이상인 근로자는 제외한다)

2.「근로기준법」제2조 제1항 제9호에 따른 단시간근로자. 1개월간의 소정근로시간이 60시간 이상인 근로자는 상시근로 자로 본다.

3.「법인세법 시행령」「법인세법 시행령」제40조 제1항 제40조 제1항각 호의 어느 하나에 해당하는 임원 중 상시 근무하지 않는 자

4.「소득세법 시행령」「소득세법 시행령」제196조제196조에 따른 근로소득원천징수부에 따라 근로소득세를 원천징수한 사실이 확인되지 않고, 다음 각 목의 어느 하나에 해당하는 금액의 납부사실도 확인되지 않는 자

가. 「국민연금법」제3조 제1항 제11호및제12호에 따른 부담금 및 기여금

나.「국민건강보험법」제69조「국민건강보험법」제69조에 따른 직장가입자의 보험료

3 영농상속공제

영농은 한국표준산업분류표에 따른 농업, 임업, 어업을 주된 업종으로 영위하는 것을 말합니다. (상증법 시행령 제16조제1항)

1) 영농(양축·양어 및 영림을 포함) 상속공제 금액

영농상속 재산가액으로 그 가액이 30억원을 초과하는 경우에는 30억원을 한도로 합니다. (상증법 제18조의3제1항) ☞ 2023.1.1.부터 적용합니다.

2) 영농상속공제요건 (상증법 시행령 제16조)

'영농상속'이라 함은 피상속인이 영농(양축·양어 및 영림을 포함)에 종사하는 경우로서 상속재산 중 영농상속재산을 영농에 종사하는 상속인이 상속받는 것을 말합니다.

(1) 영농상속재산의 범위

영농상속재산이란 피상속인이 상속개시일 8년 전부터 영농에 사용한 다음의 어느 하나에 해당하는 재산을 말합니다. (상증법 시행령 제16조제2항)

① 「소득세법」을 적용받는 영농 (상증법 시행령 제16조제5항제1호)

㉮ 「농지법」제2조제1호가목에 따른 농지

☞ 이 경우 도시계획법상의 주거지역 내에 소재하는 농지의 경우도 농지상속공제 대상이 됩니다. (재삼46014-3344, 1995.12.28.)

㈏ 「초지법」 제5조에 따른 초지조성허가를 받은 초지

㈐ 「산지관리법」 제4조제1항제1호에 따른 보전산지 중 「산림자원의 조성 및 관리에 관한 법률」 제13조에 따른 산림경영계획 인가 또는 같은 법 제28조에 따른 특수산림사업지구 사업(법률 제4206호 산림법중개정법률의 시행 전에 종전의 「산림법」에 따른 지정개발지역으로서 같은 법 부칙 제2조에 따른 지정개발지역에서의 지정개발사업을 포함한다. 이하 같다)에 따라 새로이 조림한 기간이 5년 이상인 산림지(보안림·채종림 및 산림유전자원보호림의 산림지를 포함합니다.)

㈑ 「어선법」 제2조제1호에 따른 어선

㈒ 「내수면어업법」 제7조, 「수산업법」 제7조에 따른 어업권(「수산업법」 제7조제1항제2호에 따른 마을어업의 면허는 제외합니다) 및 「양식산업발전법」 제10조에 따른 양식업권(「양식산업발전법」 제10조제1항제5호에 따른 협동양식업의 면허는 제외합니다)

㈓ 농업·임업·축산업 또는 어업용으로 설치하는 창고·저장고·작업장·퇴비사·축사·양어장 및 이와 유사한 용도의 건축물로서 「부동산등기법」에 따라 등기한 건축물과 이에 딸린 토지(해당 건축물의 실제 건축면적을 「건축법」 제55조에 따른 건폐율로 나눈 면적의 범위로 한정합니다)

㈔ 「소금산업진흥법」 제2조제3호에 따른 염전 ☞ 2020.2.11.상속분부터 적용합니다.

② 「법인세법」을 적용받는 영농 : 상속재산 중 법인의 주식등의 가액. 이 경우 법인의 주식등의 가액의 계산방법은 상증법 시행령 제15조(가업상속)제5항제2호를 준용합니다. (상증법 시행령 제16조제5항제2호)

$$\text{영농상속재산(법인기업)} = \text{영농법인 주식가액} \times \frac{(\text{총자산가액} - \text{사업무관자산가액})}{\text{총자산가액}}$$

(2) 피상속인 요건 (상증법 시행령 제16조제2항)

① 「소득세법」을 적용받는 영농 : 다음 각 목의 요건을 모두 갖춘 경우

(상증법 시행령 제16조제2항제1호)

㈎ 상속개시일 8년 전부터 계속하여 직접 영농에 종사할 것. 다만, 상속개시일 8년 전부터 직접 영농에 종사한 경우로서 상속개시일부터 소급하여 8년에 해당하는 날부터 상속개시일까지의 기간 중 질병의 요양으로 직접 영농에 종사하지 못한 기간 및 「공익사업을 위한 토지 등의 취득 및 보상에 관한 법률」이나 그 밖의 법률에 따른 협의매수 또는 수

용으로 인하여 직접 영농에 종사하지 못한 기간(1년 이내의 기간으로 한정합니다)은 직접 영농에 종사한 기간으로 봅니다. (상증법 시행령 제16조제2항제1호가목)

㈏ 농지·초지·산림지('농지등'이라 합니다)가 소재하는 시(특별자치시와 「제주특별자치도의 설치 및 국제자유도시 조성을 위한 특별법」 제10조제2항에 따른 행정시를 포함합니다.)·군·구(자치구를 말합니다), 그와 연접한 시·군·구 또는 해당 농지등으로부터 직선거리 30킬로미터 이내(산림지의 경우에는 통상적으로 직접 경영할 수 있는 지역을 포함합니다)에 거주하거나 어선의 선적지 또는 어장에 가장 가까운 연안의 시·군·구, 그와 연접한 시·군·구 또는 해당 선적지나 연안으로부터 직선거리 30킬로미터 이내에 거주할 것 (상증법 시행령 제16조제2항제1호나목) ☞ 2015.2.2. 이전에는 20km 이내였습니다.

② 「법인세법」을 적용받는 영농 : 다음 각 목의 요건을 모두 갖춘 경우
(상증법 시행령 제16조제2항제2호)

㈎ 상속개시일 8년 전부터 계속하여 해당 기업을 경영(상속개시일 8년 전부터 해당 기업을 경영한 경우로서 상속개시일부터 소급하여 8년에 해당하는 날부터 상속개시일까지의 기간 중 질병의 요양으로 경영하지 못한 기간은 해당 기업을 경영한 기간으로 봅니다)할 것

㈏ 법인의 최대주주등으로서 본인과 그 특수관계인의 주식등을 합하여 해당 법인의 발행주식총수등의 100분의 50 이상을 계속하여 보유할 것

(3) 영농상속인 요건 (상증법 시행령 제16조제3항)

영농상속은 상속인이 상속개시일 현재 18세 이상으로서 다음 각 호의 구분에 따른 요건을 충족하는 경우 또는 기획재정부령으로 정하는 영농·영어 및 임업후계자인 경우에 적용합니다.

(가) 상속인이 상속개시일 현재 18세 이상으로 아래 요건을 충족하는 경우

① 「소득세법」을 적용받는 영농: 다음 각 목의 요건을 모두 갖춘 경우 (상증법 시행령 제16조제3항제1호)

㈎ 상속개시일 2년 전부터 계속하여 직접 영농에 종사할 것. 다만, 피상속인이 65세 이전에 사망하거나 천재지변 및 인재 등 부득이한 사유로 사망한 경우에는 그렇지 않습니다. (상증법 시행령 제16조제3항제1호가목)

'직접 영농에 종사한 기간'은 상속개시일 2년 전부터 직접 영농에 종사한 경우로서 상속개시일부터 소급하여 2년에 해당하는 날부터 상속개시일까지의 기간 중 상속인이 법률에 따른 병역의무의 이행, 질병의 요양 등 부득이한 사유에 해당하는 경우(상증법 시행령 제15조제8항제2호다

목)에 따른 사유로 직접 영농에 종사하지 못한 기간 및 수용등으로 인하여 직접 영농에 종사하지 못한 기간(1년 이내의 기간으로 한정합니다)은 직접 영농에 종사한 기간으로 봅니다.

'부득이한 사유'란 상속인이 법률의 규정에 의한 병역의무의 이행, 질병의 요양, 취학상 형편등으로 가업 또는 영농에 직접 종사할 수 없는 사유가 있는 경우를 말합니다. 다만, 그 부득이한 사유가 종료된 후 가업 또는 영농에 종사하지 아니하거나 가업상속 또는 영농상속받은 재산을 처분하는 경우를 제외합니다. (상증법 시행규칙 제6조, 상속세를 추징하지 아니하는 사유)

㉲ 상증법 시행령 제2항제1호나목에서 규정하는 지역에 거주할 것(상증법 시행령 제16조제3항제1호나목) ← 앞의 (2)의 ①의 나)의 내용과 동일합니다.

② 「법인세법」을 적용받는 영농: 다음 각 목의 요건을 모두 갖춘 경우
(상증법 시행령 제16조제3항제2호)

㉮ 상속개시일 2년 전부터 계속하여 해당 기업에 종사할 것. 다만, 피상속인이 65세 이전에 사망하거나 천재지변 및 인재 등 부득이한 사유로 사망한 경우에는 그렇지 않습니다. (상증법 시행령 제16조제3항제2호가목)

해당 기업에 종사한 기간은 상속개시일 2년 전부터 해당 기업에 종사한 경우로서 상속개시일부터 소급하여 2년에 해당하는 날부터 상속개시일까지의 기간 중 상증법 제15조제8항제2호다목에 따른 사유로 해당 기업에 종사하지 못한 기간은 해당 기업에 종사한 기간으로 봅니다.

☞ **상증법 시행령 제15조(가업상속) ⑧**
2. 법 제18조의2제5항제2호를 적용할 때에는 다음 각 목의 어느 하나에 해당하는 경우
  다. 상속인이 법률에 따른 병역의무의 이행, 질병의 요양 등 기획재정부령으로 정하는 부득이한 사유에 해당하는 경우

☞ **상증법 시행규칙 제6조(상속세를 추징하지 아니하는 사유)** 영 제15조제8항제2호다목 및 영 제16조제6항제7호에서 "기획재정부령으로 정하는 부득이한 사유"란 상속인이 법률의 규정에 의한 병역의무의 이행, 질병의 요양, 취학상 형편등으로 가업 또는 영농에 직접 종사할 수 없는 사유가 있는 경우를 말한다. 다만, 그 부득이한 사유가 종료된 후 가업 또는 영농에 종사하지 아니하거나 가업상속 또는 영농상속받은 재산을 처분하는 경우를 제외한다

㉯ 상속세과세표준 신고기한까지 임원으로 취임하고, 상속세 신고기한부터 2년 이내에 대표이사등으로 취임할 것 (상증법 시행령 제16조제3항제2호나목)

(나) 영농 · 영어 및 임업후계자

상증법 시행령 제16조제3항 각 호 외의 부분에서 '영농 · 영어 및 임업후계자'란 다음 각 호의 어느 하나에 해당하는 자를 말합니다. (상증법 시행규칙 제7조제1항)

① 「후계농어업인 및 청년농어업인 육성 · 지원에 관한 법률」 제8조제1항 및 제2항에 따른

후계농업경영인, 후계어업경영인, 청년창업형 후계농업경영인 및 청년창업형 후계어업
경영인

② 「임업 및 산촌 진흥촉진에 관한 법률」 제2조제4호의 규정에 의한 임업후계자

③ 「초ㆍ중등교육법」 및 「고등교육법」에 의한 농업 또는 수산계열의 학교에 재학중이거나
졸업한 자

(4) 영농종사 및 영농종사자 판단기준

(상증법 시행령 제16조제4항, 직접 영농에 종사하는 경우)

상증법 시행령 제16조 제2항제1호가목 및 제3항제1호가목에서 "직접 영농에 종사하는 경우"
란 각각 피상속인 또는 상속인이 다음 각 호의 어느 하나에 해당하는 경우를 말합니다. (상증법 시행
령 제16조제4항)

다만, 해당 피상속인 또는 상속인의 「소득세법」 제19조(사업소득)제2항에 따른 사업소득금액과
같은 법 제20조(근로소득)제2항에 따른 총급여액의 합계액이 3천700만원 이상인 과세기간이 있
는 경우 해당 과세기간에는 피상속인 또는 상속인이 영농에 종사하지 아니한 것으로 봅니다. 농
업ㆍ임업 및 어업에서 발생하는 소득, 「소득세법」 제45조(결손금 및 이월결손금의 공제)제2항에 따른
부동산임대업에서 발생하는 소득과 같은 법 시행령 제9조에 따른 농가부업소득은 제외하며, 그
사업소득금액이 음수인 경우에는 영으로 봅니다. (상증법 시행령 제16조제4항, 단서)

① 소유 농지 등 자산을 이용하여 농작물의 경작 또는 다년생식물의 재배에 상시 종사하거나
농작업의 2분의 1 이상을 자기의 노동력으로 수행하는 경우

② 소유 초지 등 자산을 이용하여 「축산법」 제2조(정의)제1호에 따른 가축의 사육에 상시 종사
하거나 축산작업의 2분의 1 이상을 자기의 노동력으로 수행하는 경우

③ 소유 어선 및 어업권ㆍ양식업권 등 자산을 이용하여 「내수면어업법」 또는 「수산업법」에 따
른 허가를 받아 어업에 상시 종사하거나 어업작업의 2분의 1 이상을 자기의 노동력으로
수행하는 경우

④ 소유 산림지 등 자산을 이용하여 「산림자원의 조성 및 관리에 관한 법률」 제13조(산림경영
계획의 수립 및 인가)에 따른 산림경영계획 인가 또는 같은 법 제28조(특수산림사업지구의 지정
등)에 따른 특수산림사업지구 사업에 따라 산림조성에 상시 종사하거나 산림조성작업의 2
분의 1 이상을 자기의 노동력으로 수행하는 경우

3) 영농상속 입증서류의 제출

영농상속공제를 받으려는 사람은 '영농상속재산명세서' 및 '영농상속 사실을 입증할 수 있는 서류'를 상속세과세표준신고와 함께 납세지 관할세무서장에게 제출하여야 합니다. (상증법 시행령 제16조제11항)

'영농상속 사실을 입증할 수 있는 서류'란 영농상속에 해당됨을 증빙할 수 있는 다음의 서류를 말합니다. (상증법 시행규칙 제7조제2항)

① 최대주주 또는 해당하는 작업을 입증하는 서류

② 농업소득세 과세사실증명서 또는 영농사실증명서류

③ 어선의 선적증서 사본

④ 어업의 면허증서 사본

⑤ 영농상속인의 농업 또는 수산계열학교의 재학증명서 또는 졸업증명서

⑥ 「임업 및 산촌 진흥촉진에 관한 법률」에 따른 임업후계자임을 입증하는 서류

☞ 신고기한 내에 영농상속신고서를 제출하지 아니한 경우에도 상속개시일에 현재 영농상속공제 요건에 해당하면 공제가 가능합니다. (재삼 46014-1179, 1999.6.17.)

4) 조세포탈 회계부정 행위시 공제배제

피상속인 또는 상속인이 영농과 관련하여 상속개시일 전 8년 이내 또는 상속개시일부터 5년 이내의 기간 중 조세포탈 또는 회계부정행위로 징역형 또는 벌금형을 선고받고 그 형이 확정된 경우 다음과 같이 영농상속공제를 배제 또는 추징합니다. (상증법 제18조의3제6항)

① 상증법 제76조(결정·경정)에 따른 과세표준과 세율의 결정이 있기 전에 피상속인 또는 상속인에 대한 형이 확정된 경우 : 영농상속공제 적용을 배제(공제 적용 전)

② 영농상속공제를 받은 후에 상속인에 대한 형이 확정된 경우 : 공제받은 금액을 상속개시 당시의 상속세 과세가액에 산입하여 상증법 시행령 제16조(영농상속)제10항에 따른 이자 상당액을 포함하여 상속세를 부과(공제 적용 후)

상증법 제18조의3(영농상속공제)제6항 각 호 외의 부분에서 '벌금형'이란 상증법 제15조(가업상속)제19항 각 호의 어느 하나에 해당하는 것을 말합니다. (상증법 시행령 제16조제9항)

① (조세포탈) 포탈세액등 3억원 이상이고 포탈세액등이 납부하여야 할 세액의 30%이상인 경우 또는 포탈세액등이 5억원 이상인 경우 (조세범처벌법 제3조제1항1호)

② (회계부정) 재무제표상 변경된 금액이 자산총액의 100분의 5 이상인 경우 (주식회사 등의 외부감사에 관한 법률 제39조제1항)

5) 영농상속공제의 사후관리

(1) 사후관리사항

영농상속공제를 받은 상속인이 상속개시일부터 5년 이내에 정당한 사유 없이 다음 각 호의 어느 하나에 해당하면 공제받은 금액에 해당일까지의 기간을 고려하여 100분의 100(상증법 시행령 제16조제6항)을 곱하여 계산한 금액을 상속개시 당시의 상속세 과세가액에 산입하여 상속세를 부과합니다. (상증법 제18조의3제4항)

① 영농상속공제 대상인 상속재산(이하 "영농상속재산"이라 한다)을 처분한 경우
② 해당 상속인이 영농에 종사하지 아니하게 된 경우

영농상속의 사후관리기간의 계산에 있어서 정당한 사유로 인하여 직접 영농에 종사하지 못하게 된 기간은 제외합니다. (상증법 제18조의3제4항)

☞ 영농상속공제를 받은 재산을 상속개시일로부터 5년 이내에 정당한 사유없이 처분함으로써 상속세를 추징하는 경우 신고·납부불성실가산세는 부과하지 아니합니다. (서일56014-10884, 2002.7.5.)

(2) 정당한 사유

영농상속공제에 대한 상속세 추징시 제외되는 '정당한 사유'라 함은 다음에 해당하는 사유를 말합니다. (상증법 시행령 제16조제6항)

① 영농상속을 받은 상속인이 사망한 경우
② 영농상속을 받은 상속인이 「해외이주법」에 따라 해외로 이주하는 경우
③ 영농상속 받은 재산이 「공익사업을 위한 토지 등의 취득 및 보상에 관한 법률」, 그 밖의 법률에 따라 수용되거나 협의 매수된 경우 ☞ 2020.2.11. 이후 상속분부터 적용합니다.
　　☞ 영농상속을 받은 영농에 직접 사용하고 있는 재산을 말합니다.
④ 영농상속 받은 재산을 국가 또는 지방자치단체에 양도하거나 증여하는 경우
⑤ 영농상 필요에 따라 농지를 교환·분합 또는 대토하는 경우
⑥ 제5항제2호에 따른 주식등을 처분한 경우 중 다음 각 목의 어느 하나에 해당하는 경우. 다만, 주식등의 처분 후에도 상속인이 최대주주등에 해당하는 경우로 한정합니다.
　(가) 상속인이 상속받은 주식등을 상증법 제73조(물납)에 따라 물납한 경우
　(나) 상증법 시행령 제15조(가업상속)제8항제3호 각 목의 어느 하나에 해당하게 된 경우

⑦ ①부터 ⑥까지의 규정과 유사한 경우로서 기획재정부령으로 정하는 부득이한 사유가 있는 경우

- '기획재정부령으로 정하는 부득이한 사유'란 상속인이 법률의 규정에 의한 병역의무의 이행, 질병의 요양, 취학상 형편등으로 가업 또는 영농에 직접 종사할 수 없는 사유가 있는 경우를 말합니다. 다만, 그 부득이한 사유가 종료된 후 가업 또는 영농에 종사하지 아니하거나 가업상속 또는 영농상속받은 재산을 처분하는 경우를 제외합니다. (상증법 시행규칙 제6조)

⑧ 「공익사업을 위한 토지 등의 취득 및 보상에 관한 법률」이나 그 밖의 법률에 따른 협의매수 또는 수용등으로 인하여 직접 영농에 종사하지 못한 기간(1년 이내의 기간으로 한정합니다)은 직접 영농에 종사한 기간으로 봅니다.(상증법 시행령 제16조제2항제1호가목)

(3) 영농재산의 일부를 처분시

영농에 사용하는 상속재산의 일부를 처분한 경우 상속세가 부과되는 금액은 다음 계산식에 따릅니다. (상증법 기본법칙 18-0-3)

영농상속공제금액 × {영농상속 받은 재산 중 처분재산가액(상속개시 당시 평가액)} / 영농 상속받은 재산가액 (상속개시 당시 평가액)}

사후관리 위반 시 이자상당액을 부과합니다. (상증법 제18조의3제4항 후단)

결정한 상속가액 × 신고기한의 다음날부터 해당사유 발생일까지의 일수 × 상속세 부과당시 국세환급가산금 이자율(연2.9%) /365

＊ 환급가산금 이자율은 국세기본법 시행규칙 제19조의3에서 규정

사후관리 위반 시 사유가 발생한 날이 속하는 달의 말일부터 6개월 이내 신고·납부하여야 합니다. 다만, 신고·납부 이전에 세무서장 등이 먼저 부과하는 경우는 제외합니다. (상증법 제18조의3제7항, 상증법 시행령 제16조제8항) ☞ 2018.1.1.이후부터 적용합니다.

☞ **상증법 시행령 제16조**
⑧ 법 제18조의3제4항 각 호 외의 부분 후단에서 "대통령령으로 정하는 바에 따라 계산한 이자상당액"이란 제1호의 금액에 제2호의 기간과 제3호의 율을 곱하여 계산한 금액을 말한다. 〈개정 2023. 2. 28.〉
  1. 법 제18조의3제4항 각 호 외의 부분 전단에 따라 결정한 상속세액
  2. 당초 상속받은 영농상속재산에 대한 상속세 과세표준 신고기한의 다음날부터 법 제18조의3제4항 각 호의 사유가 발생한 날까지의 기간

4 그 밖의 인적공제

(상증법 제20조)

거주자의 사망으로 인하여 상속이 개시되는 경우 상속인 및 동거가족에 대하여 공제합니다.

그 밖의 인적공제의 공제대상인 상속인이 상속의 포기 등으로 상속을 받지 아니하는 경우에도 공제를 적용하며, 공제대상인 동거가족은 상속개시일 현재 피상속인의 사실상 부양하고 있는 직계존비속(배우자의 직계존속을 포함합니다.) 및 형제자매를 말합니다.

☞ 그 밖의 인적공제

구분	공제요건	공제액
자녀공제	피상속인의 자녀	1인당 5천만원
미성년자 공제	상속인(배우자 제외) 및 동거가족 중 미성년자	1인당(1천만원) × (19세가 될 때까지의 연수)
연로자 공제	상속인(배우자 제외) 및 동거가족 중 65세 이상인자	1인당 5천만원
장애인 공제	상속인(배우자 포함) 및 동거가족 중 장애인	1인당(1천만원) × (기대여명 연수)

1) 자녀공제

(상증법 제20조제1항제1호)

자녀(태아를 포함한다) 1명에 대해서는 5천만원. (상증법 제20조제1항제1호)

거주자의 사망으로 상속이 개시되는 경우, 자녀 1인당 5천만원 (자녀수에 관계없으며, 태아를 포함합니다)을 공제합니다.

상증법 제20조(그 밖의 인적공제) 제1항제1호 및 제2호에 따라 태아에 대한 공제를 받으려는 사람은 상속세 과세표준신고를 할 때 임신 사실을 확인할 수 있는 서류를 납세지 관할 세무서장에게 제출해야 합니다. (상증법 시행령 제18조제2항, 상증법 시행규칙 제24조제3의2) ☞ 2023.1.1. 부터 적용됩니다.

> ☞ 상증법 시행규칙 제24조(일반서식)제3의2호. 상증법 시행령 제18조제2항에 따른 임신 사실을 확인할 수 있는 서류 : 별지 제3호의2서식

자녀공제 대상에 태아를 포함하여 공제를 받을 경우, 임신 사실을 확인할 수 있는 증빙서류는 국민건강보험법 시행규칙 제24조제1항에 따라 산부인과전문의가 임신 사실을 확인한 서류를 말합니다.

피상속인의 배우자 및 자녀가 상속의 포기 등으로 상속을 받지 아니한 경우에도 배우자 및 그 밖의 인적 공제를 받을 수 있으나, '공제적용의 한도(상증법 제24조)' 규정은 적용됩니다. (재삼46014-2622, 1997.11.6.)

2) 미성년자 공제 (1인당 1천만원 × 19세 될 때까지의 연수)

(상증법 제20조제1항제2호)

상속인(배우자는 제외합니다) 및 동거가족 중 미성년자(태아를 포함합니다)에 대해서는 1천만원에 19세가 될 때까지의 연수(年數)를 곱하여 계산한 금액을 공제합니다. (상증법 제20조제1항제2호)

거주자의 사망으로 상속이 개시되는 경우 상속인(배우자는 제외) 및 동거가족 중 미성년자(태아 포함)에 대해 1천만원에 19세가 될 때까지의 연수를 곱하여 계산한 가액을 공제합니다. 이 경우 1년 미만의 기간은 1년으로 합니다.

2023.1.1. 이후 미성년자 공제대상에 태아를 포함하며, 임신 사실을 확인할 수 있는 증빙서류를 제출해야 합니다. (상증법 제20조제1항제2호, 시행령 제18조제2항)

☞ 대습상속인인 피상속인의 손자는 자녀공제가 허용되지 아니하나, 피상속인이 동거 부양시 미성년자공제 대상은 될 수 있습니다. (재삼46014-2244, 1994.8.17.)

3) 연로자 공제

(상증법 제20조제1항제3호)

상속인(배우자는 제외합니다) 및 동거가족 중 65세 이상인 사람에 대해서는 5천만원. (상증법 제20조제1항제3호)

거주자의 사망으로 상속이 개시되는 경우 상속인(배우자는 제외) 및 동거가족 중 65세 이상인 사람에 대하여는 1인당 5천만원(인원에 관계없습니다)을 공제합니다. 이 경우 동거가족은 상속개시일 현재 피상속인이 사실상 부양하고 있는 직계존비속(배우자의 직계존속을 포함합니다) 및 형제자매를 말합니다. (상증법 시행령 제18조제1항)

4) 장애인 공제 (1인당 1천만원 × 기대여명 연수)

(상증법 제20조제1항제4호)

상속인 및 동거가족 중 장애인에 대해서는 1천만원에 상속개시일 현재 「통계법」 제18조(통계작성의 승인)에 따라 통계청장이 승인하여 고시하는 통계표에 따른 성별 · 연령별 기대여명의 연수를 곱하여 계산한 금액. (상증법 제20조제1항제4호)

거주자의 사망으로 상속이 개시되는 경우 상속인 및 동거가족 중 장애인에 대해서는 1천만원에 상속개시일 현재 통계청의 기대여명 연수를 곱하여 계산한 가액을 공제합니다.

상증법 제20조(그 밖의 인적공제)제1항제4호에 따른 장애인은 「소득세법 시행령」 제107조(장애인의 범위)제1항 각 호의 어느 하나에 해당하는 사람으로 합니다. (상증법 시행령 제18조제3항)

(1) 공제대상인 장애인의 범위 (소득세법 시행령 제107조제1항)

① 「장애인 복지법」에 따른 장애인 및 「장애아동 복지지원법」에 따른 장애아동 중 「장애아동 복지지원법」 제21조(발달재활서비스지원)제1항에 따른 발달재활서비스를 지원받고 있는 사람

☞ 상속개시 당시 상속인이 「장애인복지법」제2조에 따른 장애인에 해당하는 경우로서 상속개시일 이후에 해당 상속인이 같은 법 제32조제1항에 따라 등록하고, 이에 따라 상속세 신고를 한 경우에는 장애인 공제를 할 수 있습니다. (사전-2020-법령해석재산-0978, 2020.12.8.)

② 「국가유공자 등 예우 및 지원에 관한 법률」에 따른 상이자 및 이와 유사한 자로서 근로능력이 없는 자

③ 항시 치료를 요하는 중증환자. (지병에 의해 평상시 치료를 요하고 취학 취업이 곤란한 상태에 있는 자를 말합니다.)

(2) 장애인 증명서 제출 (상증법 시행령 제18조제4항)

장애인 공제를 받고자 하는 경우에는 장애인증명서(상증법 시행규칙 별지 제4호 서식)를 상속세 과세표준신고서와 함께 납세지 관할세무서장에게 제출하여야 합니다.

이 경우 「국가유공자 등 예우 및 지원에 관한 법률」에 따른 상이자의 증명을 받은 자 또는 「장애인복지법」에 따른 장애인등록증을 교부받은 자에 대해서는 해당 증명서 또는 등록증으로서 장애인증명서에 갈음할 수 있습니다.

(3) 기대여명 연수 계산 (상증법 제20조제1항제4호)

기대여명 연수는 상속개시일 현재 통계법 제18조에 따라 통계청장이 승인하여 고시하는 통계표에 따른 성별 연령별 기대여명의 연수를 말합니다. (상증법 제20조제1항제4호)

1년 미만의 기간은 1년으로 합니다.

5) 중복공제 여부

① (중복공제 가능) 자녀공제와 미성년자 공제
② (중복공제 가능) 장애인공제와 다른 인적공제(자녀, 미성년자, 연로자, 배우자)
③ (중복공제 불가) 자녀공제와 연로공제 (서면4팀-2934. 2007.10.12.)

5 일괄공제

(상증법 제21조)

1) 상속인 또는 수유자가 배우자 및 자녀, 형제자매 등인 경우

(상증법 제21조제1항)

거주자의 사망으로 상속이 개시되는 경우에 상속인이나 수유자는 상증법 제18조(기초공제)와 제20조(그 밖의 인적공제)제1항에 따른 공제액을 합친 금액과 5억원 중 큰 금액으로 공제받을 수 있습니다. 다만, 상증법 제67조(상속세 과세표준신고) 또는 「국세기본법」 제45조의3(기한후 신고)에 따른 신고가 없는 경우에는 5억원을 공제합니다. (상증법 제21조제1항)

(1) 상속세 신고기한 내 신고자 및 기한 후 신고자

거주자의 사망으로 상속이 개시되는 경우에 상속인이나 수유자는 기초공제 2억원과 그 밖의 인적공제액(자녀 + 미성년자 + 연로자 + 장애인 공제)의 합계액과 5억원 중 큰 금액을 공제받을 수 있습니다.

기한 후 신고의 경우 종전과는 일괄공제만 적용받을 수 있었으나, 2020.1.1.이후 신고 분부터는 기한내 신고와 동일하게 선택이 가능합니다.

Max [① 기초공제(2억원)+그 밖의 인적공제, ② 일괄공제액(5억원)]

(2) 상속세 신고기한 내 무신고자

상속세 과세표준 신고기한 내 신고가 없는 경우에는 5억원을 공제하고, 기초공제 2억원과 그 밖의 인적공제는 적용하지 아니합니다.

2) 배우자가 단독으로 상속받은 경우

(상증법 제21조제2항)

상증법 제21조(일괄공제)제1항을 적용할 때 피상속인의 배우자가 단독으로 상속받는 경우에는 제18조(기초공제)와 제20조(그 밖의 공제)제1항에 따른 공제액을 합친 금액으로만 공제합니다. (상증법 제21조제2항)

피상속인의 배우자가 단독으로 상속받은 경우에는 기초공제(2억원)와 그 밖의 인적공제의 합계액으로만 공제합니다. 즉 신고여부와 관계없이 일괄공제(5억원)은 적용할 수 없습니다.

'피상속인의 배우자가 단독으로 상속받은 경우'란 피상속인의 배우자가 민법 제1003조(배우자의 상속순위)에 따른 단독상속인이 되는 경우를 말합니다. (재삼46014-2485, 1997.10.20.)

이 경우, 배우자상속공제는 별도로 적용합니다.

6 배우자 상속공제

(상증법 제19조, 시행령 제17조)

〈1〉 배우자가 상속받을 재산을 분할하여 기한 내 신고한 경우
　　배우자 상속공제액 = Min(배우자가 실제 상속받은 금액, 배우자 상속공제 한도액))
　　배우자 상속공제 한도액 : Min(①, ②)

　① (상속재산의 가액 × 배우자 법정상속지분) − (상속재산에 가산한 증여재산가액 중 배우자에게 증여한 재산의 과세표준)
　② 30억원

〈2〉 배우자가 실제 상속받은 금액이 없거나, 실제 상속받은 금액이 5억원 미만인 경우
　　배우자 공제액 = 5억원 (상속세 신고여부와 관계없음)

1) 배우자 상속공제 한도액

(상증법 제19조제1항)

거주자의 사망으로 상속이 개시되어 배우자가 실제 상속받은 금액의 경우 다음 각 호의 금액 중 작은 금액을 한도로 상속세 과세가액에서 공제합니다. (상증법 제19조제1항)

상속세 과세가액 공제한도액 = Min (①, ②)

　① 한도금액 = (A-B+C)×D-E ← 상증법 제19조제1항제1호의 계산식

　　A. 대통령령(상증법 시행령 제17조제1항)으로 정하는 상속재산의 가액
　　　"대통령령으로 정하는 상속재산의 가액"이란 상속으로 인하여 얻은 자산총액에서 다음 각 호의 재산의 가액을 뺀 것을 말합니다. (상증법 시행령 제17조제1항)
　　　⑴ 법 제12조의 규정에 의한 비과세되는 상속재산
　　　⑵ 법 제14조의 규정에 의한 공과금 및 채무
　　　⑶ 법 제16조의 규정에 의한 공익법인등의 출연재산에 대한 상속세 과세가액 불산입 재산
　　　⑷ 법 제17조의 규정에 의한 공익신탁재산에 대한 상속세 과세가액 불산입 재산

B. 상속재산 중 상속인이 아닌 수유자가 유증등을 받은 재산의 가액

C. 상증법 제13조(상속세 과세가액)제1항제1호에 따른 재산가액 → 상속개시일 전 10년 이내에 피상속인이 상속인에게 증여한 재산가액

D. 민법 제1009조(법정상속분)에 따른 법적상속분(공동상속인중 상속을 포기한 사람이 있는 경우에는 그 사람이 포기하지 아니한 경우의 배우자 법적상속분을 말합니다.)

E. 상증법 제13조(상속세 과세가액)에 따라 상속재산에 가산한 증여재산 중 배우자가 사전 증여받은 재산에 대한 상증법 제55조(증여세의 과세표준 및 과세최저한)제1항에 따른 증여세 과세표준

② 30억원

피상속인이 거주자로서 상속개시일 현재 배우자가 있는 경우에는 배우자 상속공제가 적용됩니다. '배우자'란 민법상 혼인으로 인정되는 혼인관계에 따른 배우자를 말합니다. (상증법 집행기준 19-17-3)

배우자가 상속 포기 등으로 상속을 받지 아니한 경우에도 상속공제를 받을 수 있으나, '공제적용의 한도' 규정이 적용됩니다. (재삼46014-2622, 1997.11.6.)

2) 배우자가 상속받을 재산을 분할하여 기한 내 신고한 경우
(상증법 제19조제2항)

배우자가 실제 상속받은 금액을 공제합니다. 다만, 배우자가 상속공제액 한도액 범위 내에서 공제합니다.

배우자 상속공제액 = Min(배우자가 실제 상속받은 금액, 배우자 공제한도액)

(1) 배우자 상속재산 분할 신고기한

(가) 원칙적인 분할신고기한 (상증법 제19조제2항)

상증법 제19조(배우자상속공제)제1항에 따른 배우자 상속공제는 상증법 제67조(상속세 과세표준신고)에 따른 상속세과세표준신고기한의 다음날부터 9개월이 되는 날까지 배우자의 상속재산을 분할(등기·등록·명의개서 등이 필요한 경우에는 그 등기·등록·명의개서 등이 된 것에 한정합니다)한 경우에 적용합니다. 이 경우 상속인은 상속재산의 분할사실을 배우자상속재산분할기한까지 납세지 관할세무서장에게 신고하여야 합니다. (상증법 제19조제2항)

(나) 부득이한 사유로 분할할 수 없는 경우의 분할기한 (상증법 제19조제3항)

상증법 제19조(배우자 상속공제)제2항에도 불구하고 '부득이한 사유'로 배우자상속재산분할기한까지 배우자의 상속재산을 분할할 수 없는 경우로서 배우자상속재산분할기한의 다음날부터 6개월이 되는 날까지 상속재산을 분할하여 신고하는 경우에는 배우자상속재산분할기한까지 분할한 것으로 봅니다. 다만, 상속인이 그 부득이한 사유를 대통령령으로 정하는 바에 따라 배우자상속재산분할기한까지 납세지 관할세무서장에게 신고하는 경우에 한정합니다. (상증법 제19조제3항)

배우자상속재산분할기한까지 배우자의 상속재산을 분할할 수 없는 부득이한 사유가 소의 제기나 심판청구로 인한 경우에는 소송 또는 심판청구가 종료된 날을 말합니다. (상증법 제19조제3항 괄호)

배우자상속재산분할기한은 배우자상속재산분할기한의 다음날부터 6개월이 되는 날까지 상속재산을 분할하여 신고하여야 하나, 배우자상속재산분할기한의 다음날부터 6개월이 지나 상증법 제76조에 따른 과세표준과 세액의 결정이 있는 경우에는 그 결정일을 말합니다. (상증법 제19조제3항 괄호)

☞ (6개월이 되는 날) 배우자상속재산분할기한의 다음날부터 6개월을 지나 과세표준과 세액의 결정이 있는 경우에는 그 결정일을 말합니다.

☞ (신고 시 적용) 상속인이 그 부득이한 사유를 배우자상속재산분할기한까지 납세지 관할세무서장에게 신고하는 경우에 한하여 적용합니다.

상증법 제19조제3항 본문에서 "부득이한 사유"란 다음의 어느 하나에 해당하는 경우를 말합니다. (상증법 시행령 제17조제2항)

① 상속인등이 상속재산에 대하여 상속회복청구의 소를 제기하거나 상속재산 분할의 심판을 청구한 경우

② 상속인이 확정되지 아니하는 부득이한 사유등으로 배우자상속분을 분할하지 못하는 사실을 관할세무서장이 인정하는 경우

☞ 단순히 상속인간의 다툼에 의하여 등기 등이 지연되는 경우는 부득이한 사유에 해당되지 않습니다.(서면4팀-198, 2008.1.23)

(2) 배우자가 실제 상속받은 금액

배우자가 실제 상속받은 금액은 상속개시 당시의 현황에 따르되, 상속재산가액 중 배우자상속재산분할기한가지 배우자 명의로 등기·등록·명의개서 등을 하거나 동산을 배우자가 점유하는 등으로 배우자가 실제 상속받은 재산임이 확인되는 재산의 가액에서 배우자가 실제 인수한 채무·공과금 등을 차감하여 계산합니다.

배우자가 상속받은 상속재산가액 (☞ 처분재산 중 사용처 불분명분과 사전 증여받은 재산은 제외)

–) 배우자가 승계하기로 한 채무·공과금

–) 배우자가 상속받은 비과세재산가액(금양임야 및 묘토, 문화유산 등)

=) 배우자의 실제 상속받은 금액(납세자 신고)

+) 신고누락하였으나 배우자상속재산분할기한까지 신고 및 분할 등기 등을 완료한 재산가액

+) 신고된 재산이 과소평가되어 결정시 증액된 재산가액

–) 신고된 재산이 과대평가되어 결정시 감액된 재산가액

–) 신고된 추가확인된 배우자가 부담한 채무·공과금, 비과세재산 등 가액

=) 배우자가 실제 상속받은 금액(정부결정)

☞ (설명) 상속인들이 추상적인 법정상속분에 따른 배우자 상속공제를 받아 상속세를 납부한 이후에 상속재산을 배우자가 아닌 자의 몫으로 분할함으로써 배우자 상속공제를 받은 부분에 대하여 조세 회피가 일어나는 것을 방지하기 위해 배우자가 실제 상속받은 재산에 대하여 공제합니다.

☞ '배우자가 실제 상속받은 금액'에는 배우자가 사전 증여받은 재산가액은 포함하지 아니하며,(재재산-537, 2007.5.11.) 피상속인의 상속개시 전 처분재산으로 상속 추정되는 재산의 가액도 포함하지 아니합니다. (재재산-566, 2007.5.15.)

☞ 신고기한 이내에 신고하지 아니한 재산을 신고기한 다음날부터 6개월 이내에게 배우자 상속재산으로 신고하고, 등기 등을 하면 실제 상속받은 재산에 포함합니다. (서면4팀-1252, 2005.7.19.)

(3) 배우자 상속공제 한도액

배우자 상속공제 한도액 = Min(①, ②)

① (상속재산가액^{주*} × 배우자 법정상속분) – (상속재산에 가산한 증여재산가액 중 배우자에게 증여한 재산에 대한 과세표준(상증법제55조제1항))

＊ 아래 ㈎에 따라 계산한 금액

② 30억원

㈎ 상속재산의 가액 계산 (상증법 시행령 제17조)

계산식	계산내용
총 상속재산가액	본래의 상속재산 + 간주상속재산 + 추정상속재산
(+) 상속개시 전 10년 이내에 상속인에게 증여한 재산의 가액	상속개시 전 5년 이내에 상속인이 아닌 자에게 증여한 재산가액은 합산 제외
(−) 상속인이 아닌 수유자에게 유증·사인증여한 재산	상속인에게 유증·사인증여한 재산은 차감대상이 아님
(−) 비과세 되는 상속재산	상증법 제12조 비과세 상속재산을 말함
(−) 공과금·채무	장례비는 차감 대상이 아님
(−) 과세가액 불산입재산	상증법 제16조의 공익법인 등에 출연한 재산 및 상증법 제17조의 공익신탁재산
= 상속재산의 가액	배우자 상속공제 한도액 계산시에 적용

배우자가 상속받은 재산에 해당하는 상속세 신고기한까지 신고 누락한 재산이 있는 경우에는 해당 재산을 포함하여 상속재산의 가액을 계산합니다.

(나) 배우자 법정상속분

민법 제1009조(법정상속분)에 따른 배우자의 법정상속분을 말합니다. 공동상속인 중 상속을 포기한 자가 있는 경우에는 그 자가 포기하지 아니한 경우를 가정하여 계산한 배우자의 법정상속분을 말합니다. (재삼46014-2138, 1997.9.8.)

피상속인의 배우자 법정상속분은 직계비속과 공동으로 상속하는 때에는 직계비속의 상속분의 5할을 가산하고, 직계존속과 공동으로 상속하는 때에는 직계존속의 상속분의 5할을 가산합니다. (민법 제1009조제2항)

3) 배우자 상속재산 분할신고를 하지 아니하거나 실제 상속받은 금액이 5억원 미만인 경우 (상증법 제19조제4항)

배우자 상속재산의 분할신고를 하지 아니한 경우에는 배우자 최소공제액 5억원을 공제합니다. 배우자가 상속을 포기하여 실제 상속받은 재산이 없거나 상속받은 금액이 5억원 미만인 때에도 5억원을 공제합니다. (상증법 제19조제4항)

4) 배우자 상속공제의 적용시 주의사항

① 배우자는 가족관계등록부에 등재된 배우자에 한하여 공제대상이 되며, 사실혼 관계에 있는 배우자는 배우자상속공제 적용대상이 아닙니다. (상증법 집행기준 19-17-3)

② 배우자 상속재산으로 신고한 재산 중 일부만 배우자 명의로 등기·등록한 경우에는 그 분할한 재산만 배우자가 실제 상속받은 재산으로 인정합니다.

③ 배우자가 실제 상속받은 것으로 신고한 재산에 대하여 상속세 결정시 상속개시일 현재로 평가한 가액에서 결정시 확인된 배우자가 승계한 채무·공과금 등을 차감하여 계산하므로 신고시 공제액보다 늘어나거나 줄어들 수 있습니다.

④ 배우자 상속공제한도액 계산시 적용되는 '상속재산의 가액'에는 신고 누락한 재산을 포함하여 결정된 금액을 기준으로 계산합니다.

⑤ 부부가 동일자에 사망한 경우 배우자 상속공제 적용 방법

㉮ 동일자에 시차를 두고 사망한 경우

- 선 사망자는 그의 상속재산에서 배우자 상속공제를 적용하여 상속세를 계산합니다.
- 후 사망자는 선 사망자의 상속재산 중 그의 법정상속분을 상속재산에 포함하되, 배우자 공제는 배제하며, 단기재상속 세액공제를 적용합니다.

㉯ 동시 사망의 경우 : 각자의 상속재산에서 배우자 상속공제 없이 상속세를 계산합니다.

(재삼46014-88, 1999.01.15.)

☞ 상증법 기본통칙 13-0…1 (동일자에 시차를 두고 부모가 사망한 경우 상속세과세방법) 부와 모가 동일자에 시차를 두고 사망한 경우 상속세의 과세는 부와 모의 재산을 각각 개별로 계산하여 과세하되 후에 사망한 자의 상속세 과세가액에는 먼저 사망한 자의 상속재산 중 그의 지분을 합산하고 법 제30조의 단기재상속에 대한 세액공제를 한다.

☞ 상증법 기본통칙 13-0…2 (동시에 부모가 사망한 경우 상속세 과세방법) 부와 모가 동시에 사망하였을 경우 상속세의 과세는 부와 모의 상속재산에 대하여 각각 개별로 계산하여 과세하며, 이 경우 법 제19조의 배우자상속공제 규정은 적용되지 아니한다.

7 금융재산 상속공제

(상증법 제22조)

거주자의 사망으로 상속이 개시되는 경우로서 상속개시일 현재 상속재산가액 중 대통령령(상증법 시행령 제19조제1항)으로 정하는 금융재산의 가액에서 대통령령(상증법 시행령 제19조제4항)으로 정하는 금융채무를 뺀 가액(이하 '순금융재산의 가액'이라 합니다)이 있으면 다음 각 호의 구분에 따른 금액을 상속세 과세가액에서 공제하되, 그 금액이 2억원을 초과하면 2억원을 공제합니다. (상증법 제22조제1항)

상속개시일 현재 순금융재산가액 = Min [(금융재산 – 금융채무), 2억원 한도]

＊ 신고기한까지 신고하지 아니한 타인명의 금융재산은 제외합니다.

☞ 금융재산상속공제액

순금융재산가액	금융재산 상속공제액
2,000만원 이하	해당 손금 재산가액 전액
2,000만원 초과 – 1억원 이하	2,000만원
1억원 초과 – 10억원 이하	해당 순금융재산가액 × 20%
10억원 초과	2억원

(자료 : 국세청)

1) 공제대상인 금융재산의 범위 (상증법 시행령 제19조제1항)

상속공제대상인 금융재산의 범위는 다음과 같습니다. (상증법 시행령 제19조제1항)

① 「금융실명거래 및 비밀보장에 관한 법률」제2조제1호에 규정된 금융기관이 취급하는 예금·적금·부금·계금·출자금·금전신탁재산·보험금·공제금·주식·채권·수익증권·출자지분·어음 등의 금전 및 유가증권 (상증법 제22조제1항, 시행령 제19조제1항)

② 비상장주식 또는 출자지분으로서 금융기관이 취급하지 아니하는 것 (상증법 시행규칙 제8조 제1호)

③ 금융기관을 통하지 아니하고 발행회사가 직접 모집하거나 매출하는 방법으로 발행한 회사 채 (상증법 시행규칙 제8조제2호)

④ 금융재산에는 최대주주 또는 최대출자자가 보유하고 있는 주식 또는 출자지분은 포함하지 아니합니다. (상증법 제22조제2항)

　　☞ 상증법상의 최대주주등은 '주주 등 1인과 그의 특수관계인'이지만, 상증법 제41조의3(주식등의 상장 등에 따른 이익의 증여) 등처럼 최대주주등의 범위가 다른 경우도 있습니다. 이를 주의하여야 합니다.

⑤ 상속세 신고기한까지 신고하지 아니한 타인명의 금융재산은 포함하지 아니합니다. (상증법 제22조제2항) ☞ 2016.1.1 이후부터 적용합니다.

☞ 「상속세 및 증여세법」 제22조(금융재산 상속공제)
② 법 제22조제1항에 따른 금융재산에는 대통령령으로 정하는 최대주주 또는 최대출자자가 보유하고 있는 주식등과 제67조 (상속세 과세표준신고)에 따른 상속세 과세표준 신고기한까지 신고하지 아니한 타인 명의의 금융재산은 포함되지 아니한다.

☞ 「상속세 및 증여세법 시행령」 제19조(금융재산 상속공제)
② 법 제22조제2항에서 "대통령령으로 정하는 최대주주 또는 최대출자자"란 주주등 1인과 그의 특수관계인의 보유주식등을 합하여 그 보유주식등의 합계가 가장 많은 경우의 해당 주주등 1인과 그의 특수관계인 모두를 말한다.

2) 순금융재산의 가액

'순금융재산의 가액'은 금융재산의 가액에서 금융회사 등에 대한 채무임을 확인할 수 있는 서류에 의하여 입증된 금융채무를 차감한 가액으로 합니다. (상증법 제22조제1항, 시행령 제19조제1항·제4항)

☞ 「상속세 및 증여세법」 제22조(금융재산 상속공제)
① 거주자의 사망으로 상속이 개시되는 경우로서 상속개시일 현재 상속재산가액 중 대통령령으로 정하는 금융재산의 가액에서 대통령령으로 정하는 금융채무를 뺀 가액(이하 이 조에서 "순금융재산의 가액"이라 한다)이 있으면 다음 각 호의 구분에 따른 금액을 상속세 과세가액에서 공제하되, 그 금액이 2억원을 초과하면 2억원을 공제한다.

☞ 「상속세 및 증여세법 시행령」 제19조(금융재산 상속공제)
① 법 제22조제1항 각 호 외의 부분에서 "대통령령으로 정하는 금융재산"이란 금융회사등이 취급하는 예금 · 적금 · 부

금 · 계금 · 출자금 · 신탁재산(금전신탁재산에 한한다) · 보험금 · 공제금 · 주식 · 채권 · 수익증권 · 출자지분 · 어음등의 금전 및 유가증권과 그 밖에 기획재정부령으로 정하는 것을 말한다.

④ 법 제22조제1항 각 호 외의 부분 본문에서 "대통령령으로 정하는 금융채무"란 제10조제1항제1호에 따라 입증된 금융회사등에 대한 채무를 말한다.

3) 적용시 유의사항

상속개시일 현재 조사 확인된 예금 상당액을 기준으로 적용합니다.

예금상당액 = 상속개시일 현재 예금잔액 + 미수이자 상당액 − 원천징수세액 상당액

☞ 상증법 제76조(결정 · 경정)에 따른 상속세 과세표준과 세액의 결정시 상속재산가액에 포함되어 있는 금융재산가액에 대하여는 상증법 제22조(금융재산 상속공제)에 따른 금융재산 상속공제 적용이 가능합니다. (재산세과−2098, 2008.8.1)

8 재해손실 공제

(상증법 제23조)

거주자의 사망으로 상속이 개시되는 경우로서 제67조(상속세 과세표준신고)에 따른 신고기한 이내에 대통령령으로 정하는 재난으로 인하여 상속재산이 멸실되거나 훼손된 경우에는 그 손실가액을 상속세 과세가액에서 공제합니다. 다만, 그 손실가액에 대한 보험금 등의 수령 또는 구상권 등의 행사에 의하여 그 손실가액에 상당하는 금액을 보전받을 수 있는 경우에는 그러하지 아니합니다. (상증법 제23조제1항)

"대통령령으로 정하는 재난"이란 화재 · 붕괴 · 폭발 · 환경오염사고 및 자연재해 등으로 인한 재난을 말하며,(상증법 시행령 제20조제1항) 상속세 과세가액에서 공제하는 손실가액은 '재난으로 인하여 손실된 상속재산의 가액'으로 합니다. (상증법 시행령 제20조제2항)

1) '재난으로 인하여 손실된 상속재산의 가액' 공제

피상속인이 거주자인 경우로서 상속세 신고기한 이내에 화재·붕괴·폭발·환경오염사고 및 자연재해 등 재난으로 인하여 상속재산이 멸실되거나 훼손된 경우에는 '재난으로 인하여 손실된 상속재산의 가액'을 상속세 과세가액에서 공제합니다.

재해손실공제 = 재해손실가액 − 그 손실가액에 대한 보험금 등의 수령 또는 구상권 등의 행사에 의하여 보전 가능한 금액

2) 재해손실공제신고서 제출

재해손실공제를 받고자 하는 상속인이나 수유자는 재해손실공제신고서(상증법 시행규칙 별지 제6호서식)에 해당 재난의 사실(손실가액·손실내용)을 증명하는 서류를 첨부하여 상속세 과세표준 신고와 함께 납세지 관할 세무서장에게 제출하여야 합니다. (상증법 제23조제2항. 시행령 제20조제3항)

9 동거주택 상속공제

(상증법 제23조의2, 시행령 제20조의2)

거주자의 사망으로 상속이 개시되는 경우로서 다음의 요건을 모두 갖춘 경우에는 상속주택가액의 100분의 100에 상당하는 금액을 상속세 과세가액에서 공제합니다. 다만, 그 공제할 금액은 6억원을 한도로 합니다. (상증법 제23조의2제1항)

'상속주택가액'은 소득세법 제89조제1항제3호에 따른 주택부수토지의 가액을 포함하되, 상속개시일 현재 해당 주택 및 주택부수토지에 담보된 피상속인의 채무액을 뺀 가액을 말합니다. (상증법 제23조의2제1항 괄호)

$$\left[\begin{array}{c} 주택가액(그\ 부수토지의 \\ 가액\ 포함) \end{array} - \begin{array}{c} 주택\ 및\ 주택부수토지에 \\ 담보된\ 피상속인의\ 채무 \end{array} \right] \times \begin{array}{c} 100\% \\ (공제한도액\ 6억원) \end{array}$$

상속주택가액에서 그 주택에 담보된 채무를 차감하며, 공제금액은 차감한 금액의 100%(6억원 한도)입니다. (상증법 제23조의2제1항) ☞ 2020.1.1.이후 부터 적용합니다.

상속개시일에 따라 보유·동거 가능 여부, 상속인의 범위 등이 차이가 있으므로 주의하여야 합니다.

☞ 이 제도는 부동산 실거래가 신고 등으로 1세대 1주택 실수요자의 상속세 부담이 증가한 점을 감안하여 상속세 부담을 완화하기 위해 도입되어, 2009.1.1이후 상속개시분부터 적용되었습니다.

1) 동거주택상속공제대상

(상증법 제23조의2제1항)

다음의 요건을 모두 갖춘 경우에는 동거주택 상속공제액(6억원 한도)을 상속세 과세가액에서 공제합니다. (상증법 제23조의2제1항 각 호)

① 피상속인과 상속인[직계비속, 22.1.1이후 결정·경정분부터 대습상속을 받은 직계비속의 배우자(며느리, 사위)를 포함합니다]이 상속개시일부터 소급하여 10년 이상 계속하여 동거할 것

② 피상속인과 상속인이 상속개시일부터 소급하여 10년 이상 계속하여 1세대를 구성하면서 1세대1주택(피상속인의 이사에 따른 일시적 2주택 등을 포함합니다)에 해당할 것

☞ 이 경우 상속개시일 현재 1세대 1주택자로서 10년의 기간 중 피상속인이 무주택 기간이 있는 경우에도 공제가 가능합니다.

③ 상속개시일 현재 무주택자이거나 피상속인과 공동으로 1세대 1주택을 보유한 자로서 피상속인과 동거한 상속인(직계비속 및 대습상속을 받은 직계비속의 배우자)이 상속받은 주택일 것

☞ 피상속인과 하나의 세대를 구성하여 장기간 동거 봉양한 무주택 상속인이 상속받아야만 동거주택 상속공제가 가능합니다.

※ 주의 : 상속인에는 피상속인의 배우자는 해당되지 않습니다.

2019.12.31.이전에는 상속개시일 현재 무주택자로서 피상속인과 동거한 상속인이 상속받은 주택이어야 합니다.

2) 동거기간의 예외

(상증법 시행령 제20조의2제2항, 상증법 시행규칙 제9조의2)

피상속인과 상속인이 다음의 사유에 해당하여 동거하지 못한 경우에는 계속하여 동거한 것으로 보되, 그 동거하지 못한 기간은 동거기간에 산입하지 아니합니다. (상증법 시행령 제20조의2제2항, 상증법 시행규칙 제9조의2)

① 징집

②「초·중등교육법」에 따른 학교(유치원·초등학교·중학교는 제외합니다) 및 「고등교육법」에 따른 학교에의 취학

③ 직장 변경이나 전근 등 근무상의 형편

④ 1년 이상의 치료나 요양이 필요한 질병의 치료 또는 요양

3) 동거주택상속공제 금액

[상속주택가액 (소득세법 제89조제1항제3호에 따른 주택부수토지의 가액을 포함) – 주택 및 주택부수토지에 담보된 피상속인의 채무] × 100%(6억원 한도)

4) 1세대 1주택

(1) 1세대 1주택

피상속인과 상속인이 상속개시일부터 소급하여 10년 이상 계속하여 1세대를 구성하면서 1세대 1주택에 해당하여야 합니다. 이 경우 무주택인 기간이 있는 경우에는 해당 기간은 전단에 따른 1세대 1주택에 해당하는 기간에 포함합니다. (상증법 제23조의2제1항제2호)

'1세대 1주택'이란 소득세법 제88조(정의)제6호에 따른 1세대가 1주택(소득세법 제89조(비과세 양도소득)제1항제3호에 따른 고가주택을 포함합니다)을 소유한 경우를 말합니다. (상증법 시행령 제20조의2 본문)

이 경우 소득세법 시행령 제154조(1세대1주택의 범위)제1항에 따른 1세대란 거주자 및 그 배우자가 그들과 동일한 주소 또는 거소에서 생계를 같이 하는 가족입니다.

☞ **소득세법 제88조(정의) 이 장에서 사용하는 용어의 뜻은 다음과 같다.**
  6. "1세대"란 거주자 및 그 배우자(법률상 이혼을 하였으나 생계를 같이 하는 등 사실상 이혼한 것으로 보기 어려운 관계에 있는 사람을 포함한다. 이하 이 호에서 같다)가 그들과 같은 주소 또는 거소에서 생계를 같이 하는 자[거주자 및 그 배우자의 직계존비속(그 배우자를 포함한다) 및 형제자매를 말하며, 취학, 질병의 요양, 근무상 또는 사업상의 형편으로 본래의 주소 또는 거소에서 일시 퇴거한 사람을 포함한다]와 함께 구성하는 가족단위를 말한다. 다만, 대통령령으로 정하는 경우에는 배우자가 없어도 1세대로 본다.

☞ 소득세법 제89조(비과세 양도소득) ① 다음 각 호의 소득에 대해서는 양도소득에 대한 소득세(이하 "양도소득세"라 한다)를 과세하지 아니한다.
  3. 다음 각 목의 어느 하나에 해당하는 주택(주택 및 이에 딸린 토지의 양도 당시 실지거래가액의 합계액이 12억원을 초과하는 고가주택은 제외한다)과 이에 딸린 토지로서 건물이 정착된 면적에 지역별로 대통령령으로 정하는 배율을 곱하여 산정한 면적 이내의 토지(이하 이 조에서 "주택부수토지"라 한다)의 양도로 발생하는 소득
    가. 1세대가 1주택을 보유하는 경우로서 대통령령(소득세법 시행령 제154조제1항, 1세대1주택의 범위)으로 정하는 요건을 충족하는 주택
    나. 1세대가 1주택을 양도하기 전에 다른 주택을 대체취득하거나 상속, 동거봉양, 혼인 등으로 인하여 2주택 이상을 보유하는 경우로서 대통령령으로 정하는 주택

☞ 소득세법 제89조(비과세 양도소득) ① 다음 각 호의 소득에 대해서는 양도소득에 대한 소득세(이하 "양도소득세"라 한다)를 과세하지 아니한다.
  3. 다음 각 목의 어느 하나에 해당하는 주택(주택 및 이에 딸린 토지의 양도 당시 실지거래가액의 합계액이 12억원을 초과하는 고가주택은 제외한다)과 이에 딸린 토지로서 건물이 정착된 면적에 지역별로 대통령령으로 정하는 배율을 곱하여 산정한 면적 이내의 토지(이하 이 조에서 "주택부수토지"라 한다)의 양도로 발생하는 소득

가. 1세대가 1주택을 보유하는 경우로서 대통령령으로 정하는 요건을 충족하는 주택

나. 1세대가 1주택을 양도하기 전에 다른 주택을 대체취득하거나 상속, 동거봉양, 혼인 등으로 인하여 2주택 이상을 보유하는 경우로서 대통령령으로 정하는 주택

(2) 1세대 1주택으로 보는 경우

(상증법 시행령 제20조의2, 동거주택 인정의 범위)

1세대가 다음의 어느 하나에 해당하여 2주택 이상을 소유한 경우에도 1세대가 1주택을 소유한 것으로 보며, 상속개시일에 피상속인과 상속인이 동거한 주택을 동거주택으로 봅니다. (상증법 시행령 제20조의2 각 호)

① 피상속인이 다른 주택을 취득(자기가 건설하여 취득한 경우를 포함)하여 일시적으로 2주택을 소유한 경우. 다만, 다른 주택을 취득한 날부터 2년 이내에 종전의 주택을 양도하고 이사하는 경우에만 해당합니다.

② 상속인이 상속개시일 이전에 1주택을 소유한 자와 혼인한 경우. 다만, 혼인한 날부터 5년 이내에 상속인의 배우자가 소유한 주택을 양도한 경우에 해당합니다.

③ 피상속인이 「문화유산의 보존 및 활용에 관한 법률」 제53조제1항에 따른 등록문화유산에 해당하는 주택을 소유한 경우

④ 피상속인이 소득세법 시행령 제155조제7항제2호에 따른 이농주택을 소유한 경우

⑤ 피상속인이 소득세법 시행령 제155조제7항제3호에 따른 귀농주택을 소유한 경우

⑥ 1주택을 보유하고 1세대를 구성하는 자가 상속개시일 이전에 60세 이상의 직계존속을 동거 부양하기 위하여 세대를 합쳐 일시적으로 1세대가 2주택을 보유한 경우. 다만 세대를 합친 날부터 5년 이내에 피상속인 외의 자가 보유한 주택을 양도한 경우만 해당합니다.

⑦ 피상속인이 상속개시일 이전에 1주택을 소유한 자와 혼인함으로써 일시적으로 1세대가 2주택을 보유한 경우. 다만, 세대를 합친 날부터 5년 이내에 피상속인의 배우자가 보유한 주택을 양도한 경우만 해당합니다.

⑧ 피상속인 및 상속인이 피상속인 사망 전에 발생된 상속으로 인하여 공동으로 소유하는 주택을 소유한 경우. 다만 피상속인 및 상속인이 해당 주택의 공동소유자 중 가장 큰 상속지분을 소유한 경우에는 상기 주택을 별도의 주택으로 보아 동거주택 공제를 적용하지 않습니다.

10 상속공제 적용의 한도액

(상증법 제24조)

- 상속공제 한도액 = 상속세 과세가액-①-②-③

 ① 선순위인 상속인이 아닌 자에게 유증 등을 한 재산가액

 ② 선순위인 상속인의 상속 포기로 그 다음 순위의 상속인이 받은 상속재산가액

 ③ (상속세 과세가액이 5억원을 초과하는 경우에만) 상속세 과세가액에 가산한 증여재산가액
   - 증여재산가액은 상속세 증여재산공제액과 재해손실공제액을 차감
   - 증여재산가액은 창업자금 및 가업승계 주식 등(조특법 제30조의5 및 30조의6은 불포함함)

상속세 과세가액에서 다음 어느 하나에 해당하는 가액을 뺀 금액을 한도로 합니다. (상증법 제24조)

① 선순위인 상속인이 아닌 자에게 유증등을 한 재산의 가액

☞ 유증 등에는 사망으로 인하여 효력이 발생하는 증여를 포함합니다.(상증법 제12조)

② 선순위인 상속인의 상속 포기로 그 다음 순위의 상속인이 상속받은 재산의 가액

③ 상증법 제13조(상속세 과세가액)에 따라 상속세 과세가액에 가산한 증여재산가액.

5억원을 초과하는 경우에만 적용합니다.

상증법 제53조(증여재산공제) 또는 제54조(준용규정)에 따라 공제받은 금액이 있으면 그 증여재산가액에서 그 공제받은 금액을 뺀 가액을 말합니다.

피상속인의 상속재산 평가액이 상속공제(기초공제 2억, 가업상속공제, 영농상속공제, 배우자 상속공제, 그 밖의 인적공제, 일괄공제, 금융재산상속공제, 재해손실공제, 동거주택상속공제)의 합계액에 미달되더라도 사전증여재산 등이 있는 경우에는 상속공제한도액으로 인하여 상속세가 계산될 수 있습니다.

☞ 공제한도조항은 증여의 형태로 재산분할 등으로 고율의 누진세율에 따른 상속세 부담을 회피하는 것을 방지하기 위해 일정기간 이내에 사전증여재산을 상속재산가액에 합산하는 규정의 취지가 상실되지 않도록 하기 위한 합리적 범위 내의 것이라 할 것이므로 위헌이라 할 수 없습니다. (헌재2013헌가4, 2003.6.6.)

제 7 장 세율 및 상속세 세액계산

| 제 1 절 | 세율 및 상속세 산출세액 등 |

(상증법 제26조, 제27조)

1 세율

(상증법 제26조)

과세표준	세율	누진공제
1억원 이하	10%	−
1억원 초과 5억원 이하	20%	1,000만원
5억원 초과 10억원 이하	30%	6,000만원
10억원 초과 30억원 이하	40%	1억 6천만원
30억원 초과	50%	4억 6천만원

2 산출세액

(상증법 제26조)

상속세 산출세액은 상속세의 과세표준에 세율을 적용하여 계산한 금액으로 합니다.

3 세대를 건너뛴 상속에 대한 할증과세

(상증법 제27조)

민법에서는 유언자의 재산처분의 자유를 존중하여 유증제도를 인정하고 있으므로, 피상속인인 조부가 자(子)의 세대를 건너 뛰어 손(孫)의 세대에게 직접 유증을 할 수 있습니다.

이 경우 자의 세대에서 손의 세대로 상속될 때 부담해야 하는 상속세를 회피할 수 있으므로, 이를 방지하기 위하여 30% 할증과세를 하고 있습니다. 피상속인의 자녀를 제외한 직계비속이면서 미성년자에 해당하는 상속인 또는 수유자가 받았거나 받을 상속재산의 가액이 20억원을 초과하는 경우에는 40%를 할증과세합니다. ☞ 2016.1.1.이후부터 적용합니다.

$$\text{할증과세액} = \frac{\text{상속세산출세액} \times (\text{피상속인의 자녀를 제외한 직계비속이 상속받은 재산가액})}{\text{총상속재산가액(상속인이나 수유자가 증여받은 재산가액 포함)}} \times 30\%(40\%)$$

상속인이나 수유자가 피상속인의 자녀를 제외한 직계비속인 경우에 적용됩니다. 다만, 민법 제1001조에 따른 대습상속의 경우에는 할증을 제외합니다.

☞ 민법 제1001조(대습상속) 전조 제1항제1호와 제3호의 규정에 의하여 상속인이 될 직계비속 또는 형제자매가 상속개시전에 사망하거나 결격자가 된 경우에 그 직계비속이 있는 때에는 그 직계비속이 사망하거나 결격된 자의 순위에 갈음하여 상속인이 된다.

세액공제 및 징수유예세액

(상증법 제28조 ~ 제30조, 제69조, 제74조)

자진 신고·납부할 상속세 세액은 상속세 산출세액(세대생략가산세 포함)에서 제 공제세액(증여세액공제, 외국납부세액공제, 단기재상속세액공제, 신고세액공제, 문화유산등 징수유예세액공제)을 차감하여 계산합니다.

1 증여세액공제

(상증법 제28조)

1) 증여세액 공제액의 계산

공제할 증여세액은 상속세산출세액에 상속재산(제13조에 따라 상속재산에 가산하는 증여재산을 포함합니다. 이하 이 항에서 같습니다)의 과세표준에 대하여 가산한 증여재산의 과세표준이 차지하는 비율을 곱하여 계산한 금액을 한도로 합니다. (상증법 제28조제2항, 전단)

> 증여세액공제 = Min (ⓐ, ⓑ)
>
> ⓐ 가산한 증여재산의 증여당시 증여세 산출세액
>
> ⓑ 공제한도액

상속세 과세가액을 계산할 때 상속개시일 전 10년 또는 5년 이내에 상속인 또는 상속인외의 자에게 증여한 재산의 가액을 가산합니다. (상증법 제13조)

> ☞ 이 경우 상속세 과세가액에 가산한 증여재산은 당초 증여시 이미 증여세를 부과했기 때문에 상속세 과세가액에 다시 합산하는 경우 동일한 재산에 대해 상속세와 증여세를 이중으로 과세하는 문제가 발생할 수 있는 바, 이를 방지하기 위하여 증여세액 공제제도를 두고 있습니다.

2) 증여세액 공제액의 한도액 계산

상속재산에 가산한 증여재산에 대한 증여당시의 증여세 산출세액 상당액을 공제하되 다음의 공제한도액 범위 내에서 증여세액 공제를 합니다. 다만, 상속세 과세가액에 가산하는 증여재산이 부과제척기간 만료로 인하여 증여세가 부과되지 않는 경우와 상속세 과세가액 5억원 이하인 경우에는 해당 증여세 산출세액은 공제하지 않습니다. (상증법 제28조제1항, 후단)

증여세액공제의 한도액은 다음과 같이 계산식에 따라 계산합니다.

(1) 수증자가 상속인이나 수유자인 경우

상속인이나 수유자에게 사전증여한 재산에 대한 증여세 산출세액은 아래의 한도로 하여 상속인 또는 수유자 별 각자의 상속세 산출세액에서 공제합니다. 그 공제할 증여세액이 각각의 상속세 산출세액을 초과하는 때는 초과금액은 없는 것으로 합니다. (상증법 제28조제2항, 상증법 시행령 제20조의4)

$$증여세액\ 공제\ 한도액 = \frac{① 상속인이나\ 수유자\ 각자가\ 납부할\ 상속세\ 산출세액 \times 상속인이나\ 수유자\ 각자의\ 상속재산에\ 가산한\ 증여재산에\ 대한\ 증여세\ 과세표준}{② 상속인이나\ 수유자\ 각자가\ 받았거나\ 받을\ 상속재산(증여세\ 포함)에\ 대한\ 상속세\ 과세표준상당액}$$

위의 산식에서, '상속인 또는 수유자별 각자가 납부할 상속세액'은 전체 상속세 산출세액에서 상속인 및 수유자가 아닌 자에게 증여한 재산에 대한 증여세 산출세액을 차감한 잔액을 상속인 또는 수유자 각자가 받았거나 받을 재산에 대한 상속세 과세표준의 비율로 안분하여 계산합니다. (재 재산46014-247, 2000.8.26)

① 상속인 또는 수유자별 납부할 상속세 비율

= 상속인 또는 수유자별 상속세 과세표준 상당액 / [(상속세 과세표준 − 상속인 및 수유자가 아닌 자에게 증여한 과세표준)]

② 상속인 또는 수유자별 상속세 과세표준 상당액

= (상속인 또는 수유자별 가산한 증여재산의 과세표준) + (㉮ × ㉰ / ㉯)

㉮ 상속세 과세표준−가산한 증여재산의 과세표준 (즉, 배분대상 과세표준)

㉯ 상속세 과세가액−가산한 증여재산가액(즉, 증여재산을 제외한 상속재산의 과세가액을 말함)

㉰ 상속인 또는 수유자별 상속세 과세가액상당액−상속인 또는 수유자별 가산한 증여재산가액

(2) 수증자가 상속인이나 수유자가 아닌 경우

상속인 및 수유자가 아닌 자에게 사전 증여한 재산에 대한 증여세 산출세액상당액은 다음의 공제한도액 범위 내에서 직접 총 상속세 산출세액에서 차감합니다.

$$증여세액 \ 공제 \ 한도액 = 상속세 \ 산출세액 \times \frac{가산한 \ 증여재산에 \ 대한 \ 증여세 \ 과세표준}{상속세 \ 과세표준(사전증여재산 \ 포함)}$$

② 외국납부세액공제

(상증법 제29조)

공제할 외국납부세액 = Min (ⓐ, ⓑ)

$$ⓐ \ 상속세 \ 산출세액 \times \frac{외국의 \ 법령에 \ 의하여 \ 상속세가 \ 부과된 \ 상속재산의 \ 과세표준}{상속세 \ 과세표준}$$

ⓑ 한도액 : 외국의 법령에 의하여 부과된 상속세액

피상속인이 거주자인 경우에는 국내·국외에 소재한 모든 상속재산에 대해서 상속세 부과대상이므로 외국에 상속재산이 소재하면 그 외국에서 상속세가 부과될 수가 있어 이중과세를 방지하기 위하여 외국납부세액공제제도를 두고 있습니다. 따라서 거주자의 사망으로 외국에 있는 상속재산을 포함하여 상속세를 부과하는 경우에는 그 외국에서 납부한 상속세 상당액을 상속세 산출세액에서 공제합니다.

③ 단기재상속에 대한 세액공제

(상증법 제30조)

상속개시 후 10년 이내에 상속인이나 수유자의 사망으로 다시 상속이 개시되는 경우에는 전(前)의 상속세가 부과된 상속재산(사전증여재산 포함) 중 재상속분에 대한 전의 상속세 상당액을 상속세 산출세액에서 공제합니다.

1) 단기재상속 공제세액 계산

단기재상속세액공제액 =

$$전(前)의 \ 상속세 \ 산출세액 \times \frac{재상속분의 \ 재산가액(사전증여포함) \times \dfrac{전의 \ 상속세 \ 과세가액}{전의 \ 상속재산가액(사전증여 \ 포함)}}{전의 \ 상속세 \ 과세가액} \times 공제율$$

단기재상속세액공제는 전(前)의 상속재산이 재상속재산에 포함되어 있는 경우의 그 재산별로 각각 구분하여 계산합니다.

'재상속분의 재산가액'이란 전의 상속재산 중 재상속된 재산 각각에 대하여 전의 상속 개시 당시 상속재산가액으로 합니다.

공제되는 세액은 상속세 산출세액에서 증여세액공제 및 외국납부세액공제액을 차감한 금액을 한도로 합니다.

2) 공제율

재상속기간	1년내	2년내	3년내	4년내	5년내	6년내	7년내	8년내	9년내	10년내
공제율(%)	100	90	80	70	60	50	40	30	20	10

4 신고세액공제

(상증법 제69조)

[[(상속세산출세액 + 세대생략 할증과세액) − (문화유산자료 등의 징수유예세액)] + 증여세액공제 + 외국납부세액공제 + 단기재상속세액공제 + 다른 법률에 따른 공제 또는 감면세액)] × 3%

상속세 과세표준 신고기한 내에 상속세 신고서를 제출한 경우에는 신고세액공제를 적용합니다.

신고기한 내에 상속세 신고서를 제출한 때에는 비록 상속세를 신고기한 내 세액을 납부하지 아니하여도 신고세액공제를 할 수 있습니다. (상증법 기본통칙 69-0-1)

※ 상증법 제70조 자진납부, 제71조 연부연납, 제72조 연부연납가산금 → 제5편에 별도 편제되어 있음

5 지정문화유산 등에 대한 상속세 징수유예

(상증법 제74조)

지정문화유산 등의 징수유예 = 상속세산출세액 × [(지정문화유산 등 + 박물관 자료)의 가액 / 상속재산(가산하는 증여재산 포함)]

1) 징수유예 대상 문화유산 자료

상속재산 중 다음에 해당하는 재산이 포함되어 있는 경우에는 그 재산가액에 상당하는 상속세액의 징수를 유예합니다. (상증법 제74조제1항)

① 「문화유산의 보존 및 활용에 관한 법률」 제2조제3항제3호에 따른 문화유산자료 및 「근현대문화유산의 보존 및 활용에 관한 법률」 제6조제1항에 따른 국가등록문화유산(이하 "문화유산자료등"이라 합니다)과 「문화유산의 보존 및 활용에 관한 법률」에 따른 보호구역에 있는 토지로서 대통령령으로 정하는 토지 ☞ 2024. 2. 6. 관련 법령이 개정되어, 2024. 9. 15.부터 적용됩니다.

② 「박물관 및 미술관 진흥법」에 따라 등록한 박물관자료 또는 미술관자료로서 박물관 또는 미술관(사립박물관 또는 사립미술관은 공익법인등인 경우에 한합니다)에 전시·보존 중인 재산(이하 '박물관자료')

③ 「문화유산의 보존 및 활용에 관한 법률」에 따른 국가지정문화유산 및 시·도지정문화유산과 같은 법에 따른 해당 문화유산 또는 문화유산자료가 속하여 있는 보호구역의 토지(이하 '국가지정문화유산 등')

④ 자연유산의 보존 및 활용에 관한 법률」에 따라 지정된 천연기념물등과 같은 법에 따른 보호구역에 있는 토지로서 대통령령으로 정하는 토지 ☞ 2024. 9. 15.부터 적용됩니다.

2) 징수유예한 상속세 즉시 징수

징수유예를 받고자 하는 자는 그 유예한 상속세액에 상당하는 담보를 제공하여야 하며,(상증법 제74조제4항) 문화유산자료등, 박물관자료등, 국가지정문화유산등 또는 천연기념물등을 상속받은 상속인 또는 수유자가 다음의 사유로 자료를 유상으로 양도하거나 인출하는 경우에는 그 징수를 유예한 상속세를 즉시 징수하여야 합니다. (상증법 제74조제2항, 시행령 제76조제4항) ☞ 2024. 9. 15.부터 적용됩니다. 시행령은 개정될 예정입니다.

① 상속인 또는 수유자가 문화유산자료 등이나 박물관자료를 유상으로 양도
② 박물관 또는 미술관 등록이 취소된 경우
③ 박물관 또는 미술관을 폐관한 경우
④ 문화체육관광부에 등록된 박물관 자료 또는 미술관 자료에서 제외되는 경우

3) 징수유예의 사후관리

　납세지 관할세무서장은 상속세 징수유예 기간에 문화유산자료등, 박물관자료등, 국가지정문화유산등 또는 천연기념물등을 소유하고 있는 상속인 또는 수유자의 사망으로 다시 상속이 개시되는 경우에는 그 징수유예한 상속세액의 부과 결정을 철회하고 그 철회한 상속세액을 다시 부과하지 아니합니다. (상증법 제74조제3항)

☞ 문화재(문화유산자료) 종류별 과세방법

구분	개념	과세방법
국가 지정문화유산	문화유산청이 문화유산보호법에 따라 지정한 문화유산 ＝국보, 보물, 서적, 명승, 천연기념물, 국가무형문화유산, 국가단속문화유산	비과세 → 징수유예
시·도 지정문화유산	시·도지사가 문화유산보호법에 따라 지정한 문화유산	징수유예
문화유산 보호구역 토지	문화유산보호법에 따른 문화유산 보호구역에 있는 토지	
문화유산 자료	국가지정문화유산나 시·도 지정문화유산가 아닌 문화유산 중 시·도지사가 문화유산보호법에 따라 지정한 문화유산	
국가 등록문화유산	문화유산청장이 문화유산보호법에 따라 등록한 문화유산	
박물관 자료	박물관 및 미술관 진흥법에 따라 등록한 박물관 자료 또는 미술관 자료로서, 박물관 또는 미술관에 전시 중이거나 보존중인 재산	
문화유산자료 등이 속해 있는 보호구역의 토지	문화유산보호법 제27조제1항에 따른 보호구역에 있는 토지	
시·도 등록문화유산	시·도지사가 등록한 문화유산	과세

* 기재위 검토보고서(2022.11월), 국세청 책자에서 재인용

4) 상속세 징수유예와 담보제공 여부

(1) 문화유산자료 등과 박물관자료 등에 대한 징수유예시 담보제공

　문화유산자료등에 대한 상속세 징수유예를 받으려는 자는 그 유예할 상속세액에 상당하는 담보를 제공하여야 합니다. 이 경우 담보의 제공에 대해서는 연부연납세액에 대한 담보 제공 규정을 준용합니다. (상증법 제74조제4항)

(2) 국가지정문화유산등 또는 천연기념물등에 대한 징수유예시 담보 면제 등

㈎ 상속세 징수유예시 담보제공 면제

　국가지정문화유산등 및 천연기념물등에 대한 상속세를 징수유예 받으려는 자는 그 유예할 상속세액에 상당하는 담보를 제공하지 아니할 수 있습니다. (상증법 제74조제5항) ☞ 천연기념물등에 대하여는 2024.2.6.개정되어 2024.5.17부터 시행됩니다.

(나) 국가지정문화유산등 또는 천연기념물등의 보유현황 제출 점검

납세담보를 제공하지 아니한 자는 매년 말 관할세무서장에게 기획재정부령(상증법 시행규칙 제24조14의3호)으로 정하는 국가지정문화유산등 또는 천연기념물등의 보유현황 명세서를 제출하여야 하며, 관할세무서장은 보유현황의 적정성을 점검하여야 합니다. (상증법 제74조제6항, 시행령 제76조제5항)

(다) 국가지정문화유산등 또는 천연기념물등의 양도 전 사전 신고

납세담보를 제공하지 아니한 자가 국가지정문화유산등 또는 천연기념물등을 유상으로 양도할 때에는 국가지정문화유산등 또는 천연기념물등을 양도하기 7일 전까지 그 사실을 국가지정문화유산등 또는 천연기념물등 양도거래신고서를 관할 세무서장에게 신고하여야 합니다. (상증법 제74조제7항, 시행령 제76조제6항)

(라) 국가지정문화유산등 및 천연기념물등의 보유현황자료 미제출 등에 대한 불이익

세무서장등은 「상속세 및 증여세법」 제74조제5항에 따라 납세담보를 제공하지 아니한 자가 다음의 어느 하나에 해당하면, 다음의 어느 하나에 따른 금액을 징수하여야 합니다. (상증법 제78조제15항)

① 「상속세 및 증여세법」 제74조제5항에 따른 국가지정문화유산등 및 천연기념물등의 보유자료를 제출하지 아니한 경우 징수유예 받은 상속세액의 100분의 1에 상당하는 금액
② 「상속세 및 증여세법」 제74조제7항에 따른 국가지정문화유산등 및 천연기념물등의 양도 사실을 신고하지 아니한 경우 징수유예 받은 상속세액의 100분의 20에 상당하는 금액

제3절	가업상속에 대한 상속세 납부유예

(상증법 제72조의2)

가업상속공제 요건을 충족하는 중소기업을 상속받은 경우 상속인은 가업상속공제방식과 납부유예 방식 중 선택이 가능합니다. ☞ 2023.1.1.이후 상속분부터 적용이 됩니다.

1 납부유예 신청대상

납세지 관할세무서장은 납세의무자가 다음의 요건을 모두 갖추어 상속세의 납부유예를 신청하는 경우에는 일정한 금액에 대하여 납부유예를 허가할 수 있습니다. 이 경우, 납부유예 허가를 받으려는 납세의무자는 담보를 제공하여야 합니다. (상증법 제72조의2제1항)

① 상속인이 가업(중소기업으로 한정)을 상속받았을 것
② 가업상속공제 또는 영농상속공제를 받지 아니하였을 것

2 신청절차 및 허가절차

1) 신청절차

상속세의 납부유예를 신청하려는 자는 상속세 과세표준신고(수정신고 또는 기한후 신고를 포함합니다)를 할 때 다음의 서류를 납세지 관할세무서장에게 제출하여야 합니다. 다만, 과세표준과 세액의 결정 통지를 받은 자는 해당 납부고지서에 따른 납부기한까지 그 서류를 제출할 수 있습니다. (상증법 시행령 제69조의2제1항)

① 납부유예신청서
② 가업상속재산명세서 및 가업상속 사실을 입증할 수 있는 서류
③ 가업승계에 대한 증여세 과세특례를 적용받았거나 증여세 납부유예 허가를 받았음을 증명할 수 있는 서류(수증자 재차 납부유예를 신청하는 경우)
④ 가업상속공제를 받았거나 상속세 납부유예 허가를 받았음을 증명할 수 있는 서류(상속인이 사망하여 다시 상속을 받은 상속인이 재차 납부유예를 신청하는 경우)

2) 허가절차

납부유예신청을 받은 납세지 관할 세무서장은 다음의 기간 이내에 신청인에게 그 허가 여부를 서면으로 통지해야 합니다. (상증법 시행령 제69조의2제2항)

① 상속세 과세표준신고를 한 경우 : 신고기한이 지난 날부터 9개월
② 증여세 과세표준신고를 한 경우 : 신고기한이 지난 날부터 6개월
③ 수정신고 또는 기한 후 신고를 한 경우 : 수정신고 또는 기한 후 신고를 한 날이 속하는 달의 말일부터 9개월(재차 납부유예 신청하는 경우 6개월)
④ 과세표준과 세액의 결정 통지를 받은 경우 : 납부고지서에 따른 납부기한이 지난 날부터 14일

납부유예 허가통지가 납부고지서에 따른 납부기한을 경과한 경우에는 그 통지일 이전의 기간에 대해서는 납부지연가산세를 부과하지 않습니다. (상증법 시행령 제69조의2제3항)

3 납부유예 적용요건 등

① 피상속인 요건 : 가업상속공제 준용
② 상속인 요건 : 가업상속공제 준용
③ 납부유예 가능세액 (상증법 시행령 제69조3제1항)

$$\text{상속세 납부세액} \times \frac{\text{가업상속재산가액}}{\text{총 상속재산가액}}$$

☞ 상증법 제72조의2 (가업상속에 대한 상속세의 납부유예)
⑦ 제6항에 따른 납부유예에 관하여는 제2항부터 제5항까지의 규정(제3항제4호는 제외한다)을 준용한다.

4 사후관리

1) 사후관리 요건 및 추징세액 (상증세법 제72조의2제3항)

(1) 「소득세법」을 적용받는 가업을 상속받은 경우로서 가업용 자산의 100분이 40 이상을 처분한 경우 : 납부유예된 세액 중 처분 비율을 고려하여 다음과 같이 계산한 금액 (상증법 제72조의2제3항제1호, 시행령 제69조의3제3항)

납부유예된 세액 × 가업용자산의 처분 비율

(2) 해당 상속인이 가업에 종사하지 아니하게 된 경우 : 납부유예된 세액의 전부
 (상증법 제72조의2제3항제2호)

(3) 주식등을 상속받은 상속인의 지분이 감소한 경우 : 다음의 구분에 따른 세액
 (상증법 제72조의2제3항제3호, 시행령 제69조의3제5항)

　☞ 상증법 시행령 제69조의3(납부유예 금액의 계산 등)
　⑤ 법 제72조의2제3항제3호 각 목 외의 부분에서 "상속인의 지분이 감소한 경우"란 제15조제12항 각 호의 어느 하
　나에 해당하는 경우를 포함한다.

① 상속개시일부터 5년 이내에 감소한 경우 : 납부유예된 세액의 전부
 (상증법 제72조의2제3항제3호가목)

② 상속개시일부터 5년 후에 감소한 경우 : 납부유예된 세액 중 지분 감소비율을 고려하여
다음과 같이 계산한 세액 (상증법 제72조의2제3항제3호나목, 시행령 제69조의3제6항)

세액 = A × (B ÷ C)

　　A : 납부유예된 세액
　　B : 감소된 지분율
　　C : 상속개시일 현재 지분율

(4) 5년간 정규직 근로자 수의 전체 평균 및 총급여액이 상속개시일이 속하는 과세기간(사업연
도)의 직전 2개 과세기간(사업연도)의 정규직 근로자 수 평균 및 총급여액의 100분의 70 미
달하는 경우 : 납부유예된 세액의 전부 (상증법 제72조의2제3항제4호)

　☞ 상증법 제72조의2(가업상속에 대한 상속세의 납부유예) ③
　4. 제18조의2제5항제4호 각 목에 모두 해당하는 경우(이 경우 같은 호 가목 및 나목 중 "100분의 90"은 각각 "100분
　의 70"으로 본다): 납부유예된 세액의 전부

(5) 해당 상속인이 사망하여 상속이 개시되는 경우 : 납부유예된 세액의 전부 (상증법 제72조의2
제3항제5호)

납부유예 허가를 받은 자는 상속인이 상기의 어느 하나에 해당하는 경우 그 날이 속하는 달의
말일부터 6개월 이내에 납부유예 추징사유 신고 및 자진납부 계산서를 납세지 관할세무서장에
게 신고하고 해당 상속세와 이자상당액을 납세지 관할세무서, 한국은행 또는 체신관서에 납부
하여야 합니다. 다만, 이미 상속세와 이자상당액이 징수된 경우는 그러하지 아니합니다. (상증법
제72조의2제4항)

2) 사후관리 위반에 해당하지 않는 정당한 사유가 있는 경우

상증법 제72조의2제3항 각 호 외의 부분에서 '대통령령으로 정하는 정당한 사유'란 다음 각 호에 해당하는 사유를 말합니다. (상증법 시행령 제69조의3제2항)

(1) 해당 사업용 자산의 40% 이상 처분한 것에 정당한 사유가 있는 경우

(상증법 시행령 제69조의3제2항제1호)

☞ 상증법 제72조의2(가업상속에 대한 상속세의 납부유예)제3항제1호를 적용할 때 : 상증법 시행령 제15조(가업상속)제8항제1호 각 목(같은 호 다목은 제외합니다)의 어느 하나에 해당하는 경우

① 가업용 자산이 「공익사업을 위한 토지 등의 취득 및 보상에 관한 법률」, 그 밖의 법률에 따라 수용 또는 협의 매수되거나 국가 또는 지방자치단체에 양도되거나 시설의 개체, 사업장 이전으로 처분되는 경우, 다만, 처분 자산과 같은 종류의 자산을 대체 취득하여 가업에 계속 사용하는 경우에 한합니다.

② 가업용 자산을 국가 또는 지방자치단체에 증여하는 경우

③ 합병·분할·통합, 개인사업의 법인전환 등 조직변경으로 인하여 자산의 소유권이 이전되는 경우. 다만, 조직변경 이전의 업종과 같은 업종을 영위하는 경우로서 이전된 가업용자산을 그 사업에 계속 사용하는 경우에 한합니다.

④ 내용연수가 지난 가업용 자산을 처분하는 경우

⑤ 가업의 주된 업종 변경과 관련하여 자산을 처분하는 경우로서 변경된 업종을 가업으로 영위하기 위하여 자산을 대체취득하여 가업에 계속 사용하게 하는 경우

⑥ 가업용자산의 처분금액을 「조세특례제한법」제10조에 따른 연구·인력개발비로 사용하는 경우

(2) 해당 상속인이 가업에 종사하지 아니하게 된 것에 정당한 사유가 있는 경우

(상증법 시행령 제69조의3제2항제2호)

☞ 상증법 제72조의2제3항제2호를 적용할 때 : 상증법 시행령 제15조제8항제2호 각 목(같은 호 가목은 제외합니다)의 어느 하나에 해당하는 경우

① 가업상속받은 재산을 국가 또는 지방자치단체에 증여하는 경우

② 상속인이 법률의 규정에 의한 병역의무의 이행, 질병의 요양, 취학상 형편으로 가업 또는 영농에 직접 종사할 수 없는 사유가 있는 경우. 다만, 해당 사유가 종료된 후 가업 또는 영농에 종사하지 아니하거나 가업상속 또는 영농 상속받은 재산을 처분하는 경우를 제외합니다.

(3) 주식 등을 상속받은 상속인의 지분이 감소한 것에 정당한 사유가 있는 경우

(상증법 시행령 제69조의3제2항제3호)

☞ 상증법 시행령 제69조의3(납부유예 금액의 계산 등)제69조의3②③, 상증법 제72조의2제3항제3호를 적용할 때 : 상증법 제15조제8항제3호 각 목(같은 호 다목은 제외한다)의 어느 하나에 해당하는 경우

① 합병·분할 등 조직변경에 따라 주식등을 처분하는 경우. 다만, 처분 후에도 상속인이 합병법인 또는 분할신설법인 등 조직변경에 따른 법인의 최대주주 등에 해당하는 경우에 한합니다.

② 해당 법인의 사업확장 등에 따라 유상증자할 때 상속인의 특수관계인 외의 자에게 주식 등을 배정함에 따라 상속인의 지분율이 낮아지는 경우. 다만, 상속인이 최대주주 등에 해당하는 경우에 한합니다.

③ 주식등을 국가 또는 지방자치단체에 증여하는 경우

④ 「자본시장과 금융투자업에 관한 법률」제390조제1항에 따른 상장규정의 상장 요건을 갖추기 위하여 지분을 감소시킨 경우. 다만, 상속인이 최대주주등에 해당하는 경우에 한정합니다.

⑤ 주주 또는 출자자의 주식 및 출자지분의 비율에 따라서 무상으로 균등하게 감자하는 경우

⑥ 「채무자 회생 및 파산에 관한 법률에 따른 법원의 결과에 따라 무상으로 감자하거나 채무를 출자전환하는 경우

3) 납부유예 종료사유 발생 등으로 인한 상속세 납부 시 이자상당액 계산

(상증법 시행령 제69조의3제7항)

상속세 납부액 × 상속세 신고기한의 다음날부터 해당사유 발생일까지의 일수 × [국세환급가산금 이자율(현재 연2.9%) ÷ 365]

국세환급금가산금 이자율은 상속세 납부일 현재 국세환급가산금 이자율을 적용합니다. 다만, 납부유예기간 중에 이자율이 1회 이상 변경된 경우 그 변경 전의 기간에 대해서는 변경 전의 이자율을 365로 나눈 율을 적용합니다. (상증법 시행령 제69조의3제7항제3호)

상속인이 다음 상속인·수증자에게 재차 가업승계 시 이자상당액의 50%를 경감합니다. (상증법 시행령 제69조의3제7항, 단서)

5 납부유예 취소 및 변경

(상증세법 제72조의2제5항)

납세지 관할세무서장은 납부유예 허가를 받은 자가 다음의 어느 하나에 해당하는 경우, 그 허가를 취소하거나 변경하고, 납부가 유예된 세액의 전부 또는 일부와 상증법 시행령 제69조의3제9항에 따라 계산한 이자상당액을 징수할 수 있습니다. (상증세법 제72조의2제5항)

① 담보의 변경 또는 그 밖의 담보 보전에 필요한 관할세무서장의 명령에 따르지 아니한 경우
② 국세징수법 제9조제1항 각 호의 어느 하나에 해당되어 납부유예된 세액의 전액을 징수할 수 없다고 인정되는 경우

6 재차 납부유예

(상증세법 제72조의2제6항)

지분의 감소 또는 상속인의 사망으로 납부유예된 세액과 이자상당액을 납부하여야 하는 자는 다음의 어느 하나에 해당하는 경우 납세지 관할세무서장에게 해당 세액과 이자상당액의 납부유예 허가를 신청할 수 있습니다.

① (지분이 감소한 경우) 가업승계 과세특례를 적용받거나 가업승계 증여세 납부유예 허가를 받은 경우
② (상속인이 사망하여 상속이 개시되는 경우) 다시 상속을 받은 상속인이 가업상속공제를 받거나 가업상속에 대한 상속세 납부유예 허가를 받은 경우

제4편

증여세

증여세 세액계산 흐름도

1. 수증자가 거주자이고 일반 증여재산인 경우

항목	가감	세액 내용 및 산출 방법
• 증여재산가액		– 국내외 모든 증여재산가액
• 비과세가액 및 과세 　가액 불산입액	–	– (비과세) 사회통념상 인정되는 피부양자의 생활비, 교육비 등 – (과세가액 불산입재산) 공익법인 등에 출연한 재산
• 채무부담액	–	– 증여재산에 담보된 채무인수액(증여재산 관련 임대 보증금 포함)
• 증여재산가산액	+	– 해당 증여일 전 동일인으로부터 10년 이내에 증여받은 재산의 과세가액 합계액이 　1천만원 이상인 경우 그 과세가액을 가산 　* (동일인) 증여자가 직계존속인 경우 그 배우자 포함
• 증여세 과세가액	=	
증여공제 · 증여재산공제 · 재해손실공제 · 혼인 증여재산 공제	–	<table><tr><td>증여자</td><td>배우자</td><td colspan="3">직계존속</td><td>직계비속</td><td>기타친족</td><td>기타</td></tr><tr><td>공제 한도액</td><td>6억원</td><td colspan="3">5천만원 (수증자가 미성년자인 경우 2천만원) * 혼인·출산·입양 공제액 : 1억원(2024.1.1.이후)</td><td>5천만원</td><td>1천만원</td><td>없음</td></tr></table>　* 위 증여재산의 공제한도액은 10년간의 누계한도액임 – 증여세 신고기간 이내의 재난으로 멸실·훼손된 경우 그 손실가액을 공제
• 감정평가수수료	–	– 감정평가수수료는 5백만원 한도 등
• 증여세과세표준	=	① 일반 : 증여재산 – 증여재산공제·재해손실공제 – 감정평가수수료 ② 합산배제(명의신탁) : 명의신탁 – 감정평가수수료 ③ 합산배제(상증법 제45조의3, 제45조의4) : 증여의제이익 – 감정평가수수료 ④ 합산배제(②와 ③을 제외) : 증여재산가액 – 3천만원 – 감정평가수수료
• 세율	×	<table><tr><td>과세표준</td><td>1억원 이하</td><td>5억원 이하</td><td>10억원 이하</td><td>30억원 이하</td><td>30억원 초과</td></tr><tr><td>세율</td><td>10%</td><td>20%</td><td>30%</td><td>40%</td><td>50%</td></tr><tr><td>누진공제액</td><td>없음</td><td>1천만원</td><td>6천만원</td><td>1억 6천만원</td><td>4억 6천만원</td></tr></table>
• 산출세액	=	– (증여세 과세표준 × 세율) – 누진공제액
• 세대생략 할증세액	+	– 수증자가 증여자의 자녀가 아닌 직계비속이면 할증(30% 또는 40%)함 　단, 직계비속의 사망으로 최근친 직계비속에 증여하는 경우에는 제외
• 세액공제 + 감면세액	–	– 문화유산자료 징수유예, 납부세액공제, 외국납부세액공제, 신고세액공제, 　그 밖에 공제·감면세액
• 연부연납·분납	–	– 물납불가
• 자진납부할 세액	=	

2. 수증자가 비거주자이고 일반 증여재산인 경우

항목	계산	세액 내용 및 산출 방법
• 증여재산가액		– 국내의 모든 증여재산
• 비과세가액 및 과세가액 불산입액	–	– (비과세) 사회통념상 인정되는 피부양자의 생활비, 교육비 등 – (과세가액 불산입재산) 공익법인 등에 출연한 재산
• 채무부담액	–	– 증여재산에 담보된 채무인수액(증여재산 관련 임대 보증금 포함)
• 10년 이내 증여재산 가산액	+	– 해당 증여일 전 동일인으로부터 10년 이내에 증여받은 재산의 과세가액 합계액이 1천만원 이상인 경우 그 과세가액을 가산 ＊동일인 증여자가 직계존속인 경우 그 배우자 포함
• 증여세과세가액	=	
• 증여공제 – 재해손실공제	–	– 증여재산공제 적용하지 않음 – 증여세 신고기간 이내의 재난으로 멸실·훼손된 경우 그 손실가액을 공제
• 감정평가수수료	–	– 감정평가수수료는 5백만원 한도 등
• 증여세 과세표준	=	① 일반 : 증여재산 – 재해손실공제 – 감정평가수수료 ② 합산배제(명의신탁) : 명의신탁 – 감정평가수수료 ③ 합산배제(상증법 제45조의3, 제45조의4) : 증여의제이익 – 감정평가수수료 ④ 합산배제(②와 ③을 제외) : 증여재산가액 – 3천만원 – 감정평가수수료
• 세율	×	표 아래 참조
• 산출세액	=	– (증여세 과세표준 × 세율) – 누진공제액
• 세대생략 할증세액	+	– 수증자가 증여자의 자녀가 아닌 직계비속이면 할증(30% 또는 40%)함 단, 직계비속의 사망으로 최근친 직계비속에 증여하는 경우에는 제외
• 세액공제 등	–	– 신고세액공제·납부세액공제, 연부연납
• 자진납부할 세액	=	

과세표준	1억원 이하	5억원 이하	10억원 이하	30억원 이하	30억원 초과
세율	10%	20%	30%	40%	50%
누진공제액	없음	1천만원	6천만원	1억 6천만원	4억 6천만원

가. 국내의 모든 증여재산을 증여재산가액으로 합니다.
나. 증여재산공제를 적용받을 수 없습니다.
다. 조세특례제한법 감면(조세특례제한법 제71조) 및 과세특례(조세특례제한법 제30조의5, 제30조의6)를 적용받을 수 없습니다.

증여세과세표준신고 및 자진납부계산서

(특정법인과의 거래를 통한 증여의제이익 신고용)

[ ] 기한 내 신고, [ ] 수정신고, [ ] 기한 후 신고

관리번호	-

※ 뒤쪽의 작성방법을 읽고 작성하시기 바랍니다.   앞쪽

수증자	① 성 명		② 주민등록번호		③ 거주 구분	[ ] 거주자 [ ] 비거주자
	④ 주 소				⑤ 전자우편주소	
	⑥ 전화번호	(자 택)	(휴대전화)		⑦ 증여자와의 관계	증여자의 ( )
증여자	⑧ 성 명		⑨ 주민등록번호		⑩ 증여일자	
	⑪ 주 소				⑫ 전화번호	(자 택)
						(휴대전화)
세무 대리인	⑬ 법인명		⑭ 사업자등록번호		⑮ 사업연도종료월	
	⑯ 성 명		⑰ 사업자등록번호		⑱ 관리번호	
	⑲ 전화번호	(사무실)		(휴대전화)		

구 분		금 액	구 분		금 액
⑳ 증 여 재 산 가 액			㊷ 세액공제 합계 (㊸ + ㊹ + ㊺ + ㊻)		
㉑ 비 과 세 재 산 가 액			㊸ 기납부세액 (「상속세 및 증여세법」 제58조)		
과세가액 불산입	㉒ 공익법인출연재산가액 (「상속세 및 증여세법」 제48조)		세 액 공 제	㊹ 외국납부세액공제 (「상속세 및 증여세법」 제59조)		
	㉓ 공익신탁 재산가액 (「상속세 및 증여세법」 제52조)			㊺ 신고세액공제 (「상속세 및 증여세법」 제69조)		
	㉔ 장애인 신탁재산가액 (「상속세 및 증여세법」 제52조의2)			㊻ 그 밖의 공제 · 감면세액		
㉕ 채 무 액			㊼ 신고불성실가산세		
㉖ 증여재산가산액 (「상속세 및 증여세법」 제47조제2항)			㊽ 납부지연가산세		
㉗ 증 여 세 과 세 가 액 (⑳ - ㉑ - ㉒ - ㉓ - ㉔ - ㉕ + ㉖)			㊾ 공익법인 등 관련 가산세 (「상속세 및 증여세법」 제78조)		
증여재산공제	㉘ 배 우 자		㊿ 자진납부할 세액(합계액) (㊴ + ㊵ - ㊶ - ㊷ + ㊼ + ㊽ + ㊾)		
	㉙ 직계존속		납부방법	납부및 신청일	
	㉚ 직계비속		51 연부연납		
	51 그 밖의 친족				
52 재해손실공제 (「상속세 및 증여세법」 제54조)			현금	52 분 납	
53 감 정 평 가 수 수 료				53 신고납부	
54 과세표준 (㉗ - ㉘ - ㉙ - ㉚ - 51 - 52)			「상속세 및 증여세법」 제68조 및 같은 법 시행령 제65조제1항에 따라 증여세의 과세가액 및 과세표준을 신고하며, 위 내용을 충분히 검토하였고 신고인이 알고 있는 사실을 그대로 적었음을 확인합니다.		
55 세 율					
56 산출세액 (55 ≤ 57)					
57 산출세액 한도			년 월 일		
58 세대생략가산액 (「상속세및증여세법」 제57조)			신고인 (서명 또는 인)		
59 산 출 세 액 계 (56 + 58)			세무대리인은 조세전문자격자로서 위 신고서를 성실하고 공정하게 작성하였음을 확인합니다.		
㊴ 이자상당액			세무대리인 (서명 또는 인)		
㊵ 박물관자료 등 징수유예세액			세무서장 귀하		

신고인 제출서류	1. 증여재산 및 평가명세서(부표) 1부 2. 채무사실 등 그 밖의 입증서류 1부	수수료 없음
담당공무원 확인사항	1. 주민등록표등본 2. 증여자 및 수증자의 관계를 알 수 있는 가족관계등록부	

행정정보 공동이용 동의서

본인은 이 건 업무처리와 관련하여 담당 공무원이 「전자정부법」 제36조제1항에 따른 행정정보의 공동이용을 통하여 위의 담당 공무원 확인 사항을 확인하는 것에 동의합니다. * 동의하지 않는 경우에는 신청인이 직접 관련 서류를 제출하여야 합니다.

신고인   (서명 또는 인)

210mm×297mm[백상지 80g/㎡]

작성방법

※ 이 서식은 「상속세 및 증여세법」제45조의5에 따른 특정법인과의 거래를 통한 이익의 증여 의제가 적용되는 증여재산에 대하여 증여세 신고를 하는 경우에 사용합니다.

1. "② 주민등록번호" 및 " 주민등록번호"란: 외국인은 외국인등록번호(외국인등록번호가 없는 경우 여권번호)를 적습니다.

2. " 거주구분"란: 거주자와 비거주자 중 ✔ 표시합니다.

   * "거주자" 및 "비거주자": 「상속세 및 증여세법」 제2조제8호에 해당하는 자를 말합니다.

3. "⑦ 증여자와의 관계"란: 수증자를 기준으로 적습니다. [예시: 부모(증여자)가 자녀(수증자)에게 증여하는 경우: 자]

4. "⑩ 증여일자"란: 특정법인이 지배주주의 특수관계인과 거래한 날을 적습니다

   * 증여세 과세표준의 신고기한은 특정법인의 「법인세법」 제60조제1항에 따른 과세표준의 신고기한이 속하는 달의 말일부터 3개월이 되는 날입니다(「상속세 및 증여세법」 제68조).

5. "⑮ 사업연도 종료월"란: 특정법인의 「법인세법」 제60조제1항에 따른 과세표준의 신고기한이 속하는 달의 말일을 적습니다.

6. "⑯ 성명"부터 "⑲ 전화번호"란까지: 세무대리인이 기장한 경우 적습니다.

7. "⑳ 증여재산가액"란: 특정법인의 이익에 특정법인의 지배주주등(지배주주와 그 친족)의 주식보유비율을 곱하여 계산한 금액을 적습니다.

   * 증여재산가액이 1억원 이상인 경우에만 과세합니다(「상속세 및 증여세법 시행령」 제34조의5제5항).

8. "㉘ 배우자"란부터 "㉛ 그 밖의 친족"란까지: 증여자와의 관계에 따라 다음 각 목의 구분에 따라 적습니다.

가.	배우자: 10년간 6억원	(2008.1.1. 이후 증여분부터)
나.	직계존속: 10년간 5천만원 / 직계비속이 미성년자인 경우 2천만원	(2014.1.1. 이후 증여분부터)
다.	직계비속: 10년간 5천만원	(2014.1.1. 이후 증여분부터)
라.	그 밖의 친족*: 10년간 1천만원	(2016.1.1. 이후 증여분부터)

   * 배우자, 직계존속 및 직계비속을 제외한 6촌 이내의 혈족, 4촌 이내의 인척

9. "㉟ 세율", "㊱ 산출세액"란: 증여세 세율표에 따라 세율을 적고 과세표준에 세율을 곱한 금액에서 누진공제액을 빼서 산출세액을 계산합니다. 다만, 해당 산출세액은 「상속세 및 증여세법 시행령」 제34조의5제9항에 따라 계산한 금액을 초과할 수는 없습니다.

   * 산출세액 = (과세표준 × 세율) - 누진공제액 [한도: 산출세액 한도]

〈증여세 세율표〉

과세표준	세율	누진공제액
1억원 이하	10%	-
1억원 초과 5억원 이하	20%	1,000만원
5억원 초과 10억원 이하	30%	6,000만원
10억원 초과 30억원 이하	40%	16,000만원
30억원 초과	50%	46,000만원

10. "㊵ 산출세액 한도": 특정법인과의 거래를 통한 이익의 증여의제에 따른 증여세액이 지배주주등이 직접 증여받은 경우의 '증여세 상당액'에서 특정법인이 부담한 '법인세 상당액'을 차감한 금액을 적습니다.

   * 증여세상당액: 특정법인과의 거래를 통한 이익의 증여의제에 따른 증여일에 증여의제이익을 해당 주주가 직접 증여받은 것으로 볼 때의 증여세
   * 법인세상당액: 다음에 따라 계산된 금액

$$\text{법인세} \atop \text{상당액} = \left(\text{특정법인의 법인세} \atop \text{산출세액} - \text{법인세} \atop \text{공제감면액} \right) \times \left(\frac{\text{해당 거래이익}}{\text{각 사업연도의 소득금액}} \right) \times \text{해당지배주주 등의 주식} \atop \text{보유비율}$$

11. " 이자상당액"란: 「조세특례제한법」 제30조의5제6항과 같은 법 제30조의6제3항에 따라 계산한 금액을 적습니다.

12. " 신고불성실가산세"란부터 " 공익법인 등 관련 가산세"란까지: 「국세기본법」 제47조, 제47조의2부터 제47조의5까지 및 제48조에 따라 부담할 가산세와 「상속세 및 증여세법」 제78조에 따른 가산세를 각각 적습니다.

13. " 연부연납"란: 「상속세 및 증여세법」 제71조에 따라 납부세액이 2천만원을 초과하는 경우에 한정하여 연부연납을 신청할 수 있으며, 연부연납 신청세액과 신청일자를 적습니다. 이 경우 상속세(증여세) 연부연납 허가 신청서(별지 제11호서식)를 제출해야 합니다.

14. " 분납"란: 「상속세 및 증여세법」 제70조제2항에 따라 납부할 금액이 1천만원을 초과하는 경우 다음 구분에 따른 금액과 납부(예정)일자를 적습니다. 다만, 「상속세 및 증여세법」 제71조에 따라 연부연납을 허가받은 경우에는 분납을 신청할 수 없습니다.

   가. 납부할 세액이 2천만원 이하인 경우에는 1천만원을 초과하는 금액

   나. 납부할 세액이 2천만원을 초과하는 경우에는 그 세액의 100분의 50 이하의 금액

15. " 신고납부"란: 「상속세 및 증여세법」 제68조에 따라 증여세과세표준신고를 할 때 납부할 세액을 적습니다.

210mm×297mm[백상지 80g/㎡]

제1장 세법상 증여의 이해

세법상 증여의 개념을 이해하기 위해서는 먼저 민법과 세법에서 규정하고 있는 증여에 대한 개념을 구분하여 명확히 이해할 필요가 있습니다.

세법인 「상속세 및 증여세법」(이하, 약칭하여 '상증법'이라 합니다.)에서는 2003년도 이전에는 증여의 개념을 정하고 있지 않아, 민법(제55조)의 개념을 적용하여 왔습니다.

또한 세법에서는 민법상 증여에 해당되지 아니하더라도, 실질적으로 부의 무상이전이 이루어질 경우에는 상증법에 증여의제나 증여추정규정을 두어 증여세를 과세하여 왔습니다.

2004.1.1. 이후에는 상증법상에 증여개념을 신설하면서 증여세 완전포괄주의 제도를 도입하여 증여개념을 신설하였습니다. (상증법 제2조제6호)

☞ 증여세의 개념과 과세대상, 완전포괄주의 증여제도 도입에 따른 증여예시, 증여의제, 증여추정에 대해서는 이 책의 서두에서 가장 먼저 설명을 한 바 있으므로 이를 참고해 주시기 바랍니다.

제 1 절	증여세 납세의무

(상증법 제4조의2)

증여세의 납부의무자는 원칙적으로 증여재산을 받은 수증자입니다.(상증법 제4조의2제1항) 수증자가 거주자, 비거주자인지 여부와 수증자가 비거주자라도 증여자와 수증자의 특수관계 여부에 따라서 증여세 납부의무 범위가 달라지게 됩니다.

수증자가 거주자(본점이나 주된 사무소의 소재지가 국내에 있는 비영리 법인을 포함합니다)인 경우에는 증여세 과세대상이 되는 모든 증여재산에 대해 증여세 납부의무가 있습니다.(상증법 제4조의2제1항제1호) 수증자가 비거주자(본점이나 주된 사무소의 소재지가 외국에 있는 비영리법인을 포함합니다)인 경우에는 증여세 과세대상이 되는 국내에 있는 모든 증여재산에 대해 증여세 납부의무가 있습니다.(상증법 제4조의2제1항제2호)

☞ 증여세 납세의무자 요약

수증자	증여세 납세의무자 범위	관계법령	증여세 납부의무자
거주자	• 국내·국외에 있는 증여세 과세대상인 증여재산	상증법 제4조의2	수증자 (거주자)
비거주자	• 국내에 있는 증여세 과세대상인 증여재산		수증자 (비거주자)
	• 특수관계인인 거주자로부터 증여받은 국외에 있는 재산 • 특수관계인이 아닌 거주자로부터 증여받은 국외에 있는 재산으로서 외국 법령에 따라 증여세(유사한 조세 포함)가 부과되지 않은 재산	국조법[주*] 제35조	증여자 (거주자)

* 국조법 : 국제조세조정에관한법률

상증법 제45조의2(명의신탁재산의 증여 의제)에 따라 재산을 증여한 것으로 보는 경우(명의자가 비영리법인인 경우를 포함)에는 실제소유자가 해당 재산에 대하여 증여세를 납부할 의무가 있습니다. (상증법 제4조의2제2항) ☞ 2019.1.1.이후부터 적용합니다.

거주자와 비거주자가 국외재산을 증여하는 경우에는 「국제조세조정에 관한 법률」제35조(국외증여에 대한 증여세 과세특례)에 따라 증여자에게 증여세 납부 의무가 있을 수 있습니다.

1 증여세 납부의무가 없는 경우

1) 증여재산에 소득세·법인세가 부과되는 경우

증여재산에 대하여 수증자에게 소득세법에 따른 소득세, 법인세법에 따른 법인세가 부과되는 경우에는 증여세를 부과하지 않습니다. 소득세, 법인세가 소득세법, 법인세법 또는 다른 법률에 따라 비과세되거나 감면되는 경우에도 증여세를 부과하지 않습니다. (상증법 제4조의2제3항)

☞ 예를 들어 개인이 특수관계법인으로부터 부동산을 저가로 취득하여 법인세 부당행위계산부인 규정을 적용하여, 거래 부동산의 시가와 대가의 차액에 대하여 익금산입하고, 그 가액을 개인에게 소득처분하여 소득세가 부과되는 경우에는 그 시가와 대가의 차액에 대하여 다시 증여세를 부과하지 않습니다.

☞ 이 경우 주의하여야 할 점은, 소득세법에 의하여 소득세가 부과되는 때에는 증여세를 부과하지 아니한다는 것은 소득세의 과세대상이 되는 경우에 증여세를 중복하여 부과할 수 없다는 것을 규정한 것입니다. 소득세의 적법한 과세대상도 아닌데 잘못 부과된 경우에도 항상 증여세를 부과해서는 안 된다거나, 그와 같이 잘못 부과된 소득세부과처분을 취소하지 아니하고는 증여세를 부과하지 못한다는 취지의 규정은 아닙니다. (대법원94누15189, 1995.05.23.)

그러나 동일한 과세대상 재산에 대하여 증여세와 양도소득세는 납세의무의 성립 요건과 시기 및 납세의무자를 서로 달리 하는 것이어서 과세관청이 각 부과처분을 할 경우에는 각각의 과세요건에 모두 해당될 경우에는 각각의 과세요건에 따라 실질에 맞추어 독립적으로 판단하게 됩니다. 각각의 과세요건에 모두 해당될 경우 양자의 중복적용을 배제하는 특별한 규정이 없는 한, 증여세와 양도소득세는 동일한 납세의무자에게 함께 부과될 수 있습니다.

2) 수증자가 영리법인인 경우

영리법인이 타인으로부터 재산을 증여받거나 경제적 이익을 받는 경우에는 납부할 증여세를 면제받게 됩니다. 영리법인이 증여받은 재산은 자산수증이익으로 법인의 각 사업연도 소득(익금)을 구성하기 때문에 법인세와의 이중과세를 방지하기 위하여 증여세를 면제하고 있습니다.

영리법인이 증여받은 재산 또는 이익에 대하여 법인세법에 따른 법인세가 부과되는 경우(법인세가 법인세법 또는 다른 법률에 따라 비과세되거나 감면되는 경우를 포함합니다) 해당 법인의 주주 등에 대하여는 '특수관계법인과의 거래를 통한 증여의제'(상증법 제45조의3), '특수관계법인으로부터 제공받은 사업기회로 발생한 이익의 증여의제'(상증법 제45조의4), '특정법인과의 거래를 통한 증여의제'(상증법제45조의5)의 경우를 제외하고는 증여세를 별도로 부과하지 아니합니다. (상증법 제4조의2제4항) ☞ 2016.1.1. 이후부터 적용합니다.

☞ 무상이전에 대한 과세 세목

증여자	수증자	구분	증여세 납세의무(수증자)
개인	개인 (비영리법인 포함)	무상이전	○
개인		수증자의 사업관련	× (소득세, 법인세 대상)
법인		무상이전	○
개인	영리법인	무상이전	× (법인세 대상)
법인			

2 거주자 여부에 따른 과세대상의 범위

수증자가 거주자 또는 비거주자인지에 따라서 증여세 과세대상 및 증여공제가 달라지게 됩니다. 거주자와 비거주자의 판정 시 주소, 거소 등은 소득세법 시행령에 따라 판단하게 됩니다.

1) 거주자와 비거주자의 판정

(1) 거주자와 비거주자

국내에 거소를 두거나 183일 이상 거소를 둔 자를 거주자라고 하며, 거주자가 아닌 자를 비거주자라고 합니다. 거주자가 둘 이상의 주소를 두고 있는 경우에는 주민등록법에 따라 등록된 곳을 주소지로 합니다. (소득세법 시행령 제2조제3항)

(2) 주소와 거소의 정의 등

주소와 거소에 대하여는 소득세법 시행령의 '주소와 거소의 판정'(소득세법 시행령 제2조), '거주기간의 계산'(소득세법 시행령 제4조제①-②항 및 제④항)을 따릅니다.

거주자와 비거주자의 판정에 대하여는 소득세법 시행령의 '거주자 또는 비거주자가 되는 시기'(소득세법 시행령 제2조의2) 및 '해외현지법인등의 임직원 등에 대한 거주자 판정'(소득세법 시행령 제3조)에 따르며, 비거주자가 국내에 영주를 목적으로 귀국하여 국내에서 사망한 경우에도 거주자로 봅니다.

2) 수증자가 거주자인 경우

증여받을 당시 수증자가 거주자이면, 증여세 과세대상이 되는 모든 증여재산에 대하여 증여세를 납부할 의무가 있습니다. 이 경우 거주자에는 본점이나 주된 사무소의 소재지가 국내에 있는 비영리법인도 포함이 됩니다. (상증법 제4조의2제1항제1호)

3) 수증자가 비거주자인 경우

(1) 비거주자가 증여받은 국내에 있는 모든 재산

증여받을 당시 수증자가 비거주자이면, 증여세 과세대상이 되는 국내에 있는 모든 증여재산에 대하여 증여세를 납부할 의무가 있습니다. 이 경우 비거주자에는 본점이나 주된 사무소의 소재지가 외국에 있는 비영리법인도 포함됩니다. (상증법 제4조의2제1항제2호, 국제조세조정에 관한 법률 제35조제2항)

(2) 거주자로부터 증여받은 국외예금 등(그 외 재산은 다음의 '4)' 참조)

거주자로부터 증여받은 국외예금 등은 「국제조세조정에 관한 법률」에 따라 증여자에게 과세합니다. (국제조세조정에 관한 법률 제35조제2항)

☞ 2013.1.1.~ 2016.12.31.까지 상증법에 따라 수증자에게 과세하였으나, 2017.1.1.이후, 「국제조세조정에 관한 법률」에 따라 증여자에게 과세합니다.

☞ 거주자 여부에 따른 과세대상의 범위

구 분	수증자	
	거 주 자	비 거 주 자
과세관할	수증자의 주소지 관할 세무서	증여자의 주소지 관할 세무서
과세대상의 범위	증여세 과세대상이 되는 모든 증여재산	증여세 과세대상이 되는 국내에 있는 모든 증여재산(거주자가 국외에 있는 재산을 증여하는 경우 포함)
증여재산 공제	공제됨	공제 안됨
감면·과세특례 - 영농자녀 증여감면(조특법 제71조) - 증여세 과세특례(조특법 제30조의5, 제30조의 6)	감면가능 적용가능	감면 안됨 적용 안됨

(자료: 국세청 책자)

4) 국외 증여에 대한 증여세 과세특례

(1) 과세특례의 내용

거주자가 비거주자에게 국외에 있는 재산을 증여(증여자의 사망으로 인하여 효력이 발생하는 증여는 제외합니다)하는 경우 그 증여자는 「국제조세조정에 관한 법률」 제35조(국외 증여에 대한 증여세 과세특례)에 따라 증여세를 납부할 의무가 있습니다.

다만, 수증자가 증여자의 국세기본법 제2조(정의)제20호에 따른 특수관계인이 아닌 경우로서 해당 재산에 대하여 외국의 법령에 따라 증여세(실질적으로 이와 같은 성질을 가지는 조세를 포함합니다)가 부과되는 경우(세액을 면제받는 경우를 포함합니다)에는 증여세 납부의무를 면제함으로써 이중과세를 방지하고 있습니다.(국제조세조정에 관한 법률 제35조제3항)

(2) 국외 증여재산의 시가 산정

「국제조세조정에 관한 법률」제35조(국외 증여에 대한 증여세 과세특례)제2항을 적용할 때, 국외증여재산의 가액은 증여재산이 있는 국가의 증여 당시의 현황을 반영한 시가를 따릅니다. 다음의 어느 하나에 해당되는 가액이 확인될 때는 그 가액을 해당 증여재산의 시가로 합니다. (국제조세조정에 관한 법률 시행령 제71조제1항)

① 증여재산의 증여일 전후 6개월 이내에 이루어진 실제 매매가액
② 증여재산의 증여일 전후 6개월 이내에 공신력 있는 감정기관이 평가한 감정가액
③ 증여재산의 증여일 전후 6개월 이내에 수용 등을 통하여 확정된 증여재산의 보상가액

시가를 산정하기 어려울 때에는 해당 재산의 종류, 규모, 거래 상황 등을 고려하여 '대통령령으로 정하는 방법'을 따릅니다. (국제조세조정에 관한 법률 제35조제4항 단서)

'대통령령으로 정하는 방법'이란 상증법 제61조부터 제65조까지의 규정을 준용하여 증여재산가액을 평가하는 기준을 말합니다. 다만, 그 평가방법이 적정하지 아니한 경우에는 부동산 가격공시 및 감정평가에 관한 법률 제2조제9호에 따른 감정평가업자가 평가하는 것을 말합니다. 유가증권가액의 산정에 관하여는 상증법 제63조에 따른 평가방법을 준용합니다. (국제조세조정에 관한 법률 시행령 제71조제2항)

5) 수증자가 비영리법인인 경우

비영리법인이 재산을 증여받는 경우에는 증여세 납세의무가 있습니다.(국제조세조정에 관한 법률 제35조제1항제1호) 비영리법인은 법인세법 시행령 제3조(수익사업의 범위)에서 열거하고 있는 수익사업에 대해서만 법인세를 부담하므로, 수익사업과 관련되지 아니한 증여재산에 대해서는 증여세 납세의무가 있습니다. 그러나 수익사업과 관련하여 증여받은 재산에 대하여 법인세가 부과(비과세·면제 포함)되는 때에는 증여세를 부과하지 않습니다.(상증법 제4조의2제3항)

이 경우 비영리법인이라도 공익법인 등에 해당되는 경우에는 공익법인 등이 출연받은 재산에 대하여는 증여세 과세가액에 불산입하고 있으며,(상증법 제48조) 사후관리를 통해 위반시 증여세 또는 가산세를 부과하고 있습니다.

6) 수증자가 법인격 없는 사단·재단 또는 그 밖의 단체인 경우

법인격이 없는 사단·재단 또는 그 밖의 단체가 국세기본법 제13조제4항에 따른 법인으로 보는 단체에 해당되는 경우에는 비영리법인으로 보고, 그 외의 경우는 거주자 또는 비거주자로 봅니다. (상증법 제4조의2제8항)

③ 증여세 납부의무가 면제되는 경우

수증자가 다음의 유형에 해당되고 수증자가 증여세를 납부할 능력이 없다고 인정되는 경우로서 강제징수를 하여도 증여세에 대한 조세채권을 확보하기 곤란한 경우 그에 상당하는 증여세의 전부 또는 일부를 면제합니다. (상증법 제4조의2제5항)

① 저가양수·고가양도에 따른 이익의 증여 등 (상증법 제35조)
② 채무면제 등에 따른 증여 (상증법 제36조)
③ 부동산 무상사용에 따른 이익의 증여 (상증법 제37조)
④ 금전무상대출 등에 따른 이익의 증여 (상증법 제41의4)

증여세 납부능력이 없다고 인정되는 자가 양수자, 채무자, 부동산 무상사용자, 금전 무상 차입자까지 과세하는 것은 너무 가혹하고, 상기 유형의 경우에는 증여자 연대납세의무도 면제되므로, 수증자가 납부능력이 없으면, 증여세 부과 후 결손처분 절차를 밟게 되는 등 불필요한 행정력 낭비가 있어 이 법령 조항이 신설되었습니다.

☞ 2019.12.31. 법령 개정시 '종전의 증여세를 납부할 능력이 없다고 인정하는 때'를 '수증자가 증여세를 납부할 능력이 없다고 인정하는 경우로서 강제징수를 하여도 증여세에 대한 조세채권을 확보하기 곤란한 때'로 명확하게 규정하였습니다.

4 증여자의 증여세 연대납부의무

수증자로부터 조세채권 확보가 곤란하여 증여자에게 연대납부의무를 부여할 수 있는 증여로는 일반적 증여, 신탁이익의 증여, 보험금의 증여, 배우자 등에 양도시 증여추정 등이 있습니다.

- 증여자의 증여세 연대납부의무
  - 조세채권 확보가 곤란한 경우(주소, 거소가 불분명하거나 수증자가 납부할 여력이 없음)
  - 수증자가 비거주자인 경우
- 연대납부의무 대상
  - 민법상 증여재산, 증여예시(신탁이익, 보험금), 증여추정, 증여재산으로 보는 상속재산 제분할, 증여재산으로 보는 증여재산의 반환·재증여

증여자가 연대납세의무자로서 수증자의 증여세를 대신 납부하는 경우에는 재차증여가 아니므로 증여세를 과세하지 않지만, 연대납부의무 없이 증여자가 증여세를 대신 납부하면 새로운 증여에 해당되어 대신 납부할 때마다 증여세가 과세됩니다. (서면4팀-1050, 2018.4.29)

☞ 상증법 제4조의2(증여세 납부의무) ⑥ 증여자는 다음 각 호의 어느 하나에 해당하는 경우에는 수증자가 납부할 증여세를 연대하여 납부할 의무가 있다. 다만, 제4조제1항제2호 및 제3호, 제35조부터 제39조까지, 제39조의2, 제39조의3, 제40조, 제41조의2부터 제41조의5까지, 제42조, 제42조의2, 제42조의3, 제45조, 제45조의3부터 제45조의5까지 및 제48조(출연자가 해당 공익법인의 운영에 책임이 없는 경우로서 대통령령으로 정하는 경우만 해당한다)에 해당하는 경우는 제외한다.
1. 수증자의 주소나 거소가 분명하지 아니한 경우로서 증여세에 대한 조세채권을 확보하기 곤란한 경우
2. 수증자가 증여세를 납부할 능력이 없다고 인정되는 경우로서 강제징수를 하여도 증여세에 대한 조세채권을 확보하기 곤란한 경우
3. 수증자가 비거주자인 경우

1) 연대납부의무가 발생하는 경우

증여자는 다음 각 호의 어느 하나에 해당하는 경우에는 수증자가 납부할 증여세를 연대하여 납부할 의무가 있습니다. (상증법 제4조의2제6항)

① 수증자의 주소 또는 거소가 분명하지 아니한 경우로서 조세채권을 확보하기 곤란한 경우

② 수증자가 증여세를 납부할 여력이 없다고 인정하는 경우로서 체납으로 인하여 강제징수를 하여도 조세채권을 확보하기 곤란한 경우

③ 수증자가 비거주자인 경우

수증자가 비거주자이거나 명의신탁재산의 증여의제로 과세된 경우에는 증여세 납부의무 성립과 동시에 증여자와 수증자는 해당 증여세에 대하여 연대납부의무가 있습니다. 즉, 증여자는 수증자의 담세능력 여부와 관계없이 동 증여세에 대하여 연대납부의무가 있습니다. ☞ 2003.1.1이후 증여분부터 적용됩니다.

2) 연대납부의무의 통지

세무서장은 앞의 내용에 따라 증여자에게 증여세를 납부하게 할 때에는 그 사유를 알려야 합니다.(상증법 제4조의2제7항)

증여자가 연대납부의무자에 해당되는 경우에는 세무서에서는 그 사유를 증여자에게 통지하여야 합니다. 납부통지를 하지 않거나, 납부통지가 취소된 경우에는 연대납부의무도 성립이 되지 않으며, 납세고지의 효력도 발생하지 않습니다. (재경부재산 46014-103, 1995.3.20.)

증여자에 대한 연대납부의무의 통지는 국세징수법 제7조에서 규정한 제2차납세의무자에 대한 납부고지방법을 준용합니다. (서면4팀-88, 2004.2.19)

> ☞ 2016.1.1이후에는 수증자가 비거주자이거나 명의신탁재산 증여의제로 과세된 경우에도 증여자에게 증여세를 납부하게 할 때에는 그 사유를 알려야 합니다. 거주자가 증여일 현재 비거주자인 수증자에게 국내에 있는 재산을 증여하고 연대납세의무 통지를 받기 전에 수증자가 납부하여야 할 증여세를 납부한 경우, 증여자가 납부한 증여세는 증여재산에 해당하지 아니합니다. (서면-2016-법령해석재산-3788, 2016.10.25)

3) 증여자에게 연대납부의무가 없는 경우

수증자로부터 조세채권 확보가 곤란하여 증여자에게 연대납세의무를 부여할 수 있는 증여로는 일반적 증여, 신탁이익의 증여, 보험금의 증여, 배우자 등에 양도시 증여추정이 있습니다. 그러나 다음의 증여유형에 대한 증여세에 대하여는 수증자로부터 조세채권 확보가 곤란하여도 증여자에게 연대납세의무가 발생하지 아니합니다. (상증법 제4조의2)

〈 증여자에게 연대납세의무가 없는 증여유형 〉

① 현저히 낮은 대가를 주고 재산 또는 이익을 이전받음으로써 발생하는 이익이나 현저히 높은 대가를 받고 재산 또는 이익을 이전함으로써 발생하는 이익. 다만, 특수관계인이 아닌 자간의 거래인 경우에는 거래의 관행상 정당한 사유가 없는 경우로 한정합니다. (상증법 제4조제1항제2호)

② 재산 취득 후 해당 재산의 가치가 증가한 경우의 그 이익. 다만, 특수관계인이 아닌 자 간의 거래인 경우에는 거래의 관행상 정당한 사유가 없는 경우로 한정합니다. (상증법 제4조제1항3호)

③ 저가·고가 양도에 따른 이익의 증여 등 (상증법 제35조)

④ 채무면제 등에 따른 증여 (상증법 제36조)

⑤ 부동산 무상사용에 따른 이익의 증여 (상증법 제37조)

⑥ 합병에 따른 이익의 증여 (상증법 제38조)

⑦ 증자에 따른 이익의 증여 (상증법 제39조)

⑧ 감자에 따른 이익의 증여 (상증법 제39조의2)

⑨ 현물출자에 따른 이익의 증여 (상증법 제39조의3)

⑩ 전환사채 등의 주식 전환 등에 따른 이익의 증여 (상증법 제40조)

⑪ 초과배당에 따른 이익의 증여 (상증법 제41조의2)

⑫ 주식 또는 출자지분의 상장 등에 따른 이익의 증여 (상증법 제41조의3)

⑬ 금전무상대출 등에 따른 이익의 증여 (상증법 제41조의4)

⑭ 합병에 따른 상장 등 이익의 증여 (상증법 제41조의5)

⑮ 재산사용 및 용역제공 등에 따른 이익의 증여 (상증법 제42조)

⑯ 법인의 조직 변경 등에 따른 이익의 증여 (상증법 제42조2)

⑰ 재산 취득 후 재산가치 증가에 따른 이익의 증여 (상증법 제42조의3)

⑱ 재산취득자금 등의 증여추정 (상증법 제45조)

⑲ 특수관계법인과의 거래를 통한 이익의 증여의제 (상증법 제45조3)

⑳ 특수관계법인으로부터 제공받은 사업기회로 발생한 이익의 증여의제 (상증법 제45조4)

㉑ 특정법인과의 거래를 통한 이익의 증여의제 (상증법 제45조의5)

㉒ 공익법인 등이 출연받은 재산에 대해 증여세가 과세되는 경우, 출연자가 해당 공익법인의 운영에 책임이 없는 경우로서 상증법 시행령 제32조제3항제2호에 해당시

☞ (예시) 부가 자에게 시가 10억원의 주택을 대가 4억원을 받은 후, 자가 증여세를 납부할 여력이 없다고 인정되는 경우 증여자에게 증여세 연대납부의무가 있는지? → 없음 (상증법 제35조는 증여자에게 증여세 연대납부가 없음)

5 명의신탁재산의 물적납세의무

실제소유자가 상증법 제45조의2(명의신탁재산의 증여 의제)에 따른 증여세·가산금 또는 강제징수비를 체납한 경우에 그 실제소유자의 다른 재산에 대하여 강제징수를 하여도 징수할 금액에 미치지 못하는 경우에는 국세징수법에서 정하는 바에 따라 상증법 제45조의2에 따라 명의자에게 증여한 것으로 보는 재산으로써 납세의무자인 실제소유자의 증여세·가산금 또는 강제징수비를 징수할 수 있습니다. (상증법 제4조의2제9항) ☞ 2019.1.1. 이후부터 적용합니다.

☞ (경과규정) 만약, 2019.1.1.전에 실제소유자가 소유권을 취득하였으나, 명의개서를 하지 아니하여 2019.1.1. 이후 증여로 의제되는 분에 대하여는 종전의 규정을 따릅니다. (상증법 부칙 제6조, 2018.12.31.)

제 2 절	증여세 과세 관할

1 증여세 과세 관할 원칙

증여세는 수증자의 주소지(주소지가 없거나 불분명한 경우에는 거소지) 관할세무서장 등이 과세하는 것이 원칙입니다. 다만, 수증자가 비거주자이거나 수증자의 주소 및 거소가 분명하지 아니한 경우 및 상증법 제45조의2(명의신탁재산의 증여 의제)에 따라 재산을 증여한 것으로 보는 경우에는 증여자의 주소지를 관할하는 세무서장 등이 과세합니다. (상증법 제6조)

☞ 증여세 과세 관할 세무서

과세관할	구분
수증자의 주소지	• 수증자가 거주자로 주소(거소)가 분명한 경우
증여자의 주소지	• 수증자가 비거주자인 경우 • 주소(거소)가 분명하지 아니한 경우 • 명의신탁증여의제의 경우 (2019.1.1이후 증여분부터 적용합니다)
증여재산 소재지	• 수증자와 증여자가 모두 비거주자인 경우 • 수증자와 증여자가 모두 주소(거소)가 분명하지 아니한 경우 • 수증자가 비거주자이거나 주소 또는 거소가 분명하지 아니하고, 증여자가 상증법 제38조제2항, 제39조제2항, 제39조의3제2항, 제45조의3, 제45조의4에 따라 의제된 경우

2 증여세 신고 관할

증여세의 과세표준신고서는 그 신고 당시 해당 국세의 납세지를 관할하는 세무서장에게 제출하여야 합니다. 다만, 전자신고를 하는 경우에는 지방국세청장이나 국세청장에게 제출할 수 있습니다.(국세기본법 제43조제1항) 증여세의 경우 납세지 관할세무서장이란 상증법 제6조에서 규정한 증여세 과세관할세무서장을 말합니다. (국세기본법 통칙 43-0-1)

그러나 납세지 관할세무서장 외의 세무서장에게 과세표준신고서가 제출된 경우에도 해당 신고의 효력에는 영향이 없고, 신고를 받은 세무서장이 납세지를 관할하는 세무서장에게 제출된 신고서를 이송하여 처리하게 됩니다. (국세기본법 제43조제2항)

3 결정·경정의 관할

국세의 과세표준과 세액의 결정 또는 경정결정은 그 처분 당시 그 국세의 납세지를 관할하는 세무서장이 행합니다.(국세기본법 제44조) 증여세의 경우 '그 처분 당시 납세지를 관할하는 세무서장'이란 결정 또는 경정·결정하는 때의 증여세 과세관할 세무서장을 말합니다.

증여세의 과세표준과 세액을 결정 또는 경정결정하는 때에 그 납세지를 관할하는 세무서장 이외의 세무서장이 행한 결정 또는 경정결정처분은 효력이 없습니다. 다만, 세법 또는 다른 법령 등에 따라 권한 있는 세무서장이 결정 또는 경정·결정하는 하는 경우에는 그러하지 아니합니다.

4 증여재산의 소재지 관할

증여자·수증자가 모두 비거주자이거나 주소 또는 거소가 분명하지 않은 경우에는 증여재산 소재지의 관할세무서장 등이 증여세를 과세하도록 하고 있습니다.(상증법 제6조제2항) 즉 증여재산의 소재지가 어느 곳으로 볼 것인가에 따라 관할세무서가 달라질 수 있습니다.

다음과 같은 경우에는 증여재산의 소재지를 관할하는 세무서장등이 과세하게 됩니다. (상증법 제6조제2항)

① 수증자 및 증여자 모두가 비거주자인 경우
② 수증자 및 증여자 모두의 주소 또는 거소가 분명하지 아니한 경우
③ 수증자가 비거주자이거나 주소 또는 거소가 분명하지 아니하고, 증여자가 제38조(합병에 따른 이익의 증여)제2항, 제39조(증자에 따른 이익의 증여)제2항, 제39조의3(현물출자에 따른 이익의 증여)제2항, 제45조의3(특수관계법인과의 거래를 통한 이익의 증여 의제) 및 제45조의4(특수관계법인으로부터 제공받은 사업기회로 발생한 이익의 증여 의제)에 따라 의제된 경우

상증법 제5조에서는 증여 당시의 현황에 따라 증여재산 종류에 따른 증여재산 소재지를 규정하고 있습니다. 증여재산별 소재지는 상속재산 소재지와 동일합니다. 이는 상속세편에서 자세히 설명한 바 있습니다.

☞ **제5조(상속재산 등의 소재지)**
　① 상속재산과 증여재산의 소재지는 다음 각 호의 구분에 따라 정하는 장소로 한다.
　　1. 부동산 또는 부동산에 관한 권리: 그 부동산의 소재지
　　2. 광업권 또는 조광권(租鑛權): 광구(鑛區)의 소재지

3. 어업권, 양식업권 또는 입어권(入漁權): 어장에서 가장 가까운 연안

4. 선박: 선적(船籍)의 소재지

5. 항공기: 항공기 정치장(定置場)의 소재지

6. 주식 또는 출자지분(이하 이 조, 제18조의2, 제18조의3, 제22조, 제39조, 제39조의2, 제39조의3, 제41조의2, 제41조의3, 제41조의5, 제60조, 제63조, 제72조의2 및 제82조에서 "주식등"이라 한다) 또는 사채(社債): 그 주식등 또는 사채를 발행한 법인 또는 그 출자가 되어 있는 법인의 본점 또는 주된 사무소의 소재지. 다만, 외국법인이 국내법에 따라 국내에서 발행한 주식등 또는 사채에 대해서는 그 거래를 취급하는 「금융실명거래 및 비밀보장에 관한 법률」 제2조제1호에 따른 금융회사등(이하 "금융회사등"이라 한다) 영업장의 소재지

7. 「자본시장과 금융투자업에 관한 법률」을 적용받는 신탁업을 경영하는 자가 취급하는 금전신탁: 그 신탁재산을 인수한 영업장의 소재지. 다만, 금전신탁 외의 신탁재산에 대해서는 신탁한 재산의 소재지

8. 제6호 및 제7호 외의 대통령령으로 정하는 금융재산: 그 재산을 취급하는 금융회사등 영업장의 소재지

9. 금전채권: 채무자의 주소지. 다만, 제6호부터 제8호까지의 규정에 해당하는 경우는 제외한다.

10. 제2호부터 제9호까지에 해당하지 아니하는 그 밖의 유형재산(有形財産) 또는 동산(動産): 그 유형재산의 소재지 또는 동산이 현재 있는 장소

11. 특허권·상표권 등 등록이 필요한 권리: 그 권리를 등록한 기관의 소재지

12. 저작권(출판권과 저작인접권을 포함한다): 저작권의 목적물인 저작물이 발행되었을 경우 그 발행 장소

13. 제1호부터 제12호까지에 규정된 재산을 제외한 그 밖의 영업장을 가진 자의 그 영업에 관한 권리: 그 영업장의 소재지

　② 제1항 각 호에 규정되지 아니한 재산의 소재지는 그 재산의 권리자의 주소로 한다.

　③ 제1항과 제2항에 따른 재산의 소재지의 판정은 상속개시 또는 증여 당시의 현황에 따른다.

증여세 부과제척기간은 일부 예외적인 경우를 제외하고 상속세와 동일합니다. 상속세편의 설명을 참조하면 됩니다. → p.379 참조

〈참고〉 증여세 과세대상과 특수관계자의 범위에 대해서는 이 책의 서론부분에서 먼저 설명을 했으므로, 이를 참고해 주시기 바랍니다. → p.32 참조

제2장 증여재산의 취득시기 및 증여재산가액 계산의 일반원칙

제1절 증여재산의 취득 시기

(상증법 제32조, 상증법 시행령 제24조)

증여일은 재산평가의 기준일, 신고기한의 계산, 부과제척기간의 계산, 개정 법령의 적용시점 등에서 매우 중요한 의미를 가집니다. 또한 증여일을 언제로 볼 것인가에 따라 증여재산가액이 달라져 세액에도 영향을 미칠 수 있습니다.

☞ 증여세의 납세의무의 성립시기는 증여에 의하여 재산을 취득하는 때이고, 증여세가 부과되는 재산의 가액은 증여일 현재의 시가입니다. 반면 명의신탁재산 증여의제 중 장기미명의개서의 경우에는 증여시기와 재산평가시기와 차이가 있습니다.

증여재산 취득시기(증여일)는 증여재산의 종류에 따라 그 시기를 달리하고 있으며, 크게 일반적 증여재산의 취득시기와 증여예시·추정·의제 재산에 대한 취득시기로 구분할 수 있습니다.

☞ 「상속세 및 증여세법」 제32조(증여재산의 취득시기)

증여재산의 취득시기는 제33조부터 제39조까지, 제39조의2, 제39조의3, 제40조, 제41조의2부터 제41조의5까지, 제42조, 제42조의2, 제42조의3, 제44조, 제45조 및 제45조의2부터 제45조의5까지가 적용되는 경우를 제외하고는 재산을 인도한 날 또는 사실상 사용한 날 등 대통령령으로 정하는 날로 한다.

1 일반적 증여재산의 취득시기

증여재산의 취득시기는 원칙적으로 증여에 의하여 재산을 취득한 때입니다. 이 경우 증여재산의 취득시기는 증여예시(상증법 제33조부터 제39조까지, 제39조의2, 제39조의3, 제40조, 제41조의2부터 제41조의5까지, 제42조, 제42조의2, 제42조의3), 증여추정(상증법 제44조, 제45조) 및 증여의제(상증법 제45조의2부터 제45조의5)가 적용되는 경우를 제외하고는 다음에 따릅니다.(상증법 제32조)

1) 일반적인 증여재산의 취득시기

(1) 권리의 이전이나 그 행사에 등기·등록을 요하는 재산 (상증법 시행령 제24조제1항제1호)

권리의 이전이나 그 행사에 등기·등록을 요하는 재산의 경우에는 등기부·등록부에 기재된 등기·등록접수일. 다만, 민법 제187조에 따른 등기를 요하지 아니하는 부동산의 취득에 대하여는 실제로 부동산의 소유권을 취득한 날로 합니다. (상증법 시행령 제24조제1항제1호)

부동산·항공기·건설기계 등 권리의 이전이나 그 행사에 등기·등록을 요하는 재산의 증여재산 취득시기는 등기·등록일입니다.

이 경우 '등기·등록일'이라 함은 소유권이전등기·등록신청서 접수일을 말합니다.(상증법 기본통칙 32-24-1) 다만, 민법 제187조에 따른 등기를 요하지 아니하는 부동산의 취득에 대하여는 실제로 부동산의 소유권을 취득한 날로 합니다.

(2) 다음 각 목의 어느 하나에 해당하는 경우에는 그 건물의 사용승인서 교부일(상증법 시행령 제24조제1항제2호)

이 경우 사용승인 전에 사실상 사용하거나 임시사용승인을 얻은 경우에는 그 사실상의 사용일 또는 임시사용승인일로 하고, 건축허가를 받지 아니하거나 신고하지 아니하고 건축하는 건축물에 있어서는 그 사실상의 사용일로 합니다. (상증법 시행령 제24조제1항제2호)

(가) 건물을 신축하여 증여할 목적으로 수증자의 명의로 건축허가를 받거나 신고를 하여 해당 건물을 완성한 경우 (상증법 시행령 제24조제1항제2호가목)

(나) 건물을 증여할 목적으로 수증자의 명의로 해당 건물을 취득할 수 있는 권리(이하 이 호에서 '분양권'이라 합니다)를 건설사업자로부터 취득하거나 분양권을 타인으로부터 전득한 경우 (상증법 시행령 제24조제1항제2호나목)

☞ 건물을 신축하여 증여할 목적으로 수증자의 명의로 건축허가를 받거나 신고를 하여 해당 건물을 완성한 경우 또는 건물을 증여할 목적으로 수증자의 명의로 해당 건물을 취득할 수 있는 권리(분양권)를 건설사업자로부터 취득하거나 분양권을 타인으로부터 전득한 경우의 증여시기는 그 건물의 사용승인서 교부일입니다. 이 경우, 사용승인 전에 사실상 사용하거나 임시 사용승인을 얻은 경우에는 사실상의 사용일 또는 임시 사용승인일이며, 건축허가를 받지 아니하거나 신고하지 아니하고 건축하는 건축물에 있어서는 그 사실상의 사용일로 합니다.

(3) 타인의 기여에 의하여 재산가치가 증가한 경우에는 다음 구분에 따른 날(상증법 시행령 제24조제1항제3호)

　(개) 개발사업의 시행: 개발구역으로 지정되어 고시된 날

　(내) 형질변경: 해당 형질변경허가일

　(대) 공유물(共有物)의 분할: 공유물 분할등기일

　(래) 사업의 인가·허가 또는 지하수개발·이용의 허가 등: 해당 인가·허가일

　(매) 주식등의 상장 및 비상장주식의 등록, 법인의 합병: 주식등의 상장일 또는 비상장주식의 등록일, 법인의 합병등기일

　(배) 생명보험 또는 손해보험의 보험금 지급: 보험사고가 발생한 날

　(새) (개)부터 (배)까지의 규정 외의 경우: 재산가치증가사유가 발생한 날

　　☞ 타인의 기여에 의하여 재산가치가 증가한 경우에는 위와 같이 상증법 시행령 제24조제1항제3호의 각 목의 구분에 따른 날로 합니다. 이는 증여세 완전포괄주의 일반원칙에 따른 타인의 기여에 의한 증여이익의 증여시점을 명확히 한 규정으로 2015.2.3.이후 증여받는 분부터 적용합니다.

☞ 타인의 기여에 의하여 재산가치가 증가한 경우의 증여시기

재산가치 증가사유	증여시기
가. 개발사업의 시행	개발구역으로 지정되어 고시된 날
나. 형질변경	해당 형질변경허가일
다. 공유물의 분할	공유물 분할등기일
라. 사업의 인가·허가 또는 지하수개발·이용의 허가 등	해당 인가·허가일
마. 주식 등의 상장 및 비상장주식의 등록, 법인의 합병	주식 등의 상장일 또는 비상장주식의 등록일 법인의 합병등기일
바. 생명보험 또는 손해보험의 보험금 지급	보험사고가 발생한 날
사. 위 외의 경우	재산가치증가사유가 발생한 날

(4) 위의 (1)부터 (3)까지 외의 재산에 대하여는 인도한 날 또는 사실상의 사용일 (상증법 시행령 제24조제1항제4호)

상기 외의 증여재산에 대한 취득시기는 인도한 날 또는 사실상의 사용일이 됩니다. (상증법 시행령 제24조제1항제4호)

2) 주식 및 출자지분

상증법 시행령 제24조(증여재산의 취득시기)제1항을 적용할 때 증여받는 재산이 주식등인 경우에는 수증자가 배당금의 지급이나 주주권의 행사등에 의하여 해당 주식등을 인도받은 사실이 객관적으로 확인되는 날에 취득한 것으로 봅니다. 다만, 해당 주식등을 인도받은 날이 불분명하거나 해당 주식등을 인도받기 전에 「상법」 제337조 또는 같은 법 제557조에 따른 취득자의 주소와 성명등을 주주명부 또는 사원명부에 기재한 경우에는 그 명의개서일 또는 그 기재일로 합니다. (상증법 시행령 제24조제2항)

3) 무기명채권

무기명채권은 증서상 채권자가 표시되지 않는 채권으로서 무기명수표, 무기명주식, 무기명사채, 상품권 등이 있습니다.

증여받은 재산이 무기명채권인 경우에는 해당 채권에 대한 이자지급사실등에 의하여 취득사실이 객관적으로 확인되는 날에 취득한 것으로 봅니다. 다만, 그 취득일이 불분명한 경우에는 해당 채권에 대하여 취득자가 이자지급을 청구한 날 또는 해당 채권의 상환을 청구한 날로 합니다. (상증법 시행령 제24조제3항)

2 증여예시·추정·의제 재산의 취득시기

증여예시, 증여추정, 증여의제에 해당하는 증여재산에 대한 취득시기는 각 해당 규정에서 그 시기를 규정하고 있으므로 이를 적용합니다.

증여재산가액 계산의 일반원칙

(상증법 제4조, 제31조, 상증법 시행령 제23조)

1 증여가액계산의 적용 원칙

증여세 완전포괄주의가 도입된 이후에도 포괄적 증여의 개념에 대응하는 일반적인 증여이익 계산방법이 규정되어 있지 않아 변칙적 증여에 대해 증여세 과세가 가능한지에 대한 논란이 끊임없이 제기되고, 상증법상 열거되어 있지 않은 유형의 증여 행위에 대해 적극적으로 과세하지 못하는 문제점이 있었습니다. 이를 보완하기 위해, 2013.1.1. 법률개정(11609호)을 통해 증여재산가액 계산의 일반원칙을 신설(상증법 제31조)하여 완전포괄주의 과세제도의 실효성을 제고하였습니다.

이는 현행 증여유형 외에 새로운 유형의 변칙적인 증여행위에도 과세할 수 있도록 하기 위하여 증여재산가액 계산의 일반원칙을 규정한 것으로, 2013.1.1.이후 증여받은 분부터 이 규정에 따라 과세를 합니다. 적용한도는 「3억원 이상 또는 30%이상」이라는 과세기준이익 등 일반원칙의 적용한도를 명시하여, 완전포괄주의 확대에 따라 증여세 과세의 범위를 일부 제한하고 있습니다.

상증법 제4조(증여세 과세대상)제1항제4호부터 제6호까지 및 제4조제2항에 해당하는 경우에는 증여재산가액 계산의 일반원칙에도 불구하고, 해당규정에 따라 증여재산가액을 계산합니다.
☞ 2016.1.1.이후부터 적용합니다.

2 증여가액의 계산

(1) 재산 또는 이익을 무상으로 이전받은 경우

재산 또는 이익을 무상으로 이전받은 경우 : 증여재산의 시가 상당액. 이때 시가는 상증법 제4장 재산의 평가(상증법 제60조 부터)에 따라 평가한 가액을 말합니다. 이하 이를 규정한 상증법 제31조, 제35조 및 제42조에서 같습니다. (상증법 제31조제1항제1호)

(2) 재산 또는 이익을 현저히 낮은 대가를 주고 이전받거나 현저히 높은 대가를 받고 이전한 경우

재산 또는 이익을 현저히 낮은 대가를 주고 이전받거나 현저히 높은 대가를 받고 이전한 경우

: 시가와 대가의 차액. 다만, 시가와 대가의 차액이 3억원 이상이거나 시가의 100분의 30 이상인 경우로 한정합니다. (상증법 제31조제1항제2호)

그 이익과 관련하여 거래 등을 안 날로부터 소급하여 1년 이내에 동일한 거래가 있는 경우에는 각각의 거래에 따른 이익을 합산하여 금액 기준을 계산합니다. (상증법 제43조〈증여세과세특례〉제2항, 제3항, 상증령 제32의4〈이익의 계산방법〉)

- · 과세요건 : (시가 – 대가) ≥ (시가 × 30%) 또는 (시가-대가) – 3억원
- · 증여재산가액 = (시가 – 대가) 또는 (대가 – 시가)

그러나 특수관계인이 아닌 자 간의 거래로서 거래의 관행상 정당한 사유가 있다고 인정되는 경우에 그 거래로 인한 이익은 증여재산에 포함하지 않습니다.

(3) 재산 취득 후 해당재산의 가치가 증가하는 경우

재산 취득 후 해당 재산의 가치가 증가하는 경우: 증가사유가 발생하기 전과 후의 재산의 시가의 차액으로서 대통령령으로 정하는 방법에 따라 계산한 재산가치상승금액. 다만, 그 재산가치상승금액이 3억원 이상이거나 해당 재산의 취득가액 등을 고려하여 대통령령으로 정하는 금액의 100분의 30 이상인 경우로 한정합니다. (상증법 제31조제1항제3호)

상증법 제31조제1항제3호 본문에서 "대통령령으로 정하는 방법에 따라 계산한 재산가치상승금액"이란 제1호(아래 ①)의 가액에서 제2호부터 제4호까지(아래 ①~④)의 규정에 따른 가액을 뺀 금액을 말합니다. (상증법 시행령 제23조제1항)

- ① 해당 재산가액 : 재산가치증가사유가 발생한 날 현재의 가액 (법 제4장에 따라 평가한 가액을 말합니다)
- ② 해당 재산의 취득가액 : 실제 해당 재산을 취득하기 위하여 지급한 금액 (증여받은 재산의 경우에는 증여세 과세가액을 말합니다.)
- ③ 통상적인 가치 상승분 : 기업가치의 실질적인 증가로 인한 이익과 연평균지가상승률·연평균주택가격상승률 및 전국소비자물가상승률 등을 고려하여 해당 재산의 보유기간 중 정상적인 가치상승분에 상당하다고 인정되는 금액
- ④ 가치상승기여분 : 해당 재산가치를 증가시키기 위하여 수증자가 지출한 금액

상증법 제31조제1항제3호 단서에서 "대통령령으로 정하는 금액"이란 제1항제2호부터 제4호까지(위 ①~④)의 규정에 따른 금액의 합계액을 말합니다. (상증법 시행령 제23조제2항)

(해설) 재산가치 증가사유가 발생하기 전과 후의 재산의 시가의 차액으로서 재산가치상승금액. 다만, 그 재산가치상승금액이 3억원 이상이거나, 해당 재산의 취득가액 등을 고려하여, 아래 ①+②+③의 합계액의 100분의 30이상인 경우로 한정합니다. 그러나 특수관계인이 아닌 자간의 거래로서 거래의 관행상 정당한 사유가 있다고 인정하는 경우에는 그 거래로 인한 이익은 증여재산에 포함하지 않습니다.

· 과세요건 : 재산가치상승금액 ≥ (② + ③ + ④) × 30% 또는 재산가치상승금액 ≥ 3억원
· 증여재산가액(재산가치상승금액) = ① 해당 재산가액 − ② 취득가액 − ③ 통상적인 가치상승분 −
④ 가치상승기여분

① 해당재산가액 : 재산가치증가사유가 발생한 날 현재의 가액(상증법 제4장〈재산의 평가〉에 따라 평가한 가액을 말합니다.)

② 해당재산의 취득가액 : 실제 해당 재산을 취득하기 위하여 지불한 금액(증여받은 재산의 경우에는 증여세 과세가액을 말합니다)

③ 통상적인 가치상승분 : 기업가치의 실질적인 증가로 인한 이익과 연평균가치상승률·연평균주택가격상승률 및 전국소비자물가상승률 등을 감안하여 해당 재산의 보유기간 중 정상적인 가치상승분에 상당하다고 인정하는 금액

④ 가치상승기여분 : 해당 재산가치를 증가시키기 위하여 수증자가 지출한 금액

(4) 위의 증여예시, 증여추정, 증여의제에 해당하는 증여이익

앞의 (1), (2), (3)에도 불구하고 해당 증여재산의 증여예시, 증여추정, 증여의제와 경제적 실질이 증여예시와 유사한 경우 등으로서 증여 규정을 준용하여 증여재산가액을 계산할 수 있는 경우(상증법 제4조제1항6호)에 해당하는 경우에는 각 해당 규정에 따라 증여재산가액을 계산합니다.

제3장 비과세·과세가액 불산입 재산

(상증법 제46조, 상증법 시행령 제35조)

증여재산의 범위가 완전포괄주의에 의해 포괄적으로 구성되어 있으므로, 비과세나 면제, 과세가액 불산입되는 재산이 세법에 구체적으로 열거되어 있지 않으면, 해당재산은 비과세 혜택 등이 적용되지 않습니다.

비과세 증여재산에는 상증법상 비과세 재산과 기타 법률에 따른 면제재산으로 구분할 수 있습니다. 감면이나 과세가액 불산입되는 증여재산은 일정기간 사후관리를 받게 되나, 비과세되는 증여재산은 일반적으로 사후관리가 불필요하다는 점에서 차이가 있습니다.

1 상증법상 비과세되는 증여재산

(1) 국가·지방자치단체로부터 증여받은 재산의 가액 (상증법 제46조제1호)

(2) 소액주주인 조합원이 우리사주조합을 통하여 취득한 주식의 시세차익 (상증법 제46조제2호)

내국법인의 종업원으로서 대통령령으로 정하는 요건을 갖춘 종업원단체(이하 '우리사주조합'이라 합니다)에 가입한 자가 해당 법인의 주식을 우리사주조합을 통하여 취득한 경우로서 그 조합원이 소액주주의 기준에 해당하는 경우 그 주식의 취득가액과 시가의 차액으로 인하여 받은 이익에 상당하는 가액 (상증법 제46조제2호)

우리사주조합이란 「근로자기본법」 또는 「자본시장과 금융투자업에 관한 법률」에 따른 우리사주조합을 말하며, 소액주주란 해당법인 발행주식 총수의 100분의 1미만을 소유하는 경우로서 주식 등의 액면가액의 합계액이 3억원 미만인 주주 등을 말합니다.(상증법 시행령 제29조제5항)

(3) 「정당법」에 따른 정당이 증여받은 재산의 가액

(상증법 제46조제3호)

거주자가 「정치자금법」에 따라 정당(같은 법에 따른 후원회 및 선거관리위원회를 포함합니다)에 기부한 정치자금에 대해서는 상속세 또는 증여세를 부과하지 아니합니다. (조세특례제한법 제76조제2항)

이 외의 정치자금(불법정치자금)에 대해서는 「상속세 및 증여세법」제12조제4호, 제46조제3호 및 다른 세법의 규정에도 불구하고 그 기부받은 자가 상속받거나 증여받은 것으로 보아 상속세 또는 증여세를 부과합니다. (조세특례제한법 제76조제3항)

☞ 그 외 정치자금(불법정치자금)은 몰수·추징여부에 관계없이 증여세를 부과합니다.

(4) 「근로복지기본법」에 따른 사내근로복지기금이나 그 밖에 이와 유사한 것으로서 대통령령으로 정하는 단체가 증여받은 재산의 가액 (상증법 제46조제4호)

(5) 사회통념상 인정되는 이재구호금품, 치료비, 피부양자의 생활비, 교육비, 그 밖에 이와 유사한 것으로서 대통령령으로 정하는 것 (상증법 제46조제5호)

대통령령으로 정하는 것은 다음 어느 하나에 해당하는 것으로서 해당 용도에 직접 지출한 것을 말합니다. (상증법 시행령 제35조제4항)

① 학자금 또는 장학금 기타 이와 유사한 금품

② 기념품·축하금·부의금 기타 이와 유사한 금품으로서 통상 필요하다고 인정되는 금품

그 금품은 지급한 자별로 사회통념상 인정되는 물품 또는 금액을 기준으로 하며, 생활비 또는 교육비의 명목으로 취득한 재산을 정기예금·적금 등에 사용하거나 주식, 토지, 주택 등의 매입자금 등으로 사용하는 경우에는 증여세가 비과세 되는 생활비 또는 교육비로 보지 아니합니다. (상증법 기본통칙 46-35-1)

☞ 부양의무가 없는 조부가 손자의 생활비 또는 교육비를 부담한 경우에는 비과세되는 증여재산에 해당되지 않습니다. 조부가 손자를 부양할 의무가 있는지 여부는 부모의 부양능력 등 구체적인 사실을 확인하여 판단할 사항입니다.(재산세과-692, 2009.11.9.)

비과세 되는 학자금 또는 장학금은 학업수행을 위해 해당 자금을 사용하는 경우의 수증받은 재산을 말합니다. (상증법 기본통칙 46-35-1)

③ 혼수용품으로서 통상 필요하다고 인정되는 금품

☞ 가사용품에 한하고 호화사치용품이나 주택, 차량 등은 제외합니다.

☞ **부의금과 결혼축의금의 세금문제**

· (법령개정) 1995.12.31.이전에는 기념품·축하금·부의금 기타 유사한 금품으로서 20만원 미만은 비과세였으나, 금액기준을 사회통념상 인정되는 금품으로 상증법 시행령을 개정하였습니다.

· (부의금) 부의금은 사망 당시 피상속인의 재산이 아니므로 상속세 과세대상이 아니며, 상속인이 무상취득한 재산이므로 증여재산에 해당되나, 통상 필요하다고 인정되는 금품은 비과세로 규정하고 있습니다. 또한 통상필요하다고 인정되는 금품은 부의금 총액이 아니라, 부의금을 지급한 사람별로 판단합니다.

· (결혼축의금) 축의금의 귀속은 사회통념 등을 고려하여 구체적인 사실에 따라 판단할 사항이나(서면4팀-1642, 2005.9.12.), 원칙적으로 혼주와 결혼당사자의 하객에 따라 혼주 또는 결혼당사자에게 각각 귀속되는 것으로 봄이 타당하고,(심사증여98-48, 1998.4.10., 조심2016서1353, 2017.2.8.) 그 교부의 주체나 교부의 취지에 비추어 결혼 당사자와의 친분 관계에 기초하여 결혼당사자에게 직접 건네진 것이라고 볼 부분을 제외한 나머지는 전액 혼주인 부모에게 귀속된다고 봄이 상당함(서울행법1999구928, 1999.10.1.)으로 판단하고 있습니다.

④ 타인으로부터 기증을 받아 외국에서 국내에 반입된 물품으로서 당해 물품의 관세의 과세가격이 100만원 미만인 물품

⑤ 무주택근로자가 건물의 총연면적이 85제곱미터이하인 주택(주택에 부수되는 토지로서 건물연면적의 5배이내의 토지를 포함합니다)을 취득 또는 임차하기 위하여 상증법 제46조제4호의 규정에 의한 사내근로복지기금 및 공동근로복지기금으로부터 증여받은 주택취득보조금중 그 주택취득가액의 100분의 5이하의 것과 주택임차보조금중 전세가액의 100분의 10이하의 것

⑥ 불우한 자를 돕기 위하여 언론기관을 통하여 증여한 금품

(6) 「신용보증기금법」에 따라 설립된 신용보증기금이나 그 밖에 이와 유사한 것으로서 대통령령으로 정하는 단체가 증여받은 재산의 가액 (상증법 제46조제6호)

위의 상증법 제46조제6호에서 "대통령령으로 정하는 단체"란 다음 각 호의 어느 하나에 해당하는 단체를 말합니다. (상증법 시행령 제35조제5항)

① 「기술보증기금법」에 따른 기술보증기금

② 「지역신용보증재단법」에 따른 신용보증재단 및 동법 제35조에 따른 신용보증재단중앙회

③ 「예금자보호법」 제24조제1항에 따른 예금보험기금 및 동법 제26조의3제1항에 따른 예금보험기금채권상환기금

④ 「한국주택금융공사법」 제55조에 따른 주택금융신용보증기금 (동법 제59조의2에 따라 설치된 주택담보노후연금보증계정을 포함합니다.)

⑤ 「서민의 금융생활 지원에 관한 법률」 제3조에 따른 서민금융진흥원 (같은 법 제46조에 따라 설치된 신용보증계정에 출연하는 경우로 한정합니다.)

(7) 국가, 지방자치단체 또는 공공단체가 증여받은 재산의 가액 (상증법 제46조제7호)

공공단체란 지방자치단체조합·공공도서관·공공박물관을 말합니다. (상증법 시행령 제8조)

(8) 장애인을 보험금 수령인으로 하는 보험으로서 대통령령으로 정하는 보험의 보험금 (상증법 제46 조제8호)

위의 상증법 제46조제8호에서 "대통령령으로 정하는 보험의 보험금"이란 「소득세법 시행령」 제107조제1항 각 호의 어느 하나에 해당하는 자를 수익자로 한 보험의 보험금을 말합니다. 이 경우 비과세되는 보험금은 연간 4천만원을 한도로 합니다. (상증법 시행령 제35조제8항)

소득세법 시행령 제107조제1항의 장애인은 장애인복지법상 장애인 및 장애아동복지지원법 제21조에 따른 발달재활서비스를 지원받고 있는 사람, 국가유공자 등 예우 및 지원에 관한 법률에 의한 상이자 및 이와 유사한 자로서 근로능력이 없는 사람, 항시 치료를 요하는 중증환자를 말합니다.

☞ **소득세법 제107조(장애인의 범위)**
  ① 법 제51조제1항제2호에 따른 장애인은 다음 각 호의 어느 하나에 해당하는 자로 한다.
    1. 「장애인복지법」에 따른 장애인 및 「장애아동 복지지원법」에 따른 장애아동 중 기획재정부령으로 정하는 사람
    2. 「국가유공자 등 예우 및 지원에 관한 법률」에 의한 상이자 및 이와 유사한 사람으로서 근로능력이 없는 사람
    3. 삭제〈2001. 12. 31.〉
    4. 제1호 및 제2호 외에 항시 치료를 요하는 중증환자

☞ **장애인에 대한 상증법 규정**
  ○ 장애인 상속공제 (상증법 제20조제1항제4호) : 1천만원 × 기대여명 연수
  ○ 장애인이 수익자인 보험금 증여세 비과세(상증법 제46조제8호 : 한도 연간 4천만원
  ○ 장애인이 증여받은 재산을 신탁하는 경우 증여과세가액 불산입(상증법 제52조의2) : 한도 5억원

(9) 「국가유공자 등 예우 및 지원에 관한 법률」에 따른 국가유공자의 유족이나 「의사상자 등 예우 및 지원에 관한 법률」에 따른 의사자(義死者)의 유족이 증여받은 성금 및 물품 등 재산의 가액 (상증법 제46조제9호) ☞ 2016.1.1.이후 부터 적용합니다.

(10) 비영리법인의 설립근거가 되는 법령의 변경으로 비영리법인이 해산되거나 업무가 변경됨에 따라 해당 비영리법인의 재산과 권리·의무를 다른 비영리법인이 승계받은 경우 승계받은 해당 재산의 가액 (상증법 제46조제10호) ☞ 2017.1.1. 이후 증여부터 적용합니다.

2 특정채권

1997년 말 외환위기 극복을 위하여 발행된 특정채권의 소지인에게는 조세에 관한 법률에도 불구하고, 금융실명거래 및 비밀보장에 관한 법률 부칙 제9조에 따라 상속세·증여세를 면제합니다.

'특정채권'이란 고용안정채권, 증권금융채권, 기업구조조정채권, 외국환평형채권을 말하며, 특정채권의 소지인이란 특정채권을 보유하고 있는 자 및 특정채권을 만기상환 받은 자로서 동 채권의 발행기관 또는 금융기관으로부터 만기상환사실을 실명으로 확인받은 자를 말합니다.

☞ **금융실명거래 및 비밀보장에 관한 법률 부칙 〈법률 제5493호, 1997. 12. 31.〉**
제9조(특정채권의 거래에 대한 세무조사의 특례등) 특정채권의 소지인에 대하여는 조세에 관한 법률에 불구하고 자금의 출처 등을 조사하지 아니하며, 이를 과세자료로 하여 그 채권의 매입전에 납세의무가 성립된 조세를 부과하지 아니한다. 다만, 그 채권을 매입한 자금외의 과세자료에 의하여 조세를 부과하는 경우에는 그러하지 아니하다.

<table>
<tr><td>제 2 절</td><td>공익목적 출연재산 증여세 과세가액 불산입</td></tr>
</table>

(상증법 제4절, 상증법 제48조, 상증법 시행령 제4절)

공익법인 등이 출연받은 재산의 가액은 증여세 과세가액에 산입하지 아니합니다. 그러나 내국법인의 주식을 출연받은 경우로서 총 발행주식수의 5%(10%, 20%)를 초과하여 받는 주식에 대해서는 증여세가 과세됩니다. (상증법 제48조)

☞ 국가(위원회)의 결정에 따라 공익법인이 해산하면서, 잔여재산을 영리법인에 귀속시킨 경우 행정법규 위반에 대하여 위반자의 의무위반을 탓할 수 없는 정당한 사유에는 부과할 수 없습니다. (대법원2019두55804, 2020.1.30.심불)

1 공익법인 등의 범위

공익법인등은 아래의 사업을 행하는 자를 말합니다. (상증법 시행령 제12조)

① 종교의 보급 기타 교화에 현저히 기여하는 사업 (상증법 시행령 제12조제1호)

주무관청의 허가여부에 관계없이 공익사업에 해당됩니다. (재삼46014-2483, 1995.11.1.)

② 「초·중등교육법」 및 「고등교육법」에 의한 학교, 「유아교육법」에 따른 유치원을 설립·경영하는 사업 (상증법 시행령 제12조제2호)

초·중등교육법에 따른 학교는 초·중·고등학교 등을 말하고, 고등교육법에 따른 학교는 대학, 산업대학, 교육대학, 전문대학, 방통대를 말합니다.

③ 「사회복지사업법」의 규정에 의한 사회복지법인이 운영하는 사업 (상증법 시행령 제12조제3호)

④ 「의료법」에 따른 의료법인이 운영하는 사업 (상증법 시행령 제12조제4호)

⑤ 「법인세법」 제24조(기부금의 손금불산입) 제2항제1호에 해당하는 기부금을 받는 자가 해당 기부금으로 운영하는 사업 (상증법 시행령 제12조제8호)

⑥ 「법인세법 시행령」 제39조(공익성을 고려하여 정하는 기부금의 범위 등) 제1항제1호 각 목에 따른 공익법인등 및 「소득세법 시행령」 제80조(공익성을 고려하여 정하는 기부금의 범위) 제1항제5호에 따른 공익단체가 운영하는 고유목적사업. 다만, 회원의 친목 또는 이익을 증진시키거나 영리를 목적으로 대가를 수수하는 등 공익성이 있다고 보기 어려운 고유목적사업은 제외합니다. (상증법 시행령 제12조제9호)

⑦ 「법인세법 시행령」 제39조(공익성을 고려하여 정하는 기부금의 범위 등) 제1항제2호다목에 해당하

는 기부금을 받는 자가 해당 기부금으로 운영하는 사업. 다만, 회원의 친목 또는 이익을 증진시키거나 영리를 목적으로 대가를 수수하는 등 공익성이 있다고 보기 어려운 고유목적사업은 제외합니다. (상증법 시행령 제12조제10호)

② 출연받은 재산에 대한 증여세 과세가액 불산입

(상증법 제48조, 시행령 제38조)

비영리법인이 증여받은 재산에 대하여는 증여세가 과세되나, 비영리법인 중 상증법 시행령 제12조(공익법인등의 범위)에서 열거한 사업을 하는 자에 대하여는 증여세를 과세가액 불산입한 후, 공익사업에 맞게 사용하였는지를 사후관리 합니다. (상증법 제48조제2항)

☞ 상증법 시행령 제12조에서 열거한 사업을 하는 자 : 2018.12.31현재 공익법인에 해당하는 법인은 2020.12.31까지 공익법인 지위를 유지

이 경우, 내국법인의 의결권 있는 주식을 출연받은 경우로서 의결권 있는 발행주식총수(자기주식은 제외)의 10%(5%, 20%)를 초과하여 출연받은 주식에 대하여는 증여세가 과세됩니다. (상증법 제16조, 제48조)

이는 공익법인 등을 이용하여 증여세를 내지 않으면서 계열기업을 지배하는 수단으로 이용하는 사례를 방지하기 위함입니다.

☞ 출연 또는 출연재산을 주식등 취득시 지분율

적용대상	한도
공익법인 등 (사후관리 위반시 5% 한도)	10%
의결권 미행사를 정관에 규정한 자선·장학·사회복지 목적 법인 등	20%
상호출자제한기업집단과 특수관계인 공익법인 등	5%
출연자와 특수관계 없는 내국법인 주식으로 주무관청 승인받음	한도없음
10% 초과출연분 3년 이내 특수관계 없는 자에게 매각	한도없음
「공익법인의 설립 및 운영에 관한 법률」 및 그 밖의 법령에 따라 취득하는 경우	한도없음
요건을 갖춘 산학협력단이 취득하는 경우	한도없음

☞ **상증법 제48조(공익법인등이 출연받은 재산에 대한 과세가액 불산입등) 제2항**

② 세무서장등은 제1항 및 제16조 제1항에 따라 재산을 출연받은 공익법인등이 다음 제1호부터 제4호까지, 제6호 및 제8호의 어느 하나에 해당하는 경우에는 그 사유가 발생한 날에 대통령령으로 정하는 가액을 공익법인등이 증여받은 것으로 보아 즉시 증여세를 부과하고, 제5호 및 제7호에 해당하는 경우에는 제78조 제9항에 따른 가산세를 부과한다. 다만, 불특정 다수인으로부터 출연받은 재산 중 출연자별로 출연받은 재산가액을 산정하기 어려운 재산으로서 대통령령으로 정하는 재산은 제외한다. 〈개정 2023. 12. 31.〉

1. 출연받은 재산을 직접 공익목적사업 등(직접 공익목적사업에 충당하기 위하여 수익용 또는 수익사업용으로 운용하는 경우를 포함한다. 이하 이 호에서 같다)의 용도 외에 사용하거나 출연받은 날부터 3년 이내에 직접 공익목적사업 등에

사용하지 아니하거나 3년 이후 직접 공익목적사업 등에 계속하여 사용하지 아니하는 경우. 다만, 직접 공익목적사업 등에 사용하는 데에 장기간이 걸리는 등 대통령령으로 정하는 부득이한 사유가 있는 경우로서 제5항에 따른 보고서를 제출할 때 납세지 관할세무서장에게 그 사실을 보고하고, 그 사유가 없어진 날부터 1년 이내에 해당 재산을 직접 공익목적사업 등에 사용하는 경우는 제외한다.

2. 출연받은 재산(그 재산을 수익용 또는 수익사업용으로 운용하는 경우 및 그 운용소득이 있는 경우를 포함한다. 이하 이 호 및 제3항에서 같다) 및 출연받은 재산의 매각대금(매각대금에 의하여 증가한 재산을 포함하며 대통령령으로 정하는 공과금 등에 지출한 금액은 제외한다. 이하 이 조에서 같다)을 내국법인의 주식등을 취득하는 데 사용하는 경우로서 그 취득하는 주식등과 다음 각 목의 주식등을 합한 것이 그 내국법인의 의결권 있는 발행주식총수등의 제16조 제2항 제2호에 따른 비율을 초과하는 경우. 다만, 제16조 제3항 제1호 또는 제3호에 해당하는 경우(이 경우 "출연"은 "취득"으로 본다)와 「산업교육진흥 및 산학연협력촉진에 관한 법률」에 따른 산학협력단이 주식등을 취득하는 경우로서 대통령령으로 정하는 요건을 갖춘 경우는 제외한다.

   가. 취득 당시 해당 공익법인등이 보유하고 있는 동일한 내국법인의 주식등
   나. 해당 내국법인과 특수관계에 있는 출연자가 해당 공익법인등 외의 다른 공익법인등에 출연한 동일한 내국법인의 주식등
   다. 해당 내국법인과 특수관계에 있는 출연자로부터 재산을 출연받은 다른 공익법인등이 보유하고 있는 동일한 내국법인의 주식등

3. 출연받은 재산을 수익용 또는 수익사업용으로 운용하는 경우로서 그 운용소득을 직접 공익목적사업 외에 사용한 경우

4. 출연받은 재산을 매각하고 그 매각대금을 매각한 날부터 3년이 지난 날까지 대통령령으로 정하는 바에 따라 사용하지 아니한 경우

5. 제3호에 따른 운용소득을 대통령령으로 정하는 기준금액에 미달하게 사용하거나 제4호에 따른 매각대금을 매각한 날부터 3년 동안 대통령령으로 정하는 기준금액에 미달하게 사용한 경우

6. 제16조 제2항 제2호 가목에 따른 요건을 모두 충족하는 공익법인등(같은 호 나목 및 다목에 해당하는 공익법인등은 제외한다)이 같은 목 1)을 위반하여 출연받은 주식등의 의결권을 행사한 경우

7. 다음 각 목의 공익법인등이 대통령령으로 정하는 출연재산가액에 100분의1(제16조 제2항 제2호 가목에 해당하는 공익법인등이 발행주식총수등의 100분의 10을 초과하여 보유하고 있는 경우에는 100분의 3)을 곱하여 계산한 금액에 상당하는 금액(이하 제78조 제9항 제3호에서 "기준금액"이라 한다)에 미달하여 직접 공익목적사업(「소득세법」에 따라 소득세 과세대상이 되거나 「법인세법」에 따라 법인세 과세대상이 되는 사업은 제외한다)에 사용한 경우

   가. 다음의 요건을 모두 갖춘 공익법인등으로서 대통령령으로 정하는 공익법인등
      1) 내국법인의 주식등을 출연받은 공익법인등일 것
      2) 대통령령으로 정하는 바에 따라 계산한 주식등의 보유비율이 그 내국법인의 발행주식총수등의 100분의 5를 초과할 것
   나. 가목 외의 공익법인등(자산 규모, 사업의 특성 등을 고려하여 대통령령으로 정하는 공익법인등은 제외한다)

8. 그 밖에 출연받은 재산 및 직접 공익목적사업을 대통령령으로 정하는 바에 따라 운용하지 아니하는 경우

1) 출연재산 증여세 과세가액 불산입 (상증법 제48조제1항)

공익법인등이 출연받은 재산의 가액은 증여세 과세가액에 산입하지 아니합니다. (상증법 제48조 제1항)

다만, 공익법인등이 내국법인의 의결권 있는 주식 또는 출자지분('주식등'이라 합니다)을 출연받

은 경우로서 출연받은 주식등과 다음 각 호의 주식등을 합한 것이 그 내국법인의 의결권 있는 발행주식총수 또는 출자총액(자기주식과 자기출자지분은 제외합니다. 이하 '발행주식총수등')의 다음 (1)의 비율[상증법 제16조(공익법인등에 출연한 재산에 대한 상속세 과세가액 불산입)제2항제2호에 따른 비율]을 초과하는 경우에는 그 초과하는 가액을 증여세 과세가액에 산입합니다. (1)의 비율을 초과한다 하더라도 (2)에 해당하는 경우(상증법 제16조제3항 각 호에 해당하는 경우)에는 제외합니다. (상증법 제48조제1항 단서 및 각 호)

(1) 발행주식총수등의 비율(상증법 제16조제2항제2호) : 100분의 10.

다음의 비율을 초과하는 경우에는 그 초과하는 가액을 증여세 과세가액에 산입합니다. (상증법 제48조제1항 단서 및 각 호→ 상증법 제16조제2항제2호)

① 다음의 요건을 모두 갖춘 공익법인등에 출연하는 경우: 100분의 20

⑴ 출연받은 주식등의 의결권을 행사하지 아니할 것

⑵ 자선·장학 또는 사회복지를 목적으로 할 것

② 「독점규제 및 공정거래에 관한 법률」 제31조에 따른 상호출자제한기업집단(이하 "상호출자제한기업집단"이라 한다)과 특수관계에 있는 공익법인등: 100분의 5

③ 상증법 제48조 제11항 각 호의 요건을 충족하지 못하는 공익법인등: 100분의 5

(2) 발행주식총수등의 비율에서 제외하는 경우(상증법 제16조제3항)

다음의 어느 하나에 해당하는 경우에는 그 내국법인의 발행주식총수등에 따른 비율을 초과하는 경우(앞의 (1))에도 과세가액에 산입하지 아니합니다. (상증법 제48조제1항 단서 및 각 호→상증법 제16조제3항)

① 상증법 제49조제1항 각 호 외의 부분 단서에 해당하는 공익법인등으로서 상호출자제한기업집단과 특수관계에 있지 아니한 공익법인등에 그 공익법인등의 출연자와 특수관계에 있지 아니한 내국법인의 주식등을 출연하는 경우로서 주무관청이 공익법인등의 목적사업을 효율적으로 수행하기 위하여 필요하다고 인정하는 경우

② 상호출자제한기업집단과 특수관계에 있지 아니한 공익법인등으로서 상증법제48조제11항 각 호의 요건을 충족하는 공익법인등(공익법인등이 설립된 날부터 3개월 이내에 주식등을 출연받고, 설립된 사업연도가 끝난 날부터 2년 이내에 해당 요건을 충족하는 경우를 포함합니다)에 발행주식총수등의 상증법 제16조제2항제2호 각 목에 따른 비율(앞의 (1))을 초과하여 출연하는 경우로서 해당 공익법인등이 초과보유일부터 3년 이내에 초과하여 출연받은 부분을 매각(주식

등의 출연자 또는 그의 특수관계인에게 매각하는 경우는 제외합니다)하는 경우

③「공익법인의 설립·운영에 관한 법률」및 그 밖의 법령에 따라 내국법인의 주식등을 출연하는 경우

☞ **상증법 제48조(공익법인등이 출연받은 재산에 대한 과세가액 불산입등)제11항**
① 공익법인등이 내국법인의 발행주식총수등의 100분의 5를 초과하여 주식등을 출연(출연받은 재산 및 출연받은 재산의 매각대금으로 주식등을 취득하는 경우를 포함한다)받은 후 다음 각 호의 어느 하나에 해당하는 요건을 충족하지 아니하게 된 경우에는 제16조 제2항 또는 이 조 제1항에 따라 상속세 과세가액 또는 증여세 과세가액에 산입하거나 제2항에 따라 즉시 증여세를 부과한다. 〈개정 2023. 12. 31.〉
　　1. 상증법 제8조제2항제3호에 따른 운용소득에 대통령령으로 정하는 비율을 곱하여 계산한 금액 이상을 직접 공익목적사업에 사용할 것
　　2. 삭제 〈2023. 12. 31.〉
　　3. 그 밖에 공익법인등의 이사의 구성 등 대통령령으로 정하는 요건을 충족할 것

2) 출연재산가액 산정 기준 (상증법 제48조제2항, 시행령 제38조제18항)

☞ 출연재산가액 산정 기준
　① 직전 사업연도 종료일 기준 재무상태표상 자산가액
　② 3년 이상 보유한 상장주식의 경우 최근 3개 사업연도 종료일 현재 가액 평균
　③ 5년 이상 보유한 상장주식의 경우 최근 5개 사업연도 종료일 현재 가액 평균 (2024.1.1.부터 적용)
　　다음 (1)과 (2)중 선택 가능
　　(1) 해당 사업연도 사업실적
　　(2) 해당 사업연도 및 직전연도의 5년 평균 사용실적

재산을 출연받은 공익법인등이 상증법 제48조(공익법인등이 출연받은 재산에 대한 과세가액 불산입 등) 제2항 제1호부터 제4호까지, 제6호 및 제8호의 어느 하나에 해당하는 경우에는 그 사유가 발생한 날에 '대통령령으로 정하는 가액'을 공익법인등이 증여받은 것으로 보아 즉시 증여세를 부과하고, 상증법 제48조제2항제5호 및 제7호에 해당하는 경우에는 상증법 제78조제9항에 따른 가산세를 부과합니다. 다만, 불특정 다수인으로부터 출연받은 재산 중 출연자별로 출연받은 재산가액을 산정하기 어려운 재산으로서 대통령령으로 정하는 재산은 제외합니다. (상증법 제48조제2항 각 목 외)

상증법 제48조제2항제7호에서 '대통령령으로 정하는 출연재산가액'이란 직접 공익목적사업에 사용해야 할 과세기간 또는 사업연도의 직전 과세기간 또는 사업연도 종료일 현재 재무상태표 및 운영성과표를 기준으로 다음의 계산식에 따라 계산한 가액을 말합니다. (상증법 시행령 제38조제18항)

수익용 또는 수익사업용으로 운용하는 재산(직접 공익목적사업용 재산 제외합니다)의 [총자산가액 − (부채가액 + 당기순이익)]

총자산가액 중 해당공익법인등이 3년 이상 5년 미만 보유한 유가증권시장 또는 코스닥시장에 상장된 주권상장법인의 주식의 가액은 직전 3개 과세기간 또는 사업연도 종료일 현재 각 재무상태표 및 운영성과표를 기준으로 한 가액의 평균액으로 하고, 해당 공익법인등이 5년 이상 보유한 유가증권시장 또는 코스닥시장에 상장된 주권상장법인의 주식의 가액은 직전 5개 과세기간 또는 사업연도 종료일 현재 각 재무상태표 및 운영성과표를 기준으로 한 가액의 평균액으로 합니다. (상증법 시행령 제38조제18항 계산 산식) ☞ 2024.2.29. 개정되었습니다.

다만, 공익법인등이 상증법 제41조의2(초과배당에 따른 이익의 증여)제6항에 따른 공익법인등에 해당하거나 상증법 제43조(증여세 과세특례)제3항에 따른 공익법인등에 해당하지 않는 경우로서 재무상태표상 자산가액이 상증법 제4장에 따라 평가한 가액의 100분의 70 이하인 경우에는 같은 장에 따라 평가한 가액을 기준으로 위의 계산식에 따라 계산한 가액을 말합니다. (상증법 시행령 제38조제18항 단서) ☞ 2024.2.29. 개정되었습니다.

> ☞ **상증법 제48조(공익법인등이 출연받은 재산에 대한 과세가액 불산입등) 제2항제7호**
> ② 세무서장등은 제1항 및 제16조 제1항에 따라 재산을 출연받은 공익법인등이 다음 제1호부터 제4호까지, 제6호 및 제8호의 어느 하나에 해당하는 경우에는 그 사유가 발생한 날에 대통령령으로 정하는 가액을 공익법인등이 증여받은 것으로 보아 즉시 증여세를 부과하고, 제5호 및 제7호에 해당하는 경우에는 제78조 제9항에 따른 가산세를 부과한다. 다만, 불특정 다수인으로부터 출연받은 재산 중 출연자별로 출연받은 재산가액을 산정하기 어려운 재산으로서 대통령령으로 정하는 재산은 제외한다. 〈개정 2023. 12. 31.〉
> 7. 다음 각 목의 공익법인등이 대통령령으로 정하는 출연재산가액에 100분의1(제16조 제2항 제2호 가목에 해당하는 공익법인등이 발행주식총수등의 100분의 10을 초과하여 보유하고 있는 경우에는 100분의 3)을 곱하여 계산한 금액에 상당하는 금액(이하 제78조 제9항 제3호에서 "기준금액"이라 한다)에 미달하여 직접 공익목적사업(「소득세법」에 따라 소득세 과세대상이 되거나 「법인세법」에 따라 법인세 과세대상이 되는 사업은 제외한다)에 사용한 경우
> 　가. 다음의 요건을 모두 갖춘 공익법인등으로서 대통령령으로 정하는 공익법인등
> 　　1) 내국법인의 주식등을 출연받은 공익법인등일 것
> 　　2) 대통령령으로 정하는 바에 따라 계산한 주식등의 보유비율이 그 내국법인의 발행주식총수등의 100분의 5를 초과할 것
> 　나. 가목 외의 공익법인등(자산 규모, 사업의 특성 등을 고려하여 대통령령으로 정하는 공익법인등은 제외한다)

> ☞ **상증법 시행령 제38조(공익법인등이 출연받은 재산의 사후관리) 제20항(대통령령으로 정하는 공익법인)**
> ⑳ 법 제48조제2항제7호가목1) 및 2) 외의 부분에서 "대통령령으로 정하는 공익법인등"이란 법 제48조제11항 각 호의 요건을 모두 충족하여 법 제16조제2항, 제48조제1항, 같은 조 제2항제2호, 같은 조 제9항 및 제49조제1항에 따른 주식등의 출연·취득 및 보유에 대한 증여세 및 가산세 등의 부과대상에서 제외되는 공익법인등으로서 다음 각 호의 어느 하나에 해당하는 공익법인등을 말한다. 〈신설 2024. 2. 29.〉
> 1. 법 제16조 제2항 및 제48조 제1항에 따라 내국법인의 발행주식총수등의 100분의 5를 초과하여 주식등을 출연받은 공익법인등. 다만, 다음 각 목의 어느 하나에 해당하는 경우는 제외한다.
> 　가. 다음의 어느 하나에 해당하는 공익법인등으로서 법 제16조 제3항 제1호에 해당하는 경우
> 　　1) 국가·지방자치단체가 출연하여 설립한 공익법인등
> 　　2) 제42조 제2항 각 호의 어느 하나에 해당하는 공익법인등
> 　나. 법 제16조 제3항 제3호에 해당하는 경우

2. 법 제48조 제2항 제2호에 따라 내국법인의 발행주식총수등의 100분의 5를 초과하여 주식등을 취득한 공익법인등. 다만, 다음 각 목의 어느 하나에 해당하는 경우는 제외한다.

　가. 공익법인등(다음의 어느 하나에 해당하는 공익법인등이 제13조 제6항에 해당하는 경우로 한정한다)이 제13조 제7항에 따른 내국법인의 주식등을 취득하는 경우로서 주무관청이 공익법인등의 목적사업을 효율적으로 수행하기 위하여 필요하다고 인정하는 경우

　　1) 국가·지방자치단체가 출연하여 설립한 공익법인등

　　2) 제42조 제2항 각 호의 어느 하나에 해당하는 공익법인등

　나. 「공익법인의 설립·운영에 관한 법률」 및 그 밖의 법령에 따라 내국법인의 주식등을 취득하는 경우

　다. 「산업교육진흥 및 산학연협력촉진에 관한 법률」 제25조에 따른 산학협력단이 주식등을 취득하는 경우로서 제37조 제6항 각 호의 요건을 모두 갖춘 경우

3. 법 제48조 제9항에 따른 가산세가 부과되지 않는 공익법인등이 제38조 제13항에 따른 특수관계에 있는 내국법인의 주식등을 보유하는 경우로서 같은 조 제14항에 따른 가액이 0보다 큰 공익법인등. 다만, 다음 각 목의 어느 하나에 해당하는 공익법인등은 제외한다.

　가. 국가·지방자치단체가 출연하여 설립한 공익법인등

　나. 제42조 제2항 각 호의 어느 하나에 해당하는 공익법인등

4. 법 제49조 제1항에 따라 1996년 12월 31일 현재 의결권 있는 발행주식총수등의 100분의 5를 초과하는 동일한 내국법인의 의결권 있는 주식등을 보유하고 있는 공익법인등으로서 해당 주식등을 발행주식총수등의 100분의 5를 초과하여 계속하여 보유하고 있는 공익법인등. 다만, 다음 각 목의 어느 하나에 해당하는 공익법인등은 제외한다.

　가. 국가·지방자치단체가 출연하여 설립한 공익법인등

　나. 제42조 제2항 각 호의 어느 하나에 해당하는 공익법인등

3) 직접 공익목적에 사용한 실적 산정 기준 (상증법 제48조제2항제7호, 시행령 제38조제19항)

☞ 직접 공익목적에 사용한 실적 산정 기준 : 다음 ①과 ②에서 선택 가능 (2024.1.1.부터 적용)

　① 당해과세년도 사용실적

　② 당해과세연도 + 직전 4과세연도의 5년 평균 사용실적

다음 공익법인등이 '기준금액'에 미달하여 직접 공익목적사업에 사용한 경우에는 증여세를 과세합니다. 이 경우 소득세법에 따라 소득세 과세대상이 되거나 법인세법에 따라 법인세 과세대상이 되는 사업은 제외합니다 (상증법 제48조제2항 7호)

① 다음의 요건을 모두 갖춘 공익법인등으로서 대통령령으로 정하는 공익법인등

　⑴ 내국법인의 주식등을 출연받은 공익법인등일 것

　⑵ 대통령령으로 정하는 바에 따라 계산한 주식등의 보유비율이 그 내국법인의 발행주식총수등의 100분의 5를 초과할 것

② 이 외의 공익법인등(자산 규모, 사업의 특성 등을 고려하여 대통령령으로 정하는 공익법인등은 제외합니다)

'기준금액'은 대통령령으로 정하는 출연재산가액에 100분의1(상증법 제16조제2항제2호가목에 해당하는 공익법인등이 발행주식총수등의 100분의 10을 초과하여 보유하고 있는 경우에는 100분의 3)을 곱하여 계산한 금액에 상당하는 금액을 말합니다. (상증법 제48조제2항 7호)

'직접 공익목적사업에 사용한 실적'은 직접 공익목적사업에 사용해야 할 과세기간 또는 사업연도 중 고유목적사업비로 지출된 금액으로서 손금에 산입한 금액을 포함하며, 직접 공익목적사업에 사용한 실적을 계산할 때 공익법인등이 해당 공익목적사업 개시 후 5년이 지난 경우에는 직접 공익목적사업에 사용해야 할 과세기간 또는 사업연도와 그 과세기간 또는 사업연도 직전 4개 과세기간 또는 사업연도의 5년간 평균금액을 기준으로 계산할 수 있습니다. (상증법 제48조제2항제7호, 시행령 제38조제19항) ☞ 2024.2.29. 신설되었습니다.

☞ 공익법인 납세협력 의무

(자료 : 국세청)

의무사항	관련법령	내 용	의무위반시 가산세
출연재산 보고서 등 제출의무	상증법 §48⑤, §78③	• (대상) 출연재산이 있는 공익법인 • (제출) 결산에 관한 서류, 공익법인 출연재산 등 보고서 • (기한) 사업연도 종료일부터 4개월 이내 　☞ 홈택스(www.hometax.go.kr) > 세금 업무별 서비스 > 공익법인 종합안내 신고/보고 > 출연재산보고서 제출	미제출·불분명금액 관련 증여세액 x 1% (1억원 한도)
결산서류 등 공시의무	상증법 §50의3, §78 ①	• (대상) 모든 공익법인(종교단체 제외) 다만, 총자산가액 5억원 미만이면서 수입금액과 그 사업연도에 출연받은 재산가액 합계액이 3억원 미만이고 주식 5%를 초과하여 출연 • 취득한 공익법인 등이 아닌 경우 간편서식 가능(종교단체도 주식 보유 관련 의무 이행 신고대상인 경우 결산서류 등 표준공시 대상) • (기한) 사업연도 종료일부터 4개월 이내 • (방법) 국세청 홈페이지 게재 　☞ 홈택스(www.hometax.go.kr) > 세금 업무별 서비스 > 공익법인 종합안내 > 공시/공개등록 > 결산서류 등 공시등록	시정 요구(1개월 이내 공시, 오류 시정)를 이행하지 않은 경우 • 자산총액 x 0.5%
장부의 작성·비치 의무	상증법 §51, §78⑤	• 사업연도별로 출연받은 재산 및 공익사업 운용 내용 등에 대한 장부 작성하고 관계 증명서류와 함께 10년간 보존	(수입금액 + 출연재산) × 0.07%
외부전문가 세무확인서 보고	상증법 §50, §78 ⑤	• (대상) 총자산가액 5억원 이상 또는 수입금액과 그 사업연도에 출연받은 재산가액 합계액이 3억원 이상인 경우 • (제출) 출연재산의 운용과 공익사업 운영내역 등을 2명 이상의 외부전문가로부터 세무확인을 받아 제출 • (기한) 사업연도 종료일부터 4개월 이내	MAX (①,②) ① (수입금액 + 출연재산) × 0.07% ② 100만원 (1억원 한도)
외부회계감사를 받아야 할 의무	상증법 §50③, §78⑤ 상증령 §43③④	• (대상) 직전 사업연도 총자산가액 100억원 이상 또는 수입금액과 출연재산가액 합계액이 50억원 이상 또는 출연재산가액이 20억원 이상인 법인(종교·학교법인 제외), 주식 5%를 초과하여 출연·취득한 공익법인 등은「주식회사 등의 외부감사에 관한 법률」제2조 제7호에 따른 감사인에게 회계 감사를 받아야 함 • (제출) 감사보고서 • (기한) 사업연도 종료일부터 4개월 이내	(수입금액 + 출연재산) × 0.07%

의무사항	관련법령	내용	의무위반시 가산세
지정 감사인 회계감사의무	상증법 §50④, §78⑤	· (대상) 지정기준일*이 속하는 과세연도의 직전 과세기간 종료일 현재 총자산가액 1천억원 이상인 공익법인 　* 지정회계감사대상 과세연도의 직전 과세연도 개시일부터 11개월 15일이 되는 날 · (기한) 지정기준일로부터 2주 이내 계약 체결	(수입금액+출연재산) × 0.07%
주식보유 관련 의무이행 신고	상증법 §48⑬, §78⑭ 국기법 §49	· (대상) 동일기업주식 5% 초과하여 출연·취득 또는 계열기업주식을 총재산 가액의 30%(50%) 초과 보유한 경우 · (제출) 의무이행신고서 등 · (기한) 사업연도 종료일부터 4개월 이내	· 미신고시 자산총액의 0.5% (1억원* 한도) 　* 중소기업인 경우 5천만원
전용계좌 개설·사용의무	상증법 §50의2, §78⑩	· (대상) 직접 공익목적사업과 관련하여 수입과 지출이 있는 경우 (주식 5%를 초과하여 출연·취득한 공익법인 등 포함) · (기한) 공익법인에 해당하게 된 날*부터 3개월 이내 개설신고, 변경·추가시 사유 발생일부터 1개월 이내 신고 　* 기획재정부장관이 공익법인으로 공익법인으로 지정·고시한 경우에는 고시일	· 미사용금액의 0.5% · 미신고시 MAX(①,②) ① 공익수입금액(A)× $\dfrac{B}{C}$ × 0.5% 　B : 전용계좌 개설·신고 안한 기간 　C : 해당 사업연도 일수 ② 대상거래금액×0.5%
공익법인 등의 회계기준 적용의무	상증법 §50의4	· (대상) 외부 회계감사의무, 결산서류 공시 의무 이행시 기획재정부「공익법인 회계기준 심의위원회」에서 정한 회계기준 적용 (의료법인, 학교법인 제외)	
기부금영수증 발급내역 작성·보관·제출 의무	법인세법 §112의2, §75의4	· (대상) 기부금영수증을 발급하는 법인 · (제출) 기부금영수증 발급합계표 · (기한) 사업연도 종료일부터 6개월 이내 관할세무서에 제출, 5년간 보관 · 미작성·미보관시 불성실기부금 수령단체 명단공개 대상(국기법 §85의5)	· 사실과 다르게 발급한 금액×5% · 명세서 미작성 금액 × 0.2%
(세금)계산서 합계표 등 자료제출 의무	법인세법 §120의3 §121, §75의8 부가가치세법 §54	· (대상) (세금)계산서를 수취 또는 교부한 경우 · (제출) 매입처별 세금계산서합계표 및 매출·매입처별 계산서합계표 제출 · (기한) 매년 2월 10일까지 제출 · 국가·지방자치단체, 비영리법인(수익사업 부분 제외)은 가산세 적용 제외	· 미제출한 공급가액 × 0.5%

* '21. 1. 1. 이후 개시하는 사업연도 분부터 '성실공익법인 확인제'가 '주식보유 관련 의무이행 신고제'로 전환

☞ 공익법인이 지켜야 할 일 (자료 : 국세청)

의무사항	관련법령	의무위반시 제재
• 출연재산을 직접 공익목적사업에 사용 재산을 출연받은 때에는 출연받은 날부터 3년 이내에 직접 공익목적사업 등에 전부 사용하고 이후 계속하여 공익목적 사업에 사용하여야 함	상증법 §48②(1) 상증령 §38	• 증여세 부과 공익목적사업 외 사용, 3년내 미사용 금액, 3년 이후 사용중단 금액
• 출연재산 매각대금을 직접 공익목적사업에 사용 매각한 날이 속하는 사업연도의 종료일부터 1년 이내 30%, 2년 이내 60%, 3년 이내 90%에 상당하는 금액 이상을 직접 공익목적사업에 사용하여야 함	상증법 §48②(4)(5) 상증령 §38④⑦ 상증법 §78⑨	• 공익목적사업 외 사용, 90%에 미달 사용 금액에 증여세 부과 • 1년 이내 30%, 2년 이내 60% 미달 사용시 미달사용 금액의 10% 가산세 부과
• 출연재산 운용소득을 직접 공익목적사업에 사용 출연재산을 수익사업용 또는 수익용으로 운용하는 경우 그 운용소득의 80%에 상당하는 금액 이상을 소득이 발생한 사업연도 종료일부터 1년 이내에 직접 공익목적 사업에 사용하여야 함	상증법 §48②(3)(5) 상증령 §38⑤⑥ 상증법 §78⑨	• 증여세 부과 운용소득을 직접 공익목적사업 외에 사용한 경우 출연재산평가액 × $\frac{목적외사용금액}{운용소득금액}$ • 가산세 부과 운용소득금액의 80%에 미달 사용한 금액 의 10%

☞ 주식취득 및 보유 시 지켜야 할 일 (자료 : 국세청)

의무사항	관련법령	의무위반시 제재
• 내국법인의 의결권 있는 주식 등을 출연받은 경우 동일한 내국법인의 의결권 있는 발행주식총수 등의 5%(10%[1], 20%[2]) 초과 금지	상증법 §16②· §48① 상증령 §37	• 증여세 부과 초과하는 가액에 부과
• 출연받은 재산으로 내국법인의 의결권 있는 주식 등을 취득하는 데 사용하는 경우 동일한 내국법인의 의결권 있는 발행주식 총수 등의 5%(10%[1], 20%[2])) 초과 금지	상증법 §48②(2) 상증령 §37	• 증여세 부과 초과부분을 취득하는데 사용한 재산의 가액
• 5% 초과 보유주식에 대한 매각의무 '96. 12. 31. 현재 동일한 내국법인에 대한 발행주식 총수 등의 100분의 5를 초과하여 주식 등을 보유하고 있는 경우 일정기한까지 매각하여야 함 - 5%~20% 이하 : 3년 이내('99. 12. 31.) 처분 - 20% 초과 : 5년 이내('01. 12. 31.) 처분	상증법 §49·§78④	• 가산세 부과 5% 초과 보유주식의 매사업연도 말 현재의 시가 × 5% (부과기간 : 10년) • 주식보유 관련 의무이행 요건 충족시 제외
• 계열기업의 주식보유 한도 총재산가액 중 특수관계에 있는 내국법인의 주식 등의 가액이 30%(50%*) 초과 금지 * 외부감사, 전용계좌 개설·사용, 결산서류 공시 이행하는 경우	상증법 §48⑨·§78⑦	• 가산세 부과 30%(50%) 초과 보유 주식의 매사업연도말 현재의 시가 × 5% • 주식보유 관련 의무이행 요건 충족시 제외

의무사항	관련법령	의무위반시 제재
출연재산 일정비율 의무사용 총자산가액 5억원 이상 또는 수입금액과 출연재산가액 합계액이 3억원 이상인 공익법인(종교법인 제외), 주식 5% 초과 보유 공익법인 • 원칙 : 출연재산가액 1% 이상 • 동일주식 10% 초과 : 출연재산가액 3% 이상	상증법 §48②(7)·§78⑨	• 가산세 부과 　(사용기준금액 – 직접 　공익목적 사용금액)×10% • 가산세 200%* 부과 * 주식 5% 등 초과 공익법인 – ('24.1.1.이후 적용, '23사업 연도는 종전규정(증여세+ 가 산세10%)과 개 정 규정 (가산 세 200%) 중 선택
출연자 등의 이사 취임시 지켜야 할 일 출연자 또는 그의 특수관계인이 공익법인 등(의료법인 제외)의 현재 이사 수의 1/5을 초과하여 이사가 되거나, 그 공익법인 등의 임직원으로 취임 제한	상증법 §48⑧·§78⑥	• 가산세 부과 기준 초과한 이사 등과 관련하여 지출된 직·간접 경비 상당액 전액
특정기업의 광고 등 행위 금지 특수관계에 있는 내국법인의 이익을 증가시키기 위하여 정당한 대가를 받지 아니하고 광고·홍보 금지	상증법 §48⑩·§78⑧	• 가산세 부과 – 신문, 잡지 등 ☞ 광고, 홍보매체 비용 – 팜플렛·입장권 등 ☞ 행사비용 전액
자기내부거래시 지켜야 할 일 출연받은 재산을 출연자 및 그의 특수관계자가 정당한 대가를 지급하지 않고 사용·수익 금지	상증법 §48③ 상증령 §39	• 증여세 부과 – 무상사용 ☞ 출연재산가액에 부과 – 낮은 가액으로 사용 ☞ 차액상당 출연재산가액에 부과
특정계층에만 공익사업의 혜택 제공 금지 출생지·직업·학연 등 특정계층에만 혜택이 제공되는 경우 출연받은 재산을 공익목적에 사용하지 않은 것으로 봄	상증법 §48②(8) 상증령 §38⑧(2)	• 증여세 부과 특정계층에 제공된 재산 가액·이익이 증여가액
공익법인 해산 시 지켜야 할 일 공익사업을 종료하고 해산 시 그 잔여재산을 국가·지방 자치 단체 또는 유사한 공익사업을 영위하는 공익법인에 귀속 시켜야 함	상증법 §48②(8) 상증령 §38⑧(1)	• 증여세(법인세) 부과 국가 등에 귀속하지 않은 재산 가액

1) 상호출자제한기업집단과 특수관계에 있지 아니하고 상증법§48⑪ 각호의 요건을 충족하는 공익법인
2) 출연받은 주식등의 의결권을 행사하지 아니하고 자선·장학 또는 사회복지를 목적으로 하는 공익법인

☞ 공익법인 등이 유의할 사항 (최근 주요 세법개정 내용) (자료 : 국세청)

〈상증세법 관련〉

□ **공익법인 지출의무 위반 시 제재 합리화(상증법 §78⑨)**
- • 주식 5% 등 초과 보유 공익법인이 지출의무 위반 시 제재
  - 공익법인이 출연재산가액의 1% 이상을 공익목적사업에 지출해야하는 의무를 위반하는 경우 종전에는 지분율 5% 등 초과 보유주식분에 대해 증여세와 미달사용액의 10%를 가산세로 부과하던 것에서 출연재산 1% 의무사용 요건을 주식 보유 요건에서 제외하고 미달사용액 200% 가산세만 부과
    * '24.1.1. 이후 개시하는 과세기간(사업연도) 분부터 적용, (경과조치) '23.12.31. 속하는 과세기간 (사업연도)는 종전 또는 개정규정 중 선택 적용

□ **감리업무 수수료 징수 근거 신설(상증법 §50)**
- • 원활한 감리업무 수행을 위한 수수료 징수 근거 마련
  - 수탁기관(한국공인회계사회)은 감사인으로부터 감사보수 중 일부를 감리업무 수수료로 징수 가능
    * '24.1.1. 이후 개시하는 사업연도 분부터 적용

□ **공익법인 등에 대한 사후관리 요건 합리화(상증령 §38 ⑮)**
- • 공익법인의 지출의무 관련 제도 합리화
  - 공익법인 등이 직접 공익목적사업에 사용해야 하는 기준금액을 계산할 때 5년 이상 보유한 상장주식 가액은 직전 5개 과세기간 또는 사업연도 종료일 현재 가액 평균액으로 함
  - 공익법인 등이 직접 공익목적사업에 사용은 해당 과세연도(사업연도)에 사용한 실적으로 하나, 공익목적사업 개시 후 5년이 지난 공익법인에 대해 해당 과세연도(사업연도)와 직전 4개 과세연도(사업연도)의 5년간의 평균 금액을 기준으로 계산할 수 있음
    * '24.1.1. 이후 개시하는 과세연도(사업연도)의 출연재산가액 또는 실적을 계산하는 경우부터 적용

□ **공익법인 결산서류 공시오류 등 시정요구 기관 합리화(상증법 §50의3②)**
- • 공익법인 결산서류 관리 합리화
  - 공시·시정 요구기관이 국세청장에서 국세청장, 납세지 관할 지방국세청장 또는 납세지 관할 세무서장으로 확대
    * '23. 1. 1. 이후 공시·시정을 요구하는 분부터 적용 공익법인 등이 유의할 사항 (최근 주요 세법개정 내용)

□ **공익법인 전용계좌 개설 신고기한 합리화(상증령 §43의4)**
- • 공익법인 납세협력부담 완화
  - (단서 신설) 설립일부터 공익법인등으로 보는 경우(기획재정부장관이 공익법인등으로 고시한 경우)에는 고시일부터 3개월 이내 전용계좌 개설·신고해야함
    * 영 시행일(2023.2.28.) 전에 법인령 제39조제1항제1호바목에 따라 지정·고시된 공익법인 등의 경우에도 적용

□ **공익법인 지정 회계감사의무 미이행 가산세 신설(상증법 §78⑤)**
- • 지정받은 감사인이 아닌 다른 감사인에게 회계감사를 받은 경우
  - 미이행 가산세: (사업연도 수입금액 + 출연받은 재산가액) × 0.07%
    * '23.1.1. 이후 감사인을 지정하는 분부터 적용

□ **합병에 따른 공익법인 지분 증가시 증여세 과세기준 보완(상증령 §37①)**
- • 공익법인 주식 초과보유 계산 기준일(합병에 따른 기준일 추가)
  - 합병등기일이 속하는 과세기간 또는 사업연도 중 주주명부폐쇄일 또는 권리 행사 기준일(주식회사 외의 회사의 경우 과세기간 또는 사업연도 종료일)
    * 영 시행일(2023.2.28.) 이후 합병법인의 주식등을 취득하는 경우

□ **지정감사인 배제 사유 확대(상증령 §43의2③)**

- 과도한 감사보수를 요구하는 등의 사유로 공익법인으로부터 의견이 제출된 자 등 지정감사인으로 지정하는 것이 적절하지 않다고 기재부장관(국세청장에게 위임)이 인정하는 경우
  * 영 시행일(2023.2.28.) 이후 감사인을 지정하는 분부터 적용

☐ **공익법인의 의무이행기한 변경(상증령 §41①·§43⑥·§43⑦)**
- 공익법인 투명성 확보의 이행기한 합리화
  - 출연재산 보고서 제출, 외부전문가 세무확인 결과보고, 외부회계 감사보고서 제출 기한을 사업연도 종료일로부터 4개월 이내로 변경
    * '22. 1. 1. 이후 제출하거나 보고하는 경우부터 적용

☐ **공익법인 전용계좌 미개설 가산세 합리화(상증법 §78⑩)**
- 신고기한(3개월) 도과시 부과되는 가산세 합리화
  - 각 사업연도 중 미개설·신고 기간을 고려하여 가산세를 계산하도록 변경
    * '22. 1. 1. 이후 가산세를 부과하는 경우부터 적용

☐ **공익법인 주기적 감사인 지정제도 및 회계 감리제도 도입(상증법 §50④·⑤, 상증령 §43의2·§43의3)**
- 일정규모 이상 공익법인이 연속하는 4개 과세연도에 대하여 감사인을 자유선임한 경우, 기재부장관은 다음 2개 과세연도에 대하여 기재부장관이 지정하는 감사인에게 회계감사를 받도록 할 수 있음
  * '22. 1. 1. 이후 개시하는 과세연도 분부터 적용
- 기재부장관은 감사보고서와 재무제표에 대하여 감리할 수 있음
  * '22. 1. 1. 이후 개시하는 과세연도 분부터 적용

☐ **공익법인 주식보유 한도 체계 개선(상증법 §16②(2))**
- 일반공익법인과 성실공익법인을 '공익법인'으로 명칭을 일원화함에 따라 공익법인 주식보유 기본한도를 10%로 하되, 공익법인 의무이행 요건 위반시 5% 한도를 적용함
  * '21. 1. 1. 이후 개시하는 사업연도 분부터 적용

☐ **주식 5% 초과 보유가 가능한 공익법인 요건 합리화(상증법 §48⑪, 상증령 §41의2①②③)**
- ① 운용소득을 1년내 80%이상 공익목적사업에 사용, ② 출연재산가액의 1% 상당액 이상 공익목적사업에 사용, ③ 출연자 및 특수관계인이 이사의 1/5 초과 취임 금지, ④ 자기내부거래 금지, ⑤ 정당한 대가없이 특수관계법인 광고·홍보 금지
  * '21. 1. 1. 이후 개시하는 사업연도 분부터 적용. 다만, ② 출연재산가액의 1% 상당액 이상 사용의무 요건은 '22.1.1. 이후 개시하는 사업연도 분부터 적용

☐ **주식 5% 초과분에 대한 증여세 부과사유 규정(상증법 §48⑪)**
- 공익법인이 특정주식을 5% 초과하여 출연받거나 취득한 후, 공익법인의 의무이행 요건 위반시 5% 초과분에 대하여 상속·증여세 부과
  * '21. 1. 1. 이후 개시하는 사업연도 분부터 적용. 다만, 출연재산가액의 1% 상당액 미달 사용시 증여세 부과는 '22.1.1. 이후 개시하는 사업연도 분부터 적용

☐ **성실공익법인 확인제도의 신고제 전환(상증법 §48⑬, 상증령 §41의2·§80⑱, 국기법 §49①(4))**
- 내국법인의 발행주식총수 5%, 계열주식 총재산가액의 30%(50%) 초과 보유 공익법인은 매년 요건 충족 여부를 해당 사업연도 종료일부터 4개월 이내 관할 지방국세청에 신고하여야 함
  - 미신고시 자산총액의 0.5% 가산세 부과. 다만, 1억원(중소기업인 경우 5천만원) 한도 적용
    * '21. 1. 1. 이후 개시하는 사업연도 분부터 적용하며, '20.12.31. 이전 개시한 사업연도 분에 대해서는 종전 규정에 따라 확인

☐ **공익법인 운용소득 의무사용 비율 상향(상증령 §38⑤)**
- 공익법인 명칭 일원화에 따라 공익법인 운용소득의 의무사용 비율 80%로 일원화
  * '22. 1. 1. 이후 개시하는 사업연도 분부터 적용

□ **출연재산 공익목적 사용에 대한 사후관리 합리화(상증법 §48②, 상증령 §40①)**
- 출연재산을 공익목적에 사용하던 중 부득이한 사유 없이 사용 중단하는 경우 그 사용하지 아니한 가액에 대하여 증여세가 부과됨
  - * '21. 1. 1. 이후 개시하는 사업연도 분부터 적용

□ **외부 회계감사, 전용계좌 사용, 결산서류 공시의무 대상 명확화 (상증령 §43③④단서·§43의4①단서·§43의5①②단서)**
- 내국법인의 발행주식총수 5%, 계열주식 총재산가액의 30%(50%) 초과 보유 공익 법인은 외부 회계감사, 전용계좌 사용, 결산서류 공시의무 위반시 가산세 부과
  - * '21. 1. 1. 이후 개시하는 사업연도 분부터

〈법인세법 관련〉

□ **비영리법인 수익사업 범위 현행화(법인령 §3)**
- 한국표준산업분류 개정내용 반영하여 비영리법인의 수익사업 범위 중 농업에서 조경관리 및 유지서비스업 제외('24년 2월 개정 예정)

□ **공익법인(구 '지정기부금단체') 지정 특례 도입(법인령§39⑭)**
- 종전 당연 지정기부금단체 등이 '21.1.1.부터 '21.10.12.까지 공익법인 지정추천 신청을 하지 않은 경우 기획재정부 장관이 고시*하는 바에 따라 공익법인 추천 신청을 받아 '23.12.31.까지 지정·고시 할 수 있음
  - * '22.2.3.까지 신청 → '22.3.31. 지정·고시, * '23.10.20.까지 신청 → '23.12.31. 지정·고시,

□ **기부금의 명칭 변경(법법§24②·③)**
- 법법§24②에 따른 기부금 → 특례기부금으로,
- 법법§24③에 따른 기부금 → 일반기부금으로 변경
  - * '23. 1. 1. 부터 시행

□ **기부금 모금액이 없는 어린이집 및 유치원의 의무이행보고 대상 제외(법인령§39⑥)**
- 해당 사업연도에 기부금 모금액이 없는 어린이집 및 유치원을 의무이행보고 대상에서 제외함
  - * '23. 2. 28. 이후 보고하는 분부터 적용

□ **공익법인등 지정요건 중 정치활동 금지요건 명확화(법인령§39①(1)바목)**
- 지정요건 중 해당 법인의 명의 또는 대표자 명의로 '선거운동을 한 것으로 권한 있는 기관이 확인한 사실이 없을 것'을 '선거운동을 한 사실이 없을 것'으로 변경
  - * '22. 1. 1. 이후 개시하는 사업연도부터 적용

□ **기부금영수증 전자적 발급방법 등 규정(법법 §75의4②·§112의2, 법인령 §155의2)**
- 국세청장이 구축한 전자기부금영수증 발급 시스템을 이용하여 전자적 방법으로 발급한 기부금영수증은 「전자문서 및 전자거래 기본법」 제4조제1항 및 「국세기본법」 제85조의3 제3항에 따라 기부금 지출을 증빙하는 전자문서로서 세법상 기부금 영수증의 정의에 포함됨을 명확히 하고,
- '21. 7. 1. 이후 '전자기부금영수증'을 발급한 경우에 한하여 기부자별 발급명세 작성·보관(5년간)·제출의무 및 기부금영수증 발급명세서 제출의무를 면제하나, '21. 1. 1. ~ '21. 6. 30.에 발급한 경우에는 그러하지 아니함

□ **일반(지정)기부금단체 지정단계 변경(법인령 §39)**
- 일반(지정)기부금단체 신청·추천기관이 주무관청에서 국세청(관할세무서장 포함)으로 변경
- 지정요건 추가 : 공익위반사항에 대한 공익제보가 가능하도록 국민권익위원회·국세청·주무관청 등 1개 이상의 사이트를 인터넷 홈페이지에 연결할 것

- 지정기간 개정 : 지정일이 속하는 연도의 1. 1. 부터 3년간(지정기간이 끝난 후 2년 이내에 재지정되는 경우에는 지정기간은 6년으로 함)
  - * '21. 1. 1. 이후 일반(지정)기부금단체 등을 지정하는 경우부터 적용
  - * 舊 법인령§36①(1) 다목·라목 : 2년간, 舊 법인칙 별표6의2 : 5년간

□ **일반(지정)기부금단체 사후관리 절차 변경(법인령 §39)**
- 일반(지정)기부금단체의 의무이행여부 점검기관이 주무관청에서 국세청(관할세무서장 포함)으로 변경
  - * '21. 1. 1. 이후 개시하는 사업연도 분부터 적용

□ **일반(지정)기부금단체 지정취소사유 추가(법인령 §39)**
- 지정취소사유에 '직전 2년간 고유목적사업 지출내역이 없는 경우'가 추가됨
  - * '21. 1. 1. 이후 개시하는 사업연도 분부터 적용

□ **일반(지정)기부금단체 등에 대한 통보(법인령 §39)**
- 국세청장은 일반(지정)기부금단체 등이 지정 취소된 경우 주무관청에 그 사실을 통보
- 주무관청은 일반(지정)기부금단체 등의 공익목적 위반사항 등 적발시 국세청장에게 그 사실을 통보
  - * '21. 1. 1. 이후 일반(지정)기부금단체 등으로 지정하거나 취소하는 경우 또는 일반(지정)기부금단체 등이 지정취소 사유에 해당하는 사실을 적발하는 분부터 적용

□ **기부금단체 명칭 통일(법인령 §38·§39)**
- 법인세법상 '법정·지정기부금단체' 명칭을 '공익법인'으로 통일
  - * '21. 1. 1. 부터 시행

□ **공익법인(구 '지정기부금단체') 지정추천 신청기한 신설 등(법인칙 §18의3)**
- (비영리법인 → 국세청) 비영리법인 등은 지정을 받고자 하는 분기 마지막 달의 전전 달 10일까지 추천신청서 등을 국세청(관할세무서)에 제출
- (국세청 → 기획재정부) 국세청(관할세무서)은 요건을 충족한 비영리법인에 대한 추천서 등을 해당 분기 마지막 달의 직전 달 10일까지 기획재정부로 제출
  - * '21. 1. 1. 이후 공익법인으로 지정하는 분부터 적용

□ **공익법인 등의 의무이행 여부 보고기한 연장(법인칙 §19·§19의2)**
- 의무이행 여부 보고기한을 사업연도 종료일부터 4개월(종전 3개월) 이내로 변경
  - * '21. 1. 1. 당시 사업연도 종료일부터 3개월이 지나지 않은 경우부터 적용

□ **공익법인의 의무규정 합리화(법인령 §38⑧·§39⑤)**
- '기부금 모금액 및 활용실적'을 사업연도 종료일로부터 4개월 이내 해당 법인 및 국세청 홈페이지에 각각 공개하는 것으로 공개기한이 연장되었으며, 상증법에 따른 결산서류 등을 표준서식으로 공시한 경우 동 의무를 이행한 것으로 인정
  - * '21. 1. 1. 이후 공개 또는 공시하는 분부터 적용

□ **공익법인의 지정요건 등 보완(법인령 §39①⑤)**
- 공익법인의 지정요건 및 의무 중 '특정계층 혜택 제공시'에도 증여세 추징 면제사유 (상증령 §38조⑧(2)에 따라 공익법인의 설립·정관 변경 허가 조건으로 주무부장관이 기재부장관과 협의하여 공익사업의 수혜자의 범위를 정한 경우)에 해당 시 예외 인정
  - * '21. 1. 1. 이후 지정분 또는 보고하는 분부터 적용

□ **공익법인의 지정취소 사유 보완(법인령 §39⑪·§39⑧)**
- ① 외부 회계감사, ② 전용계좌 개설·사용, ③ 결산서류 등 공시의무 위반시 상증세(가산세 포함) 추징세액이 상증법 §48②③, ⑧~⑪ 의무위반에 따른 상증세(가산세 포함) 추징세액과 합산한 가액이 1천만원 이상인 경우 지정취소 대상이 됨
  - – (개정 전) 추징금액과 관계없이 ①~③ 의무위반시 지정취소 대상이었음
  - * '21. 1. 1. 이후 지정취소를 요청하는 분부터 적용

□ **기부금 대상 사회복지시설 추가(법인령 §39①)**
- 기부금 대상 사회복지시설에 '건강가정지원센터' 추가
  * '21. 1. 1. 이후 지출하는 분부터 적용
- 기부금 대상 사회복지시설에 '청소년 복지시설' 추가
  * '21. 1. 1. 이후 지출하는 분부터 적용

□ **기부금영수증 발급불성실 가산세 인상(법법 §75의4①)**
- 사실과 다르게 발급된 금액의 5%로 인상됨(당초 : 2%)
  * '20. 1. 1. 이후 기부금영수증을 발급하는 분부터 적용

□ **기부금단체의 의무 강화(법인령 §39⑤)**
- 사회복지법인, 초·중등·고등교육법에 따른 학교, 의료법인 등 법령에 따라 당연 지정되는 지정기부금단체도 기부금단체의 의무이행 대상으로 추가 (단, 종교단체는 예외)
- 외부 회계감사, 결산서류 등 공시, 전용계좌 개설·사용을 의무 규정에 추가
  * '19. 1. 1. 이후 개시하는 사업연도부터 적용

□ **기부금단체의 의무이행 여부 보고기한 단축(법인령 §39⑥, 법인칙 §18의2)**
- 의무이행 여부 보고주기를 매년 보고하는 것으로 단축
  * '19. 1. 1. 이후 개시하는 사업연도 분에 대해 의무이행 여부 등을 보고하는 분부터 적용

□ **기부금단체 범위 조정(법법 §24, 법인령 §39①)**
- 「영유아보육법」에 따른 어린이집을 지정기부금단체에 추가
- '공공기관 또는 법률에 따라 직접 설립된 기관'을 법정기부금단체(법법§24)에서 기획재정부

□ **장관이 고시하는 지정기부금단체(법인령§39①⑴바목)로 변경**
- '정부 인·허가를 받은 학술연구·장학·기술진흥단체, 문화·예술·환경보호운동 단체'를 법령에 따라 당연 지정되는 지정기부금단체에서 지정 심사 후 기획재정부장관이 고시 하는 지정기부금단체로 변경
- 구 법인칙 별표6의2로 정하였던 '기타 지정기부금단체 등과 유사한 단체'를 지정 심사 후 기획재정부장관이 고시하는 단체로 변경
  * '18. 2. 13. 이후 지정하는 분부터 적용. (단, '18. 1. 1. 이전에 '공공기관 또는 법률에 따라 직접 설립된 기관'은 구 법인칙 별표6의7에서 각각 지정한 기한(2018~2022년)까지 법정기부금단체로 인정되고, '18. 2. 13. 전에 허가받은 학술연구·장학단체 등은 '20. 12. 31.까지 지정기부금단체로 인정됨, 상증령 28638호 부칙 제12조.)

□ **고정자산 취득비용의 고유목적사업 지출간주 규정 합리화(법인령 §56⑥)**
- 고정자산 등 취득 후 일정기간 사용의무 규정 신설
  – 고정자산 등 취득 후 3년 이상 고유목적사업 등에 사용하지 않고 양도시 고유목적사업에 지출하지 않은 것으로 간주
  * '18. 2. 13. 이후 고정자산을 취득하는 분부터 적용

〈국민기본법 관련〉

□ **세법상 특수관계인으로서 친족범위 합리화(국기령 §1의2①)**
- 특수관계인 중 친족 범위 축소
  – 혈족: 6촌→4촌, 인척: 4촌→ 3촌, 혼외 출생자의 생부·생모(본인의 금전이나 그밖의 재산으로 생계를 유지하는 사람 또는 생계를 함께하는 사람으로 한정) 추가
  * '23.3.1.부터 시행

□ **불성실기부금수령단체 등의 명단공개 기간 신설(국기령 §66)**
- 불성실기부금수령단체의 경우 관보에 게재, 국세정보통신망 또는 관할세무서 게시판에 게시한 날부터 3년간 공개
  - * 영 시행일('23.2.28.) 전 명단공개 대상자에도 적용

□ **불성실기부금수령단체 명단공개 대상 추가 등(국기령 §66⑩)**
- 일반기부금단체를 불성실기부금수령단체 명단공개 대상에 추가
  - 명단 공개일이 속하는 연도의 직전 연도 12월 31일을 기준으로 「법인세법 시행령」 제39조제1항제1호가목부터 라목 (사회복지법인, 어린이집, 학교 등)까지의 일반 기부금 단체가 법인세법 시행령 상의 의무이행 사항을 위반하거나 국세 청장의 요구 에도 의무 이행여부를 보고하지 아니한 사실이 2회 이상 확인되는 경우 명단 공개
    - * '19. 1. 1. 이후 개시하는 사업연도부터 적용
- 명단공개 요건 합리화
  - 명단공개 요건 판단 대상 기간에 불복청구의 기간은 불산입
    - * '19. 2. 12. 이후 불복청구 절차가 끝나는 경우부터 적용

☞ **공익법인 회계기준**(자료 : 국세청)

□ **제정 배경**
- 「상속세 및 증여세법」에서 공익법인의 결산서류 공시와 외부회계 감사는 의무화 되어 있으나, 그 기초가 되는 회계기준 은 부재하여 상이한 회계기준으로 공익법인 간에 비교하기 곤란한 문제점을 해결하기 위해 '16.12.20. 「상속세 및 증여 세법」 개정시 공익법인회계기준 및 공익법인회계기준심의위원회 설치 근거를 마련하고 위원회의 심의를 거쳐 공익법인 회계기준을 제정하여 '17.12. 고시하였음

□ **주요내용**

구 분		내 용
제1장 총칙	적용범위	상속세 및 증여세법에 따른 공익법인의 외부 회계감사와 결산서 등을 공시하는 경우에 적용
	재무제표의 구성	재무상태표, 운영성과표, 주석
	다른 법령과의 관계 등	발생주의 회계원칙에 따른 복식부기 방식에 대해 다른 법령에 특별한 규정이 있는 경우 이를 공익법인회계기준에 우선하여 적용하고, 공익법인 회계기준에 없는 내용은 일반기업회계기 준에 따름
제2장 재무상태표	작성기준	고유목적사업 부분과 수익사업 부분으로 구분하여 표시
	자산	• 유동자산 : 현금및현금성자산, 단기투자자산, 매출채권, 선급비용, 미수금 등 • 비유동자산 : 투자자산, 유형자산, 무형자산 및 기타의 비유동자산
	부채	• 유동부채 : 단기차입금, 매입채무, 미지급비용 등 • 비유동부채 : 장기차입금, 임대보증금, 퇴직급여충당부채 등 • 고유목적사업준비금 : 법인세법에 따라 고유목적사업 등에 사용 하기 위해 미리 비용 계상 하면서 동일한 금액으로 인식한 부채 계정
	순자산	• 기본순자산 : 법령 등에 의해 사용이나 처분시 주무관청의 허가 필요 • 보통순자산 : 기본순자산 또는 순자산조정이 아닌 순자산 • 순자산조정 : 순자산 가감성격의 항목(매도가능증권평가손익 등)

	작성기준	고유목적사업 부분과 수익사업 부분으로 구분하여 표시
제3장 운영성과표	사업수익	• 고유목적사업수익 : 공익법인의 특성을 반영하여 기부금수익, 보조금수익, 회비수익 등으로 구분 • 수익사업수익 : 공익법인이 필요하다고 판단시 구분 정보를 기재
	사업비용	• 고유목적사업비용 : 활동의 성격에 따라 사업수행비용*, 일반관리비용, 모금비용**으로 구분 * 공익법인 본연의 목적 달성을 위한 활동에서 발생 하는 비용 ** 모금홍보, 모금행사 등 모금활동에서 발생하는 비용 • 수익사업비용: 인력비용, 시설비용, 기타비용으로 구분
제4장 자산·부채의 평가	취득가액 및 평가	• 자산은 원칙적으로 취득원가로 인식하되, 시장가치의 급격한 하락 등이 있는 경우 장부금액을 조정하고 손실로 처리 • 퇴직급여충당부채는 회계연도 말 현재 모든 임직원이 일시에 퇴직할 경우 지급할 금액으로 함
제5장 주석	공익기업 일반사항 등	• 공익법인의 개황, 주요사업 내용, 특수관계인과의 거래 내용 등 재무제표 이해가능성을 높이는 정보를 주석으로 기재 ※ 필수적 주석기재사항 : 공익법인 개황 및 주요사업 내용, 특수관계인과 중요한 거래 내용, 기본순자산의 취득원가와 공정가치 비교 정보 등

☞ **공익법인회계기준과 일반기업회계기준 비교**

구 분	공익법인회계기준	일반기업회계기준
적용대상	상증법상 외부 회계감사 의무 또는 결산서류 공시의무가 있는 공익법인* * 의료·학교법인, 종교법인은 제외	외감법 적용대상기업 중 한국채택 국제 회계기준(K-IFRS)에 따라 회계처리하지 않는 기업
재무제표	① 재무상태표 ② 운영성과표 ③ 주석	① 재무상태표 ② 손익계산서 ③ 현금흐름표 ④ 자본변동표 ⑤ 주석
자본	자본 및 자본금의 개념이 없으며, 대신 순자산 개념을 사용	자본은 기업실체의 자산에 대한 소유주의 잔여청구권(주주지분), 자본금은 주주들이 납입한 법정자본금
순자산· 자본 구분	① 기본순자산* ② 보통순자산 ③ 순자산조정 * 법령 등에 의해 사용이나 처분시 주무관청의 허가가 필요한 순자산	① 자본금 ② 자본잉여금 ③ 자본조정 ④ 기타포괄손익누계액 ⑤ 이익잉여금
구분경리	고유목적사업 부문과 수익사업 부문으로 구분하여 표시	구분경리가 요구되지 않음
고유목적 사업준비금	부채로 인식	부채로 인식하지 않음

3 출연재산의 사후관리

(상증법 제48조제2항, 시행령 제38조)

☞ 공익법인 등의 사후관리

구분		내용	의무위반 시 제재
출연재산 등의 사용의무	출연재산 사용의무	재산을 출연받은 때에는 3년 내에 직접 공익목적사업 등에 사용	증여세 부과 : 공익목적사업 외 사용, 3년 내 미사용금액, 3년 이후 사용중단 금액
	출연재산 매각금액	출연재산 매각 금액은 1년 내 30%, 2년 내 60%, 3년 내 90% 공익목적사업에 사용	증여세 부과 : 90% 미달 사용한 금액 가산세 부과 : 미달사용금액의 10%
	운용소득	운용소득금액의 80% 이상 1년 이내에 직접 공익목적사업에 사용 * '22.1.1전 개시한 사업연도 분까지 70% (신설공익법인 80%) 적용	증여세 부과 : 출연재산평가액×(목적외 사용금액/운용소득금액) 주식 5%초과 보유 공익법인 : 미달사용금액의 200%가산세 주식 5%이하 보유 공익법인 : 미달지출액의 10%가산세
주식 취득 보유	주식 출연 받거나 취득 시	내국법인의 의결권 있는 주식의 5%(10%, 20%) 초과	증여세 부과 : 초과하는 가액
	계열기업의 주식보유	총재산가액 중 특수관계 내국법인 주식이 30%(외부감사, 전용계좌 개설·사용, 결산서류 공시 이행하는 경우 예외적인 경우 50%) 초과 보유 금지	가산세 부과 : 초과보유주식 사업연도말 현재 시가의 5%
출연자 등의 이사 등 취임 시 지켜야 할 일		출연자 및 그 특수관계인이 이사의 1/5초과 선임금지 또는 임직원 취임 금지	가산세 부과 : 기준초과한 이사 등과 관련하여 지출된 직·간접 경비 상당액 전액
사후관리 확인제도		주식 5%초과하여 출연받거나 취득한 공익법인 등은 신고대상 사업연도 종료일부터 4개월 이내 관할 지방국세청장에게 사업연도의 의무이행 여부 등을 신고	가산세 부과 : 미신고시 사업연도 종료일현재 자산총액의 0.5%
외부세무확인 및 외부 회계 감사 의무		총자산 5억원 이상, 수입금액과 출연받은 금액, 합계액 3억원 이상 공익법인등은 2명이상 외부전문가 세무확인 외부회계감사보고서 서류를 4개월 이내 관할 세무서에 제출	가산세 부과 : (해당연도 수입금액+출연받은 재산가액) × 0.07%
보고서 등 제출 의무		출연 받은 재산의 사용계획 및 진도에 관한 보고서 제출	가산세부과(미제출, 불분명분에 상당하는 증여세의 1%)
기 타		결산서류 공시의무, 자기내부거래 금지, 전용계좌 개설·사용 등	가산세 부과 : 미공시·허위공시에 대한 시정요구 불응시 자산총액의 0.5% 등

(자료 : 국세청 서식 변형)

공익법인이 출연받은 재산에 대하여는 출연시점에서는 증여세를 납부하지 않는 대신 그 재산 및 그 재산으로부터 얻어지는 수익을 공익사업에 사용토록 사후관리를 합니다. 사후관리요건을

위반시에는 사유가 발생한 날에 증여세를 과세합니다. (상증법 제48조제2항)

1) 출연재산의 공익사업 사용의무 (상증법 제48조제2항제1호)

① 공익법인은 재산을 출연받은 날부터 3년 이내 직접 공익사업에 사용하여야 합니다.

　　이 경우 공익사업의 재원 마련을 위한 수익사업으로 사용할 수 있으며, 법령상 또는 행정
상의 부득이한 사유 등으로 인하여 3년 이내에 사용하는 것이 곤란하다고 주무부장관이
인정한 사실을 세무서장에게 보고하면 증여세를 부과하지 않습니다. 이 경우 부득이한 사
유 종료일부터 1년 이내에 사용해야 합니다. (상증법 제48조제2항제1호, 시행령 제38조제3항)

　　☞ 상증법 시행령 제38조(공익법인등이 출연받은 재산의 사후관리)

　　　③ 제48조제2항제1호 단서에서 "직접 공익목적사업 등에 사용하는 데에 장기간이 걸리는 등 대통령령으로 정하는 부
득이한 사유"란 다음 각 호의 어느 하나에 해당하는 사유로 출연받은 재산을 3년 이내에 직접 공익목적사업 등에 전
부 사용하거나 3년 이후 직접 공익목적사업 등에 계속하여 사용하는 것이 곤란한 경우를 말한다.
　　　1. 법령상 또는 행정상의 부득이한 사유 등으로 사용이 곤란한 경우로서 주무부장관(권한을 위임받은 자를 포함한
다)이 인정한 경우
　　　2. 해당 공익목적사업 등의 인가 · 허가 등과 관련한 소송 등으로 사용이 곤란한 경우

　　직접 공익목적에 사용한다는 것은 공익법인 등의 정관상 고유목적에 사용하는 것을 말하
며, 수익용 또는 수익사업용으로 운영하는 것과 인건비 및 출연받은 재산을 주무관청의 허가
를 받아 다른 공익법인 등에 재출연하는 것을 포함합니다. 이 경우 해당 공익법인등의 정관상
그 고유목적사업에 직접 사용하는 시설에 소요되는 수선비·전기료·전화사용료등외의 관리비
를 제외하며, 법인세법 시행령 제56조제11항에 따라 고유목적으로 지출한 것으로 보지 않는
장학재단·사회복지법인이 지급한 연간 개인 1인당 인건비가 8천만원을 초과하는 금액도 제
외합니다. (상증법 시행령 제38조제2항각호)

② 공익법인이 출연받은 재산으로 내국법인주식을 취득하는 경우로서 보유주식과 출연자 등이
다른 공익법인에 출연한 동일한 내국법인의 주식 및 취득하는 주식을 합하여, 해당 내국법인
총발행주식의 10%(사후관리 위반시 5%초과분 등)를 초과하는 경우 그 초과취득에 사용한 재산
가액에 대하여는 증여세가 부과됩니다. (상증법 제48조 후단, 참조: 상증법 제16조제2항제2호)

　　그러나 아래 어느 하나에 해당하는 경우에는 해당 공익법인 등이 내국법인의 발행주식 총
수 등의 5%, 10%, 20%를 초과하는 경우에도 그 초과하는 가액을 증여세 과세가액에 산입하
지 아니합니다. (제48조제1항 단서, 참조 : 상증법 제16조제3항)

　⑴ 상증법 제49조제1항 각 호 외의 부분 단서에 해당하는 공익법인등으로서 상호출자제한

기업집단과 특수관계에 있지 아니한 공익법인등에 그 공익법인등의 출연자와 특수관계에 있지 아니한 내국법인의 주식 등을 취득하는 경우로서 주무관청이 공익법인등의 목적사업을 효율적으로 수행하기 위하여 필요하다고 인정하는 경우 (상증법 제16조제3항제1호)

⑵ 산학협력단이 기술지주회사 또는 신기술창업전문회사의 주식을 취득하는 경우로서 상증법 제48조제2항2호의 요건을 충족한 경우 (상증법 제16조제3항제2호)

⑶ 공익법인의 설립·운영에 관한 법률 및 그 밖의 법령에 따라 내국법인의 주식을 취득하는 경우 (상증법 제16조제3항제3호)

☞ 상증법 제16조제3항제1호와 제3호의 '출연'은 '취득'으로 봅니다. (상증법 제48조제2항제2호, 단서)

2) 운용소득의 공익사업 사용의무 (상증법 제48조제2항제3호)

출연받은 재산을 수익금 또는 수익사업용으로 운용하는 경우에는 그 운용소득의 80% 이상을 1년 이내에 공익사업에 사용하여야 합니다. (상증법 제48조제2항제3호, 제5호, 시행령 제38조제5항, 제6항)

3) 매각대금의 공익사업 사용의무 (상증법 제48조제2항제4호)

출연받은 재산을 매각하는 경우에는 그 매각금액을 매각일로부터 1년 이내에 30%, 2년 이내에 60%, 3년 이내에 90% 이상을 공익사업(매각대금으로 직접 공익목적 사업용 또는 수익사업용 재산을 취득한 경우를 포함합니다)에 사용하여야 합니다. (상증법 시행령 제38조제4항, 제7항)

주식 등을 취득하는 분부터 공시대상기업집단(자산총액 5조원 이상) 소속 공익법인 등이 출연받은 재산의 매각대금으로 계열회사의 주식 등을 취득한 경우에는 실적에서 제외합니다. (상증법 시행령 제38조제4항)

☞ 매각대금의 3년 사용 기준 금액

매각대금의 사용기간	최소사용기준	미달 시 추징방법
1년 이내	30%	가산세 부과 (미달사용액의 10%)
2년 이내	60%	가산세 부과 (미달사용액의 10%)
3년 이내	90%	증여세 추징(증여가액: 미달사용액)
3년 이내 공익목적 외 사용	–	증여세 추징 (증여가액: 공익목적외 사용금액)

(자료 : 국세청)

4) 자기내부거래(self-dealing)에 대한 규제 (상증법 제48조제3항)

공익법인이 출연받은 재산, 출연받은 재산을 원본으로 취득한 재산, 출연받은 재산의 매각대금을 당초 출연자 및 특수관계인에게 제공시 그 이익에 상당하는 가액에 대하여 증여세가 과세됩니다. 다만, 공익법인 등이 직접공익사업과 관련하여 용역을 제공받고 정상적인 대가를 지급하는 경우로서 다음의 경우에는 예외를 인정합니다. (상증법 제48조제3항, 시행령 제39조)

① 출연받은 재산을 출연받은 날부터 3월 이내에 한하여 출연자 등이 사용하는 경우 (상증법 시행령 제39조제2항제1호)

② 교육기관이 연구시험용 건물 및 시설 등을 출연받아 해당 공익법인의 출연자가 공동으로 사용하는 경우 (상증법 시행령 제39조제2항제2호)

③ 해당 공익법인 등이 의뢰한 연구용역 등이 대가 또는 직접공익목적사업의 수행과 관련한 경비 등을 지급하는 경우 (상증법 시행령 제39조제2항제3호)

5) 출연자 등의 이사취임 등 제한 (상증법 제48조제8항)

출연자 또는 그의 특수관계인이 대통령령으로 정하는 공익법인등의 현재 이사 수(현재 이사 수가 5명 미만인 경우에는 5명으로 봅니다)의 5분의 1을 초과하여 이사가 되거나, 그 공익법인등의 임직원(이사는 제외합니다)이 되는 경우에는 상증법 제78조제6항에 따른 가산세를 부과합니다. (상증법 제48조제8항)

☞ **상증법 시행령 제38조(공익법인등이 출연받은 재산의 사후관리)**

⑩ 법 제48조제8항에서 "출연자"란 재산출연일 현재 해당 공익법인등의 총출연재산가액의 100분의 1에 상당하는 금액과 2천만원 중 적은 금액을 초과하여 출연한 자를 말한다.

⑪ 법 제48조제8항에서 "대통령령으로 정하는 공익법인등"이란 다음 각 호의 법인(제12조제4호에 해당하는 공익법인을 제외한다)을 말한다.

1. 출연자와 제2조의2제1항제3호의 관계에 있는 자가 이사의 과반수를 차지하거나 재산을 출연하여 설립한 비영리법인
2. 출연자와 제2조의2제1항제4호의 관계에 있는 자가 재산을 출연하여 설립한 비영리법인
3. 출연자와 제2조의2제1항제5호 또는 제8호의 관계에 있는 비영리법인

☞ (해설) 출연자 또는 그의 특수관계인이 공익법인 등의 현재 이사 수(현재 이사 수가 5명 미만인 경우에는 5명으로 본다)의 5분의 1을 초과하여 이사가 되거나, 그 공익법인 등의 임직원(이사는 제외한다)이 되는 경우에는 해당이사 또는 임·직원을 위하여 지출된 급료, 판공비, 비서실 운영경비 및 차량유지비 등 직접경비 또는 간접경비에 상당하는 금액 전액을 매년 공익법인 등이 납부할 세액에 가산하여 가산세로 징수합니다.(상증법 제78조제6항) 이 경우 임직원에는 의사, 사립학교법 제29조에 따른 학교에 속하는 회계로 경비를 지급하는 직원, 아동복지시설의 보육사, 도서관의 사서, 박물관·미술관의 학예사, 사회복지시설의 사회복지사 자격을 가진 사람, 국가과학기술경쟁력 강화를 위한 이공계지원특별법 제2조제3호에 따른 연구기관의 연구원으로서 기획재정부령으로 정하는 연구원은 제외합니다.

다만, 사망 등 대통령령으로 정하는 부득이한 사유로 출연자 또는 그의 특수관계인이 공익법인 등의 현재 이사 수의 5분의 1을 초과하여 이사가 된 경우로서 해당 사유가 발생한 날부터 2개월 이내에 이사를 보충하거나 개임(改任)하는 경우에는 제78조제6항에 따른 가산세를 부과하지 아니 합니다. (상증법 제48조제8항, 단서)

상증법 제48조제8항 단서에서 "사망 등 대통령령으로 정하는 부득이한 사유"란 다음 각 호의 어느 하나에 해당하는 사유를 말합니다. (상증법 시행령 제38조제12항)

   (1) 이사의 사망 또는 사임

   (2) 특수관계인에 해당하지 아니하던 이사가 특수관계인에 해당하는 경우

6) 공익법인 등 사후관리 확인제도 (상증법 제48조제13항)

상증법 제16조제2항에 따라 내국법인의 발행주식총수등의 100분의 5를 초과하여 주식등을 출 연받은 자 등 대통령령으로 정하는 공익법인등은 과세기간 또는 사업연도의 의무이행 여부 등에 관한 사항을 대통령령으로 정하는 바에 따라 납세지 관할 지방국세청장에게 신고하여야 합니다. (상증법 제38조제13항)

☞ **상증법 시행령 제41조의2(공익법인등의 주식보유 요건 및 의무이행 신고)**
  ⑥ 법 제48조제13항에서 "내국법인의 발행주식총수등의 100분의 5를 초과하여 주식등을 출연받은 자 등 대통령령으로 정 하는 공익법인등"이란 같은 조 제11항 각 호의 요건을 모두 충족하여 법 제16조제2항, 제48조제1항, 같은 조 제2항제2 호, 같은 조 제9항 및 제49조제1항에 따른 주식등의 출연ㆍ취득 및 보유에 대한 증여세 및 가산세 등의 부과대상에서 제외 되는 공익법인등으로서 기획재정부령으로 정하는 공익법인등을 말한다.

상증법 제48조제13항에 따라 의무이행 여부 등에 관한 사항을 신고하려는 공익법인등은 해당 과세기간 또는 사업연도 종료일부터 4개월 이내에 기획재정부령으로 정하는 신고서 및 관련 서류 를 납세지 관할 지방국세청장에게 제출해야 합니다. (상증법 시행령 제41조의2제7항)

미신고시 신고대상 사업연도 종료일 현재 자산총액의 0.5% 가산세를 부과합니다. (상증법 시행령 제80조(가산세등)제18항)

납세지 관할 지방국세청장은 제7항에 따른 신고내용을 확인하여 상증법 제48조제11항 각 호의 요건 충족 여부를 국세청장에게 보고해야 하고, 국세청장은 그 결과를 해당 공익법인등과 주무관 청에 통보해야 합니다. (상증법 시행령 제41조의2제8항)

7) 특정기업의 광고·홍보행위 제한 (상증법 제48조제10항)

언론매체 또는 공익사업 수행시 팜플렛 등에 의해 특수관계있는 내국법인을 광고 또는 홍보를 하는 경우 그와 관련된 경비를 가산세로 징수합니다. (상증법 제48조제10항, 시행령 제38조제15항)

① 신문·잡지·텔레비전·라디오·인터넷 또는 전자광고판등을 이용하여 내국법인을 위하여 홍보하거나 내국법인의 특정상품에 관한 정보를 제공하는 행위.

다만, 내국법인의 명칭만을 사용하는 홍보를 제외합니다.

② 팜플렛·입장권 등에 내국법인의 특정상품에 관한 정보를 제공하는 행위.

다만, 내국법인의 명칭만을 사용하는 홍보를 제외합니다.

8) 계열사 일정 지분 이상 보유 제한 (상증법 제48조제9항)

공익법인이 보유한 계열기업의 주식가액이 총자산가액의 30%를 초과하는 경우에는 그 초과분에 대해 가산세를 징수합니다.

공익법인등(국가나 지방자치단체가 설립한 공익법인등 및 이에 준하는 것으로서 대통령령으로 정하는 공익법인등과 제11항 각 호의 요건을 충족하는 공익법인등은 제외합니다)이 대통령령으로 정하는 특수관계에 있는 내국법인의 주식등을 보유하는 경우로서 그 내국법인의 주식등의 가액이 해당 공익법인등의 총 재산가액의 100분의 30(제50조제3항에 따른 회계감사, 제50조의2에 따른 전용계좌 개설·사용 및 제50조의3에 따른 결산서류등의 공시를 이행하는 공익법인등에 해당하는 경우에는 100분의 50)을 초과하는 경우에는 제78조제7항에 따른 가산세를 부과합니다. 이 경우 그 초과하는 내국법인의 주식등의 가액 산정에 관하여는 대통령령으로 정합니다. (상증법 제48조제9항)

☞ **상증법 시행령 제38조 (공익법인등이 출연받은 재산의 사후관리)**

⑭ 법 제48조제9항 후단에서 "그 초과하는 내국법인의 주식등의 가액"이란 각 사업연도 종료일 현재 제1호의 가액에서 제2호의 가액의 100분의 30(법 제50조제3항에 따른 외부감사, 법 제50조의2에 따른 전용계좌의 개설 및 사용과 법 제50조의3에 따른 결산서류등의 공시를 이행하는 공익법인등에 해당하면 100분의 50)에 해당하는 금액을 차감하여 계산한 가액을 말한다.

(1) 「법인세법 시행령」 제74조제1항제1호 마목의 규정에 의한 당해 내국법인의 주식등의 취득가액과 재무상태표상의 가액 중 적은 금액

(2) 공익법인등의 총재산(당해 내국법인의 주식등을 제외한다)에 대한 재무상태표상의 가액에 제1호의 가액을 가산한 가액

9) 공익법인의 외부세무확인 및 외부회계감사 의무 (상증법 제50조제3항)

(1) 공익법인의 외부세무확인과 외부회계감사

사업연도(과세연도)의 종료일 현재 총자산가액이 5억원 이상인 공익법인 등과 해당과세기간의 수입금액과 출연받은 재산가액의 합계액이 3억원 이상인 공익법인 등은 과세기간 또는 사업연도 별로 출연받은 재산의 운영 및 공익사업의 적정성 여부 등에 대하여 2명 이상의 외부전문가(변호 사, 공인회계사, 세무사)로부터 세무확인을 받아야 합니다. (상증법 제50조제1항, 시행령 제43조제2항)

외부전문가의 세무확인 불이행 가산세 = (ⓐ해당연도의 수입금액 + ⓑ출연받은 재산가액) × 0.07%
　　ⓐ 해당사업연도 수입금액 ; 외부전무가의 세무확인을 받지 않거나 보고를 이행하지 않은 사업연도의 수입금액
　　ⓑ 출연재산가액 : 외부전무가의 세무확인에 대한 보고를 이미 이행한 분으로서 계속 공익목적 사업에 직접 사용하는 분을 차 감함

총자산가액이 100억원 이상인 공익법인 등이거나 연간 수입금액 50억원 이상 또는 기부금 20 억원 이상인 공익법인 등은 과세기간별로 또는 사업연도별로 주식회사의 외부감사에 관한 법률 제3조에 따른 감사인에게 회계감사를 받아야 합니다. 외부회계감사를 받는 공익법인 등도 외부 전문가 세무확인보고 대상입니다. (상증법 제50조제1항, 제3항)

다만, 다음에 해당하는 공익법인 등의 경우에는 외부회계감사를 받지 아니하여도 됩니다. 다음 ①, ②, ③호는 동시 충족해야 합니다.(상증법 제50조제1항 단서, 시행령 제43조제3항)

① 과세기간 또는 사업연도 종료일의 재무상태표상 총자산가액(부동산인 경우 법 제60조 · 제61조 및 제66조에 따라 평가한 가액이 재무상태표상의 가액보다 크면 그 평가한 가액을 말합니다)의 합계액 이 100억원 미만일 것

② 해당 과세기간 또는 사업연도의 수입금액과 그 과세기간 또는 사업연도에 출연받은 재산 가액의 합계액이 50억원 미만일 것

③ 해당 과세기간 또는 사업연도에 출연받은 재산가액이 20억원 미만일 것

④ 앞의 항목 외, 종교·학교법인 등 (상증법 시행령 제12조)

☞ **주기적 감사인 지정제도 및 회계감리제도 (2022.1.1.이후 개시하는 사업연도부터)**
 · 주기적 감사인 지정제도 : 전전년도 자산규모 1,000억원 이상 공익법인등은 4년간 과세기간 ·사업연도 회개감사 후 2개 과세기간·사업연도에 대하여 기재부장관(국세청장에게 위탁 가능)이 2년간 지정·선임 (상증법 제50조제4항, 시행령 제 43조의2)
 · 회계감리제도 : 기재부장관(외부에 위탁 가능)이 회계감리 후 감사기준 위반 감사인은 금융위에 통보, 금융위에서 감사인 제재 (상증법 시행령 제43조의2)

회계감사를 받은 공익법인등은 감사인이 작성한 감사보고서를 해당 공익법인등의 과세기간 또는

사업연도 종료일부터 4개월 이내에 관할 세무서장에게 제출하여야 합니다. 이 경우 관할 세무서장은 제출받은 감사보고서를 일반인이 열람할 수 있도록 해야 합니다. (상증법 시행령 제 43조제7항)

(2) 공익법인의 외부감사 지정 및 감리

기획재정부장관은 대통령령으로 정하는 공익법인등이 연속하는 4개 과세기간 또는 사업연도에 대하여 회계감사를 받은 경우에는 그 다음 과세기간 또는 사업연도부터 연속하는 2개 과세기간 또는 사업연도에 대하여 기획재정부장관이 지정하는 감사인에게 회계감사를 받도록 할 수 있습니다. 이 경우 기획재정부장관은 감사인 지정 업무의 전부 또는 일부를 국세청장에게 위임할 수 있습니다. (상증법 제50조제4항)

"대통령령으로 정하는 공익법인등"이란 지정기준일(상증법 제50조제4항의)이 속하는 과세연도(과세기간 또는 사업연도를 말합니다)의 직전 과세연도 종료일 현재 재무상태표상 총자산가액이 1,000억원 이상인 공익법인등을 말합니다. 다만, 다음 각 호의 공익법인등은 제외합니다. (상증법 시행령 제43조의2제1항 각 호)

① 상증법 제50조제4항에 따른 지정기준일 이전 4년 이내에 상증법 제50조제5항에 따른 감리를 받은 공익법인등으로서 그 감리 결과 상증법 제50조의4제1항에 따른 회계기준(다른 법령에 따라 별도의 회계기준이 적용되는 공익법인등의 경우에는 해당 회계기준을 말합니다)을 위반한 사실이 발견되지 않은 공익법인등

② 「공공기관의 운영에 관한 법률」제4조에 따른 공공기관인 공익법인등

기획재정부장관은 따라 회계감사를 받을 의무가 있는 공익법인등이 공시한 감사보고서와 그 감사보고서에 첨부된 재무제표에 대하여 감리할 수 있습니다. (상증법 제50조제5항)

기획재정부장관은 감리 업무의 전부 또는 일부를 회계감사 및 감리에 관한 전문성을 갖춘 법인이나 단체에 위탁할 수 있습니다. 이 경우 해당 업무를 위탁받은 법인이나 단체는 회계감사의 감사보수 중 일부를 감사인으로부터 기획재정부령으로 정하는 바에 따라 감리업무 수수료로 받을 수 있습니다. (상증법 제50조제6항) ☞ 2024.1.1.부터 적용합니다.

10) 장부의 작성 · 비치의무 (상증법 제51조)

공익법인은 출연받은 재산 및 수익사업, 공익사업 내역 등에 대한 장부를 작성하여 비치·보관하여야 합니다. (상증법 제51조)

11) 기타 (상증법 제48조제2항제8호, 시행령 제38조제8항)

① 공익법인의 해산시 잔여재산은 국가·지방자치단체 또는 해당 공익법인과 유사한 공익법인에 귀속시켜야 합니다. 유사한 공익법인 등은 주무부장관이 해당 공익법인 등과 유사한 것으로 인정한 공익법인 등을 말합니다. (상증법 시행령 제38조제8항제1호)

② 공익법인의 수혜자를 특정계층으로 한정하지 않아야 합니다. 다만, 수혜자가 한정되는 대상을 공익법인의 주무관청과 기획재정부장관(위임을 받은 지방자치단체장과 세무서장을 포함합니다)이 협의하여 승인하는 경우에는 과세대상에서 제외합니다. (상증법 시행령 제38조제8항제2호)

12) 공익법인 등 전용계좌의 개설·사용 의무화 (상증법 제50조의2)

(1) 전용계좌 개설·사용 의무

공익법인등(종교법인은 제외)은 해당 공익법인등의 직접 공익목적사업과 관련하여 지급받거나 지급하는 수입과 지출의 경우 직접 공익목적사업용 전용계좌를 사용하여야 합니다. (상증법 제50조의2, 시행령 제43조의4)

① 직접 공익목적사업과 관련된 수입과 지출을 금융회사등을 통하여 결제하거나 결제받는 경우 (상증법 제50조의2제1항제1호)

② 기부금·출연금 또는 회비를 지급받는 경우 (상증법 제50조의2제1항제2호)

현금을 직접 지급받는 경우로서 기부금·출연금 또는 회비를 직접 지급받은 날로부터 5월 이내에 전용계좌에 입금하는 경우를 제외합니다. 이 경우, 기부금·출연금 또는 회비의 현금수입 명세를 작성하여 보관하여야 합니다. (상증법 시행령 제43조의4제5항)

③ 인건비·임차료를 지급하는 경우 (상증법 제50조의2제1항제3호)

④ 기부금·장학금·연구비 등 대통령령으로 정하는 직접 공익목적사업비를 지출하는 경우, 다만, 100만원을 초과하는 경우로 한정합니다. (상증법 제50조의2제1항제4호, 시행령 제43조의4제6항)

⑤ 수익용 또는 수익사업용 자산의 처분대금, 그 밖의 운용소득을 고유목적사업회계에 전입 (현금 등 자금의 이전이 수반되는 경우만 해당)하는 경우 (상증법 제50조의2제1항제5호)

위의 어느 하나에 해당되지 아니하는 경우에는 명세서를 별도로 작성·보관하여야 합니다. 다만, 소득세법에 따른 증빙서류를 갖춘 경우 등의 수입과 지출의 경우에는 그러하지 아니합니다. (상증법 제50조의2제2항)

전용계좌는 공익법인등별로 둘 이상 개설할 수 있습니다. (상증법 시행령 제43조의4제3항)

공익법인 등은 최초로 공익법인 등에 해당하게 된 날부터 3개월 이내에 전용계좌를 개설하여 해당 공익법인등의 납세지 관할 세무서장에서 신고하여야 합니다. 또한 전용계좌를 변경하거나 추가로 개설하려는 경우에는 사유발생일로부터 1개월 이내에 납세지 관할 세무서장에게 신고하여야 합니다. (상증법 제50조의2제3항)

(2) 전용계좌 개설·사용 의무 위반 시 가산세 부과

전용계좌 개설·사용 의무를 위반하는 경우 다음의 구분에 따른 가산세를 부과합니다.

① 전용계좌를 사용하지 아니한 경우 : 전용계좌를 사용하지 아니한 금액의 1천분의 5에 해당하는 금액

② 전용계좌의 개설·신고를 하지 아니한 경우 다음의 금액 중 큰 금액

    ⓐ 개설·신고하지 아니한 각 과세기간 또는 사업연도의 직접 공익목적 사업과 관련한 수입금액의 1천분의 5에 해당하는 금액

    ⓑ 전용계좌 사용의무대상 거래금액(위 '①')의 합계액의 1천분의 5에 상당하는 금액

13) 결산서류 등의 공시 의무화 (상증법 제50조의3, 시행령 제43조의5)

공익법인등의 결산서류등의 공시의무는 종교법인등을 제외한, 사업연도(과세연도)의 종료일 현재 총자산가액이 5억원 이상인 공익법인 등과 해당과세기간의 수입금액과 출연받은 재산가액의 합계액이 3억원 이상인 공익법인 등이 해당됩니다. 2014.1.1.이후 개시하는 과세기간 또는 사업연도 분부터는 위 금액 미만인 공익법인등도 자율적으로 공시할 수 있습니다.

> ☞ **상증법 시행령 제43조의5 (공익법인등의 결산서류등의 공시의무)**
> ② 상증법 제50조의3제1항 각 호 외의 부분 단서에서 "대통령령으로 정하는 공익법인등"이란 법 제50조의3제1항에 따른 결산서류등의 공시대상 과세기간 또는 사업연도의 종료일 현재 재무상태표상 총자산가액(부동산인 경우 법 제60조 · 제61조 및 제66조에 따라 평가한 가액이 재무상태표상의 가액보다 크면 그 평가한 가액을 말한다)의 합계액이 5억원 미만인 공익법인등을 말한다. 다만, 해당 과세기간 또는 사업연도의 수입금액과 그 과세기간 또는 사업연도에 출연받은 재산가액의 합계액이 3억원 이상인 공익법인등과 제41조의2제6항에 해당하는 공익법인등은 제외한다.

2020.1.1.이후 사업연도·과세기간부터 공시대상 과세기간 또는 사업연도의 종료일 현재 재무상태표상 총자산가액의 합계액이 5억원 미만인 공익법인등(해당과세기간 또는 사업연도의 수입금액과 그 과세기간 또는 사업연도에 출연받은 재산가액의 합계액이 3억원 이상인 공익법인등은 제외)은 간편하게 공시할 수 있습니다.

종교법인 등을 제외한 공익법인등은 결산서류 등을 과세기간 또는 사업연도 종료일부터 4개월 이내에 국세청의 인터넷 홈페이지에 게재하는 방법으로 공시하여야 하며, 공시하여야 할 내용은 다음과 같습니다. (상증법 제50조의3제1항)

① 재무제표

② 기부금품 모집 및 지출내용

③ 해당 공익법인등의 대표자, 이사, 출연자, 소재지 및 목적사업에 관한 사항

④ 출연재산의 운용소득 사용명세

⑤ 상증법 제50조제3항에 따라 회계감사를 받을 의무가 있는 공익법인등에 해당하는 경우에는 감사보고서와 그 감사보고서에 첨부된 재무제표

⑥ 주식보유 현황 등 다음 사항(대통령령으로 정하는 내용) (상증법 시행령 제43조의5제3항)

　⑴ 공익법인등의 주식등의 출연·취득·보유 및 처분사항

　⑵ 공익법인등에 주식등을 출연한 자와 그 주식등의 발행법인과의 관계

　⑶ 주식등의 보유로 인한 배당현황, 보유한 주식등의 처분에 따른 수익현황 등

　⑷ 법 제16조제2항, 제48조제1항 및 같은 조 제2항제2호에 따라 내국법인의 의결권 있는 주식등을 그 내국법인의 발행주식총수등의 100분의 5를 초과하여 보유하고 있는 공익법인등으로서 제41조의2제6항에 해당하는 경우에는 보유주식에 대한 의결권의 행사 결과

　⑸ 법 제50조제3항에 따른 외부감사를 받는 공익법인등의 경우에는 출연받은 재산의 공익 목적사용 현황

국세청장, 납세지 관할 지방국세청장 또는 납세지 관할세무서장은 공익법인 등이 결산서류 등을 공시하지 아니하거나, 그 공시내용에 오류가 있는 경우에는 해당 공익법인 등에게 1개월 이내의 기간을 정하여 공시하도록 하거나, 오류를 시정하도록 요구할 수 있습니다. (상증법 제50조의3제2항)

국세청장은 공익법인등이 공시한 결산서류등을 대통령령으로 정하는 자에게 제공할 수 있습니다. (상증법 제50조의3제3항)

☞ (재)한국가이드스타, 국책연구기관, 기부금품법에 따른 기부금품 모집 등록청이 기부통합관리시스템 구축·운영 위탁한 기관, 공시의무를 이행한 공익법인 등에 제공할 수 있습니다.

결산서류 등을 공시하지 아니하거나 공시내용에 오류가 있는 경우로서 국세청장의 공시 또는 시정요구를 지정된 기한 이내에 이행하지 아니하는 경우에는 공시하여야 할 과세기간 또는 사업연도의 종료일 현재 해당 공익법인 등의 자산총액의 1천분의 5에 해당하는 금액을 가산세로 하여 부과합니다.(상증법 시행령 제43조의5제5항)

공익신탁 재산에 대한 증여세 과세가액 불산입

(상증법 제52조)

증여재산 중 증여자가 「공익신탁법」에 따른 공익신탁으로서 종교·자선·학술 또는 그 밖의 공익을 목적으로 하는 신탁을 통하여 공익법인등에 출연하는 재산의 가액은 증여세 과세가액에 산입하지 아니합니다. 이 경우 상증법 제17조제2항을 준용합니다. (상증법 제52조)

☞ **공익신탁법 제2조(정의)**

2. "공익신탁"이란 공익사업을 목적으로 하는 「신탁법」에 따른 신탁으로서 제3조에 따라 법무부장관의 인가를 받은 신탁을 말한다.

1 공익신탁의 요건

상증법 제17조(공익신탁재산에 대한 상속세 과세가액 불산입)제1항의 규정에 의한 공익신탁은 다음의 요건을 갖추어야 합니다. (상증법 시행령 제14조제1항)

① 공익신탁의 수익자가 제12조에 규정된 공익법인등이거나 그 공익법인등의 수혜자일 것

② 공익신탁의 만기일까지 신탁계약이 중도해지되거나 취소되지 아니할 것

③ 공익신탁의 중도해지 또는 종료시 잔여신탁재산이 국가·지방자치단체 및 다른 공익신탁에 귀속될 것

2 공익신탁의 이행시기

증여세 과세가액에 산입하지 아니하는 재산은 상속세과세표준 신고기한까지 신탁을 이행하여야 합니다. 다만, 법령상 또는 행정상의 사유로 신탁 이행이 늦어지면 그 사유가 끝나는 날이 속하는 달의 말일부터 6개월 이내에 신탁을 이행하여야 합니다. (상증법 시행령 제14조제2항)

제 4 절	장애인이 증여받은 재산의 과세가액 불산입

(상증법제52조의2, 시행령 제45조의2)

장애인이 타인으로부터 증여받은 재산(금전, 유가증권, 부동산)을 신탁업자에게 신탁하여 그 신탁의 이익을 전부 지급받는 경우에는 그 증여받은 재산가액(한도 5억원)은 과세가액에 산입하지 아니합니다. (상증법제52조의2)

2020.1.1.이후 신탁부터 과세가액 불산입 대상에 타익신탁(타인이 장애인을 수익자로 하여 재산을 신탁한 경우)을 추가하였습니다.

신탁재산을 처분하는 경우 등에는 그 날에 증여세를 과세하나, 부득이한 경우에는 제외합니다.

1 장애인의 범위

그 범위는 다음 어느 하나에 해당하는 자를 말합니다. (소득세법 시행령 제107조제1항)

① 「장애인복지법」에 따른 장애인 및 「장애아동 복지지원법」에 따른 장애아동 중 「장애아동 복지지원법」 제21조제1항에 따른 발달재활서비스를 지원받고 있는 사람 (소득세법 시행규칙 제54조)

② 「국가유공자 등 예우 및 지원에 관한 법률」에 의한 상이자 및 이와 유사한 사람으로서 근로능력이 없는 사람

③ 제1호 및 제2호 외에 항시 치료를 요하는 중증환자

2 과세가액 불산입 요건

1) 신탁요건

(1) 자익신탁

장애인이 재산을 증여받고 그 재산을 본인을 수익자로 하여 신탁한 경우로서 해당 신탁('자익신

탁'이라 합니다)이 다음 각 호의 요건을 모두 충족하는 경우에는 그 증여받은 재산가액은 증여세 과세가액에 산입하지 아니합니다. (상증법 제52조의2제1항)

여기서 증여받은 재산이란 자본시장과 금융투자업에 관한 법률에 따른 신탁업자에게 신탁할 수 있는 금전, 유가증권, 부동산을 말합니다. (상증법 시행령 제45조의2제3항)

① 「자본시장과 금융투자업에 관한 법률」에 따른 신탁업자(이하 '신탁업자'라 합니다)에게 신탁되었을 것
② 그 장애인이 신탁의 이익 전부를 받는 수익자일 것
③ 신탁기간이 그 장애인이 사망할 때까지로 되어 있을 것. 다만, 장애인이 사망하기 전에 신탁기간이 끝나는 경우에는 신탁기간을 장애인이 사망할 때까지 계속 연장하여야 합니다.

(2) 타익신탁

타인이 장애인을 수익자로 하여 재산을 신탁한 경우로서 해당 신탁('타익신탁'이라 합니다)이 다음의 요건을 모두 충족하는 경우에는 장애인이 증여받은 그 신탁의 수익(요건을 충족한 신탁원본의 인출이 있는 경우에는 해당 인출금액을 포함합니다)은 증여세 과세가액에 산입하지 아니합니다. (상증법 제52조의2제2항)

① 신탁업자에게 신탁되었을 것
② 그 장애인이 신탁의 이익 전부를 받는 수익자일 것. 다만, 장애인이 사망한 후의 잔여재산에 대해서는 그러하지 아니합니다
③ 다음 각 목의 내용이 신탁계약에 포함되어 있을 것
　㈎ 장애인이 사망하기 전에 신탁이 해지 또는 만료되는 경우에는 잔여재산이 그 장애인에게 귀속될 것
　㈏ 장애인이 사망하기 전에 수익자를 변경할 수 없을 것
　㈐ 장애인이 사망하기 전에 위탁자가 사망하는 경우에는 신탁의 위탁자 지위가 그 장애인에게 이전될 것

2) 불산입 재산가액

자익신탁(그 장애인이 살아 있는 동안 증여받은 재산가액을 합친 금액) 및 타익신탁 원본의 가액(그 장애인이 살아 있는 동안 그 장애인을 수익자로 하여 설정된 타익신탁의 설정 당시 원본가액을 합친 금액)을 합산한 금액은 5억원을 한도로 과세가액 불산입합니다. (상증법 제52조의2제3항)

3) 불산입 신고요건

증여세 과세가액 불산입을 받고자 하는 자는 증여세 과세표준신고 및 자진납부계산서에 다음 서류를 첨부하여 납세지 관할세무서장에게 제출하여야 합니다. (상증법 시행령 제45조의2제12항)

① 증여재산명세서 및 증여계약서 사본
② 신탁계약서
「자본시장과 금융투자업에 관한 법률 시행령」제103조제2호에 따른 불특정금전신탁의 계약에 있어서는 신탁증서사본 또는 수익증권사본으로 갈음할 수 있습니다.
③ 장애인에 해당하는 자임을 증명하는 서류

3 증여세 과세

1) 증여세를 과세하는 경우

세무서장등은 앞의 규정에 따라 재산을 증여받아 자익신탁을 설정한 장애인이 다음의 어느 하나에 해당하면 해당 재산가액을 증여받은 것으로 보아 해당되는 날에 즉시 증여세를 부과합니다. (상증법 제52조의2제4항, 시행령 제45조의2제4항)

① 신탁이 해지 또는 만료된 경우 → 그 신탁해지일 또는 신탁기간의 만료일
다만, 해지일 또는 만료일부터 1개월 이내에 신탁에 다시 가입한 경우는 제외합니다.
② 신탁기간 중 수익자를 변경한 경우 → 수익자를 변경한 날
③ 신탁의 이익 전부 또는 일부가 해당 장애인이 아닌 자에게 귀속되는 것으로 확인된 경우
→ 그 확인된 날
④ 신탁원본이 감소한 경우 → 신탁재산을 인출하거나 처분한 날

2) 추징하지 아니하는 경우

(1) 중도인출이 허용되는 장애인이 의료비를 인출한 경우

① 중도인출이 허용되는 장애인의 범위 (상증법 시행령 제45조의2제5항)

⑴ 「5 · 18민주화운동 관련자 보상 등에 관한 법률」에 따라 장해등급 3급 이상으로 판정된 사람

⑵ 「고엽제후유의증 등 환자지원 및 단체설립에 관한 법률」에 따른 고엽제후유의증환자로서 장애등급 판정을 받은 사람

⑶ 「장애인고용촉진 및 직업재활법」 제2조제2호에 따른 중증장애인

② 중도인출이 허용되는 의료비 등의 범위 (상증법 시행령 제45조의2제6항)

⑴ 「소득세법 시행령」 제118조의5제1항 및 제2항에 따른 장애인 본인의 의료비 및 간병인비용 ☞ 2018.4.1.이후 원금을 인출하는 분부터 적용합니다.

⑵ 「소득세법 시행령」 제118조의6제11항에 따른 장애인 본인의 특수교육비 ☞ 2018.4.1.이후 원금을 인출하는 분부터 적용합니다.

⑶ 장애인 본인의 생활비(월 150만원 이하의 금액으로 한정합니다) ☞ 2020.2.11.이후 인출하는 분부터 적용합니다.

  ☞ 본인의 의료비 등의 용도로 신탁재산을 인출하는 장애인은 기획재정부령으로 정하는 장애인신탁 원금 인출신청서와 관련 증빙 서류 등을 인출일 전 3개월부터 인출일 후 3개월까지의 기간 이내에 신탁업자에게 제출하여야 합니다. (상증법 시행령 제45조의2제7항)

(2) 부득이한 사유가 있는 경우

다음의 경우에는 증여세를 추징하지 아니합니다. (상증법 제52조의2제4항, 시행령 제45조의2제9항)

① 신탁회사가 관계법령 또는 감독기관의 지시·명령 등에 의하여 영업정지·영업폐쇄·허가취소 기타 기획재정부령이 정하는 사유로 신탁을 중도해지하고 신탁해지일부터 2개월 이내에 신탁에 다시 가입한 경우

② 신탁회사가 증여재산을 신탁받아 운영하는 중에 그 재산가액이 감소한 경우

③ 「도시 및 주거환경정비법」에 따른 재개발사업·재건축사업 또는 「빈집 및 소규모주택 정비에 관한 특례법」에 따른 소규모재건축사업으로 인해 종전의 신탁을 중도해지하고, 준공인가일부터 2개월 이내에 신탁에 다시 가입한 경우

④ 본인의 의료비, 간병인 비용, 특수교육비 등 용도로 지출하기 위하여 중도에 원금을 인출한 경우 (상증법 시행령 제45조의2제6항)

4 증여세 추징세액의 계산

상증법 제52조의2(장애인이 증여받은 재산의 과세가액 불산입)제4항 및 제7항의 규정에 의한 증여세는 제4항 각 호에 규정된 날 현재 상증법 제4장의 규정에 의하여 평가한 다음 각 호의 가액에 상증법 제56조의 규정에 의한 세율을 곱하여 계산합니다. (상증법 시행령 제45조의2제11항)

① 상증법 제52조의2제4항제1호 및 제2호의 규정에 해당하는 경우에는 당해 신탁재산의 가액 전액 신탁을 해지하거나 신탁기간이 만료된 경우로서 이를 연장하지 아니한 경우 및 신탁기간 중 수익자를 변경한 경우에는 신탁해지일, 신탁기간의 만료일, 수익자를 변경한 경우에는 신탁해지일. 신탁기간 만료일. 수익자를 변경한 날 현재의 해당 신탁재산의 가액 전액

② 상증법 제52조의2제4항제3호의 규정에 해당하는 경우에는 다음 산식에 의하여 계산한 가액 신탁의 이익의 전부 또는 일부가 장애인 외의 자에게 귀속되는 것으로 확인된 경우에는 그 확인된 날 현재 다음 산식에 의하여 계산한 가액

신탁재산의 가액 × (장애인 이외의 자에게 귀속된 것으로 확인된 신탁이익 ÷ 신탁이익의 전액)

③ 상증법 제52조의2제4항제4호의 규정에 해당하는 경우에는 그 감소한 재산의 가액 증여재산가액이 감소한 경우에는 신탁재산을 인출하거나 처분한 날 현재 그 감소한 재산의 가액

제 4 장 증여세 과세가액과 과세표준

☞ **증여세 과세가액과 과세표준 산식**
- 증여세 과세가액 = 증여재산가액 − 비과세·과세가액불산입 − 채무인수액(임대보증금 포함) + 증여재산 가산액(해당 증여전 10년 내의 동일인 증여분 합산)
- 증여세 과세표준 = 증여세 과세가액 − 증여재산공제 − 감정평가수수료 등

제1절 과세가액

(상증법 제47조)

증여세 과세가액은 증여받은 재산가액에서 비과세, 공익법인등 출연재산 및 장애인이 증여받은 재산 등의 과세가액 불산입금액 및 수증자가 인수한 증여자의 채무를 차감하고, 해당 증여일 전 10년 이내에 동일인(증여자가 직계존속인 경우에는 그 직계존속의 배우자를 포함)으로부터 증여받은 재산가액을 가산하여 계산합니다. (상증법 제47조)

1 채무

(상증법 제47조제1항)

증여재산가액에서 공제할 수 있는 채무란 해당 증여재산에 담보된 증여자의 채무로서 수증자가 인수한 채무를 말합니다. (상증법 제47조제1항) 그 증여재산을 타인에게 임대한 경우의 해당 임대보증금을 포함합니다. (상증법 시행령 제36조)

배우자 간 또는 직계존비속 간의 부담부증여(負擔附贈與, 상증법 제44조에 따라 증여로 추정되는 경우를 포함합니다)에 대해서는 수증자가 증여자의 채무를 인수한 경우에도 그 채무액은 수증자에게 인수되지 아니한 것으로 추정합니다. 다만, 그 채무액이 국가 및 지방자치단체에 대한 채무 등 객관적으로 인정되는 것인 경우(상증법 시행령 제10조의 입증방법)에는 그러하지 아니합니다. (상증법 제47조제

3항, 상증법 시행령 제36조, 상증법 시행령 제10조)

> ☞ **상증법 시행령 제36조(증여세 과세가액에서 공제되는 채무)**
>
> ② 법 제47조제3항 단서에서 "국가 및 지방자치단체에 대한 채무 등 대통령령으로 정하는 바에 따라 객관적으로 인정되는 것인 경우"란 상증법 시행령 제10조제1항 각 호의 어느 하나에 따라 증명되는 경우를 말한다.

> ☞ **상증법 시행령 제10조(채무의 입증방법등)**
>
> ① 법 제15조제1항제1호의 규정을 적용함에 있어서 재산의 처분금액 및 인출금액은 재산종류별로 다음 각호의 구분에 따라 계산한 금액을 합한 금액으로 한다.
>
> 1. 국가·지방자치단체 및 금융회사등에 대한 채무는 해당 기관에 대한 채무임을 확인할 수 있는 서류
> 2. 제1호외의 자에 대한 채무는 채무부담계약서, 채권자확인서, 담보설정 및 이자지급에 관한 증빙등에 의하여 그 사실을 확인할 수 있는 서류

증여자가 부담하고 있는 채무를 수증자가 인수한 것이 확인되는 경우에는 그 채무액을 차감하여 증여세 과세가액을 계산하고, 해당 채무액은 유상양도에 해당되므로, 증여자에게 양도소득세 납세의무가 부여됩니다.

☞ 증여재산의 채무 공제와 양도 적용

구 분	세 부 사 항
공제요건 (상증법 시행령 제36조)	해당 증여재산에 담보된 증여자의 채무(임대보증금 포함)로서 수증자가 인수한 금액
배우자 또는 직계존비속간 부담부증여인 경우 (상증법 시행령 제47조제3항)	채무를 인수하지 않는 것으로 추정, 채무인수사실이 확인되면 부담부증여 인정
양도세 관련 (소득세법 제38조제1항)	증여재산이 양도소득세 과세대상인 경우에는 증여가액 중 그 채무액에 상당하는 부분에 대하여 증여자에게 양도세 과세

(자료 : 국세청 책자)

1) 증여재산에 담보된 증여자의 채무

채무는 증여자의 채무이어야 하고, 증여재산에 담보되어야 합니다.(상증법 제47조제1항) 증여시점에서 해당 증여재산을 타인에게 임대한 경우 해당 임대보증금도 채무에 포함이 됩니다.(상증법 시행령 제36조) 그러나 해당 증여재산에 담보되지 아니한 증여자의 일반 채무는 공제대상이 아닙니다.

증여자 채무가 아닌 제3자 채무을 담보하는 부동산을 증여받으면서 제3자의 채무를 인수하는 조건을 받더라도 그 채무액은 증여재산가액에서 공제되지 아니합니다.(서면4팀-1299. 2005.7.25.)

수증자가 인수한 것으로 인정된 채무(증여재산에서 차감되는 채무)는 세무서에서 상속세 및 증여세 사무처리규정에 따라 사후관리하게 됩니다. 또한 양도소득세 과세대상인 증여재산이 담보된 증여

자의 채무에 상당한 가액은 수증자에게 유상으로 양도한 것으로 증여자에게 양도소득세가 과세됩니다. (소득세법 제88조제1호)

> ☞ **(예시) 증여재산에 채무가 담보되어 있을 경우의 증여가액과 양도차익 계산 방법 (국세청 책자)**
>
> 은행차입금 1억원이 증여자의 채무로 담보되어 있는 토지 시가 4억원을 갑이 을에게 증여하고, 을이 증여자인 갑의 은행 채무를 그대로 인수하였습니다. 이때 토지를 취득할 때 비용은 2억원이 소요되었다고 합니다. 갑과 을이 각각 신고하여야 할, 증여재산가액과 양도차익은 얼마나 될까요?
>
> 〈해답〉 ①을의 증여재산가액 3억원, ②갑의 양도차익 5천만원
>
> ① 을(수증자)의 증여재산가액 3억원 = 토지시가 4억원 – 증여자의 은행채무 1억원
>
> ② 갑(증여자)의 양도차익
>
>   양도가액 1억원 = 증여시가 4억원 × (채무액 1억원 ÷ 증여시가 4억원)
>
> – 필요경비 5천만원 = 필요경비 2억원 × (채무액 1억원 ÷ 증여시가 4억원)
>
>   = 양도차익 5천만원

2) 수증자가 실제 인수한 채무

증여자의 채무가 수증자에게 실제 인수되어야 하며, 이는 단순한 채무자 명의변경만을 말하는 것이 아니라, 수증자가 실제 원금 및 이자를 변제하는 것을 말합니다. 즉, 증여자의 채무를 인수하였는지 여부는 채무자 명의변경 여부에 관계없이 증여일 후 해당채무를 누가 부담하고 있는지에 따라 판단합니다. (서면1팀-811, 2007.3.8.)

증여약정서 등에 채무인수내용을 기재하지 아니하였더라도 사실상 자녀가 부모의 채무를 인수한 때에는 그 채무액을 증여재산가액에서 차감할 수 있습니다. (서면4팀-1131, 2005.7.5.)

2 증여재산가액

해당 증여일 전 10년 이내 동일인으로부터 증여받은 증여세 과세가액의 합계액이 1천만원 이상인 경우에는 그 과세가액을 해당 증여세 과세가액에 가산합니다. 이 경우 동일인에는 증여자가 직계존속인 경우 배우자를 포함합니다. (상증법 제47조제2항)

1) 10년 이내 가산

기간을 일, 월, 년으로 정한 때에는 민법의 규정에 의하여 초일을 산입하지 않고, 기간의 만료일을 계산합니다. (재산46014-1691, 1996.7.13.)

2) 동일인(증여자가 직계존속인 경우 배우자 포함)

동일인에는 증여자가 직계존속의 경우에는 그 직계존속의 배우자를 포함합니다. (상증법 제47조 제2항)

직계존속의 배우자가 이혼 또는 사별한 경우에는 동일인으로 보지 않으며,(재산세과-58, 2010.2.1.) 부와 계모 또한 동일인으로 보지 아니합니다. (재산세과-399, 2010.6.16.)

3) 합산하는 증여가액의 계산

상증법 제47조제2항에 따라 재차증여재산의 합산과세시 증여재산의 가액은 각 증여일 현재의 재산가액에 따릅니다. (상증법 기본통칙 47-0-2)

연대납세의무자에 해당하지 아니한 자가 수증자를 대신하여 납부한 증여세는 대신 납부할 때마다 증여에 해당되어 합산과세합니다. 이 경우 주식명의수탁자에게 과세된 증여세를 명의신탁자가 대신 납부한 경우에는 재차 증여에 해당되지 아니합니다. (조심2012구1408, 2012.11.29.)

4) 동일인 증여 시 일반 증여재산과 합산하지 않는 증여재산

☞ 동일인 증여 시 일반 증여재산과 합산하지 않는 증여재산

합산하지 않는 증여재산	비고
합산배제 증여재산 (상증법 제47조제1항)	
창업자금 (조특법 제30조의5제10항)	5억원 공제
중소기업 가업승계 주식 등 (조세특례제한법 제30조의6제3항)	10억원 공제
영농자녀가 증여받은 농지 등 (조세특례제한법 제71조제6항)	상증법 제53조 공제
직계존속의 배우자 이혼·사망 등	
증여세 비과세재산 (상증법 제46조)	
증여세 과세가액 불산입 재산	
- 공익법인 등에 출연한 재산 (상증법 제48조)	
- 공익신탁재산 (상증법 제52조)	
- 장애인이 증여받은 재산 (상증법 제52조의2)	

(자료 : 국세청)

합산배제증여재산(상증법 제47조제1항)은 증여자 또는 증여재산의 원천을 확정하기 어려운 경우로, 재산 취득 후 해당 재산의 가치가 증가하는 경우(상증법 제31조제1항3호), 전환사채 등의 주식전환 등에 따른 이익의 증여(상증법 제40조제1항2호 및 3호), 주식 등의 상장 등에 따른 이익의 증여(상증법 제41의3), 합병에 따른 상장 등 이익의 증여(상증법 제41조의5), 재산 취득 후 재산가치 증가에 따른 이익의 증여(상증법 제42의3), 재산취득 자금의 증여 추정(상증법 제45조), 특수관계법인과의 거래를 통한 이익의 증여의제(상증법 제45의3) 및 특수관계법인으로부터 제공받은 사업기회로 발생한 이익의 증여의제(상증법 제45조의4)에 따른 증여재산을 말합니다.

2019.1.1.이후 증여분부터 명의신탁재산의 증여의제(상증법 제45의2), 2022.1.1 증여분부터 재산취득자금등의 증여 추정(상증법 제45조)이 합산배제증여재산에 추가되었습니다.

☞ **합산배제증여재산(상증법 제40조제1항)에 대한 상속세 및 증여세 과세방법(2004.1.1. 이후)**
· 증여자가 사망한 경우에 증여시기에 관계없이 해당 재산은 상속세 과세가액에 가산하지 않습니다.
· 합산배제 증여재산은 다른 증여재산과 합산하지 않습니다.
· 과세표준계산시 증여재산공제를 적용하지 않습니다.

☞ **창업자금 및 가업승계주식 등(조세특례제한법 제30조의5 및 제30조의6)의 상속세 및 증여세 과세방법**
· 거주자에 한하여 적용합니다.
· 증여자가 사망한 경우에는 증여시기에 관계없이 해당 재산을 상속세 과세가액에 가산합니다.
· 증여세 과세특례재산은 다른 증여재산과는 합산하지 않습니다. (창업자금과 가업승계 주식 등을 중복하여 공제받을 수 없습니다.)
· 5억원(가업승계 10억원)을 증여재산공제로 뺀 후 10%(가업승계는 과세표준 120억원 초과시 20%)의 특례세율을 적용합니다.
· 상속공제 한도액 계산시 사전증여 재산으로 보지 않습니다.

(상증법 제55조)

증여세 과세표준이란 증여세액 산출의 기준이 되는 금액을 말합니다. 2004.1.1.이후 증여분부터 일반증여재산, 명의신탁재산, 합산배제증여재산으로 구분하여 과세표준을 계산하고 있습니다. (상증법 제55조)

☞ 증여세 과세표준

구분	증여세 과세표준
합산배제 증여재산 외	거주자(수증자) : 증여세과세가액 - 증여재산공제 - 재해손실공제 - 감정평가수수료
	비거주자(수증자) : 증여세과세가액 - 재해손실공제 - 감정평가수수료
합산배제 증여재산	① 명의신탁재산의 금액(상증법 제45조의2) - 감정평가수수료
	② 특수관계법인과의 거래를 통한 증여의제이익(상증법제45의3) 또는 특수관계법인으로부터 제공받은 사업기회로 발생한 증여의제이익(상증법제45의4) - 감정평가수수료
	합산배제증여재산(① 및 ② 제외) - 3천만원 - 감정평가수수료

증여세 과세표준이 50만원 미만일 때에는 증여세를 부과하지 않습니다. (상증법 제55조제2항, 과세최저한)

> ☞ 상증법 제55조(증여세의 과세표준 및 과세최저한)
> ① 증여세의 과세표준은 다음 각 호의 어느 하나에 해당하는 금액에서 대통령령으로 정하는 증여재산의 감정평가 수수료를 뺀 금액으로 한다.
> 　1. 제45조의2에 따른 명의신탁재산의 증여 의제 : 그 명의신탁재산의 금액
> 　2. 제45조의3 또는 제45조의4에 따른 이익의 증여 의제 : 증여의제이익
> 　3. 제1호 및 제2호를 제외한 합산배제증여재산 : 그 증여재산가액에서 3천만원을 공제한 금액
> 　4. 제1호부터 제3호까지 외의 경우 : 제47조제1항에 따른 증여세 과세가액에서 제53조와 제54조에 따른 금액을 뺀 금액
> ② 과세표준이 50만원 미만이면 증여세를 부과하지 아니한다.

1 증여재산공제

증여재산공제제도는 수증자와 증여자의 밀접한 관계에 있는 경우 증여세 과세가액에서 일정액을 공제하여 과세표준을 산정하도록 함으로써 납세의무자에 대하여 일종의 조세혜택을 부여하고 있는 제도를 말합니다. (현재2007허나13, 2008.7.31.)

> ☞ 제53조(증여재산 공제) 거주자가 다음 각 호의 어느 하나에 해당하는 사람으로부터 증여를 받은 경우에는 다음 각 호의 구분

에 따른 금액을 증여세 과세가액에서 공제한다. 이 경우 수증자를 기준으로 그 증여를 받기 전 10년 이내에 공제받은 금액과 해당 증여가액에서 공제받을 금액을 합친 금액이 다음 각 호의 구분에 따른 금액을 초과하는 경우에는 그 초과하는 부분은 공제하지 아니한다.

1. 배우자로부터 증여를 받은 경우: 6억원
2. 직계존속[수증자의 직계존속과 혼인(사실혼은 제외한다. 이하 이 조에서 같다) 중인 배우자를 포함한다]으로부터 증여를 받은 경우: 5천만원. 다만, 미성년자가 직계존속으로부터 증여를 받은 경우에는 2천만원으로 한다.
3. 직계비속(수증자와 혼인 중인 배우자의 직계비속을 포함한다)으로부터 증여를 받은 경우: 5천만원
4. 제2호 및 제3호의 경우 외에 6촌 이내의 혈족, 4촌 이내의 인척으로부터 증여를 받은 경우: 1천만원

거주자가 ①배우자 ②직계존속 ③직계비속 ④직계존속·직계비속이 아닌 친족 중 '6촌 이내 혈족 및 4촌 이내 인척'(이하 '기타친족')으로부터 증여받은 경우 증여세 과세가액에서 10년간 합산하여 다음 표의 금액을 공제합니다.(상증법 제53조, 증여재산공제) 그 외 경우에는 증여재산공제를 적용하지 않습니다.

☞ 증여재산공제 금액 (상증법 제53조)

증여자	배우자	직계존속	직계비속	기타친족	기타
증여재산 공제한도액	6억원	5천만원 (단, 수증자가 미성년자이면 2천만원)	5천만원	1천만원	없음

☞ 증여재산공제는 수증자를 기준으로 증여자 그룹별로 계산하며, 증여세 과세가액은 동일인(증여자가 직계존속인 경우 그 배우자를 포함)으로부터 증여받은 경우에 합산합니다.

2016.1.1.이후 증여분부터 직계비속이 직계존속에게 증여한 경우 증여재산공제액을 5천만원으로, 기타 친족의 증여재산공제액을 1천만원으로 인상하였습니다.

만약, 수증자가 비거주자이면 증여재산공제가 적용되지 않습니다.

또한 증여재산이 명의신탁·증여재산신탁 또는 합산배제 증여재산에 해당되면 증여재산공제가 적용되지 않고, 과세표준 산정규정에 따라 일정한 금액을 빼게 됩니다.

창업자금(조세특례제한법 제30조의5)·가업주식(조세특례제한법 제30의6)의 경우 증여재산공제를 적용하지 않고, 창업자금의 경우 5억원, 가업주식의 경우 10억원을 증여재산가액에서 공제합니다.

계부·계모와 자간의 증여시 직계존비속간의 공제액과 동일하게 적용합니다. (☞ 2010.1.1.이후 증여분부터 적용합니다)

재산취득에 대한 자금출처 조사결과 자금출처를 밝히지 못해 증여추정으로 과세시 증여자와 수증자의 관계가 확인되는 경우에는 증여재산공제가 가능합니다. (재산상속 46014-2067, 1999.12.10.)

☞ **연도별 증여재산 공제 적용 개정연혁**

증여자	1999-2002	2003-2007	2008-2013	2014-2015	2016.1.1이후
직계존속 (수증자가 미성년자인 경우)	3천만원 (15백만원)	3천만원 (15백만원)	3천만원 (15백만원)	5천만원 (2천만원)	5천만원 (2천만원)
직계비속				3천만원	5천만원
배우자	5억원	3억원	6억원	6억원	6억원
기타친족	5백만원	5백만원	5백만원	5백만원	1천만원

* 미성년자 만19세 미만(민법제4조)　　　　　　　　　　　　　　　　　　　　(자료: 국세청)

1) 증여자가 배우자인 경우

(상증법 제53조제1호)

(1) 증여재산공제액

거주자가 배우자로부터 증여를 받는 경우에는 증여세 과세가액에서 6억원을 공제합니다. (상증법 제53조 제1호)

이 경우 배우자는 민법상 혼인으로 인정되는 혼인관계에 있는 배우자(상증법 집행기준 53-0-2)를 말하므로 사실혼 관계에 있는 배우자는 공제되지 않습니다.

(2) 종전 증여 합산 시 증여재산공제

거주자가 배우자로부터 2008.1.1.이후 재산을 증여받은 경우에는 해당 증여 전 10년 이내에 공제받은 금액과 해당 공제받을 금액(해당증여가액을 초과하지 못함)의 합계액이 6억원을 초과하지 않는 범위 내에서 공제합니다.

☞ (예시) 2006.5월 배우자로부터 4억원을 증여받고, 2012. 9월에 배우자로부터 2억원을 증여받은 경우 증여재산공제액은? (증여받은 배우자는 거주자임) (예시 자료 : 국세청 책자)

구분	증여액	공제액	증여누계액 ①	공제한도액 ②	증여세 과세표준액 (증여세 납부대상액) ③ = ② - ①
2006.5월 증여분	4억원	3억원 (10년이내 공제받은 금액)	4억원	-	1억원
2012.9월 증여분	2억원	2억원 (해당증여가액 한도)	6억원	5억원	-
증여 누계액 / 공제한도액	6억원 (증여 누계액)	5억원 (증여공제한도액)		5억원 (증여공제한도액)	

2) 증여자가 직계존속인 경우

(상증법 제53조제2호)

(1) 증여재산공제액

거주자가 직계존속으로부터 재산을 증여받는 경우에는 5천만원을 공제합니다. 수증자가 미성년자(만 19세 미만, 민법 제4조)이면 2천만원을 공제합니다.(상증법 제53조 제2호) 이 경우 미성년자가 결혼한 경우에도 미성년자로 봅니다.

☞ 민법 미성년자 개정연혁

2013. 6.30 이전	2013.7.1. 이후
만 20세 미만	만 19세 미만

재혼가정이 증가하는 사회변화 추세 등을 감안하여 직계존속의 범위에서 수증자의 직계존속과 혼인(사실혼은 제외) 중인 배우자를 포함하도록 하였습니다. (☞ 2010.1.1.이후 증여분부터 적용합니다) 계부·계모로부터 증여받은 경우에도 직계존속으로부터 증여받은 경우와 동일하게 증여재산 공제를 허용하였습니다.

☞ (예시) 증여세 과세가액 및 공제내역 (예시 자료: 국세청 책자)
· 부가 자(성년, 거주자)에게 2013.7.15일에 증여하고, 2023.5.15일에 증여한 경우 증여세 과세가액 및 증여재산공제금액은? (← 연도별 공제금액이 중요하다는 점을 알 수 있습니다.)

증여일	예시 ①		예시 ②		예시 ③	
	재산가액	공제금액	재산가액	공제금액	재산가액	공제금액
2013.7.15	5천만원	3천만원	6천만원	3천만원	1천만원	1천만원
2023.5.16	1천만원	1천만원	3천만원	2천만원	6천만원	4천만원
과세가액/증여재산공제	6천만원	4천만원	9천만원	5천만원	7천만원	5천만원

(2) 직계존속의 판단

직계존속은 혈족을 말합니다. 외조부모와 외손자는 직계존비속에 해당합니다. 출가녀인 경우에는 친가에서는 직계존속의 관계, 시가에서는 직계비속과의 관계에만 해당합니다.

출양한 자의 경우에는 양가 및 생가 모두 해당됩니다.

계모의 부모로부터 증여를 받는 경우에는 직계존비속 증여재산공제가 적용되지 않습니다. (기획재정부 재산세과-998, 2010.10.21.)

☞ **친자·친양자**

- 친자는 자연혈족인 친생자와 법정혈족인 양자로 구분됩니다. 친생자는 혼인 중 출생자와 혼인외 출생자로 구분할 수 있습니다. 혼인성립일로부터 200일 후 또는 혼인 종료일로부터 300일 내에 출생한 자는 혼인 중 출생자로 추정합니다.
- 친양자란 양아버지나 새아버지의 성과 본을 따르는 양자를 말하며, 친양자는 생가의 친족 관계가 소멸됩니다. 양자는 본래 친가와 양가의 상속권을 가지지만, 친양자의 경우에는 양가의 상속권만을 가지고 친가의 상속권은 없습니다.

☞ **직계존비속의 판정기준 (상증법 집행기준 53-0-3)**

① 직계존비속은 「민법」에 의한 수증자의 직계존속과 직계비속인 혈족을 말한다.
② 직계존속은 수증자의 직계존속과 혼인(사실혼 제외)중인 배우자를 포함하며, 직계비속에는 수증자와 혼인중인 배우자의 직계비속을 포함한다. (2010.1.1. 이후 최초로 증여하는 분부터 적용한다)
③ 출양한 자가 수증자인 경우에는 양가 및 생가의 직계존비속에 모두 해당한다.
④ 출가녀는 친가에서는 직계존속과의 관계, 시가에서는 직계비속과의 관계에만 해당한다.
⑤ 외조부모와 외손자는 직계존비속에 해당한다.

☞ **직계존비속 판정기준 (상증법 기본통칙 53-46…2)**

① 직계존비속 여부는 「민법」 제768조에 따른 자기의 직계존속과 직계비속인 혈족을 말한다.
② 상증법 제53조를 적용함에 있어 다음 사항을 유의한다.
   1. 출양한 자인 경우에는 양가 및 생가에 모두 해당한다
   2. 출가녀인 경우에는 친가에서는 직계존속과의 관계, 시가에서는 직계비속과의 관계에만 해당한다.
   3. 외조부모와 외손자는 직계존비속에 해당한다.

3) 증여자가 직계비속인 경우

거주자가 직계비속으로부터 재산을 증여받은 경우에는 5천만원을 공제합니다. (상증법 제53조제3호)

2010.1.1.이후 증여분부터는 재혼가정이 증가하는 사회변화 추세 등을 감안하여 직계비속의 범위에 수증자와 혼인 중인 배우자의 직계비속을 포함하도록 개정하였습니다.

☞ **〈참고〉 성년자가 된 후 증여재산공제**

미성년자가 직계존속으로부터 재산을 증여받아 15백만원의 증여재산공제를 받은 후, 성년자가 되어 20이상의 직계존속으로부터 동시에 증여를 받은 경우, 추가된 증여재산공제 15백만원은 성년자가 된 후 증여받은 각각의 증여가액으로 안분합니다. (재산상속46014-1664, 1999.9.10.)

4) 증여자가 배우자 및 직계존비속이 아닌 친족인 경우

배우자 및 직계존비속이 아닌 6촌 이내 혈족 및 4촌이내 인척으로부터 증여를 받는 경우에는 1천만원을 공제합니다. (상증법 제53조제4호)

5) 친족관계가 없는 경우 등

수증자와 증여자간의 관계가 종중이거나 친족관계가 없는 경우에는 증여재산공제를 적용하지 않습니다. (서면4팀-3043, 2007.10.23.)

6) 증여재산공제액 계산

증여재산공제는 수증자를 기준으로 해당 증여 전 10년 이내에 공제받은 금액과 해당 증여가액에서 공제받을 금액의 합계액이 증여재산공제 한도액을 초과하면 그 초과하는 부분은 이를 공제하지 않습니다.

☞ (증여재산공제)는 증여가 있을 때마다 증여자·수증자별로 구분하여 적용합니다. 2이상의 증여가 그 증여시기를 달리하는 경우 2이상의 증여 중 최초의 과세가액에서부터 순차로 증여재산공제한도액 범위 내에서 공제합니다. 그러나 증여가 동시에 있는 경우에는 증여세 과세가액으로 안분하여 공제합니다.

2 재해손실공제

타인의 증여에 따라 재산을 취득하는 경우로서 증여일이 속하는 달의 말일부터 3월 이내에 재난으로 인하여 증여재산이 멸실·훼손된 경우에는 그 손실된 증여재산가액을 증여세 과세가액에서 공제합니다. (상증법 제54조)

이 경우 재난이란 화재, 붕괴, 폭발, 환경오염사고 및 자연재해 등으로 인한 재난을 말합니다. 다만, 해당 손실금액에 대해서 보험금 등의 수령 또는 구상권 등의 행사에 따라 해당 손실가액에 상당하는 금액을 보전받을 수 있는 경우는 제외합니다.

재해손실공제를 받고자 하는 수증자는 재해손실공제신고서에 해당 손실가액 및 명세와 재난의 사실을 입증하는 서류를 첨부하여 증여세과세표준신고과 함께 납세지 관할세무서장에게 제출하여야 합니다.

☞ 상증법 제54조(준용규정) 재난으로 인하여 증여재산이 멸실되거나 훼손된 경우의 증여세 과세가액 공제에 관하여는 상증법 제23조(재해손실 공제)에 따른 상속세편의 재해손실공제를 준용합니다

3 감정평가수수료

증여재산의 감정평가수수료라 함은 증여세를 신고·납부하기 위하여 증여재산을 평가하는데 소요되는 수수료를 말합니다.(상증법 제55조제1항)   ☞ 2004.1.1.이후 증여분부터 적용합니다.

수수료를 공제받고자 하는 자는 해당 수수료의 지급사실을 입증할 수 있는 서류를 증여세 과세표준신고와 함께 제출하여야 합니다. (상증법 시행령 제20조의3제4항)

감정평가수수료는 상속세 감정평가수수료 공제를 준용합니다.

☞ 상증법 제46조의2(감정평가 수수료 공제) 법 제55조(증여세의 과세표준 및 과세최저한)제1항 각 호 외의 부분에서 "대통령령으로 정하는 증여재산의 감정평가 수수료"란 제20조의3(감정평가 수수료 공제)에 따른 수수료를 말한다. 이 경우 제20조의3 중 "상속재산"은 "증여재산"으로, "상속세"는 "증여세"로, "상속세과세표준신고"는 "증여세과세표준신고"로 본다

1) 부동산에 대한 감정평가업자의 평가수수료

감정평가 및 감정평가사에 관한 법률에 다른 감정평가업자의 평가수수료로서 해당 평가된 가액으로 증여세를 신고·납부하는 경우에 한정하여 적용합니다. 5백만원을 초과하는 경우 5백만원으로 합니다. (상증법 시행령 제20조의3제3항)

2) 비상장주식에 대한 신용평가전문기관의 평가수수료

평가심의위원회에서 신용평가전문기관에 의뢰하여 납세자가 부담한 평가수수료는 신용평가전문기관 평가액의 채택여부와 관계없이 공제합니다.

평가대상 법인의 수 및 평가를 의뢰한 신용평가전문기관의 수 별로 각각 1천만원을 한도로 합니다. (상증법 시행령 제20조의3제3항)

3) 서화·골동품 등의 전문가 감정수수료

서화·골동품 등 예술적 가치가 있는 유형재산 평가에 대한 감정수수료는 2014.2.21. 이후 감정평가하는 분부터 적용하며, 5백만원을 초과하는 경우 5백만원으로 합니다. (상증법 시행령 제20조의3제3항)

제3절 혼인·출산 증여재산 공제

(상증법 제53조의2)

혼인 또는 출산 시 증여받는 자금에 대한 증여세 부담을 완화하기 위하여 2024.1.1.부터 혼인·출산 증여재산 공제를 도입하였습니다.

1 공제내용

1) 혼인에 따른 증여재산공제

거주자가 직계존속으로부터 혼인일(가족관계의 등록 등에 관한 법률 제44조에 따른 출생신고서상 출생일을 말함) 또는 입양일(가족관계의 등록 증에 관한 법률 제61조에 의한 입양신고일을 말함)로부터 2년 이내에 증여를 받는 경우에는 상증법 제53조의2제1항(혼인에 따른 재산공제) 및 동법 제53조제2호에 따른 공제(직계존속 증여재산공제)와 별개로 증여받는 금액을 증여세 과세가액에서 공제합니다.

이 경우 그 증여세 과세가액에서 공제받을 금액과 수증자가 이미 출산 등에 따라 공제받은 금액을 합한 금액이 1억원을 초과하는 경우에는 그 초과하는 부분은 공제하지 아니합니다. (상증법 제53조의2제1항)

2) 공제내용

거주자가 직계존속으로부터 자녀의 출생일(가족관계의 등록 등에 관한 법률 제44조에 따른 출생신고서상 출생일을 말함) 또는 입양일(가족관계의 등록등에 관한 법률 제61조에 따른 입양신고일을 말함)부터 2년 이내에 증여를 받는 경우에는 상증법 제55조의2제1항(혼인에 따른 증여재산공제) 및 동법 제53조제2호에 따른 공제(직계존속 증여재산공제)와 별개로 증여받는 금액을 증여세 과세가액에서 공제합니다.

이 경우 그 증여세 과세가액에서 공제받을 금액과 수증자가 이미 출산 등에 따라 공제받은 금액을 합한 금액이 1억원을 초과하는 경우에는 그 초과하는 부분은 공제하지 아니합니다. (상증법 제53조의2제2항)

2 공제한도

혼인 및 출산 등에 따라 증여세 과세가액에서 공제받았거나 받을 금액을 합한 금액이 1억원을 초과하는 경우에는 그 초과하는 부분은 공제하지 아니합니다. (상증법 제53조의2제3항)

3 증여재산

증여추정 및 증여의제 등의 증여재산을 제외한 모든 재산에 적용됩니다. (상증법 제53조의2제4항 → 상증법 제4조 제1항 제4호 · 제5호 및 같은 조 제2항)

☞ 증여추정 및 증여의제 항목은 이 책의 「제1편 완전포괄주의의 증여」를 참조하시기 바랍니다.

4 반환 특례

거주자가 혼인에 따른 공제를 받은 후 약혼자의 사망 등 부득이한 사유가 발생하여 해당 증여재산을 그 사유가 발생한 달의 말일부터 3개월 이내에 증여자에게 반환하는 경우에는 처음부터 증여가 없었던 것으로 봅니다. (상증법 제53조의2제5항)

이 경우 부득이한 사유란 다음의 어느 하나에 해당하는 사유를 말합니다. (상증법 시행령 제46조제2항)

① 약혼자의 사망

② 민법 제804조제1호부터 제7호까지의 약혼해제 사유

③ 그 밖에 혼인할 수 없는 중대한 사유로서 국세청장이 인정하는 사유

☞ 민법 제804조 (약혼해제의 사유) 당사자 한쪽에 다음 각 호의 어느 하나에 해당하는 사유가 있는 경우에는 상대방은 약혼을 해제할 수 있다.
1. 약혼 후 자격정지 이상의 형을 선고받은 경우
2. 약혼 후 성년후견개시나 한정후견개시의 심판을 받은 경우
3. 성병, 불치의 정신병, 그 밖의 불치의 병질(病疾)이 있는 경우
4. 약혼 후 다른 사람과 약혼이나 혼인을 한 경우
5. 약혼 후 다른 사람과 간음(姦淫)한 경우
6. 약혼 후 1년 이상 생사(生死)가 불명한 경우
7. 정당한 이유 없이 혼인을 거절하거나 그 시기를 늦추는 경우
8. 그 밖에 중대한 사유가 있는 경우

5 수정·기한 후 신고시 가산세 면제 특례 등

다음 기한 이내에 수정신고 또는 기한 후 신고하는 경우 국세기본법에 따른 가산세의 전부 또는 일부를 부과하지 아니하되, 이자상당액을 증여세에 가산하여 부과합니다. (상증법 제53조의2제6항·제7항)

① 혼인 전에 혼인에 따른 공제를 받은 거주자가 증여일(공제를 적용받은 증여가 다수인 경우 최초 증여일)부터 2년 이내에 혼인하지 아니한 경우로서 증여일부터 2년이 되는 날이 속하는 달의 말일부터 3개월이 되는 날까지 수정신고 또는 기한 후 신고를 한 경우 (상증법 제53조의2제6항, 시행령 제46조제3항)

② 혼인에 따른 공제를 받은 거주자가 혼인이 무효가 된 경우로서 혼인무효의 소에 대한 판결이 확정된 날이 속하는 달의 말일부터 3개월이 되는 날까지 수정신고 또는 기한 후 신고를 한 경우 (상증법 제53조의2제7항, 시행령 제46조제3항)

1) 가산세 면제 범위

무신고가산세(단, 부정행위에 따른 가산세는 부과), 과소신고 가산세(단, 부정행위에 따른 가산세는 부과), 납부지연가산세를 부과하지 않습니다. (상증법 시행령 제46조제3항)

2) 이자상당액 계산

증여세에 가산하여 부과하는 이자상당액은 다음과 같이 계산한 금액을 말합니다. (상증법 시행령 제46조제4항)

이자상당액 = 증여세액 × 증여세 과세표준 신고기한의 다음날부터 수정신고 또는 기한 후

신고를 한 날까지의 기간 × 국세기본법상 이자율

☞ 국세기본법상 이자율 : 국세기본법 시행령 제27조의4에 따른 이자율(22/100,000, 2022.2.15.이후의 기간분에 대한 이자율)

6 증여재산 공제 가능 기간

혼인에 따른 증여재산공제는 혼인일(혼인관계증명서상 신고일) 전후 2년 이내. 출산 등에 따른 증여재산공제는 자녀의 출생일 또는 입양일(입양신고일)부터 2년 이내에 증여를 받는 경우 적용됩니다. (상증법 제53조의2제1항·제2항) ☞ 2024.1.1. 이후 증여를 받는 경우부터 적용됩니다.

☞ 혼인·출산 증여재산공제 신설

20212.31.까지 적용	2024.1.1.이후 적용
□ 증여재산 공제 – 증여자별 아래 금액을 증여세 과세가액에서 공제하고 수증자 기준 10년간 합산하여 초과분은 공제제외 　· 배우자 : 6억원 　· 직계존속 : 5천만원 (단, 수증자가 미성년자 2천만원) 　· 직계비속 : 5천만원 　· 직계존비속 외 6촌 이내 혈족, 4촌 이내 인척 : 1천만원	(좌 동)
	□ 혼인 증여재산 공제 ○ 아래 요건 모두 충족 시 증여세 과세가액에서 공제 　① (증여자) 직계존속 　② (공제한도) 1억원 　③ (증여일) 혼인신고일 이전 1년 + 혼인신고일 이후 2년 이내(총 4년) 　④ (증여재산) 증여추정 의제 등에 해당하는 경우 제외 ○ 반환특례 　– 혼인공제 적용받은 재산을 혼인할 수 없는 정당한 사유(구체적 범위는 대통령령에서 규정)가 발생한 달의 말일부터 3개월 이내 증여자에게 반환 시 처음부터 증여가 없었던 것으로 봄 ○ 가산세 면제 및 이자상당액 부과 　(구체적 범위는 대통령령에서 규정) 　– 혼인 전 증여받은 거주자 : 증여일로부터 2년 이내에 혼인하지 않은 경우로서 증여일로부터 2년이 되는 날이 속하는 달의 말일부터 3개월이 되는 되는 날까지 수정신고 또는 기한후 신고한 경우 　– 혼인 이후 증여받은 거주자 : 혼인이 무효가 된 경우로서 혼인무효 소의 확정 판결일이 속하는 달의 말일부터 3개월이 되는 날까지 수정신고 또는 기한 후 신고 한 경우 **□ 출산 증여재산 공제** ○ 아래 요건 모두 충족 시 증여세 과세가액에서 공제 　① (증여자) 직계존속 　② (공제한도) 1억원 　③ (증여일) 자녀의 출생일(입양의 경우 입양 신고일)부터 2년 이내 **□ 통합 공제한도** ○ 혼인 증여재산 공제 + 출산 증여재산 공제 : 1억원

제5장 세액계산과 공제감면세액

증여세의 과세표준에 세율을 곱하면 증여세산출세액이 계산되나, 이 산출세액이 그대로 납세자가 신고납부할 세액이 되는 것은 아닙니다. 신고납부할 세액은 증여세산출세액에 직계비속에 대한 증여의 할증과세액을 가산한 금액에서 법률의 규정에 의한 공제·감면세액을 차감하여 결정세액을 계산하고, 이 결정세액이 수증자가 신고 납부할 총세액이 됩니다.

증여세 결정세액을 계산함에 있어서 공제·감면되는 세액은 납부세액공제, 외국납부세액공제, 박물관자료·미술관자료에 대한 징수유예세액, 신고세액공제가 있습니다.

☞ 문화유산자료에 대한 징수유예제도는 상속세만 적용합니다.

제1절 증여세산출세액

(상증법 제56조)

증여세산출세액은 증여세 과세표준에 세율을 적용하여 계산합니다.(상증법 제56조) 다만, 수증자가 증여자의 자녀가 아닌 직계비속의 경우에는 해당 증여세산출세액의 30%에 상당하는 금액을 가산합니다. (상증법 제57조)

증여세산출세액 = (증여세과세표준 × 세율) + 세대생략 증여세 할증세액

☞ 상증법 제56조(증여세 세율) 증여세는 제55조에 따른 과세표준에 제26조제26조(상속세 세율)에 규정된 세율을 적용하여 계산한 금액(이하 "증여세산출세액"이라 한다)으로 한다.

1 증여세 세율

증여재산에 따라 기본세율과 특례세율로 구분됩니다.

(1) 기본세율

초과누진세율을 적용합니다. 초과누진세율이란 과세표준 구간에 따라 세율이 누진으로 적용되는 세율을 말합니다.

☞ 1996.12.31.이전에는 상속세율과 증여세율이 달랐으나, 1997.1.1.이후부터는 같은 세율을 적용합니다.

☞ **기본세율** (2000.1.1.이후부터 적용합니다.)

과세표준	세율	누진공제
1억원 이하	10	–
5억원 이하	20	1,000만원
10억원 이하	30	6,000만원
30억원 이하	40	1억 6천만원
30억원 초과	50	4억 6천만원

(2) 특례세율

조세특례제한법의 적용을 받는 창업자금(조세특례제한법 제30조의5, 창업자금에 대한 증여세 과세특례) 및 가업승계주식 등(조세특례제한법 제30조의6, 가업의 승계에 대한 증여세 과세특례)에 대한 과세특례 적용분은 10%의 세율을 적용합니다.

이 경우 가업승계 중소기업주식 등에 대한 과세특례 적용시 과세표준이 60억원을 초과하는 경우 그 초과금액에 대하여는 20%의 세율을 적용합니다.(조세특례제한법 제30조의6제1항)

2 직계비속에 대한 증여의 할증과세

수증자가 증여자의 자녀가 아닌 직계비속인 경우에는 증여세 산출세액의 30%에 상당하는 금액을 가산합니다. 증여자의 최근친인 직계비속이 사망하여 그 사망자의 최근친인 직계비속이 증여받은 경우에는 그러하지 아니합니다.(상증법 제57조, 상증법 시행령 제46조의3)

☞ 제57조(직계비속에 대한 증여의 할증과세) ① 수증자가 증여자의 자녀가 아닌 직계비속인 경우에는 증여세산출세액에 100분의 30(수증자가 증여자의 자녀가 아닌 직계비속이면서 미성년자인 경우로서 증여재산가액이 20억원을 초과하는 경우에는 100분의 40)에 상당하는 금액을 가산한다. 다만, 증여자의 최근친인 직계비속이 사망하여 그 사망자의 최근친인 직계비속이 증여받은 경우에는 그러하지 아니하다.
② 할증과세액의 계산방법 등 필요한 사항은 대통령령으로 정한다.

2016.1.1. 이후 증여분부터 수증자가 증여자의 자녀가 아닌 직계비속이면서 미성년자인 경우로서 증여재산가액이 20억원을 초과하는 경우에는 40%를 할증합니다. (상증법 제57조제1항)

이 경우 증여재산가액은 상증법 제47조(증여세 과세가액)제2항에 따라 증여세 과세가액에 가산하는 증여재산을 포함합니다. (상증법 시행령 제46조의3제1항)

(1) 수증자가 미성년자인 경우로서 증여재산가액이 20억원을 초과하는 경우 (상증법 시행령 제46조의3 제2항제1호)

$$[\text{증여세산출세액} \times \frac{\text{수증자의 부모를 제외한 직계존속으로부터 증여받은 재산가액}}{\text{총 증여재산가액}} \times 40\%] - \text{종전에 납부한 할증과세액}$$

(2) (1)의 외 경우 (상증법 시행령 제46조의3제2항제2호)

$$[\text{증여세산출세액} \times \frac{\text{수증자의 부모를 제외한 직계존속으로부터 증여받은 재산가액}}{\text{총 증여재산가액}} \times 30\%] - \text{종전에 납부한 할증과세액}$$

(3) 경과규정 (상증법 시행령 제26960호, 2016.2.5., 부칙 제9조)

2016.2.5. 당시 수증자가 미성년자이며, 증여재산가액이 20억원을 초과한 경우로서 2016년 1월 1일 전에 수증자의 부모를 제외한 직계존속으로부터 증여받은 재산에 대하여는 해당 재산에 대한 할증과세액은 다음의 계산식에 따라 계산한 금액으로 합니다.

$$[\text{증여세산출세액} \times \frac{\text{수증자의 부모를 제외한 직계존속으로부터 증여받은 재산가액}}{\text{총 증여재산가액}} \times 30\%] - \text{종전에 납부한 할증과세액}$$

| 제 2 절 | 세액공제 및 징수유예세액 |

(상증법 제58조 · 제59조 · 제69조 · 제75조)

1 납부세액공제

(상증법 제58조)

- 납부세액공제 = Min(ⓐ, ⓑ)

  ⓐ 가산한 증여재산의 증여세 산출세액 ⓑ 공제한도액

- 공제한도액

  $$증여세\ 산출세액 \times \frac{가산한\ 증여재산의\ 과세표준}{(해당증여재산 + 가산한\ 증여재산)의\ 과세표준의\ \ 과세표준}$$

증여세 과세가액에 가산한 증여재산가액(2이상의 증여가 있는 경우 그 가액의 합계액)에 대하여 납부하였거나 납부할 증여세액을 증여세 산출세액에서 공제하는 것을 말합니다.(상증법 제58조) 산출세액은 세대생략으로 인한 할증세액은 제외합니다.

증여세액이란 증여 당시 해당 증여재산에 대한 증여세 산출세액을 말합니다. 증여세 과세가액에 가산하는 증여재산에 대하여 국세부과의 제척기간(국세기본법 제26조의2제4항) 만료로 인하여 증여세가 부과되지 아니하는 경우에는 그러하지 아니합니다. (상증법 제58조제1항)

2 외국납부세액공제

(상증법 제59조)

- 외국납부세액공제 = Min(ⓐ, ⓑ)

  ⓐ 공제한도액 ⓑ 외국에서 부과된 증여세액

- 공제한도액

  $$증여세\ 산출세액 \times \frac{외국의\ 법령에\ 의한\ 증여세\ 과세표준}{증여세\ 과세표준}$$

타인으로부터 증여받은 재산 중 외국에 있는 증여재산에 대하여 외국의 법령에 따라 증여세를 부과 받은 경우 그 부과받은 증여세에 상당하는 금액을 증여세 산출세액에서 공제합니다. 다만, 외국에서 부과된 증여세액을 한도로 공제합니다. (상증법 제59조)

외국납부세액을 공제받고자 하는 자는 외국납부세액공제 신청서를 증여세 과세표준신고서와 함께 납세지 관할세무서장에게 제출하여야 합니다. (상증법 시행령 제48조, 시행령 제21조 준용)

3 박물관자료 등에 대한 증여세 징수유예

(상증법 제75조)

$$박물관자료 등의 증여세 징수유예 = 증여세 산출세액 \times \frac{박물관 자료등의 가액}{증여재산(증여재산가산액 포함)}$$

증여재산 중 박물관 및 미술관에 해당하는 재산이 포함되어 있는 경우에는 그 재산가액에 상당하는 증여세액의 징수를 유예합니다. 징수유예의 기간 중에 있는 박물관자료 등을 소유하고 있는 수증자의 사망으로 상속이 개시되는 경우에는 그 징수유예한 증여세액의 부과결정을 철회하고 그 철회한 증여세액을 다시 부과하지 아니합니다. (상증법 제75조)

☞ 박물관 및 미술관에 해당하는 재산 : 박물관 및 미술관 진흥법에 따라 등록한 박물관자료 또는 미술관자료로서 박물관 또는 미술관(사립박물관 또는 사립미술관은 공익법인등인 경우에 한함)에 전시·보존 중인 재산(이하 '박물관자료등')

징수유예를 받고자 하는 자는 그 유예한 증여세액에 상당하는 담보를 제공하여야 하며, 박물관 자료 등을 수증자가 이를 유상으로 양도하거나 기타 사유로 박물관 자료를 인출하는 경우에는 그 징수를 유예한 증여세를 즉시 징수하여야 합니다.

☞ 상증법 제75조(준용규정) 박물관자료등에 대한 증여세의 징수유예에 관하여는 제74조제1항(제1호 및 제3호는 제외한다) 및 같은 조 제2항부터 제4항까지의 규정을 준용한다.

4 신고세액공제

(상증법 제69조)

[(증여세 산출세액 + 세대생략 할증세액) − (박물관자료등의 징수유예세액 + 납부세액공제 + 외국납부세액공제 + 다른 법률에 따른 공제 또는 감면세액)] × 공제율(3%)

증여세 과세표준 신고기간 내에 증여세 신고서를 제출한 경우에는 신고세액공제를 적용합니다. (상증법 제69조)

신고기간 내에 증여세 신고서를 제출한 때에는 비록 증여세 신고기한 내 세액을 납부하지 아니하여도 그 신고세액 공제를 할 수 있습니다.

창업자금(조세특례제한법 제30조의5) 및 가업승계 주식(조세특례제한법 제30조의6)에 해당하는 재산을 증여받은 경우에는 신고세액공제를 적용하지 아니합니다. (조세특례제한법 제30조의5제10항)

☞ 공제율 개정 연혁

2016.12.31.이전	2017.1.1.-12.31	2018.1.1.-12.31.	2019.1.1. 이후
10%	7%	5%	3%

| 제 3 절 | 영농자녀가 증여받은 농지 등에 대한 증여세 |

(조세특례제한법 제71조·제133조, 시행령 제68조)

- (요건) 증여자와 수증자 요건
  (증여자 – 자경농민) 농지 등의 소재지에 거주하면서 증여일부터 소급하여 3년 이상 계속하여 직접 영농에 종사
  (수증자 – 영농자녀) 18세 이상 직계비속으로 증여세 신고기한까지 농지등의 소재지에 거주하면서 증여받은 농지 등에서 직접 영농에 종사
- (대상) 주거지역, 상업지역, 공업지역 외에 소재하는 농지, 초지, 산림지, 어업용토지(어선, 어업권), 염전, 축사용지
- (한도) 5년간 1억원
- (사후관리) 5년

2017.1.1. 이후부터 농지 등을 농지 등의 소재지에 거주하면서 영농에 종사하는 거주자(자경농민)가 농지 등의 소재지에 거주하면서 일정 요건을 갖춘 직계비속(영농자녀)에게 2025.12.31.까지 증여하는 경우 해당 농지 등의 가액에 대하여 증여세의 100%에 상당하는 세액을 감면합니다. (조세특례제한법 제71조)

감면한도는 5년간 합하여 1억원을 한도로 합니다. (조세특례제한법 제133조제2항)

증여세를 감면받고자 하는 영농자녀는 증여세 과세표준 신고기한까지 감면신청을 하여야 합니다. (조세특례제한법 제71조제8항)

증여일로부터 5년 내 양도 또는 직접 영농에 종사하지 않는 경우에는 감면세액을 추징합니다. (조세특례제한법 제71조제2항)

1 증여자(자경농민) 요건

(1) 자경농민이란 다음의 요건을 충족한 자를 말합니다. (조특법 시행령 제68조제1항)

① 농지 등이 소재하는 시·군·구 또는 그와 연접한 시·군·구에 거주 또는 해당 농지 등으로부터 직선거리 30km(2015.2.2.이전 증여분은 20km) 이내에 거주하여야 합니다. (조특법 시행령 제68조제1항제1호)

② 농지 등의 증여일로부터 소급하여 3년 이상 계속하여 직접 영농에 종사하고 있어야 합니다. (조특법 시행령 제68조제1항제2호)

(2) '직접 영농에 종사하는 경우'란 다음의 경우를 말합니다.(상증법 시행령 제16조제4항)

'직접 영농에 종사하는 경우'에 대한 판단기준은 상증법 시행령 제16조제4항을 준용합니다.

① 소유 농지 등 자산을 이용하여 농작물의 경작 또는 다년생식물의 재배에 상시 종사하거나 농작업의 2분의 1 이상을 자기의 노동력으로 수행하는 경우

② 소유 초지 등 자산을 이용하여 「축산법」 제2조제1호에 따른 가축의 사육에 상시 종사하거나 축산작업의 2분의 1 이상을 자기의 노동력으로 수행하는 경우

③ 소유 어선 및 어업권·양식업권 등 자산을 이용하여 「내수면어업법」 또는 「수산업법」에 따른 허가를 받아 어업에 상시 종사하거나 어업작업의 2분의 1 이상을 자기의 노동력으로 수행하는 경우

④ 소유 산림지 등 자산을 이용하여 「산림자원의 조성 및 관리에 관한 법률」 제13조에 따른 산림경영계획 인가 또는 같은 법 제28조에 따른 특수산림사업지구 사업에 따라 산림조성에 상시 종사하거나 산림조성작업의 2분의 1 이상을 자기의 노동력으로 수행하는 경우

2 수증자(영농자녀) 요건

(조세특례제한법 제71조제1항, 시행령 제68조제3항)

농지등의 증여일 현재 만 18세 이상인 직계비속으로서 증여세 과세표준 신고기한까지 농지등의 소재지에 거주하면서 직접 영농에 종사하는 다음에 해당하는 자를 말합니다.

☞ 조세특례제한법 시행령 제68조
③ 조세특례제한법 제71조제1항 각 호 외의 부분에서 "대통령령으로 정하는 직계비속"이란 다음 각 호의 요건을 모두 충족하는 자(이하 이 조에서 "영농자녀등"이라 한다)를 말한다.

① 농지등의 증여일 현재 만 18세 이상인 직계비속일 것

② 상증법 제68조에 따른 증여세 과세표준 신고기한까지 농지등이 소재하는 시·군·구, 그와 밀접한 시·군·구 도는 해당 농지등으로부터 직선거리 30킬로미터 이내에 거주요건을 갖추고 증여받은 농지등에서 직접 영농(양축, 양어 및 영림 포함)에 종사할 것 (조세특례제한법」시행령 제68조제1항제1호)

3 감면대상 증여농지 등의 범위

(조세특례제한법 제71조제1항)

다음 각 요건을 모두 충족하는 농지·초지·산림지·어선·어업권·어업용 토지등·염전 또는 축사용지(해당 농지·초지·산림지·어선·어업권·어업용 토지등·염전 또는 축사용지를 영농조합법인 또는 영어조합법인에 현물출자하여 취득한 출자지분을 포함합니다. 이하 '농지등'이라 합니다)를 농지등의 소재지에 거주하면서 영농[양축, 영어 및 영림을 포함합니다. 이하 이 조에서 같다]을 말합니다. (조세특례제한법 제71조제1항)

① 다음 각 목의 어느 하나에 해당하는 농지등

㉮ 농지 : 「농지법」 제2조제1호가목에 따른 토지로서 4만제곱미터 이내의 것

㉯ 초지 : 「초지법」 제5조에 따른 초지조성허가를 받은 초지로서 14만8천500제곱미터 이내의 것

㉰ 산림지 : 「산지관리법」 제4조제1항제1호에 따른 보전산지 중 「산림자원의 조성 및 관리에 관한 법률」에 따라 산림경영계획을 인가받거나 특수산림사업지구로 지정받아 새로 조림(造林)한 기간이 5년 이상인 산림지(채종림, 「산림보호법」 제7조에 따른 산림보호구역을 포함한다. 이하 이 목에서 같다)로서 29만7천제곱미터 이내의 것. 다만, 조림 기간이 20년 이상인 산림지의 경우에는 조림 기간이 5년 이상인 29만7천제곱미터 이내의 산림지를 포함하여 99만 제곱미터 이내의 것으로 한다.

㉱ 축사용지 : 축사 및 축사에 딸린 토지로서 해당 축사의 실제 건축면적을 「건축법」 제55조에 따른 건폐율로 나눈 면적의 범위 이내의 것

㉲ 어선 : 「어선법」 제13조의2에 따른 총톤수 20톤 미만의 어선

㉳ 어업권 : 「수산업법」 제2조 또는 「내수면어업법」 제7조에 따른 어업권으로서 10만제곱미터 이내의 것

㉴ 어업용 토지등 : 4만제곱미터 이내의 것

㉵ 염전 : 「소금산업 진흥법」 제2조제3호에 따른 염전으로서 6만제곱미터 이내의 것

② 「국토의 계획 및 이용에 관한 법률」 제36조에 따른 주거지역·상업지역 및 공업지역 외에 소재하는 농지등

③ 「택지개발촉진법」에 따른 택지개발지구나 그 밖에 대통령령으로 정하는 개발사업지구로 지정된 지역 외에 소재하는 농지등

4 감면세액의 한도

(조세특례제한법 제71조제1항, 제133조제2항)

2025.12.31.까지 증여하는 경우 해당 농지 등의 가액에 대한 증여세의 100%에 상당하는 세액을 감면합니다. (조세특례제한법 제71조제1항)

영농자녀가 직계비속인 손자의 경우 증여세 산출세액의 세대생략 가산액을 합한 산출세액의 100분의 100을 감면합니다. (재산세과 2292-2008.8.18.)

이 경우, 감면받을 증여세액의 5년간 합계액이 1억원을 초과하는 경우에는 그 초과하는 부분에 상당하는 금액은 감면하지 아니합니다. 이 경우 5년간 감면액은 해당 감면받을 증여세액과 해당 증여일 전 5년간 감면받은 증여세액의 합계액으로 계산합니다. (조세특례제한법 제133조제2항)

5 감면세액의 징수

(조세특례제한법 제71조제2항)

1) 감면세액의 징수

증여받은 날부터 5년 이내에 양도(증여를 포함)하거나 정당한 사유 없이 해당 농지 등에서 직접 영농에 종사하지 아니하게 된 때에는 즉시 그 농지 등에 대한 증여세의 감면세액에 상당하는 금액에 이자상당액을 가산하여 징수합니다. (조세특례제한법 제71조제2항)

감면받은 증여세액을 징수하는 경우 이자상당액은 다음과 같이 계산하여 가산합니다.

이자상당액 = 납부하여야할 세액 × 납부일까지의 기간 × (25/100,000)

2) 정당한 사유가 있는 경우

다만, 5년 내 양도하거나 영농 미종사 사유가 아래와 같이 정당한 사유에 의한 경우에는 감면세액을 징수하지 아니합니다. (조세특례제한법 제71조제2항)

(1) 정당한 사유 (5년내 양도)

조세특례제한법 제71조제2항에서 '영농자녀등의 사망 등 대통령령으로 정하는 정당한 사유'란

다음 각 호의 어느 하나에 해당하는 경우를 말합니다. (조세특례제한법 시행령 제68조제5항)

①「공익사업을 위한 토지등의 취득 및 보상에 관한 법률」에 따른 협의매수·수용 및 그 밖의 법률에 따라 수용되는 경우

② 국가·지방자치단체에 양도하는 경우

③「농어촌정비법」그 밖의 법률에 따른 환지처분에 따라 해당 농지등이 농지등으로 사용될 수 없는 다른 지목으로 변경되는 경우

④ 영농자녀등이「해외이주법」에 따른 해외이주를 하는 경우

⑤「소득세법」제89조제1항제2호 및 법 제70조에 따라 농지를 교환·분합 또는 대토한 경우로서 종전 농지등의 자경기간과 교환·분합 또는 대토 후의 농지등의 자경기간을 합하여 8년 이상이 되는 경우

⑥ 그 밖에 기획재정부령이 정하는 부득이한 사유가 있는 경우 (시행규칙 별도 없음)

(2) 정당한 사유(영농 미종사)

조세특례제한법 제71조제2항에서 "질병·취학 등 대통령령으로 정하는 정당한 사유"란 다음 각 호의 어느 하나에 해당하는 경우를 말합니다. (조세특례제한법 시행령 제68조제6항)

① 영농자녀등이 1년 이상의 치료나 요양을 필요로 하는 질병으로 인하여 치료나 요양을 하는 경우

② 영농자녀등이「고등교육법」에 따른 학교 중 농업계열(영어의 경우는 제외) 또는 수산계열(영어의 경우에 한정)의 학교에 진학하여 일시적으로 영농에 종사하지 못하는 경우

③「병역법」에 따라 징집되는 경우

④「공직선거법」에 따른 선거에 의하여 공직에 취임하는 경우

⑤ 그 밖에 기획재정부령이 정하는 부득이한 사유가 있는 경우 (시행규칙 별도 없음)

6 농지등을 양도하는 경우

(조세특례제한법 제71조제5항)

증여세를 감면받은 농지 등을 양도하여 양도소득세를 부과하는 경우 소득세법의 규정에도 불구하고 취득 시기는 자경농민등이 해당 농지등을 취득한 날로 하고, 필요경비는 자경농민등의 취득 당시 필요경비로 합니다. (조세특례제한법 제71조제5항)

7 감면농지 등의 상속세·증여세 계산 특례

(조세특례제한법 제71조제6항 · 제7항)

1) 상속세 계산 특례

영농자녀가 증여받아 조세특례제한법 제71조제1항에 따라 증여세를 감면받은 농지등은 「상속세 및 증여세법」 제3조의2제1항을 적용하는 경우 상속재산에 가산하는 증여재산으로 보지 아니하며, 같은 법 제13조제1항에 따라 상속세 과세가액에 가산하는 증여재산가액에 포함시키지 아니합니다. (조세특례제한법 제71조제6항)

2) 증여세 계산 특례

증여세를 감면받은 농지등은 「상속세 및 증여세법」 제47조(증여세 과세가액)제2항에 따라 해당 증여일 전 10년 이내에 자경농민등(자경농민등의 배우자를 포함)으로부터 증여받아 합산하는 증여재산가액에 포함시키지 아니합니다. (조세특례제한법 제71조제7항)

3) 조세포탈 또는 회계부정 행위시 과세특례 배제

(1) 조세포탈 또는 회계부정행위에 따른 과세 특례 배제

영농자녀등 또는 자경농민등이 영농과 관련하여 조세포탈 또는 회계부정 행위로 징역형 또는 대통령령으로 정하는 벌금형을 선고받고 그 형이 확정된 경우에는 다음 각 호의 구분에 따릅니다. (조세특례제한법 제71조제3항) ☞ 2024.1.1.부터 이후 증여분부터 적용합니다.

① 상증법 제76조에 따른 과세표준과 세율의 결정이 있기 전에 영농자녀등 또는 자경농민등에 대한 형이 확정된 경우 : 영농자녀등이 증여받는 농지 등에 대한 증여세 감면을 적용하지 아니합니다. (조세특례제한법 제71조제3항제1호)

② 영농자녀 등이 증여받는 농지등에 대한 증여세를 감면받은 후에 영농자녀등 또는 자경농민등에 대한 형이 확정된 경우 : 증여받은 농지등에 대한 증여세의 감면세액에 상당하는 금액에 대통령령으로 정하는 바에 따라 계산한 이자상당액을 가산하여 징수합니다. (조세특례제한법 제71조제3항제2호)

(2) 조세포탈과 회계부정의 범위

"대통령령으로 정하는 벌금형"이란 다음 어느 하나에 해당하는 벌금형을 말합니다. (조세특례제
한법 시행령 제68조제8항, 상증법 시행령제15조제19항 적용) ☞ 2024.2.20.부터 신설되었습니다.

① (조세포탈) 포탈세액이 3억원 이상이고 포탈세액등이 납부하여야 할 세액의 30% 이상인
경우 또는 포탈세액이 5억원 이상인 경우 (조세범처벌법 제3조제1항)

② (회계부정) 회계처리기준을 위반하여 거짓으로 재무제표를 작성·공시하거나 감사인 또는
그에 소속된 공인회계사가 감사보고서에 기재하여야 할 사항을 기재하지 아니하거나 거짓
으로 기재한 경우 (주식회사 등의 외부감사에 관한 법률 제39조제1항)

(3) 이자상당액의 계산

"대통령령으로 정하는 바에 따라 계산한 이자상당액"이란 제1호의 금액에 제2호의 기간과
제3호의 율을 곱하여 계산한 금액을 말한다. (조세특례제한법 제71조제2항, 시행령 제68조제9항) ☞
2024.2.29. 시행령 신설되었습니다.

① 당초 증여받은 농지등에 대한 증여세의 감면세액에 상당하는 금액
② 당초 증여받은 농지등에 대한 증여세 과세표준 신고기한의 다음날부터 직접 영농에 종사
하지 않게 된 날까지의 기간
③ 국세기본법 시행령제27조의4에 따른 율 (1일 10만분의 22)

(4) 과세특례 배제시 자진 납부

영농자녀등 또는 자경농민등으로 농지등의 증여세를 감면받은 경우 정당한 사유 없이 해당 농
지등에서 직접 영농에 종사하지 아니하게 된 경우(조세특례제한법 제71조제2항) 또는 조세포탈, 회계
부정 행위로 징역형 또는 벌금형을 선고받은 경우(조세특례제한법 제71조제3항제2호)에는 해당하게
되는 날이 속하는 달의 말일부터 3개월 이내에 대통령령으로 정하는 바에 따라 납세지 관할 세무
서장에게 신고하고 해당 증여세와 이자상당액을 납세지 관할 세무서, 한국은행 또는 체신관서에
납부하여야 합니다. 다만, 이미 증여세와 이자상당액이 징수된 경우에는 그러하지 아니합니다. (조
세특례제한법 제71조제4항)

8 감면신청

증여세를 감면받고자 하는 영농자녀는 조세특례제한법 제71조제1항에 따라 증여세를 감면받으려는 영농자녀등은 증여세 과세표준 신고기한까지 대통령령으로 정하는 바에 따라 감면신청을 하여야 합니다. (조세특례제한법 제71조제8항)

> ☞ 2009.1.1.이후 증여부터는 감면을 신청하지 아니한 경우에도 감면이 적용되고,(조세특례제한법 제71조제7항), 2008.12.31 이전에는 신고기한까지 감면신청을 하지 아니한 경우에는 감면규정을 적용하지 아니합니다.

영농자녀등이 농지등을 동시에 2필지 이상 증여받은 경우에는 증여세를 감면받으려는 농지등의 순위를 정하여 감면을 신청하여야 합니다. 다만, 영농자녀등이 감면받으려는 농지등의 순위를 정하지 아니하고 감면을 신청한 경우에는 증여 당시 농지등의 가액이 높은 순으로 감면을 신청한 것으로 봅니다. (조세특례제한법 시행령 제68조제11항)

조세특례제한법 제71조제1항에 따라 감면신청을 하려는 영농자녀등은 기획재정부령이 정하는 세액감면신청서에 다음 각 호의 서류를 첨부하여 납세지 관할세무서장에게 제출하여야 합니다. (조세특례제한법 시행령 제68조제9항)

① 자경농민 및 영농자녀의 농업소득세 납세증명서 또는 영농사실을 확인할 수 있는 서류
② 해당 농지등 취득시의 매매계약서 사본
③ 해당 농지등에 대한 증여계약서 사본
④ 증여받은 농지등의 명세서
⑤ 해당 농지등을 영농조합법인 또는 영어조합법인에 현물출자한 경우에는 영농조합법인 또는 영어조합법인에 출자한 증서
⑥ 자경농민등의 가족관계기록사항에 관한 증명서
⑦ 기타 기획재정부령이 정하는 서류

제6장 증여세 과세특례

거주자가 받은 창업자금 가업승계 주식등에 대해 증여세 과세특례제도를 두고 있습니다. 증여 시 증여재산공제가 아니라 5억원 또는 10억원을 공제하고 낮은 세율(10% 또는 20%)를 적용하며, 증여자가 사망한 경우에는 증여시기에 관계없이 상속세 과세가액에 가산하여 세액 차액에 대하여 상속세로 납부합니다.

제1절 창업자금에 대한 증여세 과세특례

(조세특례제한법 제3조, 제30조의5)

- (증여자) 60세 이상의 부모, (수증자) 18세 이상의 거주자
- (대상) 양도소득세 과세대상이 아닌 재산(현금 등)으로 창업중소기업 지원
    - 창업 : 사업자등록, 사업확장을 위한 사업용 자산 취득 등
- (한도) 50억원 (2023년부터 10명 이상 신규 고용시 100억원)
- (과세특례) 과세가액에서 5억원을 공제하고, 10% 세율 적용
    - 증여자가 사망한 경우 증여당시의 가액을 상속재산가액에 가산
- (사후관리) 2년 이내 중소기업 창업, 4년이 되는 날까지 창업자금 사용

중소기업을 창업할 목적으로 60세 이상의 부모로부터 창업자금을 증여받는 경우 증여세 과세 가액에서 5억원을 공제한 후 10%의 낮은 세율로 증여세를 과세하고 증여한 부모의 사망 시에는 증여 당시의 가액을 상속재산가액에 가산하여 상속세로 정산합니다. (조세특례제한법 제30조의5)

1 과세특례 적용요건

(조세특례제한법 제30조의5제1항)

(1) 증여자 및 수증자 (조세특례제한법 제30조의5제1항)

① 증여자

60세 이상의 부모를 말합니다. 증여 당시 아버지나 어머니가 사망한 경우에는 그 사망한 아버지나 어머니의 부모를 포함합니다.

② 수증자

18세 이상의 거주자를 말합니다.

(2) 창업자금

중소기업을 창업할 목적으로 증여하는 양도소득세 과세대상이 아닌 재산(조세특례제한법 제30조의5제1항, 시행령 제27조의5제1항, 예 : 현금)으로, 창업에 직접 사용되는 사업용자산의 취득자금 및 임차보증금(전세금을 포함)·임차료 지급액을 말합니다. (조세특례제한법 제30조의5제1항제2호, 시행령 제27조의5제2항)

부동산 등 양도소득세 과세대상자산(소득세법 제94조제1항)을 제외한 것은 동 부동산등의 경우 증여시점까지 발생한 양도소득세를 회피하기 위한 수단으로 악용될 소지가 있기 때문입니다. 예를 들어 창업자금으로 토지 그 자체를 증여할 경우 시가 30억원의 토지를 현금화하여 증여할 경우와 비교하여 볼 때 양도소득세의 부담분만큼 조세 회피가 가능하기 때문입니다.

> ☞ **조세특례제한법 제30조의5(창업자금에 대한 증여세 과세특례)**
> ① 18세 이상인 거주자가 제6조제3항 각 호에 따른 업종을 영위하는 중소기업을 창업할 목적으로 60세 이상의 부모(증여 당시 아버지나 어머니가 사망한 경우에는 그 사망한 아버지나 어머니의 부모를 포함한다. 이하 이 조에서 같다)로부터 토지 · 건물 등 대통령령으로 정하는 재산을 제외한 재산을 증여받는 경우에는 「상속세 및 증여세법」 제53조 및 제56조에도 불구하고 해당 증여받은 재산의 가액 중 대통령령으로 정하는 창업자금[증여세 과세가액 50억원(창업을 통하여 10명 이상을 신규 고용한 경우에는 100억원)을 한도로 하며, 이하 이 조에서 "창업자금"이라 한다]에 대해서는 증여세 과세가액에서 5억원을 공제하고 세율을 100분의 10으로 하여 증여세를 부과한다. 이 경우 창업자금을 2회 이상 증여받거나 부모로부터 각각 증여받는 경우에는 각각의 증여세 과세가액을 합산하여 적용한다.
> ② 창업자금을 증여받은 자는 증여받은 날부터 2년 이내에 창업을 하여야 한다. 이 경우 사업을 확장하는 경우로서 대통령령으로 정하는 경우는 창업으로 보며, 다음 각 호의 어느 하나에 해당하는 경우는 창업으로 보지 아니한다.

> ☞ **조세특례제한법 시행령 제27조의5(창업자금에 대한 증여세 과세특례)**
> ① 법 제30조의5제1항 전단에서 "토지 · 건물 등 대통령령으로 정하는 재산"이란 「소득세법」 제94조제1항에 따른 재산을 말한다.
> ② 법 제30조의5제1항 전단에서 "대통령령으로 정하는 창업자금"이란 법 제30조의5제2항에 따른 창업에 직접 사용되는 다

음 각 호의 어느 하나에 해당하는 자금을 말한다.

1. 제5조제19항에 따른 사업용자산의 취득자금
2. 사업장의 임차보증금(전세금을 포함한다. 이하 같다) 및 임차료 지급액

☞ **조세특례제한법 시행령 제5조(창업중소기업 등에 대한 세액감면)**

⑲ 법 제6조제10항제1호가목에서 "토지·건물 및 기계장치 등 대통령령으로 정하는 사업용자산"이란 토지와 「법인세법 시행령」 제24조의 규정에 의한 감가상각자산을 말한다.

☞ **양도소득세 과세대상자산 (소득세법 제94조제1항에 따른 재산)**

토지 또는 건물, 부동산에 관한 권리(부동산을 취득할 수 있는 권리, 지상권, 전세권과 등기된 부동산임차권), 주식등, 기타자산(영업권, 시설물이용권 등)

(3) 중소기업 창업

창업자금을 증여받은 자는 증여받은 날로부터 2년 이내에 중소기업을 창업하여야 합니다. 중소기업이란 조세특례제한법 제6조제3항에 따른 창업중소기업을 말합니다. (조세특례제한법 제6조제3항제1호~제18호, 제30조의5제2항, 시행령 제27조의5제3항)

조세특례제한법 제6조에 의한 중소기업은 '중소기업'(제1항)과 '창업중소기업'(제3항)으로 구분합니다.

☞ **조세특례제한법 제6조(창업중소기업 등에 대한 세액감면)**

③ 창업중소기업과 창업벤처중소기업의 범위는 다음 각 호의 업종을 경영하는 중소기업으로 한다.

1. 광업, 2. 제조업(제조업과 유사한 사업으로서 대통령령으로 정하는 사업을 포함한다. 이하 같다), 3. 수도, 하수 및 폐기물 처리, 원료 재생업, 4. 건설업, 5. 통신판매업, 6. 대통령령으로 정하는 물류산업(이하 "물류산업"이라 한다), 7. 음식점업
8. 정보통신업. 다만, 다음 각 목의 어느 하나에 해당하는 업종은 제외한다.
   가. 비디오물 감상실 운영업
   나. 뉴스제공업
   다. 블록체인 기반 암호화자산 매매 및 중개업
9. 금융 및 보험업 중 대통령령으로 정하는 정보통신을 활용하여 금융서비스를 제공하는 업종
10. 전문, 과학 및 기술 서비스업[대통령령으로 정하는 엔지니어링사업(이하 "엔지니어링사업"이라 한다)을 포함한다]. 다만, 다음 각 목의 어느 하나에 해당하는 업종은 제외한다.
    가. 변호사업, 나. 변리사업, 다. 법무사업, 라. 공인회계사업, 마. 세무사업, 바. 수의업
    사. 「행정사법」 제14조에 따라 설치된 사무소를 운영하는 사업
    아. 「건축사법」 제23조에 따라 신고된 건축사사무소를 운영하는 사업
11. 사업시설 관리, 사업 지원 및 임대 서비스업 중 다음 각 목의 어느 하나에 해당하는 업종
    가. 사업시설 관리 및 조경 서비스업
    나. 사업 지원 서비스업(고용 알선업 및 인력 공급업은 농업노동자 공급업을 포함한다)
12. 사회복지 서비스업
13. 예술, 스포츠 및 여가관련 서비스업. 다만, 다음 각 목의 어느 하나에 해당하는 업종은 제외한다.
    가. 자영예술가, 나. 오락장 운영업, 다. 수상오락 서비스업, 라. 사행시설 관리 및 운영업
    마. 그 외 기타 오락관련 서비스업

14. 협회 및 단체, 수리 및 기타 개인 서비스업 중 다음 각 목의 어느 하나에 해당하는 업종

　　가. 개인 및 소비용품 수리업, 나. 이용 및 미용업,

15. 「학원의 설립 · 운영 및 과외교습에 관한 법률」에 따른 직업기술 분야를 교습하는 학원을 운영하는 사업 또는 「국민 평생 직업능력 개발법」에 따른 직업능력개발훈련시설을 운영하는 사업(직업능력개발훈련을 주된 사업으로 하는 경우로 한정한다)

16. 「관광진흥법」에 따른 관광숙박업, 국제회의업, 유원시설업 및 대통령령으로 정하는 관광객 이용시설업

17. 「노인복지법」에 따른 노인복지시설을 운영하는 사업

18. 「전시산업발전법」에 따른 전시산업

창업이란 소득세법 제168조(사업자등록 및 고유번호의 부여)제1항, 법인세법 제111조(사업자등록)제 1항 및 부가가치세법 제8조(사업자등록)제1항 및 제5항에 따라 납세지 관할 세무서장에게 등록하는 것을 말하며, 2016.2.5. 증여분부터 사업을 확장하는 경우로서 사업용자산(조특법 시행령 제5조 제19항)을 취득하거나 확장한 사업장의 임차보증금 및 임차료를 지급하는 경우에도 창업으로 봅니다. (조세특례제한법 제30조의5제2항, 시행령 제27조의5제3항)

그러나 다음의 경우에는 창업으로 보지 않습니다. (조세특례제한법 제30조의5제2항 각 호)

① 합병 · 분할 · 현물출자 또는 사업의 양수를 통하여 종전의 사업을 승계하여 같은 종류의 사업을 하는 경우

② 종전의 사업에 사용되던 자산을 인수 또는 매입하여 같은 종류의 사업을 하는 경우로서 인수 또는 매입한 자산가액의 합계액이 사업개시일이 속하는 과세연도의 종료일 또는 그 다음 과세연도의 종료일 현재 법인세법 시행령 제24조에서 규정하는 감가상각자산의 총가액에서 차지하는 비율이 100분의 50 미만으로서 대통령령으로 정하는 비율(30%)을 초과하는 경우 (조세특례제한법 시행령 제27조의5제4항) ☞ 2023.1.1이후 증여분부터 적용합니다.

③ 거주자가 하던 사업을 법인으로 전환하여 새로운 법인을 설립하는 경우

④ 폐업 후 사업을 다시 개시하여 폐업 전의 사업과 같은 종류의 사업을 하는 경우

⑤ 다른 업종을 추가하는 등 새로운 사업을 최초로 개시하는 것으로 보기 곤란한 경우와 창업자금을 증여받기 이전부터 영위한 사업의 운용자금과 대체설비자금 등으로 사용하는 경우

(조세특례제한법 제30조의5제2항제4호, 시행령 제27조의5제7항)

(4) 특례 신청

증여세 신고기한까지 증여세 신고서와 함께 납세지 관할 세무서장에게 과세특례신청서(창업자금 특례신청 및 사용내역서)를 제출해야만 합니다. (조세특례제한법 제30조의5제5항)

2 과세특례 내용

증여세 및 상속세를 과세하는 경우 조세특례제한법 제30조의5에서 달리 정하지 아니한 것은 상증법에 따릅니다. (조세특례제한법 제30조의5제13항)

(1) 증여세 과세특례

증여세 과세가액에서 5억원을 공제하고 세율을 10%를 적용하여 증여세를 납부합니다. (조세특례제한법 제30조의5제1항) 이 경우 창업자금 과세특례를 제공받은 거주자는 가업승계 주식 등에 대한 증여세 과세특례(조세특례제한법 제30조의6)을 적용받을 수 없습니다. (조세특례제한법 제30조의5제14항)

증여세 과세가액은 50억원을 한도로 하며, 창업을 통하여 10명 이상을 신규 고용한 경우에는 100억원을 한도로 합니다. 한도초과분에 대하여는 과세특례 적용을 배제하고 기본세율을 적용하여 과세합니다. (조세특례제한법 제30조의5제1항, 2023.1.1.이후부터)

창업자금에 대하여 증여세를 부과하는 경우에는 동일인(배우자 포함)으로부터 증여받은 특례대상인 창업자금의 다른 증여재산의 가액은 창업자금에 대한 증여세 과세가액에 가산하지 아니합니다. 즉 동일한 창업자금 증여재산만 합산합니다. (조세특례제한법 제30조의5제11항)

과세특례를 신고하는 경우에는 신고세액공제를 적용하지 아니합니다.(조세특례제한법 제30조의5제11항) 또한 2014.12.31.이전 증여분은 연부연납을 적용하지 않습니다.

(2) 증여자 사망시 상속세 계산 특례

상속재산에 가산하는 증여재산으로 봅니다.(조세특례제한법 제30조의5제8항) 증여재산 과세특례적용 창업자금은 해당 자금 등을 증여받은 날부터 상속개시일까지의 기간과 관계없이 상속세 과세가액에 가산합니다.(조세특례제한법 제30조의5제9항) 이 경우 상속공제한도 계산시 상속세 과세가액에서 차감하지 않습니다.(조세특례제한법 제30조의5제9항, 후단)

> ☞ **제30조의5(창업자금에 대한 증여세 과세특례)**
> ⑧ 창업자금은 「상속세 및 증여세법」 제3조의2제1항을 적용할 때 상속재산에 가산하는 증여재산으로 본다
> ⑨ 창업자금은 「상속세 및 증여세법」 제13조제1항제1호를 적용할 때 증여받은 날부터 상속개시일까지의 기간과 관계없이 상속세 과세가액에 가산하되, 같은 법 제24조제3호를 적용할 때에는 상속세 과세가액에 가산한 증여재산가액으로 보지 아니한다.

증여세액은 상속세 산출세액에서 공제합니다. 즉 증여세액 공제한도액 적용을 배제합니다. 다

만, 공제할 증여세액이 상속세 산출세액보다 많은 경우 그 차액에 상당하는 증여세액은 환급하지 아니합니다.(조세특례제한법 제30조의5제10항)

3 사후관리

창업자금을 증여받은 자는 증여받은 날부터 2년 이내에 창업하여야 하며, 4년이 되는 날까지 창업자금을 모두 해당 목적에 사용하여야 합니다. (조세특례제한법 제30조의5제2항·제4항)

창업자금을 증여받은 자는 창업일이 속하는 달의 다음달 말일과 창업일이 속하는 과세연도부터 4년 이내의 과세연도까지 매 과세연도의 과세표준신고기한 내에 창업자금 사용명세(증여받은 창업자금이 50억원을 초과하는 경우에는 고용명세를 포함)를 증여세 납세지 관할 세무서장에게 제출하여야 합니다. 창업자금 사용명세를 제출하지 아니하거나, 제출된 창업자금 사용명세가 분명하지 아니한 경우에는 그 제출하지 아니한 분 또는 분명하지 아니한 분의 금액에 1천분의 3을 곱하여 산출한 금액을 창업자금사용명세서 미제출가산세로 부과합니다. (조세특례제한법 제30조의5제5항, 시행령 제27조의5제6항)

창업자금에 대한 증여세 과세특례를 적용받은 경우로서 다음의 어느 하나에 해당하는 경우에는 각 호의 구분에 따른 금액에 대하여 「상속세 및 증여세법」에 따라 증여세와 상속세를 각각 부과합니다. 이 경우 대통령령으로 정하는 바에 따라 계산한 이자상당액(1일 10만분의 22)을 그 부과하는 증여세에 가산하여 부과합니다. (조세특례제한법 제30조의5제6항)

(1) 2년(2019.12.31 이전은 1년) 이내 창업하지 아니한 경우: 창업자금

(2) 창업자금으로 창업자금 중소기업 업종(조세특례제한법 제6조제3항 각 호) 외의 업종을 경영하는 경우 : 창업자금 중소기업 업종(조세특례제한법 제6조제3항 각 호) 외의 업종에 사용된 창업자금

(3) 새로 증여받은 창업자금을 목적에 따라 사용하지 아니한 경우: 해당 목적에 사용되지 아니한 창업자금

(4) 창업자금을 증여받은 날부터 4년(2019.12.31이전은 3년)이 되는 날까지 모두 해당 목적에 사용하지 아니한 경우 : 해당 목적에 사용되지 아니한 창업자금

(5) 증여받은 후 10년 이내에 창업자금(창업으로 인한 대통령령으로 정하는 바에 따라 계산한 가치증가분을 포함합니다. 이하 "창업자금등" 이라 합니다)을 해당 사업용도 외의 용도로 사용한 경우 : 해당 사업용도 외의 용도로 사용된 창업자금등

(6) 창업 후 10년 이내에 수증자가 사망하거나, 해당 사업을 폐업하거나 휴업(실질적 휴업을 포함)하는 경우 등 : 창업자금과 창업자금으로 인한 가치증가분 (조세특례제한법 시행령 제27조의5제10항)

① 수증자의 사망한 경우. 다만, 다음 각목의 어느 하나에 해당하는 경우를 제외

⑦ 수증자가 창업자금을 증여받고 법 제30조의5제2항의 규정에 따라 창업하기 전에 사망한 경우로서 수증자의 상속인이 당초 수증자의 지위를 승계하여 창업하는 경우

㉯ 수증자가 창업자금을 증여받고 창업목적에 사용하기 전에 사망한 경우로서 수증자의 상속인이 당초 수증자의 지위를 승계하여 동조제4항 내지 제6항의 규정에 따라 창업하는 경우

㉰ 수증자가 창업자금을 증여받고 창업을 완료한 후 사망한 경우로서 수증자의 상속인이 당초 수증자의 지위를 승계하여 창업하는 경우

② 당해 사업을 폐업하거나 휴업(실질적 휴업을 포함)한 경우. 다만, 다음 각 목의 어느 하나에 해당하는 사유로 폐업하거나 휴업하는 경우를 제외

⑦ 부채가 자산을 초과하여 폐업하는 경우

㉯ 최초 창업 이후 영업상 필요 또는 사업전환을 위하여 1회에 한하여 2년(폐업의 경우에는 폐업 후 다시 개업할 때까지 2년) 이내의 기간동안 휴업하거나 폐업하는 경우(휴업 또는 폐업 중 어느 하나에 한함)

(7) 증여받은 창업자금이 50억원을 초과하는 경우로서 창업한 날이 속하는 과세연도의 종료일부터 5년 이내에 각 과세연도의 근로자 수가 다음 계산식에 따라 계산한 수보다 적은 경우: 50억원을 초과하는 창업자금

창업한 날의 근로자 주 − (창업을 통하여 신규 고용한 인원 수 − 10명)

근로자는 조특법 제27조의3제4항에 따른 상시근로자를 말합니다. 이 경우 근로자 수는 해당 과세연도의 매월 말일 현재의 인원을 합하여 해당 월수로 나눈 인원을 기준으로 계산합니다. (조세특례제한법 시행령 제27조의5제12항)

2023.1.1이후, 위 (1)~ (7) 중 어느 하나에 해당하는 경우에는 사유발생일이 속하는 달의 말일부터 3개월 이내에 대통령령으로 정하는 바에 따라 납세지 관할 세무서장에게 신고(창업자금 증여세 과세특례 위반사유 신고 및 자진납부계산서 제출)하고 해당 증여세와 이자상당액을 납세지 관할 세무서, 한국은행 또는 체신관서에 납부하여야 합니다. 다만, 이미 증여세와 이자상당액이 부과되어 이를 납부한 경우에는 그러하지 아니합니다. (조세특례제한법 제30조의5제7항, 시행령 제27조의5제13항)

제 2 절	가업승계에 대한 증여세 과세특례

(조세특례제한법제3조제30조의6)

〈가업 승계에 대한 증여세 특례 요약〉

- (요건) – (증여자) 60세 이상의 부모 등 – (수증자) 18세 이상의 거주자
- (대상) 가업요건을 갖춘 중소·중견기업(매출액 5천억 미만)의 주식 등
- (증여자 지분 요건) 최대주주등으로 지분 40% 이상(상장법인 20%) 이상 10년 이상 계속 보유
  - 최대주주등 : 주주 등 1인과 특수관계인의 보유주식 등을 합하여 최대주주 또는 최대출자자
- (과세특례)
  - (한도) 증여세 과세가액 최대 600억원 한도로
    · 가업영위 기간별 : 10년 이상 300억원, 20년 이상 400억원, 30년 이상 600억원
  - (증여세율 적용) 과세가액에서 10억원을 공제하고, 10%(20%) 세율 적용
    · 120억원 이하 10%, 120억원 초과 20% (2023.12.31.이전 60억 이하 10%, 초과시 20% 적용)
    · 증여자가 사망한 경우 증여 당시의 가액을 상속재산가액에 가산
- (사후관리) 기간 5년, 가업미종사, 휴폐업 등
  - (가업 유지) 3년 이내 대표이사 취임, 대표이사직 5년 유지
  - (업종 유지) 표준산업분류 상 대분류 업종 내 변경 가능
  - (지분 유지) 증여받은 주식 지분 유지
- (연부연납) 가업승계 증여세 납부기간 15년

60세 이상의 부모로부터 가업승계를 목적으로 가업요건을 갖춘 중소·중견기업 주식 등의 재산을 증여받은 경우 증여세 과세가액에서 10억원을 공제한 후, 10%의 낮은 세율로 증여세를 과세하고, 증여한 부모가 사망한 때에는 증여 당시의 가액을 상속재산가액에 가산하여 상속세로 정산합니다.(조세특례제한법 제30조의6) 이 경우 증여세 과세가액 600억원 한도로 하며, 과세표준이 120억원을 초과하는 경우 그 초과금액에 대해서는 20%의 세율을 적용합니다. ☞ 2024.1.1.부터 적용됩니다.

이 제도는 중소기업 경영자의 고령화에 따라 생전에 자녀에게 가업을 계획적으로 사전 상속하도록 함으로써 중소기업의 영속성을 유지하고 경제 활력을 도모하기 위하여 도입되었습니다.

☞ 조세특례제한법 제30조의6(가업의 승계에 대한 증여세 과세특례)를 적용받는 사람은 조세특례제한법 제30조의5(창업자금에 대한 증여세 과세특례)를 적용받을 수 없습니다. (조세특례제한법 제30의6제14항)

1 과세특례 적용 요건

(조세특례제한법 제30의6, 시행령 제27의6)

1) 증여자 및 수증자

(1) 증여자

가업주식의 증여일 현재 상증법 제18조2항1호(가업상속공제)에 따른 가업을 10년 이상 계속하여 경영한 60세 이상의 부모를 말합니다. 증여 당시 부 또는 모가 사망한 경우에는 사망한 부 또는 모의 부모를 포함합니다. (조세특례제한법 제30의6제1항)

(2) 수증자

증여일 현재 18세 이상의 거주자인 자녀를 말하며, 해당 가업의 주식 등의 수증자 또는 그 배우자(배우자는 2015.1.1이후 증여분부터 적용)가 증여세 과세표준 신고기한까지 가업에 종사하고 증여일로부터 3년(종전 5년) 이내에 대표이사에 취임하여야 합니다. (조세특례제한법 시행령 제27조의6제1항)

☞ 2023.2.28개정되었습니다.

2인 이상이 가업을 승계하는 경우에도 가업승계자 모두에게 특례를 적용합니다. 주식등을 증여받고 가업을 승계한 거주자가 2인 이상인 경우에는 각 거주자가 증여받은 주식등을 1인이 모두 증여받은 것으로 보아 증여세를 부과합니다. (조세특례제한법 제30의6제2항)

2인 이상이 가업을 승계한 경우 증여세액은 동시에 증여받은 경우와 순차로 증여받은 경우로 구분하여 계산합니다. (조세특례제한법 시행령 제27조의6제2항)

① 2인 이상의 거주자가 같은 날에 주식등을 증여받은 경우: 1인이 모두 증여받은 것으로 보아 조세특례제한법 제30조의6에 따라 부과되는 증여세액을 각 거주자가 증여받은 주식등의 가액에 비례하여 안분한 금액

② 해당 주식등의 증여일 전에 다른 거주자가 해당 가업의 주식등을 증여받고 조세특례제한법 제30조의6에 따라 증여세를 부과받은 경우: 그 다른 거주자를 해당 주식등의 수증자로 보아 조세특례제한법 제30조의6에 따라 부과되는 증여세액

☞ 후순위 수증자의 경우 선순위 수증자의 증여재산가액을 과세가액에 합산하여 증여세를 계산하고 선순위 수증자가 납부한 증여세를 공제합니다.

☞ **2인 이상 가업승계 개정 현황**

2010.12.31. 이전	2011 ~ 2019	2020.1.1. 이후
2인 이상 가업승계가능 (기획재정부 재산세제과-670, 2010.7.12)	수증자 1인	2인 이상 가업승계 가능

(개정경위)

2010.12.31. 이전에는 최대주주 등의 각각의 자녀들에게 주식을 증여하는 경우 모두 증여세 과세특례가 적용되었으나(기획재정부 재산세제과-670, 2010.7.12),

2011.1.1. 이후 증여분부터는 수증자 1명에 대해서만 과세특례를 적용하는 것으로 수증자 요건을 명확히 하였습니다.(조세특례제한법 제30조6제1항 단서). 다만 최초 증여받은 자로부터 다시 증여받는 경우로서 과세특례요건을 충족한 경우에는 과세특례가 가능합니다.

2020.1.1. 이후 증여분부터 2인 이상이 가업을 승계한 경우 가업승계자에게 과세특례를 적용할 수 있도록 개정하였습니다.

2023.1.1. 이후 증여일로부터 3년 이내 대표이사 취임, 5년 동안 대표이사직을 유지하도록 개정되었습니다.

☞ **대표이사 취임 대상자 개정 현황**

2014.12.31 이전	2015.12.31. 이후
18세이상 거주자 자녀	18세 이상 거주자 자녀 요건을 갖춘 자녀의 배우자도 가능

2) 증여물건

수증자가 해당가업의 승계를 목적으로 증여받은 주식 또는 출자지분(주식등)으로서 그 증여재산가액은 가업자산상당액에 대하여 증여세 과세가액 600억원을 한도로 합니다. (조세특례제한법 제30조의6제1항)

가업자산상당액은 상증법 시행령 제15조(가업상속)제5항제2호를 준용하여 계산한 금액으로 업무무관자산 비율 상당액은 제외합니다.

증여받은 주식가액 × [1 - (업무무관재산가액/총재산가액)]

☞ **제15조(가업상속)**

⑤ 법 제18조의2제1항 각 호 외의 부분 전단에서 "가업상속 재산가액"이란 다음 각 호의 구분에 따라 제3항제2호의 요건을 모두 갖춘 상속인(이하 이 조에서 "가업상속인"이라 한다)이 받거나 받을 상속재산의 가액을 말한다.

1. 「소득세법」을 적용받는 가업: 가업에 직접 사용되는 토지, 건축물, 기계장치 등 사업용 자산의 가액에서 해당 자산에 담보된 채무액을 뺀 가액

2. 「법인세법」을 적용받는 가업: 가업에 해당하는 법인의 주식등의 가액[해당 주식등의 가액에 그 법인의 총자산가액(상속개시일 현재 법 제4장에 따라 평가한 가액을 말한다) 중 상속개시일 현재 다음 각 목의 어느 하나에 해당하는 자산(상속개시일 현재를 기준으로 법 제4장에 따라 평가한 가액을 말한다. 이 조 및 제68조에서 "사업무관자산"이라 한다)을 제외한 자산가액이 차지하는 비율을 곱하여 계산한 금액에 해당하는 것을 말한다]

가. 「법인세법」 제55조의2에 해당하는 자산

나. 「법인세법 시행령」 제49조에 해당하는 자산 및 타인에게 임대하고 있는 부동산(지상권 및 부동산임차권 등 부동산에 관한 권리를 포함한다)

다. 「법인세법 시행령」 제61조제1항제2호에 해당하는 자산

라. 과다보유현금[상속개시일 직전 5개 사업연도 말 평균 현금(요구불예금 및 취득일부터 만기가 3개월 이내인 금융상품을 포함한다)보유액의 100분의 150을 초과하는 것을 말한다]

마. 법인의 영업활동과 직접 관련이 없이 보유하고 있는 주식등, 채권 및 금융상품(라목에 해당하는 것은 제외한다)

가업의 승계에 대한 증여세 과세특례는 중소·중견기업 법인의 주식등을 증여받는 경우에 적용되는 것이며, 개인사업체의 경우에는 동 과세특례규정이 적용되지 아니합니다. 따라서 개인사업자의 지분이나 부동산 등은 적용받을 수 없습니다. (재산세과-1556, 2009.7.27)

3) 승계대상 '가업'의 의미 (가업상속공제와 동일)

☞ 가업이란 상증법 제18조제2항제1호에 따른 가업을 말합니다. 가업의 의미는 상속세편의 가업상속공제와 동일하므로, 가업상속공제편을 참고하여야 합니다. → p.420

피상속인이 10년 이상 계속하여 경영한 기업으로 요건을 충족한 중소기업 또는 중견기업을 말합니다. (상증법 제18조의2제1항)

'계속하여 경영한 가업'의 판정 시 피상속인이 사업장을 이전하여 동일 업종의 사업을 계속하여 영위하는 경우에는 종전 사업장에서의 사업기간을 포함하여 계산합니다. (상증법 시행령 제15조제8항제1호라목)

개인사업자로서 영위하던 가업을 동일한 업종의 법인으로 전환하여 피상속인이 법인 설립일 이후 계속하여 해당 법인의 최대주주 등에 해당하는 경우에는 개인사업자로서 가업을 영위한 기간을 포함하여 계산합니다. (상증법 시행령 제15조제8항제1호라목)

가업의 영위기간은 한국표준산업분류상 동일한 대분류 내의 다른 업종으로 주된 사업을 변경하여 영위한 기간을 합산합니다. (상증법 시행령 제15조제11항제2호나목)

(1) 중소기업

상속개시일이 속하는 과세기간 또는 사업연도의 직전 과세기간 또는 사업연도말 아래 요건을 모두 갖춘 기업을 말합니다. (상증법 시행령 제15조제1항)

① 상증법 시행령 별표에 따른 업종을 주된 사업으로 영위

② 조세특례제한법 시행령 제2조제1항제1호, 제3호 요건(중소기업기본법상 매출액, 독립성 기준)을 충족

③ 자산총액 5천억원 미만

(2) 중견기업

상속개시일이 속하는 과세기간 또는 사업연도 직전 과세기간 또는 사업연도별 아래요건을 모두 갖춘 기업을 말합니다. (상증법 시행령 제15조제2항)

　① 상증법 시행령 별표에 따른 업종을 주된 사업으로 영위

　② 조세특례제한법 시행령 제9조제2항제1호 및 제3호 요건(중견기업법상 독립성 기준)을 충족

　③ 상속개시일 직전 3개 과세기간 또는 사업연도의 매출액의 평균금액이 5천억원 미만

매출액은 1년 미만의 경우 1년으로 환산한 매출액을 말하고, 기업회계기준에 따라 작성한 손익계산서의 매출액을 기준으로 합니다. 다만, 창업·분할·합병의 경우 그 동기일의 다음 날(창업의 경우에는 창업일)이 속하는 소득세 과세기간 또는 법인세 사업연도의 매출액을 연간 매출액으로 환산한 금액을 말합니다.

피상속인이 10년 이상 계속하여 경영한 기업으로 요건을 충족한 중소기업 또는 중견기업을 말합니다. (상증법 제18조의2제1항)

4) 신청

증여세 신고기한까지 증여세 신고서와 함께 「가업승계 주식 등 증여세 과세특례 적용신청서」(조세특례제한법 시행규칙 별지 제11호의8서식)를 납세지 관할세무서장에게 제출하여야만 합니다. (조세특례제한법 제30조의6제4항 → 제30조의5(창업자금에 대한 증여세 과세특례)제12항 준용, 시행령 제27조의5 준용)

2 과세특례 내용

조세특례제한법 제30조의6 제1항에 따른 주식등의 증여에 관하여는 제30조의5(창업자금에 대한 증여세 과세특례)제8항부터 제13항까지의 규정을 준용합니다. 이 경우 '창업자금'은 '주식등'으로 봅니다. (조세특례제한법 제30조의6제4항)

증여세 및 상속세를 과세하는 경우 이 조에서 달리 정하지 아니한 것은 상증법에 따릅니다. (조세특례제한법 제30조의5제13항 준용)

1) 증여세 과세특례

증여세 과세가액에서 10억원을 공제하고, 세율 10%(과세표준 60억원 초과분은 20%)를 적용하여 증여세를 납부하여야 합니다.

그 주식등의 가액 중 대통령령으로 정하는 가업자산상당액에 대한 증여세 과세가액(다음 각 호의 구분에 따른 금액을 한도로 합니다)에서 10억원을 공제하고 세율을 100분의 10(과세표준이 60억원을 초과하는 경우 그 초과금액에 대해서는 100분의 20)으로 하여 증여세를 부과합니다. (조세특례제한법 제30조의6제1항)

① 부모가 10년 이상 20년 미만 계속하여 경영한 경우 : 300억원
② 부모가 20년 이상 30년 미만 계속하여 경영한 경우 : 400억원
③ 부모가 30년 이상 계속하여 경영한 경우 : 600억원

☞ 한도 세율 적용 현황

2015.1.1.이후	2023.1.1.이후	2024.1.1.이후
(한도) 과세가액 30억원 (세율) 10%	(한도) 과세가액 100억원 (세율) 10%, 과세표준 30억원 초과분은 20% 세율 적용	(한도) 과세가액 600억원 (세율) 10%, 과세표준 120억원 초과분은 20%세율 적용

동일인(배우자 포함)으로부터 증여받은 특례대상인 가업승계 주식등 외의 증여재산가액은 가업승계주식 등에 대한 증여세 과세가액에 가산하지 아니합니다. (조세특례제한법 제30조의5제11항 준용)

과세특례를 신고하는 경우에는 신고세액공제를 적용하지 아니합니다. (조세특례제한법 제30조의5제11항, 후단 준용)

2) 증여자 사망시 상속세 계산 특례

상속재산에 가산하는 증여재산으로 봅니다. 증여세 과세특례를 적용받은 가업승계 주식 등은 해당 주식을 증여받은 날로부터 상속개시일까지의 기간과 관계없이 상속세 과세가액에 가산합니다. 이 경우, 상속공제한도 계산시 상속세 과세가액에서 차감하지 아니합니다. (조세특례제한법 제30조의5제9항 준용)

증여세액은 상속세 산출세액에서 공제합니다. 즉 증여세액 공제한도액 적용을 배제합니다. 다만, 공제할 증여세액이 상속세 산출세액보다 많은 경우 그 차액에 상당하는 증여세액은 환급하지

아니합니다. (조세특례제한법 제30조의5제10항 준용)

증여세 과세특례적용대상 주식등을 증여받은 후 해당 주식 등의 증여에 대한 상증법 제41조의 3(주식등의 상장 등에 따른 이익의 증여) 제41조의5(합병에 따른 상장 등 이익의 증여)에 따른 증여이익은 증여세 과세특례대상 주식등의 과세가액과 그 증여이익을 합하여 100억원까지 납세자의 선택에 따라 증여세 과세특례 적용이 가능합니다. (조세특례제한법 제30조의6제5항, 시행령 제27조의6제8항)

이 경우 증여세 과세특례 적용을 받은 증여이익은 합산배제규정에도 불구하고 조세특례제한법 제30조의5(창업자금에 대한 증여세 과세특례)제8항 및 제9항, 조세특례제한법 제30조의6(가업의 승계에 대한 증여세 과세특례)제4항에 따라 상속세 과세가액에 가산합니다. (조세특례제한법 제30조의6제5항)

☞ **조세특례제한법 제30조의6 (가업의 승계에 대한 증여세 과세특례)**
⑤ 제1항에 따른 주식등의 증여 후 「상속세 및 증여세법」 제41조의3 제 제41조의5가 적용되는 경우의 증여세 과세특례 적용 방법, 해당 주식등의 증여 후 상속이 개시되는 경우의 가업상속공제 적용 방법, 증여자 및 수증자의 범위 등에 관하여 필요한 사항은 대통령령으로 정한다.

☞ **조세특례제한법 시행령 제27조의6 (가업의 승계에 대한 증여세 과세특례)**
⑧ 법 제30조의6제1항에 따른 증여세 과세특례 적용대상 주식 등을 증여받은 후 해당 주식 등의 증여에 대한 「상속세 및 증여세법」 제41조의3 또는 제41조의5에 따른 증여이익(이하 이 항에서 "증여이익"이라 한다)은 증여세 과세특례 대상 주식 등의 과세가액과 증여이익을 합하여 100억원까지 납세자의 선택에 따라 법 제30조의6제1항에 따른 증여세 과세특례를 적용받을 수 있다. 이 경우 증여세 과세특례 적용을 받은 증여이익은 「상속세 및 증여세법」 제13조제3항에 불구하고 법 제30조의5제7항 및 제8항, 법 제30조의6제4항에 따라 상속세 과세가액에 가산한다.

가업승계 주식 등(조세특례제한법 제30조의6제1항에 따른 증여세 특례대상인 주식 등)을 증여받은 후 상속이 개시되는 경우 상속개시일 현재 다음 각 호의 요건을 모두 갖춘 경우에는 상증법 제18조의2(가업상속공제)제1항에 따른 가업상속으로 보아 관련 규정을 적용합니다. (조세특례제한법 시행령 제27조의6제9항)

① 상증법 제18조의2(가업상속공제)제1항 각 호 외의 부분 전단에 따른 가업상속에 해당할 것. 다만, 상증법 시행령 제15조(가업상속)제3항제1호나목은 적용하지 아니합니다. (조세특례제한법 시행령 제27조의6제9항제1호)

또한 중소기업 또는 중견기업의 최대주주등인 경우로서 피상속인과 그의 특수관계인의 주식 등을 합하여 해당 기업의 발행주식총수등의 100분의 40(자본시장과 금융투자업에 관한 법률 제8조의2제2항에 따른 거래소에 상장되어 있는 법인이면 100분의 20) 이상을 10년 이상 계속하여 보유하여야 합니다. (상증법 시행령 제15조제3항제1호가목)

피상속인이 보유한 가업의 주식 등의 전부를 증여하여 상증법 시행령 제15조(가업상속)제3항제

1호가목의 요건을 충족하지 못하는 경우에는 상속인이 증여받은 주식 등을 상속개시일 현재까지 피상속인이 보유한 것으로 보아 같은 목의 요건을 적용합니다. ☞ 2020.2.11이후부터 적용합니다.

해당 요건 중 매출액 평균금액은 조세특례제한법 제30조의6제1항에 따라 주식 등을 증여받은 날이 속하는 사업연도의 직전 3개 사업연도의 매출액 평균금액을 기준으로 판단합니다.

☞ 2020.2.11이전에는 자가 부의 주식 전부를 증여받아 가업승계에 대한 증여세과세특례를 적용받은 후, 부가 사망하여 상속이 개시되는 경우 가업상속공제를 적용하지 않았습니다. (서면-2015-법령해석재산-2340, 2016.6.23)

☞ **상증법 시행령 제15조(가업상속) 제3항**

③ 법 제18조의2제1항 각 호 외의 부분 전단에 따른 가업상속(이하 "가업상속"이라 한다)은 피상속인 및 상속인이 다음 각 호의 요건을 모두 갖춘 경우에만 적용한다. 이 경우 가업상속이 이루어진 후에 가업상속 당시 최대주주 또는 최대출자자(제19조제2항에 따른 최대주주 또는 최대출자자를 말한다. 이하 "최대주주등"이라 한다)에 해당하는 자(가업상속을 받은 상속인은 제외한다)의 사망으로 상속이 개시되는 경우는 적용하지 아니한다. 〈개정 2024.2.29〉

1. 피상속인이 다음 각 목의 요건을 모두 갖춘 경우

가. 중소기업 또는 중견기업의 최대주주등인 경우로서 피상속인과 그의 특수관계인의 주식등을 합하여 해당 기업의 발행주식총수등의 100분의 40[「자본시장과 금융투자업에 관한 법률」 제8조의2제2항에 따른 거래소(이하 "거래소"라 한다)에 상장되어 있는 법인이면 100분의 20] 이상을 10년 이상 계속하여 보유할 것

나. 법 제18조의2제1항 각 호 외의 부분 전단에 따른 가업(이하 "가업"이라 한다)의 영위기간[별표에 따른 업종으로서 「통계법」 제22조에 따라 통계청장이 작성·고시하는 표준분류(이하 "한국표준산업분류"라 한다)상 동일한 대분류 내의 다른 업종으로 주된 사업을 변경하여 영위한 기간은 합산한다] 중 다음의 어느 하나에 해당하는 기간을 대표이사(개인사업자인 경우 대표자를 말한다. 이하 이 조, 제16조, 제68조 및 제69조의3에서 "대표이사등"이라 한다)로 재직할 것

1) 100분의 50 이상의 기간

2) 10년 이상의 기간(상속인이 피상속인의 대표이사등의 직을 승계하여 승계한 날부터 상속개시일까지 계속 재직한 경우로 한정한다)

3) 상속개시일부터 소급하여 10년 중 5년 이상의 기간

2. 상속인이 다음 각 목의 요건을 모두 갖춘 경우. 이 경우 상속인의 배우자가 다음 각 목의 요건을 모두 갖춘 경우에는 상속인이 그 요건을 갖춘 것으로 본다.

가. 상속개시일 현재 18세 이상일 것

나. 상속개시일 전에 제1호나목에 따른 영위기간 중 2년 이상 직접 가업에 종사(상속개시일 2년 전부터 가업에 종사한 경우로서 상속개시일부터 소급하여 2년에 해당하는 날부터 상속개시일까지의 기간 중 제8항제2호다목에 따른 사유로 가업에 종사하지 못한 기간이 있는 경우에는 그 기간은 가업에 종사한 기간으로 본다)하였을 것. 다만, 피상속인이 65세 이전에 사망하거나 천재지변 및 인재 등 부득이한 사유로 사망한 경우에는 그러하지 아니하다.

다. 상속세과세표준 신고기한까지 임원으로 취임할 것

라. 상속세과세표준 신고기한부터 2년 이내에 대표이사등으로 취임할 것

② 수증자가 증여받은 주식 등을 처분하거나 지분율이 낮아지지 아니한 경우로서 가업에 종사하거나 대표이사로 재직하고 있을 것 (조세특례제한법 시행령 제27조의6제9항제3호)

3) 가업상속재산 증여세의 연부연납

증여세 중 가업상속재산의 경우에는 다음과 같이 적용합니다.

가업의 승계에 따라 과세특례를 적용받은 증여재산: 연부연납 허가일부터 15년(상증법 제71조제2항제2호가목, 조세특례제한법 제30조의6) ☞ 2024.1.1.부터 적용합니다.

☞ 일반증여재산의 연부연납 기간은 5년입니다.

4) 조세포탈 또는 회계부정 행위시 과세특례 배제

☞ 2024.1.1. 이후 증여받는 분부터 적용합니다.

피상속인 또는 상속인이 가업의 경영과 관련하여 조세포탈 또는 회계부정 행위(「조세범 처벌법」 제3조제1항또는「주식회사 등의 외부감사에 관한 법률」제39조제1항에 따른 죄를 범하는 것을 말하며, 상속개시일 전 10년 이내 또는 상속개시일부터 5년 이내의 기간 중의 행위로 한정)로 징역형 또는 대통령령으로 정하는 벌금형을 선고받고 그 형이 확정된 경우에는 다음 각 호의 구분에 따릅니다. (상증법 제18조의2제8항)

(1) 상증법 제76조에 따른 과세표준과 세율의 결정이 있기 전에 피상속인 또는 상속인에 대한 형이 확정된 경우: 가업상속공제를 적용하지 아니할 것 (상증법 제18조의2제8항제1호)

(2) 가업상속공제를 받은 후에 상속인에 대한 형이 확정된 경우: 가업상속공제 금액을 상속개시 당시의 상속세 과세가액에 산입하여 상속세를 부과할 것. 이 경우 대통령령으로 정하는 바에 따라 계산한 이자상당액을 그 부과하는 상속세에 가산합니다. (상증법 제18조의2제8항제2호)

위의 (2)(상증법 제18조의2제8항제2호 후단)에서 '대통령령으로 정하는 바에 따라 계산한 이자상당액'이란 다음 ①의 금액에 ②의 기간과 ③의 율을 곱하여 계산한 금액을 말합니다. ☞ 신설 2023.2.28. 신설되었습니다.

① 상증법 제18조의2제8항제2호 전단에 따라 결정한 상속세액

② 당초 상속받은 가업상속재산에 대한 상속세 과세표준 신고기한의 다음날부터 상증법 제18조의2제8항제2호의 사유가 발생한 날까지의 기간

③ 상증법 제18조의2제8항제2호 전단에 따른 상속세의 부과 당시의 「국세기본법 시행령」제43조의3제2항 본문에 따른 이자율을 365로 나눈 율

☞ 국세기본법상 이자율 : 국세기본법 시행령 제27조의4에 따른 이자율(22/100,000, 2022.2.15.이후의 기간분에 대한 이자율)

앞의 본문에서 "대통령령으로 정하는 벌금형"이란 다음 각 호의 어느 하나에 해당하는 것을 말합니다. (상증법 시행령 제15조제19항) ☞ 2023.2.28. 개정되었습니다.

① 조세포탈의 경우: 「조세범 처벌법」제3조제1항 각 호의 어느 하나에 해당하여 받은 벌금형
② 회계부정의 경우: 「주식회사 등의 외부감사에 관한 법률」 제39조제1항에 따른 죄를 범하여 받은 벌금형(재무제표상 변경된 금액이 자산총액의 100분의 5 이상인 경우로 한정합니다)

3 사후관리

조세특례제한법 제30조의6제1항에 따라 주식등을 증여받은 자가 대통령령으로 정하는 바에 따라 가업을 승계하지 아니하거나 가업을 승계한 후 주식등을 증여받은 날부터 5년(종전 7년) 이내에 가업승계의무를 이행하지 아니한 경우에는 그 주식등의 가액에 대하여 상증법에 따라 증여세를 부과합니다. 이 경우 대통령령으로 정하는 바에 따라 계산한 이자상당액을 증여세에 가산하여 부과합니다. (조세특례제한법 제30조의6제3항, 시행령 제27조의6제5항)

이자상당액 = (증여당시 기본세율에 의해 결정한 증여세액) × (당초 증여 주식의 증여세 신고기한 익일부터 추징사유 발생일까지 일수) × 22/100,000

사후관리 위반 시에는 사유가 발생한 날이 속하는 달의 말일부터 3개월 이내 신고·납부하여야 합니다. 다만, 신고·납부 이전에 세무서장 등이 먼저 부과하는 경우는 제외합니다. (조세특례제한법 제30조의6제7항)

☞ 가업상속공제를 적용받지 못한 경우에도 가업승계 사후관리를 적용합니다. (서면2019-법령해석재산-4455, 2021.6.30)

1) 사후관리 충족 요건

다음 요건을 모두 충족한 경우에는 5년간 사후관리하게 됩니다. 2022.12.31. 이전에 증여를 받은 경우로서 2023.1.1이후 증여세 과세표준을 신고하는 자에 대해서도 부칙(법률 제19199호, 2022.12.31) 제35조에 따라 사후관리기간은 5년으로 적용합니다.

(1) 가업을 승계하지 않은 경우 (조세특례제한법 제30조의6제3항)

해당 가업의 주식 등을 증여받은 가업을 승계한 수증자(수증자의 배우자 포함)가 증여세 과세표준 신고기한까지 가업에 종사하지 아니하거나 증여일부터 3년(종전 5년) 이내에 대표이사에 취임하지 아니한 경우 (조세특례제한법 시행령 제27조의6제1항)

(2) 해당 주식 등을 증여받고 기업을 승계한 수증자(수증자의 배우자 포함)가 정당한 사유 없이 증여일
로부터 5년 이내 가업승계 의무를 이행하지 않은 경우 (조세특례제한법 제30조의6제3항제1호, 시행
령 제27조의6제6항)

다음 각 호의 어느 하나에 해당하는 경우를 포함합니다. (조세특례제한법 시행령 제27조의6제6항)

① 가업에 종사하지 아니하는 경우 (조세특례제한법 시행령 제27조의6제6항제1호)

수증자(수증자의 배우자 포함)가 주식등을 증여받은 날로부터 5년까지 정당한 사유 없이 대표
이사직을 유지하지 아니하는 경우

② 가업의 주된 업종을 변경하는 경우 (조세특례제한법 시행령 제27조의6제6항제2호)

조세특례제한법 제30조의6제1항에 따른 가업의 주된 업종을 변경하는 경우.

다만, 다음 각 목의 어느 하나에 해당하는 경우는 제외합니다. ☞ 2024.1.1.부터 적용합니다.

㉮ 한국표준산업분류에 따른 대분류 내에서 업종을 변경하는 경우

㉯ ㉮ 외의 경우로서 「상속세 및 증여세법 시행령」 제49조의2에 따른 평가심의위원회의
심의를 거쳐 업종의 변경을 승인하는 경우

☞ 업종분류 적용 연혁

2016.2.5. ‒2020.2.11	2015.1.1.이후	2023.1.1.이후
소분류 내 변경(2016.2.5.이 속하는 과세연도 분부터 적용. 증여일 현재 영위하고 있는 업종(세분류 업종의 매출액이 전체 매출액의 30% 이상	① 중분류 내 변경 ② (중분류 이외) 평가심위원회 심의를 통해 업종변경	① 대분류 내 변경 ② (대분류 이외) 평가심의위원회 심의를 통해 업종 변경

③ 해당가업을 휴업하거나 폐업하는 경우 (조세특례제한법 시행령 제27조의6제6항제3호)

가업을 1년 이상 휴업(실적이 없는 경우를 포함합니다)하거나 폐업하는 경우

(3) 증여받은 주식등의 지분이 줄어드는 경우 (조세특례제한법 제30조의6제3항제2호, 시행령 제27조의6
제7항)

증여받은 주식등의 지분이 줄어드는 경우 (조세특례제한법 제30조의6제3항제2호)

다음 각 호의 어느 하나에 해당하는 경우를 포함합니다. (조세특례제한법시행령 제27조의6제7항)

① 수증자가 증여받은 주식 등을 처분하는 경우 (조세특례제한법시행령 제27조의6제7항제1호)

다만, 다음의 어느 하나에 해당하는 경우는 제외합니다.

㉮ 합병ㆍ분할 등 조직변경에 따른 처분으로서 수증자가 「상속세 및 증여세법 시행령」 제
15조제3항에 따른 최대주주등에 해당하는 경우

（내）「자본시장과 금융투자업에 관한 법률」 제390조제1항에 따른 상장규정의 상장요건을
갖추기 위하여 지분을 감소시킨 경우

② 증여받은 주식 등을 발행한 법인이 유상증자 등을 하는 과정에서 실권 등으로 수증자의
지분율이 낮아지는 경우 (조세특례제한법시행령 제27조의6제7항제2호)

다만, 다음 각 목의 어느 하나에 해당하는 경우는 제외합니다.

（개）해당 법인의 시설투자·사업규모의 확장 등에 따른 유상증자로서 수증자의 특수관계
인(「상속세 및 증여세법 시행령」 제2조의2제1항 각 호의 어느 하나에 해당하는 자를 말한다. 이하 이
조에서 같다) 외의 자에게 신주를 배정하기 위하여 실권하는 경우로서 수증자가 최대주
주등에 해당하는 경우

（내）해당 법인의 채무가 출자전환됨에 따라 수증자의 지분율이 낮아지는 경우로서 수증자
가 최대주주 등에 해당하는 경우

③ 수증자와 특수관계에 있는 자의 주식처분 또는 유상증자 시 실권 등으로 지분율이 낮아져
수증자가 최대주주등에 해당되지 아니하는 경우 (조세특례제한법시행령 제27조의6제7항제3호)

가업의 승계를 위하여 주식을 증여받은 후 회사가 신주인수권부사채나 전환사채를 사모형태로
발행하여 사채권자의 권리 행사로 수증자의 지분율이 낮아지는 경우로서 특수관계인의 자가 신주
를 배정받은 경우로서 수증자가 최대주주 등에 해당하는 경우에는 증여세를 추징하지 않습니다.
(재산세과-821, 2009.04.29)

2) 정당한 사유 (추징 배제사유)

(조세특례제한법 제30조의6제3항 본문, 시행령 제27조의6제4항)

다음의 경우에는 증여세를 추징하지 않습니다.

① 수증자가 사망한 경우로서 수증자의 상속인이 「상속세 및 증여세법」 제67조에 따른 상속
세 과세표준 신고기한까지 당초 수증자의 지위를 승계하여 가업에 종사하는 경우

② 수증자가 증여받은 주식 등을 국가 또는 지방자치단체에 증여하는 경우

③ 수증자가 법률에 따른 병역의무의 이행, 질병의 요양, 취학상 형편 등으로 가업에 직접 종
사할 수 없는 사유에 해당하는 경우, 이 경우, 증여받은 주식 또는 출자지분을 처분하거나
그 부득이한 사유가 종료된 후 가업에 종사하지 아니하는 경우는 제외합니다. (조세특례제
한법 시행규칙제14조의5)

| 제 3 절 | 가업승계에 대한 증여세 납부유예제도 |

(조세특례제한법 제30의7, 조특령 §27의7, 2023.1.1 이후부터)

1 납부유예 신청대상

(조세특례제한법 제30의7제1항)

납세지 관할세무서장은 거주자가 다음의 요건을 모두 갖추어 증여세의 납부유예를 신청하는 경우에는 대통령령으로 정하는 금액에 대하여 납부유예를 허가할 수 있습니다. (조세특례제한법 제30조의7제1항)

① 거주자가 가업(상증법 시행령 제15조제1항에 따르는 중소기업으로 한정합니다)의 승계를 목적으로 해당 가업의 주식 또는 출자지분(이하 "주식등"이라 합니다)을 증여받았을 것
② 창업자금에 대한 증여세 과세특례(조세특례제한법 제30조의5) 또는 가업의 승계에 대한 증여세 과세특례(조세특례제한법 제30조의6)에 따른 증여세 과세특례를 적용받지 아니하였을 것 (조세특례제한법 제30의7제제1항제2호)

이 경우 납부유예 허가를 받으려는 자는 담보를 제공하여야 합니다. (조세특례제한법 제30조의7제2항)

2 납부유예 신청 및 허가절차

(조세특례제한법 제30의7제9항, 시행령 제27조의7제1항)

1) 신청절차

증여세의 납부유예를 신청하려는 거주자는 상속세 과세표준신고 또는 증여세 과세표준신고(수정신고 또는 기한 후 신고 포함)를 할 때 다음 각 호의 서류를 납세지 관할 세무서장에게 제출해야 합니다. 다만, 과세표준과 세액의 결정 통지를 받은 자는 해당 납부고지서에 따른 납부기한까지 그 서류를 제출할 수 있습니다. (조세특례제한법 시행령 제27조의7제1항)

① 납부유예신청서

② 가업승계에 대한 증여세 과세특례를 적용받았거나 증여세 납부유예 허가를 받았음을 증명할 수 있는 서류(수증자가 재차 납부유예를 신청하는 경우)

③ 가업상속공제를 받았거나 상속세 납부유예 허가를 받았음을 증명할 수 있는 서류(상속인이 사망하여 다시 상속을 받은 상속인이 재차 납부유예를 신청하는 경우)

2) 허가절차

납부유예신청을 받은 납세지 관할 세무서장은 다음 각 호의 구분에 따른 기간 이내에 신청인에게 그 허가 여부를 서면으로 통지해야 합니다. (조세특례제한법 시행령 제27조의7제2항)

① 상속세 과세표준신고를 한 경우 : 신고기한이 지난 날부터 9개월

② 증여세 과세표준신고를 한 경우 : 신고기한이 지난 날부터 6개월

③ 수정신고 또는 기한 후 신고를 한 경우 : 수정신고 또는 기한 후 신고를 한 날이 속하는 달의 말일부터 6개월(재차 납부유예 신청하는 경우 9개월)

④ 과세표준과 세액의 결정통지를 받은 경우 : 납부고지서에 따른 납부기한이 지난 날부터 14일

납부유예 허가 통지가 납부고지서에 따른 납부기한을 경과한 경우에는 그 통지일 이전의 기간에 대해서는 납부지연가산세를 부과하지 않습니다. (조세특례제한법 시행령 제27조의7제3항)

3 납부유예 적용요건등

(조세특례제한법 제30의7제1항·제9항, 시행령 제27조의7제4항)

(1) 증여자(부모) 요건 : 가업상속공제 피상속인 요건 준용

(2) 수증자(거주자) 요건 : 가업상속공제 상속인 요건 준용

(3) 납부유예 가능세액

(조세특례제한법 시행령 제27조의7제4항)

$$납부유예\ 가능\ 세액 = 증여세\ 납부세액 \times \frac{가업자산\ 상당액}{총\ 증여재산가액}$$

4 사후관리

(조세특례제한법 제30의7제3항, 시행령 제27조의7제7항~제15항)

1) 사후관리 요건 위반에 따른 세액의 추징

(조세특례제한법 제30의7제3항)

(1) 해당거주자가 가업에 종사하지 않게 된 경우 : 납부유예된 세액의 전부

(조세특례제한법 제30의7제3항 제1호, 시행령 제27조의7제8항)

① 가업의 주식등을 증여받은 거주자(제5항에 따른 거주자의 배우자를 포함)가 대표이사로 종사

하지 않는 경우(증여일부터 5년 이내의 기간 중으로 한정)

② 해당 가업을 1년 이상 휴업(실적이 없는 경우를 포함)하거나 폐업하는 경우

(2) 주식등을 증여받은 거주자의 지분이 감소한 경우 : 다음의 구분에 따른 세액

(조세특례제한법 제30의시행령 제제27조의7제9항 · 제10항)

① 증여일부터 5년 이내에 감소한 경우: 납부유예된 세액의 전부

② 증여일부터 5년 후에 감소한 경우: 납부유예된 세액 중 지분 감소 비율을 고려하여 다음

과 같이 계산한 세액 (조세특례제한법 제30의7제3항제2호나목, 시행령 제27조의7제10항)

$$세액 = A \times (B \div C)$$

A: 납부유예된 세액, B: 감소한 지분율, C: 증여일 현재 지분율

(3) 다음에 모두 해당하는 경우 : 납부유예된 세액의 전부

(조세특례제한법 제30의7제3항제3호, 시행령 제제27조의7제11항~제13항)

① 증여일부터 5년간 대통령령으로 정하는 정규직 근로자 수의 전체 평균이 증여일이 속하

는 사업연도의 직전 2개 사업연도의 정규직근로자 수의 평균의 100분의 70에 미달하는

경우

② 증여일부터 5년간 대통령령으로 정하는 총급여액의 전체 평균이 증여일이 속하는 사업

연도의 직전 2개 사업연도의 총급여액 평균의 100분의 70에 미달하는 경우

(4) 해당 거주자가 사망하여 상속이 개시되는 경우 : 납부유예된 세액의 전부

(조세특례제한법 제30의7제3항제4호)

2) 사후관리 위반에 해당되지 않는 정당한 사유가 있는 경우

(조세특례제한법 법 제30조의7제3항, 시행령 제27조의7제7항)

(1) 해당거주자가 가업에 종사하지 아니하게 된 정당한 사유가 있는 경우

(조세특례제한법 제30조의7제3항, 시행령 제27조의7제7항 → 시행령 제27조의6제4항 각호)

① 수증자가 증여받은 주식 등을 국가 또는 지방자치단체에 증여하는 경우

② 병역의무의 이행, 질병의 요양 등으로 가업에 직접 종사할 수 없는 사유에 해당되는 경우

(조세특례제한법 시행령 제27조의6제4항제3호, 시행규칙 제14조의5)

(2) 주식 등을 증여받은 거주자의 지분이 감소한 것에 정당한 사유가 있는 경우

(조세특례제한법 제30조의7제3항제2호, 시행령 제27조의7제9항 → 제27조의6제7항제1호)

① 합병·분할 등 조직변경에 따른 처분으로서 수증자가 최대주주등에 해당하는 경우

② 상장요건을 갖추기 위하여 지분을 감소시킨 경우

3) 납부유예 종료 사유발생으로 인한 증여세 납부 시 이자상당액 계산

(조세특례제한법 제30조의7제3항제2호, 시행령 제27조의7제14항)

증여세 납부액 × 증여세 신고기한의 다음날부터 해당사유 발생일까지의 일수 × 국세환급금 이자율(현재 연 3.5%) / 365일

☞ **조세특례제한법 제27조의7(가업승계에 대한 증여세의 납부유예)**

⑭ 법 제30조의7제3항 각 호 외의 부분에서 "대통령령으로 정하는 바에 따라 계산한 이자상당액"이란 제1호의 금액에 제2호의 기간과 제3호의 율(법 제30조의7제6항에 따라 납부유예 허가를 받은 경우에는 제3호의 율에 100분의 50을 곱한 율)을 곱하여 계산한 금액을 말한다.

1. 법 제30조의7제3항 각 호에 따른 증여세액

2. 당초 증여받은 가업의 주식등에 대한 증여세 과세표준신고기한의 다음날부터 법 제30조의7제3항 각 호의 사유가 발생한 날까지의 기간

3. 법 제30조의7제3항에 따른 납부유예 허가의 취소 또는 변경 당시의 「국세기본법 시행령」 제43조의3제2항 본문에 따른 이자율을 365로 나눈 율. 다만, 제2호의 기간 중에 「국세기본법 시행령」 제43조의3제2항 본문에 따른 이자율이 1회 이상 변경된 경우 그 변경 전의 기간에 대해서는 변경 전의 이자율을 365로 나눈 율을 적용한다.

5 납부유예 취소 및 변경

(조세특례제한법 제30의7제5항, 시행령 제27조의7제15항)

납세지 관할세무서장은 납부유예 허가를 받은 자가 다음의 어느 하나에 해당하는 경우 그 허가를 취소하거나 변경하고, 납부유예된 세액의 전부 또는 일부와 대통령령으로 정하는 바에 따라 계산한 이자상당액을 징수할 수 있습니다.

① 담보의 변경 또는 그 밖의 담보 보전에 필요한 관할 세무서장의 명령에 따르지 아니한 경우
② 「국세징수법」 제9조(납부기한 전 징수)제1항 각 호의 어느 하나에 해당되어 납부유예된 세액의 전액을 징수할 수 없다고 인정되는 경우

'대통령령으로 정하는바에 따라 계산한 이자상당액'은 별도로 규정(조세특례제한법 시행령 제27조의7제15항)하고 있으나, 그 계산 방법은 규정 내용이 앞의 3)(조세특례제한법 시행령 제27조의7제14항)과 동일합니다.

6 재차 납부유예

(조세특례제한법 제30의7제6항 각 호)

지분이 감소 또는 상속인의 사망으로 납부유예된 세액과 이자상당액을 납부하여야 하는 자는 다음 어느 하나에 해당하는 경우 납세지 관할세무서장에게 해당 세액과 이자상당액의 납부유예 허가를 신청할 수 있습니다. (조세특례제한법 제30의7제6항)

① 지분이 감소한 경우 : 가업승계 증여세 과세특례를 적용받거나, 가업승계 증여세 납부유예 허가를 받은 경우 (조세특례제한법 제30의7제3항제2호에 해당하는 경우)
② 상속인이 사망하여 상속이 개시되는 경우 : 다시 상속을 받은 상속인이 가업상속공제를 받거나 가업상속에 대한 납부유예 허가를 받은 경우 (조세특례제한법 제30의7제3항제2호에 해당하는 경우)

제 **5** 편

상속·증여세
신고납부와 결정

제1장 상속·증여세 신고납부

☞ 상속세와 증여세는 정부부과 방식에 따라 납세의무가 확정됩니다.

　　조세의 납세의무를 확정하는 방식에는 납세의무자가 스스로 계산한 과세표준과 세액을 정부에 신고함으로써 자동으로 확정되는 신고주의와 정부가 과세처분이라는 행정처분을 통하여 납세의무를 확정시키는 부과주의가 있습니다.

　　상속세와 증여세는 정부부과 방식에 따라 납세의무가 확정됩니다. 상속이 개시되거나 증여에 의하여 재산을 취득함에 따라 납세의무가 성립되면, 납세의무자는 납세의무가 성립된 상속·증여세에 관계되는 사항을 정부에 신고하여야 하며, 정부는 그 신고내용을 기초로 이를 조사하여 구체적으로 상속·증여세 납세의무를 확정시키고 그 결과를 통지합니다.

　　따라서 상속·증여세에서의 신고행위는 상속세와 증여세에 관한 사항을 정부에 보고하는 협력의무에 지나지 않으며, 구체적으로는 정부가 조사하여 결정 통지함으로써 납세의무가 확정되는 것입니다.

　　상속인이 하는 상속세 신고는 과세처분을 하기 위한 참고자료로 제공될 뿐 세액을 확정하거나 신고한 납세의무자를 기속하는 등의 효력이 발생하는 것이 아닙니다.(대법원 91다16952, 1991.9.10.)

☞ (협력의무) 상속세 및 증여세 신고 행위는 정부에 보고하는 협력의무에 해당되지만, 상속세·증여세 신고납부의무가 있는 납세의무자가 법정신고기한(상속개시일이 속하는 달의 말일부터 6개월, 증여일이 속하는 달의 말일부터 3개월)까지 과세표준신고서를 제출하지 않는 경우에는 20%(40%)가산세를 부과하고, 납세의무자가 법정신고기한까지 신고를 한 경우로서 과세표준신고 또는 신고세액을 신고할 금액보다 적게 신고한 경우에는 10%(40%)가산세액을 부과 받을 수 있습니다. 법정신고기한까지 미납부한 세액에 대해서는 법정신고기한 다음날부터 지연납부 일자만큼 10만분의 22에 해당하는 납부지연가산세를 부과 받을 수 있습니다. ← 가산세 내용은 상속·증여세 가산세 항목에서 보세요.

상속세 신고납부

(상증법 제67조)

1 상속세 과세가액과 과세표준신고

(상증법 제67조, 시행령 64조, 시행규칙 제24조)

- (신고기한) 상속세 납세의무가 있는 상속인 또는 수유자는 상속개시일이 속하는 달의 말일부터 6개월 이내
- (신고기한 특례) 피상속인 또는 상속인 전원이 외국에 주소를 둔 경우에는 9개월 이내

1) 신고 의무자

(1) 상속세 신고의무자

상속세 납부의무가 있는 상속인 또는 수유자는 상속세의 과세가액과 과세표준을 신고기한 내에 납세지 관할 세무서장에게 신고하여야 합니다.

'상속인'은 민법상의 법정상속인·대습상속인·상속을 포기한 자·특별연고자 등을 말하며, '수유자'는 유증으로 재산을 취득한 자, 사인 증여로 재산을 취득하는 자, 증여채무의 이행 중에 증여자가 사망한 경우의 그 증여로 재산을 취득하는 자, 유언대용신탁 및 수익자연속신탁에 의하여 신탁의 수익권을 취득한 자를 말합니다.

이 경우, 특별연고자 및 수유자가 영리법인인 경우에는 해당 영리법인이 납부할 상속세가 면제되므로 상속세 신고의무가 없으나, 그 영리법인의 주주등이 상속인과 그 직계비속인 경우에는 그 지분상당액을 그 상속인과 그 직계비속이 신고할 의무가 있습니다. (상증법 제3조의2, 상속세 납세의무)

(2) 상속포기자

상속인은 상속개시가 있음을 안 날로부터 3개월 이내에 단순 승인이나 한정 승인 또는 상속을 포기할 수 있으며,(민법 제1019조) 상속인이 상속을 포기하면 상속이 개시된 때에 소급하여 그 효력이 있으므로,(민법 제1042조) 민법상으로는 상속포기자는 상속인에 해당하지 않으나, 상속세법상 민법상 상속포기자도 상속세 납부의무 및 연대납부의무가 있는 것으로 규정하고 있으므로, 상속포기자도 상속세 신고의무자에 포함될 수 있습니다.

2) 상속세 신고·납부기한

☞ 한도 세율 적용 현황

구분	주소지	상속세 신고납부 기한
피상속인 및 상속인	국내	상속개시일이 속하는 달의 말일부터 6개월
피상속인 또는 상속인	국외	상속개시일이 속하는 달의 말일부터 9개월

상속개시일이 속하는 달의 말일부터 6개월이며, 피상속인이나 상속인이 외국에 주소를 둔 경우에는 9월 이내에 신고하여야 합니다.(상증법 제67조제1항·제4항) 이 경우 유언집행자 또는 상속재산관리인이 상속세 신고기한까지 지정·선임된 경우에는 지정·선임되는 날부터 계산합니다. (상증법 제67조제3항)

☞ 〈예시〉 상속개시일이 2023.2.8.인 경우 상속세 신고기한은?

→ 2022.8.31. 즉, 2월 말일의 다음날인 3.1부터 6개월이 되는 날

상속세 신고기한 이내에 상속인이 확정되지 아니한 경우에도 상속세 신고는 위의 신고기한 내 하여야 하고, 이와는 별도로 상속인이 확정된 날부터 30일 이내에 확정된 상속인의 상속관계를 기재한 서류를 납세지 관할세무서장에게 제출하여야 합니다. (재산세과-2095, 2008.8.1.)

3) 상속세 신고서와 첨부할 서류 (상증법 시행령 제64조)

상속세 과세가액 및 과세표준을 신고할 때는 상속세 신고서와 그 과세표준의 계산에 필요한 상속재산의 종류·수량·평가가액·재산분할 및 각종 공제 등을 입증할 수 있는 서류 등을 첨부하여 제출하여야 합니다. (상증법 시행령 제64조제2항, 상속세 과세표준신고)

☞ 〈참고〉 상속인이 상속세신고서를 요구할 때 납세의무자에 해당하는 이상 제공하여야 합니다.(법규과-4811, 2006.11.9)

(1) 상속세 신고서식 (상증법 시행령 64조, 시행규칙 제24조)

① 본표 : 상속세 과세표준 신고 및 자진납부계산서 (별지 제9호서식)

가업·영농상속공제 사후관리 위반이 있는 경우에는 '가업상속공제등 사후관리추징사유 신고 및 자진납부계산서'를 사유가 발생한 날이 속하는 달의 말일부터 6개월 이내에 신고·납부하여야 합니다. 다만, 신고·납부 이전에 세무서장 등이 먼저 부과하는 경우는 제외합니다. ☞ 2018.1.1. 부터 적용됩니다.

② 부표

- 상속인별 상속재산 및 평가명세서 (별지 제9호서식 : 부표2)

- 채무·공과금·장례비용 및 상속공제명세서 (별지 제9호서식 : 부표3)

- 배우자상속공제명세서 (별지 제9호서식 부표3의2)

- 상속개시 전 1(2)년 이내 재산처분·채무부담 내역 및 사용처 소명명세서 (별지 제9호서식 부표4(갑),(을))

(2) 신고서에 첨부할 서류

① 사실관계 증빙제출 (상증법 시행령 제64조제2항)

- 피상속인의 가족관계증명서. 단 상속인이 행정정보이용에 동의한 경우 생략 가능

- 상속개시 당시 피상속인의 채무로 상속인이 부담한 사실을 입증하는 서류

- 배우자의 상속재산이 분할된 경우에는 상속재산분할명세 및 그 평가명세서

- 가업상속공제 등 공제요건 입증서류

- 공과금, 장례비, 평가수수료 등 증빙서류

② 해당시 추가제출 서식 (상증법 시행규칙 제24조)

- 가업상속공제(상증법 제18조의2) → 가업상속공제신고서, 부표 가업상속재산명세서,
  부표 가업용자산 명세

- 영농상속공제(상증법 제18조의3) → 영농상속공제신고서

- 배우자상속공제(상증법 제19조) → 배우자 상속재산 미분할 신고서

- 장애인공제(상증법 제20조제1항제4호) → 장애인증명서

- 금융재산상속공제(상증법 제22조) → 금융재산 상속공제 신고서

- 동거주택상속공제(상증법 23조의2) → 동거주택 상속공제 신고서

- 재해손실공제(상증법 제23조) → 재해손실 공제신고서

- 외국납부세액공제(상증법 제29조) → 외국납부세액공제신청서

- 연부연납(상증법 제71조) → 상속세(증여세) 연부연납허가신청서

- 물납(상증법 제73조) → 상속세 물납(변경, 철회) 신청서

☞ **상증법 시행규칙 제24조 (일반서식) * 아래의 영은 상증법 시행령을 말함**

1. 영 제15조제22항에 따른 가업상속공제신고서: 별지 제1호서식

   1의2. 영 제15조제23항에 따른 가업상속공제 사후관리추징사유 신고 및 자진납부 계산서, 영 제16조제12항에 따른 영농상속공제 사후관리추징사유 신고 및 자진납부 계산서: 별지 제9호서식 부표 6

2. 영 제16조제11항에 따른 영농상속공제신고서 : 별지 제2호서식

3. 영 제17조제3항에 따른 배우자 상속재산 미분할 신고서 : 별지 제3호서식

　　3의2. 영 제18조제2항에 따른 임신 사실을 확인할 수 있는 서류: 별지 제3호의2서식

4. 영 제18조제4항 및 영 제45조의2제12항제3호의 규정에 의한 장애인증명서 : 별지 제4호서식

5. 영 제19조제3항의 규정에 의한 금융재산상속공제신고서 : 별지 제5호서식

6. 영 제20조제3항 및 영 제47조의 규정에 의한 재해손실공제신고서 : 별지 제6호서식

　　6의2. 영 제20조의2에 따른 동거주택상속공제신고서: 별지 제6호의2서식

7. 영 제21조제2항 및 영 제48조의 규정에 의한 외국납부세액공제신청서 : 별지 제7호서식

8. 영 제45조의2제7항에 따른 장애인신탁 원금 인출신청서 : 별지 제33호서식

　　8의2. 영 제45조의2제8항에 따른 장애인신탁 원금 인출내역서 : 별지 제34호서식

9. 영 제64조제1항의 규정에 의한 상속세과세표준신고및자진납부계산서 : 별지 제9호서식

10. 영 제65조제1항의 규정에 의한 증여세과세표준신고 및 자진납부계산서(기본세율 적용 증여재산 신고용) : 별지 제10호서식

　　10의2. 영 제65조제1항에 따른 증여세과세표준신고 및 자진납부계산서(창업자금 및 가업승계주식 등 특례세율 적용 증여재산 신고용) : 별지 제10호의2서식

　　10의3. 영 제65조제1항에 따른 증여세과세표준신고 및 자진납부계산서(특수관계법인과의 거래를 통한 증여의제이익 신고용) : 별지 제10호의3서식

　　10의4. 영 제65조제1항에 따른 증여세과세표준신고 및 자진납부계산서(특수관계법인으로부터 제공받은 사업기회로 발생한 증여의제이익 신고용): 별지 제10호의4서식

11. 영 제67조제1항의 규정에 의한 상속세 또는 증여세 연부연납허가신청서 : 별지 제11호서식

12. 영 제67조제2항의 규정에 의한 상속세 또는 증여세 연부연납허가통지서 : 별지 제12호서식

　　12의2. 영 제69조의2제1항제1호에 따른 가업상속 납부유예 신청서: 별지 제12호의2서식

　　12의3. 영 제69조의2제2항에 따른 가업상속 납부유예 허가ㆍ불허가 통지서: 별지 제12호의3서식

　　12의4. 영 제69조의3제8항에 따른 납부유예 사후관리추징사유 신고 및 자진납부 계산서: 별지 제9호서식 부표 7

13. 영 제70조제1항ㆍ제2항ㆍ제8항 및 영 제72조제1항ㆍ제5항에 따른 상속세 물납신청서, 상속세 물납변경신청서 및 상속세 물납철회신청서 : 별지 제13호서식

　　13의2. 영 제70조제8항에 따른 물납 재산 재평가 신청서 : 별지 제13호의2서식

14. 영 제70조제3항, 영 제71조, 영 제72조제4항ㆍ제5항 및 영 제75조의3제2항에 따른 상속세 물납허가ㆍ불허가 통지서, 물납변경허가ㆍ불허가 통지서 및 물납재산변경명령통지서: 별지 제14호서식

　　14의2. 영 제75조의2제3항 및 제75조의3제5항에 따른 문화유산 등 물납 신청서 및 문화유산 등 물납 철회 신청서: 별지 제14호의2서식

　　14의3. 영 제76조제5항 및 제6항에 따른 국가지정문화유산등 보유현황명세서 및 국가지정문화유산등 양도거래신고서: 별지 제14호의3서식

15. 법 제76조제3항의 적용을 받는 결정지연통지서 : 별지 제15호서식

16. 영 제81조제1항의 규정에 의한 상속세(증여세) 과세표준 및 세액의 결정(경정)청구서 : 별지 제16호서식

19. 영 제84조제1항에 따른 지급명세서: 별지 제18호서식, 별지 제19호서식 및 별지 제19호의2서식

20. 영 제84조제3항에 따른 주권(출자증권, 공채, 사채, 집합투자증권, 은행예금, 그 밖의 예금) 명의개서 명세서(변경 명세서): 별지 제20호서식

　　20의2. 영 제84조제3항에 따른 특정시설물(골프장회원권 등)이용권 명의개서 명세서(변경 명세서): 별지 제20호의2서식

21. 영 제84조제4항의 규정에 의한 타익신탁재산 수탁명세서 : 별지 제21호서식

　　21의2. 영 제84조제5항의 규정에 의한 전환사채등 발행 및 인수인 명세서 : 별지 제21호의2서식

22. 영 제84조제6항에 따른 이체명세서: 별지 제21호의3서식

2 상속세 자진납부

(상증법 제70조)

납부할 금액이 1천만원을 초과하는 경우에는 그 납부할 금액의 일부를 납부기한 경과 후 2개월 이내에 분할납부할 수 있습니다. 이 경우, 연부연납을 허가받은 경우에는 분납할 수 없습니다. (상증법 제79조제2항)

1) 상속세 자진납부시기 (상증법 시행령 제66조)

상속세 신고서의 제출과 함께 납부하여야 할 세액을 자진 납부하여야 합니다.

2) 자진납부세액의 계산 (상증법 제70조)

$$자진납부할 세액 = (상속세 산출세액) - (①+②+③+④+⑤+⑥+⑦)$$

상속세 산출세액에서 차감할 금액은 다음과 같습니다.

① 문화유산자료 등의 징수유예 (상증법 제74조) ⑤ 신고세액공제 (상증법 제69조 제1항)

② 증여세액공제 (상증법 제28조) ⑥ 연부연납을 신청한 금액 (상증법 제71조)

③ 외국납부세액공제 (상증법 제29조) ⑦ 물납을 신청한 금액 (상증법 제73조)

④ 단기재상속에 대한 세액공제 (상증법 제30조)

3) 상속인별 납부의무 및 연대납부의무

상속세 및 증여세법에서 정한 상속세 납부의무(상증법 제3조의2)에 따라 각 상속인 또는 수유자는 그 전체 상속세액에 대해 상속재산 중 각자가 받았거나 받을 재산의 비율에 따라 상속세를 납부할 의무를 집니다. 또한 각 상속인 또는 수유자는 상속재산 중 각자가 받았거나 받을 재산을 한도로 하여 상속세를 연대하여 납부할 의무가 있습니다. (상증법 제3조의2제3항)

4) 상속세 분할납부

분할납부제도란 신고기한 내에 일시에 세금을 현금 납부하여야 하는 납세자의 과중한 세부담을 다소라도 완화시키기 위한 세금 납부 편의제도입니다.

상속세를 분할납부하고자 할 때는 '상속세 과세표준 신고 및 자진납부계산서'의 '분납'란에 기재하는 것으로 분할납부신청이 완료되므로, 별도의 분납신청서를 제출할 필요는 없습니다.

상속세의 경우 납부할 금액이 1천만원을 초과하면 다음과 같이 납부할 금액의 일부를 납부기한이 지난 후 2개월 이내에 분납할 수 있습니다. 단, 연부연납을 허가받은 경우에는 상속세 분납이 허용되지 아니합니다. (상증법 제70조제2항, 시행령 66조제2항)

㉮ 분납할 세액이 2천만원 이하인 때에는 1천만원을 초과하는 금액

㉯ 분납할 세액이 2천만원을 초과하는 때에는 그 세액의 50% 이하의 금액

증여세 신고납부

(상증법 제68조)

- (신고기한) 증여세 납부의무가 있는 증여일이 속하는 달의 말일부터 3개월 이내
- (신고기한 특례)
  ① 상증법 제41조의3(주식등의 상장 등에 따른 이익의 증여), 상증법 제41조의5(합병에 따른 상장등 이익의 증여) → 정산기준일이 속하는 달의 말일부터 3개월 이내
  ② 상증법 제45조의3(특수관계법인과의 거래를 통한 이익의 증여의제), 상증법 제45조의4(특수관계법인으로부터 제공받은 사업기회로 발생한 이익의 증여의제), 상증법 제45조의5(특정법인과의 거래를 통한 이익의 증여의제) → 법인세 신고기한이 속하는 달의 말일부터 3개월 이내

1 증여세 과세가액과 과세표준 신고

(상증법 제68조)

1) 증여세 신고·납부기한

증여세 납세의무가 있는 자는 증여받은 날이 속하는 달의 말일부터 3개월 이내에 증여세의 과세가액 및 과세표준을 증여세 신고서에 의하여 납세지 관할세무서장에게 신고하여야 합니다. (상증법 제68조제1항) ☞ 2009.1.1. 이후부터 적용됩니다.

2) 증여세 신고·납부기한의 특례

(1) 정산기준일

주식등의 상장등에 따른 이익의 증여(상증법 제41조의3), 합병에 따른 상장등 이익의 증여(상증법 제41조의5)에 따른 비상장주식의 상장 또는 법인의 합병 등에 따른 증여세과세표준정산 신고기한은 정산기준일이 속하는 달의 말일부터 3개월이 되는 날입니다. (상증법 제68조제1항)

'정산기준일'은 해당 주식 등의 상장일로부터 3개월이 되는 날이며,(상증법 제68조제1항) 만약 상장일로부터 3개월이 되는 날까지의 사이에 해당 주식 등 보유자가 사망하거나 해당주식 등을 증

여 또는 양도한 경우에는 그 사망일·증여일 또는 양도일이 정산기준일이 됩니다. (상증법 제41조의3 제3항)

(2) 증여세 정산과 관련된 신고기한

'특수관계법인으로부터 제공받은 사업기회로 발생한 이익의 증여의제'(상증법 제45조의4)에 따른 증여의제이익이 발생한 수혜법인의 지배주주등은 개시사업연도부터 사업기회제공일 이후 2년이 지난 날이 속하는 사업연도(정산사업연도)까지 정산증여의제이익에 대한 증여세액과 당초 납부한 증여의제이익에 대한 증여세액과의 차액을 정산하여야 합니다.

이 경우 증여세 과세표준 신고기한은 정산사업연도의 법인세법 제60조제1항에 따른 과세표준의 신고기한이 속하는 달의 말일부터 3개월이 되는 날이 됩니다. (상증법 제45조의4제3항, 제5항)

'초과배당에 따른 이익의 증여'(상증법 제41조의2)에 따른 초과배당금액에 대하여 증여세를 부과받은 자는 해당 초과배당금액에 대한 소득세를 납부(납부할 세액이 없는 경우 포함)할 때 실제 소득세액을 반영한 정산증여재산가액에 대한 증여세액과 당초 증여재산가액에 대한 증여세액과 차액을 정산하여야 합니다. (상증법 제41조의2제2항)

이 경우 정산증여재산가액의 증여세 과세표준 신고기한은 초과배당금액이 발생한 연도의 다음 연도 5.1부터 5.31까지입니다. 소득세법 제70조의2 제1항에 따른 성실신고확인대상사업자에 대한 증여세 과세표준의 신고기한은 초과배당금액이 발생한 연도의 다음연도 5.1부터 6.30까지입니다. (상증법 제41조의2제3항)

3) 증여세 신고서에 첨부할 서류

(상증법 제69조, 시행령 제65조, 시행규칙 제24조)

증여세 과세가액 및 과세표준을 신고할 때는 증여세 신고서와 그 과세표준의 계산에 필요한 증여재산의 종류·수량·평가가액 및 각종 공제 등을 입증할 수 있는 서류 등을 첨부하여 제출하여야 합니다. (상증법 제69조제2항)

동시에 2이상의 재산을 증여받고서 그 중 일부 증여재산에 대하여는 신고서에 기재함이 없이 증여계약서, 등기등본 등의 첨부서류만 제출한 경우에는 그 누락기재한 증여재산은 무신고한 것으로 봅니다. (서면4팀-2926, 2006.8.24)

(1) 증여세 신고서

증여재산 종류에 따라 4가지로 나눕니다. (시행규칙 제24조, 일반서식을 분류)

① 기본세율 적용 증여재산 신고용

증여세 과세표준 신고 및 자진납부계산서(별지 제10호 서식)와 증여재산 및 평가명세서 (별지 10호 서식 부표)

② 창업자금 등 특례세율 적용 증여재산 신고용

증여세 과세표준 신고 및 자진납부계산서(별지 제10호의2 서식)와 증여재산평가 및 과세가액 계산명세서(별지 제10호의2 서식 부표)

③ 특수관계법인과의 거래를 통한 증여의제이익 신고용

증여세 과세표준 신고 및 자진납부계산서(별지 제10호의3 서식)와 수증자 등 및 과세가액 계산명세서(별지 제10호의3 서식부표 1,2,3)

④ 특수관계법인으로부터 제공받은 사업기회로 발생한 이익의 증여의제 신고용

증여세 과세표준 신고 및 자진납부계산서(별지 제10호의4 서식)와 수증자 등 및 과세가액 계산명세서(별지 제10호의 서식부표 1,2,3,4)

(2) 신고서에 첨부할 서류

㉮ 해당시 추가제출 서식

① 재해손실공제(상증법 시행령 제47조)　　→ 재해손실공제신고서

② 외국납부세액공제(상증법 시행령 제48조)　→ 외국납부세액공제신청서

③ 연부연납신청서(상증법 제71조)　　　　　→ 상속세 또는 증여세 연부연납허가신청서

㉯ 해당시 추가제출 서식

① 증여자와 수증자의 관계를 알 수 있는 가족관계증명서

② 증여재산에서 공제되는 채무의 경우 채무사실을 입증할 수 있는 서류

③ 그 밖의 입증할 서류

☞ **상속세 및 증여세법 시행규칙 제24조(일반서식) ※ 영은 상증법 시행령을 말함**

1. 영 제15조제22항에 따른 가업상속공제신고서: 별지 제1호서식

　1의2. 영 제15조제23항에 따른 가업상속공제 사후관리추징사유 신고 및 자진납부 계산서, 영 제16조제12항에 따른 영농상속공제 사후관리추징사유 신고 및 자진납부 계산서: 별지 제9호서식 부표 6

2. 영 제16조제11항에 따른 영농상속공제신고서 : 별지 제2호서식

3. 영 제17조제3항에 따른 배우자 상속재산 미분할 신고서 : 별지 제3호서식

　3의2. 영 제18조제2항에 따른 임신 사실을 확인할 수 있는 서류: 별지 제3호의2서식

4. 영 제18조제4항 및 영 제45조의2제12항제3호의 규정에 의한 장애인증명서 : 별지 제4호서식

5. 영 제19조제3항의 규정에 의한 금융재산상속공제신고서 : 별지 제5호서식

6. 영 제20조제3항 및 영 제47조의 규정에 의한 재해손실공제신고서 : 별지 제6호서식

 6의2. 영 제20조의2에 따른 동거주택상속공제신고서: 별지 제6호의2서식

7. 영 제21조제2항 및 영 제48조의 규정에 의한 외국납부세액공제신청서 : 별지 제7호서식

8. 영 제45조의2제7항에 따른 장애인신탁 원금 인출신청서: 별지 제33호서식

 8의2. 영 제45조의2제8항에 따른 장애인신탁 원금 인출내역서: 별지 제34호서식

9. 영 제64조제1항의 규정에 의한 상속세과세표준신고및자진납부계산서 : 별지 제9호서식

10. 영 제65조제1항의 규정에 의한 증여세과세표준신고 및 자진납부계산서(기본세율 적용 증여재산 신고용) : 별지 제10호서식

 10의2. 영 제65조제1항에 따른 증여세과세표준신고 및 자진납부계산서(창업자금 및 가업승계주식 등 특례세율 적용 증여재산 신고용) : 별지 제10호의2서식

 10의3. 영 제65조제1항에 따른 증여세과세표준신고 및 자진납부계산서(특수관계법인과의 거래를 통한 증여의제이익 신고용) : 별지 제10호의3서식

 10의4. 영 제65조제1항에 따른 증여세과세표준신고 및 자진납부계산서(특수관계법인으로부터 제공받은 사업기회로 발생한 증여의제이익 신고용): 별지 제10호의4서식

11. 영 제67조제1항의 규정에 의한 상속세 또는 증여세 연부연납허가신청서 : 별지 제11호서식

12. 영 제67조제2항의 규정에 의한 상속세 또는 증여세 연부연납허가통지서 : 별지 제12호서식

 12의2. 영 제69조의2제1항제1호에 따른 가업상속 납부유예 신청서: 별지 제12호의2서식

 12의3. 영 제69조의2제2항에 따른 가업상속 납부유예 허가·불허가 통지서: 별지 제12호의3서식

 12의4. 영 제69조의3제8항에 따른 납부유예 사후관리추징사유 신고 및 자진납부 계산서: 별지 제9호서식 부표 7

13. 영 제70조제1항·제2항·제8항 및 영 제72조제1항·제5항에 따른 상속세 물납신청서, 상속세 물납변경신청서 및 상속세 물납철회신청서 : 별지 제13호서식

 13의2. 영 제70조제8항에 따른 물납 재산 재평가 신청서 : 별지 제13호의2서식

14. 영 제70조제3항, 영 제71조, 영 제72조제4항·제5항 및 영 제75조의3제2항에 따른 상속세 물납허가·불허가 통지서, 물납변경허가·불허가 통지서 및 물납재산변경명령통지서: 별지 제14호서식

 14의2. 영 제75조의2제3항 및 제75조의3제5항에 따른 문화유산 등 물납 신청서 및 문화유산 등 물납 철회 신청서: 별지 제14호의2서식

 14의3. 영 제76조제5항 및 제6항에 따른 국가지정문화유산등 보유현황명세서 및 국가지정문화유산등 양도거래신고서: 별지 제14호의3서식

15. 법 제76조제3항의 적용을 받는 결정지연통지서 : 별지 제15호서식

16. 영 제81조제1항의 규정에 의한 상속세(증여세) 과세표준 및 세액의 결정(경정)청구서 : 별지 제16호서식

17. 삭제〈2020. 3. 13.〉

18. 삭제〈2008. 4. 30.〉

18의2. 삭제〈2008. 4. 30.〉

19. 영 제84조제1항에 따른 지급명세서: 별지 제18호서식, 별지 제19호서식 및 별지 제19호의2서식

20. 영 제84조제3항에 따른 주권(출자증권, 공채, 사채, 집합투자증권, 은행예금, 그 밖의 예금) 명의개서 명세서(변경 명세서): 별지 제20호서식

 20의2. 영 제84조제3항에 따른 특정시설물(골프장회원권 등)이용권 명의개서 명세서(변경 명세서): 별지 제20호의2서식

21. 영 제84조제4항의 규정에 의한 타익신탁재산 수탁명세서 : 별지 제21호서식

 21의2. 영 제84조제5항의 규정에 의한 전환사채등 발행 및 인수인 명세서 : 별지 제21호의2서식

22. 영 제84조제6항에 따른 이체명세서: 별지 제21호의3서식

2 증여세 자진납부

(상증법 제70조)

1) 증여세 자진납부 시기 (상증법 제70조제1항)

증여세 신고서의 제출과 함께 납부하여야 할 세액을 자진납부하여야 합니다.

2) 자진납부세액의 계산 (상증법 제70조제1항)

자진납부할 세액 = (증여세 산출세액) - (①+②+③+④+⑤+⑥)

증여세 산출세액에서 차감할 금액은 다음과 같습니다.

① 박물관 자료의 징수유예 (상증법 제74조)

② 납부세액공제 (상증법 제58조)

③ 외국납부세액공제 (상증법 제59조)

④ 영농자녀가 증여받은 농지 등 감면세액 (조세특례제한법 제71조)

⑤ 신고세액공제 (상증법 제69조제2항)

⑥ 연부연납을 신청한 금액 (상증법 제71조)

3) 증여세의 분납 (상증법 제70조제2항)

분납은 별도의 신청서가 없으므로 '증여세 및 과세표준 신고 및 자진납부계산서'의 '분납'란에 기재하는 것으로 분납신청을 대신합니다.

납부할 금액이 1천만원을 초과하면 다음과 같이 납부할 금액의 일부를 납부기한이 지난 후 2월 이내에 분납할 수 있습니다. 다만 연부연납을 허가받은 경우에는 분납할 수 없습니다.

㉮ 분납할 세액이 1천만원 이하인 때에는 1천만원을 초과하는 금액

㉯ 분납할 세액이 2천만원을 초과하는 때에는 그 세액의 50% 이하의 금액

수정신고 및 기한 후 신고·경정 등의 청구

(국세기본법 제45조, 제45조의2, 제45조의3)

1 수정신고

(국세기본법 제45조, 시행령 제25조)

1) 수정신고 대상

과세표준 신고서를 법정신고기한 내에 제출한 자가 과세표준 신고서에 기재된 과세표준 및 세액이 세법에 따라 신고하여야 할 과세표준 및 세액에 미달하는 때에는 해당 국세의 과세표준과 세액을 결정 또는 경정하여 통지하기 전으로서 부과제척기간이 끝나기 전까지는 과세표준 수정신고서를 제출할 수 있습니다. (국세기본법 제45조 제1항 각 호)

① 과세표준신고서 또는 기한후과세표준신고서에 기재된 과세표준 및 세액이 세법에 따라 신고하여야 할 과세표준 및 세액에 미치지 못할 때

② 과세표준신고서 또는 기한후과세표준신고서에 기재된 결손금액 또는 환급세액이 세법에 따라 신고하여야 할 결손금액이나 환급세액을 초과할 때

③ ① 및 ② 외에 원천징수의무자의 정산 과정에서의 누락, 세무조정 과정에서의 누락 등 불완전한 신고를 하였을 때(국세기본법 제45조의2에 따라 경정 등의 청구를 할 수 있는 경우는 제외합니다) (국세기본법 제45조 제1항제3호. 시행령 제25조제2항)

(1) 원천징수의무자가 정산 과정에서 「소득세법」 제73조제1항제1호부터 제7호까지의 어느 하나에 해당하는 자의 소득을 누락한 것

(2) 세무조정 과정에서 「법인세법」 제36조제1항에 따른 국고보조금등과 같은 법 제37조제1항에 따른 공사부담금에 상당하는 금액을 익금(益金)과 손금(損金)에 동시에 산입(算入)하지 아니한 것

(3) 「법인세법」 제44조, 제46조, 제47조 및 제47조의2에 따라 합병, 분할, 물적분할 및 현물출자에 따른 양도차익[「법인세법」(법률 제9898호 법인세법 일부개정법률로 개정되기 전의 것을

말합니다) 제44조 및 제46조에 따른 합병평가차익 또는 분할평가차익을 포함합니다. 이하 이 항에서 같습니다)에 대하여 과세를 이연(移延)받는 경우로서 세무조정 과정에서 양도차익의 전부 또는 일부에 상당하는 금액을 익금과 손금에 동시에 산입하지 아니한 것을 말합니다. 그러나 정당한 사유 없이 과세특례를 적용받기 위한 관련 명세서를 제출하지 아니한 경우와 같은 경우는 제외합니다. (국세기본법 시행령 제25조제2항제3호, 시행규칙제12조제1항)

2) 과세표준 수정신고서의 기재사항 및 신고절차

과세표준 수정신고서에는 다음 각 호의 기재사항을 기재하여야 하며, 수정한 부분에 관하여 당초의 과세표준 신고서에 첨부하여야 할 서류가 있는 때에는 이를 수정한 서류를 첨부하여야 합니다. (국세기본법 시행령 제25조제1항 각 호)

① 당초 신고한 과세표준과 세액
② 수정 신고하는 과세표준과 세액
③ 기타 필요한 사항

3) 수정신고의 효과

수정신고를 하더라도 그 수정신고분에 대하여는 상속·증여세 신고세액공제는 적용되지 않습니다.

법정신고기한 경과 후 2년 이내에 수정신고를 하는 경우 기간에 따라 가산세를 감면합니다. (국세기본법 제48조제2항) ☞ 2020.1.1.이후 신고하는 분부터 적용합니다.

이 경우 과세표준 수정신고서를 제출한 과세표준과 세액에 관하여 경정이 있을 것을 미리 알고 제출한 경우에는 가산세 감면이 적용되지 않습니다.

☞ **수정신고 과소·신고가산세 감면률** (법정신고기한 경과 후)
· 1개월 이내 : 90%감면   · 1~3개월 이내 : 75%감면   · 3~6개월 이내 50%감면
· 6개월~1년 이내 : 30%감면   · 1년~1년 6개월이내 : 20%감면
· 1년 6개월~2년 이내 : 10%감면

2 기한 후 신고

(국세기본법 제45조의3)

1) 기한 후 신고대상

법정신고기한까지 과세표준 신고서를 제출하지 아니한 자는 해당 국세의 과세표준과 세액(가산세 포함)을 결정하여 통지하기 전까지는 기한 후 과세표준 신고서를 제출할 수 있습니다. (국세기본법 제45조의3제1항)

기한 후 과세표준 신고서를 제출한 자로서 납부하여야 할 세액이 있는 자는 기한 후 과세표준 신고서의 제출과 동시 해당 세액을 납부하여야 합니다. (국세기본법 제45조의3제2항)

2) 기한 후 신고의 효과

기한 후 신고를 하는 경우에는 기한 후 신고분에 대해 상속·증여세의 신고세액 공제는 적용되지 않습니다.

확정신고기한 경과 후 6개월 이내에 기한후신고를 한 경우에는 그 기한후신고에 대한 무신고 가산세액을 아래와 같이 감면합니다. (국세기본법 제48조제2항)   ☞ 2020.1.1.이후 신고하는 분부터 적용합니다.

☞ **기한후신고 무신고가산세 감면율** (법정신고기한 경과 후)

　· 1개월 이내 : 50%감면　· 1-3개월내 : 30%감면　· 3-6개월내 : 20%감면

3) 기한 후 신고와 결정통지

납세자가 기한 후 과세표준신고서를 제출한 경우 관할 세무서장은 신고일부터 3개월 이내에 과세표준과 세액을 결정하도록 하고, 조사 등 부득이한 사유로 3개월 이내에 결정할 수 없는 경우에는 신고인에게 그 사유를 통지하여야 합니다. (국기법 제45조의3제3항)

3 경정 등의 청구

(국세기본법 제45조의2)

1) 일반적인 경정 등의 청구 (국세기본법 제45조의2제1항)

일반적으로 과세표준 신고서를 법정신고기한 내에 제출한 자는 과세표준 신고서에 기재된 과세표준 및 세액(결정 또는 경정이 있는 경우에는 당해 결정 및 경정 후의 과세표준 및 세액을 말함)이 초과하는 때에는 최초신고 및 수정신고한 국세의 과세표준 및 세액의 결정 또는 경정을 법정신고기한이 지난 후 5년 이내에 관할세무서장에게 청구할 수 있습니다.

이 경우 결정 또는 경정으로 인하여 증가된 과세표준 및 세액에 대하여는 해당 처분이 있음을 안 날(처분의 통지를 받은 때에는 그 받은 날)부터 90일 이내(법정신고기한이 지난 후 5년 이내에 한함)에 경정을 청구할 수 있습니다. (국세기본법 제45조의2제1항)

2) 후발적 사유로 인한 경정 등의 청구 (국세기본법 제45조의2제2항)

과세표준 신고서를 법정신고기한 내에 제출한 자 또는 국세의 과세표준 및 세액의 결정을 받은 자는 다음 어느 하나에 해당하는 사유가 발생한 때에는 그 사유가 발생한 것을 안 날부터 3개월 이내에 결정 또는 경정을 청구할 수 있습니다. (국세기본법 제45조의2제2항, 시행령 제25조의2)

① 최초의 신고·결정 또는 경정에서 과세표준 및 세액의 계산 근거가 된 거래 또는 행위 등이 그에 관한 심사청구, 심판청구, 「감사원법」에 따른 심사청구에 대한 결정이나 소송에 대한 판결(판결과 같은 효력을 가지는 화해나 그 밖의 행위를 포함합니다)에 의하여 다른 것으로 확정되었을 때

② 소득이나 그 밖의 과세물건의 귀속을 제3자에게로 변경시키는 결정 또는 경정이 있은 때

③ 조세조약에 따른 상호합의가 최초의 신고·결정 또는 경정의 내용과 다르게 이루어졌을 때

④ 결정 또는 경정으로 인하여 그 결정 또는 경정의 대상이 된 과세표준 및 세액과 연동된 다른 세목(같은 과세기간으로 한정합니다)이나 연동된 다른 과세기간(같은 세목으로 한정한다)의 과세표준 또는 세액이 세법에 따라 신고하여야 할 과세표준 또는 세액을 초과할 때

⑤ ①부터 ④까지와 유사한 사유로서 아래 사유가 해당 국세의 법정신고기한이 지난 후에 발생하였을 때 (국세기본법 시행령 제25조의2 각 호)

(1) 최초의 신고·결정 또는 경정을 할 때 과세표준 및 세액의 계산 근거가 된 거래 또는 행위 등의 효력과 관계되는 관청의 허가나 그 밖의 처분이 취소된 경우

(2) 최초의 신고·결정 또는 경정을 할 때 과세표준 및 세액의 계산 근거가 된 거래 또는 행위 등의 효력과 관계되는 계약이 해제권의 행사에 의하여 해제되거나 해당 계약의 성립 후 발생한 부득이한 사유로 해제되거나 취소된 경우

(3) 최초의 신고·결정 또는 경정을 할 때 장부 및 증거서류의 압수, 그 밖의 부득이한 사유로 과세표준 및 세액을 계산할 수 없었으나 그 후 해당사유가 소멸한 경우

(4) (1)부터 (4)까지의 규정과 유사한 사유에 해당하는 경우

☞ 상속인간의 분쟁으로 인한 자료 확보 등의 어려움 등 납세의무자의 개인적인 사정에 의하여 과세표준 및 신고세액을 결정할 수 없는 것은 그 밖의 부득이한 사유에 해당되지 않습니다.

3) 경정 등의 통지 (국세기본법 제45조의2제3항)

결정 또는 경정의 청구를 받은 세무서장은 그 청구를 받은 날부터 2개월 이내에 과세표준 및 세액을 결정 또는 경정하거나 결정 또는 경정하여야 할 이유가 없다는 뜻을 그 청구를 한 자에게 통지하여야 합니다.

다만, 청구를 한 자가 2개월 이내에 아무런 통지를 받지 못한 경우에는 통지를 받기 전이라도 그 2개월이 되는 날의 다음 날부터 이의신청, 심사청구, 심판청구 또는 「감사원법」에 따른 심사청구를 할 수 있습니다.

4 상속·증여세 경정청구 특례

(상증법 제79조)

1) 경정청구 특례 대상

상속세 과세표준 및 세액을 신고한 자 또는 결정 또는 결정을 받은 자(상증법 제76조)로서 경정 등 청구사유가 발생한 경우에는 그 사유가 발생한 날부터 6개월 이내에 결정 또는 경정청구서를 제출하여 결정 또는 경정을 청구할 수 있습니다. (상증법 제79조제1항)

또한 부동산 무상사용에 따른 이익의 증여(상증법 제37조), 금전무상대출이익의 증여(상증법 제41조의4) 및 타인의 재산을 무상으로 담보로 제공하고 금전 등을 차입함에 따른 이익(상증법 제42조)에 따른 증여세를 결정 또는 경정을 받은 자가 경정청구 사유가 발생한 경우에는 그 사유가 발생한 날부터 3개월 이내에 결정 또는 경정을 청구할 수 있습니다. (상증법 제79조제2항)

2) 경정 등 청구 사유

(1) 상속재산 확정판결로 재산가액의 변동이 있는 경우

상속재산에 대하여 피상속인 또는 상속인과 그 외의 제3자와의 분쟁으로 인한 상속회복청구소송 또는 유류분반환청구소송의 확정 판결이 있어 상속개시일 현재 상속인 간 상속재산가액의 변동이 있는 경우 (상증법 제79조제1항제1호, 시행령 제81조제2항)

(2) 다음의 사유로 인하여 상속재산의 가액이 크게 하락한 경우 (법 제79조제1항제2호, 시행령 제81조제3항 각 호)

① 상속개시 후 1년 이내에 상속재산이 수용·민사집행법상 경매 또는 국세징수법상 공매된 경우로서 그 보상가액·경매가액 또는 공매가액이 상속세 과세가액보다 하락한 경우

② 상증법 제63조 제3항에 따라 주식등을 할증 평가하였으나, 상속세 개시 후 1년 이내에 피상속인 및 상속인의 친족 외의 제3자(특수관계자 외)에게 일괄하여 매각함으로써 최대주주 등의 주식등에 해당되지 않는 경우 (상증법 시행령 제81조제3항제2호)

이 경우에도 '실제 매각차액'이 아닌 '할증 평가 전의 주식등 평가가액'으로 경정청구할 수 있습니다. 이는 일반주식 등과의 과세형평을 고려하기 위한 것입니다. 그러나 당초 할증 평가되지 아니한 주식의 경우에는 위의 경정청구 특례 적용대상이 아닙니다. (상증법시행령 제81조제제4항)

③ 상속재산이 다음 각 목의 주식에 해당하여 그 주식을 의무적으로 보유해야 하는 기간의 만료일부터 2개월 이내에 매각한 경우로서 그 매각가액이 상속세 과세가액보다 낮은 경우. 이 경우 보유하고 있었던 사실을 증명할 수 있는 서류를 국세청장에게 제출한 경우로 한정합니다.(상증법 시행령 제81조제제3항제3호 각 목) ☞ 2021.2.17. 이후 경정청구 분부터 적용합니다.

㉮ 자본시장과 금융투자업에 관한 법률에 따라 처분이 제한되어 의무적으로 보유해야 하는 주식

㉯ 채무자 회생 및 파산에 관한 법률 및 기업구조조정 촉진법에 따른 절차에 따라 발행된

주식으로서 법원의 결정에 따라 보호예수하여야 하는 주식

(3) 부동산 무상사용기간 중 해당 부동산을 무상으로 사용하지 않게 된 경우

부동산 무상사용이익에 대한 증여세(상증법 제57조)는 부동산 무상사용 개시시점에서 5년간 임대료 상당액을 과세하는 바, 5년의 기간 내에 아래와 같은 사유 등으로 무상 사용하지 아니하게 된 경우 (상증법 제79조제2항제1호, 시행령 제81조제6항)

① 부동산 소유자로부터 당해 부동산을 상속 또는 증여받은 경우

② 부동산 소유자가 당해 토지를 양도한 경우

③ 부동산 소유자가 사망한 경우

④ 이와 유사한 경우로서 부동산 무상사용자가 당해 부동산을 무상으로 사용하지 아니하게 된 경우

(4) 무상으로 또는 적정이자율보다 낮은 이자율로 대출받지 않게 된 경우

금전무상대출이익에 대한 증여세(상증법 제41조의4)를 결정 또는 경정받은 자가 같은 조 제2항의 대출기간 중에 대부자로부터 해당 금전을 상속 또는 증여받거나 다음 사유로 해당 금전을 무상으로 또는 적정이자율보다 낮은 이자율로 대출받지 아니하게 되는 경우 (상증법 제79조제2항제2호, 시행령 제81조제7항 각 호)

① 해당 금전에 대한 채권자의 지위가 이전된 경우

② 금전대출자가 사망한 경우

③ 이와 유사한 경우로서 금전을 무상으로 또는 적정이자율보다 낮은 이자율로 대출받은 자가 해당 금전을 무상으로 또는 적정이율보다 낮은 이자율로 대출받지 아니하게 되는 경우

(5) 타인재산을 무상담보 제공 후 차입 기간 중에 차입하지 않게 된 경우

타인의 재산을 무상으로 담보로 제공하고 금전 등을 차입함에 따라 상증법 제42조에 따른 증여세를 결정 또는 경정 받은 자가 재산의 사용기간 중에 재산 제공자로부터 해당 재산을 상속 또는 증여받거나 다음과 같은 사유로 사용하지 아니하게 된 경우(상증법 제79조제2항제3호, 시행령 제81조제8항 각 호)

① 담보제공자가 사망한 경우

② 이와 유사한 경우로서 해당 재산을 담보로 사용하지 아니하게 되는 경우

제2장 연부연납과 물납

연부연납

(상증법 제71조)

연부연납제도(상증법 제71조)는 상속세 또는 증여세의 경우에는 세액이 거액인 경우가 많고, 취득재산도 부동산 등 환가에 상당한 기간이 필요한 재산인 경우가 많습니다. 그러나 이 경우까지 징수의 편의만을 내세워 일시납부의 원칙을 고수하게 되면, 납세의무자에게 과중한 부담을 주게 되고, 경우에 따라서는 짧은 납기 내에 상속 또는 수증받은 재산 자체의 처분을 강요하는 결과가 되어 납세의무자의 생활기초마저 위태롭게 할 우려가 있으므로, 국세수입을 해하지 아니하는 한도에서 납세의무자에게 분할 납부 및 기한유예의 편익을 제공하려는 데에 그 취지가 있습니다. (대법원91누9374, 1992.4.10.)

1 연부연납 신청요건

(상증법 제71조)

① 상속세 또는 증여세 납부세액 2천만원 초과

② 기한 이내에 납세의무자 신청

③ 납세의무자의 담보 제공

다음의 요인에 해당하는 경우에는 신청을 받아 연부연납을 허가할 수 있습니다.(상증법 제71조제1항)

① 상속세 납부세액 또는 증여세 납부세액이 2천만원을 초과하여야 합니다.

② 상속세 또는 증여세 과세표준 신고기한이나 결정통지에 의한 납부고지서상의 납부기한까지 연부연납신청서를 제출하여야 합니다.

   국세기본법 제45조의3에 따른 기한 후 신고시에도 연부연납신청이 가능합니다. 또한 국세기본법 제45조에 따른 수정신고시에도 연부연납신청이 가능합니다.

③ 연부연납을 신청한 세액에 상당하는 납세담보를 제공하여야 합니다.

☞ **상증법 제71조(연부연납)·제72조(연부연납 가산금)**

제71조(연부연납) ① 납세지 관할세무서장은 상속세 납부세액이나 증여세 납부세액이 2천만원을 초과하는 경우에는 대통령령으로 정하는 방법에 따라 납세의무자의 신청을 받아 연부연납을 허가할 수 있다. 이 경우 납세의무자는 담보를 제공하여야 하며,「국세징수법」제18조 제1항 제1호부터 제4호까지의 규정에 따른 납세담보를 제공하여 연부연납 허가를 신청하는 경우에는 그 신청일에 연부연납을 허가받은 것으로 본다.〈개정 2021. 12. 21.〉

② 제1항에 따른 연부연납의 기간은 다음 각 호의 구분에 따른 기간의 범위에서 해당 납세의무자가 신청한 기간으로 한다. 다만, 각 회분의 분할납부 세액이 1천만원을 초과하도록 연부연납기간을 정하여야 한다.〈개정 2023. 12. 31.〉

1. 상속세의 경우: 다음 각 목의 상속재산별 구분에 따른 기간

　가. 제18조의2에 따라 가업상속공제를 받았거나 대통령령으로 정하는 요건에 따라 중소기업 또는 중견기업을 상속받은 ET정하는 상속재산(「유아교육법」제7조 제3호에 따른 사립유치원에 직접 사용하는 재산 등대통령령으로 정하는 재산을 포함한다. 이하 이 조에서 같다): 연부연납 허가일부터 20년 또는 연부연납 허가 후 10년이 되는 날부터 10년

　나. 그 밖의 상속재산의 경우: 연부연납 허가일부터 10년

2. 증여세의 경우: 다음 각 목의 증여재산별 구분에 따른 기간

　가.「조세특례제한법」제30조의6에 따른 과세특례를 적용받은 증여재산: 연부연납 허가일부터 15년

　나. 가목 외의 증여재산: 연부연납 허가일부터 5년

③ 제2항을 적용할 때 연부연납 대상금액의 산정방법은 대통령령으로 정한다.

④ 납세지 관할세무서장은 제1항에 따라 연부연납을 허가받은 납세의무자가 다음 각 호의 어느 하나에 해당하게 된 경우에는 대통령령으로 정하는 바에 따라 그 연부연납 허가를 취소하거나 변경하고, 그에 따라 연부연납과 관계되는 세액의 전액 또는 일부를 징수할 수 있다.〈개정 2020. 12. 22.〉

1. 연부연납 세액을 지정된 납부기한(제1항 후단에 따라 허가받은 것으로 보는 경우에는 연부연납 세액의 납부 예정일을 말한다)까지 납부하지 아니한 경우

2. 담보의 변경 또는 그 밖에 담보 보전(保全)에 필요한 관할세무서장의 명령에 따르지 아니한 경우

3. 「국세징수법」제9조 제1항각 호의 어느 하나에 해당되어 그 연부연납기한까지 그 연부연납과 관계되는 세액의 전액을 징수할 수 없다고 인정되는 경우

4. 상속받은 사업을 폐업하거나 해당 상속인이 그 사업에 종사하지 아니하게 된 경우 등대통령령으로 정하는 사유에 해당하는 경우

5. 「유아교육법」제7조 제3호에 따른 사립유치원에 직접 사용하는 재산 등대통령령으로 정하는 재산을 해당 사업에 직접 사용하지 아니하는 경우 등대통령령으로 정하는 경우

⑤ 납세지 관할세무서장은 제1항에 따라 연부연납을 허가(제1항 후단에 따라 허가받은 것으로 보는 경우는 제외한다)하거나 제4항에 따라 연부연납의 허가를 취소한 경우에는 납세의무자에게 그 사실을 알려야 한다.

제72조(연부연납 가산금)제71조에 따라 연부연납의 허가를 받은 자는 다음 각 호의 어느 하나에 규정한 금액을 각 회분의 분할납부 세액에 가산하여 납부하여야 한다.〈개정 2020. 12. 22.〉

1. 처음의 분할납부 세액에 대해서는 연부연납을 허가한 총세액에 대하여제67조와제68조에 따른 신고기한 또는 납부고지서에 의한 납부기한의 다음 날부터 그 분할납부 세액의 납부기한까지의 일수(日數)에대통령령으로 정하는 비율을 곱하여 계산한 금액

2. 제1호 외의 경우에는 연부연납을 허가한 총세액에서 직전 회까지 납부한 분할납부 세액의 합산금액을 뺀 잔액에 대하여 직전 회의 분할납부 세액 납부기한의 다음 날부터 해당 분할납부기한까지의 일수에대통령령으로 정하는 비율을 곱하여 계산한 금액

2 연부연납 신청 및 허가

연부연납 신청은 상속세 또는 증여세의 과세표준 신고서를 신고기한 또는 기한 후 신고서, 수정신고서를 제출하는 때와 결정에 의한 납부고지서상 납부기한 내에 신청할 수가 있습니다. (상증법 시행령 제67조제1항)

상속·증여세 신고는 하였으나 납부하지 않은 경우에도 무납부에 대한 납부고지서의 납부기한까지 연부연납 신청이 가능합니다. (상증법 시행령 제67조제1항)

☞ 연부연납 신청 및 허가

연부연납 신청대상 세액 구분	신청기한	허가통지 기한
과세표준 신고시 납부할 세액	신고기한 이내	상속세 신고기한부터 9개월 증여세 신고기한부터 6개월
수정신고시 납부할 세액 기한후 신고시 납부할 세액	수정 신고시 기한후 신고시 (결정통지 전)	상속세 신고일이 속하는 달의 말일부터 9개월 증여세 신고일이 속하는 달의 말일부터 6개월
신고후 무납부에 대한 고지세액 무신고자나 미달신고자의 신고세액을 초과한 고지세액	고지서상 납부기한	납부기한 경과일부터 14일 이내
상증법 제4조의2제6항 증여자 연대납세의무에 따라 납부하는 증여세	납부고지서상 납부기한	
연부연납신청시 특정 납세담보물(국세징수법 제18조 제1호~제4호)을 함께 제공한 경우	연부연납신청일에 허가된 것으로 간주	

(자료 : 국세청)

1) 과세표준 신고시 납부할 세액의 연부연납

상속·증여세 신고시 납부해야 할 세액에 대하여 연부연납을 신청하려고 하는 자는 그 신고기한까지 과세표준 신고와 함께 연부연납신청서를 납세지 관할 세무서장에게 제출하여야 합니다. (상증법 시행령 제67조제1항)

이 경우 신청서를 받은 세무서장은 신고기한이 경과한 날부터 상속세는 9월, 증여세는 6월 이내에 신청인에게 그 허가여부를 서면으로 결정·통지하여야 합니다. 이 경우 당해 기간까지 그 허가여부에 대한 서면을 발송하지 않은 때에는 허가를 한 것으로 봅니다. (상증법 시행령 제67조제2항)

2) 수정 신고시 납부할 세액의 연부연납

상속·증여세 수정 신고 시 납부해야 할 세액에 대하여 연부연납을 신청하고자 하는 자는 그 수정 신고와 함께 연부연납신청서를 납세지 관할 세무서장에게 제출하여야 합니다. (상증법 시행령 제67조제1항)

이 경우 신청서를 받은 세무서장은 수정 신고일이 속하는 달의 말일부터 상속세는 9월, 증여세는 6월 이내에 신청인에게 그 허가여부를 서면으로 결정·통지하여야 합니다. 이 경우 당해 기간까지 그 허가여부에 대한 서면을 발송하지 아니한 때에는 허가를 한 것으로 봅니다. (상증법 시행령 제67조제1항)

3) 기한후 신고시 납부할 세액의 연부연납

상속·증여세 기한후 신고시 납부해야 할 세액에 대하여 연부연납을 신청하고자 하는 자는 그 기한후 신고와 함께 연부연납신청서를 납세지 관할 세무서장에게 제출하여야 합니다. (상증법 시행령 제67조제1항)

이 경우 신청서를 받은 세무서장은 기한후 신고일이 속하는 달의 말일부터 상속세는 9월, 증여세는 6월 이내에 신청인에게 그 허가여부를 서면으로 결정·통지하여야 합니다. 이 경우 당해 기간까지 그 허가여부에 대한 서면을 발송하지 아니한 때에는 허가를 한 것으로 봅니다. (상증법 시행령 제67조제1항)

4) 납세고지 세액에 대한 연부연납

상속세나 증여세를 무신고하거나 당초 신고내용에 탈루나 오류가 있는 경우에는 정부에서 과세표준과 세액을 결정하여 납세고지서를 통지합니다. (상증법 제65조제1항, 제77조)

이 경우 신고시 납부하여야 할 세액 외의 세액에 대하여 정부로부터 납세고지서를 받은 자가 연부연납신청을 하고자 하는 때에는 납부고지서상 납부기한(증여세 연대납부의무자 납부하는 증여세의 경우에는 납부고지서상 납부기한임)까지 연부연납신청서를 관할세무서장에게 제출하여야 합니다. (상증법 시행령 제67조제1항, 단서)

☞ 종전에는 신고시 납부하여야 할 세액을 납부하지 않은 경우 연부연납신청이 가능하지 않았으나, 2010.2.18.이후 납부고지서상의 납부기한이 도래하는 분부터는 신고 후 무납부한 경우에도 연부연납 신청이 가능하게 되었습니다.

이 경우 신청서를 받은 세무서장은 납세고지서상 납부기한이 경과한 날부터 14일 이내에 신청인에게 그 허가 여부를 서면으로 결정·통지하여야 하고, 당해 기간까지 그 허가 여부를 서면 발송하지 않은 때에는 허가한 것으로 봅니다. (상증법 제71조제1항, 시행령 제67조제2항)

또한 납부기한을 경과하여 연부연납 허가여부를 통지를 하는 경우에는 그 연부연납액에 상당한 세액의 징수에 있어서는 연부연납 허가여부 통지일 이전에 한하여 국세기본법 제47조의4제1항 제1호(납부고지서에 따른 납부기한의 다음 날부터 성립하는 부분으로 한정) 및 제3호의 납부지연가산세를 부과하지 않습니다. (상증법 시행령 제67조제3항)

5) 특정 납세담보제공과 함께 연부연납 신청시 연부연납허가

납세담보(금전, 국채·지방채증권, 납세보증보험증권, 납세보증서 등, 국세징수법 제18조제1호부터 제4호)를 제공하면서 연부연납 허가를 신청하는 경우에는 그 신청일에 연부연납허가를 받은 것으로 봅니다.(상증법 제71조제1항 후단) 이에 해당하는 경우에는 그 신청일이 허가일자가 되고, 별도로 연부연납 허가통지 절차는 불필요합니다. (상증법 제71조제5항)

6) 상속세 연대납세의무자의 연부연납 신청

상속세와 증여세의 과세표준과 세액의 결정통지를 받은 연대납세의무자는 해당고지서의 납부기한까지 연부연납신청서를 제출할 수 있습니다. (상증법 제67조제1항, 단서)

③ 연부연납과 납세담보의 제공

연부연납을 신청하는 경우 납세의무자는 연부연납 신청세액(연부연납가산금 포함)에 상당하는 납세담보를 제공하여야 하며,(상증법 제72조제1항) 연부연납의 신청시 제공한 담보재산의 가액이 연부연납 신청세액 미만인 경우에는 그 담보로 제공된 재산의 가액에 상당하는 세액의 범위 내에서 연부연납을 허가할 수 있습니다. (상증법 기본통칙71-67…2제1항)

☞ **국세징수법 제18조(담보의 종류 등)**
　② 납세담보를 제공하는 경우에는 담보할 국세의 100분의 120(금전, 납세보증보험증권 또는 「은행법」 제2조제1항제2호에 따른 은행의 납세보증서로 제공하는 경우에는 100분의 110) 이상의 가액에 상당하는 담보를 제공하여야 한다. 다만, 국세가 확정되지 아니한 경우에는 국세청장이 정하는 가액에 상당하는 담보를 제공하여야 한다

또한 연부연납을 허가받은 자가 연부연납세액의 각 회분을 납부한 경우에는 동 금액에 상당하는 담보를 순차로 해제할 수 있습니다.(상증법 기본통칙71-67…2제2항) 담보의 제공 및 해제에 관하여는 국세징수법 제18조부터 제23조까지를 준용합니다. (상증법 시행령 제67조제4항)

4 연부연납기간

☞ 증여세와 상속세의 연부연납기간 비교

세목		연부연납기간
증여세	일반재산	허가받은 날부터 5년
	가업의 승계에 따라 과세특례를 적용받은 증여재산	연부연납 허가일로부터 15년
상속세	일반재산	허가받은 날부터 10년 ('22.1.1부터)
	가업상속공제를 받았거나 대통령령으로 정하는 요건에 따라 중소기업 또는 중견기업을 상속받은 경우의 대통령령으로 정하는 상속재산(「유아교육법」 제7조제3호에 따른 사립유치원에 직접 사용하는 재산 등 대통령령으로 정하는 재산을 포함)	연부연납 허가일부터 20년 또는 연부연납 허가 후 10년이 되는 날부터 10년

1) 증여세의 경우

① 증여세 중 일반 증여재산의 경우 (상증법 제71조제2항제2호나목)

연부연납을 허가받은 날부터 5년 이내의 범위에서 납세의무자가 신청한 기간으로 합니다.

② 증여세 중 가업상속재산의 경우 (상증법 제71조제2항제2호가목)

「조세특례제한법」 제30조의6에 따른 가업의 승계에 따라 과세특례를 적용받은 증여재산: 연부연납 허가일부터 15년 ☞ 2024.1.1.부터 적용합니다.

2) 상속세의 경우

① 상속세 중 일반 상속재산의 경우 (상증법 제71조제2항제1호나목)

일반재산은 가업상속재산이 아닌 재산을 말합니다. 연부연납을 허가받은 날부터 10년 이내의 범위 내에서 납세의무자가 신청한 기간으로 합니다.

② 상속세 중 가업상속재산이 포함된 경우 (상증법 제71조제2항제1호가목)

상증법 제18조의2에 따라 가업상속공제를 받았거나 요건에 따라 중소기업 또는 중견기업을 상속받은 경우의 상속재산(「유아교육법」 제7조제3호에 따른 사립유치원에 직접 사용하는 재산 등 대통령령으로 정하는 재산을 포함합니다): 연부연납 허가일부터 20년 또는 연부연납 허가 후 10년이 되는 날부터 10년

☞ 2023.1.1. 개정된 세법입니다. 2022.12.31. 이전 상속개시된 연부연납에 관한 사항은 종전의 세법 조항을 적용하여야 합니다.

3) 상속세 연부연납 가업상속 요건

(1) 중소기업 또는 중견기업을 상속받은 경우

(상증법 제71조제2항제1호가목, 시행령 제68조제3항)

'중소기업 또는 중견기업을 상속받은 경우'란 다음의 요건을 모두 갖춘 경우를 말합니다.

① 「조세특례제한법 시행령」 제2조제1항에 따른 중소기업 또는 같은 상증법 시행령 제9조제4항에 따른 중견기업을 상속받은 경우

② 피상속인이 다음 각 목의 요건을 모두 갖춘 경우

㉮ 중소기업 또는 중견기업의 최대주주등인 경우로서 피상속인과 그의 특수관계인의 주식 등을 합하여 해당 기업의 발행주식총수등의 100분의 40(거래소에 상장되어 있는 법인이면 100분의 20) 이상을 5년 이상 계속하여 보유할 것

㉯ 피상속인이 해당 기업을 5년 이상 계속하여 경영한 경우로서 해당 기업의 영위기간 중 다음의 어느 하나에 해당하는 기간을 대표이사등으로 재직할 것

⑴ 100분의 30 이상의 기간

⑵ 5년 이상의 기간(상속인이 피상속인의 대표이사등의 직을 승계하여 승계한 날부터 상속개시일까지 계속 재직한 경우로 한정합니다)

⑶ 상속개시일부터 소급하여 5년 중 3년 이상의 기간

③ 상속인이 다음의 요건을 모두 갖춘 경우. 이 경우 상속인의 배우자가 다음의 요건을 모두 갖춘 경우에는 상속인이 그 요건을 갖춘 것으로 봅니다.

㉮ 상속개시일 현재 18세 이상일 것

㉯ 상속세과세표준 신고기한까지 임원으로 취임하고, 상속세 신고기한부터 2년 이내에 대표이사등으로 취임할 것

(2) 가업상속재산

가업상속재산이란 다음의 구분에 따라 다음의 요건을 모두 갖춘 상속인이 받거나 받을 상속재산을 말합니다. (상증법 제71조제2항제1호가목, 시행령 제68조제4항 각 호)

① 「소득세법」을 적용받는 기업

기업활동에 직접 사용되는 토지, 건축물, 기계장치 등 사업용 자산의 가액에서 해당 자산에 담보된 채무액을 뺀 가액. 이 경우 타인에게 임대하고 있는 부동산(지상권, 부동산임차권 등 부동산에 관한 권리를 포함합니다)은 제외합니다.

② 「법인세법」을 적용받는 기업

법인의 주식등의 가액. 해당 주식등의 가액에 그 법인의 총자산가액(상증법 제4장에 따라 평가한 가액) 중 상속개시일 현재 사업무관자산을 제외한 자산가액이 차지하는 비율을 곱하여 계산한 금액에 해당하는 것을 말합니다.

(3) 사립유치원에 직접 사용하는 재산 등

(상증법 제71조제2항제1호가목, 같은 조 제4항제5호, 시행령 제68조제5항)

「유아교육법」 제7조제3호에 따른 사립유치원에 직접 사용하는 교지, 실습지, 교사 등의 상속재산을 말합니다.

4) 연부연납기간의 변경

연부연납허가를 신청하여 허가통지를 받은 자가 연부연납기간 중에 연부연납세액의 전부 또는 일부를 일시에 납부하기 위하여 그 사실을 서면으로 신청하는 경우 관할 세무서장은 연부연납세액의 전부 또는 일부를 일시에 납부하도록 허가할 수 있습니다. 이 경우 연부연납가산금은 변경된 연부연납기간에 따라 계산하여 징수합니다.(상증법 기본통칙 71-0...1)

5 연부연납에 의한 분할 납부세액

연부연납하는 경우의 납부 금액은 매년 납부할 금액이 1천만원을 초과하는 금액 범위에서 다음에 따라 계산된 금액으로 납부합니다. (상증법 시행령 제68조제1항)

신고납부기한 또는 납부고지서에 따른 납부기간과 납부기한 경과 후 연부연납기간에 매년 납부할 금액 → 연부연납 대상금액/(연부연납기간 +1)

가업상속공제를 받았거나 중소기업 또는 중견기업을 상속받은 경우의 상속재산 연부연납을 할 수 있는 상속세납부세액은 다음 계산식에 따릅니다. (상증법 시행령 제68조제2항)

$$\text{상속세납부세액} \times \frac{(\text{가업상속재산가액} - \text{가업상속공제액})}{(\text{총상속재산가액} - \text{가업상속공제액})}$$

이 경우 가업상속재산가액이란 가업상속요건(상증법 시행령 제68조제3항제3호)을 모두 갖춘 상속인이 받거나 받을 가업승계에 따른 상속재산의 가액을 말합니다. (상증법 시행령 제68조제2항, 단서 → 동 시행령 제68조제3항제3호 및 제4항)

⑥ 연부연납기간 중 경정으로 세액이 변경된 경우 연부연납의 범위

연부연납 기간 중 행정소송 등에 따라 세액이 감액 결정된 때에는 최종 확정된 연부연납 각 회분의 납부기한이 지난 분납세액을 뺀 잔액에 대하여 나머지 및 분납할 회수로 평분한 금액을 각 회부분의 연납금액으로 합니다. (상증통칙 71-68…4)

⑦ 연부연납의 취소와 징수

연부연납 허가 후 연부연납 허가취소 또는 변경사유에 해당되면 다음과 같은 방법으로 당초 허가한 연부연납을 취소하거나 변경합니다.

1) 연부연납허가 취소 및 변경 사유

연부연납을 허가받은 납세의무자가 다음의 어느 하나의 사유가 발생하면 그 연부연납 허가를 취소 또는 변경하고 그에 따라 연부연납과 관계되는 세액의 전액 또는 일부를 징수합니다. 연부연납의 허가를 취소한 경우에는 납세의무자에게 그 뜻을 통지하여야 합니다. (상증법 제71조제1항제4항·제5항, 시행령 제68조제6항)

① 연부연납 세액을 지정된 납부기한까지 납부하지 아니한 경우
   납부기한은 납세담보를 제공하면서 연부연납을 신청하여 그 신청일에 허가받은 것으로 보는 경우, 연부연납세액의 납부예정일자를 말합니다.
② 담보의 변경 또는 그 밖에 담보 보전에 필요한 관할세무서장의 명령에 따르지 아니한 경우
③ 납기 전 징수사유(국세징수법 제9조제1항) 어느 하나에 해당되어 그 연부연납기한까지 그 연부연납과 관계되는 세액의 전액을 징수할 수 없다고 인정되는 경우

④ 상속받은 사업을 폐업하거나 해당 상속인이 그 사업에 종사하지 아니하게 된 경우 등 다음 사유에 해당하는 경우 (상증법 시행령 제68조제6항 각 호)

☞ 이 경우 가업상속공제 사후관리와 동일하지 않음에 주의하여야 합니다.

㉮ 상증법 시행령 제58조제4항에 따른 상속재산의 50% 이상을 처분하는 경우. 다만, 상증령 제15조제8항제1호 각 목의 어느 하나에 해당하는 경우는 제외합니다.

㉯ 상속인(상속인의 배우자)이 대표이사등으로 종사하지 아니하는 경우 또는 해당사업을 1년 이상 휴업(실적이 없는 경우를 포함)하거나 폐업하는 경우. 다만 상증법 시행령 제15조제8항 제2호 각 목의 어느 하나에 해당하는 경우는 제외합니다.

㉰ 상속인이 최대주주등에 해당되지 아니하게 되는 경우. 다만, 상증법 시행령제15조제8항 제3호 다목 및 라목에 해당하는 경우는 제외합니다.

☞ **상속세 및 증여세법 시행령 제15조(가업상속) ⑧**
  3. 법 제18조의2제5항제3호를 적용할 때에는 다음 각 목의 어느 하나에 해당하는 경우
      다. 상속인이 사망한 경우. 다만, 사망한 자의 상속인이 원래 상속인의 지위를 승계하여 가업에 종사하는 경우에 한한다.
      라. 주식등을 국가 또는 지방자치단체에 증여하는 경우

⑤ 사립유치지원에 직접 사용하는 재산을 해당 사업에 직접 사용하지 아니하는 경우 등

㉮ 사립유치원이 폐쇄되는 경우

㉯ 상속받은 사립유치원 재산을 사립유치원에 직접 사용하지 아니하는 경우

2) 연부연납허가 취소 또는 변경 방법

연부연납 허가 후 상증법 제71조(연부연납)제4항(앞의 1)의①-②) 어느 하나에 해당하면 다음 어느 하나의 방법에 따라 당초 허가한 연부연납을 취소하거나 변경합니다. 이 경우 상증법 시행령 제68조제1호 및 제2호에 따라 연부연납을 변경하여 허가하는 경우의 연부연납 금액에 관하여는 상증법 시행령 제68조 제1항제3호를 준용합니다. (상증법 시행령 제68조제8항 각 호)

① 연부연납 허가일부터 10년 이내에 상증법 제71조(연부연납)제4항제4호 또는 제5호(앞의 1)의④, ⑤)에 해당 하는 경우

연부연납 허가일부터 10년 이내에 상증법 제71조제4항제4호 또는 제5호(앞의 1)의 ④, ⑤)에 해당 하는 경우에는 연부연납기간(10년을 초과하는 경우에는 10년으로 합니다)에서 허가일부터 같은 항 제4호 또는 제5호에 해당하게 된 날까지의 기간을 뺀 기간의 범위에서 연부연납을 변경하여 허

가합니다. (상증법 시행령 제68조제8항제1호)

즉, 연부연납기간(10년을 초과하는 경우에는 10년으로 합니다)에서 허가일부터 같은 요건에 해당하게 된 날까지의 기간을 뺀 기간의 범위에서 연부연납을 변경하여 허가합니다.

② 납세의무자가 공동으로 연부연납 허가를 받은 경우로서 납세의무자 중 일부가 연부연납 세액을 납부하지 않아 상증법 제71조제4항제1호(앞의 1)의①)에 해당하는 경우

연부연납 세액을 납부하지 않은 납세의무자("미납자")에 대한 연부연납 허가를 취소하고, 나머지 납세의무자에 대해서는 연부연납기간에서 허가일부터 상증법 제71조제4항제1호에 해당하게 된 날까지의 기간을 뺀 기간의 범위에서 연부연납을 변경하여 허가하며, 미납자가 납부해야할 연부연납 세액을 일시에 징수합니다. 이 경우 상증법 제71조제1항 후단에 따라 제공한 담보로써 해당 세액을 징수하려는 경우에는 먼저 미납자가 제공한 담보(미납자가 다른 납세의무자와 공동으로 담보를 제공한 경우로서 미납자의 담보에 해당하는 부분을 특정할 수 있는 경우에는 그 부분을 말합니다)로써 해당 세액을 징수해야 합니다. (상증법 시행령 제68조제8항제2호)

③ 그 밖의 경우에는 연부연납 허가를 취소

연부연납에 관계되는 세액을 일시에 징수합니다. (상증법 시행령 제68조제8항제3호)

8 연부연납의 가산금

(상증법 제72조, 시행령 제69조)

연부연납의 허가를 받은 자는 각 회 분 분납세액에 대하여 연부연납 이자율로 계산한 가산금을 본세에 합산하여 부과합니다. (상증법 제72조)

2023.2.28 이후 납부일 현재 이자율 적용합니다. 연부연납 기간 중에 국세환급금 이자율이 변경된 경우에는 변경 전 기간에 대한 이자율은 변경 전 이자율을 적용합니다. (상증법 시행령 제69조제2항)

1) 연부연납이자율

연납연납이자율은 각 회분의 분할납부세액의 납부일 현재 이자율을 적용합니다. (상증법 시행령 제69조제1항)

연부연납 기간 중에 국세환급가산금이자율이 변경된 경우 변경 전 기간(직전 납부기한 다음날 ~ 이 자율 변경일 전일)에 대한 이자율은 변경 전 이자율을 적용합니다. 이 경우 가산금 대상이 되는 기간 중에 가산율이 1회 이상 변경된 경우 그 변경 전의 기간에 대해서는 변경 전의 가산율을 적용하여 계산한 금액을 각 회분의 분할 납부세액에 가산합니다. (상증법 시행령 제69조제2항) ☞ 2023.2.28. 이후 연부연납을 신청하는 분부터 적용합니다.

2023.2.28. 전에 연부연납 기간 중에 있는 분에 대해서는 2023.2.28.이후 납부분부터 개정규정을 적용할 수 있으며, 개정 규정을 적용한 이후 연부연납 기간에 대해서는 개정 규정을 계속하여 적용해야 합니다. (부칙 대통령령 제33278호, 제9조 2023. 2. 28.)

> ☞ 상증법 시행령 제69조(연부연납 가산금의 가산율) 개정규정 시행 전에 연부연납 허가를 받은 자가 이 영 시행 이후 연부연납 가산금을 납부하는 경우에는 연부연납 허가를 받은 자의 선택에 따라 개정규정을 적용하지 않을 수 있습니다. 개정규정을 적용하지 않는 경우에는 이후의 연부연납 기간 동안에도 같은 개정규정을 계속하여 적용하지 않습니다. (부칙 대통령령 제33278호, 제9조제2항·제3항 2023. 2. 28.)

연부연납 허가세액의 전부 또는 일부를 일시에 납부하고자 하는 경우 관할세무서장에게 신청하여 고지서를 발부받아 납부할 수 있으며, 이자상당액은 당해 고지서상 납부기한까지 다시 계산합니다. (재삼46014-1793, 1998.9.18.)

2) 연부연납 가산금액 계산

(상증법 제72조 각 호, 시행령 제69조)

① 첫회분 납부할 가산금

연부연납 총세액 × 신고기한 또는 납부고지서의 납부기한의 다음날부터 첫 회 분납세액의 납부기한까지의 일수 × 납부일 현재 이자율

② 2회분부터 납부할 가산금

(연부연납허가 총세액 – 직전 회까지 납부한 분납세액의 합계액) × 직전 회의 분납세액 납부기한의 다음날부터 당해 분납기한까지의 일수 × 납부일 현재 이자율

☞ 연부연납 이자율

기간	'20.3.13-'21.3.15	'21.3.16-'23.3.19	'23.3.20-'24.3.21.	'24.3.22. 이후
이자율	연 1.8%	연 1.2%	연 2.9%	연 3.5%

물납제도

(상증법 제73조·제73조의2·제74조, 시행령 제67조~제75조)

물납이란 세금을 금전이 아닌 부동산 등 물건으로 대신 납부하는 것을 말합니다.

국세의 납부는 원칙적으로 금전으로 납부하는 것이 원칙이지만, 상속재산의 대부분이 부동산, 유가증권 등 현금이 아닌 물건으로 구성되어 있어, 현금납부만 강제한다면 납부이행이 곤란한 측면이 있습니다. 따라서 일정한 법정 요건을 갖춘 경우에는 현금 대신 상속받은 부동산 등으로 세액을 납부하는 것을 허용하고 있습니다.

〈개정경과〉

비상장주식은 물납가액에 비해 매각가격이 낮아 국고손실이 발생하거나 물납허가를 받은 수증자가 이러한 가격차이를 악용하는 등 부작용이 발생하여 증여세의 경우 비상장주식으로 물납을 할 수 없도록 개정하였으며, 2016.1.1.이후부터는 증여세 전체가 물납을 할 수 없도록 개정하였습니다.

2018.4.1. 이후 물납 신청하는 분부터는 상속세 납부세액 중 현금화가 용이한 금융재산과 상장주식등을 초과하는 세액만 물납을 허용하였고, 선순위 물납재산인 부동산에 근저당권을 설정하여 부동산 대신에 비상장주식으로 물납하는 것을 방지하기 위해 상속세액이 비상장주식 또는 상속받은 주택으로서 상속개시일 현재 상속인이 거주하는 주택가액을 제외한 상속세 과세가액보다 큰 경우 그 차액에 한해 비상장주식 물납을 할 수 있도록 개정하였습니다.

2020.2.11. 이후 물납 신청분부터 물납 신청 후 물납이 허가되기 전에 물납 불허요건에 해당되는 경우 물납신청 철회 의무와 물납신청 후 수납가액 재평가 사유에 해당하는 경우 재평가의무를 부여하여 납세자의 자기시정 부여 및 납세자의 성실신고를 유도하였습니다.

비상장주식을 물납대상에서 제외하는 것에 대해 헌법재판소는 비상장주식을 물납하지 못하여 그 비상장주식을 낮은 가격에 처분하여야 한다거나 수증자의 다른 재산으로 증여세를 납부하는 것은 비상장주식을 물납하지 못하게 된 결과 세금납부를 그 원칙적인 방법인 현금납부의 방법으로 하게 되는 것에 불과하므로 납세자의 헌법상 제한권을 제한하는 것이라고 볼 수 없다고 보았습니다. (헌재2013헌바137. 2005.4.30.)

1 물납 신청요건

(상증법 제73조 제1항, 시행령 제67조제1항)

납세지 관할 세무서장은 다음 요건을 모두 갖춘 경우에는 납세의무자의 신청을 받아 물납을 허가할 수 있습니다. 다만, 물납을 신청한 재산의 관리·처분이 적당하지 아니하다고 인정되는 경우에는 물납허가를 하지 아니할 수 있습니다. (상증법 제73조제1항)

상속세는 다음의 요건을 모두 충족하여야만 물납을 할 수 있습니다.

　① 상속재산(사전증여재산 포함) 중 부동산과 유가증권 1/2초과

　② 상속세 납부세액이 2천만원 초과

　③ 상속세 납부세액이 상속재산가액 중 금융재산의 가액을 초과

증여세는 물납을 할 수 없습니다. ☞ 2016.1.1.이후 증여분부터 적용합니다.

(1) 상속재산 중 부동산과 유가증권의 가액이 해당 재산가액의 2분의 1을 초과하여야 합니다. (상증법 제73조제1항제1호)

상속재산(상증법 제13조에 따라 상속재산에 가산하는 증여재산 중 상속인 및 수유자가 받은 증여재산을 포함합니다) 중 부동산과 유가증권(국내에 소재하는 부동산 등 대통령령으로 정하는 물납에 충당할 수 있는 재산으로 한정합니다)의 가액이 해당 상속재산가액의 2분의 1을 초과하여야 합니다. (상증법 제73조제1항제1호)

상속재산에는 상증법 제13조(상속세 과세가액)에 따라 상속재산에 가산된 재산 중 상속인 및 수유자가 받은 증여재산을 포함합니다.(상증법 제73조제1항제1호) 이 경우 상속인·수유자 외의 자에게 증여한 재산은 해당 재산가액에서 제외합니다.

유가증권은 물납에 충당할 수 있는 재산으로 한정합니다.(상증법 제73조제1항)

유가증권은 상장주식과 비상장주식을 제외하되, 다음의 경우 포함할 수 있습니다. (상증법 시행령 제74조제1항제2호)

　① 상장주식의 경우 최초로 거래소에 상장되어 물납허가통지서 발송일 현재 「자본시장과 금융투자업에 관한 법률」에 따라 처분이 제한된 경우는 포함하고, (상증법 시행령 제74조제1항제2호가목)

　② 비상장주식의 경우는 비상장주식 외에는 상속재산이 없거나, 상증세법 시행령 제74조(물납에 충당할 수 있는 재산의 범위등)제2항제1호부터 제3호까지의 상속재산으로 상속세 물납에 충당하더라도 부족한 경우에는 비상장주식을 포함합니다. (상증법 시행령 제74조제1항제2호나목)

(2) 상속세 납부세액이 2천만원을 초과하여야 합니다. (상증법 제73조제1항제2호)

(3) 상속세 납부세액이 상속재산가액 중 금융재산(상속재산에 가산하는 증여재산의 가액은 불포함)**의 가액을 초과하여야 합니다.**

상속세 납부세액이 상속재산가액 중 대통령령으로 정하는 금융재산의 가액(상증법 제13조에 따

라 상속재산에 가산하는 증여재산의 가액은 포함하지 아니합니다)을 초과하여야 합니다.(상증법 제73조제
1항제3호)

금융재산은 금전과 금융회사 등이 취급하는 예금·적금·부금·계금·출자금·특정금전신탁·보험
금·공제금 및 어음을 말합니다. 이 경우 상속재산가액에는 상속재산에 가산하는 증여재산은 포함
하지 않습니다. (기획재정부 재산세제과-248, 2017.3.27.)

2 물납 신청 및 허가

[준용규정] 물납의 신청등에 관하여는 상증법 제67조(연부연납의 신청 및 허가)제1항 및 제3항을 준
용하며, 물납의 허가등에 대하여는 같은 법 제2항을 준용합니다. (상증법 시행령 제70조제1항·제2항)

1) 물납 신청

물납의 신청기간은 연부연납 신청기간을 준용합니다. (상증법 시행령 제70조제1항)

(1) 신고기한 내 신고하는 세액의 물납신청

신고기한 내에 상속세 신고 시 납부하여야 할 세액에 대하여는 상속세 과세표준신고와 함께 납
세지 관할세무서장에게 물납허가신청서를 제출하여야 합니다. (상증법 시행령 제67조제1항 준용)

(2) 수정 신고시 납부할 세액의 물납신청

상속세 수정 신고시 납부하여야 할 세액을 물납하고자 하는 경우에는 그 수정신고와 함께 물납
허가신청서를 납세지 관할세무서장에게 제출하여야 합니다. (상증법 시행령 제67조제1항 준용)

(3) 기한 후 신고시 신고하는 세액의 물납신청

기한 후 신고시 납부하여야 할 세액에 대하여는 그 신고와 함께 납세지 관할세무서장에게 물납
허가신청서를 제출하여야 합니다. (상증법 시행령 제67조제1항 준용)

(4) 납부고지세액의 물납 신청

신고기한 내 신고시 물납 신청한 세액 외의 세액에 대하여는 과세표준과 세액의 결정통지를 받
은 후 해당 납부고지서에 의한 납부기한까지 그 신청서를 제출할 수 있습니다. (상증법 시행령 제67
조제1항 준용)

신고 후 무납부한 경우에도 물납 신청이 가능합니다. (상증법 시행령 제67조제1항 준용)

이 경우 고지서상 납부기한을 경과하여 물납허가여부 통지를 하는 경우, 그 물납액에 상당한 세액의 징수에 있어서는 물납재산의 수납일 이전에 한하여 납부지연가산세를 부과하지 아니합니다. (상증법 시행령 제67조제3항 준용)

법정신고기한 내에 과세표준 신고서를 제출하지 아니한 자가 기한 후 신고와 함께 물납을 신청하여 허가된 경우에는 신고기한의 다음날부터 기한 후 신고서 접수일까지의 기간에 대한 납부불성실가산세(현행 납부지연가산세)를 적용합니다. (서면4팀-457, 2008.2.25.)

(5) 연부연납 분납세액의 물납 신청

연부연납기간 중 분납세액 및 회분 분납세액으로 한정하되 연부연납가산금을 제외한 세액에 대하여 물납하는 경우에는 분납세액 납부기한 30일전까지 납세지 관할세무서장에게 신청할 수 있습니다. (상증법 시행령 제70조제2항)

「조세특례제한법 시행령」제28조(중소기업 간의 통합에 대한 양도소득세의 이월과세 등)제1항 각 호 외의 부분 전단에 따른 중소기업자는 5회분 분납세액으로 한정하여 신청할 수 있습니다. (상증법 시행령 제70조제2항 괄호)

연부연납 시에는 현금으로 납부하도록 하였으며, 첫 회분(중소기업자는 5회분)의 분납세액에 한정하여 물납을 허가합니다.

(6) 물납신청 철회의무 부여

물납을 신청한 납세자는 물납이 허가되기 전에 신청한 물납 재산이 관리·처분이 부적당한 재산(상증법 시행령 제71조제1항 각호)에 해당하는 사유가 발생하는 경우에는 물납을 철회해야 합니다. (상증법 시행령 제70조제8항)

물납을 신청한 납세자가 물납이 허가되기 전에 신청한 물납재산이 관리·처분이 부적당한 재산에 해당하는 사유가 발생하여 상증법 시행령 제70조제8항에 따라 물납신청을 철회해야 하는 경우, 별지 제13호서식에 따른 상속세 물납 철회 신청서를 납세지 관할 세무서장에게 제출해야 합니다. (상증법 시행규칙 제19조의4제1항)

(7) 재평가 신청 의무 부여

물납을 신청한 납세자는 물납이 허가되기 전에 신청한 물납재산이 물납기간 중 유가증권을 발행한 회사가 합병 또는 분할하는 경우 등 재평가 사유에 해당하는 경우(상증령 제75조제1항제3호 각 목)에는 물납 재산 수납가액 재평가를 신청해야 합니다. (상증법 시행령 제70조제8항) ☞ 2020.2.11. 신설되었습니다.

물납을 신청한 납세자가 상증법 시행령 제75조(물납에 충당할 재산의 수납가액의 결정)제1항제3호 각 목의 어느 하나에 해당하는 사유가 발생하여 영 제70조(물납의 신청 및 허가)제8항에 따라 물납 재산 수납가액 재평가를 신청해야 하는 경우 재평가 신청 사유 발생 증명서류를 첨부하여 별지 제13호의2서식에 따른 물납 재산 재평가 신청서를 납세지 관할 세무서장에게 제출해야 합니다. (상증법 시행규칙 제19조의4제2항)

2) 물납허가

(1) 신고기한 내 신고하는 세액의 물납허가 기한

상속세 신고기한이 경과한 날부터 법정결정기한(상속세는 신고기한부터 9개월)이내에 신청인에게 그 허가여부를 서면으로 결정통지하여야 합니다. (상증법 제70조제3항 → 상증법 시행령 제67조제2항제2호 준용, 시행령 제78조제1항제1호)

> ☞ **상증법 시행령 제78조(결정·경정)**
> ① 법 제76조제3항의 규정에 의한 법정결정기한은 다음 각호의 1에 의한다.
> 　　1. 상속세 법 제67조의 규정에 의한 상속세과세표준 신고기한부터 9개월
> 　　2. 증여세 법 제68조의 규정에 의한 증여세과세표준 신고기한부터 6개월

(2) 수정 신고하는 세액의 물납허가 기한

상속세 수정신고 분에 대한 물납신청을 한 경우에는 수정 신고일이 속하는 달의 말일부터 9개월 이내에 신청인에게 서면으로 결정통지하여야 합니다. (상증법 시행령 제67조제2항제2호 준용)

(3) 기한 후 신고하는 세액의 물납허가 기한

기한 후 신고일이 속하는 달의 말일부터 상속세는 9개월 이내에 신청인에게 그 허가 여부를 경정·통지하여야 합니다. (상증법 시행령 제67조제2항제2호 준용)

(4) 납부고지세액의 물납허가기한

납세고지서에 의한 납부기한이 경과한 날부터 14일 이내에 신청인에게 그 허가여부를 서면으로 결정통지하여야 합니다. (상증법 시행령 제70조제2항)

(5) 물납허가 기한의 연장

물납 신청한 재산의 평가 등에 소요되는 시일을 감안하여 물납허가 기간을 연장하고자 할 때에는 그 기간 연장에 관한 서면을 발송하고 1회 30일의 범위 내에서 연장할 수 있습니다. (상증법 시행령 제70조제3항)

이 경우 당해 기간까지 그 허가여부에 대한 서면을 발송하지 아니한 때에는 허가를 한 것으로 봅니다.(상증법 시행령 제70조제3항) 다만, 물납을 신청한 재산이 사권(私權)이 설정된 재산에 해당하여 국유재산으로 취득할 수 없는 재산인 경우에는 자동허가 규정을 적용하지 아니합니다. (상증법 시행령 제70조제4항)

(6) 재산을 분할하여 물납해야 하는 경우

재산을 분할하거나 재산의 분할을 전제로 하여 물납신청을 하는 경우에는 물납을 신청한 재산의 가액이 분할 전보다 감소되지 아니하는 경우에만 물납을 허가할 수 있습니다. (상증법 시행령 제70조제7항)

3) 물납재산의 수납

물납을 허가하는 때에는 그 허가를 한 날부터 30일 이내의 범위 내에서 물납재산의 수납일을 지정하여야 합니다. 이 경우 물납재산의 분할 등의 사유로 당해 기간 내에 물납재산의 수납이 어렵다고 인정되는 경우에는 1회에 한하여 20일의 범위 내에서 물납재산의 수납일을 다시 지정할 수 있습니다. (상증법 시행령 제70조제5항)

그러나 물납재산의 수납일까지 물납재산의 수납이 이루어지지 아니하는 경우에는 당해 물납 허가는 그 효력을 상실합니다. (상증법 시행령 제70조제6항)

3 관리·처분이 부적당한 재산

물납 신청을 받은 재산이 관리·처분이 부적당하다고 인정되는 경우에는 그 재산에 대한 물납허가를 하지 아니하거나, 관리·처분이 가능한 다른 물납대상 재산으로의 변경을 명할 수 있습니다. (상증법 시행령 제71조제1항)

이 경우 부적당하다고 인정한 사유를 납세의무자에게 통보하여야 합니다. (상증법 시행령 제71조제2항)

1) 관리·처분이 부적당한 재산

관리·처분이 부적당하다고 인정하는 경우는 다음과 같습니다. 관리처분이 부적당한 재산을 재산별로 규정하고 있습니다. (상증법 시행령 제71조제1항)

(1) 국내에 소재하는 부동산의 경우 (상증법 제74조제1항제1호, 시행령 제71조제1항제1호, 시행규칙 19조 의5제1항)

㉮ 지상권·지역권·전세권·저당권 등 재산권이 설정된 경우

㉯ 물납신청한 토지와 그 지상건물의 소유자가 다른 경우

㉰ 토지의 일부에 묘지가 있는 경우

㉱ 건축허가를 받지 아니하고 건축된 건축물 및 그 부수토지

㉲ 소유권이 공유로 되어 있는 재산

(2) 국채·공채·주권 및 내국법인이 발행한 채권 또는 증권 등의 유가증권인 경우 (상증법 제74조제1항 제1호, 시행령 제71조제1항제2호, 시행규칙 19조의5제2항) ☞ 2020.2.11.이후 물납신청부터 적용합니다.

㉮ 유가증권을 발행한 회사의 폐업 등으로「부가가치세법」제8조제9항에 따라 관할 세무서 장이 사업자등록을 말소한 경우

㉯ 유가증권을 발행한 회사가「상법」에 따른 해산사유가 발생하거나「채무자 회생 및 파산 에 관한 법률」에 따른 회생절차 중에 있는 경우

㉰ 유가증권을 발행한 회사의 물납신청일 전 2년 이내 또는 물납신청일부터 허가일까지의 기 간이 속하는 사업연도에「법인세법」제14조제2항에 따른 결손금이 발생한 경우. 다만, 납 세지 관할 세무서장이「한국자산관리공사 설립 등에 관한 법률」에 따라 설립된 한국자산 관리공사와 공동으로 물납 재산의 적정성을 조사하여 물납을 허용하는 경우는 제외한다.

㉱ 유가증권을 발행한 회사가 물납신청일 전 2년 이내 또는 물납신청일부터 허가일까지의 기간이 속하는 사업연도에「주식회사 등의 외부감사에 관한 법률」에 따른 회계감사 대상 임에도 불구하고 감사인의 감사보고서가 작성되지 않은 경우

㉲「자본시장과 금융투자업에 관한 법률」에 따라 상장이 폐지된 경우의 해당 주식등

2) 물납 재산의 변경 등

물납 신청한 재산이 관리·처분이 부적당하다고 인정되어 관리·처분이 가능한 다음 물납대상 재산으로의 변경 명령을 받은 자는 그 통보를 받은 날부터 20일 이내(납세의무자가 국외에 주소를 둔 때

에는 3월)에 상속재산 중 물납에 충당하고자 하는 다른 재산의 명세서를 첨부하여 납세지 관할세무서장에게 제출하여야 합니다. (상증법 시행령 제72조제1항·제3항)

이 경우 변경신청 기간 내에 신청이 없는 경우에는 당해 물납신청은 그 효력을 상실합니다. (상증법 시행령 제72조제2항)

또한 물납허가기간 내 물납 허가 후 물납재산의 수납일까지의 기간 중 관리·처분이 부적당하다고 인정되는 사유가 발생되는 때에는 다른 재산으로의 변경을 명할 수 있습니다. (상증법 시행령 제72조제5항)

4 물납 세액의 범위

1) 물납을 신청할 수 있는 세액의 한도

물납을 신청할 수 있는 납부세액은 다음의 금액 중 적은 금액을 초과할 수 없습니다. (상증법 시행령 제73조제1항)

(1) 상속재산 중 상증법 시행령 제74조(물납에 충당할 수 있는 재산의 범위등)제1항에 따라 물납에 충당할 수 있는 부동산 및 유가증권의 가액에 대한 상속세 납부세액 (상증법 시행령 제73조제1항제1호)

이 때 유가증권의 범위에는 상장주식과 비상장주식을 제외하되, 다음의 경우에는 포함할 수 있습니다. (상증법 시행령 제74조제1항제2호)

① 상장주식의 경우 최초로 거래소에 상장되어 물납허가통지서 발송일 현재 '자본시장과 금융투자업에 관한 법률'에 따라 처분이 제한된 경우에는 포함합니다. (상증법 시행령 제74조제1항제2호가목)

② 비상장주식의 경우는 비상장주식 외에는 상속재산이 없거나, 상증법 시행령 제74조(물납에 충당할 수 있는 재산의 범위등)제2항제1호부터 제3호까지의 상속재산으로 상속세 물납에 충당하더라도 부족한 경우에는 비상장주식을 포함합니다. (상증법 시행령 제74조제1항제2호나목)

(2) 상속세 납부세액에서 상속재산 중 '상증법 시행령 제73조제5항에 따른 금융재산'의 가액 (상증법 시행령 제10조제1항제1호에 따라 증명되는 금융회사등에 대한 채무의 금액을 차감한 금액을 말

합니다)과 거래소에 상장된 유가증권(법령에 따라 처분이 제한된 것은 제외합니다)의 가액을 차감한 금액 (상증법 시행령 제73조제1항제2호)

'상증법 시행령 제73조제5항에 따른 금융재산'이란 금전과 금융회사등이 취급하는 예금·적금·부금·계금·출자금·특정금전신탁·보험금·공제금 및 어음을 말합니다. (상증법 시행령 제73조제5항)

물납한도 = Min(①, ②)

① 상속세 납부세액 × $\dfrac{\text{부동산 + 유가증권의 가액}}{\text{상속재산의 가액}}$

② 상속세 납부세액 - 순금융재산가액 - 상장유가증권가액(처분제한 주식은 제외)

그러나 상속재산인 부동산 및 유가증권 중 납부세액을 납부하는데 적합한 가액의 물건이 없을 때에는 해당 납부세액을 초과하는 납부세액에 대하여도 물납을 허가할 수 있습니다. (상증법 시행령 제73조제2항)

2) 물납을 신청할 수 있는 납부세액 계산

상속개시일 이후 물납신청 이전까지의 기간 중에 해당 상속재산이 정당한 사유없이 관리·처분이 부적당한 재산으로 변경되는 경우에는 해당 관리·처분이 부적당한 재산가액에 상당하는 상속세 납부세액은 물납을 청구할 수 있는 납부세액에서 제외합니다. (상증법 시행령 제73조제3항)

3) 비상장주식등 물납 가능 범위

거래소에 상장되어 있지 아니한 법인의 주식등('비상장주식등')으로 물납할 수 있는 납부세액은 상속세 납부세액에서 상속세 과세가액[비상장주식등과 상속개시일 현재 상속인이 거주하는 주택 및 그 부수토지의 가액(해당 자산에 담보된 채무액을 차감한 가액을 말합니다)]을 차감한 금액을 초과할 수 없습니다.(상증법 시행령 제73조제4항)

비상장주식등 물납 가능 범위 = 상속세 납부세액 - 비상장주식등을 제외한 상속세 과세가액

비상장주식등을 제외한 상속세 과세가액 = 상속세 과세가액 - [비상장주식등 과세가액 + 상속개시일 현재 상속인이 거주하는 주택 및 그 부수토지의 과세가액(해당 자산에 담보된 채무액을 차감한 가액)]

5 물납에 충당할 수 있는 재산의 범위

1) 물납에 충당할 수 있는 재산의 범위

물납에 충당할 수 있는 부동산 및 유가증권의 종류는 다음과 같습니다. (상증법 시행령 제74조제1항)

(1) 부동산 : 국내에 소재하는 부동산

(2) 유가증권 : 국채 · 공채 · 주권 및 내국법인이 발행한 채권 또는 증권과 다음의 유가증권

(상증법 시행령 74조제1항제2호, 시행규칙 제20조제1항 각 호)

① 「자본시장과 금융투자업에 관한 법률」에 따른 신탁업자가 발행하는 수익증권

② 「자본시장과 금융투자업에 관한 법률」에 따른 집합투자증권

③ 「자본시장과 금융투자업에 관한 법률」에 따른 종합금융회사가 발행하는 수익증권

다만, 다음 각 목의 어느 하나에 해당하는 유가증권은 제외합니다. (상증법 시행령 74조제1항제2호)

㉮ 거래소에 상장된 것. 다만, 최초로 거래소에 상장되어 물납허가통지서 발송일 전일 현재 「자본시장과 금융투자업에 관한 법률」에 따라 처분이 제한된 경우에는 그러하지 아니합니다.

㉯ 거래소에 상장되어 있지 아니한 법인의 주식등

다만, 상속의 경우로서 그 밖의 다른 상속재산이 없거나 제2항제1호부터 제3호까지의 상속재산으로 상속세 물납에 충당하더라도 부족하면 그러하지 아니합니다.

2) 물납의 충당 순서

상기 물납에 충당하는 재산은 세무서장이 인정하는 정당한 사유가 없는 한 다음 순서에 따라 신청 및 허가하여야 합니다. (상증법 시행령 제74조제2항)

〈물납의 충당순서〉
① 국채 및 공채
② 물납 충당이 가능한 한국거래소에 상장된 유가증권(위 ①재산은 제외)
③ 국내에 소재하는 부동산(아래 ⑥의 재산을 제외)
④ 주권, 내국법인이 발행한 채권 또는 유가증권(위 ①, ②, 아래 ⑤재산은 제외)
⑤ 비상장 주식 등
⑥ 상속개시일 현재 상속인이 거주하는 주택 및 그 부수토지

① 국채 및 공채

② 상증법 시행령 제74조제1항제2호가목 단서에 해당하는 유가증권(앞 ①의 재산 제외)으로서 거래소에 상장된 것

· 최초로 거래소에 상장되어 물납허가통지서 발송일 전일 현재 「자본시장과 금융투자업에 관한 법률」에 따라 처분이 제한된 유가증권(① 국채 및 공채 제외)

③ 국내에 소재하는 부동산(⑥의 재산 제외)

· (⑥상속개시일 현재 상속인이 거주하는 주택 및 그 부수토지 제외)

④ 국채 · 공채 · 주권 및 내국법인이 발행한 채권 또는 증권과 유가증권(단, 앞의 ①, ②, 아래 ⑤ 재산은 제외)

· 유가증권 : 국채 · 공채 · 주권 및 내국법인이 발행한 채권 또는 증권과 다음의 유가증권, 「자본시장과 금융투자업에 관한 법률」에 따른 신탁업자가 발행하는 수익증권 · 집합투자증권 · 종합금융회사가 발행하는 수익증권

⑤ 상증법 시행령 제74조제1항제2호나목 단서에 해당하는 거래소에 상장되어 있지 아니한 법인의 주식등

· (나) 거래소에 상장되어 있지 아니한 법인의 주식등(비상장주식)

⑥ 상속개시일 현재 상속인이 거주하는 주택 및 그 부수토지

6 물납재산의 수납가액

물납에 충당할 부동산 및 유가증권의 수납가액은 다음 각 호의 어느 하나의 경우를 제외하고는 원칙적으로 상속재산의 가액으로 합니다. (상증법 시행령 제75조제1항)

상속재산가액에 가산하는 증여재산의 수납가액은 상속개시일 현재 상증법에 따라 평가한 가액으로 합니다. (상증법 시행령 제75조제2항)

1) 주식의 경우

(상증법 시행령 제75조제1항, 상증법 시행규칙 제20조의2제1항 각 호)

주식의 경우에 있어서 상속개시일부터 수납할 때까지의 기간 중에 해당 주식을 발행한 법인이 신주를 발행하거나 주식을 감소시킨 때에는 다음 산식에 의하여 계산한 가액을 수납가액으로 합

니다. (상증법 시행령 제75조제1항, 상증법 시행규칙 제20조의2제1항 각 호)

☞ 물납에 충당할 주식의 수납가액은 원칙적으로 상속세 과세가액에 의합니다. 그러나 상속개시일부터 수납일까지의 기간 중에 증자 또는 감자가 있는 경우에는 주식수의 변동에 다른 1주당의 가치가 변동하기 때문에 수납가액을 조정하여 조정 후의 1주당 가액을 기준으로 수납하게 됩니다. 납세의무 성립일 이후 수납일 전에 주식발행 법인이 신주를 발행하거나 주식을 감소시킨 때에는 다음과 같이 계산한 가액을 수납가액으로 합니다. 여기서 주식이란 상장주식 및 비상장주식을 모두 포함합니다.

(1) 무상으로 주식을 발행한 경우 (상증법 시행규칙 제20조의2제1항제1호가목)

$$\text{구주식 1주당 수납가액} = \frac{\text{구주식 1주당 과세가액}}{1 + \text{구주식 1주당 신주 배정 수}}$$

(2) 유상으로 주식을 발행한 경우 (상증법 시행규칙 제20조의2제1항제1호나목)

구주식 1주당 수납가액 =

$$\frac{\text{구주식 1주당 과세가액} + (\text{신주 1주당 주금납입액} \times \text{구주식 1주당 신주 배정수})}{1 + \text{구주식 1주당 신주배정수}}$$

☞ 공모증자·조세특례제한법 제49조에 의한 합병(금융기관구조조정법에 의한 합병)·특별법에 의한 증자로 인한 신주발행 시에는 수납가액을 재계산하지 않고 과세표준 결정당시의 상속재산의 가액에 의합니다.

(3) 무상으로 주식을 감소시킨 경우 (상증법 시행규칙 제20조의2제1항제2호가목)

$$\text{구주식 1주당 수납가액} = \frac{\text{구주식 1주당 과세가액}}{1 - \text{구주식 1주당 감자주식수}}$$

(4) 유상으로 주식을 감소시킨 경우 (상증법 시행규칙 제20조의2제1항제2호나목)

구주식 1주당 수납가액 =

$$\frac{\text{구주식 1주당 과세가액} - (\text{신주 1주당 지급금액} \times \text{구주식 1주당 감자주식수})}{1 - \text{구주식 1주당 감자주식수}}$$

상증법 시행령 제75조제1항제1호 단서에서 '기획재정부령이 정하는 경우'란 다음 각 호의 어느 하나에 해당하는 경우를 말합니다.(상증법 시행규칙 제20조의2제2항) 다음의 경우에는 위의 산식에 따른 수납가액 결정방식은 적용되지 아니하므로(상증법 시행령 제75조제1항제1호 단서 및 시행규칙 제20조의2제2항), 상속세 과세표준 결정할 때의 주당 평가가액대로 수납하여야 합니다.

① 「자본시장과 금융투자업에 관한 법률」 제119조에 따라 공모증자하는 경우의 신주의 발행
② 특별법에 의하여 증자하는 경우의 신주의 발행

2) 연부연납세액을 물납하는 경우 (상증법 시행령 제75조제1항제2호)

상속세의 연부연납기간 중 분납세액[첫 회분 분납세액(조특령 제28조 제1항 각 호 외의 부분 전단에 따른 중소기업자는 5회분 분납세액)]에 대하여 물납에 충당하는 부동산 및 유가증권의 수납가액은 상속세 과세표준과 세액의 결정시 해당 부동산 및 유가증권에 대하여 적용한 평가방법에 따라 다음의 어느 하나에 해당하는 가액으로 합니다. (상증법 시행령 제75조제1항제2호 각 목)

- ㉮ 상증법 제60조제2항에 따라 상속세 과세가액을 산정한 경우에는 물납허가통지서 발송일 전일 현재 같은 항에 따라 평가한 가액
- ㉯ 상증법 제60조제3항에 의하여 상속세 과세가액을 산정한 경우에는 물납허가통지서 발송일 전일 현재 같은 항에 따라 평가한 가액

3) 유가증권의 가액이 30% 이상 하락한 경우 수납가액 특례
(상증법 시행령 제75조제1항제3호)

물납재산의 유가증권의 가액이 현저히 하락한 경우에는 물납 당시의 평가가액으로 수납함으로써 물납재산의 가격하락에 따른 국고손실을 최소화하고 있습니다.

물납에 충당할 유가증권의 가액이 평가기준일부터 물납허가통지서 발송일 전일까지의 기간(이 호에서 '물납기간'이라 합니다) 중 정당한 사유 없이 해당 유가증권의 가액이 평가기준일 현재의 상속재산의 가액에 비하여 100분의 30 이상 하락한 경우에는 앞의 2)연부연납으로 물납하는 경우 ㉮와 ㉯의 어느 하나에 해당하는 가액으로 합니다. (상증법 시행령 제75조제1항제3호)

(1) 유가증권의 가액이 평가기준일 현재의 상속재산의 가액에 비하여 100분의 30 이상 하락한 경우
(상증법 시행령 제75조제1항제3호 각 목)

- ㉮ 물납기간 중 유가증권을 발행한 회사가 합병 또는 분할하는 경우
- ㉯ 물납기간 중 유가증권을 발행한 회사가 주요 재산을 처분하는 경우
- ㉰ 물납기간 중 유가증권을 발행한 회사의 배당금이 물납을 신청하기 직전 사업연도의 배당금에 비하여 증가한 경우
- ㉱ 가목부터 다목까지의 규정에 따른 사유와 유사한 사유로서 유가증권의 수납가액을 재평가할 필요가 있다고 기획재정부령으로 정하는 경우 (아직까지 기획재정부령은 별도로 마련되지 않았습니다)

(2) 평가방법

앞의 2)의 상속세의 연부연납기간 중 분납세액[첫 회분 분납세액(조특령 제28조 제1항 각 호 외의 부분 전단에 따른 중소기업자는 5회분 분납세액)]에 대하여 물납에 충당하는 부동산 및 유가증권의 수납가액은 상속세 과세표준과 세액의 결정시 해당 부동산 및 유가증권에 대하여 적용한 평가방법을 적용합니다. (상증법 시행령 제75조제1항제3호 후단 → 제1항2호 적용)

　　㉮ 상증법 제60조제2항에 따라 상속세 과세가액을 산정한 경우에는 물납허가통지서 발송일 전일 현재 같은 항에 따라 평가한 가액 (상증법 시행령 제75조제1항2호가목)

　　㉯ 상증법 제60조제3항에 의하여 상속세 과세가액을 산정한 경우에는 물납허가통지서 발송일 전일 현재 같은 항에 따라 평가한 가액 (상증법 시행령 제75조제1항2호나목)

이 경우 물납신청한 유가증권(물납신청한 것과 동일한 종목의 유가증권을 말합니다.)의 전체평가액이 물납신청세액에 미달하는 경우로서 물납신청한 유가증권 외의 상속받은 다른 재산의 가액을 합산하더라도 해당 물납신청세액에 미달하는 경우에는 해당 미달하는 세액을 물납신청한 유가증권의 전체평가액에 가산합니다. (상증법 시행령 제75조제1항, 단서)

７ 물납재산의 환급

납세자가 상증법 제73조에 따라 상속세 및 증여세를 물납한 후 그 부과처분의 전부 또는 일부를 취소하거나 감액하는 경정결정에 의하여 환급하는 경우에는 다음 순서에 따라 해당 물납재산으로 환급합니다. (국세기본법 제51조의2)

납세자의 신청이 있는 경우에는 그 신청한 순서에 따르며, 납세자의 신청이 없는 경우에는 상증법 시행령 제74조제2항에서 규정한 물납충당 재산의 허가순서의 역순으로 환급합니다. (국세기본법 시행령 제43조의2)

문화유산 등의 물납

(상증법 제73조의2, 시행령 제75조의2~제73조의5)

1 물납 요건 (상증법 제73조의2)

다음의 요건을 모두 갖춘 납세의무자는 상속재산에 대통령령으로 정하는 문화유산 및 미술품이 포함된 경우 납세지 관할 세무서장에게 해당 문화유산 등에 대한 물납을 신청할 수 있습니다. (상증법 제73조의2제1항, 시행령 제75조의2제2항 '21.12.21. 개정)

① 상속세 납부세액이 2천만원을 초과할 것
② 상속세 납부세액이 상속세재산가액 중 대통령령로 정하는 금융재산의 가액(제13조에 따라 상속재산에 가산하는 증여재산의 가액은 포함하지 아니합니다)을 초과할 것 ☞ 2023.1.1. 이후 상속이 개시되는 분부터 적용합니다.

2 물납절차 (상증법 제75조의2)

문화유산 등에 대한 물납절차는 다음과 같습니다.

(1) 신청

납세의무자가 문화유산 등에 대한 물납을 상속세 과세표준신고시 납세지 관할세무서장에게 신청할 수 있습니다. (상증법 제73조의2제1항) 결정통지를 받은 경우에는 납부고지서의 납부기한까지 제출할 수 있으며, 연부연납의 경우에는 분할세액 납부기한 9개월 전까지 신청할 수 있습니다. (상증법 시행령 제75조의2제3항)

(2) 물납대상 (상증법 시행령 제75조의2제1항)

① 「문화유산의 보존 및 활용에 관한 법률」에 따른 유형문화유산 또는 민속문화유산으로서 같은 법에 따라 지정 또는 등록된 문화유산
② 회화, 판화, 조각, 공예, 서예 등 미술품

(3) 통보

납세지 관할 세무서장은 물납 신청이 있는 경우 대통령령으로 정하는 방법에 따라 해당 물납 신청 내역 등을 문화체육관광부장관에게 통보하여야 합니다. (상증법 제73조의2제2항, 시행령 제75조의2제4항)

(4) 요청

문화체육관광부장관은 물납을 신청한 문화유산 등이 역사적·학술적·예술적 가치가 있는 등 물납이 필요하다고 인정되는 경우 납세지 관할 세무서장에게 절차에 따라 해당 문화유산 등에 대한 물납을 요청하여야 합니다. (상증법 제73조의2제3항)

문화체육관광부장관은 납세지 관할 세무서장에게 문화유산등에 대한 물납을 요청하려는 경우 통보일이 속하는 달의 말일부터 120일 이내에 다음의 자료를 납세지 관할 세무서장에게 제출해야 합니다. 다만, 해당 문화유산등에 대한 조사가 지연되는 등의 사유로 제출 기한을 연장할 필요가 있는 경우에는 30일 이내의 범위에서 한 차례만 연장할 수 있습니다. (상증법 시행령 제75조의3제1항)

> ① 문화유산등의 역사적·학술적·예술적 가치를 입증하는 자료 등 물납의 필요성을 입증하는 자료
> ② 문화유산등의 활용 방안 및 계획에 관한 자료
> ③ 그 밖에 물납 허가 여부 판단에 필요한 자료

(5) 허가

납세지 관할 세무서장은 제3항에 따른 요청을 받은 경우 해당 문화유산 등이 절차에 따라 국고 손실의 위험이 크지 아니하다고 인정되는 경우 물납을 허가합니다. (상증법 제73조의2제4항)

물납 요청을 받은 납세지 관할 세무서장은 다음에 따른 기간 이내에 물납 신청인에게 그 허가 여부를 서면으로 통지해야 합니다. (상증법 시행령 제75조의3제2항 각 호)

> ① 상속세 과세표준신고를 한 경우: 신고기한이 지난 날부터 9개월
> ② 수정신고 또는 기한 후 신고를 한 경우: 수정신고 또는 기한 후 신고를 한 날이 속하는 달의 말일부터 9개월
> ③ 과세표준과 세액의 결정통지를 받은 경우: 납부고지서에 따른 납부기한이 지난 날부터 9개월

3 수납일 지정 (상증법 시행령 제70조제6항 준용)

납세지 관할세무서장은 물납을 허가하는 때에는 그 허가를 한 날부터 30일 이내의 범위에서 물납재산의 수납일을 지정하여야 합니다.(상증법 시행령 제70조제5항 준용) 물납재산의 수납일까지 물납재산의 수납이 이루어지지 아니하는 때에는 해당 물납허가는 그 효력을 상실합니다. (상증법 시행령 제70조제6항 준용)

☞ 상증법 제73조의2(문화유산 등에 대한 물납) 제4항에 따라 물납을 허가한 경우의 물납재산 수납에 관하여는 상증법 시행령 제70조(물납의 신청 및 허가)제5항부터 제7항까지를 준용합니다. (상증법 시행령 제75조의3제4항)

4 물납 신청 한도 (상증법 제73조의2제5항)

물납을 신청할 수 있는 납부세액은 상속재산 중 물납에 충당할 수 있는 문화유산 등의 가액에 대한 상속세 납부세액을 초과할 수 없습니다. (상증법 제73조의2제5항)

다음의 ①과 ②중 적은 금액을 초과할 수 없습니다.
① 상속재산 중 물납에 충당할 수 있는 문화유산 등의 가액에 대한 상속세 납부세액
② 상속세 납부세액에서 금융재산가액과 상장 유가증권의 가액을 차감한 가액

5 수납가액 (상증법 시행령 제75조의5)

물납에 충당할 문화유산등의 수납가액은 다음의 가액으로 합니다. (상증법 시행령 제75조의5 각호)

① 연부연납기간 중 분납세액에 대하여 물납에 충당하는 문화유산등의 경우: 상증법 시행령 제75조제1항제2호를 준용하여 결정한 아래의 가액. 이 경우 "부동산 및 유가증권"은 "문화유산등"으로 봅니다.
　(가) 상속세 과세가액을 산정한 경우에는 물납허가통지서 발송일 전일 현재 같은 항에 따라 평가한 가액
　(나) 상속세 과세가액을 산정한 경우에는 물납허가통지서 발송일 전일 현재 같은 항에 따라 평가한 가액
② 그 외의 경우: 상속재산의 가액

6 물납 불허 사유 (상증법 시행령 제75조의4제1항)

납세지 관할 세무서장은 문화유산등이 다음의 어느 하나에 해당하는 경우에는 물납을 허가하지 않을 수 있고, 물납 허가일부터 물납재산의 수납일까지의 기간 중 문화유산등이 다음 어느 하나에 해당하는 경우에는 물납 허가를 취소할 수 있습니다. 이 경우 물납을 허가하지 않거나 허가를 취소하는 경우에는 물납 신청인에게 그 사유를 통지해야 합니다. (상증법 시행령 제75조의4제1항 각 호)

① 문화유산등에 질권 등 재산권이 설정된 경우

② 문화유산등을 다른 사람과 공유하는 경우

④ 문화유산등이 훼손, 변질 등으로 가치가 감소한 경우

⑤ 위의 경우와 유사한 경우로서 기획재정부령으로 정하는 경우 (현재 시행규칙 없음)

제3장 상속·증여세 결정·경정 (상증법 제6장)

1 상속·증여세 과세표준 세액의 결정

1) 상속세 또는 증여세의 결정

세무서장등은 상증법 제67조(상속세 과세표준신고)나 제68조(증여세 과세표준신고)에 따른 신고에 의하여 과세표준과 세액을 결정합니다. 다만, 신고를 하지 아니하였거나 그 신고한 과세표준이나 세액에 탈루 또는 오류가 있는 경우에는 그 과세표준과 세액을 조사하여 결정합니다. (상증법 제76조 제1항)

☞ 조사하여 결정하는 경우 추가로 납부하여야 할 세액은 가산세를 가산하여 납세자로부터 징수하는 절차를 밟습니다.

☞ (상속세 및 증여세의 결정) 납세의무자가 신고한 과세표준 및 세액이 조사내용과 동일하다면 정부는 신고 내용에 따라 과세표준 및 세액을 결정합니다. 그러나 신고하지 아니하였거나, 신고내용에 탈루 또는 오류가 있어 조사한 내용과 다른 경우에는 그 조사된 내용으로 결정하고, 조사결과 추가로 납부하여야 할 세액은 가산세를 가산하여 납세자로부터 징수하는 절차를 밟습니다. 상속세 또는 증여세는 신고에 의하여 납세의무가 확정되는 것이 아니라 정부의 결정에 의하여 납세의무가 확정되는 세목입니다. 따라서 '신고에 의하여 결정한다'는 것은 납세의무자가 신고한 내용을 기초로 정부가 이를 조사하여 납세의무를 확정시키는 것을 말합니다. 즉 결정이란 납세의무를 정부가 개별적·구체적으로 확정시키는 행위처분을 말하는 것입니다.

2) 수시결정

세무서장등은 국세징수법 제9조(납부기한 전 징수사유)제1항 각 호의 어느 하나에 해당하는 사유가 있는 경우에는 제67조(상속세 과세표준신고)나 제68조(증여세 과세표준신고)에 따른 신고기한 전이라도 수시로 과세표준과 세액을 결정할 수 있습니다. (상증법 제76조제2항)

관할 세무서장은 납세자에게 다음 어느 하나에 해당하는 사유가 있는 경우 납부기한 전이라도

이미 납세의무가 확정된 국세를 징수할 수 있습니다. (국세징수법 제9조제1항 각 호)

　　① 국세, 지방세 또는 공과금의 체납으로 강제징수 또는 체납처분이 시작된 경우

　　② 「민사집행법」에 따른 강제집행 및 담보권 실행 등을 위한 경매가 시작되거나 「채무자 회생

　　　및 파산에 관한 법률」에 따른 파산선고를 받은 경우

　　③ 「어음법」 및 「수표법」에 따른 어음교환소에서 거래정지처분을 받은 경우

　　④ 법인이 해산한 경우

　　⑤ 국세를 포탈(逋脫)하려는 행위가 있다고 인정되는 경우

　　⑥ 납세관리인을 정하지 아니하고 국내에 주소 또는 거소를 두지 아니하게 된 경우

3) 신고분에 대한 법정결정기한

세무서장등은 상증법 제67조(상속세 과세표준신고)나 제68조(증여세 과세표준신고)에 따른 신고를 받은 날부터 '법정결정기한' 이내에 과세표준과 세액을 결정하여야 합니다. (상증법 제76조제3항)

법정결정기한은 아래와 같습니다.

　　· 상속세 : 상속세 과세표준 신고기한으로부터 9개월

　　· 증여세 : 증여세 과세표준 신고기한으로부터 6개월

다만, 상속재산 또는 증여재산의 조사, 가액의 평가 등에 장기간이 걸리는 등 부득이한 사유가 있어 그 기간 이내에 결정할 수 없는 경우에는 그 사유를 상속인·수유자 또는 수증자에게 알려야 합니다. (상증법 제76조제3항, 단서)

　　☞ 세무서장등이 법정결정기한 내에 결정을 하지 않고, 부득이한 사유를 통지하지 않았다 하여 법정결정기한의 종료일에 과세표
　　　준과 세액이 결정된 것으로 보는 것은 아닙니다.(재산세과-527, 2010.7.19.) 상증법 시행령 제78조제1항제2호는 납세의무
　　　자의 증여세 납부의무를 조속히 확정하여야 한다는 취지에서 규정한 훈시규정이라 할 것이고, 가산세의 적용을 제한하는 규
　　　정으로 해석할 수는 없습니다. (서울행법2011구협28509, 2012.2.3.)

4) 상속세 또는 증여세의 경정결정

세무서장등은 과세표준과 세액을 결정할 수 없거나 결정 후 그 과세표준과 세액에 탈루 또는 오류가 있는 것을 발견한 경우에는 즉시 그 과세표준과 세액을 조사하여 결정하거나 경정합니다. (상증법 제76조제4항)

　　☞ 납세의무자의 신고 또는 과세자료에 의하여 과세관청이 처음으로 결정하는 처분을 결정 또는 당초 결정이라 하고, 당초 결정
　　　에 오류 또는 탈루가 있어서 다시 고쳐 결정하는 처분을 경정 결정이라고 합니다.

(1) 증액결정으로 효력

세법에 따라 당초 확정된 세액을 증가시키는 경정은 당초 확정된 세액에 관한 국세기본법 또는 세법에서 규정하는 권리·의무 관계에 영향을 미치지 아니합니다. (국세기본법 제22조의3제1항)

(2) 감액 경정의 효력

세법에 따라 당초 확정된 세액을 감소시키는 경정은 그 경정에 의하여 감소되는 세액 외의 세액에 관한 국세기본법 또는 세법에서 규정하는 권리·의무 관계에 영향을 미치지 아니합니다. (국기법 제22조의3제2항)

2 고액 상속인 재산 사후관리

세무서장등은 결정된 상속재산의 가액이 30억원 이상인 경우로서 상속개시 후 5년 이내에 상속인이 보유한 부동산, 주식, 그 밖에 주요 재산의 가액이 상속개시 당시에 비하여 크게 증가한 경우에는 그 결정한 과세표준과 세액에 탈루 또는 오류가 있는지를 조사하여야 합니다. (상증법 제76조제5항)

재산의 가액이 상속개시일부터 조사기준일까지의 경제상황등의 변동등에 비추어 보아 정상적인 증가규모를 현저하게 초과하였다고 인정되는 경우로서 그 증가요인이 객관적으로 명백하지 아니한 경우에 한합니다. (상증법 시행령 제78조제2항제4항)

1) 사후관리대상

세무서장 등이 당초 결정한 상속재산의 가액이 30억원 이상인 경우로서 상속개시일부터 5년이 되는 날('조사기준일'이라 함)까지의 기간 내에 상속인이 보유한 주요 재산의 가액이 상속개시 당시에 비하여 현저히 증가한 경우에는 그 결정한 과세표준과 세액이 탈루 또는 오류가 있는 지의 여부를 조사하여야 합니다. (상증법 제76조제5항, 시행령 제78조제2항)

다만, 상속인이 그 증가한 재산의 자금 출처를 대통령령으로 정하는 바에 따라 증명한 경우에는 그러하지 아니합니다. (상증법 제76조제5항 후단)

☞ 해당 사후관리는 상속인이 보유한 주요 재산의 가액이 상속개시일부터 조사기준일까지의 경제상황 등의 변동 등에 비추어 보아 정상적인 증가 규모를 현저하게 초과하였다고 인정하는 경우로서 그 증가요인이 객관적으로 명백하지 아니한 경우에 한하여 실시합니다.

2) 관리대상 주요 재산의 범위

상속개시 당시부터 상속개시 후 5년이 되는 조사기준일까지의 기간 중 현저히 증가하였는지를 파악해야 하는 주요 재산의 범위는 다음과 같습니다. (상증법 제76조제5항, 시행령 제78조제3항)

① 부동산 ② 주식 ③ 금융재산 ④ 서화·골동품 ⑤ 그 밖의 유형재산

⑥ 무체재산권 : 영업권, 공업소유권, 어업권, 특허권, 실용신안권, 상표권, 디자인권, 저작권, 광업권, 채석권 등

☞ **상증법 시행령 제78조(결정 · 경정)**
 ③ 상증법 제76조제5항 본문에서 "대통령령으로 정하는 주요 재산"이란 금융재산, 서화, 골동품, 그 밖에 유형재산 및 제59 조에 따른 무체재산권등을 말한다.

3) 경정조사 적용 배제

상속인이 그 증가한 주요 재산에 관한 자금출처를 다음과 같은 방법에 따라 입증하는 경우에는 제외합니다. (상증법 제76조제5항, 단서, 시행령 제78조제3항 → 시행령 제34조제1항 각 호)

① 신고하였거나 과세(비과세 또는 감면받은 경우를 포함) 받은 소득금액

② 신고하였거나 과세받은 상속 또는 수증재산의 가액

③ 재산을 처분한 대가로 받은 금전이나 부채를 부담하고 받은 금전으로 당해 재산의 취득 또 는 당해 채무액 상환에 직접 사용한 금액

☞ **상증법 시행령 제78조(결정 · 경정)**
 ⑤ 제34조제1항 각호의 규정은 법 제76조제5항 단서의 규정에 의한 자금출처의 입증에 관하여 이를 준용한다.

3 과세표준과 세액의 결정통지

세무서장등은 상속세 또는 증여세의 과세표준과 세액을 상속인·수유자 또는 수증자에게 통지 하여야 합니다. (상증법 제77조)

세무서장등은 과세표준과 세액을 통지하는 경우에는 납부고지서에 과세표준과 세액의 산출근 거를 적어 통지해야 합니다. 이 경우 지방국세청장이 과세표준과 세액을 결정한 것에 대하여는 지 방국세청장이 조사·결정했다는 것을 적어야 합니다. (상증법 시행령 제79조)

상속인 또는 수유자가 2인 이상이면 그 상속인이나 수유자 모두에게 통지하여야 합니다. (상증법 제77조)

제 2 절	금융재산 일괄조회

(상증법제83조)

국세청장(지방국세청장을 포함)은 세무서장등이 상속세 또는 증여세를 결정하거나 경정하기 위하여 조사하는 경우에는 금융회사등의 장에게 「금융실명거래 및 비밀보장에 관한 법률」 제4조에도 불구하고 다음 어느 하나에 해당하는 자의 금융재산에 관한 과세자료를 일괄하여 조회할 수 있습니다. (상증법제83조제1항)

① 직업, 연령, 재산 상태, 소득신고 상황 등으로 볼 때 상속세나 증여세의 탈루 혐의가 있다고 인정되는 자

② 상속인 · 피상속인 또는 증여자 · 수증자

☞ (금융재산 일괄조회) 상속세 또는 증여세 과세의 실효성 확보와 행정력 소모를 줄이기 위하여 상속인·피상속인 또는 증여자·수증자의 금융재산에 관한 과세자료를 금융기관의 장에게 일괄하여 조회할 수 있는 제도를 말합니다.

금융재산에 대한 조회를 요구받은 금융회사등의 장은 그 요구받은 과세자료를 지체 없이 국세청장에게 제출하여야 합니다. (상증법제83조제2항)

국세청장은 금융회사등의 장에게 과세자료를 조회할 때에는 다음 사항을 적은 문서로 요구하여야 합니다. (상증법제83조제3항)

① 피상속인등의 인적사항

② 사용 목적

③ 요구하는 자료 등의 내용

(상증법 제84조, 시행령 제86조)

세무에 종사하는 공무원은 상속세나 증여세에 관한 조사 및 그 직무 수행에 필요한 경우에는 다음 각 호의 어느 하나에 해당하는 자에게 질문하거나 관련 장부·서류 또는 그 밖의 물건을 조사하거나 그 제출을 명할 수 있습니다. 이 경우 세무에 종사하는 공무원은 질문·조사하거나 장부·서류 등의 제출을 요구할 때 직무 수행에 필요한 범위 외의 다른 목적 등을 위하여 그 권한을 남용해서는 아니 됩니다. (상증법 제84조)

① 납세의무자 또는 납세의무가 있다고 인정되는 자
② 피상속인 또는 ①의 자와 재산을 주고받은 관계이거나 재산을 주고받을 권리가 있다고 인정되는 자
③ 상증법 제82조(지급명세서 등의 제출)에 규정된 지급명세서 등을 제출할 의무가 있는 자

1 조사원증의 제시

세무에 종사하는 공무원이 상속세 또는 증여세에 관한 조사를 하는 경우에 장부·서류·기타 물건의 조사를 할 때에는 조사원증을 관계자에게 제시하여야 합니다. (상증법 시행령 제86조)

2 공신력 있는 감정가액에 대한 조회

상속재산 및 증여재산에 대하여 공신력 있는 감정기관의 감정가액이 있는 경우 상증법 제84조 (질문·조사)의 규정에 따라 세무서장은 그 감정가액을 조회할 수 있습니다. (상증법 기본통칙 84-0-1)

3 과태료 부과

관할 세무서장은 세법의 질문·조사권 규정에 따른 세무공무원의 질문에 대하여 거짓으로 진술하거나 그 직무집행을 거부 또는 기피한 자에게 5천만원 이하의 과태료를 부과·징수합니다. (국세기본법 제88조제1항, 시행령 별표1)

· 국세기본법 제88조(직무집행 거부 등에 대한 과태료) ① 관할 세무서장은 세법의 질문·조사권 규정에 따른 세무공무원의 질문에 대하여 거짓으로 진술하거나 그 직무집행을 거부 또는 기피한 자에게 5천만원 이하의 과태료를 부과·징수한다.

제89조(금품 수수 및 공여에 대한 과태료) 관할 세무서장 또는 세관장은 세무공무원에게 금품을 공여한 자에게 그 금품 상당액의 2배 이상 5배 이하의 과태료를 부과·징수한다. 다만, 「형법」 등 다른 법률에 따라 형사처벌을 받은 경우에는 과태료를 부과하지 아니하고, 과태료를 부과한 후 형사처벌을 받은 경우에는 과태료 부과를 취소한다.

제90조(비밀유지 의무 위반에 대한 과태료) ① 국세청장은 제81조의13제1항에 따라 알게 된 과세정보를 타인에게 제공 또는 누설하거나 그 목적 외의 용도로 사용한 자에게 2천만원 이하의 과태료를 부과·징수한다. 다만, 「형법」 등 다른 법률에 따라 형사처벌을 받은 경우에는 과태료를 부과하지 아니하고, 과태료를 부과한 후 형사처벌을 받은 경우에는 과태료 부과를 취소한다

· 국세기본법 시행령 제69조(과태료의 부과기준)

① 국세기본법 제88조제1항에 따른 과태료의 부과기준은 별표 1과 같다.

② 국세기본법 제89조제1항 본문에 따른 과태료의 부과기준은 별표 2와 같다.

③ 국세기본법 제90조제1항 본문에 따른 과태료의 부과기준은 별표 3과 같다.

　

과태료 부과기준은 과태료가 부과되는 행위에 대한 세법의 질문·조사권의 대상이 되는 과세기간에 대한 1년간의 수입금액, 과세가액 등을 기준으로 계산합니다. 상증법 제84조에 따른 질문·조사권에 대한 과태료 부과시 상속세 및 증여세 과세가액을 기준으로 합니다. (국세기본법 시행령 제69조 별표1 서식)

수입금액 등을 계산할 때 그 금액은 신고한 금액을 기준으로 합니다. 다만, 결정·경정된 금액이 있는 경우에는 그 결정·경정된 금액을 기준으로 계산합니다.

제 4 절	납세관리인

(국세기본법 제82조, 시행령 제64조의2)

납세자가 국내에 주소 또는 거소를 두지 아니하거나 국외로 주소 또는 거소를 이전할 때에는 국세에 관한 사항을 처리하기 위하여 납세관리인을 정하여야 합니다. (국세기본법 제82조)

① 납세자가 국내에 주소 또는 거소를 두지 아니하거나 국외로 주소 또는 거소를 이전하려는 때 (국세기본법 제82조제1항)

② 상속인이 확정되지 아니하였거나 상속인이 상속재산을 처분할 권한이 없는 경우 (국세기본법 제82조제5항, 상증법 제67조제3항)

③ 비거주자의 상속인이 금융기관에 상속재산의 지급·명의개서 또는 변경을 청구하는 경우 (국세기본법 제82조제6항)

납세자는 국세에 관한 사항을 처리하게 하기 위하여 변호사, 세무사 또는 「세무사법」에 따른 세무사 등록부 또는 공인회계사 세무대리업무등록부에 등록한 공인회계사를 납세관리인으로 둘 수 있습니다. (국세기본법 제82조제2항)

1 납세관리인의 의무 및 권한

납세관리인은 다음의 사항에 대하여 납세자를 대리할 수 있습니다. (국세기본법 시행령 제64조의2)

① 국세기본법 및 세법에 따른 신고, 신청, 청구, 그 밖의 서류의 작성 및 제출

② 세무서장 등이 발급한 서류의 수령

③ 국세 등의 납부 또는 국세환급금의 수령

다음 어느 하나 사유가 발생한 때는 납세관리인의 권한이 소멸합니다. (국세기본법 기본통칙 82-0…1)

① 납세자의 해임행위 (민법 제128조)

② 납세자의 사망

② 납세관리인의 사망, 금치산 또는 파산

2 납세관리인의 설정·변경·해임의 신고

납세관리인을 정한 납세자는 관할 세무서장에게 신고하여야 합니다. 납세관리인을 변경하거나 해임할 때에도 또한 같습니다.(국세기본법 제82조제3항) 납세관리인의 설정을 신고하려는 자는 다음의 사항을 적은 문서를 관할 세무서장에게 제출하여야 합니다. (국세기본법 시행령 제64조제1항)

① 납세자의 성명과 주소 또는 거소
② 납세관리인의 성명과 주소 또는 거소
③ 설정의 이유

납세자가 납세관리인을 정하거나 납세관리인을 변경 또는 해임하는 때에는 납세관리인 설정(변경, 해임) 신고서(국세기본법 시행규칙 제33조 별지 제43호 서식)에 의하여 다음 사항을 관할세무서장에게 신고하여야 합니다.

① 납세자의 성명과 주소 또는 거소
② 변경 전·후 납세관리인의 성명과 주소 또는 거소
③ 변경의 이유

세무서장은 납세관리인이 부적당하다고 인정될 때에는 기한을 정하여 납세자에게 그 변경을 요구할 수 있습니다. 납세관리인의 변경 요구를 받은 납세자가 정해진 기한까지 납세관리인 변경의 신고를 하지 아니하면 납세관리인의 설정은 없는 것으로 봅니다. (국세기본법 시행령 제65조)

3 납세관리인의 지정 통지

관할 세무서장은 납세자가 국세기본법 제82조제3항에 따른 납세관리인 설정신고를 하지 아니할 때에는 납세자의 재산이나 사업의 관리인을 납세관리인으로 정할 수 있습니다.(국세기본법 제82조제4항) 관할 세무서장이 납세자의 재산이나 사업의 관리인을 납세관리인으로 정한 경우에는 해당 납세자와 납세관리인에게 지체 없이 그 사실을 납세관리인 지정 통지서(국세기본법 시행규칙 제33조의3 별지 제43호의3 서식)에 의하여 통지하여야 합니다.(국세기본법 시행령 제64조제3항)

4 추정상속인·유언집행자 또는 상속재산관리인

세무서장이나 지방국세청장은 「상속세 및 증여세법」에 따라 상속세를 부과할 때에 납세관리인이 있는 경우를 제외하고 상속인이 확정되지 아니하였거나 상속인이 상속재산을 처분할 권한이 없는 경우에는 특별한 규정이 없으면 추정상속인, 유언집행자 또는 상속재산관리인에 대하여 「상속세 및 증여세법」 중 상속인 또는 수유자에 관한 규정을 적용할 수 있습니다. (국세기본법 제82조제5항)

5 상속세 납세관리인 신고확인서 발급

비거주자인 상속인이 금융회사 등에 상속재산의 지급·명의개서 또는 명의변경을 청구하려면 납세관리인을 정하여 납세지 관할 세무서장에게 신고하고, 그 사실에 관한 납세관리인 신고확인서(국세기본법 시행규칙 제33조의2 별지 제43호의2서식)를 발급받아 금융회사 등에 제출하여야 합니다. (국세기본법 제82조제6항)

제4장 상속·증여세 가산세

가산세라 함은 세법이 규정하는 의무를 태만히 함으로써 각 세법이 규정하는 바에 따라 본세에 가산하여 부과하는 것을 말합니다.

정부는 세법에서 규정한 의무를 위반한 자에게 이 법 또는 세법에서 정하는 바에 따라 가산세를 부과할 수 있습니다. 가산세는 해당 의무가 규정된 세법의 해당 국세의 세목으로 합니다. 다만, 해당 국세를 감면하는 경우에는 가산세는 그 감면대상에 포함시키지 아니하는 것으로 합니다. 가산세는 납부할 세액에 가산하거나 환급받을 세액에서 공제합니다. (국세기본법 제47조)

☞ 종전에 각 세법마다 다르게 규정된 가산세 체계를 전면 개정하여 2007.1.1.이후에는 국세기본법에 공통적인 가산세를 일괄하여 규정하고 있습니다.

제1절 신고 관련 가산세 · 납부지연 가산세

(국세기본법 제47조 ~ 제49조)

1 무신고 가산세

가산세율 : 무신고납부세액의 $\dfrac{\text{일반}}{20\%}$ $\dfrac{\text{부정}}{40\%}$ $\dfrac{\text{부정(국제거래)}}{60\%}$

☞ 가산세 계산기준을 납부세액으로 단순화하였습니다. (2015.7.1. 이후)

1) 일반무신고 가산세

납세의무자가 법정신고기한까지 세법에 따른 「상속세 및 증여세법」에 따른 국세의 과세표준신고(예정신고 및 중간신고를 포함)를 하지 아니한 경우에는 그 신고로 납부하여야 할 세액(이 법 및 세법에 따른 가산세와 세법에 따라 가산하여 납부하여야 할 이자 상당 가산액이 있는 경우 그 금액은 제외하며, 이하

'무신고납부세액'이라 합니다)에 100분의 20에 해당하는 금액을 가산세로 합니다. (국세기본법 제47조의2제1항)

    일반무신고가산세 = 무신고납부세액 × 20%

    무신고납부세액(가산세 재외) = 산출세액(세대생략가산세포함) − 징수유예액 − 공제감면세액

2) 부정무신고 가산세

  부정행위(국세기본법 시행령 제12조의2, 부정행위의 유형)로 법정신고기한까지 상증법에 따른 국세의 과세표준 신고를 하지 아니한 경우에는 무신고무납부세액의 100분의 40(역외거래에서 발생한 부정행위로 국세의 과세표준 신고를 하지 아니한 경우에는 100분의 60)에 상당하는 금액을 가산세로 합니다. (국세기본법 제47조의2제1항)

    부정무신고가산세 = 무신고납부세액 × 40% (역외거래 부정행위는 60%)

  ☞ **국세기본법제26조의2(국세의 부과제척기간)** ② 제1항에도 불구하고 다음 각 호의 어느 하나에 해당하는 경우에는 다음 각 호의 구분에 따른 기간을 부과제척기간으로 한다.

    1. 납세자가 법정신고기한까지 과세표준신고서를 제출하지 아니한 경우: 해당 국세를 부과할 수 있는 날부터 7년(역외거래의 경우 10년)

    2. 납세자가 대통령령으로 정하는 사기나 그 밖의 부정한 행위(이하 "부정행위"라 한다)로 국세를 포탈(逋脫)하거나 환급·공제를 받은 경우: 그 국세를 부과할 수 있는 날부터 10년(역외거래에서 발생한 부정행위로 국세를 포탈하거나 환급·공제받은 경우에는 15년). 이 경우 부정행위로 포탈하거나 환급·공제받은 국세가 법인세이면 이와 관련하여 「법인세법」 제67조에 따라 처분된 금액에 대한 소득세 또는 법인세에 대해서도 또한 같다.

    3. 납세자가 부정행위를 하여 다음 각 목에 따른 가산세 부과대상이 되는 경우: 해당 가산세를 부과할 수 있는 날부터 10년

      가. 「소득세법」 제81조의10제1항제4호

      나. 「법인세법」 제75조의8제1항제4호

      다. 「부가가치세법」 제60조제2항제2호, 같은 조 제3항 및 제

  ☞ **국세기본법 시행령 제12조의2(부정행위의 유형 등)**

    ① 법 제26조의2제2항제2호 전단에서 "대통령령으로 정하는 사기나 그 밖의 부정한 행위"란 「조세범 처벌법」 제3조제6항에 해당하는 행위를 말한다

    ② 법 제26조의2제4항제3호에서 "대통령령으로 정하는 거짓 신고 또는 누락신고를 한 경우"란 다음 각 호의 어느 하나에 해당하는 경우를 말한다.

      1. 상속재산가액 또는 증여재산가액에서 가공(架空)의 채무를 빼고 신고한 경우

      2. 권리의 이전이나 그 행사에 등기, 등록, 명의개서 등(이하 이 호에서 "등기등"이라 한다)이 필요한 재산을 상속인 또는 수증자의 명의로 등기등을 하지 아니한 경우로서 그 재산을 상속재산 또는 증여재산의 신고에서 누락한 경우

      3. 예금, 주식, 채권, 보험금, 그 밖의 금융자산을 상속재산 또는 증여재산의 신고에서 누락한 경우

3) 사전증여 및 재차증여 합산과세 누락 시 기납부세액 차감

무신고 가산세를 적용할 때 기납부세액[상속세 또는 증여세의 경우 : 상증법 제28조(상속세 및 증여세액 공제) 또는 제58조(증여세 계산시 납부세액 공제)에 따라 공제되는 증여세액]이 있는 경우에는 산출세액에서 기납부세액을 뺍니다. (국세기본법 제47조의2제2항)

☞ 2015.7.1 이후 상속.증여분부터 적용합니다.

4) 부정행위의 유형과 구체적 사례

(1) 사기나 그 밖의 부정한 행위 (조세범처벌법 제3조제6항)

조세법처벌법에서 "사기나 그 밖의 부정한 행위"란 다음의 어느 하나에 해당하는 행위로서 조세의 부과와 징수를 불가능하게 하거나 현저히 곤란하게 하는 적극적 행위를 말합니다. (조세범 처벌법 제3조제6항)

① 이중장부의 작성 등 장부의 거짓 기장

② 거짓 증빙 또는 거짓 문서의 작성 및 수취

③ 장부와 기록의 파기

④ 재산의 은닉, 소득 · 수익 · 행위 · 거래의 조작 또는 은폐

⑤ 고의적으로 장부를 작성하지 아니하거나 비치하지 아니하는 행위 또는 계산서, 세금계산서 또는 계산서합계표, 세금계산서합계표의 조작

⑥ 「조세특례제한법」 제5조의2제1호에 따른 전사적 기업자원 관리설비의 조작 또는 전자세금계산서의 조작

⑦ 그 밖에 위계(僞計)에 의한 행위 또는 부정한 행위

(2) 거짓 신고 또는 누락신고를 한 경우 (국세기본법 시행령 제12조의2제2항)

① 상속재산가액 또는 증여재산가액에서 가공(架空)의 채무를 빼고 신고한 경우

② 권리의 이전이나 그 행사에 등기, 등록, 명의개서 등(이하 "등기등"이라 합니다)이 필요한 재산을 상속인 또는 수증자의 명의로 등기등을 하지 아니한 경우로서 그 재산을 상속재산 또는 증여재산의 신고에서 누락한 경우

③ 예금, 주식, 채권, 보험금, 그 밖의 금융자산을 상속재산 또는 증여재산의 신고에서 누락한 경우

(3) 부정행위의 구체적 사례 (국세청, '가산세 집행실무 해설', 2007)

　① 이중장부의 작성 등 장부의 허위기록

　　· 최대주주 등 이중장부의 작성을 알 수 있다고 인정되는 지위에 있는 자가 당해 이중장
부를 근거로 주식·출자지분 등을 실질과 다르게 평가한 경우

　　· 상속재산 및 증여재산 평가와 관련된 장부를 실질거래 내용과 다르게 작성

　② 거짓증빙 또는 거짓 문서 작성(이하 '거짓 증빙 등'이라 함)

　　· 부당한 방법으로 재산을 평가하여 작성하거나, 상속·증여계약서 등을 거짓 작성

　　· 재산평가기관과 통모하여 시가에 비해 낮게 평가한 감정 서류를 근거로 상속·증여세
과세표준 신고

　　· 당해 재산에 대한 매매사실이 있는 경우 그 거래가액에 대한 거짓계약서를 제출

　③ 거짓증빙 등의 수취 (단, 거짓임을 알고 수취한 경우에 한함)

　　· 거래사실 없이 또는 거래사실과 다르게 계약서, 입금표 등을 수취

　④ 장부와 기록의 파기

　　· 장부, 기록·문서 및 증빙을 고의로 파기·삭제·소각하여 거래의 사실을 확인할 수 없는
경우

　⑤ 재산 은닉 및 소득·수익·행위·거래의 조작·은폐

　　· 조세탈루 및 증거인멸 등의 목적으로 상속재산을 은닉하거나 등기원인 등을 다르게 하
여 증여행위를 은폐

　　· 부동산, 주식, 예금 등을 미등기·명의신탁·차명계좌 등의 방법으로 재산을 은닉하여
상속·증여세를 탈루한 경우

　　· 특수관계인 간의 증여 행위를 매매 행위로 가장하여 상속·증여세를 탈루한 경우

　　· 기타 위와 유사하게 재산을 은닉하거나 소득·수익·행위·거래를 조작·은폐하여 사실과
다르게 신고한 경우

　⑥ 국세 포탈 및 환급 공제받기 위한 사기 기타 부정한 행위

　　· 당사자 간의 통정에 의해 사실조사가 제대로 이루어지지 아니한 판결문(궐석 재판) 등을
근거로 부당하게 환급·공제 받거나 과소 신고한 경우

2 과소신고 가산세

(국세기본법 제47조의3)

• 가산세율 : 일반과소신고가산세 10%,

　　　　　부당과소신고가산세 ① + ②,　① 일반과소신고 10%　② 부정과소신고 40%

　　　　　· 과소신고납부세액과 초과신고환급세액을 합한 금액에 대해 가산세 부과

☞ 과소신고가산세 개정 연혁 (자료 : 국세청)

적용일자	개정내용	가산세율 적용
2007.1.1. 이후	국세기본법에 일률적으로 규정 (과소신고)	가산세율 · 일반과소신고 : 10% · 부당과소신고 : ①+② 　① 부당과소신고분 : 40% 　② 일반과소신고분 : 10%
2011.1.1. 이후	과소신고가산세의 면제사유 신설	가산세율 : 상동 면제사유 · 추가납부세액이 없는 경우 · 산출세액에서 기납부세액을 빼고 적용 → 산출세액 × (과소신고과세표준/과세표준) – 기납부 증여세액
2012.1.1. 이후	제도 단순·합리화 부정과소신고시 불이익 강화	가산세율 : 상동 · 부정과소신고 : 40% · 일반과소신고 : 10% 부정행위분은 가산세 계산시 기 납부세액을 빼지 않음
2013.1.1. 이후	거짓증빙 등 부정행위로 세액감면·공제받은 경우 부당감면세 신설	가산세율 : 상동 · 부정과소신고 : 40% · 일반과소신고 : 10% 부정감면·공제세액 × 40%
2015.7.1. 이후	과소신고납부세액과 초과 신고환급세액을 합한 금액에 대해 가산세 부과	가산세율 : 상동 · 부정과소신고납부세액등 : 40% · 일반과소신고납부세액등 : 10% 부정감면 공제세액 : 삭제

1) 일반과소신고 가산세

납세의무자가 법정신고기한까지 상속세 및 증여세법에 따른 국세의 과세표준 신고를 한 경우로서 납부할 세액을 신고하여야 할 세액보다 적게 신고(이하 '과소신고')한 경우에는 과소신고한 납부세액에 다음의 산출방법을 적용한 금액을 가산세로 합니다. 과소신고한 납부세액에는 국세기본법 및 세법에 따른 가산세와 세법에 따라 가산하여 납부하여야 할 이자 상당 가산액이 있는 경우 그 금액은 제외합니다. '과소신고납부세액등' 이라 합니다. (국세기본법 제47조의3제1항제2호)

일반 과소신고가산세 = 과소신고납부세액 등 × 10%

과소신고납부세액등(가산세·이자상당액 제외) = 신고하여야 할 납부세액 − 신고한 납부세액

2) 부정과소신고 가산세

부정행위(국세기본법 제26조의2제2항제1호)로 과소신고한 경우에는 ①부정과소신고 가산세와 ②일반과소신고가산세를 합한 금액을 가산세로 합니다. (국세기본법 제47조의3제1항제1호)

① 부정과소신고 가산세

부정행위로 인한 과소신고납부세액등의 100분의 40

국제거래에서 발생한 부정행위로 과소신고하거나 초과신고한 경우에는 100분의 60에 상당하는 금액

부정과소신고가산세 = 부정행위로 인한 과소신고납부세액 × 40%(국제거래부정행위는 60%)

② 일반과소신고 가산세 (위 ①외의 부분에 대한 가산세액)

총과소신고납부세액등에서 부정행위로 인한 과소신고납부세액등을 뺀 금액의 100분의 10에 상당하는 금액

일반과소신고가산세 = (총과소신고납부세액 − 부정행위로 인한 과소신고납부세액 등) × 10%

3 과소신고 가산세의 면제

상속재산 또는 증여받은 재산에 대하여 아래와 같은 공제적용의 착오나 평가액의 차이 등으로 인하여 상속세·증여세를 과소신고하거나 초과신고한 부분에 대해서는 일반과소신고 가산세 또는 부정과소신고 가산세를 적용하지 아니합니다. (국세기본법 제47조의3제4항)

① 신고 당시 소유권에 대한 소송 등의 사유로 상속재산 또는 증여재산으로 확정되지 아니하였던 경우

② 「상속세 및 증여세법」제18조(기초공제), 제18조의2(가업상속공제), 제18조의3(영농상속공제), 제19조부터 제23조(재해손실공제)까지, 제23조의2(동거주택 상속공제), 제24조(공제 적용의 한도, 제53조(증여재산공제) 및 제54조(준용규정)에 따른 공제의 적용에 착오가 있었던 경우

③ 「상속세 및 증여세법」 제60조(평가의 원칙 등)제2항·제3항 및 제66조(저당권 등이 설정된 재산 평

가의 특례)에 따라 평가한 가액으로 과세표준을 결정한 경우(부정행위로 상속세 및 증여세의 과세표준을 과소신고한 경우는 제외합니다)

④ 「법인세법」 제66조(저당권 등이 설정된 재산 평가의 특례)에 따라 법인세 과세표준 및 세액의 결정·경정으로 「상속세 및 증여세법」 제45조의3(특수관계법인과의 거래를 통한 이익의 증여 의제)부터 제45조의5(특정법인과의 거래를 통한 이익의 증여 의제)까지의 규정에 따른 증여의제이익이 변경되는 경우(부정행위로 인하여 법인세의 과세표준 및 세액을 결정·경정하는 경우는 제외합니다)

☞ **추가납부세액이 없는 경우 과소신고가산세 미부과**

2015.6.30. 이전 상증법 제76조에 따라 결정 또는 경정하는 경우로서 추가로 납부할 세액(가산세액은 제외)이 없는 경우 국세기본법 제47조의3의 일반과소신고 가산세와 부정과소신고 가산세를 적용하지 아니하였습니다. (구 국세기본법 제47조의2제3항제1호) 이는 산출세액은 있으나, 납부할 세액이 없는 경우 신고하지 않은 납세자들의 가산세부담을 완화하기 위하여 신설한 규정으로 2011.1.1. 이후 최초로 신고·결정·경정하는 분부터 적용합니다.

☞ **합산신고누락분에 대한 신고관련 가산세**

상속세·증여세 결정·경정시 이미 무신고 등으로 신고불성실가산세가 부과된 증여재산에 대해서는 합산신고를 누락하더라도 중복적으로 신고불성실가산세가 부과되지 않도록 개정하였습니다.(구 국세기본법 제47조의2제8항, 제47조의3제3항) 2011.1.1이후 최초로 신고·결정 또는 경정하는 분부터 적용합니다.

① 증여세 과세가액을 합산신고하지 않은 경우 신고불성실가산세 적용 방법

· 2010.12.27 개정된 국세기본법 제47조의2제8항, 제47조의3제3항은 국세기본법 부칙 제4조에 따라 2011.1.1. 이후 최초로 신고·결정 또는 경정하는 분부터 적용합니다.

· 증여세 합산신고를 누락한 것에 대하여 2010.12.31. 이전에 증여세 결정·경정시 상증법 제78조제1항에 따라 신고불성실가산세가 적용된 분에 대하여 2011.1.1이후 증여세를 경정하거나, 2011.1.1이후 상증법 제78조제1항에 따라 신고불성실가산세를 가산하여 증여세를 결정·경정하는 분의 경우에도 2010.12.27.개정된 국세기본법 제47조의2제8항(재차증여 합산과세무신고가산세 부과시 기납부세액의 차감), 제47조의3제3항(과소신고가산세 부과시 기납부세액 차감)을 적용합니다. (기획재정부 조세정책과–663, 2011.6.3)

· 2012.1.1.이후에는 무신고(과소신고) 가산세 부과기준을 합리화하여 조문을 개정하면서 위 내용을 국세기본법 제47조의2제5항, 제47조의3제5항, 국세기본법 시행령 제27조제1항제4호로 규정하여 상속세 산출세액 또는 증여세 산출세액에서 상증법 제28조(상속세 계산시의 증여세액 공제) 또는 제58조(증여세액공제시의 납부세액공제)에 따라 공제되는 증여세액을 기납부 세액으로 뺀 금액에 대하여 가산세율을 적용하도록 하였습니다.

② 사전증여재산 합산누락시 과소신고가산세 적용방법

· 2011.1.1이후 최초로 신고 또는 결정 또는 경정하는 분부터 적용합니다

· 상속세 신고시 사전증여재산에 대하여 합산신고불이행으로 과소신고가산세를 적용하는 경우, 상속세 산출세액에 과소신고한 과세표준이 결정과세표준에서 차지하는 비율을 곱하여 계산한 금액에서 상증법 제28조제1항에 따라 공제되는 증여세액을 차감한 후 과소신고가산세율을 곱하여 계산합니다. (서면법규과–27, 2013.1.14)

$$[\text{산출세액} \times \frac{\text{일반과소신고 과세표준}}{\text{결정 과세표준}} - \text{증여세액 공제액}] \times 10\%$$

4 납부지연 가산세

납세의무자가 법정납부기한까지 국세의 납부를 하지 아니하거나 납부하여야 할 세액보다 적게 납부('과소납부'라 합니다)하거나 환급받아야 할 세액보다 많이 환급('초과환급'이라 합니다)받은 경우에는 다음의 금액을 합한 금액을 가산세로 합니다. 납세의무자에는 연대납세의무자, 납세자를 갈음하여 납부할 의무가 생긴 제2차 납세의무자 및 보증인을 포함하며, 국세의 납부에는 중간예납 · 예정신고납부 · 중간신고납부를 포함합니다. (국세기본법 제47조의4제1항)

① 납부하지 아니한 세액 또는 과소납부분 세액(세법에 따라 가산하여 납부하여야 할 이자 상당 가산액이 있는 경우에는 그 금액을 더합니다) × 법정납부기한의 다음 날부터 납부일까지의 기간(납부고지일부터 납부고지서에 따른 납부기한까지의 기간은 제외합니다) × 금융회사 등이 연체대출금에 대하여 적용하는 이자율 등을 고려하여 대통령령으로 정하는 이자율

② 초과환급받은 세액(세법에 따라 가산하여 납부하여야 할 이자상당가산액이 있는 경우에는 그 금액을 더합니다) × 환급받은 날의 다음 날부터 납부일까지의 기간(납부고지일부터 납부고지서에 따른 납부기한까지의 기간은 제외합니다) × 금융회사 등이 연체대출금에 대하여 적용하는 이자율 등을 고려하여 대통령령으로 정하는 이자율

③ 법정납부기한까지 납부하여야 할 세액(세법에 따라 가산하여 납부하여야 할 이자 상당 가산액이 있는 경우에는 그 금액을 더합니다) 중 납부고지서에 따른 납부기한까지 납부하지 아니한 세액 또는 과소납부분 세액 × 100분의 3(국세를 납부고지서에 따른 납부기한까지 완납하지 아니한 경우에 한정합니다)

위의 ①, ②, ③을 합한 내용을 하나의 산식으로 나타내면 다음과 같습니다.

납부하지 아니한 세액 또는 미달한 세액 × 납부기한의 다음 날부터 자진납부일 또는 납세고지일까지의 기간 × 금융기관이 연체대출금에 대하여 적용하는 이자율 등을 고려하여 대통령령이 정하는 이자율(1일 0.022%)

* 이자율 적용: 납부기한 다음날부터 영 시행일(2022.2.15) 전일까지의 기간은 종전 이자율(1일 0.025%) 적용합니다.

납부지연가산세를 적용하는 경우 납세고지일을 포함한 그 날부터 납세고지서에 따른 납부기한까지의 기간은 제외합니다. (서면-2020-법령해석기본-1801, 2020.5.12.)

법인세 과세표준 및 세액의 결정 · 경정으로 상증법 제45조의3부터 제45조의5까지의 규정에 따른 증여의제이익이 변경되는 경우 법정납부기한의 다음 날부터 납부고지일까지의 기간에 대한

납부지연가산세를 적용하지 않습니다. 그러나 부정행위로 인하여 법인세의 과세표준 및 세액을 결정·경정하는 경우는 그렇지 않습니다. (국세기본법 47조의4제3항제6호)

> ☞ 「상속세 및 증여세법」 제45조의3부터 제45조의5까지의 규정
>   · 제45조의3(특수관계법인과의 거래를 통한 이익의 증여 의제) → 일감몰아주기
>   · 제45조의4(특수관계법인으로부터 제공받은 사업기회로 발생한 이익의 증여 의제) → 일감떼어주기
>   · 제45조의5(특정법인과의 거래를 통한 이익의 증여 의제)

상속세 또는 증여세를 신고한 자가 같은 법정신고기한까지 상속세 또는 증여세를 납부한 경우로서 법정신고기한 이후, 평가심의위원회를 거치는 방법에 따라 상속재산 또는 증여재산을 평가하여 과세표준과 세액을 결정·경정한 경우에는 납부지연가산세를 적용하지 아니합니다. 단, 법정납부기한의 다음 날부터 납부고지일까지의 기간에 한정합니다. (국세기본법 47조의4제3항제6호, 시행령 제27조의5)

5 가산세의 면제·감면

(국세기본법 제48조)

국세기본법 또는 세법에 따라 가산세를 부과하는 경우, 그 부과의 원인이 되는 사유가 국기법 제6조(천재 등으로 인한 기한의 연장)의 규정에 따른 기한연장 사유에 해당하거나 납세자가 의무를 불이행한 것에 대하여 정당한 사유가 있는 때에는 해당 가산세를 부과하지 아니합니다. (국세기본법 제48조제1항)

가산세의 감면을 받으려는 자는 당해 의무를 이행할 수 없었던 사유 및 증명서류 등을 첨부하여 관할세무서장에게 감면 신청서를 제출하여야 합니다. (국세기본법 제48조제3항)

1) 정당한 사유가 있는 경우의 가산세

납세자가 의무를 불이행한 것에 대하여 정당한 사유가 있는 때에는 가산세를 부과하지 않으며,(국세기본법 제48조제1항제2호) 정당한 사유에 대한 입증책임은 납세자에게 있습니다.

> ☞ 세법상 의무 위반이 있다 하여 개별적·구체적인 의무위반의 정도나 원인 등을 살피지 않고 가산세를 부과하는 것은 과세 형평에 맞지 않고 불합리한 결과를 초래할 수 있다는 대법원의 판례의 취지를 감안하여 판례에 의하여 정당한 사유가 있는 경우에는 위법성 또는 책임이 적다고 보아 가산세를 감면하는 법적 근거를 마련하였습니다.
> ☞ **(판례) 정당한 사유에 대한 대법원 판례**
>   • 가산세는 고의나 과실의 유무와는 관련없이 의무위반 사실만 있으면 가산세 부과요건이 성립되는 것이므로 고의·과실 및

납세자의 세법에 대한 무지·착오는 정당한 사유에 해당되지 않습니다.

- 납세자에 있어서 진정으로 어쩔 수 없는 사정이 있고, 가산세를 부과하는 것이 부당 또는 가혹한 경우에만 정당한 사유로 인정하며, 과세객체(상속재산 등)에 직접 관여되는 사실 등에 한정하고 신고할 과세표준이나 세액 등의 단순한 계산상의 오류나 착오 문제는 이에 해당되지 않는 것입니다.
- 과세관청에 상담·질의 등 조언을 구하는 경우에 납세자에게 한 회신이나 납세지도가 잘못된 경우, 일관된 태도는 아니나 과세관청의 언동(행위)과 납세자의 귀책사유와의 경중을 비교하여 과세관청의 귀책사유가 중한 경우에는 정당한 사유로 인정합니다.

2) 기한연장 등으로 인한 가산세의 감면 (국세기본법 제48조제2항)

(1) 수정신고 (국세기본법 제48조제2항제1호)

법정신고기한 경과후 2년 이내에 수정신고를 하는 경우 기간에 따라 아래와 같이 가산세를 감면합니다. (국세기본법 제48조제2항) ☞ 2020.1.1.이후 신고하는 분부터 적용합니다.

이 경우 과세표준 수정신고서를 제출한 과세표준과 세액에 관하여 경정이 있을 것을 미리 알고 제출한 경우에는 가산세 감면이 적용되지 아니합니다. (국세기본법 제48조제2항제1호)

- ㈎ 법정신고기한이 지난 후 1개월 이내에 수정신고한 경우: 해당 가산세액의 100분의 90에 상당하는 금액
- ㈏ 법정신고기한이 지난 후 1개월 초과 3개월 이내에 수정신고한 경우: 해당 가산세액의 100분의 75에 상당하는 금액
- ㈐ 법정신고기한이 지난 후 3개월 초과 6개월 이내에 수정신고한 경우: 해당 가산세액의 100분의 50에 상당하는 금액
- ㈑ 법정신고기한이 지난 후 6개월 초과 1년 이내에 수정신고한 경우: 해당 가산세액의 100분의 30에 상당하는 금액
- ㈒ 법정신고기한이 지난 후 1년 초과 1년 6개월 이내에 수정신고한 경우: 해당 가산세액의 100분의 20에 상당하는 금액
- ㈓ 법정신고기한이 지난 후 1년 6개월 초과 2년 이내에 수정신고한 경우: 해당 가산세액의 100분의 10에 상당하는 금액

(2) 기한 후 신고를 한 경우 (국세기본법 제48조제2항제2호)

법정신고기한 경과 후 6개월 이내에 기한후 신고를 한 경우에는 그 기한후신고에 대한 무신고 가산세액을 다음과 같이 감면합니다.(국세기본법 제48조제2항제2호) ☞ 2020.1.1.이후 신고하는 분부터 적용합니다.

㉮ 법정신고기한이 지난 후 1개월 이내에 기한 후 신고를 한 경우: 해당 가산세액의 100분의 50에 상당하는 금액

㉯ 법정신고기한이 지난 후 1개월 초과 3개월 이내에 기한 후 신고를 한 경우: 해당 가산세액의 100분의 30에 상당하는 금액

㉰ 법정신고기한이 지난 후 3개월 초과 6개월 이내에 기한 후 신고를 한 경우: 해당 가산세액의 100분의 20에 상당하는 금액

(3) 가산세액의 50%를 감면하는 경우 (국세기본법 제48조제2항제3호가~라목 중 해당 목)

㉮ 과세전적부심사 결정·통지기간에 그 결과를 통지하지 아니한 경우

(국세기본법 제48조제2항제3호가목)

결정·통지가 지연됨으로써 해당 기간에 부과되는 제47조의4(과소신고·초과환급신고가산세)에 따른 가산세만 해당합니다.

㉯ 세법에 따른 제출, 신고, 가입, 등록, 개설의 기한이 지난 후 1개월 이내에 해당 세법에 따른 제출등의 의무를 이행하는 경우 (국세기본법 제48조제2항제3호나목)

제출등의 의무위반에 대하여 세법에 따라 부과되는 가산세만 해당합니다.

6 가산세의 한도

다음의 어느 하나에 해당하는 가산세에 대하여는 그 의무 위반의 종류별로 각각 5천만원(중소기업이 아닌 기업은 1억원)을 한도로 합니다. 다만, 해당 의무를 고의적으로 위반한 경우에는 그러하지 아니합니다. (국세기본법 제49조)

1) 「상속세 및 증여법」에 의한 가산세

상속세 및 증여법 제78조의제3항, 제5항(상증법 제50조제1항 및 제2항에 따른 의무를 위반한 경우만 해당), 제12, 13, 14항의 규정에 따른 가산세

☞ 가산세한도액 적용 상증법 제78조 관련 가산세

관련규정	가산세 종류
상증법 제78조제3항	· 상증법 제48조제5항에 따른 보고서 미제출 가산세 · 출연받은 재산의 사용계획 및 진도에 관한 보고서

상증법 제78조제5항제1호~제3호	· 외부전문가의 세무확인에 대한 보고의무 불이행 등 가산세
	  (관련규정 : 상증법 제50조 제항 및 제2항)
	· 장부의 작성 · 비치 의무를 이행하지 아니한 경우
	  (상증법 제51조)
	· 회계감사를 이행하지 아니한 경우
	  (관련규정 : 상증법 제50조제3항 또는 제4항)
	· 지정받은 감사인이 아닌 다른 감사인에게 회계감사를 받은 경우
	  (관련규정 : 상증법 제50조제4항)

상증법 제78조제12항 및 제13항	· 지급명세서 제출불성실 가산세 (관련 규정 : 상증법 제82)

상증법 제78조제14항	· 공익법인등의 과세기간(또는 사업연도)의 의무이행 여부
	  신고의무 불이행 가산세 (2020.12.22. 신설)
	  (관련규정 : 상증법 제48조 제13항)

2) 조세특례제한법 제30의5제5항에 따른 가산세

창업자금을 증여받은 자가 창업자금 사용내역을 관할세무서장에게 제출하지 아니하거나 불분명한 자료를 제출한 경우 그 금액의 3/1,000을 창업자금미제출가산세로 부과합니다.

☞ 조세특례제한법 제30의5(창업자금에 대한 증여세 과세특례)

상속·증여세법상의 가산세

1 출연재산 계획·진도보고서 제출불성실 가산세

(상증법 제78조제3항)

가산세 = Min(①과 ②)

① 보고서 미제출·불분명한 분의 금액에 상당하는 상속세액 또는 증여세액 × 1%

② 1억원

공익법인 등이 재산을 출연받은 경우 그 출연받은 재산의 사용에 대한 계획 및 진도에 관한 보고서를 제출하여야 합니다.(상증법 제48조제5항) 공익법인등이 제출하여야 할 보고서를 제출하지 아니하였거나, 제출된 보고서에 출연재산·운용소득 및 매각재산 등의 명세를 누락하거나 잘못 기재하여 사실을 확인할 수 없는 경우, 그 제출하지 아니한 부분 또는 불분명한 분의 금액에 상당하는 상속세액 또는 증여세액의 100분의 1에 상당하는 금액을 징수합니다. (상증법 제78조제3항, 시행령 제80조제5항) 그러나 당해 협력의무를 고의적으로 위반한 경우에는 가산세 1억원의 한도규정을 적용하지 않습니다.

2 공익법인 주식 등의 보유기준 초과가산세

(상증법 제78조제4항)

가산세 = 보유기준 초과주식 시가의 5% (가산세의 부과기간은 10년을 초과 못함)

공익법인 등은 발행주식총수의 100분의 5를 초과하여 보유하지 아니하여야 합니다. 다만, 상증법 제48조(공익법인등이 출연받은 재산에 대한 과세가액 불산입)제1항 각 호의 요건을 충족하는 공익법인등과 국가·지방자치단체가 출연하여 설립한 공익법인 등에 대하여는 그러하지 아니합니다. (상증법 제49조제1항, 시행령 제42조)

공익법인 등이 5%를 초과하여 보유하는 경우에는 매 사업연도 종료일 현재 그 보유기준을 초과하는 주식 등에 대하여 매년 말 현재 시가의 100분의 5에 해당하는 금액을 당해 공익법인이 납부할 세액에 가산하여 부과합니다. 이 경우 가산세의 부과기간은 10년을 초과하지 못합니다. (상증법 제78조제4항)

3 외부전문가의 세무확인 등 가산세

(제78조제5항제1호·제3호)

$$\text{가산세} = (\text{해당 사업연도의 수입금액} + \text{출연받은 재산가액}) \times \frac{7}{10{,}000}$$

공익법인 등이 외부전문가의 세무확인에 대한 보고의무 등을 이행하지 아니한 경우에는 소득세 과세기간 또는 법인세 사업연도의 수입금액과 당해 과세기간(사업연도)의 출연받은 재산가액의 합계액에 1만분의 7을 곱하여 계산한 금액을 상속세 또는 증여세로 징수합니다. 세무확인에 대한 보고를 미이행한 경우 최소 100만원의 가산세를 부과합니다. (상증법 제78조제5항 본문)

가산세 = Min{Max(①, ③), ②}

① (당해 사업연도의 수입금액 + 당해 사업연도의 출연받은 재산가액) × (7/10,000)

② 1억원 (협력의무를 고의적으로 위반한 경우에는 한도 없음)

③ 1백만원

(1) 제50조제1항 및 제2항에 따른 외부전문가의 세무확인에 대한 보고의무 등을 이행하지 아니한 경우, 외부전문가의 세무확인 불이행 가산세 (상증법 제78조제5항제1호)

공익법인 등은 과세기간 별로 또는 사업연도 별로 출연받은 재산의 공익목적사업 내용 여부에 대하여 2명 이상의 변호사·공인회계사·세무사를 선임하여 세무확인을 받아야 합니다.

다만, 과세기간 종료일 현재 대차대조표 상 총자산가액이 5억원 미만인 법인이면서 수입금액 + 출연재산가액 3억원 미만인 법인, 불특정다수인으로부터 재산을 출연받는 공익법인, 감사원의 회계감사를 받는 공익법인 등은 외부전문가의 세무확인 및 보고의무 대상에서 제외됩니다. (상증법 제50조제1항, 시행령 제43조제2항)

(2) 제50조제3항 또는 제4항에 따른 회계감사를 이행하지 아니한 경우, 회계감사 불이행 가산세 (제50조제4항에 따라 지정받은 감사인이 아닌 다른 감사인에게 회계감사를 받은 경우를 포함) (상증법 제78조제5항제3호)

공익법인 등은 과세기간별 또는 사업연도별로 주식회사의 외부감사에 관한 법률 제3조에 따른 감사인에게 회계감사를 받아야 합니다. 다만, 회계감사를 받아야 하는 과세기간 또는 사업연도의 직전 과세기간 또는 직전 사업연도 종료일의 대차대조표상 총자산가액(부동산인 경우 법 제60조·제61조 및 제66조에 따라 평가한 가액이 대차대조표상의 가액보다 크면 그 평가한 가액을 말합니다.)의 합계액이 100억원 미만인 공익법인등(추가적 제외 요건 공익법인 있음)과 상증법 시행령 제12조제1호(종교법인), 제2호(학교, 유치원)의 사업을 영위하는 공익법인은 제외합니다. (상증법 제50조제3항,제4항)

회계감사를 미이행한 경우에는 앞의 산식에 따라 가산세를 부과합니다.

2023.1.1부터는 공익법인에 대한 주기적 지정감사인 회계감사의무와 관련하여 회계감사를 이행하지 아니한 경우에도 가산세를 부과합니다. 지정인이 아닌 다른 감사인에게 회계감사를 받은 경우를 포함합니다. (상증법 제50조제3항·제4항, 제78조제5항제3호)

4 출연자 등의 이사·임직원 초과 가산세

(상증법 제78조제6항)

세무서장등은 상증법 제48조제8항에 따른 이사 수를 초과하는 이사가 있거나, 임직원이 있는 경우 그 사람과 관련하여 지출된 대통령령으로 정하는 직접경비 또는 간접경비에 상당하는 금액 전액을 매년 대통령령으로 정하는 바에 따라 그 공익법인등이 납부할 세액에 가산하여 부과합니다. (상증법 제78조제6항)

출연자 또는 그와 특수관계에 있는 자가 공익법인의등의 이사 현원(이사 현원이 5인에 미달하는 경우에는 5인으로 봅니다.)의 5분의 1을 초과하여 이사가 되거나, 당해 공익법인 등의 임·직원(이사 제외)으로 되는 경우 당해 이사 또는 임직원을 위하여 지출한 급료, 판공비, 차량유지비 등 직접 또는 간접 경비에 상당하는 금액 전액을 매년 당해 공익법인 등이 납부할 세액에 가산하여 부과합니다. (상증법 제48조제8항·제78조제6항, 시행령 제80조제10항)

가산세 = 당해이사 또는 임직원과 관련하여 지출된 직접·간접경비

직접경비 또는 간접경비에는 의사, 학교의 교직원(교직원 중 직원은 사립학교법 제29조에 따른 학교에 속하는 회계로 경비를 지급하는 직원만 해당합니다), 아동복지시설의 보육사, 도서관의 사서, 박물관·미술관의 학예사, 사회복지시설의 사회복지사 자격을 가진 사람은 제외합니다. 국가과학기술 경쟁

력 강화를 위한 이공계지원특별법, 제32조제3호에 따른 연구원으로서 기획재정부령으로 정하는 연구원과 관련된 경비는 2021.2.17.이 속하는 과세기간 또는 사업연도에 경비를 지출하는 분부터 적용합니다. 이 경우 이사의 취임시기가 다른 경우에는 나중에 취임한 이사에 대한 분부터, 취임시기가 같은 경우에는 지출경비가 큰 이사에 대한 분부터 가산세를 부과합니다. (상증법 시행령 제80조제10항, 단서)

부득이한 사유 발생시에는 이사 구성요건 위반에 대한 유예기간을 부여하여, 2개월 내 보충·개임시 계속 요건 충족으로 간주합니다. 부득이한 사유는 이사의 사망 또는 사임, 특수관계없는 이사가 특수관계인에 해당하는 경우을 말합니다. (상증법 제48조제8항, 시행령 제38조제12항)

5 특수관계에 있는 법인의 주식보유에 대한 가산세

(상증법 제78조제7항)

공익법인 등이 특수관계에 있는 내국법인의 주식등을 보유하는 경우로서 내국법인의 주식등의 가액의 총재산가액의 100분의 30을 초과하는 경우에는 매 사업연도 말 현재 그 초과하여 보유하는 주식등의 시가의 100분의 5에 상당하는 당해 공익법인 등이 납부할 세액에 가산하여 부과합니다. (상증법 제48조제2항·제78조제7항)

가산세 = 광고·홍보등의 행위와 관련하여 직접 지출한 경비에 해당하는 금액

공익법인 중 국가·지방자치단체가 설립한 공익법인등, 성실공익법인 등은 제외하며, 외부감사, 전용계좌의 개설 및 사용과 결산서류 공시를 이행하는 공익법인 등에 해당하는 경우에는 총 재산가액의 100분의 50을 초과시 가산세를 부과합니다. (상증법 제48조제2항)

6 특수관계에 있는 법인의 광고등 행위에 대한 가산세

(상증법 제78조제8항)

공익법인이 특수관계에 있는 내국법인의 이익을 증가시키기 위하여 정당한 대가를 받지 아니하고 광고·홍보하는 경우에는 당해 행위와 관련하여 직접 지출한 경비에 상당하는 금액을 당해 공익법인 등이 납부할 세액에 가산하여 부과합니다. (상증법 제48조제10항·제78조제8항, 시행령 제38조제15항·제80조제12항)

광고·홍보를 하는 행위는 다음의 경우를 말합니다. (상증법 시행령 제38조제15항)

① 신문·잡지 텔레비전 등을 이용하여 내국법인을 홍보하거나 특정 상품에 대한 정보를 제공하는 경우

② 팜플렛·입장권 등에 내국법인의 특정상품에 관한 정보를 제공하는 경우

7 장부의 작성·비치의무 불이행 가산세 (상증법 제78조제5항제2호)

상증법 제51조에 따른 장부의 작성·비치 의무를 이행하지 아니한 경우에 해당됩니다.

공익법인등은 소득세 과세기간 또는 법인세 사업연도별로 출연받은 재산 및 공익사업 운용 내용 등에 대한 장부를 작성하여야 하며 장부와 관계있는 중요한 증명서류를 갖춰 두어야 합니다.(상증법 제51조제1항) 공익법인등이 장부의 작성·비치 의무를 이행하지 아니한 경우에는 가산세를 부과합니다. (상증법 제78조제5항제2호)

$$가산세 = (해당\ 사업연도의\ 수입금액 + 출연받은\ 재산가액) \times \frac{7}{10,000}$$

장부와 중요한 증명서류는 해당 공익법인등의 소득세 과세기간 또는 법인세 사업연도의 종료일부터 10년간 보존하여야 하며, 그 장부와 중요한 증명서류에는 공익법인등의 수익사업에 대하여 작성·비치된 장부와 중요한 증명서류, 마이크로필름, 자기테이프, 디스켓 또는 그 밖의 정보보존장치에 저장된 것을 포함합니다. (상증법 제51조제2항·제3항, 시행령 제44조)

다만, 과세기간 종료일 현재 대차대조표상 총자산가액의 합계액이 5억원 미만인 법인, 해당과세기간 또는 사업연도의 수입금액과 그 과세기간 또는 사업연도에 출연받은 재산가액의 합계액이 3억원 미만인 공익법인, 불특정다수인으로부터 출연받는 공익법인, 감사원의 회계감사를 받는 공익법인 등은 일정요건에 해당되면 제외합니다. (상증법 제50조제1항, 시행령 제43조제2항)

☞ 위의 금액 이하 공익법인은 가산세 징수요건에서 제외된다고 하더라도, 공익법인으로서 장부를 비치하지 않아도 된다는 말은 아닙니다. 다만 공익법인이 공시할 때 간편서류에 의해서 할 수 있도록 하고 있습니다. (상증법 제50조의3제1항, 시행령 제43조의5제4항, 시행규칙 제25조)

장부를 작성·비치하여야 할 공익법인이 장부의 작성·비치의무를 이행하지 아니한 경우에는 소득세 과세기간 또는 법인에 사업연도의 수입금액과 출연받은 재산가액의 합계액의 1만분의 7을 곱하여 계산한 금액을 상속세 또는 증여세로 징수합니다. (상증법 제78조제5항)

8 출연재산 운용소득의 미달사용 가산세 (상증법 제78조제9항)

· 주식 5%초과 보유 공익번인 : 미달지출금액의 200% 가산세

· 주식 5%이하 보유 공익법인 : 미달지출액의 10% 가산세

출연받은 재산을 수익용 또는 수익 사업용으로 운용하는 경우로서 그 운용소득을 소득이 발생한 과세시간 또는 사업연도 종료일로부터 1년 이내에 직접 공익목적사업에 사용한 실적이 사용기준금액(운용소득의 70%)에 미달한 경우에는 그 사용하지 아니한 금액의 100분의 10(상증법 제48조제2항제7호가목의 공익법인등이 이 항 제3호에 해당하는 경우에는 같은 호에 따른 금액의 100분의 200)에 상당하는 금액을 공익법인이 납부할 세액 분에 가산하여 부과합니다. 주식등의 보유비율이 그 내국법인의 발행주식총수등의 100분의 5를 초과하는 공익법인은 미달지출액의 200%, 100분의 5 이하 보유 공익법인은 미달지출액의 10%가산세를 부과합니다. (상증법 제48조제2항, 제78조제9항, 시행령 제38조제5항·제14항·제80조 제13항)

가산세 = 운용소득을 사용기준금액에 미달하게 사용한 금액 × 10%(100%)

운용소득 (① + ② - ③)

① 당해 과세기간(사업연도)의 수익사업에서 발생한 소득금액과 출연재산을 수익의 원천에 사용함으로서 생긴 소득의 합계액 - 출연재산 매각금액 + 고유목적 준비금 + 고유목적사업비로 지출된 금액으로서 손금산입액

② 직전 과세기간(사업연도)의 운용소득 사용기준금액에 미달사용한 금액 - 가산세

③ 당해 소득에 대한 법인세 또는 소득세·농어촌특별세·주민세 및 이월결손금

☞ 상증법 제78조(가산세 등) ⑨ 세무서장등은 공익법인등이 다음 각 호의 어느 하나에 해당하는 경우에는 각 호의 구분에 따른 금액에 100분의 10(제48조제2항제7호가목의 공익법인등이 이 항 제3호에 해당하는 경우에는 같은 호에 따른 금액의 100분의 200)에 상당하는 금액을 대통령령으로 정하는 바에 따라 그 공익법인등이 납부할 세액에 가산하여 부과한다. 이 경우 제1호와 제3호에 동시에 해당하는 경우에는 더 큰 금액으로 한다.

1. 제48조제2항제5호에 따라 운용소득을 대통령령으로 정하는 기준금액에 미달하여 사용한 경우: 운용소득 중 사용하지 아니한 금액
   → 상증법 시행령 제80조 ⑬법 제78조제9항제1호에서 "대통령령으로 정하는 기준금액"이란 제38조제5항에 따른 사용기준금액을 말한다.

2. 제48조제2항제5호에 따라 매각대금을 대통령령으로 정하는 기준금액에 미달하여 사용한 경우: 매각대금 중 사용하지 아니한 금액
   → 상증법 시행령 제80조 ⑭법 제78조제9항제2호에서 "대통령령으로 정하는 기준금액"이란 제38조제7항에 따른 사용기준에 상당하는 금액을 말한다

3. 제48조제2항제7호에 해당하는 경우: 기준금액에서 직접 공익목적사업에 사용한 금액을 차감한 금액

☞ 상증법 제48조(공익법인등이 출연받은 재산에 대한 과세가액 불산입등) ② 세무서장등은 제1항 및 제16조제1항에 따라 재산을 출연받은 공익법인등이 다음 제1호부터 제4호까지, 제6호 및 제8호의 어느 하나에 해당하는 경우에는 그 사유가 발생한 날에 대통령령으로 정하는 가액을 공익법인등이 증여받은 것으로 보아 즉시 증여세를 부과하고, 제5호 및 제7호에 해당하는 경우에는 제78조제9항에 따른 가산세를 부과한다. 다만, 불특정 다수인으로부터 출연받은 재산 중 출연자별로 출연받은 재산가액을 산정하기 어려운 재산으로서 대통령령으로 정하는 재산은 제외한다.

5. 제3호에 따른 운용소득을 대통령령으로 정하는 기준금액에 미달하게 사용하거나 제4호에 따른 매각대금을 매각한 날부터 3년 동안 대통령령으로 정하는 기준금액에 미달하게 사용한 경우

7. 다음 각 목의 공익법인등이 대통령령으로 정하는 출연재산가액에 100분의1(제16조제2항제2호가목에 해당하는 공익법인등이 발행주식총수등의 100분의 10을 초과하여 보유하고 있는 경우에는 100분의 3)를 곱하여 계산한 금액에 상당하는 금액(이하 제78조제9항제3호에서 "기준금액"이라 한다)에 미달하여 직접 공익목적사업(「소득세법」에 따라 소득세 과세대상이 되거나 「법인세법」에 따라 법인세 과세대상이 되는 사업은 제외한다)에 사용한 경우

　　가. 다음의 요건을 모두 갖춘 공익법인등으로서 대통령령으로 정하는 공익법인등

　　　　1) 내국법인의 주식등을 출연받은 공익법인등일 것

　　　　2) 대통령령으로 정하는 바에 따라 계산한 주식등의 보유비율이 그 내국법인의 발행주식총수등의 100분의 5를 초과할 것

　　나. 가목 외의 공익법인등(자산 규모, 사업의 특성 등을 고려하여 대통령령으로 정하는 공익법인등은 제외한다)

☞ 상증법 시행령 제38조(공익법인등이 출연받은 재산의 사후관리) ⑤ 법 제48조제2항제5호에서 운용소득과 관련된 "대통령령으로 정하는 기준금액"이란 제1호에 따라 계산한 금액에서 제2호의 금액을 뺀 금액(이하 이 항에서 "운용소득"이라 한다)의 100분의 80에 상당하는 금액(이하 이 항에서 "사용기준금액"이라 한다)을 말한다. 이 경우 직전 과세기간 또는 사업연도에서 발생한 운용소득을 사용기준금액에 미달하게 사용한 경우에는 그 미달하게 사용한 금액(법 제78조제9항에 따른 가산세를 뺀 금액을 말한다)을 운용소득에 가산한다.

1. 해당 과세기간 또는 사업연도의 수익사업에서 발생한 소득금액(「법인세법」 제29조제1항 각 호 외의 부분에 따른 고유목적사업준비금과 해당 과세기간 또는 사업연도 중 고유목적사업비로 지출된 금액으로서 손금에 산입된 금액을 포함하며, 다음 각 목의 어느 하나에 해당하는 금액은 제외한다)과 출연재산을 수익의 원천에 사용함으로써 생긴 소득금액의 합계액

　　가. 출연재산과 관련이 없는 수익사업에서 발생한 소득금액

　　나. 법 제48조제2항제4호에 따른 출연재산 매각금액

　　다. 「법인세법」 제16조제1항제5호 또는 「소득세법」 제17조제2항제4호에 해당하는 금액(합병대가 중 주식등으로 받은 부분으로 한정한다)으로서 해당 과세기간 또는 사업연도의 소득금액에 포함된 금액

　　라. 「법인세법」 제16조제1항제6호 또는 「소득세법」 제17조제2항제6호에 해당하는 금액(분할대가 중 주식으로 받은 부분으로 한정한다)으로서 해당 과세기간 또는 사업연도의 소득금액에 포함된 금액

2. 해당 소득에 대한 법인세 또는 소득세 · 농어촌특별세 · 주민세 및 이월결손금

⑦ 법 제48조제2항제5호에서 "매각대금을 매각한 날부터 3년 동안 대통령령으로 정하는 기준금액에 미달하게 사용한 경우"란 매각대금 중 직접 공익목적사업에 사용한 실적이 매각한 날이 속하는 과세기간 또는 사업연도 종료일부터 1년 이내에 매각대금의 100분의 30, 2년 이내에 매각대금의 100분의 60에 미달하게 사용한 경우를 말한다. 이 경우 해당 매각대금 중 직접 공익목적사업용 또는 수익사업용 재산을 취득한 가액이 매 연도별 매각대금의 사용기준에 상당하는 금액에 미달하는 경우에는 그 차액에 대하여 이를 적용한다.

9 출연재산 매각대금의 미달사용 가산세 (상증법 제78조제9항제2호)

공익법인 등이 출연받은 재산의 매각대금 중 직접 공익목적사업에 사용한 실적이 매각한 날이 속하는 과세기간 또는 사업연도 종료일부터 1년 이내에 매각대금 30%, 2년 이내에 매각대금의

60%에 미달하게 사용한 경우에는 공익법인 등이 납부할 세액에 가산하여 부과합니다. (상증법 제48조제2항·제78조제9항, 시행령 제38조제7항)

매각한 날이 속하는 과세기간 종료일로부터 3년 이내에 매각대금 중 공익목적사업에 사용한 실적이 매각대금의 90%에 미달하는 경우는 증여세를 부과합니다.

가산세 = 매각대금 중 사용기준에 미달하게 사용한 금액 × 10%

10 공익법인 등의 전용계좌 미개설·미사용 가산세 (상증법 제78조제10항)

(상증법 제78조제10항)

가산세 = Max(①, ②)

① 다음 계산식에 따라 계산한 금액

$$A \times \frac{B}{C} \times 1천분의 5$$

A : 해당 각 과세기간 또는 사업연도의 직접 공익목적사업과 관련한 수입금액의 총액(공익법인등의 수입금액 총액에서 법인세법에 따라 법인세가 과세되는 수익사업 관련 수입금액을 뺀 금액)

B : 해당 각 과세기간 또는 사업연도 총 전용계좌를 개설 신고하지 아니한 기간으로서 신고기한의 다음날부터 신고일 전날까지의 일수

C : 해당 각 과세기간 또는 사업연도의 일수

② 상증법 제50조의2제1항 각 호에 따른 거래금액의 합계액 × (5/1,000)

공익법인등이 다음 어느 하나에 해당하면 각 항목에 따라 그 공익법인등이 납부할 세액에 가산세를 가산하여 부과합니다. (상증법 제78조제10항, 시행령 제80조제15항)

① 제50조의2(공익법인등의 전용계좌 개설·사용 의무)제1항 각 호의 어느 하나에 해당하는 경우로서 전용계좌를 사용하지 아니한 경우: 전용계좌를 사용하지 아니한 금액의 1천분의 5

가산세 = 전용계좌를 사용하지 않은 금액 × (5/1,000)

② 제50조의2(공익법인등의 전용계좌 개설·사용 의무)제3항에 따른 전용계좌의 개설·신고를 하지 아니한 경우: 다음 각 목의 금액 중 큰 금액

㉮ 다음 계산식에 따라 계산한 금액

$$A \times \frac{B}{C} \times 1천분의 5$$

A : 해당 각 과세기간 또는 사업연도의 직접 공익목적사업과 관련한 수입금액의 총액(공익법인 등의 수입금액 총액에서 법인세법에 따라 법인세가 과세되는 수익사업 관련 수입금액을 뺀 금액)

B : 해당 각 과세기간 또는 사업연도 총 전용계좌를 개설 신고하지 아니한 기간으로서 신고기한 의 다음날부터 신고일 전날까지의 일수

C : 해당 각 과세기간 또는 사업연도의 일수

㈏ 제50조의2제1항 각 호에 따른 거래금액을 합친 금액의 1천분의 5

공익법인 등은 직접목적사업과 관련하여 지급받거나 지급하는 수입과 지출의 경우로서 다음의 어느 하나에 해당하는 경우에는 직접 공익목적 사업용 전용계좌를 사용하여야 합니다. (상증법 제 50조의2제1항, 시행령 제43조의4)

① 직접 공익목적사업과 관련된 수입과 지출을 금융회사등을 통하여 결제하거나 결제받는 경우

② 기부금, 출연금 또는 회비를 받는 경우. 다만, 현금을 직접 지급받은 기부금·출연금 또는 회 비를 지급받는 날부터 5일까지 전용계좌에 입금한 경우에는 전용계좌를 사용하지 않아도 되 나, 현금수입명세를 작성 보관하여야 합니다.

③ 인건비, 임차료를 지급하는 경우

④ 기부금, 장학금, 연구비 등 대통령령으로 정하는 직접 공익목적사업비를 지출하는 경우. 다 만, 100만원을 초과하는 경우로 한정합니다.

⑤ 수익용 또는 수익사업용 자산의 처분대금, 그 밖의 운용소득을 고유목적사업회계에 전입(현 금 등 자금의 이전이 수반되는 경우만 해당합니다)하는 경우

공익법인등은 최초로 공익법인등에 해당하게 된 날부터 3개월 이내에 전용계좌를 개설하여 해 당 공익법인등의 납세지 관할세무서장에게 신고하여야 합니다. (상증법 제50조의2제3항)

공익법인등은 전용계좌를 변경·추가하는 때에는 사유 발생일부터 1개월 이내에 납세지 관할 세무서장에게 신고하여야 합니다. (상증법 시행령 제43조의4제10항)

🔢 결산서류 등의 공시의무 불이행 가산세 (상증법 제78조제11항)

결산서류등을 공시하지 아니하거나 공시 내용에 오류가 있는 경우로서 공시 또는 시정 요구를 지정된 기한까지 이행하지 아니하는 경우에는 공시하여야 할 과세기간 또는 사업연도의 종료일

현재 그 공익법인등의 자산총액의 1천분의 5에 상당하는 금액을 그 공익법인등이 납부할 세액에 가산하여 부과합니다. 다만, 제50조의3제1항 각 호 외의 부분 단서에 따른 공익법인등의 2022년 12월 31일 이전에 개시하는 과세기간 또는 사업연도분의 공시에 대하여는 본문에 따른 가산세를 부과하지 아니합니다. (상증법 제78조제11항)

가산세 =공시하여야할 과세기간(사업연도)의 종료일 현재 공익법인등의 자산총액 × (5/1,000)

'자산총액'이란 공시하여야 할 과세기간 또는 사업연도의 종료일 현재 재무상태표상 총자산가액(부동산인 경우 법 제60조·제61조 및 제66조에 따라 평가한 가액이 재무상태표상의 가액보다 크면 그 평가한 가액을 말한다)의 합계액을 말합니다. (상증법 시행령 제80조제16항)

공익법인등(과세기간 종료일 현재 대차대조표상 총자산가액의 합계액이 5억원 미만인 법인등은 제외하되, 해당 과세기간 또는 사업연도의 수입금액과 그 과세기간 또는 사업연도에 출연받은 재산가액의 합계액이 3억원 이상인 공익법인등은 포함)은 다음의 서류 등을 사업연도 종료일부터 4개월 이내에 국세청 홈페이지에 게재하는 방법으로 공시하여야 합니다. (상증법 제50조의3제1항, 시행령 제43조의5제2항)

총자산가액은 부동산의 경우 상증법 제60조·제61조 및 제66조에 따라 평가한 가액이 대차대조표상 가액보다 크면 그 평가한 가액을 말합니다. (상증법 제50조의3제1항 각 호)

① 재무제표
② 기부금 모집 및 지출 내용
③ 해당 공익법인등의 대표자, 이사, 출연자, 소재지 및 목적사업에 관한 사항
④ 출연재산의 운용소득 사용명세
⑤ 제50조제3항에 따라 회계감사를 받을 의무가 있는 공익법인등에 해당하는 경우에는 감사보고서와 그 감사보고서에 첨부된 재무제표
⑥ 주식보유 현황 등 대통령령으로 정하는 사항

12 공익법인 등 사후관리 미신고시 가산세 부과 (상증법 제78조제14항)

세무서장등은 공익법인등이 상증법 제48조(공익법인등이 출연받은 재산에 대한 과세가액 불산입등)제13항에 따라 신고하지 아니한 경우에는 신고해야 할 과세기간 또는 사업연도의 종료일 현재 그 공익법인등의 자산총액의 1천분의 5에 상당하는 금액을 그 공익법인등이 납부할 세액에 가산하

여 부과합니다. (상증법 제78조제14항)

> 가산세 = 신고해야 할 과세기간(사업연도)의 종료일 현재 공익법인 등의 자산총액 × (5/1,000)

☞ 제78조(가산세 등) ⑭세무서장등은 공익법인등이 제48조제13항에 따라 신고하지 아니한 경우에는 신고해야 할 과세기간 또는 사업연도의 종료일 현재 그 공익법인등의 자산총액의 1천분의 5에 상당하는 금액으로서 대통령령으로 정하는 금액을 대통령령으로 정하는 바에 따라 그 공익법인등이 납부할 세액에 가산하여 부과한다.

☞ 상증법 제48조(공익법인등이 출연받은 재산에 대한 과세가액 불산입등) ⑬제16조제2항에 따라 내국법인의 발행주식총수등의 100분의 5를 초과하여 주식등을 출연받은 자 등 대통령령으로 정하는 공익법인등은 과세기간 또는 사업연도의 의무이행 여부 등에 관한 사항을 대통령령으로 정하는 바에 따라 납세지 관할 지방국세청장에게 신고하여야 한다.

☞ 상증법 시행령 제41조의2(공익법인등의 주식보유 요건 및 의무이행 신고) ⑥법 제48조제13항에서 "내국법인의 발행주식총수등의 100분의 5를 초과하여 주식등을 출연받은 자 등 대통령령으로 정하는 공익법인등"이란 같은 조 제11항 각 호의 요건을 모두 충족하여 법 제16조제2항, 제48조제1항, 같은 조 제2항제2호, 같은 조 제9항 및 제49조제1항에 따른 주식등의 출연·취득 및 보유에 대한 증여세 및 가산세 등의 부과대상에서 제외되는 공익법인등으로서 기획재정부령으로 정하는 공익법인등을 말한다.

13 지급명세서 미제출 등에 대한 가산세 부과 (상증법 제78조제12항·제13항)

지급명세서 등을 제출하여야 할 자가 지급명세서 등을 미(누락)제출하거나 불분명한 경우에는 아래에 상당하는 금액을 소득세 또는 법인세에 가산하여 징수합니다. 이 경우에는 산출세액이 없을 때에도 가산세를 징수합니다.

☞ 지급명세서의 가산세

지급명세서 구분	미(누락) 불분명 제출	제출기한 경과 후 1개월 이내 제출
보험, 퇴직금 등 전환사채 (상증법 제82조제1항·제6항)	2/1,000	1/1,000
	2011.1.1.이후 결정·경정분부터 적용	
주식, 출자지분, 공채·사채·채권·특정시설물 이용 권리 (골프회원권 등), 신탁재산, (외국)집합투자증권 (상증법 제82조제3항·제4항)	2/10,000	1/10,000
	(외국)집합투자증권은 2021.1.1.이후 명의개서 또는 변경명세서를 제출하는 분부터 적용	
금융투자업자 주식 등 증권계좌 이체내역 (상증법 제82조제7항)	-	-
	2022.1.1.이후 이체하는 분부터 적용	

'불분명 제출'이란 제출된 지급명세서 등에 지급자 및 소득자의 주소, 성명, 고유번호(주민등록번호로 갈음하는 경우에는 주민등록번호를 말합니다), 사업자등록번호, 소득의 종류, 소득귀속연도 또는 지급액을 기재하지 아니하였거나 잘못 기재하여 지급사실을 확인할 수 없는 경우 및 제출된 지급명세서와 이자·배당소득지급명세서에 유가증권표준코드를 기재하지 아니하였거나 잘못 기재한 경우를 말합니다. 다만, 다음의 어느 하나에 해당하는 경우는 제외합니다. (상증법 시행령 제80조제17항)

① 지급일 현재 사업자등록증을 교부받은 자 또는 고유번호를 부여받은 자에게 지급한 경우
② ①외의 지급으로서 지급 후 그 지급받은 자가 소재불명으로 확인된 경우

* 본 세법 개정안은 기획재정부에서 2025년도 시행을 목표로 2024년 7월25일 발표한 세법 개정 정부 안으로 국회에서 법률 개정 등을 통하여 후속 조치가 마련된 이후에 시행이 될 예정입니다. 국회 입법과정에서 세법 개정 내용이 변동될 수 있으므로, 향후 세법령 개정 사항을 반드시 확인하여야 적용 여부 판단이 가능합니다. 정부안 가운데 상증법 관련 해당 내용만 발췌하였습니다.

1. 중견기업 범위 조정(조특령 §6의4, §9)

현 행	개 정 안
□ 조특법상 중견기업 범위	□ 제외업종 추가 규모기준조정
● (제외업종) – 소비성 서비스업 – 금융업, 보험 및 연금업, 금융 및 보험 관련 서비스업	● 업종 추가 – 소비성 서비스업 – 금융업, 보험 및 연금업, 금융 및 보험 관련 서비스업
〈추 가〉	부동산임대업
● (규모) 직전 3년 평균 매출액이 3,000억원(R&D 세액공제의 경우 5,000억원) 미만일 것	● 직전 3년 평균매출액이 기준금액의 3배(R&D 세액공제의 경우 5배) 미만일 것

기준금액 (억원)	업종
1,500	의류제조, 1차금속제조 등
1,000	식료품제조, 건설, 도소매 등
800	운수창고, 정보통신 등
600	보건사회복지, 기타개인서비스 등
400	숙박음식, 교육서비스 등

현 행	개 정 안
● (독립성) 아래 ①, ② 모두 충족	● (독립성) 아래 ①, ② 모두 충족
① 상호출자제한기업집단에 속하지 아니할 것	① 상호출자제한기업집단에 속하지 아니할 것
② 자산총액 10조원 이상 법인이 발행주식의 30% 이상을 직·간접적으로 소유하면서 최대 주주인 기업이 아닐 것	② 자산총액 10조원 이상 법인이 발행주식의 30% 이상을 직·간접적으로 소유하면서 최대 주주인 기업이 아닐 것

〈개정이유〉 업종간 과세형평 제고 및 제도 합리화

〈적용시기〉 영 시행일 이후 개시하는 과세연도 분부터 적용

2. 가업상속 · 승계 제도 개선

(1) 밸류업·스케일업 우수기업 및 기회발전특구 이전·창업기업 지원(상증법 §18의2)

현 행	개 정 안
□ 가업상속공제적용대상 ● 중소 · 중견기업(중견기업은 매출액 5천억원 미만) 〈단서 신설〉 □ 공제한도	□ 밸류업·스케일업 우수기업 및기회발전특구 이전·창업기업(이하 '밸류업 우수기업등')에 대한 지원 우대 ● 중소 · 중견기업(중견기업은 매출액 5천억원 미만) – 다만, 밸류업 우수기업등은 매출액 제한 폐지 □ 공제한도

현행 공제한도

가업영위기간	공제한도
10~20년	300억원
20~30년	400억원
30년 이상	600억원

개정안 공제한도

가업영위 기간	공제한도		기회발전특구 이전 · 창업
	일반	밸류업 및 스케일업	
10~20년	300억원	600억원	한도없음
20~30년	400억원	800억원	
30년이상	600억원	1,200억원	

〈신설〉

□ 밸류업 우수기업등 요건

※ 가업상속공제 요건도 충족 필요

【밸류업】아래 요건을 모두 충족할 것

① 5년간('25~'29년) 「기업가치 제고 계획」공시

② 5년간('25~'29년) 당기순이익 대비주주환원액(배당금+자사주소각액) 비율이업종별 평균의 120% 이상

【스케일업】아래 요건을 모두 충족할 것

① 5년간('25~'29년) 매출액 대비 투자액 또는 R&D지출액 (a)비중 및 (b)연평균 증가율*이 아래 두 요건 중 하나를 충족

   * 직전 3년 평균 대비 증가율로 계산

   – (a)매출액 대비 투자액 또는 R&D지출액 비중 및 (b)투자액 또는 R&D지출액 연평균 증가율이 각각 5% 이상

   – (a)매출액 대비 투자액 또는 R&D지출액 비중이 3% 이상이고 (b)투자액 또는 R&D지출액 연평균 증가율이 10% 이상

② 5년간('25~'29년) 고용을 유지할 것

   * 직전 3년 평균 대비 증가율로 계산

【기회발전특구 이전·창업기업】특구에서 창업하거나 수도권 과밀억제권역 내에서 특구로 이전한 기업으로서 아래 요건을 모두 충족할 것

① 기업의 본점 및 주사무소가 기회발전특구에 소재

② 기회발전특구 내 사업장의 상시근로자가 전체 상시근로자의 50% 이상

※ 고용유지 요건, 주주환원액 등의 범위 및 계산방법, 사후관리 등 구체적 내용은 대통령령에서 규정

〈개정이유〉 기업의 지속 성장 지원 및 지역경제 활성화

〈적용시기〉 '25.1.1. 이후 상속이 개시되는 분부터 적용

(2) 가업상속공제 및 가업승계 증여세 특례의 사업무관자산 범위 조정(상증령 §15⑤)

현 행	개 정 안
□ 사업무관자산*의 범위	□ 범위 조정
* 사업무관 자산은 기업의 직접적인 경영·영업활동과 관련이 없어 가업상속·승계 재산에서 제외	
● 비사업용 토지 등	● 비사업용 토지 등
● 영업활동과 관련없는 주식 등	● 영업활동과 관련없는 주식 등
● 업무무관 자산 및 임대 부동산 〈단서 신설〉	● 업무무관 자산 및 임대 부동산 - 임직원 임대주택 제외
● 대여금 〈단서 신설〉	● 대여금 - 임직원 학자금·주택자금제외
● 과다보유 현금(직전 5년 평균의 150% 초과분)	● 150% → 200%

〈개정이유〉 기업 승계 지원

〈적용시기〉 영 시행일 이후 상속이 개시되거나 증여받는 분부터 적용

3. 최대주주등 보유주식 할증평가 폐지(상증법 §63③)

현 행	개 정 안
□ 최대주주등 보유주식 할증평가	□ 폐지
● (원칙) 최대주주등 주식*은 평가한 가액에 20% 가산	
* 최대주주 또는 최대출자자 및 특수관계인의 주식 등[중소·중견기업(매출액 5천억원 미만) 제외]	
● (예외) ①~⑥은 할증평가 제외	
① 중소기업 및 중견기업(매출액 5천억원 미만)이 발행한 주식	
② 직전 3년 이내의 사업연도부터 계속하여법인세법상 결손금이 있는 경우	
③ 평가기준일 전후 6개월 이내의 기간 중 최대주주등이 보유하는 주식 등이 전부 매각된 경우	
④ 사업개시 3년 미만 법인으로서 각 사업연도의 영업이익이 모두 결손인 경우	
⑤ 상속·증여세 신고기한 내에 법인의 청산이 확정된 경우	
⑥ 최대주주 보유 주식을 최대주주 외의 자가상속·증여받는 경우로서, 상속·증여로 인해 최대주주에 해당하지 않는 경우 등	

〈개정이유〉 기업 승계 지원

〈적용시기〉 '25.1.1. 이후 상속이 개시되거나 증여받는 분부터 적용

4. 상속 · 증여세 부담 적정화

(1) 상속세 및 증여세 최고세율 및 과세표준 조정(상증법 §26)

현 행	개 정 안
□ 상속세 및 증여세 세율 및과세표준	□ 최고세율 인하 및 하위 과세표준 조정

과 세 표 준	세 율
1억원 이하	10%
1억원 초과 5억원 이하	20%
5억원 초과 10억원 이하	30%
10억원 초과 30억원 이하	40%
30억원 초과	50%

과 세 표 준	세 율
2억원 이하	10%
2억원 초과 5억원 이하	20%
5억원 초과 10억원 이하	30%
10억원 초과	40%

〈개정이유〉 상속·증여세 부담 완화

〈적용시기〉 '25.1.1. 이후 상속이 개시되거나 증여받는 분부터 적용

(2) 상속세 자녀공제금액 확대(상증법 §20①)

현 행	개 정 안
□ 상속세 공제 제도	□ 공제 규모 확대
● 기초공제 : 2억원	● 기초공제 : 2억원
● 그 밖의 인적공제	● 자녀공제 확대
– 자녀공제: 1인당 5천만원	– 1인당 5천만원 → 1인당 5억원
– 미성년자 공제: 1인당 1천만원 x 19세가 될 때까지 연수	– 미성년자 공제: 1인당 1천만원 x 19세가 될 때까지 연수
– 연로자공제: 1인당 5천만원	– 연로자공제: 1인당 5천만원
– 장애인 공제: 1천만원 x 기대여명 연수	– 장애인 공제: 1천만원 x 기대여명 연수
● 일괄공제: 5억원	● 일괄공제: 5억원
* 기초공제(2억원)와 그 밖의 인적공제의 합계액과 일괄공제(5억원) 중 큰 금액 공제 가능	* 기초공제(2억원)와 그 밖의 인적공제의 합계액과 일괄공제(5억원) 중 큰 금액 공제 가능

〈개정이유〉 중산층 · 다자녀 가구 세부담 경감

〈적용시기〉 '25.1.1. 이후 상속이 개시되는 분부터 적용